FÜR MARLENE

HITLERS GOLD DEVISEN & DIAMANTEN

GEHEIME KRIEGSBEUTE

DER USA IM 2. WELTKRIEG

DOKUMENTATION

VON KARL BERND ESSER

Umschlag:	Dipl.Kfm. Dipl.Soz.Päd. Bernd Kornek, BK-MEDIENDESIGN & Karl Bernd Esser
Photos:	Bilderdienst SÜDDEUTSCHER VERLAG
Internet:	**www.Reichsbankgold.de**
Herstellung:	Books on Demand GmbH, Norderstedt

Alle Rechte vorbehalten
Copyright 2004
KARL BERND ESSER
München

HITLERS GOLD   ISBN 3-00-008897-0

Vorwort	12
Einleitung	13
Die Nationalbanken und das Völkerrecht	14
Die Gold- und Devisenblockade der USA vor dem 2. Weltkrieg	17
Die Tätigkeiten von Adolf Hitlers persönlichen Wirtschaftsberater, Reichsbankpräsident & Kriegswirtschaftsminister Dr. Walther Funk	21
Das Reichsbankgebäude in Berlin	27
Die Definition von Beutegold, Opfergold und konfisziertem Gold	28
Gold- und Edelmetallbestand der Reichsbank vor dem Krieg	29
Die Bedeutung der Reichsstelle für Edelmetalle in Berlin ab 1935	33
Die staatliche Ausplünderung der deutschen Juden von 1933 bis 1940	34
Die Beschlagnahme jüdischer Edelmetalle 1938	39
Behandlung von angebotenem Gold der Zivilbevölkerung bei Soldaten in den besetzten Gebieten	41
Die Verwertung von Russendepots	43
Die Reichsbank und die Finanzierung von Konzentrations- und Arbeitserziehungslagern	44

GOLDBESTÄNDE UND GOLDÜBERNAHMEN DER REICHSBANK VON EUROPÄISCHEN NATIONAL- UND NOTENBANKEN:

Belgisches Gold
Originalprotokolle über das Belgische Gold	48
Entstehung des belgisch französischen Goldabkommens	52
Durchführung der Goldtransporte von Afrika nach Berlin	57
Schriftverkehr zwischen Göring und Ribbentrop über letzte Goldreserven	61
Beschlagnahme des Goldes für den Vierjahresplan	64
Das Washingtoner Abkommen vom 25.05.46	65
Schriftverkehr von deutschen Ministerien nach 1946	66

Italienisches Gold
Deutsch-Italienisches Goldabkommen; Bedeutung & Auswirkungen	71
Der italienische 72 Tonnen Goldtransport nach Berlin	74
Das Ribbentrop Gold	75
Die Geheimen Goldbestände der Alpenfestung	76
Das letzte Geheimnis des Toplitzsees	79
Prozeß der Banca d´ Italia gegen die Österreichische Nationalbank 1954	83

Das Österreichische Gold
Das Gold der Österreichischen Nationalbank	84
Übernahme der Österreichischen Nationalbank 1939	86
Die verschwiegenen Goldschatzfunde am Hintersee	87
Illegale US - Rückgabe von italienischen Gold an Österreich	93
Das Gold der Hohen Tauern	95
Die Beschaffung des Auswärtigen Amtes von Ausweichquartieren zur Aufnahme fremder Exilregierungen mit Personal in der Alpenfestung	97
Österreichische Reparationen	104

Der Gold- und Diamantenhandel mit den Niederlanden	106
Die Überlassung von Gold durch den Präsidenten d. Niederländischen Nationalbank	107
Die Einlagerung von Diamantvorräten in Arnheim	109
Das niederländische Gold in Arnheim	114
Der größte Bankraub aller Zeiten	115
Jüdische Brillanten für Görings Geburtstagsgeschenk	116
Das Albanische Gold	
Das Depot der Nationalbank Tirana	117
Das Polnische Gold	119
Beschlagnahmte Wertsachen von Kriegsgefangenen und die Deutsche Bank	120
Das Gold aus Böhmen und Mähren	
Gestapobericht aus dem Jahre 1936	123
Beschlagnahme von Gold in Prag bei der Nationalbank	124
Übertragung von weiteren Depots in Bern und London	124
Das Gold aus Serbien, Kroatien, Jugoslawien	
Serbisches Gold	125
Gold der Kroatischen Nationalbank in Agram	129
Jugoslawisches Gold	130
Das Gold der freien Stadt Danzig	130
Das Gold der Ungarischen Nationalbank	
Der ungarische Goldzug	131
Der Wettlauf der Militärs um das Ungarngold in Österreich	133
Die Sicherstellung des ungarischen Währungsgoldes in Spital	134
Rückgabe des ungarischen Goldschatzes an das kommunistische Ungarn durch die USA im Jahre 1947	135
Das Gold der ungarischen Juden	136
Der Gold- und Devisenhandel mit Japan	
Der deutsche Goldtransport zu einem japanischen U Boot	143
GOLDHANDEL UND TRANSPORTE DER REICHSBANK MIT NEUTRALEN STAATEN	
Der Goldhandel mit der Schweiz	143
Der Diamantenhandel mit der Schweiz	146
Die Schweizer Austauschgeschäfte mit dem Dritten Reich	149
Der deutsche Spion in der Schweizer Regierung	149
Die Bank für Internationalen Zahlungsausgleich / BIZ in Basel	152
Die geheimen deutschen Dienststellen in der Schweiz	158
Die Deutsche Luftfahrt Industrie Kommission (DELIKO) in Zürich	158
Die Deutsche Industrie Kommission (DIKO) in Bern	160

Der Gold- und Devisenhandel mit Portugal über Tarnfirmen	162
Berliner Stadtkontor der UdSSR / Bankenkommission der Reichsbanktreuhänder	166
Der Goldhandel mit der Türkei über die Deutsche Orientbank / DOB	168
Beschlagnahme von Gold bei der Türkischen Nationalbank und die Herausgabe im Jahre 1963 an die Dresdner Bank	172
Die Dresdner Bank im 2. Weltkrieg	174
Der Goldhandel der Dresdner Bank und Deutschen Bank	176
500 Tonnen Spanisches Gold für Waffen von Stalin	177
Der Goldhandel der Reichsbank über Tarnfirmen in Spanien	179
Der Gold- und Devisenhandel mit Schweden	181
Entschädigungszahlungen von Schweden an Belgien und die Alliierten	185
Der Gold- und Devisenhandel mit Rumänien	186
Der Gold- und Devisenhandel des Vatikan	
Die Geheimdiplomatie von Papst Pius XII. mit Abwehrchef Admiral W. Canaris	189
Die vorzeitige Warnung des Vatikans vor der deutschen Westoffensive 1940	190
Der Vatikan und das deutsche Atomprogramm	190
Der geheime Gold- und Devisenhandel im Vatikan	191
Geheime Verbindungen und persönliche Einstellungen von Papst Pius XII. zu Adolf Hitler, zur Kirche im Dritten Reich und zum 2. Weltkrieg	195
Vatikan – Schiffe für diverse Hilfsaktionen	205
Die geheime Fondsverwaltung der deutschen evangelischen Kirche in Bielefeld	207
Die deutsche Kirche und das Konzentrationslager Stutthof	208
Die Friedensmission vom Stellvertreter des Führers Rudolf Heß	208
Der Gold- und Devisenhandel mit Monaco	210
Die geheimen deutschen Bankgeschäfte in Monaco	213
Der deutsche Spionagesender Radio Monte Carlo	237
Monacos Judenpolitik; Geldwäsche und Diamanten	240
Der Gold- und Devisenhandel mit Argentinien	244
DIE DIAMANTWIRTSCHAFT DES DEUTSCHEN REICHES	
Die europäische Diamantwirtschaft bei Kriegsbeginn	255
Die deutsche Diamantpolitik 1940 und 1941	255
Die Diamantbehörden in den Niederlanden und Berlin	256
Die Diamantwirtschaft wird von der Wirtschaftsentjudung bedroht	259
Beginn der Deportationen von „Diamantjuden" mit Ausnahmen	259
Die Geheime Reichssache „Aktion BEBCO" und die Entscheidung in Berlin	261
Die Dresdner Bank und das Sonderkonto Holland der Vierjahresplan Behörde	265
Diamantenkäufe in Belgien	266
Restitution über gefundene deutsche Diamantenvorräte	267
Leistungen nach dem niederländischen Kriegssachschädengesetz	271
Die Wertpapiersammelbank-Abteilungen der Reichsbank	271

Gold und Wertgegenstände aus Konzentrationslagern

Grundlagen und Verordnungen über die Behandlung von 273
Wertgegenständen aus Konzentrationslagern
Abrechnungen der Waffen-SS aus allen Konzentrationslagern 275
Verbleib und Verwertung im Dritten Reich und bei den Alliierten 278
Einmalige Entschädigung der US-Regierung an einen jüdischen Fonds 279
in Höhe von US $ 500.000,-- aus dem Erlös der erbeuteten Goldzähne
Schriftverkehr der BMW AG von 1949 mit dem Zentralen Treuhänder 280
des KZ-Dachau über ausstehende KZ Häftlingslöhne
Die Umwandlung von alten Reichsbankkonten des KZ-Dachau, der Waffen-SS 281
und der SS-Junkerschule über RM 55 Millionen in DM im Jahre 1949

Hitlers geheime Anordnung über die Sicherstellung des Reichsschatzes 286

Das geheime Golddepot der SS in der Schweiz aus dem Jahre 1944 289
für die Übersiedlung von 1.318 ungarischen Juden in die Schweiz

Goldverlagerungen der Reichsbank aus Berlin bis 30.04.1945 290
aus Unterlagen des Ministeriums für Staatssicherheit der DDR

Goldtransportberichte von Zeitzeugen am Walchensee 296

Goldtransportberichte der Reichsbankbeamten 307

Verhandlungen der Waffen-SS und der Wehrmacht mit bayrischen 320
Regierungsstellen und US-Truppen über das Walchenseegold

Hauptdepot der Reichsbank im Bergwerk Merkers/Thüringen 326
mit 31 Depots in Stollen (Inhalte und 31 Tabellen)

Weitere Depots der Reichsbank und des Auswärtigen Amtes:

Depot Münzmuseum der Reichsbank in Merkers 339
Depot am Walchensee in Bayern 340
Depot Füssen in Bayern 341
Depot Staatliches Vermögensamt Prag & Reichsbank Gleiwitz 341
Depot Reichsbank Konstanz in Baden Württemberg 342
Depot Franzensfeste am Brennerpaß in Italien 343
Depot Heiligenstetten in Schleswig Holstein 343
Depot Hintersee in Österreich 344
Depot Reichsminister des Inneren in Kirchberg in Österreich 345
Depot Deutsche Botschaft Lissabon in Portugal 346
Depot Deutsche Botschaft im Vatikan 346
Depot Bad Gastein in Österreich 347
Depot Isny im Allgäu in Bayern 347
Depot Lindau am Bodensee in Bayern 348
Depots der Regierungszüge Dohle & Adler in München 348
Depot Bank für Internationalen Zahlungsausgleich in Basel / Schweiz 350
Depot Panzerschiff Graf Spee 350
Depot des Städtischen Leihamtes Berlin über Diamanten 351
& Brillanten und andere Edelsteine

Depots in Reichsbank Nebenstellen in den Westzonen, beschlagnahmtes Wirtschaftsgold am 8.5.1945	352
Depot Deutsche Botschaft Istanbul in der Türkei	352
Depot der Deutschen Bank Filiale Istanbul in der Türkei	353
Depot der Dresdner Bank Berlin	353
Depot der Länderbank Wien in der Dresdner Bank München	353

DIE DEUTSCHEN REPARATIONEN UND WIEDERGUTMACHUNGSLEISTUNGEN

Die Bedeutung des Pariser Reparationsabkommens	354
Vertraulicher Abschlussbericht der IARA von 1961 (Interalliierte Reparations Agentur)	354

Deutsche Reparationen der KATEGORIE A
- Deutsches Auslandsvermögen im Staatsgebiet der IARA Mitgliedsstaaten	356
- Deutsches Auslandsvermögen in neutralen Staaten	358
- Deutsches Auslandsvermögen in ehemals feindlichen Staaten der IARA	360
- In Deutschland vorgefundene Devisen aus neutralen Ländern	362
- In Deutschland vorgefundene Wertpapiere aus den Mitgliedstaaten der IARA	363
- Erbeutete deutsche Vorratslager in den von deutschen Truppen besetzten Gebieten	363
- Eingliederung des Saargebietes in die französische Wirtschaft	364
- Sowjetrussische Gegenlieferungen	365
- Gesamtübersicht über die Reparationen der Kategorie A	365

Deutsche Reparationen der KATEGORIE B
- Industrieausrüstungen – Zuteilungsprogramme	366
- Industrieausrüstungen – Einzelentnahmen	368
- Handelsschiffe	369
- Gesamtübersicht über die Reparation der Kategorie B	371

Gesamtübersicht der Reparationen KATEGORIE A und B — 372

Nicht registrierte deutsche Reparationsleistungen:
- Reparationsleistungen für die Opfer des Nationalsozialismus	373
- Zuteilungen von Reparationsschrott durch die IARA	373
- Reparationen durch das Gold der Reichsbank	374
- Reparationen durch Verlust und Verwertung deutscher Patente	375
- Reparationsleistungen durch den Verlust deutscher Gebiete	375
- Reparationsleistungen durch deutsche Kriegsgefangene	375
- Reparationsleistungen an NS Zwangsarbeiter ab Jahr 2000	376

Reparationen der BRD von 1953 bis 1988 — 377

Reparationen Gesamtdeutschlands — 378
Tabelle Marshallplan-Kredite — 379

Die Reparationspolitik der Sowjetunion in ihrer deutschen Besatzungszone (SBZ) und in der späteren DDR — 380

Tabelle SBZ / DDR Reparationen	381
Tabelle Uranlieferungen an die UdSSR	382
Tabelle Reparationen der Westzonen	383
Tabelle Reparationen der BRD 1953 bis 1988	384

Reparationen und Wiedergutmachungen an den Staat Israel — 385

Abschlußbericht der Bank von England vom 8. Mai 1997 — 387
über die Rückgabe von Gold aus dem Goldpool der IARA / TGC

Rückgabe von Silber, Gold und Platin an die Bank deutscher Länder	390
Rückgabe von 27.000 Münzen des alten Münzmuseums der Reichsbank an die Bank deutscher Länder	391
Die gesperrten Konten der NSDAP, ihrer Gliederungen und ihrer angeschlossenen Verbände	391

Geheimbesprechung der Reichsbanktreuhänder am 15.11.54 — 393

Depotstand des „Sonderdepots Reichsbank" vom 31.12.1976 — 397
bei der Deutschen Bundesbank in Frankfurt

Die Tarnung deutscher Firmen und Konzerne im Ausland — 399
Die Tarnfirmenkartei der Reichsbank

Private Vermögenswerte deutscher Reichsangehöriger — 421

Die Deutsche Demokratische Republik und die Tresore der Reichsbank

- Die geheime Aktion Licht des Ministeriums für Staatssicherheit 1961	428
- Dr. Schalcks Geheimnisse, Tage vor der deutschen Wiedervereinigung	432

SCHATZLEGENDEN

Der Goldschatz von Bad Tölz und die US Special Forces	434
Goldtransporte Moskau - Berlin – Amsterdam	436
Die geheime Goldschatzhebung am Hintersee in Österreich	438
Das Reichsgold im Bergwerk Horbach	440
Der Rothschild Schatz in Füssen	442
Der gesprengte Gold Stollen in der Schlucht am Tegelberg	448
Die Schatzlegende der Kolomanskirche bei Schwangau	449
Der Schatz im Alatsee bei Füssen und die Unterwasserfabrik der Waffen SS	451
Die Goldkisten im Ferchensee	456
Der Goldacker und die Goldbauern von Ohlstadt bei Garmisch	457
Der Goldschatz am Turrachbach	458

Der Verbleib von deutschen Milliardenwerten bei den Alliierten und — 460
das Schweigen der heutigen Verbündeten

diverse Tabellen ab — 465

Quellen- und Dokumentenverzeichnis	493
Abkürzungen	502
Angaben zu den Photos	502

Professor Dr. Lindenlaub ist Leiter des Historischen Archivs der Deutschen Bundesbank in Frankfurt. Er bestätigt dem Autor am 17. Oktober 2000:

„ ... vielen Dank für die beigefügte Gliederung Ihres Buches. Letztere finde ich sehr umfassend und konkret, d.h. sachbuchentsprechend.

Alle wichtigen Punkte scheinen mir angesprochen" ...

* * * *

Der Vorstandsvorsitzende der Bayrischen Versicherungsbank / Allianz AG Dr. Michael Albert schreibt dem Autor am 5. Dezember 2003:

... Es ist erschütternd zu lesen, auf welch skrupellose Weise in der Zeit des „Dritten Reiches" Vermögen geraubt wurden.

Sie haben dies mit bemerkenswertem Einsatz und wissenschaftlicher Tiefe recherchiert. Dafür spreche ich Ihnen meine Anerkennung aus.

Ich hoffe, dass Ihr Werk in der geschichts-wissenschaftlichen Fachwelt und darüber hinaus die Resonanz erhält, das ihm zusteht. ...

Ziel dieser wissenschaftlichen Dokumentation war der Verbleib der Gold-, Silber-, Platin-, Devisen- und Diamantbestände des Dritten Reiches und anderer Europäischer Notenbanken zu Kriegsende. Erschreckend ist die Tatsache, daß die heutigen Verbündeten und früheren Alliierten nur einen Teil ihrer wertvollen Beute zurückgegeben haben.

Bisher unveröffentlichte amtliche Geheimpapiere und Verhörprotokolle von Zeitzeugen, wie Beamten der Reichsbank, welche jeden Goldtransport im Dritten Reich begleiteten, erzählen über die Schwierigkeiten am Ende des Krieges den sogenannten Reichsschatz vor den anrückenden alliierten Truppen in Sicherheit zu bringen.

Die Alliierten erbeuteten im Mai 1945 vollständig das Gold von Europäischen Notenbanken, das Reichsbankgold, Schmuck und Edelsteine wie Diamanten und Brillanten. Auch deutsches Bargeld wie Devisen und restliches Opfergold von KZ-Häftlingen fielen in ihre Hände.

Im Dezember 1945 trafen sich in Paris 18 ehemalige Feindstaaten um die Reparationen für Deutschland festzulegen und gründeten die Inter-Alliierte-Reparations-Agentur, abgekürzt IARA. Der von allen deutschen Regierungen verschwiegene Abschlußbericht der IARA zeigt dem Leser die tatsächlichen Reparationszahlungen und die offenbar bewußte Unterbewertung der Reparationsleistungen aus Ost- und Westdeutschland von allen ehemaligen Feindmächten.

Die verschollenen „Goldakten" der Reichsbank belegen viele neue Erkenntnisse, wie auch Besprechungsprotokolle von leitenden Mitarbeitern der Reichsbank nach dem Krieg zeigen.

Aus der Tarnfirmenkartei der Reichsbank geht hervor, wie deutsche Konzerne rechtzeitig ihr Vermögen ins Ausland retten konnten. Das Vermögen der Konzerne wurde so vor Beschlagnahme gerettet und für den wirtschaftlichen Neubeginn in der BRD verwendet. Eine geheime deutsche Bank wurde bereits 1943 in Monaco für den Wiederaufbau gegründet. Der Leiter der geheimen Bank ist später zum bundesdeutschen Finanzminister aufgestiegen und erhielt das Bundesverdienstkreuz. Der Rechtsberater einer monegassisch-deutschen Firma wurde sogar deutscher Bundeskanzler.

Die Verwicklungen des Vatikans zeigen auf, daß der Einfluß des Papstes im Krieg von der deutschen Abwehr unterschätzt und zu spät erkannt wurde. Unterlagen des Ministeriums für Staatssicherheit der DDR belegen die amtliche Plünderung von Banktresoren im Jahre 1962 auf der Suche nach NS-Gold und den unterbewerteten Verkauf der Werte in den Westen.

NS-Schatzgerüchte um den Toplitzsee, den Walchensee und den Rothschildschatz wurden wie andere Legenden mit amtlichen Ermittlungen abgeglichen und werden erstmals richtig dargestellt. Der Schatz am Toplitzsee ist ein Ablenkungsmanöver und eine gelungene Erfindung für den Tourismus. Dieses Gold wurde in einer geheimen Aktion am nahen Hintersee gehoben und liegt schon lange in den Tresoren der Österreichischen Nationalbank, wie anderes Gold, das im neuen Österreich gefunden worden ist.

Reichsbankpräsident und Kriegswirtschaftsminister Dr. Walther Funk war Adolf Hitlers persönlicher Wirtschaftsberater. Ihre gemeinsamen Anordnungen belegen die abgestimmte Ausplünderung der Juden vor und während des Krieges für die deutsche Kriegsfinanzierung.

Die Dokumentation über den Verbleib von „Hitlers" Gold-, Devisen und Diamanten ist in ähnlicher Akribie und Konsequenz bisher nicht dargestellt worden.

Die Nationalbanken und das Völkerrecht

Die Haager Landkriegsordnung aus dem Jahre 1907 unterscheidet zwischen Staats- und Privateigentum. Die Konvention hält fest, daß es einer kriegführenden Macht wohl zusteht, Eigentum eines besiegten Staates als Kriegsbeute einzuziehen, nicht aber privates Eigentum.

Verschiedene National- und Notenbanken hatten sich diesen Rechtsgrundsatz zunutze gemacht und ihre Staatsbanken vor Ausbruch des 2. Weltkrieges als gewöhnliche Aktiengesellschaften konstituiert. Die Umwandlung schützte so ihr Eigentum mit den vorteilhaften Eigenschaften des unantastbaren Privateigentums. Keine fremde Macht, auch keine Besatzungsbehörde, durfte ihnen, so bestimmt es das Völkerrecht, irgendwelche Vorschriften machen, die letzten Endes auf eine Enteignung der National- und Notenbank hinauslaufen würden.

Die Bank von Belgien, die Reichsbank in Berlin und die Bank von Frankreich wandelten ihre Staatsbanken in Aktiengesellschaften um, wie nach dem Beispiel der Schweizerischen Nationalbank. Bei Ausbruch des 2. Weltkrieges befanden sich von den insgesamt 100.000 Schweizer Nationalbank Aktien etwa 45.000 in Händen von 8.214 Privataktionären. [01]

Die Stimmenmehrheit in der Generalversammlung lag bei den Kantonalbanken und bei den Kantonen. Die Schweizer Bundesregierung war befugt, eine Aufsicht über die Tätigkeit der Bank auszuüben, aber das änderte in keiner Weise die geschäftliche Selbständigkeit, die ihr als Aktiengesellschaft zustand.

Die Deutsche Reichsbank wurde 1875 gegründet und ähnelte in dieser Beziehung der Schweizerischen Nationalbank. Das deutsche Bankengesetz vom Jahre 1924 bestätigt noch einmal die Unabhängigkeit der Reichsbank von der Reichsregierung.

Mit der Wahl Adolf Hitlers zum Reichskanzler wurde im Oktober 1933 ein neues Bankengesetz erlassen, daß der Reichskanzler bevollmächtigt ist, das Reichsbankdirektorium selbst zu ernennen. 1937 proklamierte er die uneingeschränkte Reichshoheit über die Reichsbank und im Juni 1939 wurde die Reichsbank dem Führer und Reichskanzler direkt unterstellt.

Die Aktien der Reichsbank lagen dabei immer noch in privaten Händen, aber Eigentum und Verfügungsgewalt waren nun so getrennt, daß der rein formale Charakter der völkerrechtlichen Bestimmungen klar zu erkennen war.

Die Haager Landkriegsordnung wurde von den Alliierten bei der Kapitulation Deutschlands übergangen. So wurde das Reichsbank eigene Gold völkerrechtswidrig nicht an Deutschland zurückgegeben bzw. später als Reparation angerechnet.

Der Anschluß Österreichs an das Deutsche Reich im März 1939 hatte die Übernahme der Österreichischen Nationalbank zur Folge, ebenso wurde die Notenbank der Freien Stadt Danzig im September 1939 in die Reichsbank eingegliedert.

Die Gold- und Devisen Reserven im In- und Ausland dieser beiden Banken sind der Reichsbank freiwillig und vollständig überlassen worden. Auch die Auslandsguthaben standen der Reichsbank uneingeschränkt zur Verfügung; eine Kontensperrung durch die USA oder durch Großbritannien erfolgte damals nicht.
Die meisten europäischen Notenbanken haben vor Kriegsausbruch und sogar noch in den ersten Kriegsmonaten in aller Stille den größten Teil ihrer Goldreserven nach Übersee zur

Amerikanischen Notenbank (FED) nach New York gesandt.

Die Schweizerische Nationalbank brachte schon Mitte 1938, zunächst als Vorsorge für den Kriegsfall, Feingold im Wert von fast einer Milliarde Schweizer Franken in Sicherheit. Die Schweizerischen Golddepots erreichten in den USA im Mai 1939 einen Depotstand von über 1,7 Milliarden Franken, eine weitere Milliarde kam im Mai 1940 hinzu und noch Mitte Juni, in den Tagen des französischen Zusammenbruchs, startete eine Swissair Maschine in Locarno mit 12.000 kg Gold an Bord nach Lissabon.

Die besetzten Länder in Europa, das Dritte Reich und die neutralen Staaten hatten somit keinen Zugriff mehr auf die riesigen ausgelagerten Gold- und Devisenvorräte in Übersee. Allein das beschlagnahmte Gold in den USA stellte 1940 zwei Drittel des gesamten Goldvorrates in Europa dar.

Der Goldhandel zwischen den Notenbanken erfolgte hauptsächlich in Goldbarren. Ein Barren hat ein durchschnittliches Gewicht von 12,5 kg, war mit dem Prägestempel der Münzstätte versehen und hatte das Schmelzdatum, den Stempel des Münzprüfers, den Feingehalt und eine Identifikationsnummer eingraviert.

Als Grundlage für die Beurteilung von Goldbarren diente dem Reichsbankdirektorium ein Schreiben der Bank von England vom 7. Oktober 1938 (Nr. IIa 22 696) mit einer Liste der anerkannten Affineure, welche die Firma N. M. Rothschild & Sons aus London zusammengestellt hat:

Untere Gewichtsgrenze:	350 Unzen fein	=	10,886.2 kgfein
Obere Gewichtsgrenze:	430 Unzen fein	=	13,374.4 kgfein

Goldgehaltsgrenzen:

1.) für hochwertige Goldbarren	995/1.000	-	999.9/1.000	fein
2.) für Standard Goldbarren	915.5/1.000	-	917/1.000	fein
3.) für 900er Goldbarren	899/1.000	-	901/1.000	fein

Anerkannte Einschläge:

Deutschland:
- Deutsche Staatsmünzen
- Norddeutsche Affinerie
- Deutsche Gold- und Silberscheideanstalt / DEGUSSA

England:
- Bank of England
- The Royal Mint, London
- N. M. Rothschild & Sons
- Johnson Matthey & Co Ltd., Johnson & Sons Assayers Ltd.
- H.L. Raphael´s Refinery
- Royal Canadian Mint
- Australian Branches of the Royal Mint
- The Rand Refinery
- The Sheffield Smelting Co Ltd.

Belgien:
- Société Metallurgique de Hoboken

Holland: Holländische Münze
                            N.V. Schone's Essayeursinrichting

Frankreich: Französische Münze (Monnais de Paris)
                            Jean Boudet
                            Les Fils de Paul Dubois or Robert Dubois
                            Comptoir Lyon Alemand
                            Marret Bonin, Lebel & Guieu
                            Caplain St. André
                            Compagnie des Métaux Précieux

Schweden: Swedish Mint (Kongl Myntet)

Schweiz: Schweizer Münze, Bern
                            Monnaie Fédérale Suisse mit Einschlag des
                            Bureau Central Suisse Bern
                            Société de Banque Suisse, Le Locle mit Einschlag der
                            Société de Banque Suisse

Vereinigte Staaten   United States Assay Office
von Amerika:

Sämtliche Goldbarren, die den oben genannten Bedingungen nicht vollständig entsprechen, sind als diverse Goldbarren hereinzunehmen. [02]

Gezeichnet: Edelmetallkasse / Reichsbank

Ein Vermerk der Hauptkasse der Reichsbank zeigt, daß das Einschmelzen und Scheiden von Münzgold 900/1.000 fein bei einer Menge von 5.000 kg/rauh, 4.500 kg Feingold und 500 kg Feinkupfer ergibt. Es fallen folgende Kosten an:

a.) Schmelzkosten bei der PREUßISCHEN STAATSMÜNZE   ca. RM   1.500,00
b.) Scheidekosten bei der DEGUSSA Frankfurt
        RM 7,50 pro kg / rauh angeliefertes Metall und
        RM 73,50 pro 100 kg zurücklieferndes Kupfer
                d.h. Scheidekosten   RM   37.500,00
                Zahlung für zurücklieferndes Kupfer   RM   367,50
                                                            RM   39.367,50
c.) Transportkosten Berlin – Frankfurt/Main und zurück   RM   2.632,50
    für 5.000 kg Metall   RM   42.000,00

Pro Woche können maximal 375 kg Gold geschieden werden. Die Auslieferung des Kupfers geschieht gegen Vorlegung einer Bedarfsbescheinigung. Die Kosten für 1 kg Feinkupfer stellen sich auf ca. RM 84,00 gegenüber einem Marktpreis von RM 0,73.

Berlin, den 19. Februar 1942   Hauptkasse / Reichsbank [03]

Die Gold- und Devisenblockade der USA

Das dritte US-Neutralitätsgesetz von 1937 enthielt ein unparteiisches Verbot für die Ausfuhr von Waffen, Munition und Kriegsgerät, das Verbot kriegführenden Staaten Anleihen zu gewähren, das Verbot für US-Bürger, auf Schiffen von Kriegführenden zu reisen, das Verbot für US-Schiffe, Waren an Kriegführende zu liefern und das Verbot, Schiffe der US-Handelsmarine zu bewaffnen. Eine Ausnahme stellte allein die „cash and carry" – Klausel dar, die es, mit Ausnahme tödlicher Waffen, allen kriegführenden Nationen gestattete, Waren in den USA zu kaufen, wenn sie nur in der Lage waren, diese bar zu bezahlen und auf eigenen Schiffen zu transportieren. [04]

Ein Dreiecksgeschäft zwischen den USA, der Schweiz und dem Deutschen Reich entstand im Jahre 1940, als die Amerikaner dem Reich Erdöl für den Krieg lieferten und die Bezahlung über Schweizer Geschäftsbanken abwickelten.

Eine schwerwiegende Entscheidung der US-Regierung sollte die Neutralität der USA bereits im März 1941, also vor dem Eintritt der USA in den 2. Weltkrieg, in vollem Umfang aufheben. Das amerikanische Leih- und Pachtgesetz trat im März 1941 in Kraft. Es erteilte dem US Präsidenten die Generalermächtigung, Lieferungen von Kriegsmaterial an solche Staaten, welche für die amerikanische Verteidigung lebenswichtig waren, wie man offiziell verbreiten ließ, durchzuführen Solche Lieferungen konnten auch ohne Bezahlung erfolgen.

Das Volumen der Rüstungsaufträge Frankreichs und Großbritanniens in der Schweiz belief sich im März 1940 auf 364 Millionen (!) SFr, während die deutschen Bestellungen lediglich 149.504 SFr ausmachten. Die Schweiz war ihrerseits an Kriegsmaterial Lieferungen aus Deutschland interessiert. Das Deutsche Reich lieferte der Schweiz zwischen Oktober 1939 und März 1940 insgesamt 90 Messerschmidt-Jagdflugzeuge ME 109 Bf.

Am 20. Juni 1940 ließ die US-Regierung alle europäischen Devisen- und Goldguthaben bei der amerikanischen Notenbank in New York sperren bzw. einfrieren. Allein die gesperrten Guthaben der Schweiz wiesen ein Vermögen von SFR 5,3 Milliarden an Gold und Devisen aus; diese US-Sperre wurde erst am 25. Mai 1946 aufgehoben. [05]

Am 10. Dezember 1941 sandte Reichsaußenminister Ribbentrop an den Geschäftsträger der Botschaft in Washington nachfolgendes Telegramm. Die deutsche Kriegserklärung:

„Ich bitte Sie, am 11. Dezember um 15.30 Uhr deutscher Sommerzeit Abschrift nachstehender Note Herrn Hull oder, falls dieser nicht erreichbar, seinem Vertreter zu übergeben, die ich hier eine Stunde früher dem hiesigen Amerikanischen Geschäftsträger Leland B. Morris aushändigen werde:

Herr Geschäftsträger !

Nachdem die Regierung der Vereinigten Staaten von Amerika, von Ausbruch des durch die englische Kriegserklärung an Deutschland vom 3. September 1939 heraufbeschworenen europäischen Krieges an alle Regeln der Neutralität in immer steigendem Maße zugunsten Gegner Deutschlands auf das flagranteste verletzt und sich fortgesetzt der schwersten Provokationen gegenüber Deutschland schuldig gemacht hat, ist sie schließlich zu offenen militärischen Angriffshandlungen übergegangen.

Am 11. September 1941 hat der Präsident der Vereinigten Staaten von Amerika öffentlich erklärt, daß er der amerikanischen Flotte und Luftwaffe den Befehl gegeben habe, auf jedes deutsche Kriegsfahrzeug ohne weiters zu schießen. In seiner Rede vom 27. Oktober dieses Jahres hat er nochmals ausdrücklich bestätigt, daß dieser Befehl in Kraft sei. [06/07]

Gemäß diesem Befehl haben seit Anfang September dieses Jahres amerikanische Kriegsfahrzeuge deutsche Seestreitkräfte systematisch angegriffen. So haben die amerikanischen Zerstörer, z.B. die Greer, die Kearny und die Reuben James planmäßig das Feuer auf deutsche U-Boote eröffnet. Der Staatssekretär der amerikanischen Marine, Herr Knox, hat selbst bestätigt, daß amerikanische Zerstörer deutsche U-Boote angegriffen haben.

Ferner haben die Seestreitkräfte der Vereinigten Staaten von Amerika auf Befehl ihrer Regierung deutsche Handelsschiffe auf dem offenem Meere völkerrechtswidrig als feindliche Schiffe behandelt und gekapert.

Die Reichsregierung stellt daher fest:

Obwohl sich Deutschland seinerseits gegenüber den Vereinigten Staaten von Amerika während des gegenwärtigen Krieges streng an die Regeln des Völkerrechts gehalten hat, ist die Regierung der Vereinigten Staaten von Amerika von anfänglichen Neutralitätsbrüchen endlich zu offenen Kriegshandlungen gegen Deutschland übergegangen. Sie hat damit praktisch den Kriegszustand geschaffen.

Die Reichsregierung hebt deshalb die diplomatischen Beziehungen zu den Vereinigten Staaten von Amerika auf und erklärt, daß sich unter diesen durch den Präsidenten Roosevelt veranlaßten Umständen auch Deutschland von heute ab als im Kriegszustand mit den Vereinigten Staaten von Amerika befindlich betrachtet.

Genehmigen Sie, Herr Geschäftsträger, den Ausdruck meiner Hochachtung."

Gezeichnet: Ribbentrop

Anschließend bitte ich Sie, Ihre Pässe zu fordern und um ordnungsgemäßen Rücktransport des Botschaftspersonals nach Europa zu ersuchen, wobei Sie den Kreis mitnehmender Presse- usw. Vertreter so weit ziehen wollen als dies möglich erscheint. Die Wahrnehmung der deutschen Interessen bitte ich Sie, dem dortigen Schweizer Gesandten Charlés Bruggmann zu übergeben, der entsprechende Weisung von seiner Regierung erhalten wird.

Ich bitte Sie sicherzustellen, daß vor Durchführung vorstehend angeordneten Schrittes jeder Kontakt zwischen Botschaft und State Departement unterbleibt. Es darf deshalb vor Ihrer Demarche keine amtliche Mitteilung des State Department dort entgegengenommen werden. Ich bitte um sofortige Empfangsbestätigung dieses Erlasses. Geheimsendeanlage bis zur Unkenntlichkeit und gesamtes Chiffriermaterial ist zu vernichten und Vernichtung zu melden.

Gezeichnet: Ribbentrop

Die Empfangsbestätigung wurde durch den Geschäftsträger mit Telegramm Nr. 4337 vom 10. Dezember (64/44 814) übersandt. Thomsen übergab die Note Ray Atherton, dem Leiter der Europa-Abteilung des Departement of State, am 11. Dezember 1941 um 9 Uhr 30. [08]

Die Kriegserklärung von Italien erfolgte an die USA am 11. Dezember 1941. [09]
Die Schwierigkeiten mit denen sich jetzt auch die europäischen neutralen Staaten, wie die Schweiz, in New York herumschlagen mußten, förderten die Geschäfte mit dem Gold aus Deutschland, ganz im Gegensatz zu den Erwartungen Washingtons.

So mußte der gesamte Zahlungsverkehr der Schweiz mit Süd- und Mittelamerika und dem Nahen Osten ab 1942 ausschließlich über das Finanzzentrum New York laufen. Bedeutend war auch, daß die USA den schweizerischen Handelsverkehr mit den 24 „sogenannten Dollarländern" kontrollierten. Zu diesen Ländern zählten außer den USA und Kanada, Bolivien, Brasilien, Chile, Costa Rica, Dominikanische Republik, Ecuador, Französische Antillen, Guatemala, Guyana, Haiti, Honduras, Kolumbien, Kuba, Mexico, Nicaragua, Panama, Paraguay, Peru, Puerto Rico, El Salvador, Uruguay und Venezuela. [10]

Die schweizerischen Exporte erreichten in den Zeit von 1942 bis 1944 einen Wert von SFR 662,4 Milliarden. Die Alliierten benötigten für ihre Kriegswirtschaft regelmäßig Schweizer Franken und Schweizer Gold.

In den Jahren 1942 und 1943 kaufte das amerikanische Schatzamt von der Schweizerischen Nationalbank 80 Millionen Franken, die nicht in den Handel kommen durften. Das „Geld" war für Zahlungen vorgesehen, welche zu einem Teil im Auftrage der USA und zum anderen Teil im Auftrag der Schweizerischen Nationalbank disponiert wurde. Die Amerikanische Notenbank bezahlte damals ausschließlich mit Gold.

So verkaufte die Schweizerische Nationalbank nach 1943 der amerikanischen Notenbank und der Bank von England regelmäßig Schweizer Franken, teilweise gegen Dollar, teilweise gegen blockiertes und teilweise gegen freies, für dieses Zweck „aufgetautes Gold". Der Notenumlauf der Schweiz erhöhte sich dadurch von 1942 bis 1944 auf SFR 910,7 Mio..

Die Ausgaben der Regierungen der USA und Großbritanniens beliefen sich auf 477,1 Mio. SFR und lassen sich in vier Positionen gemäß den Schweizer Staatspapieren festhalten. [11]

Übersicht des gewährten Plafonds an die USA vom 27.11.1944 und Memorandum des EPD (Eidgenössisches Politisches Department) vom 20.02.1945:

1.) 20,3 Mio. SFR für Diplomatische Dienste, wie

Ausgaben der Kosten für diplomatische und konsularische Dienste in der Schweiz sowie für die diplomatische Vertretung alliierter Interessen in den von den Achsenmächten besetzten Gebieten, insofern die Schweiz damit beauftragt sei.

2.) 68,5 Mio. SFR für Hilfswerke u.a., wie

Ausgaben für rund zwei Dutzend internationale Hilfswerke in der Schweiz (Internationales Komitee vom Rotem Kreuz, Weltbund der Christlichen Vereine Junger Männer, American Jomt Distribution Commitee, Cite du Vatican u.a.), für die Subventionierung von Pressediensten wissenschaftlichen und kulturellen Instituten, sowie Ausgaben für die Unterstützung von Privatpersonen in der Schweiz

3.) 146,5 Mio. SFR für amerikanische Regierungsbedürfnisse

    - ohne nähere Angaben - (wahrscheinlich Geheimdiensttätigkeit und Bestechungsgelder)

4.) 230,5 Mio. SFR für britische Regierungsbedürfnisse

    - ohne nähere Angaben - (wahrscheinlich Geheimdiensttätigkeit und Bestechungsgelder)

Der Goldbestand der SNB erhöhte sich in den fünf Kriegsjahren auf SFR 2.381 Millionen (ohne das eingefrorene Gold in Übersee); dies war mehr, als der Durchschnitt in 15 Jahren davor. [12]

Die Schweiz hatte durch den Finanzhandel mit den Alliierten heimlich ihre Neutralität aufgegeben. Die deutsche Regierung in Berlin wußte von den geheimen Transaktionen der Schweiz mit den deutschen Feindstaaten lange Zeit nichts.

Am 28.11.1944 stellte die schweizerische Regierung dem amerikanischen Schatzamt sogar aus eigenen Mitteln 10 Millionen SFR für die Bedürfnisse der amerikanischen Armee in Europa zur Verfügung.[13] Von April 1944 bis Oktober 1944 überwies die Schweiz im Auftrag und zu Lasten der Vereinigten Staaten insgesamt 51 Millionen SFR an die Gesandtschaften und Konsulate der USA, Griechenland, El Salvador, Türkei und Polen, sowie an 25 Hilfsorganisationen, sowie an 5 schweizerische Handelsbanken und 7 Privatpersonen. [14]

Am 25.07.1944 stellte das Departement für Auswärtige Angelegenheiten Vermutungen an, daß das amerikanische Schatzamt Zahlungen an die europäische Resistance und andere Widerstandsgruppen in die Schweiz überwies, welche von einer neutralen Schweiz eigentlich nicht hätten durchgeführt werden dürfen.

Die Überweisungen an England und Kanada bis zum 31.1.1945 betrugen insgesamt 230,5 Mio. SFR. Die Exporte der Schweiz steigerten die Inflation; um Gelder aus dem Verkehr zu ziehen, warf die SNB 500 Mio. SFR in Goldmünzen zu einem günstigen Preis auf den Markt.

Die schriftliche Botschaft des schweizerischen Bundesrates vom 14.06.1946 an die Bundesversammlung zeigt auf, daß die Schweiz während des Krieges mehr Gold von den Alliierten, nämlich SFR 3,7 Milliarden aus New York, Ottawa und London und „nur" SFR 1,2 Milliarden von der Reichsbank aus Berlin erhalten hat.

Der unveröffentlichte Bericht der Direktion der Schweizerischen Nationalbank vom 16.05.1946 war Grundlage dieser getroffenen Aussagen.

Die Tätigkeiten von Adolf Hitlers persönlichen Wirtschaftsberater, Reichsbankpräsident und Kriegswirtschaftsminister Dr. Walther Funk

Der Lebenslauf von Dr. Walther Funk, welcher am 18.08.1890 in Trakehnen Ostpreußen geboren wurde, läßt sich aus Personalunterlagen der Reichsbank und einer Abschrift der Spruchkammer Bad Tölz vom 6. Juli 1948 darstellen. [15]

Die Militärregierung ordnete durch den Generalkläger beim Kassationshof im Bayer. Staatsministerium für Sonderaufgaben durch Erlaß vom 5. Februar 1948 an, die Nachlässe von Adolf Hitler und Eva Braun, Reichsmarschall Hermann Göring, Reichsminister Wilhelm Frick, Reichsminister Hans Frank, Gauleiter Julius Streicher, Dr. Robert Ley und Reichsminister Seyss-Inquart einzuziehen.

Das Verfahren gegen Martin Bormann wurde in Abwesenheit durchgeführt. Der Generalkläger stellte im März 1948 fest, daß eine entsprechende Anordnung über den Einzug des Nachlasses des ehemaligen Reichsführers SS Heinrich Himmler aus ungeklärten Gründen nicht ergangen sei. [16]

Der Stellvertreter des Führers Rudolf Hess, Reichsminister Baldur von Schirach und Dr. Walther Funk mußten ihre Haftstrafen im Interalliierten Militärgefängnis Spandau absitzen. Der Generalkläger in Bayern hatte für Funk Antrag auf Verhandlung in Abwesenheit gestellt, da sich die Alliierten weigerten den Gefangenen aus Berlin nach München zu überstellen. Funk erhielt daher in Abwesenheit zusätzlich weitere 10 Jahre Gefängnis und den Gesamteinzug seines gesamten Vermögens.

In seinem Landgut Bergerhof wohnte nun US-General Patton. Die Amerikaner wählten schon lange vor Kriegsende Bad Tölz als künftiges südliches Hauptquartier. Aus diesem Grund wurde die Bad Tölzer Kaserne nicht Luft- oder Landangriffen ausgesetzt.

Die US-Truppen zogen in die Bad Tölzer Reichsführerschule ein. Sie liegt nur wenige Kilometer vom Bergerhof entfernt und war zu Kriegsende eine SS-Junkerschule. Im Tiefkeller befand sich ein Außenlager des Konzentrationslagers Dachau mit rund 180 Häftlingen.

Dr. Walther Funk wurde durch seine umfangreichen Tätigkeiten im Verfahren belastet: [17] So war er Pressechef der Reichsregierung 1935 (Ministerialdirektor), Staatssekretär im Reichspropagandaministerium (1934-1937), Reichswirtschaftsminister, Mitglied der Reichstagfraktion der NSDAP bis zum 30.01.1933, Generalbeauftragter für die Kriegswirtschaft, Inhaber des goldenen Parteiabzeichens und Mitglied der NSDAP seit 1931 ohne Amt und seit 1939 Reichsbankpräsident. Die Reichsbank hatte unter seiner Leitung im Jahre 1940 über 517 Zweigstellen und war damit die größte Bank Deutschlands.

Dr. Walther Funk war seit 1930 persönlicher Wirtschaftsberater von Adolf Hitler und plante zusammen mit ihm den sogenannten „Vierjahresplan". Der „Vierjahresplan" ist auf dem Reichsparteitag 1936, am 9. September 1936 in der Proklamation des Führers mit folgenden Worten verkündet worden:

„Es ist also die Aufgabe der NS Staats- und Wirtschaftsführung, genauestes zu untersuchen, welche notwendigen Rohstoffe, Brennstoffe usw. in Deutschland selbst hergestellt werden können. Die dann dadurch eingesparten Devisen sollen in der Zukunft als zusätzlich der Sicherung der Ernährung und zum Ankauf jener Materialien dienen, die unter keinen Umständen bei uns beschafft werden können und ich stelle dies nun heute als das neue „Vierjahresprogramm" auf:

In vier Jahren muß Deutschland in allen jenen Stoffen vom Ausland gänzlich unabhängig sein, die irgendwie durch die deutsche Fähigkeit, durch unsere Chemie und Maschinenindustrie, sowie durch unseren Bergbau selbst beschafft werden können !

Der Neuaufbau dieser großen deutschen Rohstoffindustrie wird auch die nach Abschluß der Aufrüstung freiwerdenden Menschenmassen nationalökonomisch nützlich beschäftigen. Wir hoffen, damit die nationale Produktion auf vielen Gebieten erneut steigern zu können, und zwar im inneren Kreislauf unserer Wirtschaft, um damit die aus unserem Export stammenden Eingänge in erster Linie für die Lebensmittelversorgung bzw. für die Versorgung mit den uns dann noch fehlenden Rohstoffen zu reservieren. Die notwendigen Anordnungen zur Durchführung dieses gewaltigen deutschen Wirtschaftsplanes habe ich soeben erlassen. Die Ausführung wird mit nationalsozialistischer Energie und Tatkraft erfolgen. Unabhängig davon kann Deutschland aber nicht auf die Lösung seiner kolonialen Forderungen verzichten. Das Lebensrecht des deutschen Volkes ist genau so groß wie die Rechte anderer Nationen !

Ich weiß, meine nationalsozialistischen Volksgenossen, daß dieses neue Programm eine gewaltige Aufgabe darstellt, allein sie ist wissenschaftlich auf vielen Gebieten bereits gelöst, die Produktionsmethoden sind in der Erprobung begriffen und zum Teil schon entschieden und festgelegt. Es wird daher nur eine Frage unserer Energie und Entschlossenheit sein, dieses Programm zu verwirklichen. Als Nationalsozialisten haben wir das Wort „unmöglich" nie gekannt und wollen es daher auch in Zukunft nicht als eine Bereicherung unseres Wortschatzes aufnehmen. In vier Jahren werden wir der Nation über diese Riesenarbeit der Sicherung ihrer Ernährung und damit ihres Lebens und ihrer Unabhängigkeit wieder Rechenschaft ablegen."

Am 18. Oktober 1936 ist die Verordnung zur Durchführung des Vierjahresplanes [18] ergangen, die unter Bezugnahme auf die Proklamation des Führers die Durchführung des Vierjahresplanes dem Ministerpräsidenten, damaligen Generaloberst Göring, überträgt, zugleich mit der Ermächtigung an ihn, die notwendigen Maßnahmen zur Durchführung des Planes zu treffen. [19]

Als Vizepräsident der Reichskulturkammer trug Funk auch Entscheidungen mit, die gerade das kulturelle Leben Deutschlands im Sinne des Nationalsozialismus entscheidend beeinflußten und lenkten.

Zu seinem 50. Geburtstag 1940 erhielt Dr. Walther Funk von der deutschen Wirtschaft durch Vermittlung durch deren Spitzenorganisationen die Mittel zur Erwerbung des Bergerhofes, in der Gemeinde Kirchbichl Kreis Bad Tölz, geschenkt. Es handelt sich hierbei um einen Landbesitz von etwa 60 ha von beträchtlichen Wert.

Dr. Funk hat diese Schenkung mit Genehmigung Hitlers zusammen mit einer zusätzlichen Führerdotation von RM 500.000,00 vorbehaltlos angenommen. Im Urteil fehlte aber der wichtige Hinweis, daß der Reichsbankpräsident eine „Sportstiftung Funk" ins Leben rief, und dorthin die RM 500.000,00 überwies, den Betrag also nicht für private Zwecke behielt.

Der Landrat des Landkreises Bad Tölz schrieb am 5.10.1940 an das Bayrische Staatsministerium für Wirtschaft, daß nach Aussage des Kreisbaumeisters für das Anwesen Funks, den Bergerhof bisher keine Baugenehmigung vorliegt. Aber ein Schreiben vom Generalinspektor für die Reichshauptstadt Berlin belegt, wonach der Führer auf Vorschlag von Generalinspektor Speer angeordnet hat, daß der Bergerhof noch während des Krieges fertiggestellt werden soll. Außerdem schrieb Ministerpräsident Göring als Beauftragter für den Vierjahresplan an den Gebietsbeauftragten Prof. Gieseler, wonach das Bauvorhaben der Dringlichkeitsstufe I gleichzustellen ist. Laut höherer Anweisung sind die Amtsstellen angewiesen, den Bau nach jeder Richtung hin zu fördern. [21]

Als Reichswirtschaftsminister hat er außerordentliche Dienste geleistet, schrieb der Senatsvorsitzende Dr. Plügge von der Berufungskammer München. Er hat dieses Amt bis Kriegsende beibehalten und im Jahre 1939 gleichzeitig das Amt des Reichsbankpräsidenten übernommen.

Dr. Funk hat sich einer schrankenlosen Ausbeutung der besetzten Ländern widersetzt, dies geschah aber hauptsächlich aus vernünftigen wirtschaftlichen Erwägungen, schrieb sein Verteidiger. Dasselbe galt auch für seine Tätigkeit als Reichsbankpräsident und seine Währungspolitik in den besetzten Ländern, so war er gegen die Forderung Hitlers, in Deutschland auch die „verbrannte Erde" durchzuführen.

Dr. Funk hat sich in der Regierung des Reiches in führenden Stellungen betätigt, wie sie nur von führenden Nationalsozialisten bekleidet werden konnten und zwar während der gesamten Dauer des nationalsozialistischen Regimes. Er konnte durch seine Verbindungen für sich sehr erhebliche Vorteile ziehen, notiert der Vorsitzende in seiner Urteilsbegründung.

Dr. Funk war persönlicher Wirtschaftsberater Hitlers und hatte daher eine außergewöhnlich große Vertrauensstellung beim Führer. Hitler ernannte Funk an seinem 50. Geburtstag, am 18. August 1940, zum Präsidenten der Reichsbank auf Lebenszeit und verlieh ihm als erstem Reichsminister das Kriegsverdienstkreuz I. Klasse. Am 1. Mai 1942 wurde Reichsminister Dr. Funk wegen seiner außerordentlichen Verdienste, die er sich „durch Gestaltung und Sicherung der Währungs- und Wirtschaftsgrundlagen der deutschen Arbeit im Frieden und im Krieg" erworben hat, vom Führer zum „Pionier der Arbeit" ernannt. [22]

Als Reichswirtschaftsminister erläßt Dr. Walther Funk im Februar 1940 einen Erlaß über die einheitliche Verwertung der bei den Behörden und Dienststellen anfallenden Juwelen und Gegenständen aus Edelmetall: [23/24]

„Die beteiligten Ressorts haben sich entsprechend meinem Schreiben vom 15.02.1940 sämtlich damit einverstanden erklärt, daß die bei den Behörden der Justiz- und Finanzverwaltung und bei den Dienststellen der Geheimen Staatspolizei anfallenden Gegenstände aus Gold, Platin oder Silber sowie Edelsteine und Perlen einheitlich durch die Städtische Pfandleihanstalt, Berlin NO 55, Danzigerstr. 64, verwertet werden. Es soll sich hierbei lediglich um Gegenstände handeln, die in das Eigentum des Reiches übergegangen sind. Die zu Gunsten des Reiches gepfändeten Gegenstände werden von dieser Regelung nicht betroffen.

Von dem bei der Verwertung erzielten Erlös behält die Zentralstelle 10 % zur Deckung ihrer Unkosten. Dieser Satz ist der Zentralstelle auch bei der Verwertung der aus Judenablieferungen stammenden Gegenstände gebilligt worden. Ich bitte, die entsprechenden

Weisungen an die nachgeordneten Behörden und Dienststellen herauszugeben und mir jeweils 2 Abschriften zu übersenden.

Auf Wunsch des Leiters der Zentralstelle [Städtisches Leihamt Berlin] bitte ich die nachgeordneten Stellen anzuweisen, wie folgt zu verfahren:

1.) Zunächst ist der Zentralstelle ein Verzeichnis einzusenden, in welchem die abzuliefernden Gegenstände möglichst genau zu beschreiben sind. Eine Erleichterung würde es bedeuten, wenn die laufende Nummer des Verzeichnisses an den einzelnen Gegenständen angebracht würde. Vorhandene Schätzungen (Taxen) sind den Verzeichnissen beizufügen.
2.) Die Übersendung der Gegenstände erfolgt erst nach Anforderung durch die Zentralstelle. Jeder Sendung ist eine Durchschrift des Verzeichnisses beizufügen. Die Erledigung erfolgt in der Reihenfolge des Eingangs der Verzeichnisse.
3.) Nach Verwertung der einzelnen Sendung wird der Erlös auf das der Zentralstelle aufzugebende Konto überwiesen.

Im Auftrag   Der Reichswirtschaftsminister   gezeichnet: Dr. Gotthardt

Adjutant und persönlicher Referent von Dr. Funk war Reichsbankdirektor Dr. Schwedler, in seiner Doppelfunktion hatte er den Rang eines SS-Hauptsturmführers. Dr. Schwedler hatte einen Teil des Reichsbankgoldes am Walchensee in Bayern versteckt (Seite 275).

Der Reichsführer SS Heinrich Himmler schrieb am 8. Juli 1942 nach dem Attentat auf Heydrich aus dem Führerhauptquartier an den SS Obergruppenführer und General der Waffen-SS Pohl: [25]

„Wie Sie wissen habe ich jetzt die Leitung des Reichssicherheitshauptamtes als Nachfolger von Heydrich selbst übernommen. Es treten nun bei der Auslandsarbeit eine ganze Anzahl von Notwendigkeiten auf, die Heydrich selbst gerade zu lösen im Begriff war. Bei dieser Aufgabe könnten Sie mir helfen. Sprechen Sie doch bitte mit Reichsminister Funk, mit dem Sie, glaube ich, sehr gut stehen und bestellen sie ihm von mir, er könne mir bei der Aktivierung der Auslandsarbeit neben der vielen Hilfe, die er uns schon angedeihen ließ, und für die ich ihm sehr dankbar bin, noch besonders helfen, wenn er mir pro Monat RM 250.000,-- Devisen mehr als bisher geben würde. Wir erhalten jetzt bereits RM 113.000,-- in Devisen insgesamt für alle Aufgaben der Sicherheitspolizei und des SD. Dies genügt aber bei weitem nicht. Ich lasse Reichsminister Funk sehr herzlich bitten, daß er diese Summe, die das Notwendigste was wir brauchen darstellt, genehmigt. Vielleicht können Sie den Besuch sehr bald machen. Grüßen Sie ihn sehr herzlich von mir. Herzliche Grüße an Sie selbst."

Heil Hitler !   Ihr   gezeichnet: Heinrich Himmler

Dr. Walther Funk unterstützte in seiner Doppelfunktion als Reichswirtschaftsminister laufend die Sicherheitspolizei und den SD, sowie das Reichssicherheitshauptamt der Waffen-SS.

In den letzten Kriegstagen ließ sich Dr. Funk mit dem Leiter der Reichskanzlei Dr. Lammers nach Hallein fahren. Dort entließ er seinen Fahrer, fuhr persönlich in seinem schweren Mercedes in ein Kriegsgefangenenlager und stellte sich mit Dr. Lammers den Alliierten.

Bis zu seiner Verhandlung in Nürnberg glaubte Dr. Walther Funk, daß sein verstecktes Reichsbankgold nicht gefunden und für den Wiederaufbau Deutschlands hergenommen würde.

Heute ist das riesige Anwesen Dr. Funks ein außergewöhnliches Seminarzentrum, malerisch im bayrischen Voralpenland zwischen Dietramszell und Bad Tölz, weithin sichtbar auf einem Hügel gelegen und mit Funks wertvollen, antiken Möbeln ausgestattet. Eine abgeschiedene Oase der Ruhe mit weitem Blick auf die bayrische Moränenlandschaft.

Adolf Hitler hat seinen persönlichen Wirtschaftsberater dort nie besucht.

Dr. Walther Funk wurde wegen schwerer Krankheit vorzeitig aus dem Spandauer Kriegsgefängnis entlassen und starb 1962 an Krebs.

Der wichtige Goldexport des Deutschen Reiches vom 1.9.1939 bis zum 30.08.1944 konnte anhand von wiedergefundenen Unterlagen der Reichsbank im Historischen Archiv der Deutschen Bundesbank rekonstruiert werden.

Die Finanzierung der deutschen Kriegslasten erfolgte auch durch den Export von 644.807,28 kg, also rund 645 Tonnen Feingold. [26]

Goldexport des Deutschen Reiches

644.807,28 kg ~ 645 Tonnen Gold

Tabelle 1

Der Goldexport des Deutschen Reiches 1.9.1939 – 30.8.1944 in kg [26]							
	1. 9. 39 - 31.12.39	1940	1941	1942	1943	1944	Gesamt 1.9.39 bis 30.08.1944
Argentinien	0	0	0	0	?	?	?
Belgien	0	8.095,60	52,02	175,30	0,10	0	8.323,20
Bulgarien	0	0	0	153,10	111,60	25	289,70
Chile	0	0	0	0	?	?	?
Dänemark	7,60	20,80	42,93	26,60	14,50	0	112,43
Finnland	0	0,50	0,60	0	0	0,30	1,40
Frankreich	0	0	12,70	0	0,30	0	13,00
Griechenland	0	0	0	0	0	9,0	9,00
Italien	0	0	650,40	2.048,60	14.115,30	0	16.814,30
Jugoslawien	54,40	1.121,80	400,20	0	0	0	1.576,40
Japan	0	0,00	2.000	2.100	0	0	4.100,00
Kroatien	0	0	0	0	1,50	617,56	618,06
Monaco	0	0	0	?	?	?	?
Niederlande	5.046,30	2.008,60	74,20	126	282,50	0	7.537,60
Norwegen	0,20	1,60	42,24	1,60	1,50	0	47,14
Portugal	0	0	21.200	46.800	21.700	43.900	133.600,00
Rumänien	0	0,00	150	14.411,10	31.076,00	222,90	45.860,00
Schweden	6,30	3.040,90	3.099,33	2.024,20	2.128,40	1.000,00	11.299,13
Schweiz	1.619,70	16.493,00	57.544,30	105.525,10	118.806,60	96.353,00	396.341,70
Slowakei	0	30,70	61,20	37,30	7,50	0	136,70
Spanien	0	0	0	0	?	350,20	350,20
Türkei	0	0	0	2.348,00	5.950,30	1.632,50	9.930,80
Ungarn	33,20	112,60	689,30	82	126,80	43,80	1.087,70
UdSSR	0	0	6.256,00	0	0	0	6.256,00
Vatikan	0	0	0	0	?	502	502,00
Gesamt	**6.767,70**	**30.926,10**	**92.275,42**	**175.858,90**	**194.322,90**	**144.656,26**	**644.807,28**

(? = nicht ermittelbar)

Das Reichsbankgebäude in Berlin

Am 5. Mai 1934 wurde mit großem, propagandistischem Aufwand der Grundstein zur neuen Reichsbank in Berlin gelegt. Die Gästeliste zählte eine beeindruckende Reihe von Prominenz aus NSDAP, Staat und Militär auf: Reichsminister Dr. Göbbels, Reichsminister Dr. Frick, Preußischer Ministerpräsident Göring, Oberbürgermeister Dr. Sahm, Polizeipräsident von Levetzow, die Hochschulrektoren Prof. Fischer, Prof. von Arnim, Prof. Thiessen, die Heeresleitung mit Generalmajor Schaumburg, die SA mit Gruppenführer August Wilhelm Prinz von Preußen. Die eigens aufgebaute, große Holztribüne bot Platz für 1.200 Sitzplätze und 5.000 Stehplätze ohne die „SA-Spaliere". [27]

Dem Führer wurde bei der Ankunft von zwei Kindern ein großer Strauß roter Rosen überreicht. Es folgte die „Weiherede" vom damaligen Reichsbankpräsidenten Hjalmar Schacht mit anschließender Grundsteinlegung. Der Reichsbankpräsident stimmte ein dreifaches „Sieg-Heil" an, der Führer verließ kurz darauf die Feier. Ein anschließender Umtrunk für die Belegschaft der Reichsbankangehörigen fand nach einem langen Festzug mit 7.000 Personen im Ulap am Lehrter Bahnhof statt. Allein der Abbau der Holztribünen dauerte neun Tage bis zum 14. Mai 1934.

Am 10. September 1934 erreichte die Baustellenbesetzung mit 410 Hilfsarbeitern, 176 Facharbeitern und 19 Polieren ihren höchsten Stand. Ende 1934 waren die Ausschachtungsarbeiten für den Tieftresor beendet, und im November und Dezember wurde die Grube unter dem Tieftresor betoniert. Die Sohle des gesamten Gebäudes war rund 17.000 m² groß und wurde mit einer 1,50 m dicken Eisenbetonplatte abgeschlossen, der Stahlbedarf dafür wird auf 12.000 Tonnen geschätzt. Die Reichsbank verbaute noch weitere 13.500 Tonnen Stahl. [27]

Eigentliches Herzstück des gesamten Gebäudes war jedoch der unterirdische, dreigeschossige Tieftresor mit ca. 1.850 m² Nutzfläche zur Aufnahme der Devisen- und Goldreserven des Reiches. Dieser Tresor war mit außerordentlichem Aufwand und modernster Technik abgesichert. Über den Tagestresor im Erdgeschoß wurde nach Öffnen schwerer Panzertüren das eigene Tresortreppenhaus, ausgestattet mit drei Lastenfahrstühlen, erreicht. Die drei Tresorgeschosse waren als Stahlskelettkonstruktion in eine Stahlbetonwanne hineingestellt. Die Wände bestanden aus einer extrem dickwandigen, doppelschaligen Mauerkonstruktion aus „Eisenklinkern mit Stahlschienenarmierung". Angeblich wurde der Zwischenraum im Falle eines Einbruchsversuchs mit Wasser aus der Spree geflutet.

In der Berliner Stadtchronik wird berichtet, daß am 1. Januar 1939 die ersten Abteilungen das Haus beziehen konnten. Ein Artikel in der Baugilde aus dem Jahr 1941 berichtet: „Ohne Feierlichkeit wurde im Laufe des Jahres 1939 der erste nach der Machtübernahme vom Führer genehmigte Großbau Berlins in Gebrauch genommen."

Die Einweihung des großen, modernen Schießstandes im 1. Untergeschoß am 21. Juni 1940 wurde mit einer aufwendigen Feier begangen. Am 23. Juli 1940 besuchte der italienische Außenminister Dino Alfieri die Reichsbank und deren Schießstand. Die Reichsbank war weltweit die einzige Nationalbank mit einem eigenen Schießstand. Das Schießen mit ihrer Walther Dienstpistole trainierten besonders die Reichsbankbeamten, welche Goldtransporte begleiteten. Der Bau der Reichsbank mit 550.000 m³ umbauter Raum ist bis heute nach dem Flughafen Tempelhof der zweitgrößte Bau der Stadt. Die Kostenfeststellung vom 31.12.1943 die abgerechneten Gesamtbaukosten ohne Grundstücksankäufe, geplanten Nordbau und Altbau mit 38.602.512,00 Reichsmark an. [27]

Definition der Begriffe Opfergold, Beutegold und konfisziertes Gold

Der Begriff Opfergold bezieht sich ausschließlich auf Gold, das ermordeten oder überlebenden Opfern der Ghettos, Konzentrations- und Vernichtungslager geraubt wurde. Zahngold wurde ermordeten oder lebenden Häftlingen aus dem Mund gebrochen. Dieses Gold wurde an das SS Wirtschafts- und Verwaltungshauptamt nach Berlin geliefert, welche das Gold bis zur Scheidung in der Reichsbank zwischenlagerte. Die Erlöse wurden auf einem Konto mit der Bezeichnung „Max Heiliger" bei der Reichshauptkasse (nicht Reichsbank) gutgeschrieben und gingen von dort in den Reichshaushalt.

Das Beutegold wäre eine legale Kriegsbeute im Sinne der Haager Landkriegsordnung. Dieser Begriff gilt nicht für das Gold der Notenbanken, welche einen privatrechtlichen Status hatten und aus diesem Grund unter den Schutz des Privateigentums fielen. Das erbeutete Gold von einer „privatrechtlichen Notenbank" bezeichnen Historiker als Raubgold.

Das konfiszierte Gold gehörte privaten Personen. Es wurde aufgrund von NS-Gesetzen und Verordnungen eingezogen. Mit Hilfe von Verordnungen wurde seit 1938 systematisch das jüdische Vermögen beschlagnahmt. Entsprechende Bestimmungen galten in den besetzten Gebieten, dort wurde auch Gold von der nicht jüdischen Bevölkerung konfisziert.

Der Goldbestand der Reichsbank vor dem Krieg

Die deutschen Goldreserven nahmen in der Weltwirtschaftskrise drastisch ab. Das Reich hatte damals an der Golddeckung festgehalten, mit der Einführung der Devisenbewirtschaftung im Juli 1931 aber den Goldstandard aufgegeben. 1938 war der Notenumlauf dann nur noch zu 1 % mit Gold gedeckt, der Goldbestand der Reichsbank lag auf einem niedrigem Niveau und das unter dem Reichsbankpräsidenten Schacht heimlich gehortete Gold hatte am 1.9.1939 einen Wert von RM 185.000.000,00. [28]

Der Leiter der Reichskanzlei Reichsminister Dr. Lammers läßt am 14. Januar 1939 an den Reichswirtschaftsminister Dr. Funk schreiben: [29]

„Sehr geehrter Herr Reichsminister !   „GEHEIM UND PERSÖNLICH"

Unter Bezugnahme auf das Ferngespräch, daß Herr Reichsminister Dr. Lammers mit Ihnen geführt hat, beehre ich mich Ihnen im Auftrage des Reichsministers die beiliegende Photokopie einer an den Führer gerichteten Eingabe des Reichsbankdirektoriums zur vertraulichen Kenntnisnahme zu übersenden. Der Bericht hat dem Führer noch nicht vorgelegen. Der Herr Reichsminister und Chef der Reichskanzlei hat jedoch dem Führer den Eingang des Schreibens wissen lassen, daß in der kommenden Woche eine Besprechung über die in dem Bericht behandelnden Fragen stattfinden soll.

Gezeichnet: i.A. Kritzinger   Ministerialdirektor

Reichsbankpräsident Schacht schrieb als Präsident des Reichsbankdirektoriums am 7. Januar 1939 zusammen mit den anderen acht Direktoriumsmitgliedern an den Führer und Reichskanzler folgende umfangreiche Eingabe: [30]

An den Führer und Reichskanzler,   „VERTRAULICHE REICHSBANKSACHE"

Die Reichsbank hat seit langem auf die für die Währung entstehenden Gefahren einer Überspannung der öffentlichen Ausgaben und des kurzfristigen Krediets hingewiesen. Am Ende des Jahres 1938 ist die Währungs- und Finanzlage an einem Gefahrenpunkt angelangt, der es uns zur Pflicht macht, Entschließungen zu erbitten, die es ermöglichen, der drohenden Inflationsgefahr Herr zu werden.

Die Reichsbank ist sich von Anfang an darüber klar gewesen, daß außenpolitische Erfolge nur erreichbar sein konnten auf Grund der Wiederaufrichtung der deutschen Wehrmacht. Sie hat deshalb die Finanzierung der Rüstung weitgehend auf sich genommen, trotz der darin liegenden währungspolitischen Gefahren. Die Rechtfertigung hierfür lag in der alle anderen Erwägungen zurückdrängenden Notwendigkeit, sofort, aus dem Nichts und anfangs noch dazu getarnt, eine Rüstung aufzustellen, die eine achtungsheischende Außenpolitik ermöglichte.

Bei der Verwirklichung dieses Programms kam es entscheidend darauf an, Erscheinungen der Inflation zu vermeiden, weil eine Inflation nicht nur das Vertrauen in die nationalsozialistische Führung untergraben hätte, sondern auch, weil mit einer Inflation materiell nicht gewonnen werden kann. Eine Inflation kann bestenfalls für eine ganz kurze Zeit die unerfahrene breite Masse über die schwindende Kaufkraft des Geldes betrügen, führt dann aber sehr rasch zu um so stärkerer Enttäuschung. In der Wirtschaft führt sie zur Vernichtung des mobilen Kapitals, zerrüttet die Steuereinkünfte und damit den gesamten Staatshaushalt, untergräbt den Spartrieb und macht damit die Begebung von Reichsanleihen unmöglich, sie verteuert die Einfuhr lebensnotwendiger Waren und bringt die Einrichtung des Claeringverkehrs und seine großen Vorteile zum Stocken, so daß schließlich der Außenhandel zum Erliegen kommt.

Um Inflationserscheinungen zu vermeiden, hat die Reichsbank von Anfang an zwei grundsätzliche Forderungen vertreten, einmal die Kontrolle über den Geld- und Kapitalmarkt und zweitens eine Preis- und Lohnkontrolle. In Bezug auf den letzteren Punkt hat der Erstunterzeichnete als Wirtschaftsminister nach Aufhören des von Dr. Goerdeler geführten Preisprüfungsamtes auf die Wiedereinsetzung eines Preiskommissars gedrängt, der dann in der Person der Gauleiters Josef Wagner neu bestellt wurde. Der anderen Forderung ist durch den Kabinettsbeschluß vom Mai 1935 Rechnung getragen worden, der einen Kontrollausschuß unter Vorsitz des Reichsbankpräsidenten vorsah. ...

... von März an durch die ganze Zeit der österreichischen und sudetenländischen Aktion und der damit zusammenhängenden Maßnahmen gerät das Lohn- und Preisgefüge völlig auseinander. Auch nach Beenden der außenpolitischen Aktionen ist leider ein Nachlassen oder gar ein Zurückführen auf die frühere Basis nicht erkennbar. Auf dem Gebiete der Investitionsgüter, zu denen auch die Rüstung gezählt werden muß, rühren die Preissteigerungen her von dem Übermaß der Aufträge und dem Druck auf schnelle Fertigstellung. ...

... in entscheidenden Maße aber wird die Währung von der hemmungslosen Ausgabenwirtschaft der öffentlichen Hand bedroht. Das unbegrenzte Anschwellen der Staatsausgaben sprengt jeden Versuch eines geordneten Etats, bringt trotz ungeheurer Anspannung der Steuerschraube die Staatsfinanzen an den Rand des Zusammenbruchs und zerrüttet von hier aus die Notenbank und die Währung. Es gibt kein noch so geniales und ausgeklügeltes Rezept oder System der Finanz- und Geldtechnik, keine Organisation und keine Kontrollmaßnahmen, die wirksam genug wären, die verheerenden Wirkungen einer uferlosen Ausgabenwirtschaft auf die Währung hintenzuhalten. Keine Notenbank ist imstande, die Währung aufrecht zu erhalten gegen eine inflationistische Ausgabenpolitik des Staates. Der Reichsfinanzminister war in den letzten Monaten infolge von Kassendefiziten in Milliarden Höhe dauernd von der Alternative bedroht, entweder zahlungsunfähig zu werden oder das Loch in den Reichsfinanzen mit dem inflationistischen Mittel der Notenpresse zustopfen zu müssen. ...

Die gesamte deutsche Währungslage stellt sich demnach zur Zeit wie folgt dar:

1.) <u>nach außen</u>: Gold- und Devisenreserven sind bei der Reichsbank nicht mehr vorhanden. Die Passivsaldo der Einfuhr über die Ausfuhr nimmt stark zu. Die Ausfuhr erreicht nicht mehr den Wert der von uns benötigten Einfuhr. Die Reserven, die aus der Angliederung Österreichs und aus dem Aufruf ausländische Wertpapiere und inländischer Goldmünzen gebildet waren, sind aufgezehrt. Die Devisenbescheinigungen, die für die Einfuhr von den Überwachungsstellen ausgestellt werden, sind heute zum überwiegenden Teil überhaupt nicht mehr durch sichere Deviseneinnahmen gedeckt und laufen deshalb Gefahr, daß sie eines Tages mangels Devisen nicht mehr bezahlt werden können. Damit würde dann auch der letzte Auslandskredit für unsere Wareneinfuhr erledigt sein.

2.) <u>nach innen</u>: Die Aktiven der Reichsbank bestehen nahezu ganz aus Staatstiteln (in der Hauptsache Wefo-Wechsel). Die Notenbank ist damit voll blockiert und wird bei einer Wiederinanspruchannahme durch die Wirtschaft nicht imstande sein, die erforderlichen Kredite zu geben. Außerhalb der Reichsbank befinden sich rund 6 Milliarden Wefo-Wechsel, die jederzeit von der Reichsbank zur Diskontierung in barem Gelde präsentiert werden können und damit eine dauernde Bedrohung der Währung darstellen.

Am 1. Januar 1933 betrug der Notenumlauf 3.560 Millionen Reichsmark. Er stieg bis zum 1. März 1938 auf 5.278 Millionen Reichsmark. Diese Steigerung von rund 1,7 Milliarden RM in mehr als 5 Jahren brauchte keine Veranlassung zu währungspolitischen Mißtrauen zu geben, weil sich die Produktion der deutschen Wirtschaft im gleichen Zeitraum nahezu verdoppelte und nicht nur eine Steigerung der Investitionsgüterproduktion, sonder auch eine solche der Konsumgüter enthielt. In der Zeit vom 1. März bis 31. Dezember 1938 aber stieg der Notenumlauf auf 8.223 Millionen RM, d.h. ohne Anrechnung des für Österreich und das Sudetenland benötigten , um weitere 2 Milliarden Mark. Er ist also in den letzten 10 Monaten stärker gestiegen als in den ganzen vorausgegangenen 5 Jahren. ...

... Das unterzeichnete Reichsbankdirektorium ist sich bewußt, daß es in seiner Mitarbeit für die großen gesteckten Ziele freudig alles eingesetzt hat, daß aber nunmehr Einhalt geboten ist. Eine Vermehrung der Gütererzeugung ist nicht durch eine Vermehrung von Geldzetteln möglich. Mit einer Vermehrung des Geldumlaufs kann man angesichts der voll-, ja überbeschäftigten deutschen Wirtschaft nur noch die Preise und Löhne, nicht aber die Produktion steigern. Wir sind der Überzeugung, daß die währungspolitischen Folgen der letzten 10 Monate durchaus zu reparieren sind und daß bei striktester Einhaltung eines aufbringbaren Etats die Inflationsgefahr wieder beseitigt werden kann. Der Führer und Reichskanzler selbst hat die Inflation öffentlich immer und immer wieder als dumm und nutzlos abgelehnt. Wir bitten deshalb um folgende Maßnahmen:

1.) Das Reich wie auch alle anderen öffentlichen Stellen dürfen keine Ausgaben und auch keine Garantien und Verpflichtungen mehr übernehmen, die nicht aus Steuern oder durch diejenigen Beträge gedeckt werden, die ohne Störung des langfristigen Kapitalmarktes im Ausleiheweg aufgebracht werden können.
2.) Zur wirksamen Durchführung dieser Maßnahmen muß der Reichsfinanzminister wieder die volle Finanzkontrolle über alle öffentlichen Haushalte erhalten.
3.) Die Preis- und Lohnkontrolle muß wirksam gestaltet werden. Die eingerissenen Mißstände müssen wieder beseitigt werden.
4.) Die Inanspruchnahme des Geld- und Kapitalmarktes muß der Entscheidung der Reichsbank allein unterstellt werden.

Gezeichnet: Das Reichsbankdirektorium acht Unterschriften

Hitler entließ daraufhin den Reichsbankpräsidenten Dr. H. Schacht. Am 19. Januar 1939 schrieb Reichsminister Dr. Lammers die Entlassungsurkunden für Reichsbankpräsident Dr. H. Schacht, der Vorgang wurde als „Geheime Reichssache" eingestuft, Hitler schrieb:

Sehr geehrter Herr Minister !

Ich nehme den Anlaß Ihrer Abberufung vom Amte des Präsidenten des Reichsbankdirektoriums wahr, um Ihnen für die Deutschland und mir persönlich in dieser Stellung in langen und schweren Jahren erneut geleisteten Dienste meinen aufrichtigen und wärmsten Dank auszusprechen. Ihr Name wird vor allen für immer mit der 1. Epoche der nationalen Wiederaufrüstung verbunden sein. Ich freue mich, Sie in Ihrer Eigenschaft als Reichsminister nunmehr zur Lösung neuer Aufgaben einsetzen zu können.

Mit deutschem Gruß
Ihr
Adolf Hitler

An den Reichswirtschaftsminister und neuen Reichsbankpräsidenten Dr. Walther Funk schrieb Hitler am 19. Januar 1939: [31]

Sehr geehrter Herr Minister !

Ich nehme den Anlaß Ihrer Berufung zum Präsidenten der DEUTSCHEN BANK wahr, um Ihnen zur Übernahme Ihres neuen Amtes meine aufrichtigen Wünsche auszusprechen. Es wird Ihre Aufgabe sein,

1.) in Ihrer nunmehr die beiden wichtigen Ressorts vereinigenden Stellung so wie bisher die unbedingte Stabilität der Löhne und der Preise sicherzustellen und damit der Mark ihren Wert auch weiterhin zu bewahren;
2.) für den privaten Geldbedarf den Kapitalmarkt in erhöhtem Umfange zu erschließen und zur Verfügung zu stellen;
3.) die mit dem Gesetz vom 10. Februar 1937 eingeleitete Umgestaltung der durch den Dawes-Pakt der uneingeschränkten Hoheit des Reiches entzogenen damaligen Reichsbank zu einer der Souveränität des Staates bedingungslos unterstellten deutschen Notenbank zu jenem Abschluß zu bringen, der den nationalsozialistischen Prinzipien entspricht.

    Mit deutschem Gruß   Adolf Hitler

Am 20. Januar 1939 entband Adolf Hitler den Reichsminister Dr. Schacht von seinem Amte als Reichsminister, er war nur einen Tag Minister. [31]

Die Reichsbank gab den Wert ihres Goldbestandes offiziell bei Kriegsbeginn mit RM 70,8 Mio. an, obwohl sie zu diesem Zeitpunkt über eine Goldreserve von RM 382,70 Millionen verfügte. [32]

Der Goldbestand der Reichsbank hatte im November 1944 einen Wert von RM 472 Mio.. Die deutsche Rüstungsindustrie war nur so lange leistungsfähig, wie diese Goldreserven nicht aufgebracht waren. Eine geheime Bilanz des Beauftragten für den Vierjahresplan im Oktober 1944 belegt, daß der vorhandene Goldbestand noch bis Mitte 1946, äußerstenfalls bis zum Frühjahr 1947 gereicht hätte. [33]

Die Goldkammer der Reichsbank führte ein Buch über alle abgehenden Goldtransporte.
Bei der Abfertigung ein- und ausgehender Goldtransporte übernahm die Goldkammer die Meldung über den Transport an den Herrn Direktor der Reichsbankhauptkasse, sowie an den

Aufsichtsbeamten (Posten V) und an die Geldverteilungsstelle. Das Buch der Goldkammer wurde von den US-Truppen im Bergwerk Merkers gefunden. [34]

Die Bedeutung der Reichsstelle für Edelmetalle

Die Überwachungsstelle für Edelmetalle, später Reichsstelle für Edelmetalle wurde 1935 errichtet, um die Ein- und Ausfuhr von Edelmetallen und edelmetallhaltigen Gegenständen zu überwachen; sie war der Reichsbank angeschlossen. Einen freien Gold- und Devisenhandel hat die NS-Wirtschaft nicht zugelassen, ab 1936 wurde ein vollständiges Bewirtschaftungssystem eingeführt, wobei nach und nach die Preise, Importmengen und die Verwendungszwecke immer stärker reglementiert wurden.

Bereits im Dezember 1938 schrieb die Reichsstelle für Edelmetalle an den Beauftragten für den Vierjahresplan Hermann Göring: „Die geplante Erhöhung des Preises für Gold, das aus goldhaltigen chilenischen Erzen gewonnen werden soll, ist währungspolitisch äußerst bedenklich und kann von der Reichsstelle nicht gebilligt werden. Ein Verkauf des aus den chilenischen Erzen gewonnenen Goldes zum Preise des aus Alt- und Bruchgold gewonnenen Feingoldes würde nicht nur den innerdeutschen Goldverkehr, sondern namentlich auch im Ausland einen denkbar schlechten Eindruck hinsichtlich unserer Währungslage hervorrufen, zumal der erhöhte Preis auch für die Erze bezahlt werden soll, also in das Ausland geht, das genau darüber unterrichtet ist, daß nur der Goldgehalt der Erze für Deutschlands Interesse bietet. Ob für die erwogenen Einfuhren ohne Schädigung der Belange der deutschen Währung ein Ausgleich durch entsprechende Senkung des Verkaufspreises der so exportierenden Kompensationswaren gefunden werden könnte, entzieht sich unserer Beurteilung" [35]

Die Beschlagnahme von Gold im gesamten Deutschen Reich wurde von der Reichsstelle für Edelmetalle durch die Anordnung Nr. 20 vom 13.09.1939 zu Kriegsbeginn angeordnet. Das Gold durfte nur noch im Reichsinteresse verwendet werden, speziell für Wehrmachtsaufträge, Exportgeschäfte und die Erhaltung von exportwichtigen Gewerbezweigen. [36]

Außer der Reichsbank und der SS ging die Beschaffung von Edelmetallen im Laufe des Krieges von Importunternehmen auf staatliche Institutionen, NS-Organisationen und die sogenannten Kriegsgesellschaften (Roges = Rohstoff-Handelsgesellschaft mbH, Wifo = Wirtschaftliche Forschungsgesellschaft mbH) über, die zum Zweck der Ausbeutung der besetzten Länder gegründet wurden. Außer ihnen konfiszierten die Verwertungs- und Verwaltungsgesellschaft der Haupttreuhandstelle Ost, Devisenschutz- und Wehrerfassungskommandos, reguläre Wehrmachtseinheiten und auch SS-Institutionen edelmetallhaltige Gegenstände. Die beschlagnahmten Edelmetalle der Haupttreuhandstelle Ost wurden bis Mitte 1944 in den Tresoren der Reichskreditgesellschaft zwischengelagert und erst dann an die Reichsbank abgegeben. [37]

Private Unternehmen wie das arisierte Bankhaus Lippmann, Rosenthal & Co. in Amsterdam, die Deutsche Revision- und Treuhand AG, beschlagnahmende Instanzen, Stäbe der Wehrmacht oder der Vierjahresplanbehörde agierten auch als Aufkäufer. Private Firmen wie die Degussa, die Staatlich-Sächsischen Hütten- und Blaufarbenwerke Freiberg in Sachsen oder die Württembergische Metallwarenfabrik Geislingen kauften in den eingegliederten und besetzten Gebieten Edelmetalle, Schmuck, Scheidmaterial und edelmetallhaltigen Erze selbständig von Privaten und staatlichen Stellen an, darunter die Gettoverwaltung Lodz und besetzte ausländische Silber- und Kupfergruben. [37]

Die staatliche Ausplünderung der deutschen Juden von 1933 - 1940

1933 und in den folgenden Friedensjahren war die systematische Vernichtung der Juden für das NS-Regime allenfalls ein stiller Wunschtraum, eine Möglichkeit, deren Verwirklichung bestimmte politische und technische Bedingungen voraussetzte, die zu dieser Zeit noch nicht gegeben waren.

Der Historiker Stefan Schaefer schrieb in seinem Buch „Hitler und die Schweiz", um die Auswanderung zu beschleunigen, arbeiteten deutsche Stellen noch bis 1938 eng mit jüdischen Organisationen zusammen. Diese aus gegensätzlichen Motiven getroffene Zusammenarbeit hatte zur Folge, daß die Nazis für die Ausfuhr jüdischer Vermögen Ausnahmeregelungen zu den ansonsten restriktiven Devisenbestimmungen des Reiches schufen und ihnen die Möglichkeit gaben, Teile ihres Vermögens auf „legalem" Wege ins Ausland zu transferieren

Die Nutzung „illegaler" Möglichkeiten, Vermögen vor dem Staat in Sicherheit zu bringen, war auf jeden Fall eine legitime Notwehr entrechteter und willkürlicher Auspressung preisgegebener Menschen. Angesichts des hohen Risikos und aufgrund ihres immer noch bestehenden Respekts vor „dem Gesetz" konnten sich die meisten deutschen Juden jedoch nicht zu diesen „illegalen" Versuchen durchringen. Der israelische Historiker Avraham Barkai kommt dann auch zur der Einschätzung: „Es läßt sich heute nicht mehr feststellen, wieviel Geld die deutschen Juden noch auf illegalen Wegen ins Ausland bringen konnten. Erstaunlicher Weise melden die auch sonst ergiebigen Akten der Gestapo [....] nur vereinzelte Fälle." [38]

Die Gestapo begann erst im Dezember 1936 mit der systematischen Überwachung von Juden, die eine Auswanderung vorbereiteten. Eine ausdrückliche Verordnung, vor der Versendung von Umzugsgut der zuständigen Devisenstelle genaue Angaben über den Inhalt und die eigene Vermögenslage zu machen, erging erst per Erlaß des Reichswirtschaftsministeriums vom 13.5.1938. Gleichzeitig wurden die Sonderbestimmungen für die Mitnahme von Umzugsgut nach Palästina aufgehoben. Bis dahin war es noch relativ einfach, Geld ins Ausland zu überführen, so daß im Gegensatz zu späteren Jahren noch manches jüdische Vermögen gerettet werden konnte. Hier waren wohlhabende und weitsichtige Juden, Industrielle und Bankiers mit geschäftlichen und finanziellen Verbindungen ins Ausland viel eher in der Lage, den richtigen Wege zu finden, als die Mehrheit der jüdischen mittelständischen Erwerbstätigen, deren Kapital zum großen Teil in Geschäften und Grundstücken gebunden war.

Je mehr die Berufs- und Verdienstmöglichkeiten der Juden in Deutschland durch spontane Boykotte oder auf dem Verwaltungswege eingeschränkt wurden, desto enger schlossen sich die in Deutschland verbleibenden Juden nach 1933 in einem weitgehend geschlossenen „jüdischen Wirtschaftssektor" zusammen.

Die Schwierigkeiten beim Vermögenstransfer ins Ausland reichten schon bis in die Zeit vor dem Machtantritt der Nationalsozialisten zurück. Bereits 1931 hatte die sozialistische Regierung Brüning die Devisenausfuhr gesetzlich beschränkt, um die in der Wirtschaftskrise verhängnisvolle Kapitalflucht ins Ausland zu verhindern. Neben anderen Notverordnungen wurde die Reichsfluchtsteuer eingeführt. Unter dem NS-Regime wandelte sich die Brüningsche Steuer dann zu einem legalen Instrument der Ausplünderung auswanderungswilliger Juden.

Die Steuer in Höhe von 25 % der auszuweisenden Gesamtsumme, die ursprünglich nur für Vermögenstransfers ab RM 200.000,00 galt, wurde seit Mai 1934 schon ab RM 50.000,00 erhoben. Auch nach Zahlung der Steuer konnte der Emigrant sein Geld aufgrund der bestehenden Devisenbestimmungen nicht ins Ausland transferieren, sondern mußte es in Deutschland auf einem sogenannten „Auswanderer-Sperrmark-Konto" deponieren. Der Verkauf der Sperrmark-Konten gegen Devisen war mit erheblichen Kursverlusten verbunden. Bis Anfang 1935 zahlte die Reichsbank noch die Hälfte des offiziellen Marktkurses aus, dann setzte sie die Quote auf 30 % herab, um sie schließlich bis auf 4 % im September 1939 zu senken. Außerdem wurden die Emigranten durch die willkürliche Manipulation der Wechselkurse schamlos ausgeplündert.

Solange es die Auswanderungsmöglichkeit gab, zahlten die deutschen Juden insgesamt RM 939.000.000,00 an Reichsfluchtsteuer, was einem tatsächlichem Gesamtvermögen von RM 3.500.000.000,00 entsprach. [39]

Bereits 1933 schloß das Reichswirtschaftsministerium aus eigener Initiative mit jüdischen Stellen das sogenannte „HAAVARA-Transferabkommen". Seit dem 19. Zionisten-Kongreß in Luzern 1937 unter der offiziellen Kontrolle der Jewish Agency diente das Abkommen der Regelung des „legalen" Kapitaltransfers jüdischen Vermögens nach Palästina, aber eben nur dorthin. Das HAAVARA-Abkommen funktionierte nach Art eines bilateralen Clearings, bei dem auswanderungswillige Juden ihre Reichsmark auf ein Sperrkonto einzahlten und dafür den vollen Gegenwert, zum offiziellen Kurs des Palästina-Pfund, in Sachwerten erhielten, z.B. eine Plantage. Das auf dem Sperrkonto gesammelte Geld wurde zum Import deutscher Waren nach Palästina verwendet. [40]

Palästina war das einzige Land der Welt, daß trotz britischer Restriktionen für eine organisierte jüdische Einwanderung größeren Umfangs geeignet war. Die Jewish Agency war die einzige Organisation, die eine Auswanderung diesen Ausmaßes organisieren konnte. Nur so ließ sich ein Teil des jüdischen Vermögens in Deutschland „legal" retten und ein Teil der deutschen Juden zur Siedlung nach Palästina bewegen. Das NS-Regime präferierte bis zum Kriegsausbruch eine beschleunigte Auswanderung und konnte zudem auf eine Absatzsteigerung deutscher Produkte und dadurch auf erhöhte Erwerbstätigkeit im Inland hoffen. Zur Durchführung des Clearings wurde in Berlin unter Beteiligung jüdischer Privatbanken, vor allem des Hamburger Bankhauses Warburg, die „Palästina-Treuhandstelle" (PALTREU) gegründet.

Die Zusammenarbeit der Reichsbank und der Waffen-SS wird dokumentiert durch einen Bericht der Waffen-SS vom 20. Juni 1938, welcher über die Reise des Reichsbankrates Dr. Wolf und des Assessors Dr. Siegert vom Reichswirtschaftsministerium handelt. [41]

Dieser Bericht befindet sich in den Prozeßunterlagen des „Eichmann-Prozesses" im Generalquartier der Israelischen Polizei in Tel Aviv. Einige Ausschnitte:

„Am Donnerstag, den 15.6.1938, trafen Reichsbankrat Dr. Wolf und Assessor Siegert von Berlin kommend in Wien ein. Sie wurden am Bahnhof von SS-Unterstumführer Eichmann und dem Unterzeichneten empfangen. Reichsbankrat Wolf wurden anschließend allein die jüdischen Organisationen (Kultusgemeinde und Zionistischer Landesverband) gezeigt. Zweck dieser Besichtigung war, Dr. Wolf eine genaue Übersicht über die Organisation und die Lage der Juden in Österreich zu geben.

Im Anschluß der Auslandsreise der beiden jüdischen Leiter Löwenberg und Rottenberg wurde festgestellt, das von ausländischen Hilfsorganisationen der Kultusgemeinde ein Betrag von 100.000 $ zur Verfügung gestellt worden war. Die Bedingung der ausländischen Geldgeber war hierbei, daß die Valutaunterstützung zu erhöhten Kursen umgewechselt werden sollte. Den Berliner jüdischen Organisationen, die von diesem Plan in Kenntnis gesetzt waren, erschien es zweckmäßig, diesen Valutabetrag über PALTREU-ALTREU abzuwickeln. Eine derartige Verrechnung hielt der Unterzeichnete für unzweckmäßig, da die Valutabeträge für hochwertige Vorzeigegelder Verwendung gefunden hätten und damit keine Förderung der Auswanderungsbewegung aus dem Landesgebiet Österreich erreicht wäre.

Die ALTREU hatte über diesen Komplex bereits mit dem Reichswirtschaftsministerium verhandelt, und es bestand die dringende Gefahr, daß eine Verwertung in oben geschilderten Rahmen erfolgen würde. Wenn beispielsweise der Valutabetrag von 100.000 $ über PALTREU abgewickelt worden wäre, so wäre nur die Einwanderung von 20 Familien nach Palästina gewährleistet worden, was bevölkerungspolitisch nicht interessiert. ...

... Sowohl in der Kultusgemeinde als auch im Zionistischem Landesverband wurde durch Einführungsvorträge als auch durch Kurzberichte der Abteilungsleiter ein eingehendes Bild der Lage der Juden in Österreich gegeben, insbesondere wurde Wert darauf gelegt aufzuzeigen, daß die wirtschaftliche Struktur schlechter gelagert sei, als im Altreich, wodurch die zunehmende Verproletarisierung der jüdischen Massenbevölkerung gegeben ist.

Um dieser begegnen zu können, muß im Landesgebiet Österreich die Auswanderung Minderbemittelter und Kapitalloser in erster Linie vorgesehen werden. Die besitzende jüdische Gruppe wird kaum in der Lage sein, - selbst bei starker Heranziehung ihrer Kapitalien – für die Unterstützung der Masse Sorge zu tragen, wodurch die dringende Gefahr besteht, daß Reichsmittel für Unterstützungszwecke österreichischer Juden – falls die Auswanderung dieser Gruppe nicht ermöglicht werden kann – in Anspruch genommen werden müssen.

In der anschließenden Unterredung wurde eine Richtlinie festgelegt, die die Auswanderung von kapitalistischen Juden aus Österreich nach Möglichkeit vorerst verhindern sollte, wohingegen die Auswanderung Minderbemittelter ganz besonders beschleunigt werden soll. Auf Vorhalt erklärte sich Reichsbankrat Wolf damit einverstanden, daß vorerst der Betrag von 100.000 $ restlos der Auswanderung aus dem Lande Österreich zugute kommen sollte, wobei ein späterer geschilderter Verteilungsschlüssel vorgesehen wurde. Der Unterzeichnete regte an, daß im Augenblick als Maximaldevisentransfer ein Betrag von 3.000 Goldmark Familien zugestanden werden sollte, wodurch die Möglichkeit gegeben wäre, selbst relativ teure Auswanderungsländer wie Australien zu benutzen.

Durch die wirklich übersichtlich gestaltete Vortragsmethodik bei den jüdischen Organisationen, die von SS-Untersturmführer Eichmann entsprechend instruiert waren, war Reichsbankrat Dr. Wolf so beeindruckt, daß er dem Plan völlig zustimmte und zusagte, im positivem Sinne das Notwendige bei seinem Staatssekretär durchzusetzen. Er war auch darüber hinaus bereit, Devisenbeträge, die möglicherweise sonst der ALTREU zur Verfügung gestellt worden wären, für die geschilderte Kleinauswanderung nach Österreich zu legen, wobei gleichzeitig engste Zusammenarbeit zwischen dem Oberabschnitt Österreich und der Devisenstelle vereinbart wurde, die die Anweisung erhalten sollte, jeweilige Devisenanträge nur noch Gegenzeichnung des O.A.-Österreich zu bearbeiten.

Am Nachmittag hatten die beiden Genannten ausreichend Gelegenheit, sich mit Assessor Dr. Siegert zu besprechen. Assessor Siegert war befreundet mit Assessor Freytag von Gestapo und Dr. Lange von der Stapoleitstelle Wien. Anscheinend hatte er sich mit diesem eingehend über die Verhältnisse besprochen. Er vertrat die Ansicht, daß eine Zusammenlegung der reichsdeutschen und österreichischen jüdischen Organisationen erfolgen müsse, was unserer Ansicht nach wegen der Verschiedenheit der Struktur unbedingt verhindert werden müßte, Reichsbankrat Wolf hatte sich ebenfalls dieser Ansicht angeschlossen. ...

... Am Nachmittag fand eine erneute Besprechung in der Devisenstelle Wien statt, wobei Reichsbankrat Wolf, Assessor Siegert, Reichsbankinspektor Raffegerat, SS-Untersturmführer Eichmann und der Unterzeichnete zugegegen waren. Hierbei wurde von Herrn Raffegerat der Vorschlag gemacht, daß, um den Betrag von 100.000 $ zum doppelten Kurswert in Reichsmark der Kultusgemeinde zur Verfügung zu stellen, 17 jüdische Familien mit mindestens drei bis vier Köpfen für je etwa 30.000 Reichsmark einen Devisenbetrag von je 3.000 Reichsmark erwerben sollte. Nach diesem Plan würden somit für 51.000 Reichsmark in Devisen 510.000 Reichsmark aufgebracht, die der Kultusgemeinde im Sinne der Devisenunterstützung der ausländischen jüdischen Organisationen zufließen würden.

Der überschießende Devisenbetrag in Höhe von rund 200.000 Mark würde in 585 Teile zerlegt und mittellosen Auswanderern als Darlehen gegeben werden. Dieser Plan würde eine glatte Lösung darstellen und die Auswanderung von 700 Juden ermöglichen. Den ausländischen Geldgebern würde man dabei gerecht, indem die Kultusgemeinde tatsächlich für den Devisenbetrag den doppelten Kurswert in Reichsmark erzielen würde.

SS-Untersturmführer Eichmann hatte bereits vorher veranlaßt, daß die beiden jüdischen Leiter, Löwenherz und Rottenberg, in der Devisenstelle zugegen seien, um das Einverständnis der ausländischen Geldgeber zu diesem Plan ebenfalls zu erzielen. Es wurde den beiden Juden nicht gesagt, daß es sich um das Objekt der geschenkten 100.000 Dollar handelte, was nach eingehender Überlegung für zweckmäßiger gehalten wurde." ....

20. Juni 1938   Unterschrift / Kurzzeichen

Die Warburg-Bank war eine Vertrauensbank des jüdischen Wirtschaftssektors und hatte bei der Verwaltung jüdischer Sperrkonten eine Monopolstellung. Sie begleitete Liquidationen und „Arisierungen" jüdischer Betriebe. Die Bank dürfte neben HAAVARA, die Möglichkeit „illegaler" Vermögenstransfers gehabt und genutzt haben. [42]

Als Partner in Palästina fungierte die bei der „ANGLO-PALÄSTINA-BANK" eingerichtete HAAVARA. Bis zum Kriegsausbruch transferierten diese Banken ca. RM 140 Millionen nach Palästina. Von den ca. 105.000 Juden, die Deutschland zwischen 1933 und 1937 verlassen hatten, nahmen rund 1/3 die Möglichkeit der Auswanderung nach Palästina wahr. Dem entsprach auch ein höherer Umwechselkurs als der übliche, der sich allerdings im Laufe der Jahre verschlechterte. Eine Bestimmung der britischen Mandatsregierung für Palästina war, daß die Einwanderung mittelloser Juden nach jährlichen Quoten beschränkt war, wohingegen den sogenannten Kapitalisten, die ein „Vorzeigegeld" von mindestens 1.000

(LP) Palästina-Pfund besaßen, ein „Kapital-Einwanderungs-Zertifikat" ausgestellt wurde, mit dem sie unbeschränkt einwandern konnten. [43]

Die „Kapitalisten" zahlten für die obligatorischen 1.000 Palästina-Pfund (LP) RM 12.500,-- auf ein Sperrmark-Konto ein, allerdings erhöhte sich der Betrag bis 1935 durch verschiedene Bestimmungen auf RM 15.000,--, erreichte 1937 RM 20.000,-- und gegen Ende des Jahres 1938 die bis zum Kriegsausbruch übliche Summe von RM 40.000,--. Die Abwertung belief sich also bis zum Tiefstpunkt auf knapp 70 %. Die für die Auswanderer in andere Länder gültige Sperrmark, die nur noch 4 % des Marktwertes wert war, machte allerdings eine Abwertung von rund 95 % durch.

Insgesamt wurden zwischen 1933 und 1939 rund RM 140 Millionen jüdisches Vermögen gerettet. Mitte 1938 waren die meisten deutschen Juden bereits im wahrsten Sinne des Wortes verarmt und im Dezember 1938 wurde sowohl der „illegale" als auch der „legale" Transfer jüdischen Kapitals ins Ausland endgültig gestoppt.

Die Zwangsarisierung aller noch bestehenden Betriebe wurde angeordnet, ebenso die Deponierung von Bargeld, Wertpapieren, Schmuck und anderen Wertgegenständen auf Sperrkonten bzw. Sperrschließfächer. Die Verfügung darüber war genehmigungspflichtig. Fluchtkapitalbewegungen waren ab diesem Zeitpunkt unwahrscheinlich. Der „legale" Kapitaltransfer jüdischen Vermögens war bis Mai 1937 ausschließlich in Richtung Palästina möglich. Erst dann wurde mit der „Allgemeinen Treuhandstelle für die jüdische Auswanderung GmbH" (ALTREU) eine Stelle geschaffen, die die Auswanderung über Sperrmark-Konten auch in andere Länder ermöglichte.

Die Transferbedingungen waren allerdings ungünstiger als bei der HAAVARA-Auswanderung. Der Kursverlust betrug 50 v.H. und die für den Transfer zugelassenen Beträge waren auf RM 5.000,-- für Einzelpersonen und RM 8.000,-- für Familien mit Kindern beschränkt, von denen jeweils nur 50 % in Devisen ausgezahlt wurden. Das Archiv der „ALTREU" blieb nicht erhalten, es kann daher nicht ermittelt werden, wieviele Juden auf diesem Wege auswanderten und welcher Anteil an dem „legalen" Fluchtkapital von insgesamt RM 140 Millionen ihnen zuzurechnen ist. [44]

Diese Summe macht nur einen Bruchteil des jüdischen Vermögens in Deutschland aus, das 1933 zwischen RM 10 bis 12 Milliarden betragen hatte. Nach Abzug der „legalen" RM 140 Millionen verbleiben zwischen RM 9,86 bis 11,86 Milliarden, von denen ein nicht bestimmbarer Teil bis zum Ende jeglichen jüdischen Kapitaltransfers im Jahr 1938 als „illegales" Fluchtkapital ins Ausland geflossen sein könnte.

Die Schlußfolgerung: es dürften sich in allen Ländern mit (bereits damals) funktionierendem Bankensystem sowohl „legale" als auch „illegale" Fluchtgeldkonten befinden, von denen eine nicht bestimmbare Anzahl zu „nachrichtenlosen Konten" wurde. In diese Richtung weist auch eine Pressemeldung vom 5.11.1997. Die Deutsche Presseagentur (dpa) berichtete, daß israelische Banken tausende (!) nachrichtenloser Vermögen von Opfern des NS-Regimes verwalten. Das ZDF Magazin FRONTAL bezifferte den Gesamtwert auf DM 250 Millionen.

Zum Vergleich: In der Schweiz beträgt die Gesamtsumme auf Konten von Ausländern, deren Erben gesucht werden, nur DM 84 Millionen und es erstaunt, daß „israelische Banken zu den Guthaben Jahrzehnte geschwiegen haben", konstatierte die dpa.

Israel veröffentlichte am 10. September 1997 eine Liste mit 10.000 Namen von Eigentümern nachrichtenloser Vermögen. Es handelte sich um die Namen europäischer Juden, die vor dem Zweiten Weltkrieg im damaligen Palästina Vermögen besessen hatten und vom NS-Regime ermordet wurden. Der Banken-Unterausschuß der KNESSET forderte daraufhin die israelischen Banken auf, bis Ende 1997 eine Namensliste aller Inhaber nachrichtenloser Vermögen zu veröffentlichen. [45]

Die Beschlagnahme jüdischer Edelmetalle ab 1938

Der Kauf teurer und gleichzeitig mobiler Wertgegenstände wie Schmuck ermöglichte den Juden, die Beschlagnahme ihres Vermögens zu erschweren und wenigstens einen Teil ihres Vermögens illegal außer Landes zu bringen, um es vor dem Zugriff deutscher Behörden zu retten. Am 26. April 1938 erließen die deutschen Behörden eine „Verordnung über die Anmeldung des Vermögens von Juden". Die Juden wurden verpflichtet, ihren Besitz in Schmuck, Juwelen und anderen edelmetallhaltigen Wertgegenständen offenzulegen. Göring war als Beauftragter für den Vierjahresplan schon in der Geheimen Denkschrift Hitlers im August 1936 nicht nur für die Aufrüstung der Wirtschaft, sondern auch für die Ausbeutung der Juden zuständig gemacht worden. Daraus erklärt sich nicht nur die Federführung der Vierjahresplanbehörde für die Enteignungsmaßnahmen 1938, sondern auch der Versuch dieser Institution, das enteignete jüdische Vermögen für die staatliche Aufrüstung nutzbar zu machen und zu verwerten. [46]

Für die Abwicklung der Beschlagnahme des gesamten jüdischen Vermögens wurde in der Sitzung am 12.11.1938 im Reichsinnenministerium ein Ausschuß unter Leitung von Reichswirtschaftsminister Dr. Walther Funk eingesetzt. [47]

Dieser Ausschuß war auch für die Enteignung jüdischen Grundbesitzes, jüdischer Kunstgegenstände und Aktien u.a. zuständig. In Verordnungen und Erlassen vom 3.12.1938 und vom 24.02.1939 wurden Juden für die „Reichskristallnacht" zu einer Sühneleistung für die von den Nationalsozialisten angerichteten Schäden gezwungen. Ausgenommen waren Juden ausländischer Staatsangehörigkeit. Die staatlichen Pfandleihen wurden gesetzlich als Abgabeorte bestimmt, weil diese in staatlicher Hand im ganzen Reich über ausreichende Lagerkapazitäten und zusätzlich sachliche Kompetenz verfügten. Die zentrale Ankaufsstelle bot den Nationalsozialisten noch eine Ausbeutungsmöglichkeit. Eine übliche Niedrigbewertung des von den Juden angebotenen Schmucks im Pfandhaus statt höherer Preise im freien Marktverkauf erbrachte einen weiteren staatlichen Gewinn.

Nach der Verordnung vom 24.02.1939 mußten die Juden innerhalb von 2 Wochen ihre Edelmetalle abgeben, Anfang März wurde die Frist bis zum 31.03.1939 verlängert. Die Betroffenen durften pro Person den eigenen Trauring und den eines verstorbenen Gatten, silberne Armband- und Taschenuhren, Zahnersatz im persönlichem Gebrauch und zwei vierteilige Eßbestecke aus Tafelsilber je Person, sowie 200 Gramm andere Silbersachen (nicht jedoch über 40 Gramm pro Person) behalten. [48]

Diese Beträge wurden von den Leihhäusern überwiegend nicht ausbezahlt, sondern auf Sperrkonten überwiesen oder nach der Auswanderung oder nach der Deportation der Juden zugunsten des Reichsfinanzministeriums konfisziert. Die kommunalen öffentlichen

Leihanstalten wurden am 27.02.1939 auf einer Zusammenkunft in Berlin vom Leiter des Judenreferates im Reichswirtschaftsministerium Oberregierungsrat Gotthardt über die Abgabevorschriften und den Ablauf der Aktion eingewiesen.

Wieviel Juden sich der Abgabepflicht entziehen konnten ist nicht bekannt. Die angegebenen Vermögenswerte vom April 1938 dürften vollständig abgeliefert worden sein. Die langen Schlangen vor den Leihhäusern am Ende der Abgabefrist im März 1939 deuten darauf hin, daß die Verfolgten noch bis zum Schluß hofften, ihre Werte zu besseren Preisen zu verkaufen. Das eingesammelte Gold aller Leihhäuser wurde zur Zentralstelle der Städtischen Pfandleihanstalt Berlin, Abteilung III weitergeschickt. Der Oberbürgermeister von Berlin verfügte am 27.06.1939 HVII 2 aufgrund der anfallenden Judenwerte die Gründung einer neu zu bildenden und wirtschaftlich selbständigen Abteilung III der Pfandleihanstalt Berlin. Die Erlöse aus der Leihhausaktion gingen an die Reichsfinanzverwaltung. [49]

Der Bericht über das Geschäftsjahr von 1939 des Pfandleihhauses der Stadt Breslau GmbH weist aus, daß bis zum 31.12.1939 an 7.042 Juden insgesamt RM 925.988,70 ausgezahlt wurden. Gold und Platin mit einem Gewicht von 170,229 kg wurden an die Zentralstelle nach Berlin abgegeben. Es wurden 6 kg Gekrätze und 285,340 kg Silbermünzen eingenommen. Weiterhin wurden 6.377 kg Rohgewicht Schmelzsilber an die Scheideanstalten und 8.095 kg Gebrauchssilber an verschiedene Fachgruppen weitergegeben. Das Geschäftsjahr 1940 belegt den Versand von 176,822 kg Gold und Platin nach Berlin und 6.967 kg Rohgewicht Schmelzsilber an die Scheideanstalten bzw. die Abgabe von 9.095 kg Gebrauchssilber an verschiedene Fachgruppen. [50]

Für das Wiener Leihhaus DOROTHEUM ist bekannt, daß die Degussa über ihre Wiener Vertretung Louis Rössler GmbH vom 24.02.1940 bis zum 17.12.1940 in neun Lieferungen insgesamt 179,427 kg Feingold vom DOROTHEUM erhielt. Allerdings dürften auch die beiden anderen Wiener Scheideanstalten, die G.A. Scheid'sche Affinerie und das Staatl. Hauptmünzamt Wien, Feingold aus der Leihhausaktion geschieden haben, so daß die Goldmenge deutlich höher gelegen haben muß.

Im Rechenschaftsbericht für 1939 des Wiener DOROTHEUM steht: „Die Position Deutsches Reich stellt die dem DOROTHEUM zufolge seiner Tätigkeit als öffentliche Ankaufsstelle für Edelmetalle und Juwelen aus jüdischen Besitz gegen das Reich mit Ende des Geschäftsjahres zustehende Forderung aufgrund der für das Reich an Juden ausgezahlten Ankaufsbeträge dar. Die dem DOROTHEUM für seine Tätigkeit zustehende Unkostenvergütung von 205.940,02 Reichsmark ist in der Gewinn und Verlustrechnung unter „Verschiedene Einnahmen" enthalten. [51]

Weitere Judenabgaben in anderen Leihhäusern erfolgten im ganzen Reich. Die Käufer wußten allgemein, daß es sich bei den gut besuchten Versteigerungen in allen Leihhäusern im Reich um Schmuck und Juwelen von Juden handelte. [52]

Die eigentliche logistische Abwicklung der Verteilung von Gold- und Silbermengen aus der Leihhausaktion übernahm nicht die Reichsstelle für Edelmetalle, sondern die Degussa, da sie diese Verteilungsaktion schon seit 1936 für das gesamte Bewirtschaftungssystem der geschiedenen Metalle ausübte. Bis zum 30.06.1941 waren 135 Tonnen Silber von acht Scheideanstalten geschieden, die Degussa selbst schied davon 129 t. Das Leihhausgold dürfte größtenteils von der Degussa geschieden worden sein, da das Unternehmen einen Marktanteil von 46 % im Dritten Reich besaß. [53]

Schätzungsweise 1,3 t Gold dürften von deutschen Juden 1939 in den Leihhäusern abgegeben worden sein.

Am 28.11.1939 lagerte das Judengold bei der Degussa. Es war noch nicht verteilt und über die weitere Verwendung noch nicht entschieden. In der Konzernbesprechung der Metallabteilung der Degussa vom 29.03.1940 sprach der Vorstand Robert Hirtes von rund 5.500 aufgekauften „Goldposten", welche im Fond „J" der Reichsstelle für Edelmetalle zu Verfügung gehalten wurden. [54]

Erst im September 1940 übernahm die Reichsbank 1.200 kg Judengold von der Degussa. Diese Menge reichte allerdings nur etwa 1 Jahr um den deutschen Inlandsbedarf zu decken.

Behandlung von angebotenem Gold der Zivilbevölkerung bei Soldaten in den besetzten Gebieten

Das Oberkommando des Heeres erläßt am 16.10.1942 betreffend den Ankauf von Gold im Osten folgenden Befehl: [55]

„ In den besetzten russischen Gebieten werden von der Zivilbevölkerung oftmals Goldmünzen oder Goldgegenstände zum Kauf oder Tausch gegen Lebensmittel und Tabakwaren angeboten. Im Interesse der Nutzbarmachung dieser Goldangebote für das Reich wird das mit Erlaß Nr. I/17925/41 vom 9.8.1941 ausgesprochene Goldankaufsverbot (gemünzt und ungemünzt) für die besetzten russischen Gebiete (ausgenommen Reichskomm. Ostland und Ukraine) aufgehoben und dafür bestimmt:

Truppen und Dienststellen des Heeres werden ermächtigt, von der Zivilbevölkerung angebotenes Gold zu Lasten des Kap. VIII E 230 (As 4) anzukaufen.

Es dürfen im Höchstfalle vergütet werden:

a) Gemünztes Gold, für Goldstücke zu 10 Rubel = 15,00 RM
   Gemünztes Gold, für Goldstücke zu 5 Rubel =   7,50 RM
   Diese Preise gelten nur für unbeschädigte und unabgenützte Goldmünzen, Beschädigte und stark abgenutzte Münzen sind entsprechend geringer zu bewerten.

b) Ungemünztes Gold (Bruchgold, Ringe usw.) je nach Gewicht auf der Grundlage von 1 kg Feingold = 1.800 RM.
   Zur Vermeidung einer Schädigung der Reichskasse darf Bruchgold nur angekauft werden, wenn die Bestimmung des Goldgehaltes und damit des Wertes vor dem Kauf durch einen Fachmann (Soldaten) möglich ist.

Falls die Anbieter ihr Gold nur im Tausch gegen Lebensmittel oder Tabakwaren abgeben, werden die AOK und Bfh. Heeresgeb. ermächtigt, für ihren Bereich die Entnahme von Lebensmitteln und Tabakwaren aus Wehrmachtsbeständen zu Tauschzwecken zu genehmigen, wenn die Versorgungslage dies zuläßt. Die Abgabe von Fleisch und Wurstkonserven zu diesem Zweck ist jedoch verboten.

Der Berechnung der Lebensmittel oder Tabakwarenmenge, die als Gegenleistung für Gold gewährt werden soll, sind die Goldrichtpreise unter 1 einerseits und die Preise für Lebensmittel bei Abgabe gegen Bezahlung Nr. 357, 612 und 586, für russische Tabakwaren (Machorka) je 50 gr Päckchen = 40 Rpf zu Grunde zu legen. Über den ausgezahlten Bargeldbetrag oder die abgegebene Lebensmittel- und Tabakwarenmenge ist ein Buchungsbeleg zu fertigen, der alle für die Nachprüfung des Ankaufs oder des Tausches erforderliche Angaben enthalten muß.

1. Das von den Truppen und Dienststellen angekaufte oder eingetauschte Gold ist von der zuständigen Zahlmeisterei mit erläuterndem Begleitschreiben als Wertsendung an das Reichsbankdirektorium, Berlin C 111, Abschrift des Begleitschreibens zu Kontrollzwecken an die Amtskasse des OKW, Berlin W 35, zu schicken.

2. Das Reichsbankdirektorium überweist den Reichsmarkgegenwert der Goldsendung auf das Girokonto des OKH und übersendet die Urschrift der Berechnung des Gegenwertes an diese Kasse, eine Durchschrift an die Dienststelle, die das Gold abgeliefert hat.

3. Das Reichsbankdirektorium Berlin vergütet der Amtskasse des OKW das erhaltene Gold wie folgt:

- vollwertige Goldmünzen zu 10 Rubel mit RM 21,55
- vollwertige Goldmünzen zu 5 Rubel mit RM 10,77
- beschädigte oder abgenutzte Goldmünzen und Bruchgold nach dem Gewicht, wobei für 1 kg Feingold RM 2.784 gerechnet werden.

4. Die Amtskasse des OKW wird angewiesen, alle vom Reichsbankdirektorium unter Bezugnahme auf diese Verfügung zur Einzahlung gelangenden Goldgegenwertbeträge anzunehmen und als Einnahme der Verwaltung GAN. zu buchen.

5. Im Rahmen von Abwehraktionen bei Hausdurchsuchungen sichergestellte Goldmünzen sind, wenn ein sicherheitspolizeilicher Beschlagnahmegrund vorliegt, gegen Zahlung einer Vergütung nach Ziff.1a dieses Erlasses einzuziehen. Verwertung des Goldes wie bei Ankauf.

6. Soldaten, Beamten und Gefolgschaftsmitgliedern des Heeres wird der private Ankauf von Gold (gemünzt und ungemünzt) in den besetzten russischen Gebieten allgemein verboten. Vor Eintreffen dieses Erlasses angekauftes Gold muß von Heeresangehörigen nach § 46 in Verbindung mit § 50 Devisengesetz innerhalb einer Frist von 10 Tagen nach Rückkehr in das Reichsgebiet der für den Wohnsitz zuständigen Reichsbankanstalt unmittelbar oder durch Vermittlung einer Devisenbank zum Kauf angeboten werden. Das Gold wird vom Reichsbankdirektorium nach Ziffer 5 vergütet.

Gezeichnet: Generalstab des Heeres

Der Reichsminister der Luftfahrt und Oberbefehlshaber der Luftwaffe erläßt am 2. Januar 1943 sinngemäß den gleichen Befehl für alle Dienststellen der Luftwaffe. [56]

Die Verwertung von Russendepots

In den Unterlagen der Hauptkasse der Reichsbank findet sich nachfolgender Vermerk vom 7. Januar 1943 über die Verwertung von Russendepots aus dem Krieg: [57]

1) Verwertung der Russendepots im Wege der Versteigerung

Für die Preisbildung von Gegenständen aus Gold auf Versteigerungen waren in den letzten zwei Jahren die Bekanntmachungen des Reichskommissars für die Preisbildung maßgebend:

    a) Runderlaß vom 9. Januar 1941 - Rf Pr III-132-15024
    b) Verordnung über Höchstpreise für gebrauchte Waren vom 21. Januar 1942

In neuerer Zeit wird die Versteigerung von Goldsachen möglichst eingeschränkt, da der Preisüberwachung erhebliche Schwierigkeiten entgegenstehen und die Ware vielfach durch vorgeschobene Personen unerwünschte Wege läuft. Die Reichsstelle für Edelmetalle setzt sich stark dafür ein, daß die Pfandleihanstalten von sich aus versuchen sollen, durch rechtzeitige Einfühlnahme mit den Pfandschuldnern die verpfändeten Objekte unmittelbar dem organisierten Handel wieder zuzuführen.

Die Städt. Pfandleihanstalt Berlin Abt. I, die zur Verwertung der Russendepots herangezogen werden könnte, hat aus dieser Entwicklung heraus ihre Versteigerungen eingestellt. Nach fernmündlicher Mitteilung des Direktors Breustädt wird aber voraussichtlich für eine Anzahl verfallener Pfandsachen in nächster Zeit nochmals eine Versteigerung stattfinden müssen. Es besteht demnach die Möglichkeit, bei dieser Gelegenheit die Russendepots ausbieten zu lassen, die Genehmigung hierzu erteilt der Kämmerer der Stadt Berlin.

2) Verwertung der Russendepots im freien Handel

a) Die Städtische Pfandleihanstalt Berlin Abt. III befaßt sich mit dem Verkauf von Schmuckgold, Edelsteinen, Perlen ect. im In- und Ausland, in erster Linie dient sie jedoch der Abwicklung von Geschäften für Rechnung des Herrn Reichsministers der Finanzen (Dr. Walther Funk). Es werden Taxpreise, die den Großhandelspreisen entsprechen, bezahlt unter Abzug einer Gebühr von 10 %. Die beim endgültigen Verkauf der Ware erzielten Überschüsse werden an die Reichshauptkasse zu Gunsten des Reichsfinanzministerium abgeführt. Auf unsere fernmündliche Rückfrage, ob ein etwaiger Mehrerlös aus den Russendepots der Reichsbank zur Verfügung gestellt werden könnte, mußte uns unter Hinweis auf die bestehenden Bestimmungen ein ablehnender Bescheid erteilt werden.

b) Zu erwägen wäre noch die Verwertung der Depots durch eine geeignete Firma des Großhandels. Die Juwelengroßhandlung Ernst Färber, Berlin, Kronenstr.12, nimmt die für das Reichswirtschaftsministerium abzuwickelnde Geschäfte vertraulicher Art in größerem Umfange wahr und soll sich bisher bestens bewährt haben (evtl. Rückfrage Oberregierungsrat Dr. Himminghoffen im Reichswirtschaftsministerium). Der Inhaber, der zum Beirat der Untergruppe Edelstein-Großhandel (Import und Export) gehört, soll gute Beziehungen im Ausland – vor allem in der Schweiz – haben und dürfte bei der Veräußerung wertvoller Schmuckstücke gute Dienste leisten können.

Gezeichnet: Hauptkasse   (Durchschlag an Herrn Direktor b.d. RB von Schelling)

Die Reichsbank und die Finanzierung von Konzentrations- und Arbeitserziehungslagern

Der Reichsführer-SS schrieb am 8. Oktober 1938 an den Reichsminister der Finanzen, Dr. W. Funk ein geheimes Schreiben über „Betriebsmittel" für die SS-Totenkopfverbände: [58]

„Auf Befehl des Reichsführers-SS wurden in den letzten Tagen aus der allgemeinen SS einberufen:
  1.) 4.000 Mann zur Verstärkung der Bewachung der Konzentrationslager
  2.) rund 10.000 Mann zur Ausbildung als Polizeiverstärkung

Durch diese Maßnahmen bis Ende Oktober 1938 anfallenden Kosten betragen:

zu 1.)   500.000,00 RM
zu 2.) 1.100.000,00 RM
zus.   1.600.000,00 RM

Dieser Betrag wird aus den Mitteln bereit gestellt werden müssen, die im März 1938 für Ausbildungszwecke der Polizeiverstärkungen im Rechnungsjahr 1938 angemeldet worden sind (19.070.000,00 RM).

Da der Bedarf sehr dringend ist, wird gebeten, die beschleunigte Bereitstellung und Überweisung dieser RM 1.600.000,00 auf Konto XXXVI a des Verwaltungsamtes der SS, Oberkasse der SS-Totenkopfverbände, bei der Reichshauptkasse Berlin zu veranlassen."

Der Verwaltungschef der SS   gezeichnet: Pohl   SS-Gruppenführer

Der Reichsführer-SS und Chef der Sicherheitspolizei schrieb in Bezug auf obiges Schreiben erneut an den Reichsminister der Finanzen: [59]

„Gemäß dem Befehl des Führers und Reichskanzlers vom 17.8.1938 bilden die SS-TV. im Mob-Fall die Stämme für die Polizeiverstärkung; die SS-TV. werden in der Bewachung der KL. durch Angehörige der allgemeinen SS, die das 45. Lebensjahr überschritten haben und militärisch ausgebildet sind, ersetzt.

Infolge der Ereignisse im sudetendeutschen Gebiet sind zur Bewachung der KL. rund 4.000 über 45 Jahre alte Führer und Männer, zur Ausbildung als Polizeiverstärkung rund 10.000 Führer und Männer im Alter zwischen 25 und 35 Jahren aus der allgemeinen SS einberufen worden. Hierdurch entstehen bis Ende Oktober 1938 voraussichtlich RM 1.600.000,00, die nicht auf den allgemeinen Haushalt der Konzentrationslager, bzw. SS-TV. übernommen werden können, da die 14.000 Mann über die planmäßige Stärke des Rechnungsjahres 1938 vorhanden sind.

Durch Rückfrage habe ich am 3.9.1938 beim Oberkommando der Wehrmacht festgestellt, daß für die Ausbildung der Polizeiverstärkung im Rechnungsjahr 1938 nicht RM 19.070.000,00, sondern nur RM 600.000,00 RV-Mittel vorgemerkt sind, die aber vom OKW erst bei Ihnen angefordert werden müßten. Die Leistung der Ausgaben kann jedoch nicht bis dahin zurückgestellt werden. Ich bitte deshalb, mich schon jetzt zu diesen Aufgaben zu ermächtigen und mir die RM 1.600.000,00 als weitere Betriebsmittel für den Monat Oktober 1938 außer den bereits angeforderten RM 6.100.000,00 zur Verfügung zu stellen. Wegen der Anforderung der RM 600.000,00 beim OKW und der Aufstellung eines Nachtragshaushaltes werde ich das Weitere veranlassen.

Im Auftrag   Gezeichnet   Dr. Best   Chef der Deutschen Polizei

Der Haushalt der SS-Totenkopfverbände und Konzentrationslager für 1938 fordert folgende Baumittel zusätzlich beim Reichsminister der Finanzen an: [58]

Erweiterungsbau	Lager Dachau	RM 730.000,00
	Lager Sachsenhausen	RM 730.000,00
	Lager Lichtenberg	RM 870.000,00
	Lager Buchenwald	RM 2.319.000,00
	Lager Flossenbürg	RM 1.500.000,00
	Lager Mauthausen	RM 1.500.000,00
		RM 7.649.000,00

Diese Forderung haben Sie auf 3 Millionen Reichsmark herabgesetzt. Ich nehme an, daß Sie selbst Ihre Entscheidung durch die Ereignisse in den letzten Tagen, die eine Steigerung der Häftlingszahl von 24.000 auf rund 60.000 gebracht haben, überholt ansehen. Die Ereignisse der letzten Tage haben die Richtigkeit meiner Auffassung bestätigt, daß die Konzentrationslager nicht immer nur für den Augenblicksbedarf, sondern auf weitere Sicht eingerichtet werden müssen, weil sonst die Durchführung der staatspolitisch wichtigen Sicherungsmaßnahmen einfach an dem Mangel an Haftraum scheitern würde. ...

... Der Führer der SS-TV. und KL. ist nicht nur Kommandeur der Totenkopfeinheiten in der Stärke von 10.441 Führern und Männern, sondern er ist auch für 30.000 bis 60.000 staatsgefährliche Häftlinge und die wirtschaftliche Verwaltung des erheblichen Reichsvermögens verantwortlich, das die KL. mir ihren ausgedehnten Wirtschaftsbetrieben darstellen. ...

... Bei den Stellen für die Lagerkommandanten bitte ich zu beachten, daß den Führern und Männern der TV. und KL. keine Dienstzeitversorgung, sondern nur eine Unfallfürsorge zusteht. Ihr Tätigkeit ist sehr verantwortungsvoll und aufreibend. Es findet deshalb auch ein häufiger Wechsel auf diesem Führerposten statt. ...   Im Auftrage   Dr. Best

Die Ausgaben der SS-TV. und Konzentrationslager für das Rechnungsjahr 1938 belaufen sich

auf: laufende ...... RM 26.789.000,00
        einmalige .... RM 40.849.000,00   insgesamt RM 67.638.000,00

auf: laufende ...... RM 30.000.000,00   für das Jahr 1939
        einmalige .... RM 36.682.000,00   für das Jahr 1939 bereits bewilligt
        einmalige .... RM 26.980.000,00
                            RM 56.982.000,00

... Es wäre jedoch in Erwägung zu ziehen, die Gesamtausgaben auf RM 40 Millionen zu beschränken und bei den Verhandlungen die von mir hinzugesetzten je RM 5 Millionen für einmalige Ausgaben bei den SS-TV. und KL. zuzugestehen. Es ist jedoch nicht ausgeschlossen, daß die Anforderungen des Reichsführers-SS statt von mir geschätzten RM 50 Millionen bald RM 60 Millionen betragen werden. Entscheidend ist und bleibt, wie die Frage der Judenhäftlinge gelöst wird.

Herrn Reichsfinanzminister zur Besprechung mit Herrn Ministerialdirigent
Dr. Best vorgelegt.   Berlin, 15. Dezember 1938

Dr. Werner Best fand nach dem Krieg beim Mühlheimer STINNES-KONZERN sein Auskommen und konnte dort untertauchen.

Der Reichsführer-SS erläßt am 28. Mai 1941 einen Runderlaß an alle Polizeiorgane im Reich und in den besetzten Gebieten, über die Errichtung von neuen „Arbeitserziehungslagern", Ausschnitte daraus: [58]

„Mit dem verstärkten Arbeitseinsatz von Ausländern und anderen Arbeitskräften in wehr- und volkswirtschaftlich wichtigen Betrieben mehren sich die Fälle von Arbeitsverweigerungen, denen im Interesse der Wehrkraft des deutschen Volkes mit allen Mitteln entgegengetreten werden muß. Arbeitskräfte, die die Arbeit verweigern oder in sonstiger Weise die Arbeitsmoral gefährden und zur Aufrechterhaltung der Ordnung und Sicherheit in polizeilichen Gewahrsam genommen werden müssen, sind in besonderen Arbeitserziehungslagern zusammenzufassen und dort zu geregelter Arbeit anzuhalten. Die Arbeitserziehungslager sind ausschließlich zur Aufnahme von Arbeitsverweigerern und arbeitsunlustigen Elementen, deren Verhalten einer Arbeitssabotage gleichkommt, bestimmt. Die Einweisung verfolgt einen Erziehungszweck, sie gilt nicht als Strafmaßnahme und darf als solche auch nicht amtlich vermerkt werden."

1.) Zur Errichtung der Lager sind ausschließlich die Befehlshaber der Sicherheitspolizei und der SD zuständig, die auch die Art des Arbeitseinsatzes bestimmen. Sie können jedoch eine Staatspolizei(leit)stelle ihres Bereichs mit der Errichtung beauftragen. Die wirtschaftliche Betreuung des Lagers ist in jedem Falle einer Staatspolizeileitstelle zu übertragen.
2.) Die Errichtung des Lagers erfolgt auf Reichskosten oder durch Anmietung bzw. Anpachtung geeigneter Räume und Baracken. Die Arbeitserziehungslager haben den Charakter eines Polizeigewahrsams.
3.) Für das Lager ist ein Beamter oder Angestellter der Geheimen Staatspolizei als Leiter zu bestellen, der für den Dienstbetrieb im Lager verantwortlich und dem Reichssicherheitshauptamt namhaft zu machen ist.
4.) Die Dauer der Haft darf höchstens 56 Tage betragen, und zwar sowohl für deutsche wie für ausländische Häftlinge (Polen, Tschechen usw.). Den Einweisungsstellen soll dadurch die Möglichkeit gegeben werden, dem Grad der Verfehlung des Häftlings unter Berücksichtigung seiner Persönlichkeit gerecht zu werden und erforderlichenfalls eine Steigerung bei mehrmaliger Einweisung erreichen zu können. Ist nach Ablauf der Gesamtzeit von 8 Wochen der Haftzweck nicht erfüllt, so ist beim Reichssicherheitshauptamt - Ref. IV C 2 – die Verhängung von Schutzhaft und die Einweisung in ein Konzentrationslager zu beantragen.
5.) Die tägliche Arbeitszeit soll nicht weniger als 10 und darf nicht mehr als 12 Stunden betragen. Die Häftlinge erhalten eine Arbeitsbelohnung von 0,50 RM für jeden Arbeitstag. Bei Häftlingen die Unterhaltsverpflichtungen zu erfüllen haben, wird aus sozialpolitischen Gründen das Arbeitsentgelt auf 3,50 RM angesetzt und den unterhaltsberechtigten Angehörigen überwiesen.

6.) Die Häftlinge werden Unternehmern durch Vortrag (Arbeitsvertrag) zur Arbeitsleistung zur Verfügung gestellt. Als Arbeitsentgelt ist der Tariflohn für ungelernte Arbeiter zuzüglich eines Aufschlages von 15 % für Unfall- und Sozialversicherungsbeiträge und der Auslösung bei Verheirateten zu vereinbaren. Unternehmen von wehrwirtschaftlicher Bedeutung sind zu bevorzugen. In dem Arbeitsvertrag ist klarzustellen, daß die Häftlinge durch das Reich gegen Unfall versichert sind und freie Heilfürsorge genießen.

7.) Sämtliche Kosten für Verwaltung und Bewirtschaftung des Lagers sowie für den Unterhalt der Gefangenen sind bei den entsprechenden Ausgabetiteln des Reichshaushalts der Sicherheitspolizei zu buchen.

8.) Jeder Häftling ist bei seiner Aufnahme darauf hinzuweisen, daß er für die Aufrechterhaltung der Anwartschaft seiner Invaliden- oder Angestelltenversicherung selbst zu sorgen hat. Eine Versicherung auf Kosten des Reiches findet nicht statt.

9.) Das Entgelt für die Vergebung der Arbeitskraft der Häftlinge an private Unternehmer und an öffentliche Verwaltungen unterliegt der Umsatzsteuerpflicht. Die Umsatzsteuervoranmeldungen sind binnen 10 Tagen nach Ablauf jedes Kalendervierteljahres bei dem zuständigen Finanzamt abzugeben.

...Für jeden Unternehmer, dem Häftlinge zur Verfügung gestellt werden, ist eine Beschäftigungsliste nach anliegendem Muster zu führen. Über den nach der Beschäftigungsliste errechneten Betrag erhält der Unternehmer nach Ablauf jeden Monats eine Rechnung mit der Aufforderung, den Rechnungsbetrag binnen einer Frist von 3 Wochen an die näher zu bezeichnende zuständige Amtskasse einzuzahlen. ...

... Außer der Beschäftigungsliste sind in jedem Arbeitserziehungslager Bücher und Listen nach den Mustern der Polizeigefängnisordnung zu führen. ...

Die Gültigkeit dieses Erlasses wird ausdrücklich auf die Dauer des Krieges beschränkt.

Gezeichnet: Heinrich Himmler

Das Wirtschafts-Verwaltungshauptamt der Waffen-SS unter dem Reichsführer SS und dem Chef der Deutschen Polizei schrieb am 27. Januar 1943 an das Reichsfinanzministerium nach Berlin: [58]

Betreff: Häftlingsentgelt

Sehr geehrter Herr Ministerialrat Dr. Gossel !

Ich teile Ihnen mit, daß die Einnahmen aus der Häftlingsbeschäftigung in den Konzentrationslagern im Rechnungsjahr 1942 die Summe von RM 13.265.232,00 erreichen.

Heil Hitler

i.V.   Frank   SS-Brigadeführer und Generalmajor der Waffen-SS

GOLDBESTÄNDE UND GOLDÜBERNAHMEN

DER REICHSBANK

VON EUROPÄISCHEN NATIONAL- UND NOTENBANKEN

BELGISCHES GOLD

Bisher unveröffentlichte Unterlagen, wie der Bericht des Mitglieds der Deutschen Waffenstillstandsdelegation für Wirtschaft und Delegierten der Reichsregierung für Wirtschafts- und Finanzfragen bei der französischen Regierung, Herrn Hartlieb, sowie die Erinnerungsaussagen der Reichbankdirektoren Wilhelm, von Schelling, Werner, Thoms und des Reichsbankvizepräsidenten Emil Puhl ergeben das Bild über das Schicksal des von der Banque Nationale de Belgique bei der Banque de France deponierten Goldes. [59]

Nach der Kapitulation am 26. Juni 1940 der belgischen Streitkräfte, unterhielt sich der belgische König Leopold III. als Kriegsgefangener der Wehrmacht mit dem von Hitler persönlich zum Schutz des Monarchen abgestellten Kommandanten einer Ehrenwache auf Schloß Laeken.

König Leopold III. ließ Hitler ausrichten, daß vor einiger Zeit der belgische Goldschatz nach Frankreich geschafft und dort bei der Nationalbank eingelagert worden sei. Der König wünschte das Gold wieder nach Belgien zu holen und wollte, daß der „Führer" sich persönlich für den Rücktransport einsetzen sollte. [60]

Am 19.07.1940 erfolgte über die deutsch-französische Waffenstillstandskommission in Wiesbaden eine Anfrage an die französische Vichy-Regierung über den Verbleib des Goldschatzes von Belgien, sowie über weitere dort eingelagerte Goldschätze anderer Nationalbanken und Regierungen.

Nach dem Waffenstillstandsabkommen vom 22.06.1940, das den Sieg über Frankreich besiegelt hatte, unterlagen auch die von der deutschen Wehrmacht besetzten Gebiete der französischen Verwaltung. Ein Monat nach dem Treffen Marschalls Petains, dem Vertreter der neuen Vichy-Regierung Frankreichs, mit Hitler in Montoire, übersandte die französische Regierung an die deutsche Waffenstillstandskommission eine Antwort mit der Liste aller Goldbestände und deren Verbringung nach Afrika.

Die deponierten Goldmengen fremder Länder bei der BNP waren:

```
- 4.944  Kisten mit    221.731 Kilo Gold  der Belgischen Nationalbank   221,8 Tonnen
- 1.208  Kisten mit     53.000 Kilo Gold  der Polnischen Nationalbank    53,0 Tonnen

  und weitere 8.250 Kilo ( 8,3 Tonnen ) Gold in Kisten von den Notenbanken Lettlands,
  Litauens, Norwegens und der Tschechoslowakei.
```

Die Französische Regierung hatte kurz vor der Kapitulation vor Hitlerdeutschland mit Kriegsschiffen zwei Drittel ihres Goldschatzes in die USA nach New York transportieren lassen, dort wurde das Gold bis Kriegsende von der amerikanischen Nationalbank FED verwahrt.

Die belgische Exilregierung ließ im Dezember 1944 durch ein New Yorker Gericht Gold im Gegenwert von US $ 200 Mio. des französischen Goldschatzes bei der US-Notenbank für die Belgische Nationalbank beschlagnahmen. Die Exilregierung Belgiens wollte den von der Reichsregierung beim Berliner Amtsgericht hinterlegten und zur Verfügung gestellten Gegenwert in Reichsmark nicht annehmen.

Eines der letzten französischen Kriegsschiffe der Gold-Sicherstellungs-Aktion war der Hilfskreuzer Victor Schölcher, der Direktor der polnischen Nationalbank namens Michalski begleitete diesen Transport mit 4.944 Goldkisten. Weil das britische Kriegsschiff, daß die Goldkisten nach New York abholen sollte, nicht zur vereinbarten Zeit eintraf, wurde dem französischem Hilfskreuzer im letzten Augenblick befohlen, Kurs auf Dakar zu nehmen.

Am 28. Juni 1940 lief der Hilfskreuzer Victor Schölcher im Atlantikhafen Dakar ein. Die Stadt war damals Hauptstadt des französischen Generalgouvernements Westafrika. Das Kolonialreich Französisch-Westafrika war noch in der Hand der französischen Kolonialarmee, die der Befehlsgewalt Marschall Petains und seiner Vichy-Regierung unterstand.

Die französische Regierung stellte die Sicherheit des Goldes in Dakar in Frage, nachdem der schwarze Gouverneur des zum französischen Generalgouvernements Französisch-Äquatorial-Afrika gehörenden Tschad-Gebietes sich am 26. August 1940 dem „freien Frankreich" des Generals de Gaulle anschlossen hat. Am 27. August 1940 trat das französische Mandatsgebiet Kamerun und kurz darauf auch die französische Kongokolonie zu General de Gaulle über.

Das Direktorium der Bank von Belgien und die Belgische Regierung flüchteten am 5. Tag der deutschen Westoffensive nach Frankreich, die Bankschalter in Belgien wurden geschlossen. Monate später begaben deren sich nach London. Der Gouverneur der Bank von Belgien Georges Janssen kehrte mit Einverständnis der Exilregierung bereits sieben Wochen nach der ersten Flucht in die belgische Hauptstadt Brüssel zurück.

Im Oktober 1940 kam es zu dem Belgisch-Französischen Goldabkommen, in welchem sich die Bank von Frankreich bereit erklärte, die Goldbestände an die Belgische Notenbank gegen Quittung zurückzugeben. Von belgischer Seite wurde das Abkommen von dem deutschen Kommissar bei der belgischen Nationalbank gezeichnet, nicht jedoch von Gouverneur Georges Janssen, der das Abkommen auch später nicht anerkannte.

Das Gold war inzwischen vom französischen Militär nach Cayes, 600 km östlich von Dakar, ins Landesinnere gebracht worden.

Ein deutscher Versuch, eine Vollmacht der „Generalsekretäre", also der nationalen Regierung im besetzten Belgien, zu bekommen, auf Grund derer Gouverneur Janssen möglicherweise seinen Standpunkt zum Belgisch-Französischen Goldabkommen revidiert hätte, mißlang. Die Generalsekretäre erklärten, sie hielten sich zu Hergabe einer Vollmacht nicht für befugt.

Nach längeren Verhandlungen, insbesondere des deutschen Gesandten Dr. Johannes Hemmen mit dem französischen Premierminister Pierre Laval, dem französischen Finanzminister und

Gouverneur der Bank von Frankreich und Chef der französischen Verhandlungsdelegation Yves Breart de Boisanger erklärte sich die französische Seite damit einverstanden, das Gold als depositum regulare für die Banque Nationale de Belgique der Reichsbank zu übergeben und auf weitere Ansprüche daraus an die Reichsbank zu verzichten, den Belgiern gegenüber also für den Eventualfall im Obligo zu bleiben.

Das Belgisch-Französische Abkommen wurde durch ein Zusatzprotokoll vom Dezember 1940 geändert. Voraussetzung für diese Abmachung mit den Franzosen war die Veröffentlichung einer Verordnung des Militärbefehlshabers in Belgien und Nordfrankreich, gemäß welcher der deutsche Kommissar bei der belgischen Notenbank auch zu für diese Bank verbindlichen Vermögensverfügungen bevollmächtigt werde. Die Verordnung erschien am 19. Dezember 1940. Gouverneur Janssen, der das Gold offenbar lieber in Afrika gewußt hätte, nahm auch zu dem Zusatzabkommen ablehnend Stellung.

Von den insgesamt 236 t Gold wurden 4,8 t direkt nach Marseilles geflogen, der erste Goldtransport kam im November 1940 in Marseilles an; 60,8 t transportierte man auf einem französischen Kreuzer nach Casablanca, dann per Bahn nach Algier und von dort auf den Luftweg nach Marseilles. Die restlichen 170 t nahmen den abenteuerlichen Landweg per Bahn von Cayes nach Koulikero am Niger, auf dem Niger bis Burem, auf Lastkraftwagen durch die Sahara nach Colomb Bechar, per Bahn nach Algier und auf dem Luftweg von dort nach Marseilles. Im Mai 1942 kam der letzte Transport in Marseilles an, keine einzige Kiste Gold war verloren gegangen. Die Überführung von Marseilles nach Berlin erfolgte dann in 24 Eisenbahntransporten. Ein leitender Beamter der Reichsbank befand sich zur Entgegennahme der aus Afrika kommenden Transporte ständig in Marseille.

Der Gegenwert des Goldes belief sich auf rund 560 Mio. Reichsmark, einschließlich eines Sonderdepots im Wert von 12 Mill. Reichsmark, das der Sparkasse von Luxemburg gehörte und von dieser der Reichsbank 1942 legal verkauft wurde.

Bis hierher reichen die Originalberichte der deutschen Reichsbank. [61]

Die Überprüfung des Goldes bei der Reichsbank in Berlin ergab, daß die Menge stimmte und daß es sich um belgische Goldbarren und Münzen handelte. - auf Notizen des zuständigen Reichsbankdirektor Thoms belief sich der Gegenwert des Goldes auf RM 552.378.000,--.

Das Gold wurde in den Tresoren der Reichsbank als depositum regulare für die belgische Nationalbank, nach dem Reichsbankdirektor Wilhelm unter besonderem Verschluß, verwahrt.

Herr Reichsbankdirektor Wilhelm bestätigte, daß im Sommer 1943 Staatssekretär Neumann vom Vierjahresplan an die Reichsbank wegen Herausgabe und Verwendung des Goldes herantrat. Derartige Wünsche scheinen auch vom Militärbefehlshaber in Belgien und Nordfrankreich geäußert worden zu sein. Zunächst weigerte sich die Reichsbank mit Hinweis auf den Charakter eines depositum regulare und auf das internationale Ansehen der Bank, dem Wunsch des Vierjahresplans nachzukommen.

Gemäß dem neuen Plan waren die deutschen Gold- und Devisenbestände weiterhin juristisches Eigentum der Reichsbank, sie wurden aber mit der Vorschrift belastet, daß über sie - abgesehen von den eigenen Direktgeschäften der Reichsbank - nur mit Zustimmung des Chefs des Vierjahresplans, welcher Reichsmarschall Hermann Göring war, verfügt werden durfte. Dieser erhielt auch das Recht, Gold- und Devisenbeträge gegen Zahlung des Reichsmarkgegenwerts direkt oder indirekt zu disponieren.

Da die Reichsbank das Gold nicht einfach herausgeben und der Vierjahresplan das Gold offenbar nicht „mit Gewalt" nehmen wollte, führten die Beratungen, an denen auch die Herren Puhl, Wilhelm und von Schelling beteiligt waren, dazu, daß man das Reichsleistungsgesetz von 1939 heranzog.

Diesem Gesetz nach war zu Beschlagnahmen in Berlin der Oberpräsident von Brandenburg zuständig. Man wandte sich nicht an ihn, sondern an seinen Vorgesetzten, den Preußischen Ministerpräsidenten. Dieser beschlagnahmte das Gold zu Gunsten des Vierjahresplans. Die Reichsbank verlangte eine Bezahlung des Goldes und erhielt den entsprechenden RM Betrag; nach Reichsbankdirektor Wilhelm verkaufte der Vierjahresplan das Gold an die Reichsbank.

Sowohl die Bank von Frankreich wie die Belgische Nationalbank lehnten es ab, den Reichsmarkbetrag, der ihnen durch die Reichsbank angeboten wurde, zu akzeptieren. Das Geld wurde daraufhin nach Rücksprache mit Herrn Kriege vom Reichsjustizministerium beim Amtsgericht Berlin Mitte in Form eines Schecks für die Banque de France und die Banque Nationale de Belgique, hinterlegt.

Die Franzosen protestierten im September 1943 in Wiesbaden gegen die Beschlagnahme und baten um Wiederherstellung des früheren Zustandes. Im Januar 1944 antwortete die Reichsregierung, daß die Inanspruchnahme des Goldes in Übereinstimmung mit den in Deutschland geltenden gesetzlichen Bestimmungen erfolgt sei. 1944 erhob die Bank von Frankreich erneut Protest, der von der Reichsbank dahingehend beantwortet wurde, daß Goldbarren im Krieg requiriert werden könnten und daß der Entschädigungsbetrag wegen Annahmeverweigerung bei Gericht hinterlegt worden sei.

Einige Zeit nach der Beschlagnahme des Goldes suchte der Vierjahresplan es nutzbar zu machen. Belgisches Gold im Gegenwert von 200 Millionen RM wurde nach Erinnerung von Reichsbankdirektor Wilhelm für rumänische Lieferungen disponiert. Ebenfalls nach Angabe von Herrn Wilhelm wurde belgisches Gold im Wert von etwa 50 Millionen RM in der Wiener Münze, wo man kaiserlich deutsche Prägestempel fand, umgeschmolzen.
Von diesem ursprünglich belgischen Gold könnte ein Teil zur Bezahlung von Warenschulden nach Schweden gegangen sein.

Die Schweden, die an Bezahlung in Gold nicht übermäßig interessiert waren, weil sie Gold selbst nicht leicht absetzen konnten, verlangten Bezahlung in „einwandfreiem Gold" (Goldmünzen). Schon wegen dieser Forderung der Schweden ist es unwahrscheinlich, daß neben anderen Gold auch belgische Goldbarren in unveränderten Zustand zu solchen Zahlungen verwendet worden sind.

Beanstandungen von Gold seitens der Schweden oder anderer Empfänger sind nach Erinnerungen der zuständigen Reichbankdirektoren von Schelling und Werner niemals erfolgt.

Nach Aussage des Reichsbankvizepräsidenten Emil Puhl ließ die Reichsbank routinemäßig Umschmelzungen eingelieferten Goldes in Berlin vornehmen, im Krieg allerdings in beschränkterem Rahmen. Umschmelzungen waren bei allen Notenbanken damals Praxis. Auch habe die Reichsbank die Goldbestände stets als Einheit betrachtet und keine Spezifizierung nach dem Ursprung vorgenommen. Wenn Goldversendungen in das neutrale Ausland, nicht nur nach Schweden erfolgten, so seien diese nach kassentechnischen Gesichtspunkten aus dem Bestand vorgenommen worden. Man habe nach den Herren Puhl und

Werner bei der Reichsbank stets Wert darauf gelegt, einen Gesamtgoldbestand aufrechtzuerhalten, der zumindest der Höhe etwaiger Rückzahlungsverpflichtungen entsprochen hätte.

Die auf alliierter Seite stehenden Belgier haben nach einem zitierten Bericht von Herrn Reichsbankdirektor Hartlieb und aus zahlreichen Presseberichten im Jahre 1944 in New York die Bank von Frankreich auf Schadensersatz verklagt. Sie bewirkten eine vorläufige Sicherungsbeschlagnahme von französischen Goldbeständen im Gegenwert von 200 Millionen US $, welche kurz vor der Kapitulation Frankreichs in Sicherheit vor den Deutschen nach New York verbracht wurden.

Nach der alliierten Besetzung von Frankreich und Belgien einigten sich die Notenbanken von Frankreich und Belgien dahin, daß die Bank von Frankreich den Belgiern einen Betrag von US $ 223.292.833,00 vergütete, das entsprach einem Reichsmarkwert von 558,2 Millionen.

Entstehung des belgisch französischen Goldabkommens

Mit Note vom 19. Juli 1940 - Nr. 80- ersuchte die Deutsche Waffenstillstandsdelegation unter Bezugnahme auf die Artikel 3,10 und 17 des Waffenstillstandsvertrages die Französische Abordnung um Angaben über Höhe und Aufbewahrungsort der französischen und fremden Goldbestände, darunter unter Ziffer 5 u.a. auch der Lagerstellen des für Rechnung der Zentralnotenbank von Belgien gehaltenen Goldes.

Die französische Abordnung teilte mit Note vom 20. August 1940 - Nr. 2501- u.a. mit, daß 4.944 Kisten unbekannten Inhalts von der Nationalbank von Belgien bei der Bank von Frankreich ins Depot gegeben worden seien und zur Zeit in Dakar aufbewahrt würden. Die Delegation gab mit Bericht vom 23. August 1940 -Nr. 426- dem Auswärtigem Amt hiervon Kenntnis und führte aus, daß die 4.944 Kisten der Nationalbank von Belgien wahrscheinlich Gold enthielten.

Die Delegation empfahl, den deutschen Bankenkommissar in Brüssel hierauf hinzuweisen, damit er einen anderen Aufbewahrungsort veranlassen könne, da es nicht ausgeschlossen sei, daß englische Streitkräfte entweder von der See her oder aus dem benachbarten Gambia versuchen würden, sich in den Besitz des Goldes in Dakar zu bringen.

Auf drahtliche Weisung des Auswärtigen Amtes vom 11. September 1940 -Nr.164- teilte die Delegation [62] der Französischen Abordnung mit, daß im Hinblick auf die Unruhen in den französischen Kolonien bei dem Verbleiben des Goldes in Dakar eine große unmittelbare Gefahr bestehe, daß die Werte in die Hände der Engländer oder der aufständischen Truppen fallen und dadurch für England und somit gegen Deutschland nutzbar gemacht werden könnten.

Die Französische Abordnung werde daher im Auftrag der Reichsregierung ersucht, sofort Vorschläge zu einer derartigen Sicherstellung der Werte zu unterbreiten, daß jeder feindliche Zugriff ausgeschlossen sei. Es wurde ausdrücklich darauf hingewiesen, daß die Reichsregierung die Französische Regierung für die Sicherheit des Goldes voll verantwortlich mache und sich den französischen Vorschlägen über die Art der Sicherstellung, ihre Stellungnahme und gegebenenfalls Mithilfe und Kontrolle vorbehalte.

Ziel müßte nach Auffassung der Reichsregierung sein, das Gold möglichst bald aus dem gefährdetem Gebiet Afrikas nach dem sicheren Mutterland zurückzubringen. Zweckmäßigerweise sollte das Gold sofort unauffällig von der Küste zunächst an einen sicheren Platz im Inneren Afrikas gebracht, um dann von dort möglicherweise in Etappen nach Frankreich zurückbeordert zu werden. Bei der persönlichen Übergabe dieser Note hat Gesandter Dr. Hemmen von Gouverneur de Boisanger die Rückführung des Goldes nach Brüssel verlangt. In einer weiteren Besprechung vom 20. September 1940 teilte Gouverneur de Boisanger mit, daß ihm der Deutsche Kommissar bei der Bank von Frankreich ein Schreiben des Gouverneurs Janssen der Nationalbank von Belgien übermittelt habe, in welchem dieser sich zur Rückführung des belgischen Goldes nach Belgien bereit erklärt habe, unter der Voraussetzung, daß es ausschließlich für Zwecke der Nationalbank von Belgien verwendet werden solle. Indessen hätten Vertreter der flüchtigen belgischen Regierung gegen die Auslieferung des Goldes Widerspruch erhoben. Um den guten Willen zu beweisen, sei die Französische Regierung bereit, das Gold nach Paris und Brüssel zurückzubringen mit dem Vorbehalt eines Abzuges von 800 bis 1.000 Mio. ffr für Vorschüsse an die flüchtige belgische Regierung.

Der Deutsche Gesandte Dr. Hemmen machte gegen diesen Abzug alle Vorbehalte geltend und schlug im Einverständnis mit Gouverneur de Boisanger vor, sofort Besprechungen in Wiesbaden mit Vertretern der Nationalbank von Belgien und der Bank von Frankreich über die Durchführung des Rücktransportes des Goldes anzusetzen.

Als Ergebnis der Besprechungen in Wiesbaden wurde das belgisch-französische Goldabkommen vom 29.Oktober 1940 abgeschlossen. In Artikel VIII dieses Abkommens erklärte sich die Bank von Frankreich bereit, der Nationalbank von Belgien den Goldbestand wieder zur Verfügung zu stellen und die Kisten an einen noch zu bestimmenden Ort ihren bevollmächtigten Vertretern zu übergeben. Das Abkommen ist von der Deutschen Waffenstillstandskommission, Gesandter Dr. Hemmen, und der französischen Abordnung bei der Deutschen Waffenstillstandsdelegation, Gouverneur de Boisanger, sowie von dem Kommissar bei der Nationalbank von Belgien, Dr. von Becker, und dem Kommissar bei der Bank von Frankreich, Präsident Dr. Schaefer unterzeichnet worden. Der Gouverneur der Nationalbank von Belgien Janssen wurde durch Vermittlung des Kommissars zu den Verhandlungen eingeladen, lehnte aber seine Teilnahme aus Krankheitsgründen ab.
Da Gouverneur Janssen eine Beteiligung der Nationalbank von Belgien an den Wiesbadener Verhandlungen abgelehnt und die Unterzeichnung des Abkommens verweigert hatte, fuhr Reichsbankdirektor Thoms am 26.Oktober 1940 nach Brüssel zu Besprechungen mit Gouverneur Janssen und Dr. Hofrichter als Vertreter des Kommissars bei der Nationalbank von Belgien. Gouverneur Janssen berief sich zur Begründung seiner Haltung auf die ihm von der früheren belgischen Regierung gegebenen Instruktionen für die Sicherung des Goldes, er klärte aber auf Befragen, daß seiner persönlichen Meinung nach die Nationalbank von Belgien im Falle eines entsprechenden Beschlusses des Gremiums der belgischen Staatssekretäre vor neuen Verhältnissen stehen würde.

Es wurde hieraus der Eindruck gewonnen, daß ein von dem Militärbefehlshaber veranlaßter, den deutschen Wünschen Rechnung tragender Beschluß des Gremiums der belgischen Staatssekretäre Gouverneur Janssen bewegen würde, das belgisch-französiche Goldabkommen anzuerkennen und durchzuführen.

Inzwischen erhielt die Frage der Mitarbeit der Nationalbank von Belgien auch praktisch Bedeutung, da Anfang November 1940 die erste Goldsendung der Franzosen aus Cayes, wohin das Gold aus Sicherheitsgründen von Dakar im Oktober d.J. verbracht worden, in Marseille eingetroffen war. Die Bank von Frankreich bestand jedoch auf ausdrückliche

Weisung ihrer Regierung darauf, daß die Auslieferung nur gegen Entlastungsquittung der Nationalbank von Belgien, gezeichnet von der zeichnungsberechtigten Leitung, nicht aber vom Deutschen Kommissar, vollzogen würde, obwohl das Abkommen selber von der Deutschen Waffenstillstandsdelegation und dem Deutschen Kommissar bei der Nationalbank von Belgien gezeichnet war. Demgegenüber hatte Gouverneur Janssen anläßlich der Überreichung eines Abdruckes des belgisch-französischen Goldabkommens mit Schreiben vom 18. November 1940 an den Deutschen Kommissar nochmals darauf hingewiesen, daß sich die Nationalbank von Belgien nicht durch einen Vertrag gebunden betrachten könne, an dessen Abschluß ihre gesetzlichen und satzungsgemäßen Vertreter nicht teilgenommen hätten.

Um einen Ausweg aus dieser Lage zu finden teilte der Militärbefehlshaber in Belgien und Nordfrankreich auf Weisung des OKW dem Präsidenten des Komitees der Generalsekretäre mit Schreiben vom 19. November 1940 mit, daß nach Übernahme des Goldes in Marseille, die in Gegenwart eines Vertreters der Delegation erfolgen solle, die Deutsche Reichsregierung das Gold für Rechnung der Nationalbank von Belgien in Verwahrung und Verwaltung nehmen werde.

Namens der Deutschen Reichsregierung werde hierzu erklärt, daß vor einer etwaigen weiteren Verfügung über den Goldanspruch der Nationalbank von Belgien Verhandlungen mit den zuständigen belgischen Stellen in Aussicht genommen worden seien. Der Präsident des Komitees der Generalsekretäre wurde gebeten, einen Beschluß des Komitees herbeizuführen, durch den der Gouverneur der belgischen Nationalbank ermächtigt werde, der Bank von Frankreich nach Empfang des Goldes eine Entlastungsquittung zu erteilen und die zur Übernahme des Goldes in Marseille erforderlichen Beamten zu entsenden.

Der Gouverneur der Nationalbank von Belgien habe sich dem Deutschen Kommissar gegenüber bereit erklärt, einen entsprechenden Beschluß des Komitees der Generalsekretäre Folge zu leisten. In seinem Antwortschreiben vom 21.November 1940 lehnte es der Generalsekretär des Finanzministeriums, Herr Plisnier, im Auftrage der Generalsekretäre ab, dem Gouverneur der Nationalbank die erbetenen Vollmachten zu erteilen, mit der Begründung, daß die Generalsekretäre sich hierzu nicht für befugt hielten.
Er führte u.a. noch aus, daß nach Ansicht der Generalsekretäre das Gold während der Kriegsdauer bei der Bank von Frankreich hinterlegt bleiben sollte.

Nach Scheitern dieses Lösungsvorschlages fand am 27.November 1940 in Brüssel eine Besprechung mit den beteiligten deutschen Stellen in Belgien unter Vorsitz von Kriegsverwaltungschef Reeder und unter Teilnahme von Staatssekretär Neumann vom Beauftragten für den Vierjahresplan statt. Hierbei ergab sich Einverständnis darüber, daß unter den gegebenen Umständen auch der Versuch, im Verhandlungswege die Zustimmung der Generalsekretäre dazu erlangen, daß das Gold zwar nicht der Reichsregierung ausgefolgt, aber doch wenigstens als Eigentum der Nationalbank von Belgien bei der Reichsbank in Berlin ins Depot gegeben werde, keinen Erfolg versprechen könne.

Es wurde daher beschlossen, daß die Delegation zunächst Verhandlungen mit den Franzosen aufnehmen würde, mit dem Ziel, die von ihrem Verlangen nach einer belgischen Unterschrift auf der Entlastungsquittung abzubringen. Für den Fall, daß Präsident Laval hierbei eine Präsizierung der Befugnisse des Kommissars bei der belgischen Nationalbank fordern würde, sollte ihm eine gegebenenfalls vom Militärbefehlshaber in Belgien und Nordfrankreich zu erlassende Verordnung bekannt gegeben werden, welche dem Kommissar bei der Nationalbank von Belgien in besonderen Fällen zur gerichtlichen und außergerichtlichen Vertretung der Bank, insbesondere zur Vornahmen von Rechtsgeschäften und Rechtshandlungen einschließlich Verfügungen über Vermögenswerte der Bank befugte und feststellen würde, daß die in Ausübung diese Befugnisse vom Kommissar gezeichneten Urkunden für die Nationalbank von Belgien rechtsverbindlich seien.

Ferner ergab sich in der Besprechung, daß das Gold nach Auslieferung durch die Franzosen nach Berlin verbracht und dort von der Reichsbank als Eigentum der Nationalbank von Belgien als depositum regulare in Verwahrung genommen werden solle. Staatssekretär Neumann stellte unter Zustimmung aller Anwesenden klar, daß der Vierjahresplan für die weitere Behandlung der Goldangelegenheit federführend sei.

In dem Anschluß an diese Besprechung geführten Verhandlungen in Paris am 30.November 1940 erklärte sich Präsident Laval einverstanden, der Bank von Frankreich Anweisung zu geben, für die Herausgabe des Goldes in Marseille die Entlastungsquittung des Kommissars bei der Nationalbank von Belgien entsprechend der vorgeschlagenen Verordnung des Militärbefehlshabers zu akzeptieren, falls dies mangels Bereitschaft des Gouverneurs Janssen oder dessen zeichnungsberechtigten Vertreter unvermeidlich sei. Präsident Laval hatte zunächst als Bedingung für seine Zustimmung einen Deckungsbrief der Deutschen Reichsregierung an die Französische Regierung gefordert für den Fall, daß aus der Art und Weise der Durchführung dieser Transaktion später von der Nationalbank von Belgien Ansprüche gegen die Bank von Frankreich hergeleitet würden, schließlich aber diesen Brief nicht mehr als conditio sine qua non, aber doch als sehr erwünscht bezeichnet.

Auf jeden Fall wollte die Bank von Frankreich vermeiden, daß ihr das Ausland den Vorwurf machen könne, sie habe sich einer Verordnung des Militärbefehlshabers in Belgien bereitwillig gefügt, während gleichzeitig die zeichnungsberechtigte Leitung der Nationalbank von Belgien sich der Verordnung entziehen und doch mit Duldung des deutschen Militärbefehlshabers im Amt bleiben könne. Bei seiner Rückkehr nach Brüssel am 2.Dezember 1940 stellte Gesandter Dr. Hemmen fest, daß der Militärbefehlshaber von Belgien einen Befehl des OKW zum Vollzug der Verordnung erwartete.

Eine neue Lage ergab sich jedoch aus Verhandlungen, die Gesandter Dr. Hemmen anschließend am 3.Dezember 1940 in Paris mit Finanzminister Bouthillier und Gouverneur de Boisanger in Fortsetzung der früheren Besprechungen führte. Gouverneur de Boisanger erklärte, die Bank von Frankreich würde für den Fall, daß die geplante Verordnung in Brüssel erlassen werde, Gouverneur Janssen sich aber weigere, die Entlastungsquittung zu unterschreiben und dennoch im Amte bleiben dürfe, mit Zustimmung der französischen Regierung lieber, als die Quittung des Deutschen Kommissars anzunehmen, bereit sein, das belgische Golddepot von sich aus direkt an die Reichsbank gegen eine einfache Übergabequittung als depositum regulare für die Nationalbank von Belgien zu übertragen und auf alle weiteren Ansprüche daraus gegen die Reichsbank zu verzichten.

Die Bank von Frankreich sei sich darüber im klaren, daß sie selber dann der Nationalbank von Belgien gegenüber für eventuelle spätere Ansprüche im Obligo bleibe. Die französische Regierung nehme das aber auf sich. Unbedingte Voraussetzung für diese Bereitschaft der Bank von Frankreich bleibe aber die vorherige Veröffentlichung der Verordnung.

Das Auswärtige Amt vermittelte per Drahterlaß vom 6.Dezember 1940, daß der Erlaß der geplanten Verordnung durch den Militärbefehlshaber in Belgien sichergestellt sei, sobald eine schriftliche Vereinbarung mit den Franzosen entsprechend den neuen französischen Vorschlägen unterliege. Hierzu müsse insbesondere klar zum Ausdruck kommen, daß die Bank von Frankreich mit Zustimmung der französischen Regierung bereit sei, das belgische Golddepot von sich aus unmittelbar an die Reichsbank gegen einfache Übernahmequittung als depositum regulare für die Nationalbank von Belgien zu übertragen und auf alle weiteren Ansprüche daraus gegen die Reichsbank zu verzichten, Ferner müsse die Bank von Frankreich anerkennen, daß sie selbst der Nationalbank von Belgien gegenüber für etwaige spätere Ansprüche im Obligo bleibe.

Auf Grund dieser Weisung wurde am 11.Dezember 1940 das Zusatzprotokoll zum belgisch-französischen Goldabkommen vom 29.Oktober 1940 von der Deutschen Waffenstillstandsdelegation für Wirtschaft, Gesandten Dr. Hemmen und der französischen Abordnung bei der Deutschen Waffenstillstandsdelegation für Wirtschaft, Gouverneur de Boisanger, sowie von dem Kommissar bei der Bank von Frankreich, Präsident Dr. Schaefer, und dem Kommissar bei der Nationalbank von Belgien, Dr. von Becker, unterzeichnet.

In dem Abkommen wurde vorgesehen, daß die Bank von Frankreich das belgische Gold an die akkreditierten Vertreter der Deutschen Reichsbank in Marseille gegen einfache Übernahmequittung und unter Verzicht auf alle weiteren Ansprüche daraus an die Reichsbank übergab. Die Deutsche Reichsbank übernahm anstelle der Bank von Frankreich die Aufbewahrung der Goldkisten für Rechnung der Nationalbank von Belgien und vom Augenblick der Übernahme an gegenüber der Nationalbank von Belgien die Verantwortung für die Aufbewahrung und das Risiko des Transportes.

Artikel VIIX, Ziffer 3 des belgisch-französischen Goldabkommens vom 29.Oktober 1940, in welchem die Übergabe des Goldes an die Nationalbank von Belgien und das Erlöschen der Verantwortung der Bank von Frankreich vorgesehen war, wurde aufgehoben.

Gouverneur Janssen, dem ein Abdruck des Zusatzabkommens übersandt wurde, benutzte diese Gelegenheit, um mit Schreiben vom 18. Dezember 1940 an den Deutschen Kommissar bei der Nationalbank von Belgien nochmals seine ablehnende Stellungnahme gegen beide Abkommen darzulegen und führte u.a. aus, daß die Aufrechterhaltung des status quo ohne einen Nachteil wäre und den gesetzmäßigen Interessen aller Beteiligten entsprechen würde. Die von den Franzosen gewünschte Verordnung des Militärbefehlshabers in Belgien und Nordfrankreich wurde im Verordnungsblatt des Militärbefehlshabers vom 19. Dezember 1940, 26. Ausgabe, als „Verordnung über Befugnisse gegenüber der Nationalbank von Belgien vom 16. Dezember 1940" veröffentlicht. Sie befugt in § 2 den Kommissar bei der Nationalbank von Belgien in besonderen Fällen, wenn es der Militärbefehlshaber in Belgien und Nordfrankreich für erforderlich erklärt, zur gerichtlichen und außergerichtlichen Vertretung der Nationalbank von Belgien, insbesondere zur Vornahme von Rechtsgeschäften und Rechtshandlungen einschließlich Verfügung über Vermögenswerte der Bank und stellt fest, daß Urkunden, die der Kommissar in Ausübung dieser Befugnisse unterzeichnet, für die Nationalbank von Belgien rechtsverbindlich sind.

Zur Unterrichtung der Französischen Regierung übersandte die Waffenstillstandsdelegation der Französischen Abordnung mit Note vom 19. Dezember 1940 -Nr.2896- Abschrift eines Schreibens des Militärbefehlshabers in Belgien und Nordfrankreich vom 17. Dezember 1940, daß sei die Verordnung über die Befugnisse gegenüber der Nationalbank von Belgien vollzogen ist und unverzüglich veröffentlicht werde, sowie Abschrift eines Schreibens des Kommissars bei der Nationalbank von Belgien vom 17. Dezember 1940, daß Gouverneur Janssen die Entlastungsquittung an die Bank von Frankreich über das belgische Gold verweigere.

Durchführung der Goldtransporte
von Afrika nach Berlin

Am 17. Juni 1940 war die Reichsregierung von Marschall Petain um einen Waffenstillstand ersucht worden, Frankreich hatte kapituliert. Bereits im Mai 1940 hatte die französische Regierung den Kriegsverlauf geahnt und versucht, alle Goldbestände mit Kriegsschiffen in die USA zu befördern.

An Bord des letzten französischen Hilfskreuzers, der Victor Schölcher, befanden sich beim Auslaufen aus dem Atlantikhafen Brest am 18. Juni 1940 in buchstäblich letzter Minute, 4.944 Kisten belgisches Gold. Am 28. Juni 1940 wurde dem Hilfskreuzer befohlen, Kurs auf den Atlantikhafen Dakar zu nehmen, weil das britische Kriegsschiff, das Gold übernehmen sollte, nicht zur vereinbarten Zeit eingetroffen war. [63]

Dakar, heute Hauptstadt der unabhängigen Republik Senegal, war bei Ausbruch des zweiten Weltkrieges Hauptstadt von französisch Westafrika, welches achtmal so groß wie Frankreich war und erst 1960 in acht unabhängige Staaten aufgeteilt wurde.

Am 23. September 1940 kreuzten vor der befestigten Hafenstadt Dakar eine britische Flotte mit zwei älteren Schlachtschiffen und einem Flugzeugträger auf. Die dreitägige militärische Operation hatte das Ziel, Dakar als strategisch wichtigen Punkt für die USA möglichst kampflos zu besetzen. Das Unternehmen scheiterte aus verschiedenen Gründen.

Französische Exilparlamentarier landeten mit einem Flugzeug während der Militäroperation in Dakar, da die Stadt selbst durch die steile Felsenküste, auch das „afrikanische Gibraltar" genannt, eine Anlandung nicht ermöglichte. Sie versuchten, die Stadt Dakar für das „Freie Frankreich de Gaulles" zu gewinnen, was aber mißlang.

Die Batterien des Forts Dakar lieferten den Geschützen der britischen Flotte schwere Gefechte, am Ende mußte die englische Flotte mit einem stark beschädigtem Schlachtschiff, 600 Toten und Verwundeten an Bord den Kampf abbrechen. Der Aufruf de Gaulles, welcher sich an Bord eines britischen Kriegsschiffes befand, blieb wirkungslos. Das Gefecht wurde zum Anlaß genommen, das in Dakar lagernde Gold 600 km ins Landesinnere nach Cayes zu überführen.

Gemäß Artikel 1 des Zusatzprotokolls vom 11. Dezember 1940 war das belgische Golddepot durch die Bank von Frankreich den akkreditierten Vertreter der Reichsbank in Marseille zu übergeben. Die schwierigste Aufgabe war die Verbringung des Goldes von Mittelafrika nach Marseille.

Der Originalbericht der deutschen Reichsbank führt aus: [64]

Insgesamt waren 4.944 Kisten = 236 t zu transportieren, die sich seit Herbst 1940 in Cayes befanden. Sofort nach Unterzeichnung des belgisch-französischen Goldabkommens am 29. Oktober 1940 wurden in der ersten Novemberwoche 1940 93 Kisten = 4,8 t durch Flugzeuge der AIR FRANCE von Cayes über Algier nach Marseille geflogen.

Weitere 1.199 Kisten = 60,8 t wurden in der Zeit von Mitte November 1940 bis März 1941 per Eisenbahn zurück nach Dakar, von dort mit dem französischen Kreuzer „Primauguet" nach Casablanca und so dann per Eisenbahn über Cudja nach Algier geschafft, von wo 222 Kisten durch Zivilflugzeuge der AIR FRANCE und 977 Kisten durch französische Militärflugzeuge nach Marseille geflogen wurden.

Für die Überführung der Restmenge von 3.652 Kisten = rund 170 t war der Seeweg von Dakar nach Casablanca inzwischen zu unsicher geworden, so daß der schwierige Überlandtransport von Mittelafrika durch die Sahara nach Algier gewählt werden mußte. Die Transporte wurden in der Zeit vom Frühjahr 1941 bis Oktober 1941 in drei etwa gleich großen Teilen ohne Zwischenfälle oder Verluste durchgeführt.

Der Transportweg des Goldes über 5.000 km war im einzelnen folgender:

---

1. mit der Eisenbahn von Cayes nach Koulikoro am Niger
   (552 km)
2. auf dem Wasserweg, dem Fluß Niger, von Koulikoro nach Burem
   (1 213 km)
3. mit Lastkraftwagen von Burem durch die Sahara nach Colomb Bechar
   (2 180 km)
4. mit der Eisenbahn von Colomb Bechar nach Algier
   davon bis Perregaux auf einer „Schmalspurbahn"
   (1 000 km)
5. mit französischen Militärflugzeugen und später zusätzlich mit 3 französischen Zivilmaschinen von Algier nach Marseille
   (750 km)

Für die Transporte von Cayes bis Algier war neben der normalen Überwachung eine zusätzliche französische militärische Begleitung und außerdem eine Sicherung durch franz. Militärflugzeuge erforderlich. Nach Eintreffen des Goldes in Algier war die schnelle Durchführung des Lufttransportes nach Marseille von der Zahl der zur Verfügung stehenden französischen Militärmaschinen, von der Wetterlage und von der Feindeinwirkung abhängig.

Durch den Verlust einer großen Anzahl von französischen Flugzeugen im Syrienfeldzug und deren schlechten Zustand der wenigen aus Syrien zurückgebrachten Maschinen, die zum Teil erst völlig überholt werden mußten, ungünstige Wetterbedingungen und zeitweise Überschwemmung des Flugplatzes Maison Blanche in Algier, ergaben sich immer wieder Verzögerungen, die eine Einhaltung der ursprünglich vorgesehenen Überführungszeiten unmöglich machten.

Wenn dennoch die Verbringung des Goldes nach Marseille bis Mai 1942 abgeschlossen wurde, und zwar ohne den Verlust einer Kiste Gold, so beweist dies, daß die Französische Regierung und die Bank von Frankreich an der reibungslosen Durchführung des von ihr unterzeichneten Goldabkommens interessiert gewesen sind und völlig loyal mitgearbeitet haben, denn erst ab Marseille beteiligten sich Deutsche am Goldtransport.

Die Französische Regierung hat sogar Verluste an Material und Menschenleben auf sich genommen, um die Transporte durchzuführen. Nach Mitteilung der Bank von Frankreich ist zum Beispiel im Frühjahr 1942 eine Transportmaschine auf dem Rückflug ohne Ladung verunglückt und mit der Besatzung verbrannt.

Es wäre ihr im anderen Falle ein Leichtes gewesen, die Transporte auf dem langen Wege von Mittelafrika bis Marseille immer wieder zu verzögern oder sie sogar den dé Gaulle Anhängern, die das benachbarte Tschadgebiet beherrschten bzw. den Engländern in die Hände zu spielen. Die deutsche Seite hätte dagegen nichts unternehmen oder auch nur die Absicht einer Sabotage oder eines Verrats nachweisen können. Die Goldtransporte nach Marseille wurden ausschließlich mit französischem Personal durchgeführt.

Die Überführung des Goldes von Marseille nach Berlin erfolgte dann ausschließlich durch die Deutsche Reichsbank und deutsches Militär. 24 Eisenbahntransporte kamen in Berlin ohne Zwischenfälle an, der letzte Transport war am 29. Mai 1942.

Die Reichsbahn schrieb am 16. Dezember 1941 an die Wehrmachtstransportleitung Paris, Herrn Hauptmann Lichtenberger: [65]

„In Durchführung der „Riviera-Transporte" läuft am 21.12.1941 ein Sonderpackwagen von Paris nach Berlin, der auf Veranlassung der WVD aus transporttechnischen Gründen den Urlauberzügen Nr. 831 von Paris bis Trier und Nr. 834 von Trier bis Berlin angeschlossen werden mußte. Der Waggon läuft wie üblich unter militärischer Bedeckung. Als Begleitpersonal sind ferner 5 Herren der Reichsbank vorgesehen, die entsprechend den geltenden behördlichen Vorschriften unbedingt die gleichen Züge, mit denen der Packwagen befördert wird, benutzen müssen.

Ich wäre dankbar, wenn für diese Herren ein Abteil II. Klasse am 21. Dezember für den SF Nr. 831 von Paris bis Trier reserviert werden würde und wenn die Bestellung eines Abteils II. Klasse am 22. Dezember für den SF 834 von Trier nach Berlin veranlaßt werden würde.

Gezeichnet: J.A.

Zur Vorbereitung der Transporte und zwecks Aufrechterhaltung einer dauernden Fühlungnahme mit der Bank von Frankreich in Marseille, bei der die aus Algier eintreffenden Kisten zunächst eingelagert wurden, war ein Beamter der Reichsbank ständig in Marseille anwesend. Zur Überwachung der Transporte wurde von dem Kommandanten von Groß-Paris jeweils ein militärischer Begleitschutz gestellt.

Die Kosten des Transportes gingen gemäß Artikel VIII Ziffer 5 des belgisch-französischen Goldabkommens vom 29. Oktober 1940 zu Lasten der Nationalbank von Belgien. Die Französische Regierung hatte demgemäß schon während der Durchführung der Transporte um eine Abschlagszahlung auf die von der Bank von Frankreich bereits vorgelegten Kosten gebeten und mit Note vom 9. Juli 1943 die Gesamtkosten auf ffrs 45.487.928,94 beziffert.

Die Französische Regierung hat sich bereit erklärt, auf die ursprünglich vereinbarte Naturalerstattung der für den Transport verwendeten Treibstoffe, insbesondere Flug- und Kraftwagenbenzin, zu verzichten und dafür Geldentschädigung entgegenzunehmen. Auf Veranlassung der Delegation wurden der Bank von Frankreich am 20. Juni 1942 und am 22. März 1943 je 20 Mio. ffr als Abschlagszahlung und am 10. August 1943 der Restbetrag von ffr 5.487.928,94 im Clearingwege vergütet.

Mit Note vom 29. September 1943 teilte die französische Abordnung mit, daß ihr bei der Feststellung der Gesamtkosten ein Irrtum unterlaufen sei, da die Einbeziehung eines Teiles der zunächst in natura zurückerstattenden Treibstoffe im Werte von ffr 2.950.882,50 in der

Gesamtsumme übersehen worden ist. Dem Wunsche der französischen Abordnung auf nachträgliche Vergütung dieses Betrages konnte jedoch nach Mitteilung der Deutschen Reichsbank nicht mehr entsprochen werden, da der Gegenwert des Goldes bereits der Nationalbank von Belgien zur Verfügung gestellt worden sei. Mit der Überführung des belgischen Goldes nach Berlin zur Reichsbank war jetzt das belgisch-französische Goldabkommen erfüllt.

Die Devisenabteilung Goldgeschäfte der Reichsbank schrieb am 12. November 1941 folgenden Vermerk:[65]

„Laut Note der Deutschen Waffenstillstandskommission vom 11.10.1940 soll das Gesamtgewicht des in Afrika liegenden belgischen Goldes 236 Tonnen betragen.

Es soll sich hierbei um

2.989 Kisten	(Größe 32 ½ x 22 x 15 ½ cm) mit je 53 kg	
1.955 Kisten	(Größe 33 ½ x 30 x 14 ½ cm) mit je 40 kg	
1 Kiste	mit einer Münzsammlung (ohne Gewichtsangabe)	
4.945 Kisten	mit ca. 236 Tonnen	

Dieses Gold stellt laut einem uns abschriftlich übersandten Schreiben des Kommissars bei der Nationalbank von Belgien an den Gouverneur der Nationalbank von Belgien vom 2.9.1940 einen Gegenwert von BFRS 8.044.497.139,36 dar.

Laut einem uns weiter abschriftlich übersandten Schreiben des Kommissars bei der Nationalbank von Belgien an die Deutsche Botschaft in Brüssel vom 2.9.1940 hat die Nationalbank von Belgien, die seinerzeit ihren Sitz im Ausland hatte, im Laufe des Monats Juni 1940 Gold im Betrage von BFRS 1.523.647.920,65 an die Bank von Frankreich abgetreten. Der Wert des Golddepots, das danach der Nationalbank von Belgien noch zusteht, beträgt demnach BFRS 6.520.849.218,71.

Auf Grund des belgisch-französischen Goldabkommens vom 29. Oktober 1940 wurden von der Bank von Frankreich zu Gunsten der Nationalbank von Belgien BFRS 463.000.000,00 freigegeben. Der Wert des Golddepots, der hiernach der Nationalbank von Belgien noch zusteht beträgt BFRS 6.984.000.000,00.

Nach den vorstehend aufgeführten Beträgen errechnen sich unter Zugrundelegung des Ankaufspreises der Nationalbank von Belgien von BFRS 33.077,30 für 1 kg/fein folgende Gewichte:

BFRS 8.044.497.139,36	=	kg/fein	243.202,9561	
BFRS 1.523.647.920,65	=	kg/fein	46.063,2494	./.
BFRS 6.520.849.218,71	=	kg/fein	197.139,7067	
BFRS 463.000.000,00	=	kg/fein	13.997,5149	+
BFRS 6.983.849.218,71				

Nach dem bereits erwähnten, von der Devisenabteilung / Goldgeschäfte angefertigten
Vermerk beträgt der Wert des Golddepots der Belgischen Nationalbank

ca. BFRS 6.984.000.000,00 =   kg/fein   211.141,783 = RM 587.818.000,00

Die zusammengestellten Kosten von ca. RM 4.202.120,00 für die Überführung nach Berlin
würden daher ca. 7,1 ‰ des Gesamtwertes betragen. Gleichzeitig sei daran erinnert, daß im
Jahre 1924 für Goldverkäufe in New York ein Unkostenanteil (Transport- u. Versicherungs-
spesen, Schmelzkosten und Kommission) von 8 bis 9 ‰ berücksichtigt werden mußte;
hiervon betrugen die Schmelzkosten nur 0,048 ‰."

Gezeichnet: Hauptkasse / Reichsbank   Thoms

Schriftverkehr zwischen Reichsmarschall Hermann Göring und dem Reichsminister des Auswärtigen Joachim Ribbentrop über die letzten deutschen Goldreserven

Am 8. Februar 1943 übersandte der Chef des SS-Hauptamtes SS-Gruppenführer Berger
geheime Unterlagen zur Feldkommandostelle des Reichsführers SS Heinrich Himmler. Der
Inhalt waren zwei brisante Abschriften und ein abgefangenes Fernschreiben. Berger führt
dazu aus, daß es ihm unerklärlich sei, wie ein Reichsaußenminister an den Reichsmarschall
einen solchen Brief schreiben konnte. [66]

„Der Reichsmarschall des Großdeutschen Reiches und Beauftragten für den Vierjahresplan
Hermann Göring schrieb am 30.12.42 an den Reichswirtschaftsminister Funk und an den
Reichsminister des Auswärtigen von Ribbentrop":

„Seitdem ich vor einigen Monaten das Gold der Belgischen Notenbank in das Eigentum des
Reiches überführt habe, steigen die Ansprüche auf Zuteilung von Gold und freien Devisen in
überraschender Weise. Ich habe den Eindruck, als ob die handelspolitischen Ressorts unsere
Goldreserven für unerschöpflich halten. Demgegenüber muß ich darauf aufmerksam machen,
daß sich die bei Belgien durchgeführte Maßnahme nicht wiederholen läßt, daß das von dort
übernommene Gold tatsächlich unsere letzte Reserve bildet, und daß ich fest entschlossen bin,
diese Reserve so sparsam wie irgend möglich zu bewirtschaften.

Nur mit großem Widerstreben habe ich mich damit einverstanden erklärt, daß bei den
deutsch-rumänischen Verhandlungen schon wieder Gold angeboten wurde; ich habe
schließlich auch genehmigt, daß die ursprünglich vorgesehene Summe bis auf 60 Mio. RM
(einschließlich der im Vorjahr bedingt angebotenen 20 Mio. RM) erhöht wurde. Ich bitte Sie
aber nachdrücklich dafür Sorge zu tragen, daß Gold- und Devisenlieferungen aus der Debatte
der Regierungsausschüsse verschwinden. Das gilt auch für den Fall, daß Italien im Laufe der
deutsch-italienischen Verhandlungen ähnliche Ansprüche wie Rumänien stellen sollte.

Die Verhältnisse liegen hier völlig anders: die Bedeutung der Lieferungen ist verschieden,
und für das nach Rumänien gezahlte Gold führen wir Öl ein, das Italien zugute kommt; bei
dem besonders engen und vertrauensvollen politischen Verhältnis zwischen Italien und
Deutschland können Gesichtspunkte des Clearingsausgleichs, wie sie etwa Rumänien vor-
bringt, für Goldforderungen ohnehin nicht in Frage kommen. Die Verschuldung gegenüber

Italien beruht übrigens bekanntlich weitgehend auf den falschen Preis- und Währungsverhältnissen, die man nicht durch Gold berichtigen kann.

Ich habe mir die Verfügung über die Goldbestände persönlich vorbehalten und bitte, dafür zu sorgen, daß nicht in den Verhandlungen Vorentscheidungen getroffen werden, deren Nichtanerkennung durch mich die Unterhändler in eine peinliche Lage bringen könnte.

Gezeichnet: Hermann Göring

Ribbentrop schrieb aus seinem Feldquartier am 9. Januar 1943 an Göring zurück: [66]

„Die Ausführungen Ihres Schreibens vom 30.12.1942 über die Verwendung unserer Gold- und Devisenreserven bei den handelspolitischen Verhandlungen kann ich weder nach ihrer formellen noch nach ihrer sachlichen Seite hin als berechtigt anerkennen.

Zunächst muß ich darauf hinweisen, daß es, wie ihnen nicht bekannt sein wird, ausschließlich meiner Initiative und dem schnellen und energischen Zugreifen meiner Dienststellen zuzuschreiben ist, daß der gesamte Goldbestand der Belgischen Nationalbank bei der Bank von Frankreich im Werte von rund 550 Millionen Reichsmark aus Dakar in unseren Besitz überführt wurde. Sowohl das belgisch-französische Goldabkommen vom 20.10.1940 als auch das Zusatzabkommen dazu vom 11.12.1940, auf Grund dessen die Bank von Frankreich das in Dakar befindliche belgische Gold der Reichsbank gegen einfache Übernahmequittung und unter Verzicht auf alle weiteren Ansprüche daraus unmittelbar zu übergeben hatte, sind allein durch das nachdrückliche Vorgehen meiner Dienststellen (u.a. des Gesandten Hemmen) und durch die äußerste Ausnützung der zu Gebots stehenden diplomatischen Mittel zustande gekommen.

Ebenso ist auch die technische Durchführung der Transporte vom Auswärtigen Amt organisiert worden und hat es ermöglicht, daß die erste Rate des Goldes bereits im Dezember 1940 und der Rest bis zum Sommer 1942 nach Berlin gebracht wurde.

Wenn wir also diese Goldreserve, die Sie selbst als die letzte bezeichnen, überhaupt nur infolge der vom Auswärtigen Amt veranlaßten und nach meinen persönlichen Weisungen durchgeführten Maßnahmen bekommen haben, so ist schon diese Tatsache für sich allein ein hinreichender Beweis dafür, daß ich mir über die Bedeutung der Reserve und über die Notwendigkeit ihrer sparsamen Verwendung klar bin, ohne hierfür einer Aufklärung von anderer Seite zu bedürfen.

Tatsächlich ist dann auch bei den bisherigen unter der Leitung des Auswärtigen Amtes geführten handelspolitischen Verhandlungen gegenüber den Wünschen verbündeter und befreundeter Regierungen auf Überlassung von Gold und Devisen seit Kriegsbeginn von den deutschen Unterhändlern stets eine grundsätzlich ablehnende Haltung eingenommen worden. Diese Haltung hat sich auch nicht geändert, seitdem das belgische Gold von uns sichergestellt worden ist.

Nur in ganz besonders begründeten Ausnahmefällen sind, und zwar im Einvernehmen mit dem Vierjahresplan und den beteiligten Reichsministerien, geringfügige Beträge zur Verfügung gestellt worden. Eine Ausnahme in dieser Beziehung bildet nur Rumänien, dem gegenüber, wie Sie selbst hervorheben, die Verhältnisse ganz besonders liegen.

In dem Abkommen vom 17. Januar 1942 ist der Rumänischen Regierung, wiederum im Einvernehmen mit den beteiligten deutschen Stellen und insbesondere dem Vierjahresplan, ein Betrag von 40 Millionen Goldmark zugesagt worden. Wie Ihnen bekannt ist hat die Rumänische Regierung bei den jetzt schwebenden Verhandlungen erneut die Überlassung einer bestimmten Goldmenge als unbedingt notwendig bezeichnet, wobei sie ihre zunächst erhobene Forderung von mehreren hundert Millionen Reichsmark schließlich auf 188 Millionen ermäßigt hat.

Demgegenüber hat der deutsche Unterhändler Clodius, auf meine Weisung sofort nachdrücklich daran festgehalten, daß eine Erhöhung des für den Fall der Sicherung der deutschen Ölbezüge aus Rumänien in Aussicht gestellten Betrages von insgesamt 60 Millionen Reichsmark (einschließlich der im vorigen Jahr zugesagten 20 Millionen Reichsmark) unter keinen Umständen in Betracht gezogen werden kann.

Was Italien betrifft, so hat die Italienische Regierung bereits bei den letzten Verhandlungen im Dezember in Berlin die Bitte ausgesprochen, ihr für die Leistung dringlicher kriegswichtigen Zahlungen in sogenannten freien Devisenländern einen Betrag von rund 35 Millionen Reichsmark in sogenannten freien Devisen zur Verfügung zu stellen. Auch diese Bitte ist von dem Vorsitzenden des deutschen Regierungsausschusses, Gesandten Clodius, abgelehnt worden.

Die Italienische Regierung hat inzwischen bereits angekündigt, daß sie bei den dafür Ende Januar vorgesehenen Verhandlungen über die Finanzierung des Clearing-Defizits im Jahre 1943, daß ungefähr 3 - 400 Millionen Reichsmark betragen wird, diesen Wunsch erneut vorbringen wird. Bei diesen Verhandlungen wird aber, entsprechend den von mir bereits vor einiger Zeit gegebenen Weisungen, versucht werden, die kriegswichtigen deutschen Kreditwünsche an Italien ohne Hergabe von Devisen durchzusetzen.

Die obigen Ausführungen zeigen klar und deutlich, daß die Tätigkeit des Auswärtigen Amtes dem Deutschen Reich nicht Gold entzogen, sondern sogar in entscheidender Weise zur Schaffung der heutigen Goldreserve beigetragen hat. Es ist deshalb bei allem Verständnis für Ihre Sorge um die Erhaltung der deutschen Goldreserve nicht zu verstehen, daß Sie in Ihrem Schreiben dem Auswärtigem Amt unterstellen, es hielte unsere Goldreserve für unerschöpflich und verschleudere sie.

Hiervon muß ich aber Einspruch dagegen erheben, daß Sie nach Ihrem Schreiben anscheinend die Befugnis für sich in Anspruch nehmen, künftig allein und als letzte Instanz darüber zu entscheiden, ob diesem oder jenem Staate Gold zur Verfügung zu stellen ist oder nicht. Ich bin ausschließlich dem Führer dafür verantwortlich, daß Verhandlungen mit fremden Regierungen so geführt werden, wie es unseren jeweiligen außenpolitischen Interessen entspricht.

Wenn sich bei der Abstimmung dieser außenpolitischen Interessen mit den inneren deutschen Interessen, deren Wahrnehmung dem Vierjahresplan obliegt, Meinungsverschiedenheiten ergeben, die zwischen Ihnen und mir nicht ausgeglichen werden können, so kann für solche Fälle allein der Weg in Betracht kommen, durch gemeinsamen Vortrag die Entscheidung des Führers herbeizuführen.

Gezeichnet: Ribbentrop

P. S. Nachträglich füge ich noch hinzu, daß bei den jetzigen Verhandlungen mit dem Marschall Antonescu der Führer trotz meines oben erwähnten Standpunktes in der Hergabe von Gold an die Rumänen von sich aus verfügt hat, daß Rumänien nicht 60, sonder 84 Millionen Mark in Gold zur Verfügung zu stellen sind.

Aus seiner Feldkommandostelle bedankt sich Himmler schriftlich am 13.02.1943 beim Chef des SS-Hauptamtes Berger für die zugeschickten interessanten Abschriften.[66] Die Überlassung des Belgischen Goldes durch Frankreich an Deutschland wird als eine indirekte Kriegsfolge und somit von Historikern auch als „Raubgold" bezeichnet..

Diese Vorgänge muß man als Beleg dafür verwenden, daß die Reichsführung als deutsche Goldreserve, außer dem Reichsbankgold, nur noch das von Frankreich überlassene Belgische Gold ansah und sich auch so verhielt. Das Gold anderer Notenbanken wurde von der Reichsbank nur aufbewahrt, wie dies auch unter Notenbanken noch heute weltweit üblich ist.

Die Deutsche Bundesbank hat kurz vor der deutschen Wiedervereinigung 95 % der bundesdeutschen Währungsreserve in Gold von Frankfurt in die USA überstellt. Die damaligen Regierungen befürchteten eine militärische Auseinandersetzung mit dem Ostblock und haben das bundesdeutsche Gold in die USA nach Fort Knox verbracht.

Beschlagnahme des Goldes für den Vierjahresplan

Ohne Beteiligung einer Delegation und gegen den massiven Widerstand der Reichsbank erfolgte im Herbst 1942 auf Veranlassung der Reichsregierung unter dem Preußischen Ministerpräsidenten Hermann Göring gemäß Reichsleistungsgesetz von 1939 die Auslieferung des belgischen Goldschatzes an den Vierjahresplan und dessen Beauftragten (Hermann Göring) gegen volle Entschädigung in Reichsmark an die Belgische Nationalbank. Es wurde ein Scheck über den entsprechenden Betrag in Reichsmark beim Amtsgericht Berlin hinterlegt.

Die Bank von Frankreich wurde von der Reichsbank über diesen Vorgang schriftlich unterrichtet, worauf die französische Abordnung mit Note vom 23. September 1943 bei der Deutschen Delegation gegen die Beschlagnahme des Goldes Protest einlegte und die zuständigen Reichsbehörden bat für die Wiederherstellung des ursprünglichen Zustandes einzutreten.

Die französische Delegation wies darauf hin, daß die Bank von Frankreich infolge der Beschlagnahme des Golddepots durch die Deutsche Reichsregierung in die Notwendigkeit versetzt werde, der Nationalbank von Belgien aus eigenen Mitteln den gleichen Wert an Gold zu ersetzen, den sie bereits der Reichsbank übergeben habe. Mit Note vom 6. Januar 1944 wurde der französischen Regierung im besonderen Auftrage der Reichsregierung erwidert, daß die Inanspruchnahme des Goldes in Übereinstimmung mit den in Deutschland gesetzlichen Bestimmungen erfolgt und deshalb eine Wiederherstellung der früheren Lage nicht möglich sei.

Das Washingtoner Abkommen vom 25.05.46

Unter dem Druck der amerikanischen „Currie-Kommission", nach dem US-Sondergesandten Laughlin Currie benannt, blockierte der Schweizer Bundesrat am 16. Februar 1945 die in der Schweiz liegenden Guthaben von Deutschen in Deutschland. Am 29. Mai 1945 verpflichtete der Schweizer Bundesrat die Vermögensverwalter, gesperrte deutsche Guthaben zu melden. Im März 1946 wurde in Washington eine internationale Konferenz über eine endgültige Klärung der NS-Goldaffären durchgeführt und das Endprodukt war das Washingtoner Abkommen.

Während der Konferenz wurden 500 Schweizer Bürger in Frankreich wegen Kollaboration mit der deutschen Besatzungsmacht verhaftet und zu Gefängnisstrafen verurteilt, sechzig (!) waren in Frankreich hingerichtet worden. [67]

Die Schweizer Delegation stand daher unter starkem Druck: Sogar auf die Möglichkeit einer Drosselung oder Einstellung der Zufuhr von Kohle und Getreide in die Schweiz wird im Verlaufe der Verhandlungen zum Washingtoner Abkommen ausdrücklich hingewiesen (siehe Washingtoner Abkommen). Es bestand die Gefahr, daß die USA die Schweizer Wirtschaft stillzulegen versuchten. Eine beliebig lange Sperre der enormen schweizerischen Guthaben in den USA und ein weltweiter Boykott gegen mehr als tausend schweizerische Firmen wäre das Ende der Schweizer Wirtschaft gewesen.

Die Alliierten verlangten 560 Millionen Schweizer Franken von der SNB, worauf der engste Mitarbeiter des Außenministers, der die Schweizer Delegation leitete, der Minister Walter Stucki mit der Faust auf den Verhandlungstisch schlug und wütend den Verhandlungsraum verließ.

Am 25. Mai 1946 wurde in Washington ein Finanzabkommen zwischen der Schweiz, Frankreich, Großbritannien und den Vereinigten Staaten abgeschlossen. Eine Bemerkung am Schluß des Abkommens zählt sechzehn Regierungen auf, die sich dem Abkommen angeschlossen hatten. Das schweizerische Angebot 250 Millionen SFR in Gold als Entschädigung für das belgische Gold zu zahlen, wurde angenommen, obwohl damit nur etwa 2/3 der belgischen Goldtransaktionen gedeckt wurden.

Die Auswirkung des Washingtoner Abkommens vom 25. Mai 1946, welches in Washington von den Westalliierten und der Schweiz unterzeichnet wurde war, daß die Schweizerische Verrechnungsstelle diese gesperrten Guthaben liquidierte; der Ertrag floß teilweise den Westalliierten zu. Ein weiterer Teil, eine schweizerische Besonderheit, ging als Entschädigung an die ursprünglichen deutschen Eigentümer, und zwar unbesehen davon, ob es sich dabei um NS Kriegsverbrecher oder um deren Opfer handelte.

Eine weitere Besonderheit waren Vermögenswerte, die zuerst gesperrt, dann wieder befreit wurden, da sie nicht „Deutschen in Deutschland" gehörten. Dies betraf Vermögen von: Österreichern, Bewohnern der Stadt Danzig, angegliederten Ostgebiete, Sudetendeutschen, Nichtdeutschen in Deutschland, Deutschen in der Schweiz oder in Drittstaaten (u.a. Monaco). Dies stellte 1945 zusammen 521,80 Millionen SFR dar. [68]

Die Erhöhung der Freigrenze auf 10.000 Franken führte 1952 zur Aufhebung der Sperre für Vermögen von natürlichen deutschen Personen in Deutschland im Wert von fast 30 Millionen Franken. Darunter befanden sich „Tausende" von Vermögen, deren Eigentümer sich nicht gemeldet hatten und unbekannten Aufenthalts waren. Diese nachrichtenlose Vermögen fielen damit wieder in die alleinige Verantwortung der privaten Vermögensverwalter in der Schweiz zurück. Was mit diesem Vermögen geschah ist nicht bekannt. [69]

Die fehlende Anerkennung der DDR durch die Schweiz, sie kam erst 1972, spielte auch eine wichtige Rolle. Die Schweizerische Nationalbank erklärte, sie kenne die Anzahl der Fälle nicht, in denen Gläubiger in der DDR nicht mehr vorhanden oder unbekannten Aufenthalts seien.

Ausgeklammert aus den Verhandlungen mit der Schweiz waren auch die Goldtransaktionen mit der BIZ (Bank für internationalen Zahlungsausgleich in Basel). Diese Goldtransaktionen waren 1948 Gegenstand eines besonderen Abkommens mit den Alliierten; die BIZ händigte den Alliierten 3.740 kg Feingold aus.

Die Bank von Frankreich hat der Nationalbank von Belgien aus ihrem beschlagnahmten Golddepot der FED in New York den Betrag von US $ 223.292.833,-- = RM 558,2 Mio. als Gegenwert vergütet. Diese Zahlung kommt in dem Ausweis der Bank von Frankreich vom 28. Dezember 1944 zum Ausdruck, in welcher der Goldbestand, der seit Jahren unverändert mit ffr 84,6 Milliarden angegeben war, mit ffr 75,2 Milliarden ausgewiesen wird.

Der mit wichtigste Absatz des Washingtoner Abkommens für die Schweiz lautet:

„Die schweizerische Regierung verpflichtet sich, den drei alliierten Regierungen einen Betrag von 250 Millionen Schweizer Franken, zahlbar auf Sicht in Gold in New York, zur Verfügung zu stellen. Die alliierten Regierungen erklären ihrerseits, daß sie mit der Annahme dieses Betrages für sich und ihre Notenbanken auf alle Ansprüche gegenüber der Schweizerischen Regierung oder der Schweizer Nationalbank verzichten, die sich auf das von der Schweiz während des Krieges von Deutschland erworbene Gold beziehen, damit finden alle auf dieses Gold bezüglichen Fragen eine Erledigung."

Die Schweizerische Nationalbank teilte dem Autor am 9. Oktober 2002 mit, daß damals auf das Konto der Tripartite Gold Commission bei der FEDERAL RESERVE BANK of New York
51.604,448 kgf, rund 52 Tonnen Gold, übertragen wurden.

Schriftverkehr von deutschen Behörden und Zeugenaussagen nach 1946

Der deutsche Bundeswirtschaftsminister schrieb am 20. August 1954 ein vertrauliches Schreiben an die Bank deutscher Länder: [70]

„Er teilt u.a. mit, daß die Deutsche Reichsbank an Schweden Gold im Werte von SKR 100 Mio. verkauft habe, hierbei soll es sich um belgisches „Raubgold" gehandelt haben. Aufgrund dieser Darstellung und auf Betreiben der Alliierten hat die schwedische Regierung nach dem Krieg Feingold in Höhe von 7.155,33 kg an Belgien zurückgegeben.

Die alliierte Seite behauptet, daß dieses Gold nach der Beschlagnahme eingeschmolzen und mit falschen Stempel und Dokumenten versehen worden sei. Es muß mit der Möglichkeit gerechnet werden, daß von schwedischer Seite Rechtsansprüche gegen die Bundesrepublik geltend gemacht werden. Der Finanzminister bittet um Aufklärung, da keine Unterlagen vorhanden sind, sollten sachkundige Persönlichkeiten und Zeitzeugen über die Goldgeschäfte und Goldherkunft der Reichsbank befragt werden". [71]

Der deutsche Bundeswirtschaftsminister schrieb am 19. Januar 1955 [72] an den deutschen Bundesminister der Finanzen unter Bezug auf sein Schreiben vom 23. Dezember 1954:

„Ihre Auffassung, daß die Reichsbank das sog. Raubgold nur im Auftrag des Reichs empfangen und weitergeleitet hat und daß aus dieser Vermittlungstätigkeit weder unmittelbare Ansprüche neutraler Staaten noch Rückgriffsansprüche des Bundes gegen die Reichsbank hergeleitet werden können, wird von mir geteilt. Ich halte es deshalb für nicht geboten, daß der künftige Abwickler der Reichsbank liquide Mittel für den Fall zurückstellt, daß irgendein Gericht abweichender Meinung sein könnte. Das erübrigt sich auch deshalb, weil der Bund als Rechtsnachfolger des Reichs die Reichsbank von etwaigen Verpflichtungen aus den im Auftrage des Reichs durchgeführten Raubgoldbewegungen freistellen könnte.

Laut dem Ihnen heute übersandten Gesetzesentwurf nebst Begründung ist der Bund nach umstellungsrechtlichen Grundsätzen für den ausreichenden Bestand der Reichsbankrestmasse verantwortlich. Um bei Erschöpfung der Reichsbankrestmasse so wenig als möglich auf Bundesmittel zurückgreifen zu müssen, halte ich es für ausreichend, den Abwickler später anzuweisen, die Restmasse nur „unter Vorbehalt" an den Fond zur Tilgung von Ausgleichsforderungen zu zahlen. Ich beziehe mich insoweit auf mein Schreiben VI/2 - 10764/54 - vom 7. Dezember 1954 in der Angelegenheit Opriba".

Gezeichnet: Dr. Henckel

Der deutsche Bundesminister der Finanzen antwortete am 2. Februar 1955 dem Bundes- minister der Wirtschaft in der „belgischen Raubgoldfrage": [73]

Betreff: Deutsches Vermögen in Schweden
hier: Raubgoldfrage Belgien

Anliegend übersende ich Ihnen eine Abschrift der Schreiben des früheren Reichsbankvize- präsidenten Emil Puhl, Hamburg, vom 20. August und 1. Oktober 1954 zur Raubgoldfrage mit der Bitte um Kenntnisnahme. Die Stellungnahme des Herrn Puhl deckt sich im wesentlichen mit den Feststellungen in dem Aktenvermerk des Dr. Freiherrn von der Lippe bei der Bank deutscher Länder.

Bei der Behandlung der Raubgoldfrage sollte insbesondere der von Herrn Puhl herausgestellte Gedanke Beachtung finden, daß das Gold fungibel ist und daher die einzelnen Goldbarren oder Goldmünzen nicht „physisch" zu behandeln sind. Hiernach wird man ebenso wie bei Geld auch bei den Goldbeständen einer Notenbank ohne Rücksicht auf Herkommen und Kennzeichnung im allgemeinen eine untrennbare Vermischung annehmen müssen. Bei Durchsetzung dieses Standpunktes könnte sich der Anspruch der früheren Goldinhaber nicht gegen den Erwerber dieses Goldes richten.

Im übrigen dürfte Belgien, sofern die in dem Aktenvermerk des Dr. Freiherr von der Lippe enthaltenen Informationen richtig sind, weder gegen die Bundesrepublik Deutschland einen Reparationsanspruch noch gegen Schweden einen Herausgabeanspruch begründen, da es von der Bank von Frankreich eine Entschädigung in Höhe von US $ 223,3 Millionen für das beschlagnahmte Gold erhalten haben soll.

Im Auftrag   Gezeichnet: Dr. Féaux de la Croix   Bochte

Emil Puhl, der ehemalige Reichsbankvizepräsident findet nach dem Krieg, als Mitglied des Vorstandes in der „Hamburger Kreditbank AG" (DRESDNER BANK AG) am Jungfernstieg 22 in Hamburg, sein neues Arbeitsfeld. [74]

Die Hamburger Kreditbank AG trägt erst ab 01.01.1957 wieder ihren alten Namen „DRESDNER BANK". Sie fusionierte mit der Rhein-Main Bank AG, der Rhein-Ruhr Bank AG und der Hamburger Kreditbank AG zur alten DRESDNER BANK. Emil Puhl schrieb am 20. August 1954 an den Bundesminister der Finanzen: [75]

Betreff: Deutsche Goldsendungen nach Schweden

Die deutsche Reichsregierung hatte während des Krieges mit verschiedenen Ländern Abkommen über die Lieferung von Gold getroffen. Dazu gehört das Abkommen mit der französischen Regierung über das in Dakar liegende sog. belgische Gold und dazu gehören auch Goldlieferungen, die mit der holländischen Regierung vereinbart waren.

Diese Goldlieferungen sind von der Reichsregierung der Reichsbank gegen Bezahlung übergeben worden, so daß die Reichsbank alles Gold, daß sie in ihren Tresoren hatte, voll bezahlt hat.

Es konnte nicht Aufgabe der Reichsbank sein, die staats- und völkerrechtliche Gültigkeit solcher Verträge nachzuprüfen. Keine Notenbank in irgendeinem Lande hat je nach meiner Kenntnis der Dinge eine solche Untersuchung angestellt. Das Gold war also von der Reichsbank ordnungsgemäß erworben worden und wurde von ihr in ihre Tresore überführt.

Selbstverständlich hat die Reichsbank keinen Unterschied machen können, etwa zwischen diesem Gold, das später von der Gegenseite als Raubgold dargestellt worden ist, und ihren sonstigen Goldbeständen. Wenn Goldsendungen von Deutschland nach anderen Ländern gemacht wurden, so hat die Reichsbank das Gold an die Reichsregierung ebenfalls gegen Bezahlung abgegeben und hat die Versendung vorgenommen, nach kassen- oder tresortechnischen Gesichtspunkten ohne Rücksicht auf den jeweiligen Ursprung des Goldes, bzw. hat sie das Gold zur Verstärkung ihrer Guthaben verwendet und dann diese Guthaben an die Ermächtigung gegen Bezahlung zur Verfügung gestellt.

Dabei ging die Reichsbank von dem allgemeinen internationalen Grundsatz aus, daß das Gold fungibel ist und hat daher ihren Goldbestand immer als eine globale Angelegenheit betrachtet. Dieses mußte sie auch tun, da sonst der Sinn des Goldes als Notendeckung verloren gegangen wäre. Erst nach dem Kriege ist von der Gegenseite die These aufgestellt worden, daß jeder einzelne Barren physisch zu behandeln wäre. Man war in der Reichsbank der Meinung, daß - wenn schon nach dem Kriege von irgendeiner Seite Anspruch erhoben würde - dieser nur ein genereller Goldanspruch sein könnte, über dessen Erfüllung internationale Verhandlungen mit der deutschen Regierung notwendig gewesen wären.

Im übrigen hat die Reichsbank intern eine Politik betrieben, daß sie bis zum Kriegsende immer einen Goldbestand unterhielt, der als Gegenwert etwa möglicher Goldansprüche hätte dienen können, denn der Goldbestand der Reichsbank war in Wirklichkeit wesentlich höher als in den Ausweisen angegeben wurde. Diese Goldbestände sind bekanntlich nach Kriegsende von den Besatzungsmächten beschlagnahmt und schließlich ihren Notenbanken zugeführt worden, die meines Wissens auch keinen Unterschied gemacht haben, zwischen diesem Gold und ihren alten Beständen, also dasselbe taten, was die Reichsbank gemacht hat.

Aus ihrem Gesamtgoldbestand hat die Reichsbank auch die Versendungen nach Schweden vorgenommen. Diese Goldsendungen dienten zur Begleichung der Clearing-Salden, und der Versand des Goldes ist sowohl von der Reichsbank im guten Glauben gemacht worden, wie auch die Schweden zweifellos das Gold in guten Glauben angenommen haben. Auch die mit mir gemachten Gutachten der schwedischen Juristen kommen ja zu dem Schluß, daß die schwedische Reichsbank das Gold gutgläubig übernommen hat, was zweifellos auch den Tatsachen entspricht. Es ist daher nach meiner persönlichen Meinung das Risiko der schwedischen Seite, wenn sie aufgrund des Washingtoner Abkommens, das offensichtlich unter politischen Druck abgeschlossen worden ist, das von ihr rechtmäßig erworbene Gold wieder herausgegeben hat.

Übrigens liegen die Dinge in der Schweiz genau so und mir ist bekannt, daß heute viele Schweizer Kreise bedauern, daß auch die Schweizer Regierung das von ihr gutgläubig erworbene Gold wieder hergegeben hat. Bestenfalls hätten die Stellen, die aufgrund des Abkommens mit der deutschen Regierung Gold an Deutschland geliefert haben und die glaubten, einen Ersatzanspruch zu haben, diesen bei der deutschen Regierung stellen müssen.

Ein solcher Anspruch hätte aber auch immer nur ein globaler Goldanspruch sein können und niemals der Anspruch auf einzelne bestimmte Barren. Erst durch die Behauptung, daß die von einer Notenbank erworbenen Barren physisch zu behandeln gewesen wären, ist Verwirrung in die Angelegenheit gekommen und würde ungefähr dem Vorgang entsprechen, als wenn der Einzahler von Banknoten bei einer Bank die Nummern der eingezahlten Banknoten „physically" zurückhaben wollte, damit würde das Bankgeschäft unmöglich gemacht werden.

Genau so würde durch die erwähnte These das Gold in einer Notenbank als Notendeckung seines Sinnes beraubt sein. Die ganze Sache ist ein Politikum geworden, so daß sachliche, fachliche und rechtliche Überlegungen von vornherein in den Hintergrund getreten sind.

Mit verbindlichsten Empfehlungen

Ihr ergebener   Puhl

Aus dem Schreiben vom 1. Oktober 1954 von Emil Puhl an das Bundesministerium der Finanzen geht noch hervor: [76]

... Wie Ihnen sicher bekannt, bestand zwischen den Notenbanken auch im Kriege ein sehr kollegiales Verhältnis. Dies ging in dem Fall des Belgischen Goldes so weit, daß wir selbst die Briefe, die wir in dieser Angelegenheit mit der Banque de France wechselten, inoffiziell mit dieser abgestimmt haben. Hiervon bitte ich aber auch heute keinen Gebrauch zu machen, um nicht die französischen Herren zu diskreditieren. ...

... Man hatte sich auch bei der Reichsbank Gedanken gemacht, wie man nach Beendigung des Krieges - falls erforderlich - der französischen Seite eine Restitution zukommen lassen könnte. Hierbei ging man davon aus, daß in der Reichsbank immerhin ein beträchtlicher eigener Goldbestand lag, der nach meiner Erinnerung selbst bei Kriegsende immer noch über RM 200 Millionen betrug. ...

... Nur persönlich darf ich noch hinzufügen, daß ich in der Goldangelegenheit nach meiner Internierung von amerikanischer Seite eingehend vernommen wurde, und als ich dann unseren Standpunkt darlegte, ist man bezeichnenderweise niemals auf diese Angelegenheit zurückgekommen, und man hat auch in der Anklage, die später in dem Prozeß gegen mich erhoben worden ist und wo man die lächerlichsten Kleinigkeiten heranzog, dieses sehr grundlegende „Goldproblem" nicht wieder erwähnt.

Ebenso hat man es zu verhindern gewußt, daß ich jemals mit Vertretern der anderen Notenbanken sprechen konnte. Auch auf meinen Vorschlag, die ganze Angelegenheit von einem sachverständigen Gremium der Notenbanken behandeln zu lassen oder vor ein internationales Schiedsgericht zu bringen, wurde bezeichnenderweise (von US-Seite) nicht eingegangen. ...

Ich empfehle mich Ihnen mit herzlichen Grüßen als

Ihr sehr ergebener   Puhl

Italienisches Gold

Deutsch / Italienisches Goldabkommen vom 6. 2. 1944

Das deutsch italienische Regierungsabkommen vom 6.2.1944 wurde als Geheime Reichssache unter Verschlußsache Nr. 265 an den Reichsminister Ribbentrop persönlich übergeben. Der deutsche Sonderbevollmächtigte Rahn schrieb an Ribbentrop: [77]

„Nachdem ich vom Duce die grundsätzliche Zustimmung erhalten hatte, daß die Italienische Regierung uns das frei verfügbare Gold der Banca d´Italia zum Einsatz für die Zwecke der gemeinsamen Kriegführung zur Verfügung stellt habe ich heute mit Finanzminister Pellegrini und dem Staatssekretär des Außenministeriums Mazzolini, die Einzelheiten der Durchführung unterschrieben. Hierbei habe ich es für richtig gehalten, von dem Prinzip eines freiwilligen Beitrages der Italienischen Regierung auszugehen. Dem Wunsche des Finanzministers, die Goldabgabe als eine Leihgabe zu bezeichnen, habe ich mich entzogen. Auch schien es mir aufgrund des Verlaufs der Verhandlungen richtig, sogleich eine Zusage für uns, das frei verfügbare Gold zu erhalten und die Zusage in ihrer Höhe lediglich hinsichtlich des tatsächlichen sofortigen Abtransports zu beschränken. Damit war normal der italienische Wunsch, zunächst nur einen Teil des Goldes abzugeben entsprochen und gleichzeitig die künftige Verfügung über den Restbestand durch Deutschland gesichert.

Außerdem konnten die Fragen des Goldkredites der Reichsbank, des jugoslawischen Goldes und des Goldes für die italienischen Auslandsvertretungen geregelt werden. Angesichts des günstigen Verlaufes der Verhandlungen habe ich mich entschlossen, sofort mit Pellegrini und Mazzolini ein Abkommen folgenden Wortlautes zu formulieren und zu unterzeichnen:

„Zwischen der Regierung des Großdeutschen Reiches vertreten durch den Botschafter Dr. Rudolf Rahn als Bevollmächtigten des Großdeutschen Reiches in Italien und der Regierung der Sozialen Republik Italiens, vertreten durch Dr. Serafino Mazzolini als Generalsekretär des Italienischen Außenministeriums und Professor Gianpietro Pellegrini als Finanzminister wird folgendes Abkommen abgeschlossen:

Die Regierung der Sozialen Republik Italiens verfügt über das frei im Eigentum der Banca d´Italia befindliche Gold wie folgt:

1) Für die Ausgaben der diplomatischen Vertretungen Italiens im Ausland werden von der Regierung der Sozialen Republik Italiens 100 Millionen Lire = 10 Millionen Reichsmark in effektivem Gold der Regierung des Großdeutschen Reichs übergeben, die vom Auswärtigen Amt in Berlin treuhänderisch verwaltet werden. Aus diesem Betrag ist der vom Auswärtigen Amt vorschußweise für diesen Zweck bereits zur Verfügung gestellte Betrag von 10 Millionen Lire = 1 Million Reichsmark in effektivem Gold zurückzuerstatten.

2) Die Regierung der Sozialen Republik Italien übergibt der Regierung des Großdeutschen Reiches 50 Millionen Lire = 5 Millionen Reichsmark in effektivem Gold, das an die Deutsche Reichsbank zur Rückzahlung des von ihr gewährten Goldkredits in gleicher Höhe weitergeleitet wird.

3) Die Regierung der Sozialen Republik Italien übergibt der Regierung des Großdeutschen Reiches den auf rund 260 Millionen Lire = 26 Millionen Reichsmark

aufziffernden Betrag der von ihr in Jugoslawien beschlagnahmt worden war, in effektivem Gold zu treuhänderischer Aufbewahrung und Verteilung an die empfangsberechtigten Staaten nach Maßgabe des dafür festgesetzten Verteilungsschlüssels.

4) Als Unterstützung für die gemeinsame Kriegführung stellt die Regierung der Sozialen Republik Italiens dem Botschafter und Bevollmächtigten des Großdeutschen Reiches den Gesamtbetrag des freien, im Eigentum der Banca d´Italia befindlichen Goldes nach Abzug der unter 1 bis 3 genannten Beträge zur Verfügung. Von diesem Betrag werden sofort 1.000 Millionen Lire = 100 Millionen Reichsmark in effektivem Gold übergeben.

Unter Würdigung des unter Ziffer 4 genannten Beitrages der Regierung der Sozialen Republik Italiens stellt der Botschafter und Bevollmächtigte des Großdeutschen Reiches in Italien der Sozialen Republik Italien aus dem Kriegslastenfond einen Betrag von 1 Milliarde Lire = 100 Millionen Reichsmark sofort nach der Unterzeichnung des Abkommens zur Verfügung. Die Regierung der Sozialen Republik Italiens wird Vorsorge treffen, daß die vorgenannten Goldmengen unverzüglich an die Beauftragten des Botschafters und Bevollmächtigten des Großdeutschen Reiches in Italien in Franzensfeste übergeben werden können.

geschehen in Pasano, am 5. Februar 1944

(in zwei Ausfertigungen, und zwar in deutscher und italienischer Sprache)

Gezeichnet: Rudolf Rahn, Seratino Mazzolini, Gianpietro Pellegrini

Die Rückgabe von 1 Milliarde Lire aus dem Kriegslastenfond war aus Einsparungen des letzten Monats möglich. Hierüber bitte ich strengstes Stillschweigen anderen Ressorts gegenüber anzuordnen. Gleichzeitig erbitte Drahtanweisung, wann, wie, wohin und durch wen die Goldmenge im Gegenwert von 141 Millionen Reichsmark von Franzensfeste abtransportiert werden soll.

Gezeichnet: Rudolf Rahn

Auszug aus der Niederschrift einer Besprechung im innerministeriellen Ausschuß zur italienischen Goldfrage im Auswärtigen Amt in Berlin vom 21.2.1944: [78]

„Vortragender Legationsrat Ripken berichtet über eine Vereinbarung des Botschafters Rahn mit dem Duce, wonach grundsätzlich das gesamte freie italienische Gold zum Zwecke der gemeinsamen Kriegführung zur Verfügung gestellt wird. Von dem auf Grund der bisherigen, allerdings noch nicht abgeschlossenen Ermittlungen hergestellten insgesamt vorhandenen Goldbestand von rund RM 331 Millionen sind RM 110 Millionen vorbelastet (Reichsbank, Bank für Internationalen Zahlungen, jugoslawisches Beutegold, Schweiz). Von dem Rest werden ferner 10 Millionen treuhänderisch vom Auswärtigen Amt für Zwecke der italienischen Bedürfnisse verwaltet.

Als Beitrag zum Zwecke der Kriegführung werden zunächst 100 Millionen Reichsmark vom Reich zu uneingeschränkter Verwendung übernommen. Die Entscheidung über den Rest von 110 Millionen Reichsmark bleibt vorbehalten".

Das italienische Depot bei der Reichsbank für die Bestreitung der Ausgaben der italienischen Vertretungen im Ausland bestand aus 12.360.000 Stücken verschiedener Goldfranken, verpackt und plombiert in 69 italienischen Säcken.

Es stellte einen Wert von RM 10.000.000,00 dar und wurde für die italienische Regierung treuhänderisch vom Auswärtigen Amt verwaltet. Der italienische Botschafter in Berlin disponierte bis Kriegsende wiederholt über die im Depot hinterlegten Werte. Diese Dispositionen geschahen in der Form, daß Botschaftsrat Baroni diesbezügliche Aufträge an den Legationsrat des Auswärtigen Amtes Wilhelm Rieger weiterleitete.

Der Legationsrat ließ entsprechend der erhaltenen Anweisungen jeweils eine bestimmte Goldmenge aus dem Depot der Reichsbank abschreiben und hierfür Devisen entweder bei der Reichsbank einhandeln oder von den deutschen Auslandsmissionen den von der italienischen Botschaft in Berlin begünstigten Personen auszahlen. Im Laufe dieser Dispositionen waren die in das Depot eingelagerten Goldmünzen von der Reichsbank überprüft, sortiert und anschließend in neue numerierte und plombierte deutsche Münzbeutel verpackt worden. Diese waren mit Fahnen versehen, auf welchem Inhalt der Beutel und ihre Zugehörigkeit zum italienischen Depot vermerkt wurde. Das Depot lagerte zuletzt in der Reichsbank in der Abteilung 15 c des Tresors A. Es wurde nach Merkers in Thüringen ausgelagert und setzte sich nach den Auszahlungen an die italienische Regierung wie folgt zusammen: [79]

Depot Auswärtiges Amt (RM 10.000.000) für Italien
gemäß Verfügung 943 g und 1024 gRs

div.frs.	7.975.400,-	verschiedene Goldfranken	
Sfr.	1.040,-	Schweizer Goldfranken	
Ru.	35.685,-	Goldrubel	
Ökr.	320,-	Österreichische Goldkronen	gem. Vfg. 943 g
Stück	8 verschied. Goldmünzen = 47,5 gr = 43,0 gf		gem. Vfg 1024 g Rs.

Die italienische Regierung verbrauchte für ihre Zwecke aus dem Depot rund 4.383.560 Stücke Goldfranken. Das Mazzolini-Rahn Abkommen, das lange Zeit in London unter den beschlagnahmten Unterlagen des Auswärtigen Amtes als „verschollen" galt und die aufgefundenen italienischen Golddepots belegen eindeutig, daß Deutschland in Italien kein Gold geraubt hat. Das von den Alliierten in deutschen Depots beschlagnahmte italienische Gold wurde nicht an Italien zurückgegeben, sondern von den USA als Kriegsbeute behalten.

Der Reichsbanktreuhänder schrieb am 12.4.1958 an den Justitiar der Deutschen Bundesbank, Herrn Rechtsanwalt Boehmer: [80]

... „daß weder eine Kopie noch das Original des Abkommens vorliege, der Wortlaut nicht bekannt sei und der ehemalige deutsche Sonderbevollmächtigte in Italien Herr Rahn, der das Abkommen unterzeichnete, nunmehr als Generalvertreter von Coca Cola seinen Sitz in Düsseldorf hat. Er verfügt ebenfalls über keine Abschrift und kann sich überdies nicht mehr genau an den Inhalt des Abkommens erinnern. Ich habe mich deshalb an den Bibliothekar des italienischen Parlamentes gewandt und ihn ersucht, mir die gewünschte Abschrift zu verschaffen. Sollte dieser Versuch fehlschlagen würde ich mich an die Banca d´ Italia wenden, was ich fürs erste unterlassen habe, weil mein Einvernehmen mit dieser Bank nicht das allerbeste ist."

Gezeichnet: Benckert / Der Treuhänder für das Vermögen der Deutschen Reichsbank

Der italienische 72 Tonnen Goldtransport nach Berlin

Das Vorrücken der alliierten Streitkräfte in Süditalien veranlaßte die Banca´d Italia aus der Hauptkasse in Rom italienische Werte in den Norden des Landes, an ihre Niederlassung nach Mailand zu versenden. Direktor Graf Sforza ließ ein genaues Verzeichnis anfertigen und mit Zustimmung Mussolinis und des italienischen Finanzministers Pellegrini wurden am 16. Dezember 1943 die Werte in 12 Güterwaggon verladen und per Bahn nach Franzensfeste verbracht. Das Gold wurde am 18. bzw. 19. Dezember 1943 in eigens dafür hergerichtete Tresorräume der dortigen Festung eingelagert.

Das Deutsche Reich erhielt insgesamt 71.998,078.50 kgf. rund 72 Tonnen Gold in Barren und Münzen aus Italien in drei getrennten Transporten nach Berlin überstellt. Am 29. Februar 1944 und 19. April 1944 wurde Gold mit einem Gewicht von 50.537,643.50 kgf aus dem Tresorraum der Festung entnommen und nach Berlin per Bahn versandt. Am 21. Oktober 1944 schickte die Banca d´ Italia weiteres Gold mit einem Gewicht von 21.460,435.50 kgf. nach Berlin. Die Lieferung bestand aus 1.620 Goldbarren und 8.560 diversen Goldmünzen. Bei der Besetzung Norditaliens fielen den Alliierten die in der Festung verbliebenen 43 Tonnen Gold, Gemälde und private Werte in die Hände.

Der stellvertretende Direktor der Banca ´d Italia in Bozen, Herr Dr. Rag. Dalla Torre Paolo Carlo gibt zu Protokoll: [81]

„In meiner Eigenschaft als stellvertretender Direktor der Bozener Filiale der Banca`d Italia wurde mir seinerzeit von der Zentraldirektion aus Rom aufgetragen, den Goldtransport von Barren und Münzen am 29. Februar 1945 von Fortezza nach Berlin als Leiter mit anderen Personen zu begleiten. Das Gewicht des transportierten Goldes betrug 50.537,643.50 kgf., rund 50 Tonnen. Das Gold wurde in 175 Fässer mit Barren und in 435 Säcken mit Münzen verpackt, welches in der vorerwähnten Ortschaft Fortezza in der Franzensfeste unter der Aufsicht des Stabes der Banca`d Italia deponiert war und von dort entnommen wurde.

Der Goldtransport wurde von folgenden Personen begleitet:

Reichsbankdirektor Dr. M. Bernhuber, als Vertreter der ehemaligen deutschen Gesandtschaft in Italien; drei Reichsbankbeamte und ein Inspektor der Reichsbank aus Berlin, begleitet von Herrn Dr. Schmirl, einem Vertreter des deutschen Auswärtigen Amtes; Herr Reichsbankrat Rumpf als Vertreter der ehemaligen Reichskreditkasse Bozen; ein Vertreter des ehemaligen Hochkommissariats der Voralpenzone, der von Bozen kam und außerdem andere Angestellte der Banca`d Italia.

Der Transport erreichte am Morgen des 3. März 1944 Berlin, wir warteten auf dem Anhalterbahnhof auf den Präsidenten der Reichsbank Dr. Walther Funk und einen Vertreter des deutschen Auswärtigen Amtes. Gegen Mittag wurde mit dem Ausladen des Goldes begonnen. Wahllos suchte man 135 Packsäcke mit Goldmünzen heraus und brachte sie in das Außenministerium in die Wilhelmstraße, während der Rest in die Tresore der Reichsbank eingelagert wurde. In meinem Bericht an die Banca´d Italia vom 26. März 1944 habe ich erwähnt, daß der Goldbestand in den Tresorräumen der Reichsbank und der Goldbestand von 135 Säcken im Kellerraum des Auswärtigen Amtes wie folgt überprüft wurde.

Das italienische Gold in der Reichsbank wurde gewogen und die Münzen in neuen Geldrollen zusammengestellt. Die Goldsäcke im Auswärtigen Amt wurden nicht geöffnet, sondern nur aufgrund der Beutelfahnen notiert. Die Packsäcke waren unbeschädigt und in einem einwandfreien Zustand, ebenso die Bleiplomben der Banca´d Italia, welche mit einem Spezialsiegelwachs auf einem Holzstöpsel in Form einer Kugelkappe versehen waren. Die auf dem Grundstück des Auswärtigen Amtes durchgeführte Aufzeichnung wurde in Gegenwart eines kriegsbeschädigten Wehrmachtsoffiziers, zweier Beamten des Auswärtigen Amtes, sowie einem der fünf Beauftragten der Reichsbank, welche in dem Protokoll erwähnt sind und einiger Angestellten gemacht.

Alle Packsäcke wurden dann von den Personen geschlossen, die genau nach den Anweisungen des Auswärtigen Amtes handelten. Jeder der Packsäcke wurde mit einem kleinen rechteckigem Holzbrettchen versehen, welches eine gedruckte Nummer und andere Einzelheiten in deutscher Sprache trug, die sich auf den angenommenen Inhalt der Packsäcke bezogen."

Gezeichnet: Paolo Dalla Torre e.h.   Rom, den 3. Dezember 1951

Das Ribbentrop Gold

In der Folge einer Zuteilung des Vierjahresplanes erwarb das Auswärtige Amt 1941 von der Reichsbank einen Goldbestand im Werte von RM 25.000.000,-- zur freien Verfügung. Insbesondere zur Devisenbeschaffung für den Unterhalt der deutschen Gesandtschaften, da im feindlichen Ausland mit Reichsmark nicht mehr bezahlt werden konnte. Diese Menge bestand aus 414 Goldbarren und 515 vollen Beutel Goldmünzen verschiedener Münzstätten. Ein Teil dieses Bestandes wurde in den folgenden Jahren gegen Devisen und Goldmünzen speziell gewünschter Prägung umgetauscht.

Darüber hinaus wurden Teilmengen des Bestandes ab 1943 deutschen Auslandsmissionen übersandt (Madrid, Bern, Ankara, Istanbul, Stockholm, Budapest, Sofia, Belgrad, Vatikan und Athen). Zu Kriegsende war der Bestand auf 15 Millionen RM zusammengeschmolzen.

Dieser Rest von RM 15.000.000,00 in Gold wurde auf Bad Gastein, Bern, Heiligensee, Füssen, Isny und Lindau verteilt und ausgelagert. Das nach dem Reichsaußenminister Ribbentrop benannte Gold wurde vollzählig von den Alliierten vorgefunden und übernommen. [82] Die Landeszentralbank Schleswig Holstein schrieb am 1. November 1957 unter Aktenzeichen 6b/154462/57 an die Deutsche Bundesbank:

... Die Bezeichnung Ribbentrop-Gold deutet auf einen Zusammenhang mit dem ehemaligen Reichsaußenminister Ribbentrop hin. Anhaltspunkte dafür, daß es sich um Privatvermögen von ihm gehandelt haben könnte, sind nicht erkennbar. ...

Der Industrielle Max Grundig hatte nach dem Krieg Schloß Fuschl im Salzkammergut erworben. Er ließ heimlich Bunkerwände im Keller aufbrechen. Grundig war dem Gerücht aufgesessen, daß noch verschollenes Privateigentum Ribbentrops sich im Schloß befinden würde. Tatsächlich hatten Taucher vor dem Schloß, im Fuschlsee, nur hochwertiges Porzellan und Hausrat gefunden.

Die Geheimen Goldbestände in der „Alpenfestung"
Aussagen von Zeitzeugen

Ministerialdirektor Hans Schröder vom Auswärtigen Amt gibt in seiner amtlich beglaubigten Niederschrift 1952 zu Protokoll: [83]

„ Ich war von 1941 bis Kriegsende 1945 Ministerialdirektor im Auswärtigen Amt in Berlin und als Leiter der Personal- und Verwaltungsabteilung mit der Verwahrung der „Geheimen Goldbestände" des Auswärtigen Amtes betraut. Abgesehen von schon früher erlangten, mengenmäßig unbedeutenden Goldbeträgen, über welche zum Zwecke des Devisenankaufes laufend verfügt worden war, hat das Auswärtige Amt zwei bedeutende Goldbestände erhalten. Es hat 1941 Gold im Wert von RM 25 Mio. von der Reichsbank erworben und 1944 einen Teil des nach Berlin gebrachten italienischen Goldes im Wert von RM 22,5 Mio. übernommen.

Aufgrund meiner Unterlagen kann ich über diese Goldbestände folgendes feststellen. Nach vorangegangenen Verhandlungen mit der Reichsbank erhielt das Auswärtige Amt im Frühjahr 1941 von der Reichsbank Gold im Wert von genau RM 25 Mio., aufgeteilt in 414 Goldbarren verschiedener Münzstätten mit einem durchschnittlichen Wert von rund RM 35.000,-- je Barren und 515 volle Beutel, welche ausschließlich verschiedene britische Sovereigns enthielten und zwar 1.000 Sovereigns je Beutel.

Die Münzbeutel waren von der Reichsbank plombiert und mit Beutelfahnen versehen. Die Bezahlung der RM 25 Mio., für die das Reichsfinanzministerium dem Auswärtigen Amt in zwei Teilbeträgen zu je RM 12,5 Mio. Ausgabemittel zur Verfügung gestellt hatte, erfolgte dadurch, daß das Auswärtige Amt zunächst für diese RM 25 Mio. harte Devisen (US Dollar und Schweizer Franken) von der Reichsbank erworben und bei dieser hinterlegt hatte. Einige Wochen später übernahm die Reichsbank, in Verrechnung der gezahlten RM 25 Mio. und gegen Überlassung der Barren und Beutel, die Devisen.

Die Übergabe, die in vier Teillieferungen vorgenommen wurde, erfolgte in der Form, daß die gelieferten Werte zunächst in einen Tresorraum der Reichsbank unter gemeinsamen Verschluß der Reichsbank und des Auswärtigen Amtes genommen wurden. Erst mit der dritten Teillieferung erhielt das Auswärtige Amt einen eigenen, nur seine Werte beinhaltenden Tresorraum, der aber auch unter gemeinsamem Verschluß stand. Aus diesem Tresorraum war bis zur Überstellung des Goldes in das Auswärtige Amt nur eine kleine Herausnahme erfolgt.

Nach Fertigstellung des Betonbunkers bzw. Tresorraumes auf dem Gelände des Auswärtigen Amtes (Berlin, Wilhelmstraße 75-76) im Spätherbst 1941 wurde das gesamte Gold noch im Laufe des Winters 1941/42 in das Auswärtige Amt überführt und die einzelnen Barren und Beutel auf Holzstellagen (die Barren später alle in einer großen Kiste) in besagten Tresorraum gelagert. Der frisch betonierte Tresorraum hatte noch eine zu hohe Luftfeuchtigkeit, weshalb die Reichsbank die Beutel mit Goldmünzen vorsichtshalber mit je einem Reichsbank eigenen Beutel zusätzlich überzog.

Im Laufe der nächsten Jahre wurden diesem Bestand wiederholt Münzen und Barren entnommen und bei der Reichsbank gegen Devisen und Goldmünzen speziell gewünschter Prägung und in einem Fall auch gegen kleine Goldbarren getauscht. Ab Ende 1943 wurden dem Bestand laufend Gold entnommen und den Missionen im Ausland zur Bestreitung ihrer Unterhaltskosten übersandt. Solche Übersendungen erfolgten nach Bern, Madrid, Ankara, Istanbul, Stockholm, Budapest, Sofia, Belgrad und dem Vatikan. Zwei nach dem Irak und Indien abgefertigte Sendungen kehrten zurück. Eine weitere Menge war nach Athen zwecks Stützung der griechischen Währung übersandt worden. Der Wert des im Auftrag des Reichsaußenministers von Ribbentrop für die genannten Zwecke verwendeten Goldes belief sich auf rund RM 10.000.000,00, so daß bei Kriegsende 1945 ein Restbestand im Wert von rund RM 15.000.000,00 vorhanden war.

Anfang 1945 hatte ich auf Anweisung des Reichsaußenministers diesen verbliebenen Restbestand versandbereit gemacht und in der Folgezeit auslagern lassen. Zunächst wurden die gesamten Münzen bzw. Münzbeutel in kleine Kisten (drei bis vier Beutel pro Kiste) und alle Barren in kleine Säcke (2 Barren je Sack) verpackt. Die Säcke und Kisten wurden numeriert und gemäß der Nummernfolge eine Bestandsliste aufgestellt.

In der Zeit von Februar bis ca. 20. März 1945 habe ich in mehreren Transporten die Auslagerung der gesamten Goldmenge aus Berlin vornehmen lassen. Die einzelnen Partien wurden gewöhnlich gemeinsam mit anderen zum Transport aus Berlin bestimmten Gütern in das Ausweichquartier des Auswärtigen Amtes, Burg Treffurt bei Mühlhausen in Thüringen, bzw. in einen Gasthof im Harz verlagert.

Anfang März 1944 traf der erste italienische Goldtransport aus Fortezza in Berlin ein, das Auswärtige Amt erhielt davon lediglich zur Aufbewahrung RM 25 Mio. in 135 Packsäcken mit Goldmünzen. Das italienische Begleitpersonal hat gemeinsam mit Beamten der Reichsbank und meines Stellvertreters eine Sichtung und Kontrolle des italienischen Bestandes in unserem Amt vorgenommen. Da die Münzen in Beuteln verpackt und mit italienischen Plomben verschlossen und mit italienischen Beutelfahnen versehen waren, öffneten die Beamten lediglich die Packsäcke und fertigten eine Bestandsliste auf Grund der Aufschriften auf den Beutelfahnen.

Die Beutel wurden dann ungeöffnet in die 135 Packsäcke zurückgegeben, welche man in den Tresorraum des Auswärtigen Amtes gebracht und dort getrennt von dem alten Bestand gelagert hatte. Da es sich bei dem im Auswärtigen Amt zurückbehaltenen italienischen Gold nur um eine Aufbewahrung und nicht um einen erworbenen eigenen Bestand handelte, wurde mit der Reichsbank vereinbart, daß nicht das Auswärtige Amt, sondern die Reichsbank den italienischen Beauftragten die Übernahme des im Auswärtigen Amt verbliebenen Goldes bestätigen und dieses im Übergabeprotokoll als separierten Posten führen sollte.

Zu einer definitiven Übernahme des italienischen Goldes bzw. Einverleibung in die Bestände des Auswärtigen Amtes wäre eine genaue Überprüfung und Abzählung der gesamten Menge durch die Reichsbank Voraussetzung gewesen. Eine solche erfolgte aber später lediglich an ca. einem Drittel des Goldes, bei 53 Packsäcken. Dies geschah in der Form, daß in mehreren Partien eine bestimmte Anzahl italienischer Packsäcke der Reichsbank übergeben wurde, welche die in den Packsäcken gelagerten Beutel öffnete, die Münzen zählte und dann dieselben Münzen, in eigene Beutel verpackt, an das Auswärtige Amt zurückstellte. Diese erhaltenen Beutel wurden im Auswärtigen Amt später wieder in 53 große Säcke verpackt.

In der Folgezeit wurde weder an den 53 überprüften noch an den 82 unberührt gebliebenen Teil der Goldpacksäcke irgendeine Veränderung vorgenommen. Im Februar und März 1945 wurde auch das im Auswärtigen Amt gelagerte italienische Gold ausgelagert. Auf Anweisung des Ministers Ribbentrop wurde der Bestand auf die Ausweichquartiere Schloß Fuschl bei Salzburg, Heiligenstedten in Schleswig-Holstein und einen Forstbetrieb bei Ballenstedt im Harz verteilt.

Nach meiner Verhaftung 1945 bin ich nur in Nürnberg 1946 von dem stellvertretenden US Hauptankläger Prof. Kempner über den Verbleib der „Geheimen Goldbestände" des Auswärtigen Amtes und in diesem Zusammenhang daher auch über den Verbleib des italienischen Goldes befragt worden. Auf eine weitere Befragung durch Prof. Kempner bezüglich der Details des eigenen Goldbestandes des Auswärtigen Amtes habe ich diesen vorgeschlagen, alle mit diesem Vorgang betreuten ehemaligen Beamten auch als Zeugen zu vernehmen. Prof. Kempner, der meinem Vorschlag zunächst zugestimmt hatte, teilte mir einige Zeit danach mit, daß er meinen Plan nicht durchführen könne und unterließ später jede weitere Befragung über die Goldbestände des Auswärtigen Amtes."

Gezeichnet: Hans Schröder Ministerialdirektor z. Wiederverwendung

Am 9. Februar 1952 gab Ministerialdirektor Schröder weiter zu Protokoll: [84]

„Ende März 1945 erhielt ich von Reichsaußenminister Ribbentrop den Auftrag, das nach Burg Treffurt bei Mühlhausen in Thüringen verlagerte Gold des deutschen Auswärtigen Amtes zum Kloster Liebenau (zwischen Ravensburg und Friedrichshafen am Bodensee) transportieren zu lassen und für den Fall, daß alliierte Truppen in die Nähe des Bodensees vorrücken sollten, einen bestimmten Teil des Goldes der deutschen Gesandtschaft in der Schweiz zu übergeben und den Rest nach eigenen Ermessen zu verteilen. Es handelte sich um insgesamt rund 5 Tonnen Gold, davon wurden 1,5 Tonnen in die evangelische Kirche in Füssen, 1,5 Tonnen auf einen Bauernhof in Isny und eine Tonne nach Lindau in die Holbeinstraße gebracht und dort verborgen. Der Rest des Goldes ging per Kurier in die Schweiz zur deutschen Gesandtschaft in Bern. Das Gold in Isny und Füssen wurde von Colonel de Guensburg des 7th US Army CIC abgeholt und sichergestellt, das übersandte Gold in Bern wurde von Schweizer Behörden beschlagnahmt. Der Verbleib des Goldes in Lindau ist mir nicht bekannt. Die italienischen Goldmünzen in Ballenstedt wurden an Legationsrat Bernd Gottfriedsen und dem Gesandten Dr. Franz von Sonnleithner des AA übergeben und nach Schloß Fuschl geleitet, wie eine schon vorher nach Schloß Fuschl verlagerte Goldsendung ."

Gezeichnet: Hans Schröder Ministerialdirektor z. Wiederverwendung

Der Gesandte Dr. Franz von Sonnleithner gab am 23. Januar 1952 zu Protokoll: [85]

„Von 1938 bis Kriegsende 1945 war ich als Beamter des Auswärtigen Amtes in Berlin im Ministerbüro tätig. Als eine meiner letzten Anweisungen erhielt ich Mitte April 1945 in Berlin gemeinsam mit meinem Kollegen, dem Legationsrat Bernd Gottfriedsen, vom Reichsaußenminister den Auftrag, mich zum Ausweichquartier Schloß Fuschl bei Salzburg zu begeben und das dort gelagerte Gold mit einem Gewicht von 5 Tonnen, falls der Minister bis dahin nicht selbst in Fuschl eingetroffen sei, beim Anrücken alliierter Truppen zu verbergen. Die Wahl zu diesem Auftrag war deshalb auf mich gefallen, weil man von mir als gebürtigen Salzburger eine genaue Ortskenntnis erwarten konnte. Den Befehl führte ich am 17. April 1945 zusammen mit Herrn Gottfriedsen durch und übernahmen im Kellerraum des Schlosses den Goldbestand.

Als am 23. April 1945 der Minister noch immer nicht in Fuschl eingetroffen war, begab ich mich zum Landesbauernführer Michael Friesacher nach Salzburg, um mich mit diesem bezüglich einer geeigneten Verbergungsmöglichkeit zu besprechen. Auf Anraten des Landesbauernführers vereinbarten Herr Gottfriedsen und ich Ende April 1945 mit dem Ortsbauernführer von Hintersee, Alois Ziller, das Gold auf seinem Hof zu verbergen.

In drei Transporten, am 27./28. und 29. April 1945 brachten wir mit einem LKW 81 der in Schloß Fuschl gelagerten Säcke zu dem Ortsbauernführer Alois Ziller in Hintersee. In einem Schuppen seines Gehöftes haben wir hierauf in zwei großen Kisten alle 81 Säcke vergraben lassen. Um den ersten Mai begab ich mich gemeinsam mit Herrn Gottfriedsen nach Bad Gastein, wo wir noch vor der Kapitulation einen kleineren, unter Verwaltung von Herrn Gottfriedsen stehenden und von diesem mitgeführten Goldbestand verbargen. Dies geschah in dem Hinterhof des von dem damaligen Bürgermeister von Bad Gastein, Josef Wörther, angegebenen Hauses Böcksteinerstraße 89.

Nach meiner Verhaftung wurde ich, etwa um den 20. Juni 1945, von der CIC in Salzburg, einem Mr. Devan, über die mittlerweile von den Amerikanern sichergestellten Goldmengen, verhört.

Gezeichnet:	Dr. Franz von Sonnleithner

Das letzte Geheimnis des Toplitzsees

Der Wissenschaftler Max Fricke tauchte im Auftrag des Max-Planck-Institutes mit einem U-Boot im Toplitzsee. Er fand außer falschen englischen Pfundnoten und Schrott auch einen bis heute nicht beachteten und leeren Stahlcontainer, welcher mit einer angenieteten Messingplakette der „Serbischen Handelsbank" versehen war.

Die Dienststelle Eggerding füllte wahrscheinlich diesen Container mit brisanten Schriftmaterial und zog ihn auf den See. Die Soldaten schossen an der Wasserlinie in den Container, damit sich dieser langsam mit Wasser füllte und in der Tiefe versank. Fricke fand mit dem österreichischen Innenministerium im geborgenen Container die Einschußlöcher vor und hat sie fotografiert. Es ist verwunderlich, wie Personen alle Akten der Militärverwaltung aus dem gesunkenen Stahlcontainer unbemerkt heraufholen konnten.

Die Brisanz der versenkten Akten im Toplitzsee erklärt sich erst aus nachfolgenden gefundenen Schriftverkehr der Militärverwaltung Südost.

Die Dienststelle Eggerding unterstand dem Chef der Militärverwaltung Südost in Wien und verwaltete den Balkan bis nach Griechenland. Am 1. Januar 1945 schrieb der Chef der Militärverwaltung Südost ein geheimes Schreiben an das Oberkommando des Heeres, dem Generalstab des Heeres und dem Generalquartiermeister. Die Abteilung Kontenverwaltung wurde über den Stand der Abwicklung der Militärverwaltung Südost unterrichtet: [508]

... Die Abwicklung der feindeigenen und privaten Bergbaubetriebe in Mazedonien schreitet planmäßig fort:

a) JUGOMONATAN AG
    Die Bilanz 1943 ist fertiggestellt und zur Prüfung bei der Revisions- und Treuhand AG

b) BULGARISCHE SÜDOST MONATAN
    Die Bilanz 1944 ist in Bearbeitung

c) BULGARISCHE BERGBAU UNTERNEHMUNG
    Die Bilanz 1943 ist in Bearbeitung, Bilanz 1944 mit Buchungen noch nicht vollständig durchgeführt.

d) ALLATINI MINES LTD
    Die Bilanz 1943 ist in Bearbeitung.

e) BLEIERZBERGWERK ZLETOVO
    Aufgrund von Besprechungen vom 5. und 6.12.1944 mit Herrn Min.Dir. Dr. Gramsch wird die Abwicklung von Zletovo gemeinsam mit der von Trepca Mines Ltd. durch die Südostmontan GmbH Berlin durchgeführt werden. Der inzwischen in Wien eingetroffene kommissarische Verwalter beider Feindbetriebe, KVOR (Kriegsverwaltungsoberrat) Dürrigl, wird zur Besprechung der Einzelheiten Anfang Januar 1945 nach Berlin fahren.

Der Beauftragte der Serbischen Nationalbank hat das Depot des Referates Entjudung abgewickelt. ...

... Die das Judenvermögen im Banat betreffenden Akten wurden sämtlich abgerechnet. Noch nicht durchgeführt werden konnte die listenmäßige Erfassung der Abrechnungen. ...

... Der jüdische Schmuck wurde inzwischen dem DOROTHEUM übergeben. Seine Versteigerung ist durchgeführt. Die Abrechnung mit dem DOROTHEUM muß demnächst erfolgen. Die Bearbeitung der noch vorliegenden Beanstandungen des Rechnungshofes kann erst erfolgen, wenn die in Betracht kommenden Vorgänge abgewickelt sind, insbesondere die Verwertung des Judenschmucks. ...

... Das Baubüro ist weiter mit dem Abschluß von Konten und der Durchführung von Abrechnungen beschäftigt. Der Aktivsaldo ist mit rund 70.000.000,00 Dinar unverändert geblieben. Die abgerechneten Konten bzw. in Arbeit befindlichen Bauabrechnungen haben sich inzwischen auf rund 450.000.000,00 Dinar erhöht. Der Gesamtkontenwert wird mit 1.600.000.000,00 Dinar gemeldet. ...

... An Militärverwaltungsbeamten haben sich aus dem Südosten bisher noch nicht in Wien gemeldet: aus Griechenland 21, aus dem übrigen Südostraum 20 Beamte. ...

Gezeichnet: i.V. Militärverwaltungschef

Am 27. Januar 1945 schrieb der Chef der Militärverwaltung Südost über die weitere Abwicklung seiner Dienststelle an das Oberkommando des Heeres: [509]

... Im Referat Treuhandverwaltung und Entjudung wurden seit Beginn der Tätigkeit in Eggerding (15.10.1944) 906 Einzelvorgänge des Banats und 380 (von 782) Einzelvorgänge aus dem übrigen Serbien überprüft, abgestimmt und in Zählblättern vermerkt. Die Übertragung der Zählblätter in die Grundbücher wurde etwa für die Hälfte der angegebenen Vorgänge durchgeführt. An der Übertragung der abgeschlossenen Vorgänge in die Grundbücher, Abstimmung der Buchhaltung (4.716 Kontenkarten), Aufstellung der Abschlußbilanz, sowie Fertigung des Schlußberichtes wurde weiter gearbeitet. ...

... Der Beauftragte der Serbischen Nationalbank konnte beim Chefintendanten des OB (Oberbefehlshabers) Südost in Agram verschiedene offenstehende Fragen über bei der Reichsbank liegende Depots klären. Für die Ausgleichskasse des GBW (Generalbevollmächtigten der Wirtschaft) wurde eine Regelung über die Liquidierung des Lokomotivgeschäftes der Serbischen Nationalbank getroffen. ...

Gezeichnet: Dr. Dankwerts Militärverwaltungschef

Am 28. Februar 1945 fand in Bad Reichenhall eine Besprechung über die Abwicklungsstäbe der Abteilung Kriegsverwaltung statt. Das Besprechungsprotokoll führte aus, [510] daß davon auszugehen war, daß bis zum 31. März 1945 die Arbeiten im wesentlichen beendet sein würden und dann nur noch ein kleiner Reststab von 3 Personen nach Öhringen übernommen werden sollte (MV-Chef Dr. Dankwerts, MV-Rat Diegener, MV-Oberinspektor Schorch).

Unter Punkt 4c stand im Protokoll, daß bis 31. März 1945 noch für die Abwicklung von Judenvermögen 3 Personen (MV-Rat Gurski, MV-Oberinspektor Honecker, MV-Inspektor Ruhnke) benötigt würden. Das Judenvermögen sollte dann abgewickelt sein und eine Versetzung auf eine andere Dienststelle würde voraussichtlich entfallen.

Wie besprochen wurde am 31. März 1945 die Militärverwaltung Südost mit der Dienststelle Eggerding-Wien mit Schreiben des Oberkommando des Heeres aufgelöst.
Der Abteilungschef des OKH schrieb: [511]

... Zum Stabe des Generalquartiermeisters treten bis 20. April 1945 MV-Chef Dr. Dankwerts und MV-Rat Liegener mit Dienststelle Eggerding und Tegernsee. Die übrigen der bisherigen Dienststelle zugeteilten MV-Beamten, sowie die zur Dienstleistung beim Generalbevollmächtigten für den Metallerzbergbau (Vierjahresplan) abgestellten MV-Beamten Reiser und Barthel sind unverzüglich zu entlassen. Soweit für Hanatschek, Naatz und Wenzel vom Vierjahresplan gelten diese bis auf weiteres als arbeitsbeurlaubt mit der Pflicht zum Tragen bürgerlicher Kleidung.

Gezeichnet: i.A. Oberst i.G. u. Abt. Chef

Am 6. Und 7. April 1945 wurden von Eggerding – Schärding 11 Kisten mit Akten der aufgelösten Militärverwaltung Südost nach Pieding verbracht und dort OKH / Gen.Qu./ Verw.-Amtmann Buchwald übergeben. Die Aufbewahrung erfolgte auf Schloß Staufeneck.

Es handelte sich laut Buchwald um folgendes Aktenmaterial: [511]

5 Kisten	Akten der Gruppe Judenvermögen und Treuhandverwaltungen
2 Kisten	Akten der Hauptgruppe Bergwesen
1 Kiste	Nr. 8 Akten der Gruppe Banken und Versicherungen, Inhalt:

Akten Finanzwesen
Zusammenlegung von Konten, Montenegro, Serbische Steuergesetze, Treidelbahn, Werschetz, Vermögensrechtliche Auseinandersetzungen des ehemaligen jugoslawischen Staates

Akten Justizwesen
Zwischenakten, Grundstücksregelung, Eheschließungen volksdeutscher Wehrmachtsangehöriger, Angelegenheit Kornec, 2w Tagebücher, 1 Register,

Akten Personal
Sonderführer und allgemein

Akten GBW
Tätigkeitsberichte von Mitte April 1941

1 Kiste	Nr. 9 Akten der Kasse des Generalbevollmächtigen Wirtschaft (GBW)

u.a. Nationalbank
2 Kassenbücher 1942, 1 Paket Gehaltsquittungen, 1 Buch Vorschüsse, Einnahmebelege vom Bankverein und Serbischer National Bank,
1 Kassenbuch Ausgaben Judenvermögen 1942, 1 Band Kassenbelege Referat 17 / Judenvermögen, Referat 12 / Judenvermögen Einnahmebelege Rechnungsjahr 1942, Referat 12 / Judenvermögen Ausgabebelege, Haushalt usw.

2 Kisten	Akten der Kasse des GBW

u.a. 2 Kassenbücher 1943, Beschäftigungsnachweise, Vorschüsse 1943, 1 Kassenbuch Ausgabe Judenvermögen 1943, 1 Titelbuch Judenvermögen, 1 Band Referat Judenvermögen: Kassenführung, Akten betr. Bankkonto Amtskasse des GBW bei der Serbischen Nationalbank aufgelöst am 10.5.1944, Bankkontoauszüge, Einnahmen von beschlagnahmten Waren

Weitere 5 Kisten der Treuhandverwaltung Serbien und Banat beinhalteten:

Kiste 1 Banat	Zählblätter 1 bis 600, 2 Abschlußbücher, 1 Statistik
Kiste 2 Banat	Zählblätter 601 bis 926, Buchhaltungskartei, Akte Betschkereker Ölfabrik, Akte Simon Schulz Flußschiffahrtsgesellschaft, Bankbelege, u.a. Annahme- und Auszahlungsanordnungen
Kiste 3 Serbien	Zählblätter A bis Z
Kiste 4 Serbien	1.081 Unterlagen über an die Staatshypothekenbank übergebene Grundstücke, 88 aufzubewahrende Akten, Abschlußbuch Serbien
Kiste 5 Serbien	Sammelmappe Zählblätter Feldkommandantur Nisch, Aktenbündel Rechnungshof, Aktenbündel Jüdische Bankdepots, Buchhaltungsunterlagen, Bankbelege, 1 Ordner Serbische Nationalbank, 2 Ordner Jüdische Depots beim Bankverein AG, 1 Ordner Kassenbelege, 4 Ordner Endgenehmigungen, Stampiglien,

Mit großer Wahrscheinlichkeit wurden alle 16 Kisten im Toplitzsee zusammen mit dem Stahlcontainer der Serbischen Handelsbank versenkt und gelten heute als verschollen.

Prozeß der Banca´d Italia gegen die Österreichische Nationalbank 1954

Der Skandal ist, daß das in Hintersee in Österreich vorgefundene italienische Gold von den USA 1947 an Österreich übergeben wurde und die Österreichische Regierung dieses italienische Gold als österreichisches Altgold von 1938 deklarierte. Das italienische Gold in den anderen deutschen Depots behielten die Amerikaner als Kriegsbeute. Die USA haben somit entgegen der Haager Landkriegsverordnung Artikel 46 und 53 das italienische Gold nicht an Italien zurückgegeben, obwohl es einwandfrei als solches identifiziert wurde.

Die Übergabe des Goldes an Österreich erfolgte zu einem Zeitpunkt, an dem Italien dem Pariser Reparationsabkommen noch nicht beigetreten war und sich daher noch im Vollbesitz seines Eigentumsrechtes an seinem Gold und seinem Anspruch auf Original Restitution befand. Die Alliierten ließen Italien weiter im Glauben, daß Deutschland das italienische Gold verbraucht oder geraubt hätte. Die USA billigen noch unter Artikel 77 des italienischen Friedensvertrages Italien ausdrücklich das Recht auf Original Restitution des Goldes zu.

Die Verheimlichung der italienischen Goldbestände, welche später von den Alliierten und Österreich in Besitz genommen wurden, veranlaßten die italienische Regierung am 16. Dezember 1947 in Unkenntnis der Existenz ihrer Möglichkeit einer Original Restitution, dem Pariser Reparationsabkommen vom 14.01.1946 beizutreten. Italien verzichtete somit auf 55 % seines nach Deutschland und Österreich verbrachten und wiedergefundenen Goldes und erlitt durch den Beitritt zum Abkommen einen Verlust von rund 40 Tonnen Gold.

Im Teil III des Pariser Reparationsabkommen war nämlich vorgesehen, daß die von der Verteilung der gemeinsamen Masse ungedeckt bleibenden Verluste, also rund 55 % der Goldverluste aller Beitrittsländer, im Wege des Schadensersatzes, d.h. als Reparationsansprüche gegen Deutschland geltend gemacht werden konnten, sofern diese Verluste durch Deutschland verursacht und sich nicht auf Goldmengen beziehen, die seitens Deutschland auf legalem Wege erworben wurden.

Die Bezeichnung „deutsches Raubgold" wurde in diesem Fall wohl bewußt verbreitet. Die USA behielten unbemerkt das italienische Gold als „geheime Kriegsbeute". Italien verzichtete auf 55 % seines Goldes und West-Deutschland mußte 45 % des vermeintlichen Goldverlustes im Rahmen von Reparationen bis 1988 zurückzahlen.

Österreich ist dem Pariser Reparationsabkommen beigetreten, obwohl dies bei der Übergabe des „italienischen Goldes" mit rund 5 Tonnen am 19.02.1947 an Bundeskanzler Dr. h.c. Figl vertraglich ausgeschlossen war. Die Österreichische Nationalbank erhielt dadurch zusätzlich 3.448,00 kgf Gold aus dem Goldpool der Tripartite Gold Commission der IARA in London.

1954 verklagte die Banca´d Italia die Österreichische Nationalbank vor dem Handelsgericht in Wien, als sie die Wahrheit über den Verbleib ihres Goldes in Österreich erfuhr. Die USA intervenierten im laufenden Prozeß und die Banca´d Italia zog ihre Klage zurück. Die Unterdrückung der italienischen Rechtsansprüche durch die Alliierten wurde seitens Italien nur von einem äußerst engen Personenkreis abgesegnet, sie wurde bis heute der Öffentlichkeit wie auch dem italienischen Parlament vorenthalten.

Deutschland zahlte seine Reparationen für einen nie durchgeführten „italienischen Goldraub". Das als deutsches „Raubgold aus Italien" benannte Gold liegt bis heute in den Tresoren der amerikanischen Notenbank.

Das Gold der Österreichischen Nationalbank

Die Österreichische Nationalbank hatte vor der dem Anschluß an Deutschland einen Goldbestand von rund 88,29 Tonnen Gold. Dies geht aus den wieder gefunden Unterlagen, im Hauptdepot der Reichsbank im Bergwerk Merkers in Thüringen, hervor.

Der Goldbestand der Österreichischen Nationalbank und ihre Mitarbeiter wurden von der deutschen Reichsbank übernommen. Aufgrund der großen Akzeptanz des Anschlusses durch das österreichische Volk erachteten die anderen National- und Zentralbanken und ihre Regierungen den Erwerb dieses Goldes durch das Hitlerregime als rechtmäßig. Das bei der Bank von England eingelagerte österreichische Gold wurde deshalb in die Schweiz und nach Berlin versandt. Später schmolzen Scheideanstalten in Wien und Berlin das Gold und die Goldmünzen teilweise um. [85]

Goldbestand der Österreichischen Nationalbank

~ 88,29 Tonnen Gold

Tabelle 2

Österreichische Nationalbank
Wien
Goldbestand am 17. Mai 1938

Typ	Anzahl	kgr	kgf	US $ 1938
a) Goldbarren	4.793	54.340,613	53.854,7590	60.605.596,50
b) Goldmünzen				
Goldschillinge	37.290.925	8.770,834	7.893,75060	8.882.640,20
Goldkronen	4.725.440	1.598,621	1.438,75890	1.618.999,40
Dollar	418.133	698,556	628,68240	707.440,60
Gemischte France	1.527.152,50	490,805	441,72450	497.061,50
Holländ. Gulden	66.105	44,398	39,95820	44.964,00
Skandin. Kronen	297.005	133,044	119,73960	134.740,00
Goldmark	344.740	136,729	123,05610	138.472,00
Rubel	28.302,50	24,266	21,83940	24.575,30
Mexikanische Pesos	2.029	1,680	1,51200	1.701,40
Golddukaten	215.651	752,392	741,94210	834.888,90
Sovereigns	84.058	669,839	614,01910	690.940,30
Türkische Pfund	2.909,50	20,765	19,00000	21.380,20
Alte russische Rubel	37,50	489	448,30	504,50
Rubel	25	8	7,30	8,20
Dänische 25-Gulden	2.650	842	756.10	850,80
Griech. 20-Drachmen	1.604	12,353	11,19830	12.601,20
			12.096,39290	13.611.768,50
Summe von a) und b)			65.954,86880	74.217.365,00
c) ausgelagerte Goldbarren in der Bank von England	1.788		22.341,16950	25.139.959,50
Summe von a), b) & c)			88.296,03830	99.357.324,50

Quelle:

(US-Aufstellung im Bergwerk Merkers in Thüringen und Reichsbankunterlagen)

Übernahme der Österreichischen Nationalbank 1939

Am 8. Februar 1954 schrieb der Abwickler der Reichsbank an das Auswärtige Amt in Bonn ein „Streng Vertrauliches" Antwortschreiben auf eine Anfrage vom 23.1.1954 des AA über den Verbleib des Goldes der Österreichischen Nationalbank: [86]

„Nach der von Herrn Direktor Karl Friedrich Wilhelm, früher Mitglied des Direktoriums der Deutschen Reichsbank, erteilten Information lagerte ein Teil des Goldes der Österreichischen Nationalbank im Betrage von 256 Millionen Reichsmark zur Zeit des Zusammenschlusses bei der Bank von England. Auf telegrafische Anweisung der Österreichischen Nationalbank wurde es auf das Konto der BIZ (Bank für Internationalen Zahlungsausgleich) bei der Bank von England zu Gunsten der Deutschen Reichsbank übertragen.

Das Telegramm war von dem Präsidenten und von dem Vizepräsidenten der Österreichischen Nationalbank, Herrn Kienböck und Herrn Brauneis, sowie Herrn Wilhelm als Bevollmächtigten des Reichsbankdirektoriums unterzeichnet worden. Die späteren Dispositionen der Reichsbank gegenüber der BIZ über dieses Gold können weder akten- noch erinnerungsmäßig rekonstruiert werden, so daß von hier aus nicht festzustellen ist, ob sich unter dem von alliierter Seite beschlagnahmten Reichsbankgold in Merkers auch früherer österreichischer Besitz befunden hat."

Gezeichnet: Präsident Dr. Zachau und Vizepräsident Lenbach

Am Rande der Kopie des Schreibens der Bank deutscher Länder an das Auswärtige Amt steht eine handschriftliche Notiz mit folgenden Wortlaut: [87]

„Das österreichische Gold wurde sukzessive im üblichen Geschäftswege von der Reichsbank bei der BIZ abgezogen und verbraucht. In den Restbeständen, welche die Alliierten in Merkers wegnahmen war kein österreichisches Gold mehr. Das zu erörtern ist hier nicht der Platz."

Die Österreichische Nationalbank übertrug ihre Goldbestände freiwillig an die deutsche Reichsbank und als einzige Nationalbank in Europa brachte sie ihre Goldreserven nicht vor Hitler ins sichere Ausland. [88] Sie holte einen Teil des Goldes sogar noch aus dem sicheren Ausland, wie aus der Schweiz und aus Großbritannien zurück. Ein Beleg dafür, daß die Nationalbank den Anschluß ans Dritte Reich förderte und auch wollte. Die Österreichische Nationalbank lieferte über 2 Jahre das österreichische Gold ins Reich und ließ ihre Goldschillinge und Golddukaten auch in Wien umschmelzen. Die Nationalbank ermöglichte durch ihre Goldabgaben Hitler den 2. Weltkrieg mit zu finanzieren. Die Wiener Münze und die Österreichische Nationalbank unterstützten zusammen durch Herausgabe von alten Prägestempeln später die Umschmelzung „belgischen Raubgoldes" in Goldbarren „alter Herkunft".

Die österreichischen Direktoren der Nationalbank wurden für ihr Verhalten weder von den Alliierten noch von den eigenen Gerichten zur Rechenschaft gezogen und behielten ihr Amt auch nach dem Krieg bei.

Die USA übergaben Bundeskanzler Dr. Figl und dem Präsident der Österreichischen Nationalbank Dr. Rizzi am 19. Februar 1947 in einem feierlichen Akt, Gold. Sogar das neue österreichische Fernsehen, der ORF, filmte die Ansprachen. Dr. Figl und Rizzi bezeichneten dieses übergebene Gold der USA in der Öffentlichkeit als wiedergefundenes, österreichisches Altgold aus dem Jahre 1938.

Bundeskanzler Dr. Figl nahm mit dem Präsidenten der österreichischen Nationalbank Dr. Rizzi, aber einen Teil des italienischen Goldbestandes am 19.02.1947 von den USA, von General Geoffrey Keyes, entgegen. In der Aufstellung über den Gesamtgoldbestand der Österreichischen Nationalbank vom 17. Mai 1938 auf Seite 79 finden sich nämlich keine italienischen „Gold-Lire", welche aber von den USA an Österreich übergeben wurden.

Das Gold der Kroatischen und Jugoslawischen Nationalbank, das nach 1945 auch von österreichischen Behörden in Österreich beschlagnahmt wurde, erklärte man ebenso zu österreichischen Eigentum und übergab es der Österreichischen Nationalbank in Wien.

Die verschwiegenen Goldschätze am Hintersee

Der Hintersee liegt kurz vor dem Toplitzsee im Land Salzburg. Das lang gesuchte Gold wurde in der Gemeinde Hintersee vergraben und nicht im Toplitzsee versenkt. Die deutschen Beamten die ihr italienisches Gold Anté Pavelic, der seinen kroatischen Goldschatz und Dr. Ernst Kaltenbrunner der seine Kriegskasse versteckte, wußten nichts voneinander. Nur die Bauern und Einheimischen vor Ort bekamen mit, daß in ihrer Gegend mehrere Goldschätze versteckt wurden. Das Geheimnis vom Toplitzsee ist offenkundig nur eine Erfindung für den Tourismus, um von den wahren Gegebenheiten am vorgelagerten Hintersee abzulenken.

Der Ortsbauernführer Alois Ziller aus der Salzburger Gemeinde Hintersee, in deren Nähe sich der geheimnisvolle Toplitzsee befindet, gab am 29. Januar 1952 zu Protokoll: [89]

„Ich war von 1938 bis 1945 Ortsbauernführer der Gemeinde Hintersee. Am 25. April 1945 wurde ich zum Landesbauernführer für das Land Salzburg, Michael Friesacher, in Salzburg, Reichsnährstandsgebäude beordert. Mir wurde dort der hohe Beamte des Deutschen Auswärtigen Amtes, Herr Dr. Franz von Sonnleithner vorgestellt. In Gegenwart von Herrn Friesacher teilte er mir mit, daß man sich entschlossen hatte, größere Mengen Wertgegenstände aus dem Besitz des Auswärtigen Amtes auf meinem Gehöft, dem Hinterbernbauergut in Hintersee, Lämmerbach 15, zu verbergen und beauftragte mich sofort, an einer geeigneten Stelle meines Gehöftes eine große Grube auszuheben, in welcher zwei größere Kisten Platz hätten. Der Landesbauernführer gebot mir den Anweisungen des Herrn Sonnleithner strikt Folge zu leisten und strengstes Stillschweigen über die Aktion zu bewahren. Abschließend sagte mir Herr Sonnleithner, daß er die Wertgegenstände am 27. April 1945 von Schloß Fuschl zu meinem Gehöft in Hintersee transportieren würde und bestellte mich, damit ich diesen Transport leiten könne, für den 27. April 1945 nach Einbruch der Dunkelheit zur Straßenkreuzung in Baderluck bei Hof.

Am 27. April 1945 traf ich pünktlich an der vereinbarten Stelle ein und kehrte, nachdem ich zwei Stunden vergeblich auf Herrn Sonnleithner gewartet hatte, noch am selben Abend nach Hintersee zurück. Gegen 1 Uhr nachts des 28. April 1945 kam Herr Sonnleithner in Begleitung eines zweiten Herrn, der sich als Legationsrat Gottfriedsen vorstellte, und zweier weiterer Herren mit einem Lastauto zu meinem Gehöft. Wir entluden noch in derselben Nacht diesem Lastwagen 41 große Jutesäcke und 2 große Kisten. Herr Gottfriedsen teilte mir erst jetzt mit, daß die entladenen Säcke Goldmünzen enthielten. Wir brachten die Säcke und Kisten in einem auf meinem Anwesen befindlichen Holzschuppen, dabei sagte mir Herr Gottfriedsen, daß er am Abend des selben Tages weitere Säcke mit Goldmünzen zu mir bringen würde. Noch während der Dunkelheit – in den Morgenstunden des 28. April 1945 – entfernten sich die Herren wieder mit dem Lastwagen.

Am Abend des 28. April 1945 wartete ich vergeblich auf das Eintreffen des Lastwagens. Erst in den frühen Morgenstunden des 29. April 1945 kam einer der beiden Begleitpersonen, welche schon am Vortag bei mir gewesen waren und bat mich um Unterstützung, da Herr Gottfriedsen und Herr Sonnleithner mit dem Lastauto im Schnee und Morast steckengeblieben waren. Ich begab mich zu dem steckengebliebenen Lastwagen, welcher ca. 2 km vor meinem Gehöft stand. Nachdem wir uns vergeblich bemüht haben, den Lastwagen noch in der selben Nacht wieder flott zu machen, brachte ich Herrn Gottfriedsen und Herrn Sonnleithner sowie eine der beiden Begleitpersonen – die zweite Begleitperson blieb als Wache beim Lastwagen zurück – zum damaligen Bürgermeister von Hintersee, Herrn Sebastian Helminger, Hintersee Nr. 4, welcher die genannten Herren gegen 4 Uhr morgens mit seinem Personenkraftwagen nach Schloß Fuschl zurückbrachte. Gegen 22 Uhr desselben Tages (29. 4. 1945) kamen die vier genannten Herren mit dem wieder flott gemachten Lastwagen sowie einem Personenkraft wagen abermals zu meinem Gehöft. Wir entluden dem Lastwagen dieses Mal 40 Jutesäcke, welche wir ebenfalls in den genannten Holzschuppen brachten. Dann stellte ich unter Aufsicht des Herrn Gottfriedsen die beiden Kisten in die von mir mittlerweile ausgehobene Grube und lagerte in die eine Kiste die 41 Säcke, welche am 28. April 1945 zu mir gebracht worden waren und in die zweite Kiste die eben eingetroffenen 40 Säcke. Unmittelbar darauf verschloß ich beide Kisten und füllte die Grube wieder mit Erde zu. Nachdem wir alle Spuren verwischt hatten, trug mir Gottfriedsen nochmals jedermann gegenüber strengstes Stillschweigen auf, teilte mir mit, daß er wieder kommen werde, versprach mir für seine Arbeit eine Entschädigung, welche ich niemals erhielt und verabschiedete sich von mir. Das mir aufgetragene Stillschweigen habe ich auch bewahrt und so verblieben die Kisten samt Inhalt unberührt in meinem Schuppen unter der Erde.

Am 17 Juni 1945 traf nachmittags der – mir damals noch unbekannte - Herr Herbert Herzog in Begleitung des Herrn Gottfriedsen und zweier amerikanischer Offiziere mit einem amerikanischen Auto auf meinen Gehöft ein und begaben sich mit diesen geradewegs in den Schuppen. Einige Zeit später traf ich dort mit den Herren zusammen. Herr Gottfriedsen begrüßte mich und sagte mir, daß Herr Herzog nun das Gold sicherstellen lassen werde. Inzwischen war auch der jetzige Bürgermeister von Hintersee, Matthäus Walkner, in Begleitung von 6 bis 8 in Hintersee ortsansässigen Personen in meinem Gehöft eingetroffen, welche in seinem Auftrag Herrn Herzog bei den Bergearbeiten unterstützen sollten. Diese Personen waren: Fritz Kurent, Werkstättenleiter in Hintersee; Andreas Höllbacher, Schuhmachermeister in Hintersee; Johann Weissenbacher, Vorderleitenbauernsohn in Hintersee; Walter Oberascher, Krapfbauernsohn in Hintersee. Mit Hilfe dieser Leute hat Herr Herzog, von mir ebenfalls unterstützt, die Kisten ausgegraben und sämtliche 81 Säcke auf einen amerikanischen Lastwagen verladen. Hierbei sah ich, daß ein Sack aufgerissen war und Lire Goldstücke herausgefallen waren. Zur Verpackung dieser Goldstücke stellte ich Herrn Herzog einen neuen Sack aus meinem Besitz zur Verfügung. Nachdem sämtliche Säcke verladen waren, fuhren beide amerikanischen Autos mit Herrn Herzog, Herrn Gottfriedsen und den übrigen Amerikanern, es waren auch einige Soldaten hinzugekommen, fort.

Ich kann nur versichern, daß dieselben 81 Säcke, welche ich seinerzeit übernommen habe, von mir niemals geöffnet worden waren und von Herrn Herzog vollständig vorgefunden wurden. Herr Gottfriedsen hat dies auch bestätigt. Da die Grube weder von mir noch von sonst jemand bis dahin geöffnet worden war, ist es völlig ausgeschlossen, daß auch nur ein Goldstück gefehlt haben kann.

Während der letzten Jahre wurde ich wiederholt über die Geschehnisse anläßlich der Verbergung und Auffindung des Goldschatzes befragt, letztmalig von mehreren Herren, welche mich vor ca. 3 Monaten in Begleitung des mir persönlich bekannten Gendarmen Philipp des Gendarmerie Postens Faistenau in Hintersee aufgesucht hatten und sich mir gegenüber als Organe der Landesgendarmeriedirektion Salzburg auswiesen. Ich habe sowohl anläßlich früherer Befragungen wie auch bei der letzten Einvernahme durch die Gendarmerie, über welche an Ort und Stelle ein Protokoll erstellte, wahrheitsgemäß den Sachverhalt so geschildert, wie er in dieser Niederschrift von mir dargelegt wird. Ich erkläre, daß ich in dieser Niederschrift sämtliche Vorgänge so wiedergegeben habe, wie sie sich ereigneten.

Gezeichnet: Alois Ziller   Salzburg, 29. Januar 1952

Die Aussage des Ortsbauernführer Alois Ziller deckt sich mit der Aussage des deutschen Gesandten Dr. Franz von Sonnleithner unter dem Kapitel „Die geheimen Goldbestände der Alpenfestung" auf Seite 76.

Die notariell beglaubigte Aussage des Herrn Herbert Herzog aus Wien, vom 30. Januar 1951 mit allen Details belegt, wiederholt, daß der österreichische Staat Italienisches Gold von den USA illegal erhalten hat. Auszüge seiner umfangreichen beglaubigten Aussage:

„Am 6. Juni 1945 teilte mir in Bad Gastein der ehemalige Legationsrat des Auswärtigen Amtes Bernd Gottfriedsen vertraulich mit, daß er in Erfüllung eines Sonderauftrages des Reichsaußenministers von Ribbentrop Ende April 1945, knapp vor dem Einmarsch der amerikanischen Truppen, zwei bedeutende, zu dem Besitz des Auswärtigen Amtes stammende Goldschätze in Salzburg versteckte. Er teilte mir alle Einzelheiten der Vergrabungen und Örtlichkeiten mit, da er stündlich mit seiner Verhaftung rechne. Am 7. Juni 1945 überzeugte ich mich persönlich, daß die von Herrn Gottfriedsen bezeichnete Vergrabungsstelle in Bad Gastein unverändert geblieben war. Eine solche Überprüfung nahm ich am 8. Juni 1945 auch im Schuppen am Hintersee vor, wo ich durch Abklopfen des Bodens einwandfrei das Vorhandensein vergrabener Kisten feststellen konnte.

In der Zeit vom 7. bis 17. Juni versuchte ich vergeblich, eine Sicherstellung der beiden Goldschätze durch österreichische Behörden herbeizuführen. Schließlich erklärte mir am 17. Juni 1945 der Präsident der Finanzlandesdirektion Salzburg, Huber, daß im Hinblick auf die noch nicht erfolgte Reorganisierung der österreichischen Staatsexecutive ausschließlich die alliierte Besatzungsmacht für eine Sicherstellung zuständig bzw. befugt sei. Eine sinngemäß gleichlautende Erklärung gab mir der ehemalige österreichische Finanzminister und Rechtsanwalt Dr. Ludwig Draxler. Ich begab mich daher noch am 17. Juni 1945 zu der mir zuständig erscheinenden Dienststelle der US Besatzungstruppen in Österreich, nämlich zum CIC Detachment der 3rd US Infanterie Division in Salzburg Arenbergstraße 23 und ersuchte dort einen Herrn James Devan, einen Agenten des CIC, die Sicherstellung des Goldes vorzunehmen. Noch am gleichen Tag fuhren wir in seinem PKW mit Herrn Gottfriedsen nach Hintersee und legten im Schuppen zwei große Holzkisten frei. Herr Devan erkannte jetzt die

Situation und riet mir, den Bürgermeister des Ortes und weitere Leute zur Arbeitsunterstützung herbeizuholen.

Der Bürgermeister Matthäus Walkner und andere Personen aus Hintersee halfen bei der Bergung von 81 großen und schweren Säcken. Der Inhalt aller Säcke fühlte sich nach Münzen an und jeder Sack war wohl rund 65 kg schwer. Ich habe probeweise einige Säcke geöffnet und dabei festgestellt, daß sie immer kleinere Beutel enthielten, welche mit Plomben der Banca d´ Italia versehen waren. Einer der kleinen Beutel enthielt außer der Plombe der Banca d´ Italia den Hinweis auf der Beutelfahne über britische Goldmünzen. Ich habe einen Beutel geöffnet und mich vom Inhalt der britischen Goldmünzen überzeugt.

Mittlerweile hatte ein zweiter Agent des CIC , welcher uns auch begleitete, von seiner in Faistenau stationierten US Einheit einen gepanzerten LKW, sowie eine acht Mann starke Mannschaft für den Abtransport des Goldes angefordert. Herr Gottfriedsen machte eine kurze Bestandsaufnahme und stellte fest, daß kein Goldstück fehlte Das Gold wurde danach in den angekommenen US Lastwagen eingeladen, der Transportleiter war ein CIC Leutnant mit dem Namen William Lipper. In den späten Abendstunden fuhren wir am 17. Juni 1945 in Hintersee weg und trafen am Morgen des 18. Juni 1945 am CIC Dienstgebäude in Salzburg in der Arenbergstraße 23 ein.

Am 19. Juni 1945 fuhren wir in Begleitung des CIC nach Bad Gastein und gruben dort den zweiten unberührten Goldschatz aus. Das Gold, Silber und Devisen übergaben wir vollzählig am 20. Juni 1945 an Mr. Devan in Bad Gastein. Einen Tag später war ich dabei, als Herr Gottfriedsen Mr. Devan erklärte, daß die 13 in Bad Gastein aufgefundenen Beutel Goldmünzen als italienisches Gut und die in Bad Gastein aufgefundenen Goldbarren als Eigentum des deutschen Auswärtigen Amtes waren, welche in der Schweiz angekauft worden sind. Herr Gottfriedsen bezeichnete den Wert der in Hintersee und in Bad Gastein geborgenen Schätze auf rund RM 500.000.000,00. Ich konnte auch noch feststellen, daß Herr Gottfriedsen und ein zweiter Angehöriger des Auswärtigen Amtes, ein Herr Dr. Franz von Sonnleithner, ein mit Hilfe von Mr. Devan aufgenommenes Protokoll unterfertigten.

Wie ich später von Mr. Devan erfuhr, war das von mir in Hintersee aufgefundene Gold am 18. Juni 1945 und das von mir in Bad Gastein aufgefundene Gold am 22. Juni 1945 von Lt. Lipper und Mr. Devan selbst an den in Salzburg stationierten Finance Officer der 3rd US Infanterie Division, Lt. Colonel Grimes übergeben worden. Wie ich weiter informiert wurde, sollen beide Goldmengen von einer Kommission der 7th US Army Headquarters gesichtet worden sein und angeblich bis zum 19. Februar 1947 unter der Kontrolle des US Provost Marshals im Residenzgebäude in Salzburg gelagert haben.

Anläßlich meiner letzten Vorsprache 1945 bei Mr. Devan teilte mir dieser mit, daß ich für die Bergung des Goldes entlohnt werden würde, sobald es an den Eigentümer zurückgestellt wird. Nachdem ich in der Folge nichts über den weiteren Verbleib des Goldes erfahren hatte, richtete ich ab 1946 verschiedene Anfragen an das „Office of the Attorney General of the United States of America" in Washington und an die „War Crimes Commission" in Nürnberg zu Händen Prof. Robert W. Kempner, welche aber alle unbeantwortet blieben.

Im September 1949 erfuhr ich von Mr. Devan, daß das gesamte von mir 1945 aufgefundene Gold bereits 1947 der österreichischen Regierung übergeben worden sei. Ich wandte mich umgehend an das österreichische Finanzministerium und trug den Ministerialräten Dr. Janda im Departement 15 und Dr. Markovsky im Departement 16 mein Anliegen mündlich vor. Am 5. Oktober 1949 habe ich die schriftliche Eingabe meiner Ansprüche an das österreichische

Finanzministerium gerichtet und über Anraten meines Rechtsanwaltes Dr. Otto Petter in Wien. Laimgrubengasse 4, zu den Verhandlungen mit der österreichischen Regierung den Präsidenten der österreichischen Notariatskammer, Herrn Notar Dr. Hans Bablik in Wien, Naglergasse 9, beizuziehen. Herr Notar Dr. Bablik erhielt von mir vorerst den Auftrag, meine Eingabe vom 5. Oktober 1949 an das österreichische Finanzministerium am selben Tag persönlich im Finanzministerium zu überreichen und in seiner Eigenschaft als öffentlicher Notar die Überreichung meiner Eingabe, bzw. deren Vorgang, zu beurkunden.

Diesen Auftrag hat der Notar Dr. Bablik am 5. Oktober 1949 ausgeführt, als Beweis dient seine Beurkundung. [90]

Am 20. Oktober 1949 überreichte mein Anwalt Dr. Otto Petter dem Ministerialrat im Bundeskanzleramt Dr. Sobek ein Schreiben an den Bundeskanzler Dr. h.c. Ing. Leopold Figl, in welchem ich den Herrn Bundeskanzler davon in Kenntnis setzte, daß ich am 5. Oktober 1949 meine Eingabe an das Finanzministerium überreichen ließ und um Erledigung bat. Herr Notar Dr. Bablik verhandelte als mein Vertreter mit dem Bundeskanzler persönlich und erklärte am 25. November 1949, daß der Bundeskanzler Dr. Figl ihm erklärt habe, daß das an Österreich übergebene Gold aus dem Brüsseler Sammeltopf (wahrscheinlich TGC) stamme. Herr Harrer und Ministerialsekretär Manzano eröffneten mir im Auftrage des österreichischen Finanzministeriums, daß für meine Eingabe vom 5. Oktober 1949 ausschließlich der Sektionsrat Dr. Peterlunger zuständig sei. Der Sektionsrat Dr. Peterlunger informierte mich Ende November 1949, daß nicht das Finanzministerium oder sonst eine österreichische Behörde, sondern lediglich der Eigentümer des Goldes in dieser Angelegenheit zuständig sei.

Kurz darauf berichtete mir mein Anwalt M. Willem Steppe in Brüssel, 84 Boulevard Clovis, der in meinem Auftrag bei Colonel Watson, dem Generalsekretär der TGC (Tripartite Gold Commission der IARA) vorgesprochen hat über das Gespräch.

Colonel Watson erklärte, daß das an Österreich am 19. Februar 1947 übergebene Gold in der Nähe von Salzburg aufgefunden worden war. Er sagte ferner, daß die TGC noch im Laufe des Jahres 1947 eine allgemeine Anfrage an die österreichische Regierung bezüglich der Übergabe des Goldes an Österreich gerichtet hatte. Diese Anfrage habe die österreichische Regierung in den Ausführungen zu den Übergabeurkunden vom 19. Februar 1947 beantwortet. Colonel Watson fügte hinzu, daß die TGC die Restitution des Goldes an Österreich vom 19. Februar 1947 als eine Handlung betrachte, welche in keinerlei Zusammenhang mit dem 3. Teil des Pariser Reparationsabkommens stehe, noch den Bestimmungen dieses Abkommens in irgendeiner Form unterworfen sei. Die TGC sehe in dieser Goldrestitution eine autoritative Handlung zweier Regierungen. Die TGC habe bei der Übergabe bzw. Restitution in keiner Weise mitgewirkt und sehe keinerlei Veranlassung irgendeine weitere Intervention in dieser Angelegenheit durchzuführen.

Diese Information gab mit die Sicherheit, daß das von mir in Hintersee aufgefundene Gold tatsächlich an die österreichische Regierung und zwar lediglich auf Grund der Übergabeurkunde vom 19. Februar 1947 (in deren Kenntnis ich kurz vorher gelangt war) erfolgte. Ich wandte mich deshalb auf Anraten meines Anwaltes, der die Zuständigkeit des Dr. Peterlunger als Leiter der Abteilung I der Polizeidirektion Wien in der Goldangelegenheit bezweifelte, am 27. März 1950 an Herrn Ministerialrat Dr. Sobek im Bundeskanzleramt. Dieser versprach mir, sofort beim Bundeskanzler vorzusprechen und erklärte mir bereits drei Tage später, daß er nun vom Bundeskanzler persönlich beauftragt worden sei, den Sachverhalt zu klären. [91]

Am 2. Mai 1950 lud mich Herr Ministerialrat Dr. Sobek ins Bundeskanzleramt ein und eröffnete mir wörtlich:

„Ich bin von der österreichischen Regierung beauftragt, ihnen folgendes offiziell mitzuteilen: Nach Überprüfung des Sachverhaltes, betreffend das am 19. Februar 1947 an Österreich übergebene Gold, hat die österreichische Regierung festgestellt, daß die Republik Österreich bzw. die Österreichische Nationalbank kein Eigentum an dem von ihnen 1945 abgegebenen Gold besitzt, sonder lediglich Detentor desselben. Die Österreichische Nationalbank ist daher nicht berechtigt, von diesem Gold einen Bergelohn in Abzug zu bringen. Ein solcher Bergelohn, und hierzu macht die Österreichische Regierung keine Einwendungen, müßte vielmehr gegenüber dem Eigentümer des Goldes geltend gemacht werden.

Die Österreichische Regierung wird das Gold an jenen Staat übergeben, welcher sich als berechtigt erweisen wird, einen Anspruch darauf zu erheben."

Das besagte Gold wurde aber weiterhin von der Österreichischen Nationalbank als deren Eigentum ausgewiesen, deswegen richtete ich, da ich zur Erklärung des Dr. Sobek vom 2. Mai 1950 eine Diskrepanz sah, am 23. Mai 1950 eine weitere Anfrage an den österreichischen Finanzminister Dr. Margaretha und ersuchte um eine schriftliche Ausfertigung der mir im Namen der österreichischen Regierung gegeben Erklärung. Herr Ministerialsekretär Manzano teilte mir im Auftrage des Finanzministers mündlich mit, daß die an mich durch Dr. Sobek abgegebene Erklärung zutreffend sei, zu einer schriftlichen Stellungnahme sehe sich der Finanzminister nicht veranlaßt.

Da ich vom Finanzministerium keine schriftliche Ausfertigung erhielt, richtete ich am 25. Mai 1950 an das Bundesministerium für Finanzen ein Schreiben, in welchem ich das Ministerium darauf aufmerksam machte, daß ich die mir durch Ministerialsekretär Manzano eröffnete Stellungnahme des Herrn Finanzministers zur Kenntnis genommen habe. Auf dieses Schreiben erhielt weder der Notar Dr. Bablik noch ich eine Antwort. Am 11. April 1950 hat mir dies Dr. Bablik mit einem Handvermerk auf dem Durchschlag meines Schreibens vom 25. Mai 1950 bestätigt.

An das Präsidium der Österreichischen Nationalbank richtete ich am 30. Mai 1950 und am 15. Juni 1950 ein Ersuchen um Stellungnahme, ohne das eine solche an mich oder meine Vertreter Dr. Bablik und Dr. Petter erfolgte. Sowohl der Präsident der Notarkammer Dr. Bablik als auch mein Rechtsanwalt Dr. Petter haben mir unabhängig voneinander bestätigt, daß Ministerialrat Dr. Sobek auch sie persönlich von der erwähnten Erklärung der österreichischen Regierung unterrichtet habe.

Da die österreichische Regierung nicht Eigentümer des Goldes sein will und mich hinsichtlich meiner Ansprüche an jenen Staat verwies, der berechtigt sein würde, das Gold zu beanspruchen, ohne mir allerdings diesen Staat zu benennen, wandte ich mich direkt an die Banca`d Italia. Da ich nach Sachlage der Auffassung bin, daß das aufgefundene Gold in Hintersee Eigentum der Nationalbank von Italien ist, stellte ich der Banca`d Italia alle Informationen, Dokumente und Beweismittel, welche ich besaß zur Verfügung, um deren Ansprüche durchzusetzen. Ich erkläre, daß ich in dieser Niederschrift sämtliche Vorgänge so wiedergegeben habe, wie sie sich ereigneten.[92]

Illegale US - Rückgabe von Italienischen Gold an Österreich

Die US Regierung hat vermutlich auch aus politischen Gründen das italienische Gold nicht an Italien, und das jugoslawische Gold nicht an Jugoslawien, zurückgegeben. Die USA spendeten das „italienische Gold" der Österreichischen Nationalbank und führten keine Original Restitution an Italien durch, wie sie das mit dem Gold der Ungarischen National- bank an Ungarn getan haben.

Es ist bekannt, daß Amerika auf jeden Fall verhindern wollte, daß sich Österreich aus finanziellen Gründen wieder Deutschland anschließen würde. So wurde Italien wie Jugoslawien vorenthalten, daß eigentlich ihr Gold der Österreichischen Nationalbank 1947 übergeben wurde und es kein „wiedergefundenes Österreichisches Altgold" war.

Als die Banca d´ Italia schließlich gegen die Österreichische Nationalbank in Wien vor dem Handelsgericht 1954 klagte, um ihre rund 5 Tonnen Gold zurückzuerhalten, intervenierten die USA in Italien zum Prozeßablauf. Der kalte Krieg hatte schon begonnen. Die italienischen Politiker zogen die Klage zurück und verzichteten damit auf ihr eigenes Gold. Nur eine Handvoll italienischer Politiker wußte damals über den ungewöhnlichen Verzicht auf diese Goldbestände Bescheid. Das Italienische Parlament wurde bewußt nicht unterrichtet, um Spannungen zwischen Österreich, Deutschland, den Alliierten und Italien zu vermeiden.

Italien weiß bis heute nicht, daß der weit größere italienische Goldbestand von der Reichs- bank ordnungsgemäß im Bergwerk Merkers aufbewahrt wurde (siehe Tabellen Seite 324). Die USA haben auch dieses italienische Gold der Banca`d Italia in Merkers in Thüringen vorgefunden und später als „geheime amerikanische Kriegsbeute" einbehalten.

Das Gold am Toplitzsee bzw. Hintersee wurde von General Geoffrey Keyes im Wege der Österreichischen Regierung an die Österreichische Nationalbank 1947 übergeben.

Das Ribbentrop Depot in Bad Gastein wurde auch 1947 an die Österreichische Nationalbank übergeben. Nachträglich wurde ein Teil dieses übergebenen Goldes über Verlangen der amerikanischen Besatzungsmacht zurückgestellt und in der Folge der verbliebene Bestand von der Österreichischen Nationalbank mit einem Wert von 46.813.253,-- Österreichischen Schillingen, dieser Betrag entspricht 4.379,163 kg Feingold, ausgewiesen.

Die in Hintersee beim Toplitzsee und in Bad Gastein verborgenen italienischen Goldmünzen entsprachen einem Feingewicht von 4.921,572.2 kg Feingold und es scheint, als ob der Österreichischen Nationalbank 542,409.2 kg Feingold, das sind rund 600 kg Goldmünzen, weniger übergeben wurden, als in den genannten Orten verborgen waren. [93]

Die WIENER ZEITUNG schrieb in ihrer Ausgabe am 20. Februar 1947:

Gestern um 11.30 Uhr übergab der stellvertretende Kommandeur der amerikanischen Streitkräfte, Generalleutnant Geoffrey Keyes, im Namen der amerikanischen Regierung gemünztes Gold an die Österreichische Regierung als Teil des Österreichischen Gold- bestandes vor 1938, der von der amerikanischen Armee sichergestellt wurde.

Bundeskanzler Dr. h.c. Ing. Leopold Figl der Namens der Österreichischen Regierung den Goldschatz entgegennahm, unterzeichnete zusammen mit General Keyes das Übergabe- dokument, das folgenden Wortlaut hat:

„Die Regierung der Vereinigten Staaten hat Österreich als befreites Land anerkannt. Die Regierung der Vereinigten Staaten wünscht, daß Güter die während der Zeit der deutschen Besatzung sich in Österreich befanden oder beschlagnahmt wurden, ihren rechtmäßigen Eigentümer zurückgegeben werden sollen. Die amerikanischen Streitkräfte in Österreich haben geheime Lager von Goldbeständen aufgefunden, die von Beamten der früheren deutschen Regierung und der deutschen Armee zurückgelassen wurden.

Die Österreichische Regierung hat hinreichend bewiesen, daß diese aufgefundenen Goldbestände vor der Besetzung Österreichs im rechtmäßigem Eigentum der Österreichischen Nationalbank standen und aus Österreich nicht weggebracht worden waren. Die Regierung der Vereinigten Staaten hat dem kommandierenden General der amerikanischen Streitkräfte in Österreich ermächtigt, diese Goldbestände der österreichischen Regierung zurückzugeben."

Ich übergebe hiermit der österreichischen Regierung die besagten Goldbestände von Goldbarren und Münzgold, wie sie in der Beilage aufgeführt sind."

Geoffrey Keyes, Generalleutnant, Kommandeur US Army Österreich

Im Namen der österreichischen Regierung übernehme ich hiermit die oben erwähnten Goldbestände: [94]

Dr. h.c. Ing. Leopold Figl, Bundeskanzler   Geschehen in Wien am 19. Februar 1947

Außer dem Bundeskanzler wohnten Finanzminister Dr. Zimmermann, der Präsident der Österreichischen Nationalbank Dr. Rizzi und Staatssekretär Mantler dem feierlichen Akt bei. In einer Ansprache bezeichnete Bundeskanzler Figl die Übergabe eines wesentlichen Teiles des Goldschatzes als einen neuen besonderen Akt der freundschaftlichen Gesinnung Amerikas gegenüber der gesamten werktätigen Bevölkerung Österreichs. Denn die gesamte Bevölkerung Österreichs ist es, die durch diese Sicherung der Währung Nutznießer dieser hochherzigen Aktion wird. ...

Die Rede des Bundeskanzler zeichnete auch das neue Österreichische Fernsehen / ORF auf. [95]

Der schriftliche Wunsch der Amerikaner im Übergabeprotokoll, Güter zu denen man auch das italienische Gold zählen könnte, später an die rechtmäßigen Eigentümer zurückzugeben, hat sich bis heute nicht erfüllt. Der Österreichische Bundeskanzler Dr. Figl hat sich durch die Annahme des italienischen und jugoslawischen Goldes geschickt seine Staatsfinanzierung gesichert, aber durch sein Verhalten, über die fehlende Rückgabe des fremden Goldes hat er seine politische Zuverlässigkeit und die Glaubwürdigkeit aller Österreicher aufs Spiel gesetzt.

Es ist anzunehmen, daß erst im Jahre 1999 gezielte Hinweise aus den USA an bestimmte politische Kreise, über das bis heute in der Öffentlichkeit unbemerkte „Fehlverhalten der Österreichischen Nationalbank und der ersten Österreichischen Regierung", die Diskussionen um Zwangsarbeiterentschädigungen und Entschädigungen an KZ Insassen, anheizten.

Das jugoslawische Gold schmolzen die Italiener während des Krieges in Lira Goldmünzen um, man lagerte es in Hintersee und in Merkers zusammen mit dem italienischen Währungsgold. Das jugoslawische Gold war so nicht mehr als „italienische Kriegsbeute aus Jugoslawien" erkennbar. Die Regierung der USA wußte von den wahren Umständen, sie befragte und verhörte schließlich auch ehemalige Reichsbankbeamte zu allen Golddepots.

Vielleicht haben die wenigen italienischen Regierungsmitglieder, die in der Goldsache eingeweiht waren, aus diesem Grund die Klage gegen die Österreichische Nationalbank zurückgezogen, obwohl der Anteil des jugoslawischen Goldes gering war, gemessen am gesamten Goldbestand der Banca`d Italia am Hintersee (Toplitzsee) mit rund 5 Tonnen und im Bergwerk Merkers mit rund 60 Tonnen Gold.

Die Österreichische Nationalbank und die Nationalbank der USA haben bis heute weder das italienische Währungsgold, noch das Gold der neuen Staaten Kroatien, Serbien und Jugoslawien, zurückgegeben.

Das Gold der Hohen Tauern

Der Staat Österreich wollte kurz vor dem Anschluß an das Dritte Reich mit englischer Hilfe jährlich mindestens 1.200 kg Gold aus seinen eigenen Bergen schürfen. Geheime Unterlagen der Reichsüberwachungsstelle für Edelmetalle belegen das Vorhaben. Die Deutschen waren 1938 davon überzeugt, dieses Gold für ihre Kriegswirtschaft einplanen zu können. Erst später stellte sich heraus, daß der voreilig genehmigte Abbau des österreichischen Berggoldes im Krieg nicht mehr zu realisieren war.

So verfaßte Reichsbankdirektor Pirr von der Reichsüberwachungsstelle für Edelmetalle in Berlin am 14. Mai 1938 einen Vermerk über die Goldbewirtschaftung in Österreich; Auszüge daraus: [96]

- der § 8 des Devisengesetzes für das Land Österreich bestimmt, daß ausländische Zahlungsmittel, sowie Gold und Platin in unverarbeiteten und halbverarbeiteten Zustand anzumelden und anzubieten sind.
- der § 12 des Devisengesetzes besagt, daß der Handel mit Goldmünzen, die nicht als ausländische Zahlungsmittel anzusehen sind, nur mit Genehmigung gestattet ist.
Der Handel mit unverarbeiteten oder halbverarbeiteten Gold, Silber und Platin ist nur der Reichsbankhauptstelle Wien und den von ihr ermächtigten Personen gestattet.
Die gleichen Bestimmungen gelten für Bruchgold, Altgold und Bruchplatin

„Bisheriger gesamter Goldbedarf für Inlandszwecke im österreichischem Wirtschaftsgebiet beträgt nach Schätzung der Scheideanstalt Louis Rössler Wien monatlich rund 60 kg Feingold. Nach dem Exposé der Reichsstelle für Edelmetalle wird der Bedarf an Gold im österreichischem Wirtschaftsgebiet voraussichtlich durch eigene Produktion gedeckt werden (geschätzte Gesamtförderung jährlich rund 1.100 bis 1.200 kg). Die Produktion muß erst noch in Gang kommen, es muß größeres Kapital in den Goldbergbau am Ratsberg (Nassfeld bei Böckstein) hineingesteckt werden, dann wird er rentabel. Das ist aber noch nicht geschehen, man ist vielmehr noch bei der Gründung einer Gesellschaft. Alle Nachrichten in Zeitungen und Zeitschriften über bereits vorhandene Produktionsanlagen und ihre Erzeugung eilen den Tatsachen voraus.
Dieses Gold muß nach den Devisenbestimmungen an die Reichsbank abgeführt werden. Die Reichsbank wird also praktisch keinen Zuschuß leisten brauchen, es müßte jedoch vorgesorgt werden, daß die Devisenstelle Wien keine andere Verfügungsgenehmigung über das eigene

geförderte Gold erteilt. Eine getrennte Goldbewirtschaftung in Österreich vom Reich ist nicht zu befürworten."

Die bisher für Rechnung der Reichsbankhauptstelle Wien angekauften Goldbarren und Münzen betrugen am 1. April 1938 ein Gewicht von ungefähr 3.200 kg Feingold.

Die Bestände der Österreichischen Nationalbank betragen ungefähr 56.000 kg Feingold in Barren und Münzen, worin ein Betrag von 4.600 Barren im Gewicht von 52.000 kgf und 25.000.000 Goldschillinge enthalten sind.

Die Bearbeitung des Goldes erfolgt auf hochempfindlichen Waagen der Firma C. Schember & Söhne Wien. Die Waagen stehen unter ständiger Kontrolle des Fabrikaten. Die Münzsammlung der Österreichischen Nationalbank, die nach Ländern geordnet in einem Schrank übersichtlich untergebracht und in einer Kartei erfaßt ist, setzt sich zusammen aus:

637	Goldmünzen im Gewicht von	5,128 kgf
1.332	Silbermünzen im Gewicht von	14,767 kgf
1.045	Münzen unedler Metalle im Gewicht von	3,014 kg

Gezeichnet: Pirr   Reichsbankdirektor

Die Devisenstelle Wien schrieb am 1.12.1938 an die Überwachungsstelle für Edelmetalle nach Berlin über eigene österreichische Goldvorkommen: [97]

„Auf ihre Anfrage beehre ich ihnen mitzuteilen, daß nach meinen Erkundigungen der Golderzabbau in den Hohen Tauern in den Jahren 1936 und 1937 von einer englischen Gruppe und zwischen dem EDRON TRUST LTD. in London wieder in Angriff genommen wurde. Dem Vertreter dieser Gruppe, Herrn G. Maitland Edward unter der Anschrift Böckstein Salzburg sind hinsichtlich der Ausfuhr des abzubauenden Goldes und des Transfers für die in den Bergbau neu investierten beträchtlichen Geldmittel von der Regierung Schuschnigg weitgehende Zugeständnisse gemacht worden. Diese Zugeständnisse sind aber kurz nach der Wiedervereinigung des Landes Österreich mit dem Deutschen Reich durch ein Schreiben des Herrn Minister Fischböck zurückgezogen worden mit folgendem Wortlaut:

„Auf ihre Eingabe vom 22. März 1938 teilt das Ministerium mit, daß die Reichsregierung nicht in der Lage ist, die Zusagen aufrecht zu erhalten, die die frühere österreichische Bundesregierung mit ihren Regierungserklärungen vom 24. Oktober 1937, am 4. und 22. Dezember 1937 und am 4. Februar 1938 abgegeben hat".

Wie ich jetzt von der Obersten Bergbehörde in Wien Herrn Dr. Yppen informiert wurde, ist die Mehrheit der Kuxe seit Juni 1938 im Besitz der PREUSSAG, Preussische Bergwerks- und Hütten AG in Berlin. Im Aufsichtsrat sollen sich der Generaldirektor Bergassessor Wisselmann, Oberbergrat Alsleben und Bergrat Besserer befinden. Zu einem tatsächlichem Abbau von Gold dürfte es in Österreich bis heute noch nicht gekommen sein.

Gezeichnet: Devisenstelle Wien

Die Beschaffung des Auswärtigen Amtes von Ausweichquartieren zur Aufnahme fremder Exilregierungen mit Personal in der Alpenfestung

Berichte belegen eindeutig, daß viele Exilregierungen in der ehemaligen Ostmark, dem späteren neuem Österreich, ihre eigenen Gold- und Devisenreserven für ihre finanzielle Versorgung mitbrachten und dort vielleicht versteckten.

Ende 1944 wurde es notwendig, fremde Exilregierungen, sowie deren Botschafts- und Konsulatspersonal in der sogenannten „Alpenfestung" der Ostmark (Österreich) aufzunehmen. Diese Aufgabe wurde dem Generalbevollmächtigten des Auswärtige Amtes, Herrn Legationsrat Dr. Altenburg übergeben.

Die „Dienststelle Altenburg" organisierte die letzten Tage des Deutschen Reiches und seiner Verbündeten. Das ist deswegen interessant, da die meisten Exilregierungen sich mit Devisen und Gold in die „Alpenfestung" flüchteten. Die letzten zwei Aktenordner des Auswärtigen Amtes belegen diesen Schriftverkehr und sind für viele NS-Schatzsucher ein wichtiger Anhaltspunkt, da sie erstmals die Unterkünfte in der Alpenfestung vollständig offenbaren und mögliche „Schatzvergrabungen" nur in dieser Umgebung wahrscheinlich sind. [98]

Das Parkhotel Bellevue in Bad Gastein schrieb am 20.10.1944 an ihre Exzellenz, Frau Margarete von Ribbentrop nach Berlin: [99]

... Wir alle haben es zu sehr bedauert, daß Sie diesmal nicht nach Gastein gekommen sind. Ein großer Kreis Ihrer Freunde hat sich schon so sehr auf Ihr Kommen gefreut...
... Wir haben die Absicht, unser Kurhaus Bellevue mit ca. 70 Betten für das Auswärtige Amt und zwar für Diplomaten, die infolge der letzten Kriegsereignisse in ihre Heimatländer nicht mehr zurückkehren können, reserviert zu bekommen. Derzeit haben wir schon eine Reihe griechischer und römischer Minister hier, die, falls unser Kurhaus geschlossen werden sollte, nicht wissen, wohin sie ziehen sollten...

    Gezeichnet: Wührer

Die Sonderstelle Wien im Hotel Imperial des Auswärtigen Amtes schrieb nach Berlin am 28. Oktober 1944: [100]

... Weisungsgemäß habe ich veranlaßt, daß das Grand Hotel Kitzbühel ab 1.10.1944 mit der Räumung des Hotel beginnt, um Platz für die Gäste der Reichsregierung zu schaffen. Der tägliche Gesamtpreis für das Hotel würde sich daher auf RM 2.149, oder monatlich auf RM 64.470,00 zusammensetzen...
... Der Bürgermeister von Kitzbühel, Herr Müller, wurde zu den Vorbesprechungen hinzugezogen. Er erklärte sich mit den abgesprochenen Preisen einverstanden, betonte jedoch auf Grund seiner Ortskenntnisse, daß die geforderte Pauschale als zuvorkommend zu bezeichnen sei...

    Gezeichnet: von Hoffmann-Ostenhoff

Am 6. Dezember 1944 beschrieb ein GR Werksmeister dem Gesandten von Dörnberg vom
Auswärtigen Amt eine Aufzeichnung des Botschaftsrates Kordt über die Behandlung von
Exilregierungen; wichtige Ausschnitte daraus: [100]

... Der Engländer lehnt es im Prinzip ab, Ausländer besser zu behandeln als Engländer.
  Er gewährt diplomatische und sonstige Vorrechte grundsätzlich nur in Fällen, in denen dies
  auf Grund internationaler Übung, laut Verträgen oder aus Zweckmäßigkeitserwägungen
  unumgänglich notwendig ist...
...Auf Exilregierungen angewandt heißt dies: Exterritorialität genießt nur, wer sie auch unter
  unter normalen Umständen genießen würde, also Staatsoberhäupter und ihre Familien...
...Lebensmittel-, Benzin-, usw. Zuteilung erfolgt gegenüber Exterritorialen nach besonderen
  Grundsätzen. Gewissen „destinguished foreigners", z.B. Kabinettsmitgliedern, höheren
  Beamten wird man aus Courtoisie besonders entgegenkommen. Im allgemeinen muß davon
  ausgegangen werden daß der in Großbritannien Asyl suchende Ausländer sich mit dem
  abzufinden hat, was für den Briten gut genug ist...

...Die Exilregierungen finanzieren sich entweder aus mitgebrachten Goldbeständen,
  eigenen Auslandsguthaben in alliierten Ländern, Einnahmen der Kolonien (z.B.
  Belgisch-Kongo für Belgische Exilregierung) oder aber durch Anleihen bei Briten
  und Amerikanern. Die militärischen Kontingente gehen zu Lasten gemeinsamer
  Kriegskosten, ihre Ausrüstung zu Lasten der Pacht- und Leihverträge...

Der Eingangsstempel des Protokolls Nr. A 16441 in den Akten des Auswärtigen Amtes vom
13. Dezember 1944 belegt nachfolgende Aufzeichnung: [100]

„Die Königliche Ungarische Regierung hat die Absicht das Hotel Alpenrose in Zürs am
Arlberg, im Sinne der Unterredung mit Staatssekretär Esser, für die Familie der Regierungs-
mitglieder als Ausweichquartier zu mieten. Das Auswärtige Amt ersucht erwirken zu wollen,
daß das Hotel Alpenrose in Zürs mit dem heutigen Tage der königlichen ungarischen
Regierung zur Verfügung gestellt werde. Für die Kosten kommt die königliche ungarische
Regierung auf."   Berlin, den 6. Dezember 1944

Das vorläufige Ergebnis seiner Rundreise durch die Alpengaue zur Beschaffung von
Ausweichquartieren hält Gesandtschaftsrat Leithe-Jasper vom Auswärtigen Amt am
16. Dezember 1944 wie folgt fest:

1.) Wien

Besuch bei stellvertretenden Gauleiter Scharitzer und Oberbürgermeister Blaschke. Der Gau
würde das ehemalige Jesuiteninternat Kalksburg bei Liesing zur Verfügung stellen, das von
der Reichsführung der SS zur Zeit als Uniformdepot benutzt wird. Die Freigabe muß in Berlin
bei der Reichsführung SS beantragt werden. Der Gau Wien würde bei der Beschaffung
geeigneter Ersatzlagerräume behilflich sein. Oberbürgermeister Blaschke schlug zur Unterbringung ungarischer Dienststellen das Collegium Hungaricum in Wien vor. Ferner wäre er
bereit, daß Palais Lobkowitz und Räume in der Burg zur Verfügung zu stellen.

2.) Niederdonau

Besuch bei Gauleiter Jury, Besprechungen mit Gauhauptmann Dr. Mayer, Baudirektor
Spiegel und Direktor Hieke vom Landesfremdenverkehrsverband. Der Gau stellt das Hotel

Panhans zur Verfügung. Mit dem für dieses Objekt in Konkurrenz stehenden Prof. Dr. Brandt und seinen Beauftragten wurde eine Vereinbarung erzielt, demzufolge an Hand des Hotelplanes etwa ein Drittel der zur Verfügung stehenden Zimmer abgetrennt und für die Zwecke einer Wiener Inneren Klinik abgegeben werden. Falls die Durchführung dieses Projektes aus technischen Gründen scheitern sollte, fällt das ganze Hotel an das Auswärtige Amt.

Auf alle Fälle stehen mindestens 280 Betten zur Verfügung. Für die Gauleitung sollen einige Zimmer reserviert bleiben. Mit Direktor Pittner vom Hotel Panhans wurde eine Vereinbarung über die finanzielle Regelung getroffen. Der Gau Niederdonau wird ferner durch die zuständigen Landräte Erhebungen über die Verwendbarkeit einiger Schlösser anstellen. Das Schloß Prain, Besitzer Freiherr von Wense, bei Znaim wurde besichtigt. Dort können 8 bis 10 Zimmer belegt werden.

3.) Steiermark

Besuch bei Gauleiter Überreiter. Besprechungen mit dem Landesverteidigungs-Referenten, Oberregierungsrat Dr. Hillinger. In der Steiermark soll die Kroatische Regierung untergebracht werden. Für diesen Zweck stellt das Gau Schloß Eggenberg bei Graz mit etwa 160 Betten und verschiedene Objekte in dem Höhenkurort St. Radegund, 20 km nördlich von Graz zur Verfügung. In erster Linie kommen das dortige Kurhaus mit 80 Betten und das Schlößchen Isenrode mit ca. 20 Betten in Frage. In verschiedenen anderen Häusern können weitere 100 bis 150 Personen, allerdings verhältnismäßig bescheiden, untergebracht werden.

Beabsichtigt wurde ferner im Landkreis Liezen das Bad Wolkenstein bei Wörschach, Schloß Friedstein (Besitzer Prinz Hohenlohe), Schloß Steinach (Besitzer Graf Magnis) und das Landhaus Thurn und Taxis. Bad Wolkenstein enthält 29 Zimmer, davon 10 Zimmer heizbar mit etwa 20 Betten. In Schloß Friedstein befinden sich 20 Zimmer, von denen 14 von der Luftwaffe als Magazin belegt sind. Im Schloß Steinach würden 7 Zimmer zur Verfügung stehen. Der Rest ist durch die Reichsforscher-Anstalt belegt. Das Landhaus Thurn und Taxis enthält 20 Zimmer. 10 davon sind zur Zeit durch ein Kinderheim besetzt.

Die Freistellung dieser Objekte für unsere Zwecke ist möglich. Bei der Gauleitung ist ferner beantragt worden, das Stift Seckau und das Stift Mautern zur Verfügung zu stellen. Bei Stift Seckau dürften sich erhebliche Schwierigkeiten ergeben, da es als Unterkunft für eine NAPOLA dient. Im Stift Mautern befindet sich zur Zeit eine Erziehungsanstalt für schwer erziehbare Mädchen. Seine Räumung dürfte leichter durchzusetzen sein.

In nächster Nähe von Schloß Eggenberg befindet sich das ehemalige Kurhaus Eggenberg, das als Lehrlingsheim der Reichspostdirektion Graz verwendet wird. Es ist zur Zeit nicht voll ausgenutzt und wäre als Ergänzung zum Schloß besonders gut geeignet.

4.) Tirol

Die Dienststelle von Staatssekretär Esser in Wien (Ministerialrat von Petzold) hat die in Zürs/Vorarlberg gelegenen Hotels Alpenrose mit 100 Betten und Edelweiss mit 50 Betten angeboten und sich mit ihrer Belegung durch das Auswärtige Amt einverstanden erklärt. Die Genehmigung des Gauleiters muß noch eingeholt werden.

5.) Salzburg

Besuch bei Gauhauptmann Dr. Laue. Es ist eine Vereinbarung betreffend der Übernahme des Kurhauses Bellevue (Besitzer Wührer) erzielt, derzufolge das 70 Betten umfassende Haus zur Hälfte vom Auswärtigen Amt mit prominenten ausländischen Gästen belegt werden kann, während die andere Hälfte der Gauleitung vorbehalten bleibt. Mit Herrn Wührer wurde eine Vereinbarung bezüglich des Pensionspreises getroffen. Herr Wührer hat ferner die in seinem Besitz befindliche Parkvilla mit 14 Zimmern angeboten. Einige Installationsarbeiten, das Legen der Parkettfußböden sind noch erforderlich. Für diesen Zweck erbittet Herr Wührer die Unterstützung des Auswärtigen Amts bei der Beschaffung von Arbeitskräften. Die gesamte Einrichtung ist vorhanden.

6.) Oberdonau

Besuch bei Gauleiter Eigruber. Besprechung mit seinem persönlichen Referenten, Dr. Schilling. Der Gau stellt das Stift Kremsmünster zur Unterbringung der Slowakischen Regierung zur Verfügung. Für die Einrichtung und Ausstattung sorgen die Slowaken.

Für den Staatschef Tiso sind die möblierten Räume des Abtes vorgesehen. In den Räumen des Abtes befindet sich gegenwärtig die Kartothek der Geheimen Staatspolizei, sie soll nach dem in der Nähe liegenden Kremsegg verbracht werden.

Der Gau stellt ferner für die Zwecke des Auswärtigen Amtes vorläufig folgende Objekte im Landkreis Gmunden zur Verfügung:

-in Alt-Aussee, das Haus „Denkscherz" mit 40 Betten, das Haus „Eibl" mit 30 Betten,
 das Hotel am See mit 10 Zweibettzimmer, sowie das Parkhotel mit 6 Zweibettzimmer
-in Ischl, das Schloß Engleiten mit ca. 30 Betten, Jagdhaus Riedler mit 7 Wohnräumen und
-in Grundlsee, die Pension Zimmermann mit 20 Betten (weitere 20 Betten sind bereits durch Griechen belegt, welche vom Reichssicherheitshauptamt dort untergebracht wurden).

Der Gauleiter hat sich bereit erklärt, von Alt-Aussee nach der Bahnstation Aussee (3 bis 4 km) einen Schlittendienst für uns einzurichten.

Berlin, den 16. Dezember 1944   Gezeichnet: Leithe-Jasper

Die Dienststelle Altenburg kabelte per Telegramm am 25. Dezember 1944 nach Berlin zum Büro des Reichsaußenministers Ribbentrop: [101]

„In Verfolgung Unterbringung der Familie des Poglavnik [Anté Pavelic] wurde auf dem Semmering das Bergschlössel ausfindig gemacht. Die Frau des Poglavnik wäre mit dieser Regelung einverstanden. Ich werde morgen die Freigabe des Hauses durch den Gauleiter erwirken, so daß in 8 Tagen die Angelegenheit zur Zufriedenheit der Familie des Poglavnik erledigt sein wird.

Gezeichnet: Hoffman-Ostenhoff   Heinburg

Die Sonderstelle Wien im Hotel Imperial betreute andere Exilregierungen, sie schrieb am 26. Dezember 1944 unter „Geheim" nach Berlin: [102]

1.) Rumänische Regierung im Semmering-Sanatorium Dr. Spuhl; Minister von Cristi könnte mit seiner zahlreichen Familie in Wien verbleiben, da er für die Rumänische Regierung uninteressant zu sein scheint. Dasselbe gilt für den Metropoliten Visarion nebst Nichte und Sekretär, die auch in Kitzbühel verbleiben könnten.

2.) Die Bulgarische Regierung, sowie die Serbische Regierung und das Griechische Komitee wird im Hotel Panhans am Semmering untergebracht werden;

    a) die Serbische Regierung ist in 26 Zimmern im Bell Etage und im ersten Stock. Mit diesen 52 Zimmern hat die Serbische Regierung, die aus rund 45 Köpfen besteht, hinreichend Platz. Auf diese Art würde ihr außerdem genügend Arbeits- und Repräsentativ Räume zur Verfügung stehen. Die Minister a.D. Cincar-Marcovic, Spalaicovic und Olcan könnten selbstverständlich mit ihren Familien in Kitzbühel verbleiben. Das gleiche gilt für Frau Stojadinovic und ihre beiden Töchter.

    b) die Bulgarische Regierung könnte geschlossen im Dritten Stock des Panhans untergebracht werden, wo ihr insgesamt 39 Zimmer (bei rund 30 Personen) zur Verfügung stehen würden. Generalfeldmarschall Schekoff mit Familie, Prof. Vladikin sowie der ehemalige Gesandte Kristeff (insgesamt 7 Personen) müßten in Kitzbühel verbleiben.

    c) das Griechische Komitee könnte im Hochparterre 10 Zimmer beziehen.

3.) Deutsche Stäbe der Gruppen Neubacher, Altenburg und des Protokolls hätten ca. 20 Zimmer im dritten Stock zur Verfügung.

4.) Im westlichen Flügel des Hochparterre, vollkommen abgesondert, würden eventuell kroatische Gäste der Frau Poglavnik untergebracht sein. Für die Unterbringung von Sicherheitsorganen, Kraftwagenfahrer, Diener usw. stände der östliche Teil des vierten Stockes zur Verfügung.

5.) Die Benützung von Speiseräumen könnte den einzelnen Regierungsgruppen getrennt zur Verfügung gestellt werden, so daß der große Saal von den Serben, der rechte Saal von den Bulgaren und der mittlere Saal von den übrigen Gruppen benützt werden könnte." ......

Am 29. Dezember 1944 meldete sich der Ungarische Generaloberst Magyarosi bei der Dienststelle des Auswärtigen Amtes in Wien mit seinen Evakuierungsplänen und übergab eine Aufstellung der Ungarischen Regierung:

Die Ungarische Regierung evakuiert mit 971 Personen, 128 Pferden, 21 PKW, 15 LKW und 68 Fuhrwerken in über 120 Eisenbahnwaggons; sie benötigt als Lagerraum eine riesige Magazinraumfläche von rund 860 m².

Gesandter Veesenmayer hält fest; es gibt drei verschiedene Personenkatagorien:

1.) Der Staatschef, die Regierung mit einem kleinen Stab von Mitarbeitern und die dazu gehörenden Familienmitglieder, insgesamt rund 100 Personen.

2.) Die Mitglieder des ungarischen Ober- und Unterhauses samt Familien, insgesamt etwa 400 bis 500 Personen.

3.) Verschiedene nicht mehr im aktiven politischen Leben stehende Persönlichkeiten, denen gegenüber auf Grund ihrer früheren Betätigung und ihrer Verdienste das Dritte Reich gewisse moralische Verpflichtungen habe. Zum Beispiel gegenüber dem ungarischen Außenminister Graf Csáky, Minister Bárdossy und General László. Hierbei handelt es sich zwischen 20 bis 30 Personen.

Es besteht die Absicht, für den Staatschef und seine engste Begleitung eine Villa in Reichenau bereitzustellen und die Regierung im Hotel Panhans auf dem Semmering unterzubringen.

Wien, 3. Januar 1945   gezeichnet: Hermann Esser

Die Fernschreibstelle des Auswärtigen Amtes in Berlin erhielt am 6. Januar 1945 ein Telegramm aus Wien über den Transport der „Albanischen Gästegruppen":

„Am Dienstag, den 9. Januar 1945 geht der Transport der Albanischen Gästegruppen von Kitzbühel und Salzburg über Wien in das Grüne Haus bei Karlsbad ab. Die Transportbegleitung wird durch einen SS-Unterscharführer und einen SS-Schützen durchgeführt.

Es handelt sich um folgende Personen:

Minister a.D. Ekrem Bej Vlora, Sefa Bej Vlora, Nuredin Bej Vlora, Helaledine Pascha Vlora; Ahmed Resuli; Medhina Frasheri, Ragip Frasheri; Bexhaet Hydi; Haki Shtino und Sabri Shtino."

Gezeichnet: Hoffman-Ostenhoff   Heinburg

Am 13. Januar 1945 kabelte der deutsche Gesandte Rahn aus Italien ein „Geheimes Telegramm" zum Gesandten Freiherr von Dörnberg:

„Italienisches Außenministerium teilt mit, daß Familien Mussolini, Buffarini und Moroni auf Wunsch Duce sofort Reise nach Zürs antreten sollen. Diese Gäste können jedoch nur untergebracht werden, wenn -Hotel Flexen- von U-Bootwaffe geräumt wird. Da unsererseits wiederholt auf Notwendigkeit Übersiedlung prominentester Familien hingewiesen worden ist und nunmehr die Verfügung des Duce, Eingehen auf unsere mehrmalige Bitte darstellt, würde Absage oder Aufschub unverständlich erscheinen. Es ist daher dringend erforderlich, sofortige Räumung des Hotels Flexen (über das die Deutsche-Arbeits-Front Verfügungsrecht hat) zu veranlassen. SS-Obergruppenführer Wolff will seinerseits in diesem Sinne an Dr. Ley herantreten. Großadmiral Dönitz hat mir durch Admiral Löwisch mitteilen lassen, daß wir uns diesbezüglich unmittelbar an die DAF wenden möchten. Er scheint sich für die Angelegenheit nicht zu interessieren."

Gezeichnet: Rahn

Dr. Denzer vom Auswärtigen Amt hielt in seiner Notiz vom 31. Januar 1945 fest: [102]

„Ich habe die Freigabe des Hotels Flexen in Zürs am Arlberg mit der DAF besprochen. Heute teilte mir die DAF mit, daß Reichsleiter Dr. Ley in einem Telegramm an Obergruppenführer Wolff vom 21.1.45 die Freigabe des Hotels mit der Begründung abgelehnt habe, daß das Hotel nach seiner Auffassung den U-Boot-Besatzungen zur Verfügung bleiben müsse. Gegenwärtig befinden sich etwa 28 U-Boot-Leute im Hotel. Im Durchschnitt ist es mit 20 Angehörigen der U-Bootwaffe belegt. Der zuständige Referent der DAF meinte, daß man die Angelegenheit erneut an den Reichsleiter heranbringen könne, wenn die Marine ihrerseits einen Verzicht auf das Hotel ausspricht."   [Randnotiz: Dies ist abgelehnt worden]

Hiermit Herrn Gesandten Leithe-Jasper und Herrn Generalkonsul Gerlach mit Vorgang vorgelegt worden.

Gezeichnet: Dr. Denzer

Deutsche U-Boots-Besatzungen waren wichtiger als die italienische Prominenz Sie durften im Hotel Flexen weiter residieren, während Benito Mussolini bei Bozen mittlerweile gefangengenommen wurde.

Am 27. April 1945 bat der Schweizer Gesandte Feldscher, der Schweizer Regierung in Bern per Telegramm mitzuteilen:

„Er sei mit seinem Stab in Bad Gastein eingetroffen ist und die Geschäfte der „Schutzmacht Schweiz" wird er von hier ausführen. Er wohnt zunächst im Hotel Astoria. Ein Großteil des Diplomatischen Korps ist inzwischen hier eingetroffen, nachdem infolge der Luftangriffe die Arbeitsmöglichkeiten des Diplomatischen Korps in Berlin stark beeinträchtigt wurden. Erbitte Bestätigung."

Gezeichnet: Feldscher

Frau Chusak Chuthin von der Königlichen Thailändischen Gesandtschaft kabelte am 30. April 1945 an ein „Institut auf dem Rosenberg" in St. Gallen in der Schweiz:

„Uns geht es gut, sind mit Gesandtschaft in Bad Gastein Haus Hochland, habe Geduld, sei fleißig und sparsam. Mutti"

Österreichische Reparationen

In Österreich sollten durch eine im Vergleich zu Deutschland bessere Wirtschaftslage neue Anschlußgelüste im Keim erstickt werden. Österreich erhielt bis ca.1952/1953 unabhängig vom amerikanischen „Goldgeschenk" 1947 mit Italien während der gesamten Reparationsperiode mehr Kredite und Hilfe von den Amerikanern, als sie selbst an Reparationen zahlen mußte, wenn man von der Zeit unmittelbar nach der Kapitulation absieht. Im Lichte der Erfahrungen mit den übrigen Staaten fällt es schwer zu glauben, daß die beiden Länder Österreich und Italien zu höheren Reparationsleistungen nicht imstande gewesen wären. Sie profitierten von einer Politik der Schonung. Österreich sollte dauerhaft von der Orientierung nach Deutschland abgebracht werden. Das waren durchaus legitime Zwecke der Westmächte, und die Bevölkerung der betroffenen Staaten zog aus der daraus erwachsenden Politik erheblichen Nutzen. Nur wäre es verfehlt, hieraus den Schluß ziehen zu wollen, daß eine andere Politik nicht möglich gewesen wäre. [103]

Im Kontrollabkommen vom 4. Juli 1945 wurde die sowjetische Absicht, Reparationen zu erheben, deutlich. Es wurde eine Abteilung „Reparationen, Restitutionen und Lieferungen" vorgesehen. [104] In Potsdam forderten die Sowjets von Österreich 250 Millionen Dollar an Reparationen in sechs Jahren, aufzuteilen unter den großen Drei und Jugoslawien. [105] Eine wirtschaftliche Teilung des Landes wie in Deutschland stand bevor, denn die Westmächte unterstützten in keiner Weise die Reparationsforderung Moskaus. Schließlich gab die Sowjetunion nach und erklärte sich bereit, von Österreich keine Reparationen zu verlangen. Der Beschluß wurde in ein geheimes Protokoll aufgenommen, auf Wunsch der Sowjetunion jedoch nicht in der Mitteilung veröffentlicht. Die Österreicher sollten im Unklaren gelassen werden. [106]

1938 war der deutsche Besitz in Österreich von geringer Bedeutung. Nach dem Anschluß hingegen investierten Deutsche in sehr großem Ausmaß. Andere deutsche Konzerne kauften österreichischen Besitz auf, teilweise auf völlig legalem Weg, teilweise auch mit dubiosen Mitteln, bis hin zu Einschüchterung und Zwang, besonders bei Juden. 1945 befanden sich sehr große Teile der österreichischen Wirtschaft in deutschen Besitz; die deutschen Guthaben in Österreich waren höher als in jedem anderen Land der Welt und nur infolge des Anschlusses konnte so umfangreicher deutscher Besitz in Österreich entstehen. Der deutsche Besitz wurde nach 1945 so weitgehend zu österreichischem und wer Reparationen von Deutschland verlangte, verlangte damit indirekt auch Reparationen von Österreich als ehemaligem Teil Deutschlands.

Die Westalliierten beanspruchten Verfügungsgewalt über alles deutsche Eigentum und erst im Staatsvertrag vom 15. Mai 1955 erhielt Österreich die uneingeschränkte eigene Verfügungsgewalt über ehemals deutsche Firmen. Damit verzichteten alle vier Besatzungsmächte endgültig auf das deutsche Eigentum. Die bedingungslose Übergabe dieses Eigentums an Österreich nährte die Legende, das Land sei nur Objekt deutscher Besetzung gewesen, während das sowjetische Vorgehen in Erinnerung rief, daß Österreich auch ein integrierter und formal gleichberechtigter Bestandteil Deutschlands gewesen war. Österreich erhielt damit beträchtliche Werte, ohne ehemalige deutsche Besitzer entschädigen zu müssen. Das führte zu längeren Auseinandersetzungen mit der BRD, in denen Österreich erhebliche Summen für die Entschädigung deutschen Kleinbesitzes aufbringen mußte.

Die Sowjetunion wollte aus deutschen Eigentum in ihrer Zone gemischte österreichisch sowjetische Gesellschaften gründen. Am 2. Februar 1946 hatten sie schon die Donau-Dampf-

Schiffahrtsgesellschaft enteignet und intensivierten die Beschlagnahmungen. Das sowjetische Eigentum wurde zu großen Konzernen zusammengeschlossen und von den Sowjets direkt verwaltet, doch Österreich weigerte sich, Firmen in sowjetischen Besitz in das Handelsregister und in das Grundbuch einzutragen, worauf die Sowjets verschiedene Steuern nicht bezahlten.

Die sowjetische Zone wurde dem Boykott gegen Osteuropa unterstellt und fiel damit unter die Cocom Listen. 1949 wurde eine Einigung ohne einen Vertrag erreicht und die Sowjetunion gab sich mit kleinen Ablösesummen zufrieden. [107]

Der Gold- und Diamantenhandel mit den Niederlanden

Am ersten Tag der deutschen Offensive am 10. Mai 1940 fuhr die Königliche Familie, sie wurde rechtzeitig von Vertrauten aus dem Vatikan gewarnt, an Bord des britischen Zerstörers HMS Cordington mit Goldbarren für 382,6 Millionen Schweizer Franken nach England. Ein weiteres britisches Schiff mit 937 Goldbarren lief auf eine magnetische Mine und sank. Das deutsche Devisenschutzkommando in Holland barg im Juli 1940 unter Mithilfe von Kampftauchern der Marine 816 Goldbarren. Das Hamburger Prisengericht entschied im März 1941, daß das Gold, das sich an Bord dieses versenkten Bootes befunden hatte, in Übereinstimmung mit den völkerrechtlichen Regeln des Prisenrechts beschlagnahmt worden sei. Der größte Teil des niederländischen Goldes wurde nach einer Verordnung der deutschen Besatzungsmacht vom März 1941 als Abschlagszahlung für Besatzungskosten verbucht.

121 Goldbarren mit einem Gewicht von rund 1,5 Tonnen konnten nicht geborgen werden und liegen noch heute in der Nordsee.

Am 13.12.1955 ging beim Bundesminister für Wirtschaft in Bonn von der Italienisch-Niederländischen Befriedungskommission aus Rom folgendes Schreiben ein: [108]

„Die niederländische Regierung hat die Italienisch-Niederländische Befriedungskommission, die gemäß Artikel 83 des Friedensvertrages von 1947 zwischen den Alliierten und Assoziierten einerseits und Italien andererseits ins Leben gerufen wurde, mit dem Streitfall zwischen den Niederlanden und Italien bezüglich der Rückerstattung eines Teiles des niederländischen Münzgoldes befaßt, die auf Grund Artikel 75 des oben genannten Friedensvertrages beantragt worden ist und die zur Zeit von der Kommission bearbeitet wird. Ein Teil diese Goldes stammt nach Auffassung der niederländischen Regierung aus niederländischen Goldmünzen, die während der Zeit von Oktober 1940 bis September 1942 von Amsterdam nach Berlin gesandt wurden. Die niederländische Regierung ist im Besitz einer zwei Seiten umfassenden Kopie des Barrenverzeichnisses der Preußischen Münze, aus der hervorgeht, daß niederländische Goldmünzen im Gewicht von insgesamt 10.879,881 kg im Dezember 1942 und Januar 1943 für die Herstellung von 764 Goldbarren im Gewicht von 10.116,888 kg – unter Beifügung von 39,969 kg Feingold anderer Herkunft – verwendet wurden."

Beiliegend ein Dokument vom 1.11.1946, welches vom ehemaligen Reichsbankrat Thoms (Leiter der Edelmetallabteilung der Reichsbank) für die US-Regierung erstellt wurde. Er schrieb, daß es sich um das Beutegold aus den Niederlanden handeln muß, da am 29.08.1942 nur ein unbedeutender Betrag an holländischen Goldmünzen, der aus anderer Quellen stammte, vorhanden war – und von September bis Dezember 1942 nur unbedeutenden Beträge aus anderen Quellen als der Niederländischen Nationalbank eingingen. Thoms führt aus, daß den Goldmünzen noch etwas Feingold zugesetzt wurde um sicherzustellen, daß der Feingehalt der aus der Einschmelzung hervorgehenden Barren auf keinen Fall niedriger als 900 pro Tausend sei. Von diesem Feingold können 30,893 kg Rohgewicht auf Grund von Reichsbank-Akten als Lieferungen von Melmer (SS-Opfergold) identifiziert werden. Das restliche Feingold 10,020kg Rohgewicht stammt laut Reichsbank-Akten aus einem Posten von 83,755 kg Rohgewicht, welcher sich zusammensetzte aus 60 % Lieferungen von Melmer und 40 % Lieferungen der DEUTSCHEN BANK. Die Akten der Preußischen Münze und der Reichsbank bestätigen die Identität dieser Barren. Die Reichsbankakten geben folgende Verwendung an:

- am 02.02.1943	Goldsendung an	Schweizerische Nationalbank	353 Barren
- am 02.02.1943	Goldsendung an	Banca Commerciale Italiana	15 Barren
- am 04.02.1943	Goldsendung an	Banca d´Italia	147 Barren
- am 01.04.1943	Goldsendung an	Schweizerische Nationalbank	247 Barren
- am 30.04.1943	Goldsendung an	DEUTSCHE BANK	Einschmelz-Nr. 2050/2
- am 30.04.1943	Goldsendung an	DRESDNER BANK	Einschmelz-Nr. 2050/A

Die Kommission bittet den deutschen Wirtschaftsminister um Bestätigung, ob die Einschmelzung von niederländischen Goldgulden zu 764 Goldbarren zutrifft."

Gezeichnet: Enrico G. Vitale   C.R.C. Wijckerheld Bisbom

Überlassung von niederländischem Gold durch den Präsidenten der Niederländischen Notenbank

Am 10. September 1940 schrieb die Devisenabteilung der Reichsbank Berlin an den Kommissar bei der Niederländischen Bank, Dr. Bühler, in Amsterdam, betreffend der Ablieferung von Gold und Noten: [109]

... „Unter Bezugnahme auf die mit ihnen geführte Besprechung über die Durchführung der Ablieferungspflicht in den Niederlanden bestätigen wir ergebenst, daß zunächst an eine Abforderung von Gold in Barren und Münzen von $-, Sfr- und Skr-Noten gedacht ist; ausgenommen hiervon bleibt bis auf weiteres der Goldbestand der Nederlandschen Bank, Amsterdam, in Höhe von Hfl 228 Millionen.

Die auf Grund der dortigen Devisenverordnung an die Niederländische Bank abgelieferten und von dieser zu den in Amsterdam festgesetzten Preisen und Kursen angekauften Beträge an Barren- und Münzgold, $-, Sfr- und Skr-Noten sind unter Aufgabe des verausgabten Betrages wöchentlich an unsere Hauptkasse, Berlin C 111, zu senden. Der verausgabte Betrag wäre nach den einzelnen Gold- und Devisenwerten aufzugliedern, wobei die in Amsterdam bei dem Ankauf zugrunde gelegten Kurse bzw. Preise anzugeben sind. Nach Prüfung wird der Reichsmark-Gegenwert der Nederlandschen Bank N.V., Amsterdam, im Wege des deutsch-niederländischen Verrechnungsabkommens überwiesen werden. ...

... So könnte z.B. die kontoführende holländische Bank ihre Korrespondenten in New York – vielleicht die Chase National Bank of the City of New York – beauftragen, aus ihrem Guthaben in New York einen bestimmten Betrag ohne Nennung ihres Namens auf das Konto der Skandinaviska Banken A/B, Stockholm, bei der Chase National Bank of the City of New York zu übertragen. Die Skandinaviska Banken A/B., Stockholm, müßte hierbei durch die holländische Bank direkt in Kenntnis gesetzt werden, daß der eingehende Betrag dem Konto des Reichsbankdirektoriums für ihre Rechnung gutzuschreiben ist." ...

Der Präsident der Niederländischen Nationalbank van Tonningen schrieb anläßlich der Ardennen Offensive an Heinrich Himmler, Auszüge aus seinem Brief: [110]

... „obwohl ihre ganze Energien wohl auf die großartige deutsche Offensive gerichtet sind und wir alle die phantastische Leistungen der SS Panzerarmee mit atemloser Spannung verfolgen, erlaube ich mir, Ihnen kurz über die politischen Ereignisse in den Niederlanden zu berichten; es wäre mein Stolz gewesen, Ihnen beim Friedensschluß melden zu können, das Wirtschaftsministerium, das Finanzministerium, die Niederländische Bank und die Niederländische Ostkompanien für die SS sichergestellt zu haben; ich bin gegen Korruption, Sabotage und Reaktion in der niederländischen Wirtschaft Sturm gelaufen; in Treue zeichne ich hochverehrter Reichsführer mit

Heil Hitler. E. Rost van Tonningen

Der Gouverneur der niederländischen Zentralbank, E. Rost van Tonningen, war ein Kollaborateur. Es ist interessant, daß Holland sich schon vor einiger Zeit von einer Neuverhandlung des Washingtoner Abkommens mit der Schweiz aus gutem Grund distanzierte.

Die Alliierten mußten über die Reste des niederländischen Goldes, welches die Deutschen in Rotterdam vorgefunden hatten und über welches erst nach Abschluß der Verhandlungen zum Washingtoner Abkommen diskutiert wurde, orientiert gewesen sein, obwohl es in den Verhandlungen nicht zur Sprache kam; es ist insbesondere darauf hinzuweisen, daß die Niederlande zu den vertretenen Staaten gehörten. Es ist anzunehmen, daß die Niederlande über den Abschluß des Washingtoner Abkommens vorzeitig informiert wurden und über die Unterlagen über das Schicksal des bei der Invasion in Holland zurückgelassenen Goldes verfügen. Holland muß im Frühjahr 1946 über das Schicksal seiner im besetzten Gebiet verbliebenen Goldbestände unterrichtet gewesen sein. Dabei ist zu bemerken, daß das niederländische Gold den deutschen Behörden als Beitrag zu den Besatzungskosten mehr oder weniger freiwillig überlassen wurde. [111]

Der Reichsbanktreuhänder in Bayern schrieb in seiner Aufstellung über das Goldaufkommen der Reichsbank aus ehemals von deutschen Truppen besetzten Gebieten: [112]

<u>Das Gold der Niederländischen Bank</u>

„Das Gold der Niederländischen Bank im Wert von rund RM 180.000.000,00 übersandte diese monatlich im Wert von RM 10.000.000,00 als Beitrag zum Ostfeldzug nach Berlin. Das Gold selbst floß dem Vier-Jahres-Plan (Asservate DER) zu. Der Reichsmark-Gegenwert wurde von der Reichsbank an das Reichsfinanzministerium überwiesen."

„Die Niederlande haben im April 1941 als „äußere Besatzungskosten" einen Betrag von RM 500.000.000,00, davon RM 100.000.000,00 in Gold bezahlt."

„Das Goldaufkommen über die Niederländische Bank auf Grund der Goldanbietungs- und Ablieferungspflicht war ca. RM 80.000.000,00."

„Das Gold vom Leiter des Devisenschutzes für Belgien, Frankreich und Holland (Leitung Regierungsrat Staffeldt) war sichergestelltes Gold, das von den Reichskreditkassen nach Berlin überführt worden war, dieser Betrag entsprach geschätzt rund RM 150.000.000,00."

Es bleibt verwunderlich, warum die Vereinigten Staaten die im Bergwerk Merkers in Thüringen vorgefundenen Goldbestände der Niederländischen Nationalbank, welche aus Arnheim evakuiert wurden, nicht an die Niederländische Nationalbank als Original Restitution zurückgegeben haben.

Die Einlagerung von Diamantvorräten in Arnheim

Am 16.04.1942 erschien der Deutsche Referent für Diamantfragen im Reichskommissariat, Herr Hanemann, auf der Diamantbörse Antwerpen und teilte in einer kurzen Rede mit, daß sämtliche Diamantvorräte innerhalb von zwei Stunden beim Rijksbureau voor Diamant einzuliefern seien. Es handle sich aber nicht um eine Beschlagnahme, nicht einmal um eine Depotverpflichtung, wie dies seit einigen Monaten in Antwerpen bestanden, sondern um eine reine Sicherheitsmaßnahme und noch in derselben Woche wurden die Vorräte bei der Amsterdamsche Bank in Arnheim eingelagert. [113]

Zu diesem Zeitpunkt war die Vorratslage von Industriediamanten im Deutschen Reich nicht sehr gut, seitdem es deutlich geworden war, daß der Feldzug im Osten nicht in einem Jahr beendet sein würde. Es wurde allen Ernstes darüber gesprochen, Brillantenvorräte einzustampfen, um sie für industrielle Zwecke zu verwenden. Soweit ist es aber nicht gekommen, die deutsche Industriediamantenversorgung wurde durch Einfuhr eines großen Postens Kongo-Diamanten auf einige Jahre sichergestellt. Es stellte sich heraus, daß die Einlagerung der Amsterdamer Diamantvorräte in Arnheim, jedenfalls für die Depots der „arischen" Firmen, nicht als Auftakt zur Enteignung gedacht war. Die Diamantäre bekamen die Gelegenheit, noch zu verarbeitende Schleifware nach Amsterdam zu holen. Zum Zwecke des Handelns konnte man für höchstens 50 Karat die Erlaubnis bekommen.

Im Sommer des Jahres 1944 befanden sich etwa 6.000 Karat Diamanten in den Händen der Diamantäre, bei der Amsterdamsche Bank in Arnheim lagen etwa 29.000 Karat.

Die Diamantenvorräte lagen in einer Reihe von Schließfächern im Tresor dieser Bank. Die Schließfächer waren doppelt verschlossen, nämlich mit dem gewöhnlichen Schloß und mit einem Vorhängeschloß. Das Rijksbureau voor Diamant besaß die Schlüssel beider Schlösser. Für die Partien Diamanten, die der Amsterdamsche Bank sicherungsübereignet waren, besaß die Bank lediglich die Schlüssel der Vorhängeschlösser. Diese Schließfächer konnten also nur durch das Rijksbureau und der Bank zusammen geöffnet werden. Als im August des Jahres 1944 die alliierten Truppen scheinbar unaufhaltsam nordwärts rollten, machte man sich in Berlin beim Vierjahresplan Sorgen über diese noch in Arnheim lagernden Vorräte. Staatssekretär Körner beauftragte den deutschen Bevollmächtigten beim Rijksbureau voor Diamant Herrn Hagen telegrafisch, die eingelagerten Diamantvorräte sofort nach Deutschland zu schaffen, eventuell unter Anwendung von Waffengewalt. Auch die Reichsstelle für Edelmetalle erteilte gleichlautenden Auftrag. [114]

Am 5.9.1944 gab Hagen dem niederländischen Direktor des Rijksbureau voor Diamant, Herrn N.R.H. van Esser, fernmündlich den Auftrag, am nächsten Vormittag um 10 Uhr mit den Schlüsseln in Arnheim zu erscheinen, Herr van Esser erschien jedoch nicht und hielt sich auch telefonisch unerreichbar. Auf Grund eines vorliegenden Schreibens des Generalkommissars für Finanzen und Wirtschaft, Fischböck, fühlte Hagen sich nicht berechtigt, die Diamanten durch Gewaltanwendung sicherzustellen. Er fuhr nach Berlin, um sich bei der Reichsstelle für Edelmetalle weitere Instruktionen zu holen.

Die deutsche Wirtschaftsprüfstelle hatte die Aufgabe, die Wirtschaftsentjudungsmaßnahmen in den Niederlanden durchzuführen. Die Alliierten landeten am 17.September 1944 mit Fallschirmjägern in Arnheim. Die Referenten der Wirtschaftsprüfstelle des Reichs- kommissariats, Herren Kolbmüller und Dr. Fechner, trugen am 23.9.1944 die Angelegenheit dem Vertreter des Reichskommissars, Dr. Dr. Wimmer, vor. Dieser entschied, daß die Diamanten von Arnheim nach Apeldoorn zu verbringen seien, „Vollzugsmeldung an mich bis 29.9.1944 abends".

Es liegt eine Abschrift des nachfolgenden Tatberichtes vor:

Tatbericht über die Sicherstellung der dem Deutschen Reich zustehenden und aus Judenbesitz stammenden Diamanten: [115]

„ Die Diamanten lagerten zunachts in Amsterdam bei der Amsterdamschen Bank. Die Verfügungsgewalt hatte der Deutsche Bevollmächtigte beim Rijksbureau Herr Hagen. Er besaß einen Tresorschlüssel, den anderen besaß der holländische Bevollmächtigte beim Rijksbureau, Herr van Esser. Aus Gründen der Sicherheit wurden die Diamanten im Jahre 1943 nach Arnheim in die Zweigstelle der Amsterdamschen Bank verlagert.

Seit Beginn der Invasion wurde durch die Wirtschaftsprüfstelle Herrn Kolbmüller darauf gedrängt, daß die Diamanten ins Reich verlagert werden. Dieser Forderung wurde seitens des Deutschen Bevollmächtigten nicht nachgekommen. Am 5. September 1944 rief Herr Kolbmüller Herrn Hagen an und befahl ihm, die Diamanten nach Deutschland zu verbringen. Herr Hagen erklärte, er würde die Verlagerung sofort veranlassen, zumal ein Telegramm von Herrn Staatssekretär Körner gekommen sei, in dem die Verlagerung auch befohlen worden ist. Die Verlagerung erfolgte jedoch nicht, vielmehr verschwand Herr Hagen spurlos, nachdem er vorher die Safeschlüssel Herrn van Esser übergeben hatte, der jetzt die alleinige Verfügungsgewalt hatte.

Nach dem Absprung der Engländer in Arnheim hielten es die Unterzeichneten für unbedingt notwendig, die Diamanten im Interesse des Deutschen Reiches nach Deutschland zu verbringen. Die ganze Angelegenheit wurde Herrn Generalkommissar Dr. Wimmer vorgetragen, der sein Einverständnis damit erklärte, daß die Diamanten durch die Unter- zeichneten aus dem Tresor in Arnheim herausgeholt und nach Apeldoorn gebracht wurden.

Am 23. September 1944 begaben sich die Unterzeichneten nach Arnheim, das in der Hauptkampflinie und unter dauerndem Artilleriebeschuß lag. Sie versicherten sich der Mithilfe des örtlichen SD. Zunächst wurde der Name des bis dahin unbekannten Direktors der Amsterdamschen Bank festgestellt und aufgesucht. Dieser machte Schwierigkeiten bei der Herausgabe des Tresorschlüssels, er wurde vorübergehend durch den SD festgenommen. Im Bankgebäude angekommen erklärte er, daß er nur den Schlüssel zur zweiten Tresortüre habe, den Schlüssel zur ersten Tresortüre habe der zweite Direktor, dessen Wohnung er schließlich gezwungenermaßen angab. Die Wohnung des zweiten Direktors war zerstört. Der erste

Direktor behauptete zunächst, daß er den Aufenthalt seines Kollegen nicht kenne. Auf längeres Zureden gab er als vermutlichen Aufenthalt eine Sommerfrische in der Umgebung von Dieren und ein Hotel an. Nachdem wir uns noch eine Pioniereinheit mit einem Sauerstoffgebläse gesichert hatten, wurde die Aktion abgebrochen. Der SD wurde beauftragt den Aufenthalt des zweiten Direktors festzustellen und damit die Schlüssel zur ersten Tresortüre.

Am 24. September 1944 wurde die Aktion fortgesetzt, trotzdem sich die Verhältnisse in Arnheim durch Bombenteppiche und schweren Artilleriebeschuß verschlechtert hatten. Bei der Bank angekommen stand dort der bestellte erste Direktor Herr Constans Hupkens van der Elst. Auf Vorhalt gab er nach längeren Leugnen zu, daß die fehlenden Schlüssel der Prokurist besitzt. Die Schlüssel wurden dort geholt und später die Tresortüren aufgeschlossen. Die Safeschlüssel befanden sich im Besitz des nicht erreichbaren van Esser, so mußten die einzelnen Safes aufgebrochen werden, denn das Sauerstoffgerät arbeitete zu langsam.

Die in den Safes befindlichen einzelnen Kästen wurden von den nachfolgend aufgeführten Soldaten unter unserer Kontrolle herausgeholt, es waren im Ganzen 27 Stück.
(UScharführer Oskar Jung, Feldgendarmeriekompanie 9, SS-Panzerdivision Hohenstaufen und SS-Sturmmann Wilhelm Rong, Divisionsbegleitkompanie Hohenstaufen)

Die 27 Kästen konnten nicht transportiert werden, deshalb wurde der Inhalt unter ständiger Kontrolle auf 2 große und 8 mittelgroße Kästen verteilt. Mit Stichproben wurde festgestellt, daß der Inhalt der Kästen aus geschlossenen und versiegelten Briefumschlägen bestand. Einzelne Briefumschläge waren geöffnet, von den Unterzeichneten sowohl von den Soldaten wurden keine Briefumschläge geöffnet. Dem ersten Direktor wurde auf Verlangen eine Bescheinigung von Oblt. Franz und Ol. Bluthgen ausgestellt, da er sich trotz Weigerung gezwungen gesehen habe, die Schlüssel herauszugeben. Die Kästen wurden dann nach Apeldoorn gebracht und dort in einem Stahlschrank im Parterre des Dienstgebäudes des Herrn Reichsministers sichergestellt. Der Schlüssel zu diesem Stahlschrank befindet sich in Besitz des Herrn Dr. Heichlinger. Nach Beendigung der Aktion wurde dem Direktor der Amsterdamschen Bank die Schlüssel wieder ausgehändigt und er selbst entlassen."

Apeldoorn, den 4. Oktober 1944

Gezeichnet:	Dr. Fechner	Kolbmüller
		Oberleutnant d. Luftwaffe	Oberleutnant d.R.

Der Reichskommissar brachte die Diamanten Anfang Oktober 1944 persönlich nach Berlin, wo sie im Tieftresor C der Reichsbank in der Jägerstraße eingelagert wurden. Es stellte sich bei einer Kontrolle heraus, daß mit den Diamanten etwas nicht stimmte. Bereits am 25. September 1944 erschienen zwei Beamte des SD beim Direktor des Rijksbureau voor Diamant und verlangten Listen der in Arnheim eingelagerten Diamantvorräte jüdischer und Listen arischer Firmen. [116]

Die Überprüfung der Diamanten bei der Reichsstelle für Edelmetalle Anfang Oktober 1944 und ein Vergleich der Listen ergab, daß in Berlin nicht die erwarteten 29.000 Karat angekommen waren, sondern nur 18.204,23 Karat, davon 11.495,74 aus jüdischen Besitz..

Der Direktor der Amsterdamsche Bank in Arnheim hatte Anfang September durch die sich mehrenden Rückfragen deutscher Dienststellen den Eindruck bekommen, daß die

Diamantvorräte bedroht seien. Um die seiner Bank sicherungsübereigneten Diamanten von 6.000 Karat zu schützen, nahm er die Vorhängeschlösser von den Schließfächern dieser Partie ab, so daß die äußere Ähnlichkeit mit denen vom Rijksbureau voor Diamant gemieteten Schließfächern verschwand. Die betreffenden Schließfachkarteikarten wurden entfernt, so kam es, daß die der Bank übereigneten Partien am 24. September 1944 unberührt blieben.

Am 14. November 1944 fand eine Besprechung [117] über die Diamantlage statt, Teilnehmer waren Generalkommissar Fischböck, der Leiter des Devisenschutzkommandos Guth, auf niederländischer Seite der Generalsekretär des Wirtschaftsministerium und der Direktor des Rijksbureau van Esser. Es wurde beschlossen, die „arischen Diamanten" den Eigentümern bzw. der Amsterdamsche Bank zurückzugeben und die jüdischen Diamanten vorläufig in ein Schließfach zu legen, bis die Wirtschaftsprüfstelle über ihr weiteres Schicksal entscheiden würden. Am selben Nachmittag fuhren van Esser und Guth nach Arnheim, wo sie die anderen Diamanten unversehrt vorfanden. Die Arnheimer Diamanten wurden absprachegemäß nach Amsterdam verbracht, wo das Devisenschutzkommando erneut eine Überprüfung vornahm.

Am 19.11.1944 war Oberzollinspektor Guth von der Wirtschaftsprüfungsstelle zum Liquidationstreuhänder sämtlicher jüdischer Firmen bestellt worden. Guth ließ die jüdischen Diamanten in Amsterdam in der ersten Januarwoche 1945 von den Zollbeamten Wölkerling und Hädrich nach Berlin verbringen. [118]

Eine Rücksendung der in Berlin liegenden arischen Diamanten nach Arnheim oder Amsterdam unterblieb jedoch. Die weiteren Kriegsereignisse und die Evakuierung der Reichsbank in Berlin nach Merkers verhinderte weitere Modalitäten der Rückgabe der Vorräte und machten ihre Realisation unmöglich.

Die Reichsstelle für Edelmetalle hatte inzwischen Maßnahmen getroffen, um die Verwertung der Diamanten von 90 jüdischen Firmen in die Wege zu leiten. Für Exportzwecke wurden geeignete Sortierungen zusammengestellt und umsortiert. Aus den Diamanten von 73 Eigentümern wurde eine Partie A mit 2.103,32 Karat, aus den Vorräten von 17 Eigentümern wurde eine Partie B mit 3.758,12 Karat gebildet. Darüber hinaus wurde aus der größten, nach Berlin verbrachten, Herrn Dr. A. Wijnberg gehörenden Partie, ein großer Teil für Exportzwecke bereitgestellt und sortiert. [119]

Das Rijksbureau voor Diamant besitzt Fotokopien der bei dieser Umsortierung in Berlin angefertigten Listen, daraus geht einwandfrei hervor, daß ein Teil der für Exportzwecke bereitgestellten Diamanten auch tatsächlich von der Reichsstelle für Edelmetalle abgegeben wurde, wie in nachfolgender Tabelle 3.

Tabelle 3

Diamantenvorräte
der Reichsstelle für Edelmetalle

(Teilexport von 90 jüdischen, niederländischen Firmen)

Partie	Karat	Verbleib
Partie Dr. Wijnberg	14,99 Karat	RWM für Slowakei
Partie A	44,61 Karat	Keberle Preßburg
Partie Dr. Wijnberg	49,82 Karat	RWM f. Slowakei, Staatsauftrag
Partie Dr. Wijnberg	25,83 Karat	Moritz Hausch AG, Pforzheim
Partie Dr. Wijnberg	618,99 Karat	Auswärtiges Amt über Prüfungsstelle u Diamantkontor GmbH für Spanien, Madrid
Partie A	38,33 Karat	Japanische Botschaft i.A. vom RWM
Partie Dr. Wijnberg	3,49 Karat	H.J. Wilm, Berlin
Partie Dr. Wijnberg	0,46 Karat	Deutsch-Slowakische Wirtschaftsstelle

Im Februar 1945 wurden sämtliche Diamantvorräte der Reichsstelle für Edelmetalle aus Berlin evakuiert und nach Merkers in Thüringen gebracht. Dort wurden sie zu Kriegsende von den Amerikanern übernommen und nach Frankfurt versandt. [120]

Erst im Sommer 1947 hatte die amerikanische Besatzungsmacht die Herkunft der Diamanten von der Reichsstelle für Edelmetalle geklärt. Es wurden Diamanten mit einem Gesamtgewicht von 17.096,84 restituiert, daneben wurden 6.058,96 Karat restituiert, welche den Restbestand der umsortierten Partien und Wijnberg bildeten, darüber gibt es auch einen Bericht der Foreign Exchange Depository. 18 Pakete Diamanten von 18 jüdischen Firmen galten als verschollen. Es konnte niemals geklärt werden, in welcher Weise diese Pakete abhanden gekommen waren. Die Eigentümer der 18 jüdischen Firmen haben eine Entschädigung über das niederländische Kriegssachschädengesetz erhalten. Von den nach Spanien verbrachten 618,99 Karat des Herrn Dr. Wijnberg konnte der Erlös nur noch teilweise in Madrid beschlagnahmt werden.

Eine Zuordnung der Diamantenvorräte des SS-Wirtschaftsverwaltungs-Hauptamtes, welche über das Städtische Leihamt Berlin in der Reichsbank eingelagert waren und auch nach Merkers verbracht wurden, war nicht mehr möglich. Diese Vorräte hat die amerikanische Besatzungsmacht als Feindvermögen beschlagnahmt und in die USA verbracht. [121]

Das niederländische Gold in Arnheim

Am 3.12.1944 erhielt der Reichsführer SS Heinrich Himmler ein Fernschreiben in seinen Sonderzug Steiermark vom SS-Obergruppenführer und General der Waffen-SS und Polizei Rauter. Als Geheime Kommandosache unter Nr. 2535/44 hatte das Fernschreiben folgende Nachricht: [122]

„Im Jahre 1940 wurden aus den Goldbeständen der Niederländischen Bank 135.000.000 Goldgulden der Reichsbank zur Verfügung gestellt. Der Reichskommissar entschied damals, daß 5.000.000 Goldgulden aus wirtschaftlichen und industriellen Gründen in Holland zu verbleiben hätten. Mit dem Hauptteil des Goldes, fast eine Milliarde, ist die Königin im Mai 1940 nach England gefahren. Im Februar 1943, als die Gefahr von Landungen bestand, wurden die restlichen 5.000.000 Goldgulden im Auftrage des deutschen Bankdirektors Bühler nach Rücksprache mit dem Reichskommissar nach dem Osten des Landes gebracht. Die Durchführung oblag den Organen der Niederländischen Bank. Wie jetzt festgestellt wurde, hat man im Februar 1943 1.600.000 Goldmünzen in 32 Säcken von Amsterdam u.a. in die Filiale der Niederländischen Bank nach Arnheim gebracht. Bei der Luftlandung in Arnheim machte kein Mensch der deutschen Bankaufsicht, auch nicht die Direktoren der Niederländischen Bank uns auf diesen Umstand aufmerksam. Die Sicherheitspolizei stellt fest, daß der Direktor der Arnheimer Bank Bijl de Vroe 2 Tage nach der Luftlandung der Engländer diese 32 Säcke aus dem Tresorraum entfernt und in den Keller der Privatwohnung des Hausmeisters einlagern ließ, um das Gold für das Königshaus sicherzustellen. Der Direktor beruft sich auf eine Weisung der Direktion in Amsterdam. Der verantwortliche Distriktdirektor für die Filiale der Niederländischen Bank in den Ostprovinzen, Dr. Boon, wußte von der Verbringung des Goldes und gibt an, geglaubt zu haben, daß es sich nur um ganz geringe Goldbestände gehandelt hätte. Beide befinden sich in Haft. Der Präsident der Niederländischen Bank Rost gibt seine eigene Verantwortlichkeit zu, behauptet aber, nicht in der Sitzung gewesen zu sein, wo beschlossen wurde, das Gold nach Arnheim zu verlagern. Direktor Bühler redet sich aus und behauptet, daß das Gold nicht verloren gegangen wäre. Es wäre aber verloren gegangen, wenn in Arnheim die Engländer Erfolg gehabt hätten. Der Reichskommissar Dr. A. Seyss-Inquart behauptet, daß das Reich mit dem Gold nichts anfangen könne, weil angeblich das neutrale Ausland kein Gold aus dem Reich mehr annehme, was ich stark bezweifle. Ich sehe nicht ein, daß wir hier 5.000.000 Goldgulden bewachen sollen in einer Zeit, wo das Reich dieses Gold dringend brauchen kann. Der restliche Teil des Goldes soll sich in der Filiale Meppel befinden.

Gezeichnet: Rauter, General der Waffen SS und der Polizei

Die verlustreichste Operation der Briten war diese Luftlandung von leicht bewaffneten Fallschirmjägern. Sie konnten die Stadt Arnheim nicht besetzen. Die britischen Truppen kamen mit 10.000 Mann und verloren für „Diamanten und Gold" rund 7.500 Soldaten. Sie wurden von der Waffen-SS und der Wehrmacht getötet oder gefangen genommen.

Diese militärische Operation der Alliierten kann nur den wirtschaftlichen Hintergrund gehabt haben, die dort lagernden Diamanten und Goldvorräte nicht den Deutschen zu überlassen.

Der größte Bankraub aller Zeiten

Am 23.02.1945 schrieb Himmler an den Reichsleiter Bormann und nachrichtlich an den Chef des Reichssicherheitshauptamtes nach Berlin. Er bezieht sich auf sein geführtes Telefongespräch mit Bormann über die Vorfälle in Arnheim und trägt zusätzlich vor: [123]

„ Nachdem seinerzeit Generalfeldmarschall Model bei den Kämpfen um Arnheim die Stadt Arnheim evakuieren ließ und sie praktisch zur Enträumung preis gab, hat der Reichskommissar den benachbarten Gauen Hausrat für Bombengeschädigte zur Verfügung gestellt. Er hat aber ausdrücklich untersagt, daß von diesen Bergungstrupps wertvolle Bilder und sonstige Wertgegenstände mitgenommen werden dürfen. Der Leiter des Gaukommandos Düsseldorf Temmler, ist schon seit Wochen dahinter her, die Tresore der Großbankfilialen in Arnheim aufmachen zu dürfen. Dies wurde ihm vom Reichskommissar untersagt. Er trat dann an den Kommandeur der Fallschirmjäger Division, Generalleutnant Lackner heran und bat ihn, Schweißer zur Verfügung zu stellen. Dieser lehnte das aber mit der Begründung ab, daß seine Fallschirmjäger keine Kassenknacker seien. Ich habe die Sicherheitspolizei in Düsseldorf angewiesen, unverzüglich Hausdurchsuchungen bei den Beteiligten anzustellen.

Gezeichnet: Heinrich Himmler

Ein schriftlicher Vermerk in den Handakten des Reichsführer SS Himmler ergänzend dazu:

„Das Devisenkommando der Sicherheitspolizei stellte fest, daß der Leiter des Gaukommandos Düsseldorf Temmler Tage später mit 300 Männern die Tresore der Nederlandschen Bank, der Amsterdamschen Bank, der Twentschen Bank und der Rotterdamschen Bankenvereinigung gewaltsam geöffnet hatten. Die den Leuten in die Hände gefallene Beute war außerordentlich groß. Der marktfähige Preis des gestohlenen Gutes wurde damals mit einer Anzahl Millionen Reichsmark veranschlagt. In den Tresoren befanden sich wertvolle Bilder, ferner große Geldbeträge, Edelmetalle, Diamanten, Luxusgegenstände und dergleichen. Eine einzige Teilliste von entwendeten Kunstwerken weist die Zahl 34 auf."

Zu Kriegsende sind die Akten nicht mehr vollständig geführt worden, aber es besteht die Vermutung, daß wenigstens das Gold aus Arnheim vom SD sichergestellt und von der Reichsbank sofort nach Merkers verbracht worden ist. Dort wurde das Münzgold von den US-Truppen als Feindvermögen beschlagnahmt. [124]

Die wahre Beute der „300 Bankräuber" muß unermeßlich gewesen sein.

Jüdische Brillanten für Görings Geburtstagsgeschenk

Am 15. Dezember 1942 rief der spätere deutsche Bevollmächtigte beim Rijksbureau voor Diamant, damals noch Referent bei der Rüstungsinspektion Niederlande, Assessor Hanemann, das Rijksbureau voor Diamant an und teilte mit, daß der reichsdeutsche Firma Albert Sickinger in Amsterdam eine Genehmigung zum Verkauf von 38 Stück Brillanten á 1 Karat an die Firma Jean Wunderlich, Hanau erteilt werden müsse. [125]

Am 17. Dezember 1942 rief das Reichskommissariat beim Rijksbureau voor Diamant an und teilte van Esser mit, daß er persönlich dafür hafte, daß die Brillanten noch heute abgesandt würden. Dies war aber nicht möglich, weil die Diamanten zum Teil noch in Arnheim lagerten und dort erst Montag, den 21. Dezember 1942, abgeholt werden konnten.

Vom Reichskommissariat telefonierte wahrscheinlich der Generalkommissar zur besonderen Verwendung Schmidt persönlich. Seine Mitteilungen an Frau Troost vom 19. Dezember 1942 stimmen völlig überein mit dem, was zwei Tage vorher vom Rijksbureau mitgeteilt worden war. Am 21. Dezember 1942 telegrafierte die Firma Jean Wunderlich an das Rijksbureau:

„bei der firma sickinger amsterdam bestellte brillanten fuer staatsauftrag werden dienstag persoenlich in amsterdam abgeholt stop bevollmaechtigter ware in empfang zu nehmen ist herbert oelschlaegel berlin geboren 6.1.1908 ausgewiesen durch passnummer 11/22/42 ausgestellt am 4.4.1942 polizeipräsident berlin. jean wunderlich."

Tatsächlich erschien am 23. Dezember der Kurier der Firma Wunderlich, wobei sich herausstellte, daß nicht nur die 38 Steine zu liefern waren, sondern auch noch 18 Steine zu insgesamt 6 Karat. Da die Rüstungsinspektion oder das Reichskommissariat nicht zu erreichen war, ließ das Rijksbureau voor Diamant den Direktor der Firma Sickinger folgenden Brief unterschreiben:

„Hiermit erklären wir, daß Herr Neumetzger, Gesellschafter der Firma Jean Wunderlich, Hanau uns am 22. Dezember telefonisch mitgeteilt hat, die volle Verantwortung dafür zu übernehmen, daß die für den Staatsauftrag bestimmten 18 Brillanten 6 Karat exportiert werden, auch ohne daß die Genehmigung dafür bei Ihnen vorliegt."

Der 12. Januar 1943 war Hermann Görings 50.Geburtstag. Als Festgeschenk wollte Hitler seinem Reichsmarschall die Verleihungsurkunde des ihm bereits vor längerer Zeit verliehenen Großkreuzes des Eisernen Kreuzes in einer zu diesem Zweck hergestellten Prachtkassette übergeben. Den Auftrag, die Kassette zu entwerfen hatte Hitler Frau Troost in München gegeben, der Edelschmied Wandinger hatte die Herstellung übernommen. Der wirklich sehr knappe Herstellungstermins bestimmt die Eile, mit der die Brillanten in Amsterdam angefordert wurden. Doch es gelang, die Kassette vor dem 12. Januar 1943 fertig zustellen. Hitler war über „das schönste Dokument" der Weltgeschichte begeistert. Eine Reproduktion des Kunstwerks befand sich im Maiheft 1943 der „Kunst im Deutschen Reich".

In Wirklichkeit jedoch war die Firma Albert Sickinger nicht der Lieferant der Steine für Görings Kassette gewesen. Von den insgesamt 43,89 Karat Brillanten, die Jean Wunderlich kaufte, hatten zwei jüdische Diamantfirmen in Amsterdam 41.28 Karat liefern müssen. Die Firma Sickinger war wohl in erster Linie zwischengeschaltet, um das Gesicht des Führers zu wahren, in zweiter Linie vielleicht noch, um den jüdischen Lieferanten keinen Einblick in das Geschehen zu geben.

Natürlich kamen für das Führergeschenk nur Brillanten allererster Qualität in Frage. Die Firma Sickinger traf deshalb Feststellungen, welche Firma blauweiße Steine von rund 1 Karat vorrätig hatten. Es stellte sich heraus, daß solche Steine bei den Firmen A.J. & M. Groen und Groen und Diaco N.V. greifbar waren. Diesen Firmen wurde dann angetragen, daß sie gut daran täten, diese Steine „freiwillig" zu verkaufen. Bezeichnend ist, daß die Steine am 22. Dezember 1942 aus Arnheim geholt und am nächsten Tag dem Kurier mitgegeben wurden, während das Rijksbureau die Genehmigungen erst am 7. Januar 1943 zeichnete.

Die Firma Groen verkaufte der Firma Sickinger insgesamt 30 Steine mit 30,64 Karat; Diaco N.V. 3 Steine zu 3,2 Karat, 3 Steine zu 3,37 Karat, 1 Stein zu 0,82 Karat und 14 Steine zu 4,43 Karat. Das Deutsche Reich zahlte schließlich die Rechnung. [126]

Das Depot der Nationalbank Tirana / Albanien

Der deutsche Generalkonsul in Tirana, Schlierp, sandte am 4. November 1943 ein Telegramm an das Auswärtige Amt Berlin mit folgendem Inhalt: [127]

„Die Albanische Regierung hat mir unter Bezugnahme auf von ihr deutscher Wehrmacht gewährtes Darlehen schriftlich mitgeteilt, daß sie in Zukunft keine weiteren Darlehen zur Verfügung stellen könne. Sie bittet die Reichsregierung um endgültige Regelung der Finanz- und Wirtschaftsbeziehungen möglichst vor dem 10. November dieses Jahres.

Albanische Regierung nennt als Gründe Gefahr Inflation und Erschöpfung Notenbestände Nationalbank. Sie anregt im Interesse Festigkeit albanischer Währung, ihr Gold sowie die sonstige früher in Rom, jetzt in Berlin befindliche Deckung der Nationalbank an Devisen, Werten und Titeln zurückzugeben oder in der Schweiz auf Namen und Rechnung albanischer Staaten zu hinterlegen. Ferner bittet Albanische Regierung um Rückgabe Klischees für Notendruck, sowie Beförderung Archive Nationalbank von Rom nach Albanien.

Albanische Regierung weist darauf hin, daß erhebliche Käufe der deutschen Wehrmachtsangehörigen zu einer unerträglichen Preissteigerung und Warenverknappung geführt haben, sie erwägt daher Schaffung eines besonderen Büros zur Ausgabe von Gutscheinen an Wehrmachtsangehörige für Warenbezug. Käufe hätten zu unterbleiben bis Regelung im Benehmen mit deutschem Oberkommando erfolgt sei. Albanische Regierung gibt weiterhin Besorgnis darüber Ausdruck, daß Preissteigerung tiefe Unzufriedenheit unter Beamten und Angestellten des Staates, Arbeitern und überhaupt einen großen Teil der Bevölkerung hervorgerufen habe. Die von ihr vorgefundenen politischen Lage erfordere große Vorsicht bei finanziellen, wirtschaftlichen und politischen Maßnahmen, sie bitte daher die Reichsregierung um unverzügliche Entsendung Kommission zum Abschluß Vertrages auf folgender Grundlage:

a.) Clearing, Treuhand-Kompensation
b.) Lieferung notwendiger Waren an albanische Wirtschaft (Treibstoff, Zucker usw.) als Ausgleich für die der Wehrmacht gewährten Darlehen.
c.) Sicherung Transportmittel für nach Albanien einzuführende Waren.

Schluß des Schreibens von Albanischer Regierung. Gesandter Dr. Neubacher [früher Oberbürgermeister von Wien] wird hier unterrichtet.   Gezeichnet: Schliep

Eine Aufzeichnung des Legationsrates Schnurre vom Auswärtigen Amt am 6. April 1944 belegt ein vertrauliches Protokoll vom 5. bzw. 6. April 1944 in Berlin, das zwischen LR Wiehl und Vehbi Frasheri, über das Gold der Albanischen Nationalbank, unterzeichnet wurde. Dem Protokoll zufolge wurde das Gold der Albanischen Nationalbank übergeben, blieb aber im Depot der Reichsbank in Berlin. Verfügungen über das Gold würden nur von der Zentraldirektion der Albanischen Nationalbank mit der schriftlichen Zustimmung der Albanischen Regierung getroffen. Die Albanische Regierung werde das Einvernehmen mit dem Auswärtigen Amt in Berlin herstellen, bevor sie die Zustimmung zu Verfügungen der Zentraldirektion der Nationalbank erteile. Das Protokoll entsprach nach der Aufzeichnung Schnurres der von deutscher Seite gewünschte Fassung.

Die Dienststelle Dr. W. Krallert des Reichssicherheitshauptamtes schrieb am 21.9.1944 zu ihrer Dienststelle nach St. Lambrecht in der Steiermark: [128]

Betreff: Albanische Nationalbank

„Für den dortigen Dienstgebrauch und zum Verbleib wird ein Bericht über die Nationalisierung der Albanischen Nationalbank überreicht und ergänzende Angaben über die Albanische Nationalbank in Abschrift beigelegt."

Gezeichnet: i.V.   Unterschrift

Bericht:

Zur Ergänzung der im Gutachten gemachten Angaben über die Nationalbank sowie zur Erläuterung der Gründe, die zur Erstellung des Gutachtens führten, ist folgendes zu bemerken:

Die albanische Währung ist voll durch Gold gedeckt. Die Golddeckung lag aufgrund des Abkommens zwischen Italien und Albanien in Rom. Nach der Kapitulation Badolglio´s wurden dort für Rechnung Albaniens im September 1943 auf Befehl des Reichsaußenministers Ribbentrop die gesamten Goldbestände der Albanischen Nationalbank sichergestellt. Es handelt sich um ca. 3.000 kg Gold in losen Barren und 29 Kisten Goldbarren. Das Gold wurde seinerzeit nach Berlin gebracht, wo es vermutlich noch liegt, jedenfalls ist über eine Hortung in Albanien hier nichts bekannt. Außerdem wurden albanische Banknoten im Gesamtwerte von 120.513.902,00 albanischen Franken sichergestellt, welche der albanischen Regierung übergeben wurden.

Durch die Besetzung Albaniens durch deutsche Truppen und Polizeiverbände ergab sich zur Deckung der Unkosten der Besetzung erhöhter Bedarf an Banknoten. Von Anfang an bestehen bei der Finanzierung für Zwecke der Wehrmacht und Polizei insofern Schwierigkeiten, als nicht genügend Banknoten vorhanden sind, denn zur italienischen Zeit war hauptsächlich der Lira Zahlungsmittel in Albanien, während der albanische Franken zum größtem Teil aus dem Verkehr gezogen war. Nach Abzug der Italiener verschwand die Lira als Zahlungsmittel und der albanische Franken wurde wieder in Umlauf gebracht.

Der Druck weiterer Banknoten, wie sie bisher in Gebrauch waren, war unmöglich, weil die Italiener vor der Übergabe der Klischees die italienischen Unterschriften vernichtet hatten und darauf die Klischees unbrauchbar wurden.
Der Druck vollkommen neuer Banknoten stieß bisher auf Formulare Schwierigkeiten, da für den Neudruck die Unterschrift des Nationalbank Präsidiums notwendig ist. Der Verwaltungsrat der Albanischen Nationalbank befindet sich aber nach wie vor, auch nach der Besetzung durch die Alliierten, zum größten Teil in Rom. Seine Mitglieder sind zur Mehrheit Italiener.

Der Albanischen Regierung wurde von deutscher Seite vorgeschlagen, ein Gesetz zu erlassen, wonach sich die Aktien der Albanischen Nationalbank nur in albanischen Händen befinden dürfen. Sobald das Gesetz erlassen wäre, könnten die Albaner ein eigenes Präsidium ernennen, müßten jedoch die Italiener entsprechend abfinden. Die Albaner scheinen jedoch in dieser Angelegenheit nur schrittweise vorgehen zu wollen und es ist nicht ausgeschlossen, daß sie glauben, Deutschland und Italien gegeneinander ausspielen zu können, obwohl von deutscher Seite kein Anspruch auf eine irgendwie geartete Beteiligung an der Verwaltung der Albanischen Nationalbank erhoben wird. Jedenfalls wurde fürs erste das Rechtsguthaben angefordert, ohne daß seit dieser Zeit irgend etwas weiter geschehen wäre." [129]

Das Gold der Albanischen Nationalbank blieb von deutscher Seite unangetastet in der Reichsbank in Berlin liegen und wurde mit dem Gold anderer Notenbanken in das Kalibergwerk Merkers in Thüringen ausgelagert. Das Albanische Gold wurde so vollständig im Bergwerk Merkers von den amerikanischen Truppen vorgefunden (siehe Aufstellung Seite 312) und als Siegerbeute beschlagnahmt. Die US-Regierung hat auch später keine Original Restitution des Goldes der Albanischen Nationalbank durchgeführt.

Polnisches Gold

Die Rettung des polnischen Goldes nach New York

Das Gold der polnischen Nationalbank wurde vollständig und vor dem Einmarsch der Deutschen Wehrmacht nach New York zur FED gerettet. Polen verrechnete nach dem Krieg Entschädigungsansprüche Schweizer Banken, die aus der Verstaatlichung ihrer Niederlassungen in Polen abgeleitet wurden, mit den in der Schweiz deponierten Vermögen polnischer Juden, ohne diese oder ihre Erben zu entschädigen. [130]

Beschlagnahmte Wertsachen von Kriegsgefangenen und die DEUTSCHE BANK

Am 6. Juni 1940 verteilt das Reichsbankdirektorium an alle Reichsbankanstalten und Berliner Dienststellen eine Anordnung über den Ankauf von ausländischen Sorten und Wertgegenständen von Kriegsgefangenen, sowie den Einzug von Beutegeldern und Behördendepots: [131]

1.) Das Oberkommando der Wehrmacht hat wegen der Behandlung der Geldmittel der Kriegsgefangenen nachfolgenden Erlaß herausgegeben. Sofern sich am Ort keine Niederlassung der DEUTSCHEN BANK befindet und von den Kriegsgefangenenlagern ein Antrag auf Umtausch in Reichsmark von Zahlungsmittel in hfl, bfrs und lfrs bei der Reichsbankanstalt gestellt wird, kann diesem Antrage entsprochen werden. Bei der Umrechnung ist für Noten der amtlich notierte Notenkurs, für Hartgeld der wöchentlich im Reichsanzeiger veröffentlichte Ankaufspreis zugrunde zu legen. Der Gegenwert ist dem Kriegsgefangenenlager in Reichsmark zu überweisen oder auszuzahlen.
2.) Zloty Zahlungsmittel sind vom Umtausch ausgeschlossen.
3.) Wegen der Hereinnahme von englischen Pfund und franz. frs. ergeht besondere Weisung.
4.) Die auf diese Weise hereingekommenen Noten und Münzen sind getrennt von den übrigen angekauften Sorten mit besonderem Vordruck der Hauptkasse -Sorten- unter der Bezeichnung „Kriegsgefangenen-Einlieferung" zu übersenden.
5.) Auf den Kassenauszügen beizufügenden Belegen sind die von Kriegsgefangenen hereingenommenen Noten und Münzen auch mit den Reichsmarkgegenwerten getrennt aufzuführen und als „Kriegsgefangenen-Einlieferung" zu bezeichnen.
6.) Soweit die Kriegsgefangenenlager den Umtausch von oben genannten Zahlungsmitteln in Reichsmark nicht beantragen und ihnen eine sichere Aufbewahrungsmöglichkeit für von den Kriegsgefangenen abgenommenen Zahlungsmittel nicht zur Verfügung steht, können die Bankanstalten derartige Zahlungsmittel in Verwahrung nehmen. Die seitens der Kriegsgefangenenlager zu diesem Zwecke eingelieferten Zahlungsmittel sind als Behördendepots gemäß Bd. IX der Dienstbestimmungen zu behandeln.
7.) In den besetzten Gebieten Belgien, Luxemburg, den Niederlanden, Frankreich und Norwegen erbeutete und beschlagnahmte Zahlungsmittel und Wertsachen sind von den Truppenkassen unmittelbar an die Reichshauptkasse einzusenden. Sofern Truppenteile wegen besonderer Umstände die Versendung nicht selbst vornehmen können, werden die Bankanstalten angewiesen, diese Beutestücke gegen Quittung anzunehmen und unverzüglich an die Reichshauptkasse für „Verwahrkonto westlicher Kriegsschauplatz oder Norwegen" einzusenden. Eine Benachrichtigung des Reichsbankdirektoriums ist nicht erforderlich.

    Gezeichnet: Reichsbankdirektorium   Wilhelm

    Abschrift: Oberkommando der Wehrmacht vom 4. Mai 1940 über
                         die Behandlung der Geldmittel von Kriegsgefangenen: [132]

Die Bestimmung der Ziffer IIb des Bezugserlasses, wonach ein Eintausch von Devisen in Reichsmark bei der Reichsbank vorzunehmen ist, sofern Kriegsgefangene eine Umwechslung wünschen, wird dahingehend abgeändert, daß an die Stelle der Reichsbank die DEUTSCHE BANK Berlin, tritt. Zwecks Eintausch haben die Kriegsgefangenenlager die ausländischen Zahlungsmittel per Wertbrief an die DEUTSCHE BANK - Devisenabteilung-, Berlin W 8, Mauerstraße zu übersenden. Aus dem Begleitschreiben muß zu ersehen sein, daß es sich um Devisen handelt, die Kriegsgefangenen gehören. Die DEUTSCHE BANK wird den jeweiligen Tageskurs als Umrechnungskurs ansetzen und dem Kriegsgefangenenlager den Gegenwert in Reichsmark überweisen. Das Kriegsgefangenenlager zahlt dem Kriegsgefangenen den Reichsmarkbetrag in Lagergeld aus oder schreibt ihn seinem Reichsmarkkonto gut.

Die auf diese Weise bei der DEUTSCHEN BANK anfallenden Devisen stehen dem Oberkommando der Wehrmacht zu Unterstützungszahlungen an deutsche Kriegsgefangene in Feindesland, denen zur Zeit eine Arbeitsverdienstmöglichkeit nicht gewährt wird, zur Verfügung. Die Kriegsgefangenen sind darauf hinzuweisen, daß für sie die Möglichkeit des Eintauschs ihrer Devisen in Reichsmark besteht. Zloty Zahlungsmittel sind selbstverständlich von dem Eintausch ausgeschlossen und nicht an die DEUTSCHE BANK zu senden.

Der Chef des Oberkommandos der Wehrmacht

<u>Verteiler:</u>
alle Wehrkreiskommandos	Reichsminister der Finanzen
alle Wehrkreisverwaltungen	Reichswirtschaftsminister
Marinestationskdo. d. Nordsee	Auswärtiges Amt
Luftgaukommando XI u. XII	Reichsbankdirektorium
alle Abrechnungsintendanturen	DEUTSCHE BANK Berlin

Offenbar wurde die DEUTSCHE BANK von der Reichsbank und vom Oberkommando der Wehrmacht als Depotbank (Behördendepot) für die Kriegsgefangenenlager eingesetzt. Wieviel Reichsmark am Ende des Krieges auf den Konten der Kriegsgefangenenlager bei der DEUTSCHEN BANK verblieben, konnte noch nicht ermittelt werden.

Im Februar 1944 schrieb das Reichsbankdirektorium als „Geheime Reichssache" an die Vorstandsbeamten der Reichsbankstellen Schwerin (Mecklenburg) und Plauen (Vogtland), sowie dem Oberkommando der Wehrmacht, Amt Ausland/Abwehr: [133]

Betreff: Sicherstellung von Gold- und Devisenbeständen

„Mit Rücksicht auf Störungen, die im Geschäftsbetrieb der Deutschen Reichsbank infolge der Terrorangriffe entstehen könnten, soll ein Teil der vom Oberkommando der Wehrmacht, Amt Ausland Abwehr in Berlin eingelagerten Gold- und Devisenbestände an Bankanstalten im Reich abgegeben werden. Gelegentlich eines Werttransportes wird die Hauptkasse unter rechtzeitiger Benachrichtigung ausländische Noten, ausländische Silber- und Goldmünzen sowie Barrengold zur Einrichtung eines Depots für die genannte Wehrmachtsstelle überführen.

Der Transport wird aus Packbeuteln bestehen deren Fahnen Vermerke über Inhalt und Bruttogewichte enthalten müssen. Mit dem Transportführer ist über die Richtigkeit der Bruttogewichte und über die vorschriftsmäßige Beschaffenheit der Beutel (unversehrt, gestochen und plombiert) ein kurzes Protokoll aufzunehmen.

Verfügungen über das Depot wird das Oberkommando der Wehrmacht im allgemeinen durch Vermittlung der Hauptkasse treffen; sie werden sich voraussichtlich auf Umlagerungen nach Berlin beschränken und sollen möglichst die in den einzelnen Packbeuteln enthaltenen Wertmengen berücksichtigen. Falls Teilbeträge entnommen werden müssen, ist der genannte Beutelinhalt sofort zu prüfen. Unmittelbare Dispositionen des Oberkommandos können nur von den aus der Anlage ersichtlichen zeichnungsberechtigten Personen ausgehen. Jede Veränderung des Depots Amt Ausland/Abwehr ist uns aufzugeben.

Vorstehende Durchschrift unserer Anweisung für die Reichsbankstellen Schwerin und Plauen über die Einlagerung von Werten des Amtes Ausland/Abwehr übersenden wir zur Kenntnis und bitten, etwaige Verfügungen innerhalb des vorgesehenen Rahmens zu halten. Die Hauptkasse wird die Transporte in die Wege leiten, sobald ihr die zunächst fernmündlich angezeigten Änderungen in den umzulagernden Werten endgültig aufgegeben werden können.

Gezeichnet: Reichsbankdirektorium Unterschriften

Gold aus Böhmen und Mähren

Geheime Staatspolizeisache vom 12.5.1936

Die Preußische Geheime Staatspolizei, Geheimes Staatspolizeiamt schrieb am 12.5.1936 unter N.-Ü. Nr. 56146 an den Politischen Polizei Kommandanten der Länder, Gruppenführer der Waffen-SS, Heydrich in Berlin: [134]

„Im nachfolgenden bringe ich einen Bericht der Außenstelle der Bayer. Politischen Polizei, Grenzpolizei Eger vom 7.5.36 mit der Bitte um Kenntnisnahme:

Betrifft: Tschechische Goldtransporte

„Die Spedition L.H. Basch in Prag versendet seit Mitte März 1936 regelmäßig Gold in Barren in die Schweiz (Bern). Es kommen fast täglich 10 bis 20 Kisten mit Goldbarren im Durchgangsschnellzug 148 ohne Bewachung über Eger – Straßburg – Basel. Nach den hiesigen Feststellungen sind bisher 176 Kisten im Werte von mindestens 400 Millionen Tschechischen Kronen zur Schweizer Nationalbank abgewandert. Da die genannte Prager Spedition im Auftrag der Tschechischen Nationalbank handelt, kann es sich sowohl um Währungsstützung, als auch um planmäßig (vielleicht als unauffällig gedachte) Verlegung der Tschechischen Goldvorräte in die Schweiz handeln. In den letzten Tagen wurden statt bisher 5 bis 10 nunmehr täglich 20 Kisten mit je über 2 Millionen Kronen Wert versandt. Über den weiteren Verlauf der Angelegenheit wird berichtet."

Gezeichnet: Bayer. Politische Polizei   Roem

Ende Mai 1937 unterhielt die Narodni Banka Ceskoslovenska bei der Schweizerischen Nationalbank in Bern ein Depot über 1.014 Goldbarren. Eine Woche vor der Besetzung Prags durch die deutsche Wehrmacht veranlaßte die Direktion der Prager Notenbank die Schweizer Nationalbank in Bern, ihr Depot auf die Reichsbank in Berlin zu übertragen.

Die tschechischen Golddepots bei den Notenbanken in London, Paris und New York wurden vorerst eingefroren. Das tschechische Gold bei der Banque de France in Paris wurde mit anderem Gold rechtzeitig nach New York verbracht und nach Kriegsende zurückerstattet. Der Hauptteil des Goldes der Nationalbank von Böhmen und Mähren wurde von der Reichsbank immer gesondert aufbewahrt und mit dem Gold der Reichsbank und anderer Notenbanken zum Bergwerk Merkers zu Kriegsende ausgelagert.

Im deutschen Hauptdepot der Reichsbank in Merkers fanden US-Truppen das tschechische Gold vollständig vor. Die Amerikaner betrachteten das Gold offenbar als Siegerbeute und lieferten es bei ihrer US-Notenbank ab, statt eine Original Restitution durchzuführen. [135]

Beschlagnahme von Gold in Prag bei der Nationalbank

Die Devisenkasse der Reichsbank schrieb am 26. September 1942 an den Sonderbeauftragten der Deutschen Reichsbank bei der Nationalbank von Böhmen und Mähren in Prag, Bredauergasse 7, betreffend der Goldmünzensammlung im Depot der Nationalbank für Böhmen und Mähren: [136]

„Mit dem von der Nationalbank für Böhmen und Mähren beabsichtigten Umtausch der in ihrem Depot bei der Deutschen Reichsbank lagernden 7 Beutel Nr. 16 – 22 mit numismatisch wertvollen Goldmünzen kgr 15.085,3 kgf 14.371,9 gegen andere Goldmünzen, Feingold oder handelsübliche Goldbarren in gleichen Feingewicht sind wir einverstanden. Zur Durchführung wäre die Nationalbank zu veranlassen, die erforderliche Goldmenge unserer Hauptkasse, Berlin C 111, zu übersenden, da Transporte in absehbarer Zeit nicht in Aussicht stehen. Nach Prüfung würde dann die Goldmünzensammlung gleichfalls auf dem Postwege unter Versicherung des Wertes, dessen Höhe der Hauptkasse zuvor aufzugeben wäre, zugestellt werden. Die hierdurch entstehenden Kosten hätte die Nationalbank von Böhmen und Mähren zu tragen.

Gezeichnet: Reichsbank / Devisenabteilung

Übertragung von weiteren Depots in Bern und London

Das Konto der tschechischen Nationalbank bei der Schweizerischen National Bank in Bern weist die handschriftliche Anmerkung auf: [137]

„l[aut] Telegramm v[on] Prag v[om] 7.3.1939 ist das Depot zur Verfügung des Reichsbank Direktoriums Berlin zu halten".

Das erscheint als Grundlage für den Transfer tschechischen Goldes nach Deutschland nach dem deutschen Einmarsch außerordentlich dünn; aber jede andere Zentralbank, auch die Niederländische und die Englische ging so vor. [138]

Die anglo-deutsche Zentralbankenkonstellation der BIZ in Basel bewährte sich für die Deutsche Reichsbank. Als in den Märztagen 1939 die Deutsche Wehrmacht den Rest der Tschechoslowakei besetzte, zögerten die BIZ und die Bank of England keine Sekunde, Hitler das Währungsgold der Tschechoslowakischen Nationalbank zu übergeben, daß im Namen der BIZ in vermeintlicher Sicherheit in London, bei der Bank of England, deponiert wurde. [139]

Tatsache ist, daß die Deutsche Reichsbank alle Bestände der Nationalbank von Böhmen und Mähren nicht verbraucht, sondern getrennt von ihrem Gold und dem anderer Notenbanken aufbewahrt hat. Aus diesem Grund konnten die US-Truppen diesen Gesamtbestand an Goldbarren und Goldmünzen vollständig im Bergwerk Merkers übernehmen (siehe Tabellen Seite 305 und Seite 311).

Eine Original Restitution durch die US-Regierung erfolgte nur in geringen Umfang.

Gold aus SERBIEN, KROATIEN UND JUGOSLAWIEN

Serbisches Gold

Der Generalbevollmächtigte für die Wirtschaft (GBW) in Serbien, als Zivilverwaltungsstelle des Militärbefehlshabers und kommandierenden Generals Südost unterhielt ein Edelmetall- und Wertpapierdepot während der deutschen Besatzungszeit bei der Bank Nationale Beograd (Serbische Nationalbank). Das Konto wurde unter der laufenden Nummer 10 geführt. Über den Inhalt dieses Depots sind verschiedene Teilverzeichnisse in Form von Eingangsbestätigungen und Quittungen der Serbischen Nationalbank vorhanden. Diese weisen unter anderem einen Sack Silbermünzen, einen Sack Metallgeld (Gold- Silber- und Legierungsmünzen) und einen Sack verschiedener ausländischer Devisen, sowie Schachteln und Pakete mit Wertpapieren und Kupons aus.

Einzelne Münzstücke und kleinere Mengen an Gold- und Silbermünzen verschiedener Währungen einschließlich Gedenkmünzen, welche in irgend einer Form der Beschlagnahme oder Einziehung zugeführt worden waren, lieferten die Deutschen bei der Serbischen Nationalbank ab. Diese kaufte zum Feingehalt an und schrieb den Gegenwert dem GBW Serbien auf Konto Nr. 10 gut. Dadurch hat die Serbische Nationalbank einen nicht unbeachtlichen Fonds an Devisen neu aufgesammelt.

Der Leiter der Ländersachbearbeitung für Serbien in der Reichsbank in Berlin schrieb am 7. 11. 1944 einen Bericht für den Reichsbankpräsidenten Dr. Walther Funk: [140]

Am 31.10.1944 hielt die Deutsche Verrechnungskasse eine Verwaltungsratssitzung. Die Guthaben der Serbischen Nationalbank beliefen sich am 31.10.1944 auf dem

- Reichsmark-Sammelkonto	RM 537 393 990,63	
- Konto „Arbeiterlohnersparnisse"	RM 51 276 241,92	RM 588.670.232,55
gegenüber den Guthaben per 10.05.1944 (letzter Bericht) auf		
- Reichsmark-Sammelkonto	RM 388 587 344,24	
- Konto „Arbeiterlohnersparnisse"	RM 43 032 368,43	RM 431.619.712,67

Die Gesamtverschuldung Deutschlands hat sich somit während der Berichtszeit um ca. RM 157.050.000,-- erhöht. Die Ein- und Auszahlungen des Reichsmark-Sammelkonto beliefen sich während der Berichtszeit wie folgt:

	Einzahlungen	Auszahlungen
11.-31.05.1944	10,807 Mill. RM	10,972 Mill. RM
Juni 1944	28,739	27,913
Juli 1944	41,966	29,388
August 1944	77,007	25,546
September 1944	82,981	19,423
Oktober 1944	30,757	10,213
insgesamt	272,257 Mill. RM	123,455 Mill. RM

von den Einzahlungen entfallen circa:

RM	102,304	Millionen	auf	Wehrmachtszahlungen
RM	20,215	Millionen	auf	Getreide
RM	20,061	Millionen	auf	Betriebsmittel, Löhne und Gehälter
RM	18,500	Millionen	auf	Unterstützungszahlungen für SS-Angehörige
RM	12,649	Millionen	auf	Sonnenblumenkerne
RM	12,141	Millionen	auf	verschiedene Erze, Metalle und Kiese
RM	7,518	Millionen	auf	Holz
RM	7,500	Millionen	auf	Pferde
RM	5,542	Millionen	auf	Vereinsabrechnungen
RM	4,974	Millionen	auf	Obst und Obstpulpe
RM	4,452	Millionen	auf	Kartoffeln
RM	4,045	Millionen	auf	Rotklee und Luzerne
RM	3,932	Millionen	auf	Tabakwaren
RM	3,000	Millionen	auf	Bürgschaften
RM	3,000	Millionen	auf	Material für die Grube Mackatica
RM	2,699	Millionen	auf	Transportfrachtkosten
RM	2,654	Millionen	auf	Reedereimieten
RM	2,317	Millionen	auf	Flugzeugersatzteile
RM	1,505	Millionen	auf	Wolle
RM	1,283	Millionen	auf	Antimon
RM	1,161	Millionen	auf	Hanfplanenstoffe
RM	1,126	Millionen	auf	volksdeutsche Zwecke
RM	1,100	Millionen	auf	amtliche Gelder
RM	1,094	Millionen	auf	Kamillen
RM	1,074	Millionen	auf	Konserven
RM	0,958	Millionen	auf	Wein und Spirituosen
RM	0,810	Millionen	auf	Stärkepuder
RM	0,800	Millionen	auf	Seidenkokons
RM	0,790	Millionen	auf	Kredit- und Finanzzahlungen
RM	0,687	Millionen	auf	Bearbeitungskosten
RM	0,673	Millionen	auf	Säuren
RM	0,673	Millionen	auf	Vorschüsse und Zuschüsse
RM	0,670	Millionen	auf	Schiffahrtsbedürfnisse
RM	0,418	Millionen	auf	Hanf und Werg
RM	0,342	Millionen	auf	Werkzeuge und Maschinen
RM	0,339	Millionen	auf	Felle
RM	0,333	Millionen	auf	Werkschutzlöhne
RM	0,261	Millionen	auf	Schuldenrückzahlungen
RM	0,200	Millionen	auf	Kunstgegenstände
RM	0,186	Millionen	auf	Federn
RM	0,156	Millionen	auf	Wicken
RM	0,156	Millionen	auf	Paprika
RM	0,132	Millionen	auf	Karpfen
RM	0,120	Millionen	auf	Montage
RM	0,086	Millionen	auf	Glyzerinschlempe
RM	0,073	Millionen	auf	Karotten
RM	0,068	Millionen	auf	Rübsamen
RM	0,060	Millionen	auf	Zeitungen

Wie aus vorstehender Spezifikation hervorgeht, ist das permanente Steigen des Clearingsaldos in der Hauptsache auf unmittelbare und mittelbare Zahlungen der Wehrmacht zurückzuführen.

Die Einzahlungen während der Berichtszeit auf das Konto „Arbeiterlohnersparnisse" beliefen sich auf RM 8.242.000,--. Das Guthaben auf dem Konto sollte ursprünglich zur Erfüllung der Verpflichtungen der Serbischen Nationalbank aus der Liquidation der Jugoslawischen Nationalbank herangezogen werden. Es war daher für Auszahlungen deutscherseits gesperrt worden. Inzwischen sind aber alle diesbezüglichen Verpflichtungen der Serbischen Nationalbank über deren Reichsmark-Sammelkonto abgewickelt worden, einer Aufhebung der Sperrung stand nichts mehr im Wege.

Der Zahlungsverkehr mit der Serbischen Nationalbank hat sich bis zur Besetzung Belgrads reibungslos abgewickelt. Die letzten brieflichen Überweisungsaufträge aus Belgrad mit dem Dritten Reich datieren vom 27.10.1944, die letzten telegrafischen vom 28.10.1944. Die deutsche Post für die Serbische Nationalbank wurde bereits seit dem 17.10.1944 nicht mehr zur Absendung gebracht. Seit dieser Zeit sind noch etwa RM 8,6 Millionen auf dem Reichsmark-Sammelkonto eingezahlt worden.

Die Beiträge müssen eventuell an den Einzahler zurückgegeben werden, nachdem die Deutsche Reichsbank durch eine Mitteilung die Bankanstalten angewiesen hat, in Zukunft keine Beträge mehr für Serbien heranzunehmen. Die Serbische Nationalbank ist mit Teilen nach Wien übergesiedelt. Es wird beabsichtigt den Bankverkehr dort in gewissem Umfange fortzusetzen.

Auf Vorschlag der Deutschen Reichsbank hat sich die Serbische Nationalbank damit einverstanden erklärt, daß die von Flüchtlingen und Rückwanderern aus Serbien mitgeführten Dinar-Noten zu Lasten des serbischen Clearingguthabens in Deutschland eingelöst werden. Gleichzeitig ist die Deutsche Verrechnungskasse ermächtigt worden, der Reichsbank die für die Einlösung erforderlichen Reichsmarkbeträge aus dem Reichsmark-Sammelkonto zur Verfügung zu stellen.

Berlin, den 7. 11. 44

Gezeichnet: Ländersachbearbeitung der Reichsbank Unterschriften

Gold der Kroatischen Nationalbank in Agram (Belgrad)

Im Laufe der Auseinandersetzungen über das Vermögen des jugoslawischen Staates und der Gründung einer Kroatischen Staatsbank versuchte diese ein Golddepot neu zu errichten. In einem Sonderdepot unter der Mitverfügungsgewalt des deutschen Generalbevollmächtigten für die Wirtschaft (GBW) in Serbien befanden sich bei der Kroatischen Staatsbank folgende Goldmengen: [140]

537,5 kg Gold	der BOR Kupferbergwerke und Hütten AG in Belgrad und (vormals Compagnie Francaise des Mines de Bor in Straßburg)
19,35 kg Gold	der Grubengesellschaft Pec

Nach Bezahlung dieses Goldes an die Grubengesellschaften sollte das Gold Besitz der neuen Kroatischen Staatsbank werden. Der Ausgang dieser Auseinandersetzung (letzter Schriftwechsel 9. 7. 1944) ist unbekannt, da die kriegerischen Ereignisse diesen Verwaltungsakt überrollten.

Ferner hat die Kroatische Nationalbank aus den Beständen der ehemaligen Jugoslawischen Nationalbank

617,54 kg Gold

empfangen. Die Bezahlung an die Jugoslawische Nationalbank in Liquidation sollte später auf ein Liquidationskonto erfolgen. [141]

Das Auswärtige Amt ernannte im Januar 1945 den Diplomaten Dr. Günther Altenburg zum Generalbevollmächtigten Südost für die Betreuung befreundeter ausländischer Emigrantenregierungen im Bad Ausseer Gebiet.

Der Führer der Kroaten Antè Pavelic flüchtete auch nach Bad Aussee und vergrub am Hintersee, welcher in der Nähe des Toplitzsee in Österreich liegt die Goldvorräte der Kroatischen Nationalbank. Ein Teil des Goldschatzes wurde später von Bauern und einem Gendarmen vor Ort unterschlagen, danach von österreichischen Behörden beschlagnahmt und schließlich der Österreichischen Nationalbank in aller Stille übergeben.

Ein Schloß in Kärnten war für Jahre seine vorübergehende Residenz und mit den Devisenreserven und Teilen des kroatischem Goldes, der geplanten Kroatischen Nationalbank, feierte er mit Einheimischen und Engländern Parties. Später verhalf ihm der Vatikan über Rom nach Argentinien zur Flucht. Die Vatikanbank erhielt dafür die Reste des kroatischen Goldes in Goldmünzen.

Jugoslawisches Gold

Im November 1944 übersandte die Banca d Italia nach Berlin Gold mit einem Gewicht von 21.460.435,50 kg. Die Lieferung bestand aus 1.620 Goldbarren und 8.560 diversen Goldmünzen.

Das Gold der alten Jugoslawischen Nationalbank, rund 3 Tonnen wurde von der Banca d´ Italia zu italienischer Goldlira umgeschmolzen. Dieses „italienische Raubgold" sollte zu Kriegsende zwischen Deutschland und Italien aufgeteilt werden.

Es war folgende Teilverwendung für Jugoslawien von deutscher Seite vorgesehen:

Gold im Wert von RM 26.000.000,00 sollte im Hinblick auf die Wegnahme der jugoslawischen Goldbestände durch Italien für Jugoslawien zum Wiederaufbau und für Währungsstützung beiseite gesetzt werden. Die Wertbestimmung von 26 Millionen Reichsmark wurde vorerst geschätzt. [142]

Das deutsche Auswärtige Amt verbrachte das italienische Raubgold zusammen mit einem Großteil des normalen italienischen Währungsgoldes zunächst auf Schloß Fuschl. Dort wurde es im Auftrag des Legationsrates Gottfriedsen, welcher in der Deutschen Botschaft in Bern arbeitete und das Salzkammergut genau kannte, nach Hintersee und nicht zum Toplitzsee umgelagert und bei Bauern vor Ort vergraben (siehe auch Toplitzsee Seite 370).

Das umgeschmolzene „italienisch jugoslawische Gold" wurde vollständig den US-Truppen in der Ostmark (Österreich) übergeben. Eine Original Restitution durch die US Regierung erfolgte weder an Italien, noch an Jugoslawien.

Der Goldschatz der freien Stadt Danzig

Die Notenbank von Danzig besaß bei der Bank für Internationalen Zahlungsausgleich, der BIZ in Basel, 433 Aktien, diese Aktien wurden der DEUTSCHEN BANK überlassen. Die Dividenden dieser Aktien wurden von der DEUTSCHEN BANK nach der Besetzung 1939 ihrem Konto bei der BANK OF THE CITY OF NEW YORK zu ihren Gunsten gutgeschrieben. Das Schreiben an die DEUTSCHE BANK vom 26. Juli 1940 hat der Engländer F.A. Colenutt von der BANK OF ENGLAND mit unterzeichnet, er war Stellvertreter des italienischen BIZ-Generalsekretärs. Ende Juli 1940, als der Engländer Colenutt der DEUTSCHEN BANK zu jenen Dollars in New York verhalf, hatte die Schlacht von England gerade begonnen. Neben Colenutt arbeiteten während des Krieges noch drei weitere von der BANK OF ENGLAND nach Basel zur BIZ abgeordnete Bankbeamte. Es waren dies der Chefbuchhalter S.E. Goodwin, sein Stellvertreter G.J.A. Rogers und der stellvertretende Chefökonom F.G. Conolly. [143]

Das Vermögen der Notenbank von Danzig wurde zwischen der Deutschen Reichsbank und der DEUTSCHEN BANK aufgeteilt.

Das Gold der Ungarischen Nationalbank

Der ungarische Goldzug

Die Ungarische Nationalbank brachte gegen Ende des Krieges ihre gesamten Goldbestände und Banknoten im Wert von 700 Millionen Dollar (Preisbasis 1938) unter deutschem Begleitschutz nach Österreich in Sicherheit. Der ungarische Transportführer berichtet von dieser abenteuerlichen Reise: [144]

„Der ungarische Staat baute seit 1938 für die Nationalbank mehrere unterirdische Bunker im Lande aus. Die Anlagen waren so ausgestattet, daß man von dort auch allen Bankgeschäften nachgehen konnte. Einer dieser Bunkeranlagen befand sich in Budapest auf der Westseite der Donau. Der Tower Hill ist einer der ältesten Stadtteile der Innenstadt. Unter diesen Hügeln befinden sich über 400 Jahre alte Kavernen aus den Türkenkriegen, welche man auch für die Bevölkerung zu Luftschutzbunker umgebaut. Ein anderer großer Bunker der Nationalbank wurde im Ort Veszprém im Mittelwesten nahe dem Balatonsee errichtet. Die Anlage wurde mit modernsten Druckereimaschinen und allen für eine Nationalbank notwendigen Sicherheitsstandards ausgebaut.

Im November 1944 eskalierte die militärische Situation in Budapest. Die Rote Armee stand in den Außenbezirken der Stadt und die Deutschen bereiteten die Sprengung der 7 Brücken über die Donau vor. Als die Gefahr einer russischen Einkesselung näher rückte entschloß sich die Direktion der Ungarischen Nationalbank die Währungsreserven mit rund 32 Tonnen Gold und andere Werte, wie die Kunstschätze des Historischen Museums und die wichtigsten Teile des Kunstmuseums nach Veszprém zu evakuieren. Die tausend Jahre alte Heilige Krone, ein Geschenk von Papst Sylvester II an König St. Stephan; diese wertvolle religiöse Reliquie galt damals schon als verschollen.

Wir verließen Budapest am 5.12.1944 in einem kleinen Lastwagenkonvoi Richtung Schnellstraße Veszprém hatten aber kein Glück. Die Straße wurde durch kämpfende Truppen blockiert und so mußten wir uns einen anderen Weg suchen. Verstopfte schlechte Dorfstraßen, ausgebrannte Fahrzeuge und nachrollende Tiger Panzer erschwerten unsere Fahrt nach Veszprém.

Am 9.12.1944 erreichten uns schlechte Nachrichten, die Russen standen jetzt 30km vor unserer verbunkerten Bank. Panik brach aus. Für eine weitere Evakuierung waren keine Fahrzeuge und Benzin disponiert. Die Reichsbahn genehmigte uns den Transport mit der Bahn und so verpackten wir das Gold in Holzkisten und luden die Schätze mit den anderen Werten in sieben normale offene Frachtwaggons und einen Personenwaggon.

Für jeden Frachtwaggon waren zwei bewaffnete königliche ungarische Polizeibeamte mit den Habseligkeiten ihren Familien untergebracht. Die Frauen und Kinder wurden im Personenwaggon hinter der Lokomotive einquartiert. Auch zwei deutsche Sicherheitsbeamte begleiteten den Transport. Gegen Mitternacht erreichten uns die letzten Millionen Dollar Holzkisten und so fuhren wir mit unbekanntem Ziel Richtung Westen los. Wir ahnten nicht, daß die Reise zwei lange Wintermonate dauern wird.

Die Waggons waren total überladen, so mußten wir auch noch 100 Tonnen Silber des Königlichen Schatzamtes auf die sieben offenen Frachtwaggons aufteilen. Die deutsche

Gegenoffensive begann, wir hatten so Zeit weitere Frachtwaggons mit 80 Fahrzeugen in Fertóbez nahe der Stadt Sopron an der Westgrenze anzukoppeln.

Unser Zug war jetzt mit rund 500 Personen einschließlich meiner Familie im kalten Winter beladen. Die Frachtwaggons haben keine Heizung und der Personenwaggon konnte aus technischen Gründen mit dem Dampf der Lokomotive nicht geheizt werden. Erst nach drei Tagen fanden wir bei der kleinen Bahnstation einen brauchbaren Ofen, den wir in unseren Personenwaggon als Notheizung aufstellten. Wir schnitten kleine Bäume in der Umgebung ab, um während der Fahrt Heizmaterial zu besitzen. Mehrmals mußten die Frauen und Kinder den Zug bei Luftalarm verlassen und sich in unmittelbarer Nähe verstecken. Die sanitären Verhältnisse mit einer Toilette für 500 Personen waren eine Katastrophe und im Bahnhof gab es keine sanitären Einrichtungen mehr.

Wir wußten, daß die Rote Armee immer weiter nach Deutschland vordrang. Der persönliche Schutz des Goldes und der Werte durch unsere Frauen und Kinder war geplant. Wer rechnet schon mit einem solchen Goldtransport ? Vor unserer Abreise haben wir die deutsche Regierung informiert und erhielten die Zusage, auch auf deutschem Gebiet zusammen mit deutschem Militär unseren Goldschatz weiter bewachen zu können. Außerdem gab man uns die Garantie, daß uns das Gold nicht abgenommen wird und wir frei darüber verfügen können.

Die diplomatischen Kanäle zwischen Ungarn und der deutschen Regierung liefen jetzt heiß. Der deutsche Begleiter teilte uns mit, daß Berlin wünsche, das Gold in die sicheren Tresore der Reichsbank in Wien einzulagern, das Silber nach Magdeburg und die Kunstschätze nach Berlin zu verbringen.

Es war den Herren der ungarischen Nationalbank bewußt, daß sie damit die Kontrolle über die ungarischen Schätze verlieren würden. Der deutsche Begleiter stimmte uns trotzdem zu, daß wir die Anweisung aus Berlin momentan ignorieren, alle Gespräche mit Berlin beenden und sofort losfahren sollen. Wir setzten die Lokomotive unter Volldampf und fuhren los.

Unsere Idee war, uns ein altes Kloster in Oberösterreich herauszusuchen und dort die Werte einzulagern. An einem Bahnhof riefen wir den Gauleiter von Oberdonau an und erzählten ihm unser Anliegen. Zu unserer Überraschung war er sehr kooperativ. Er empfahl uns das Kloster in der Stadt Spital an der Pyhrn und versprach sofort den dortigen Bürgermeister anzurufen, um vor Ort alles notwendige vorzubereiten. Eigentlich wollten wir weiter westlich die Werte einlagern, aber durch den Vormarsch der Russen blieb uns keine Wahl. Der Ort Spital befindet sich am Fuße des Pyhrnpaßes. Man schlug uns vor, die unbenutzte Krypta der Spitaler Barockkirche aus dem 12 Jahrhundert oder die Kellerräume des Hospitals oder des Klosters als Versteck zu nutzen.

Der Wettlauf der Militärs um das Ungarngold in Österreich

Der Goldzug passierte schließlich die österreichische Grenze. Die eine Hälfte des Zuges mit Banknoten und Lebensmittel verluden wir auf Lastwagen am 17. Januar 1945. Die andere Hälfte des Zuges mit Gold und den anderen Schätzen verluden wir ein paar Tage später. Auf dem Weg zum Ort Spital ging ein Lastwagen unter dem Gewicht des Goldes kaputt. Wir mußten ihn an einem Forsthaus stehen lassen und unseren Transport fortsetzen. Tage später übernahm der zweite LKW die wertvolle Fracht.

Das gesamte Gold wurde in der Krypta der Kirche deponiert und von den Toten bewacht. Das ungarische Nationalgold versahen wir außerdem mit einer dicken Mauer Banknoten, die wohl teuerste Mauer der Welt. Die anderen Werte lagerten wir im Kloster ein. Diese Räume und die Krypta waren natürlich nicht die optimalen Räume für diese Schätze, ohne Panzertüren und ohne Alarmanlage, nur durch verrostete Kellertüren und einem einfachen Vorhänge-schloß abgesichert, ein Horror für jeden Sicherheitsbeamten. Die Krypta wurde außerdem durch Grundwasser 8 cm hoch geflutet, so daß der untere Teil der 3 Meter dicken Banknoten-mauer als Papierbrei unbrauchbar wurde.

Keine einzige Maschinenpistole war vorhanden und so sicherten 34 Mann mit alten Gewehren und mittelalterlichen Vorderladern Tag und Nacht die Örtlichkeiten. Die offiziellen Räume der Ungarischen Nationalbank waren im Kloster, die Familien der Bankbeamten waren in Hotels, Pensionen und Privatleuten im Ort einquartiert. Die unverheirateten Frauen und Männer fanden separat im Kloster Unterkunft und mußten sich mit Familien der Königlichen Gardepolizei die Räume teilen. Auf jeden Fall war das bequemer als das Campingleben in der Eisenbahn. Unsere Männer fällten nun Bäume und schnitten Holz unter der Aufsicht deutscher und österreichischer Forstbeamten.

Als Budapest im Februar 1945 fiel eröffnete die Rote Armee eine neue, erfolgreiche Offensive und am 30. März 1945 eroberte sie den letzten Landstreifen in Ungarn. Die verbliebenen Bankangestellten in Sopron verließen in Panik die Bunker und versuchten den 60 km entfernten österreichischen Ort Reichenbach zu erreichen. Zur Evakuierung unseres Hauptquartiers wurden Lastwagen gesandt, die aber das deutsche Militär beschlagnahmte, als der Frontverlauf sich änderte. Den Bankbeamten blieb nichts anders übrig, als einen schon beschädigten Lastwagen mit wichtigen Geschäftspapieren der Bank und unseren Personalunterlagen und einen anderen Lastwagen mit Devisen zu beladen. Das Personal floh zu Fuß und mit 200.000 Dollars im Gepäck Richtung Spital an der Pyhrn.

Als der Krieg zu Ende war ging ich in das von Russen besetzte Reichenbach zurück um zu erfahren, wo unsere Bankunterlagen und Werte verblieben sind. Ich mußte feststellen, daß alle Unterlagen, welche der schon beschädigte Lastwagen geladen hatte, offenbar in den Kämpfen zwischen Russen und Deutschen vernichtet oder entwendet wurden. Die Geldkisten im anderen Lastwagen fand ich aufgebrochen vor und Millionen von Dollars in Pengönoten teilten sich russische Soldaten und Österreicher. Bündelweise landete das Geld auf der Straße und keiner wollte die Möglichkeit verpassen, plötzlich reich zu werden, zudem in der gesetz-losen Zeit nur die Waffen und kein Gesetz das Sagen hatten.

Die Russen ordneten der Bevölkerung in Reichenbach an, Zahlungen ab sofort nur mehr in Pengönoten abzuwickeln. Die Rote Armee kaufte auch Wein und Likör in Ungarn. Das Geld war nicht offiziell in Umlauf, aber wer fragte einen russischen Soldaten nach der Herkunft seines Geldes ? Tatsache war, daß er alles mit unserem Geld bezahlen und kaufen konnte.

Ein österreichischer Gastwirt und seine Ehefrau gaben mir sogar Kredit, als sie von dem Schicksal unseres Geldes hörten. Der Wirt erschrak fast zu Tode, als ich am Abend an seiner Tür klopfte und ihn wegen einer Unterkunft und ein wenig Essen fragte. Mein Anliegen war sehr ungewöhnlich zu dieser Zeit, denn alle Restaurants und Hotels waren geschlossen und niemand traute sich nach Sonnenuntergang auf die Straße. Der Ort Spital war überfüllt mit russischen Soldaten, welche einen Spaß daran fanden bei der Bevölkerung ihrer Jagd nach Souvenirs, wie Uhren oder Füllfederhalter nachzugehen. Der Wirt beschwerte sich verbittert, daß eines nachts mehrere Russen bei ihm alles mitnahmen, was sie für brauchbar hielten. Er übergab mir dann einen 50 Pengö Schein als Andenken von unserem defekten Lastwagen.

Die Sicherstellung des ungarischen Währungsgoldes in Spital

In den letzten Kriegstagen füllte sich plötzlich die Paßstraße am Pyhrn mit zurückziehenden deutschen Truppen und Flüchtlingen, welche weiter westwärts zogen. Kolonnen von Häftlingen und Juden aus Konzentrationslagern, erkennbar an ihren gestreiften Kleidern befanden sich auch auf der befahrenen Straße. Ich gewann den Eindruck, daß der Verkehr immer chaotischer wurde und wir hatten Angst, daß die Russen vor den Amerikanern Spital erreichen. Es kam die Frage auf, wer den Ort Spital und das Gold zuerst erreichen wird, die Rote Armee oder die Amerikaner.

Unsere Bankleitung wollte sofort Kontakt mit den Amerikanern aufnehmen. Wir sandten deshalb Kuriere nach Kirchdorf, einem Ort 25 Meilen nördlich von Spital, mit der Aufgabe den Amerikanern dort die Situation über die Ungarische Nationalbank darzustellen mit dem Ziel, unsere Goldvorräte zu schützen. Ich fuhr nach Salzburg um hier mit den Amerikanern zu verhandeln, was sich als äußerst schwierig gestaltete, denn ich mußte durch die deutschen Linien fahren. Ich benötigte Papiere von deutschen Behörden, um die Kontrollen der deutschen Armee mit meinen Auto durchfahren zu können. Ich erhielt sie vor Ort in Spital vom deutschen Bürgermeister und versprach ihm, ihn nicht zu verraten. Die deutsche Militärpolizei ließen mich stets passieren und so erreichte ich den ersten amerikanischen Panzer am Stadtrand von Salzburg.

Ich suchte in Salzburg den amerikanischen Geheimdienst CIC auf. Einem jungen 2nd Leutnant der US Armee erzählte ich unsere unglaubliche Geschichte und übergab einen Brief der Ungarischen Nationalbank. Am nächsten Tag informierte er mich, daß unser Brief mit seinem Bericht zur G-2 3rd Division weitergeleitet wurde und von dort eine Antwort und ein rasches Handeln erwartet werde. Meine Mission war erfüllt. Zwei Wochen später holte mich ein Auto der Bank mit einem Sonderausweis der US Armee in Salzburg ab.

In Spital berichteten die ungarischen Polizisten und Mitarbeiter von ihren letzten Tagen. Bereits einen Tag nach meiner Abreise kam eine deutsche Militärabordnung mit drei Offizieren nach Spital und wollten mit dem Direktor der Nationalbank sprechen. Der deutsche Anführer identifizierte sich als Führer der 6. deutschen Armee. Er sagte, daß er die Aufgabe habe, die Schätze der Bank zu sichern, bevor die Amerikaner den Ort Spital einnehmen. Die objektive Antwort der Mitarbeiter war, daß die Schätze wo sie jetzt sind sicherer aufgehoben wären. Am nächsten Tag rief der Gauleiter an und fragte nach, was den unsere weiteren Pläne wären. Unser Generaldirektor teilte ihm mit, daß wir hier bleiben wollen und auf die Amerikaner warten.

Der Gauleiter wollte ihn im Nachbarort treffen. Dort informierte er unseren Direktor, daß er unsere Absicht verstehe, aber es möglich sei, daß die Bank durch irreguläre deutsche Truppen geplündert werden könne. Er wünschte die Bank unter dem Schutz zuverlässiger SS Einheiten zu stellen. Der Kommandeur sollte sich niemand anderem als den Amerikanern ergeben und tatsächlich kamen in wenigen Stunden 25 deutsche Soldaten mit 5 Offizieren. Einige von ihnen waren mit Maschinengewehren bewaffnet und nahmen sofort ihre Stellung um die Kirche und um das Kloster ein. Der Kommandeur zeigte seinen schriftlichen Befehl vom Gauleiter und wir dachten alles sei in Ordnung.

Am nächsten Tag, es war der 7. Mai 1945, begann eine heiße Phase. Die Situation war wieder chaotisch und keiner wußte was los war. Es wurde bekannt, daß die Deutschen eine deutsche Untergrundbewegung im Nebental zusammen zogen, um Brücken und Straßen zu zerstören.

Wir hatten wieder Angst, unsere Schätze bei Kämpfen zu verlieren. Eine Delegation der 6. deutschen Armee kam zurück und informierte uns, daß der Kommandeur beschlossen habe, unser Gold an einen sicheren Ort zu verbringen. Für den Transport seien bereits 6 Eisenbahnwaggons bereit gestellt.

Wir informierten sie über die Befehle des Gauleiters und riefen den Kommandeur der deutschen Wache zum Gespräch. Er schaute nochmals den Befehl des Gauleiters an und wollte jetzt mit der Delegation der 6. Armee alleine sprechen. Danach wollten sie unseren Generaldirektor davon überzeugen, das Gold an einen Ort zu verlagern, wo es niemand finden werde. Nur unser Generaldirektor und der deutsche Armeeführer sollten das Versteck wissen, dafür würde man sorgen. Als der wachhabende Offizier wieder kam und erklärte, daß der Gauleiter Eigruber angerufen habe und wünsche, daß das Gold dort bleibe wo es jetzt ist, waren wir erleichtert und die Delegation verließ eilig die Räumlichkeiten.

Minuten später heulten Alarmsirenen. Laute Kettengeräusche eines Tanks kündigten die Amerikaner an. Der erste US Panzer rollte durch den Ort und hatte das Rennen um unser Gold nur 2 Kilometer vor den Russen gewonnen. Die US Truppen entwaffneten die deutschen Einheiten im Ort Spital und übergaben die Waffen den königlichen ungarischen Polizisten, welche jetzt schon über 4 Jahre mit ihren Familien das Gold begleiteten. Das US Magazin Stars and Stripes schrieb in ihrer Headline: „Geheimes ungarisches Goldversteck im Alpenort von der 80th Division gefunden."

Rückgabe des ungarischen Goldschatzes an das kommunistische Ungarn durch die USA im Jahre 1947

General Patton besichtigte noch unsere Goldschätze in der Krypta. Danach holten wir sie hervor, luden die Werte auf Lastwagen und fuhren sie mit US Begleitschutz nach Frankfurt in die Tresore der Reichsbank. Vier Personen unserer Bank, einschließlich meiner Person stellten sich in Frankfurt den Fragen der Amerikaner. Wir stellten fest, daß kein Gramm ungarisches Gold während des Krieges verloren ging. Die Banknoten und die anderen Kunstschätze wurden noch immer von unseren Polizisten in Spital bewacht.

Als 1946 die Nationalbank den Forint als neue Währung in Ungarn einführte wurden die Banknoten in Spital ungültig. Wir verkauften die alten ungarischen Banknoten im Wert von

700 Millionen Dollar für 400 Dollar an eine österreichische Papiermühle. Das Gold wurde von der US Regierung, an das jetzt sowjetische Ungarn, am 6. August 1946 zurückgegeben und ich schließe mit dem Wunsch, daß einmal Ungarn wieder völlig frei sein wird. Jetzt bleibe ich lieber auf der anderen Seite des Eisernen Vorhanges und genieße dieses Leben. [145]

Das Gold der ungarischen Juden

Im erweiterten Washingtoner Abkommen vom 13. Mai 1948 zwischen der Schweiz, Großbritannien und den USA wurde unter anderem festgelegt, daß die Bank für Internationalen Zahlungsausgleich in Basel in der Schweiz 374 kg Feingold, die Deutsche Reichsbank hatte dort auch ein größeres Golddepot, an die Alliierten, für die Ungarische Nationalbank ausliefern mußte.

Ein konkreter Grund wird nicht dafür genannt, denn das Gold der Ungarischen Nationalbank fanden die Alliierten vollständig in Österreich vor und übergaben es vollzählig an die Ungarische Nationalbank 1947 als Original Restitution zurück.

Es besteht die Vermutung, daß diese 374 kg Gold eine Entschädigung für das abgenommene Gold ungarischer Juden darstellen sollte. Einen Beleg für diese Entschädigungszahlung an die ungarischen Juden oder an die Ungarische Nationalbank konnte nicht gefunden werden.

Der deutsche Goldtransport zu einem japanischen U-Boot

Am 14. 03. 1941 berichtet der Reichsbankrat Thoms dem Reichsbankpräsidenten Funk über die Durchführung eines Goldtransportes von 2.500 kg Feingold nach Bilbao mit Bestimmungsort Japan wörtlich: [146]

„Die zur Überbringung nach Bilbao bestimmte Wertsendung von 50 Kisten wurde am 28. 02. 1941 mit dem D-Zug 24 ab Berlin, Schlesischer Bahnhof 6 Uhr 39 Min., in drei Abteilungen zunächst nach Paris gebracht. Besonders förderlich erwies sich die vom Reichsfinanzministerium erbetene Grenzempfehlung, nach deren Vorweisung die Zollbeamten an der Übergangsstation Aachen auf jede Kontrolle verzichteten. In Paris ging die Überführung der Werte vom Nordbahnhof zum Bahnhof Austerlitz mit Unterstützung der Bahnhofskommandantur schnell und reibungslos von statten, so daß wir die Fahrt am gleichen Tage 10 Uhr 25 Min. fortsetzen konnten und am Sonntag, den 2. 03. 1941 mittags in der Grenzstation Hendaye eintrafen. Sowohl Bahnhofsoffizier als Zollstelle hatten auf dem Dienstwege Mitteilung von der bevorstehenden Ankunft des Transports erhalten, konnten aber für die Weiterführung auf der spanischen Seite keine geeigneten Vorschläge machen. Beide Stellen rieten aber von der Benutzung des Schienenweges ab, da die große Wagenknappheit, die nahezu regellose Verkehrsfolge, das Fehlen von Einzelabteilen in den Personenwagen und die Notwendigkeit eines nochmaligen Zugwechsels in San Sebastian die schnelle und unauffällige Beförderung der Werte in Frage stellen würde.

Dagegen bot sich eine andere günstige Gelegenheit für die Fortsetzung unserer Fahrt. Eine Gruppe von Lastwagen, die von NSKK-Leuten gefahren werden, bringen regelmäßig Schwefelkiesladungen von Santander nach Hendaye und fahren leer zurück. Ich beschloß die Sendung durch diese Lastkraftwagen nach Bilbao bringen zu lassen und konnte auch nach Fühlungnahme mit dem Bevollmächtigten der spanischen Transportgesellschaft „Transportes Marion S.A., Irun" über den deutschen Vertreter beim spanischen Grenzkommissariat eine Zusage erreichen. Ich machte in Begleitung des deutschen Bahnhofsoffiziers dem Leiter der spanischen Zollstelle in Irun einen Besuch und informierte mich über die beim Grenzübertritt zu beachtenden Vorschriften. Der Goldtransport wurde nun als Transitgut unter der Kennzeichnung "Einzelteile deutscher Präzisionsmaschinen und Werkzeuge" zum Freihafen nach Bilbao abgefertigt.

Am Mittwoch, den 5.4.1941 passierten wir mittags mit zwei Lastkraftwagen die Grenze und erreichten gegen 19 Uhr das Büro der Firma Hoppe & Cie in Bilbao. Hier war von dem bevorstehenden Eintreffen unseres Goldtransportes nichts bekannt, obwohl die Firma die Verladung einer Anzahl weiterer Goldlieferungen deutscher Herkunft bereits vermittelt hatte und mit dem Kommandanten der Asaka in Verbindung stand. Man hatte demnach auf japanischer Seite bis zum letzten Augenblick über die Angelegenheit strengste Geheimhaltung bewahrt.
Der Inhaber der Firma und ein Bevollmächtigter, beide Reichsdeutsche, bemühten sich leider vergeblich, die Ladung noch am gleichen Abend im Freihafen sicherzustellen. Um jedes Aufsehen zu vermeiden verzichtete ich auch auf die Unterbringung der Lastkraftwagen in einer öffentlichen oder privaten Garage unter polizeilichem Schutz. Ich ließ vielmehr im Hotel Excelsior, das unter deutscher Leitung steht, Zimmer bestellen und gab Weisung, die Wagen in der angrenzenden stillen Nebenstraße parken zu lassen. Wir übernahmen dann selbst abwechselnd zu Zweien bis zum nächsten Morgen die Bewachung des Goldes.

Im Laufe des nächsten Vormittags wurde die Sendung den Zollbeamten im Freihafen vorgeführt und nach Erledigung der Zollformalitäten unter der Führung des Bevollmächtigten der Firma Hoppe & Cie zur Asaka gebracht. Die Verladung vollzog sich unter Mithilfe der japanischen Matrosen in unauffälliger Form und war in kurzer Zeit erledigt. Ich überzeugte mich, daß die Kisten in eine besondere Abteilung des oberen Laderaumes gebracht worden waren, die durch eine schwere eiserne Schiebetür sicher verschlossen werden konnte. Im Anschluß legte ich mit dem Kommandanten der Asaka in Gegenwart von drei weiteren japanischen Offizieren und unserer begleitenden Reichsbankbeamten den Text der Übergabebescheinigung fest. Die Verhandlung wurde mit Rücksicht auf die Japaner, von denen nur der Kommandant deutsche Sprachkenntnisse hatte, in englischer Sprache geführt. Im gegenseitigen Einverständnis wurden alsdann die anliegenden Empfangsbestätigungen mit dem gleichen englischen und japanischen Text ausgefertigt.

Nach Beendigung der geschäftlichen Angelegenheit ließ der Kommandant einige Erfrischungen reichen. Die Unterhaltung, in welcher der Kommandant wiederholt auf seine wertvollen Erfahrungen während eines früheren mehr monatlichen Studienaufenthaltes in Deutschland einging, ließ augenfällig erkennen, daß auf japanischer Seite keine Zweifel über den endgültigen Sieg der deutschen Waffen und damit über die künftige Vormachtstellung Großdeutschlands im europäischen Wirtschaftsraum herrschen. Nachdem der Kommandant sein Glas auf das Wohl Deutschlands geleert hatte, wies ich mit einigen Worten darauf hin, daß Japan im östlichen Asien die gleichen großen kulturellen und wirtschaftlichen Aufgaben wie Deutschland in Europa habe und trank auf das Wohl des japanischen Volkes, seines großen Kaisers und der japanischen Marine.

Wenn wir auch im Hafen von Bilbao von unseren japanischen Bundesgenossen mit dem Gefühl großer Befriedigung schieden, so ist doch der Gesamteindruck, den wir von unserem kurzen Aufenthalt in Spanien erhielten, weniger erfreulich. Besonders drückend ist die Ernährungsfrage, da die tägliche Ration Maisbrot pro Kopf nur 80 Gramm beträgt. Bei unserem Grenzübertritt konnten wir beobachten, daß die Zollbeamten bei der Gepäckkontrolle nur Augen für unser Reiseproviant hatten und heißhungrig die ihnen überlassenen Brotscheiben sofort verzehrten. Während die große Masse hungert blüht der Schleichhandel und die Großverdiener finden in den Luxusrestaurants nach wie vor eine vorzügliche Speisenfolge. Bemerkenswert erscheint auch die von Angehörigen der deutschen Kolonie übereinstimmend vertretene Auffassung, daß die bestehenden inneren Spannungen zu neuer Entladung treiben, wenn Deutschland nicht bald durchgreift. Der Caudillo gilt als guter Soldat, hat aber durch die Einwirkung seiner Frau der Kirche erneut große Machtbefugnisse eingeräumt. Während das Volk unter den Schäden des Bürgerkrieges noch schwer leidet und keine Hilfe erhält, ist der Kirche der größte Teil ihrer Verluste ersetzt worden. Abschließend möchte ich noch hervorheben, daß der deutsche Soldat sich überall größte Achtung und vollsten Respekt erworben hat und von jedem Angehörigen der spanischen Wehrmacht betont gegrüßt wird.

Gezeichnet: Reichsbankrat Thoms

Ein Bombentreffer ließ die deutsche Botschaft in Tokio 1945 vollständig ausbrennen, die Unterlagen der Handelsabteilung und andere Akten wurden dabei komplett vernichtet. Die geheimen Akten über den Gold- und Devisenhandel des Reiches mit Japan sind vom Geheimschutzbeauftragten der Reichsbank bei Kriegsende ebenfalls vernichtet worden.

In aufgefundenen Akten der DEUTSCHEN ORIENT BANK (DOB) finden sich 360 Arbitrage Aufträge von Diplomaten. 20 % der Aufträge kamen von der japanischen Botschaft, u.a. am 23.7.1943 über 80.000 SFR, am 6.8.1943 über 100.000 SFR und am 18.7.1944 über 250.000 SFR. Es ist auch eine von der japanischen Botschaft in Ankara veranlaßte Überweisung der Yokohama Specie Bank an die DRESDNER BANK belegt, die über die Eidgenössische Bank und den Schweizer Bankverein ging. [147]

In der Handakte des Legationsrates Wiehl finden sich zum Thema „Guthabensperre USA" mehrere interessante Hinweise zu Japan. Das Telegramm Nr. 1426 der Deutschen Botschaft Tokyo vom 2. August 1941 zeigt die Situation Japans aus deutscher Sicht und den zu erwartenden Krieg im Pazifik bei Unterbindung der US-Öllieferungen an Japan auf: [148]

„Bereits gemeldetes amtliches Bestreben, Situation gegenüber Amerika nicht zu verschärfen, hat sich weiterhin bestätigt."

... Privates Ölabkommen zwischen Mitsui und Standard Oil Company beziehungsweise Rising Sun sei noch nicht gekündigt worden. Kündigung Bankabkommens zwischen Java und Yokohama Specie Bank sei durch Einfrieren japanischer Guthaben in den Vereinigten Staaten erforderlich geworden. Verhandlungen über Abschluß neuen Abkommens, das veränderter Sachlage Rechnung trage, würden in Kürze beginnen. Im übrigen habe Niederländisch Indien Regierung auf japanische Vorstellungen hin zugesagt, Ausfuhr nach Japan in gewissem Umfang mit besonderer Regierungsgenehmigung fortzusetzen. ...

Der amtierende japanische Vizeaußenminister antwortete auf meine Frage, ob von den Vereinigten Staaten über Zukunft japanisch-amerikanischen Warenaustausches irgendwelche Erläuterungen eingegangen seien, verneinend.

Japan habe aber seinerseits sowohl gegenüber Amerika, wie Niederländisch Indien zu erkennen gegeben, daß Unterbindung der Öllieferungen Japan zu ernsten Entschlüssen zwingen müsse. Auf meine weitere Frage, ob dieser Umstand Amerika und Niederländisch Indien mit eindeutiger Klarheit übermittelt worden sei, erklärte amtierender Vizeaußenminister, Japan habe Grund zu der Annahme, daß sich Amerika und Niederländisch Indien über außenpolitische Bedeutsamkeit einer Unterbindung der Öllieferungen nach Japan voll bewußt geworden seien.

Gezeichnet: Legationsrat Ott

Die USA haben nach Einstellung der lebenswichtigen Öllieferungen an Japan, den „japanischen Überfall" auf Hawaii (Pearl Harbour) herausgefordert und provoziert. Die Regierung der Vereinigten Staaten von Amerika wurde vor dem Überfall durch den US-Marinenachrichtendienst informiert und hat diese Warnungen ignoriert, was neue Recherchen belegen.

Die Japan Akten des zuständigen deutschen Staatssekretärs Keppler im Auswärtigen Amt wurden 2001 im Rahmen der deutschen Wiedervereinigung in staatlichen Archiven wieder gefunden und zeigen aus deutscher Sicht den Krieg in Asien.

Das Telegramm Nr. 2 vom 2. Januar 1943 läuft unter „Geheimer Reichssache" und war bestimmt für das OKW, OKH, OKM und OKL. Es zeigt die militärische Lage Japans, dargestellt vom deutschen Militärattaché Scholl (Wendler) im Südwest Pazifik: [149]

- Verwaltung Philippinen (deren Unabhängigkeit bevorsteht), Indochina und Thailand unterstehen dem japanischen Großasien-Ministerium;
- Birma, Malaya, Java und Nord-Borneo der Heeresgruppe Terauchi;
- Süd-Borneo, Celebes, Molukken, Sumba und Neuguinea der Marine;
 (im besetzten Gebieten Photo- und Radioverbot)

Für Neuguinea und Salomoninseln wurde neue Heeresgruppe Nr. 8 unter Generalleutnant Imamura, AOK in Raboul, mit 4 Divisionen gebildet (2.,12.,38.,48.,). Nachdem Gegner ursprünglichen Aufmarsch von Philippinen her durch Luftangriffe zerschlug, neuer Aufmarsch von Java her. Aufmarsch durch Schiffraummangel verzögert. Beginn der Operation Mitte Januar zu erwarten.

1.) Thailand

Mitte Dezember Zusammenstoß thailändischer Polizei mit japanischen Wachtruppen in Süd Thailand. Einige japanische Soldaten getötet, Lage noch unbereinigt, gespannte Stimmung. Amerikanischer Luftangriff am 26. Dezember 43 auf Marineanlage Bangkok ohne Treffer in Ziele. Geringfügiger Zivilschaden, zahlreiche Blindgänger. Japanisches Indienbüro in Umorganisation mit Schwerpunkt bei militärischer Nachrichtenbeschaffung, dazu vorgeschobene Zweigstelle an indischer Grenze in Maymyo, Kalewa, Akyab und Rangoon. Thailändische Nordarmee, nicht Armee Jida unterstellt, erhält Weisungen von Stab Terauchi durch Verbindungsstelle Bangkok unmittelbar.

2.) Großbritannien

Engländer landeten am 27. Dezember zwischen Akyab und Landesgrenze mit 2.000 Mann. Japanische Streitkräfte in Akyab ein Regiment. Heftige Kämpfe. An übriger Front beiderseitige Aufklärungstätigkeit. Armee Jida verfügt jetzt über 18-te, 33-te und 56-ste japanische Division, 3 indische Bataillone und 1 malaiisches Grenzschutzregiment.. Stadt Rangoon wegen laufender Feindluftangriffe weitgehend evakuiert. Hafenanlagen durch Kampfhandlungen beschädigt, aber benutzbar. Armeeführer beimaßen Kämpfen nur lokalen Charakter.

3.) Indien

Feind im Ostteil in 3 Gruppen aufmarschiert: Längs birmaischer Grenze, um Kalkutta und um Madras. Japaner stellten folgende englische Truppen fest: 5-te, 6-te, 34-te, 42-te, 51-te, eine motorisierte Division, drei Infanteriedivisionen und zwei Brigaden, Nummern unbe-kannt; an indischen Truppen: 2-te, 6-te, 7-te, 14-te (um Chittagung), 19-te, 23-te Division (um Imphal), 1-te motorisierte, 31-ste und 32-ste motorisierte Division.

4.) Malaya, Singapur, Sumatra

Armee wurde nicht aufgelöst, jetziger Armeeführer, Generalleutnant Saito A.K. Singapore mit drei unterstellten Divisionen: In Malaya 5. Division, Stab Kuala Lumpur; bei Sumatra Gardedivision, Stab Medan; eine Division Südsumatra, Stab Palembang. Weitere Teile indischer Nationalarmee sollen nicht mehr nach Birma transportiert werden. Bei Neueinrichtung der Verteidigung Singapurs konnte ehemaliges englisches Material wegen umfangreicher Zerstörungen nur mehr beschränkt verwendet werden.

Flottenstützpunkt Seletar wird unter Einbeziehung gegenüberliegenden Südufers Johores weiter ausgebaut. Trockendock in Betrieb. Versenktes Schwimmdock wird zunächst nicht gehoben. Von 36 durch Engländer zerstörten Öltanks 13 wieder instandgesetzt. Bisher kein Feindluftangriff auf Singapur. Im Hafen Belawan, Nordsumatra, von 100 durch Holländer zerstörten Öltanks 12 wieder aufgebaut.

5.) Java

Bisherige Armee Imamura mit allen Felddivisionen nach Bismarck-Archipel zur Neubildung der Heeresgruppe Nr. 8 abtransportiert. Besatzungstruppe bildet ausschließlich Ersatzbataillon der Feldbrigade. Neuer Befehlshaber Generalmajor Harada. Bezeichnung der Armee wird beibehalten. Ans Südküste gelandete kleine Gruppe amerikanischer Agenten mit Sendegerät durch Eingeborenenpolizei aufgegriffen.

6.) Australien

Japaner nehmen Auflösung der Miliz wegen Personalersatzschwierigkeit an. Generalstabsoberst Ishii, Stab Terauchi, erklärte:

„Schiffraummangel macht ausreichenden Rohstoffabtransport aus besetzten Gebieten unmöglich, infolgedessen Produktion japanischer Flugzeugindustrie unzureichend, worunter Operationen fühlbar leiden. Beobachtete Disziplin japanischer Truppe in besetzten Gebieten auffallend gut, Stimmung siegeszuversichtlich."

Japanische Marine deutschen Schiffen gegenüber betont hilfsbereit. Im Raum Rangoon, Penang, Singapur, Batavia wurden keine japanischen Kriegsschiffe und nur vereinzelt Handelsschiffe beobachtet. Im Hafen Surabaya, der wichtige Basis der Salomon-Operationen bildet, lag ein kleiner Kreuzer. Früherer Armeeführer in Malaya, Generalleutnant Yanshita, jetzt Armeeführer in Nordost Mandschurei in Botangko. Mit späteren Vormarsch dieser Armee bei Auftreten russischer Zersetzungserscheinungen wird in hiesigen japanischen Kreisen gerechnet.

Gezeichnet: Scholl und Wendler

Die geheime Reichssache mit Telegramm Nr. 207 vom 19.1.1943 aus Tokyo, zeigt das Bemühen deutscher Banken, in Japan während des Krieges Niederlassungen zu gründen. [150]

„Für Antrag deutscher Bankfiliale auf Genehmigung eines Bankbetriebes und zur Eintragung im Handelsregister werden nachstehende Unterlagen benötigt. Da diese im Original nicht rechtzeitig hier eingehen können, müssen sie dem Auswärtigen Amt eingereicht werden, das Wortlaut dem Konsulat Yokohama zwecks Ausstellung beglaubigter Ausfertigung telegrafisch übermittelt."

... 1.) Handelsregisterabschrift 2.) Genehmigung Reichsaufsichtsamt für Hauptbetrieb und Filiale Tokyo 3.) Beschluß Vorstandes über Filiale, deren Errichtung und Bestellung gesetzlichen Vertreters der Filiale mit Zustimmungsvermerk Aufsichtsrat; Unterschrift sämtlicher Mitglieder des Vorstandes und Aufsichtsrates erforderlich. Außerdem müssen Staatsbonds im Betrage von 100.000 Yen hinterlegt werden. ...

... Im japanischen Gesetz für die Niederlassung ausländischer Handelsgesellschaften ist nur ein gesetzlicher Vertreter vorgesehen. Falls nicht angängig, müßte Herr Witting eingetragen und angewiesen werden, Geschäfte nur in Gemeinschaft mit Rosenbruch als in Deutschland eingetragener Delegierter des Aufsichtsrats oder als Generalbevollmächtigten zu führen. ...

... In den bisherigen Besprechungen hat japan. Finanzministerium jedoch Standpunkt vertreten, den Rahmen der Geschäftstätigkeit deutscher Filialen bechränken zu müssen, insbesondere hinsichtlich Anlage der aus Warenverkehr anfallenden Mittel Soweit mir bekannt ist, besteht für Niederlassung Yokohama Bank in Berlin und Hamburg keine Beschränkung. Um in den hiesigen Verhandlungen den notwendigen Druck ausüben zu können, bitte ich um Ermächtigung, bei weiteren Besprechungen zu erklären, daß Geschäftstätigkeit der Yokohama Bank in Deutschland in demselben Maß beschränkt werden wird, wie die der künftigen DEUTSCHEN BANK Filiale Tokyo. ...

Gezeichnet: Wohltat   Ott

Aus den Akten des bayrischen Reichsbanktreuhänders geht hervor, daß während des Krieges für rund RM 9.000.000,00 Gold an die BANK VON JAPAN abgegeben wurde. [151]

Der Leiter der Edelmetallkasse der Reichsbank, Thoms, erstellt für Reichsbankdirektor Frommknecht am 12. Juli 1944 die aktuellen „Berliner Goldbestände" bei der Reichsbank, darunter findet sich auch das Golddepot der Kaiserlich Japanischen Regierung im Wert von RM 5.563.000,00. [152]

Der Goldhandel mit der Schweiz

Über den Goldhandel des Dritten Reiches mit der Schweiz und deren Banken gibt es sehr viel Literatur. Aus diesem Grund sollen hier nur bisher nicht veröffentlichte Schriften und neue Aspekte, welche zum Thema „Goldhandel mit der Schweiz" gehören, dargestellt werden.

Als am 17. Juni 1940 das deutsche Panzerkorps des Generals Guderian bei Pontarlier die Schweizer Grenze erreichte, verbot Hitler mit Nachdruck jede Invasion der Schweiz. Im Führerhauptquartier sagte Hitler zu dem „Problem Schweiz", daß dieses Land als Schutzmacht und als internationaler Knotenpunkt für diplomatische Aktivitäten, Spionage, Devisengeschäfte und die Lieferung von Mangelwaren (z.B. an Rüstungsgütern) unvergleichlich wertvoller sei, denn als Satellit. Der Historiker Markus Heiniger übernahm dieses „Schlüsselzitat" undifferenziert in seine Argumentation und belegte damit, daß Hitler die Existenz der Schweiz nicht bedroht, sondern bewußt geschützt habe. Er hält die Äußerung Hitlers für authentisch. [153]

Am 8. November 1942 berichtete der schweizerische militärische Nachrichtendienst, daß im OKH eine „Aktion Schweiz" diskutiert werde. Frühere Projekte seien durch ein neues ersetzt worden. Mit der Leitung der Arbeiten befasse sich der Gebirgsspezialist Generaloberst Dietl. Der geplante Oberbefehlshaber unterhalte in der Nähe von München, in Freising, ein Stabsquartier und vor allem der Reichsführer-SS, Heinrich Himmler, und mit ihm alle höheren SS-Führer seien für eine Liquidierung der Schweiz. [154]

Am 18. März 1943 erhielt die Schweiz über ihren militärischen Geheimdienst eine Meldung über die bis heute nicht aufgedeckten, schweizer Spione der „Wicking-Linie" im OKW. Die Identität von „Wicking", wahrscheinlich mehrere Personen, wurde nie geklärt. „Wicking" galt als zuverlässige Nachrichtenlinie, da sie 1940 den Schweizern, mit genauer Terminangabe, die deutschen Angriffe auf Norwegen und Frankreich gemeldet hatte. Die schweizer Spione gaben jetzt an, daß Hitler die „Aktion Schweiz" plane, d.h. ein militärischer Angriff auf die Schweiz stehe kurz bevor. Daraufhin wurden in der Schweiz die Stäbe aller Heereseinheiten an ihre Kriegsstandorte verlegt und das Heer in Alarmbereitschaft versetzt. Am 27. März 1943 meldete „Wicking", es bestehe keine akute Gefahr mehr, die Schweiz wird vorerst nicht angegriffen.

Es besteht die Möglichkeit, daß die Informationen, die diesen Alarm auslösten, Teil eines „nachrichtendienstlichen Spiels" gewesen sind. Walter Schellenberg, Leiter der Auslandsspionage im Reichssicherheitshauptamt (RSHA) der Waffen SS habe, so eine These, bewußt Gerüchte über einen bevorstehenden deutschen Angriff auf die Schweiz ausgestreut. Auf diese Weise habe Schellenberg erfahren, daß eine Nachrichtenlinie aus dem Führerhauptquartier in die Schweiz führe.

Aber alle in der Nähe der Schweizer Grenze stationierten deutschen Truppen besaßen so geringen Wert, daß sie sich nicht für eine solche Operation eigneten. Die Bedrohung entbehrte einer realen militärischen Basis. Tatsächlich hatte Admiral Canaris, der damalige Leiter der deutschen Abwehr, alle Pläne, auch die der geheimen Bunkeranlagen über die Schweiz vorliegen. Warum er diese Erkenntnisse für sich behielt und Hitler vorenthielt, kann heute nicht mehr geklärt werden. Der Admiral wurde im Konzentrationslager kurz vor Kriegsende hingerichtet.

Reichsbankpräsident Dr. Walther Funk wollte auf keinen Fall die Schweiz als Drehscheibe der Deutschen Kriegswirtschaft verlieren und redete auf Hitler ein, militärische Aktionen gegen die Schweiz zu unterlassen, da sie dem Dritten Reich nur Schaden würden. Auf jeden Fall müßte die Bank für Internationalen Zahlungsausgleich (BIZ) in Basel in Funktion bleiben. [155]

Im April 1943 eröffneten die USA und Großbritannien gegenüber der Schweiz die totale Rohstoffblockade und die Sperre sämtlicher Zufuhren aus Übersee. Die Schweiz war plötzlich wirtschaftlich total abgeschnitten und isoliert.

Historiker gehen davon aus, daß Hitler von niemanden abgehalten worden wäre in der Schweiz einzumarschieren, wenn er den wahren Umfang der Schweizer Geschäfte mit den Alliierten gewußt und die vorenthaltenen schweizer Invasionspläne von Admiral Canaris erhalten oder gefunden hätte.

Der ehemalige Reichsbankrat Graupner, später bei der Landeszentralbank Bayern in München tätig, führt über die Schweizer Privatbanken in seinem Nachlaß aus: [156]

„Bis etwa Ende 1942 wurde Gold auch an schweizerische Privatbanken direkt verkauft, diese Banken waren:

- Schweizerischer Bankverein in Zürich   - Schweizerische Creditanstalt in Zürich
- Basler Handelsbank in Zürich   - Bankhaus Leu & Co.

Die Goldverkäufe an diese schweizerischen Privatbanken erreichten nur eine Gesamthöhe von rund RM 20.000.000,-- und wurden auf Wunsch der Schweizerischen Nationalbank (mündliche Absprache zwischen Herrn Generaldirektor Hirs und Herrn Reichsbank Vizepräsident Puhl), wobei bankpolitische Erwägungen der Schweizer Nationalbank eine Rolle gespielt haben mögen, nicht weitergeführt."

Aus dem Golddepot der Deutschen Reichsbank in Bern wurden während des Krieges folgende Goldtransaktionen in Millionen SFR vorgenommen.: [157]

- SFR 1.209,8 an die Schweizerische Nationalbank,
- SFR   241,0 an Portugal
- SFR   86,3 an Schweden
- SFR   49,6 an Rumänien
- SFR   31,9 an andere   = SFR 1.618,6 Millionen

Am 28. Dezember 1944 verfaßt die Hauptkasse der Reichsbank einen vertraulichen Reisebericht über die Durchführung eines Goldtransportes nach der Schweiz mit Zwischenlagerung in Konstanz: [158]

„Für die geplante Überführung von ca. 6 Tonnen Gold in Barren und Münzen nach der Schweiz mit vorübergehender Einlagerung in Konstanz schlagen wir die Benutzung von Lastkraftwagen vor. Es steht ein Triebwagen (5 ½ to) mit Anhänger zur Verfügung, in welchem außer zwei Chauffeuren noch 3 Begleiter Platz finden. Durch die Mitnahme des zweiten Chauffeurs können Übernachtungen sowie besondere Maßnahmen zur Sicherung der Werte während dieser Zeit erspart und der Transport in einer ununterbrochenen Fahrt von ca. 2 ½ Tagen durchgeführt werden.

Direktor Heppner, RB-Konstanz, erklärte auf fernmündliche Rückfrage, daß zur zeitweiligen Unterbringung des Goldes ausreichender Tresorraum zur Verfügung stände und bat um rechtzeitige Information über den Zeitpunkt des Eintreffens. Gleichzeitig wies er darauf hin, daß auch die vorgesetzte Bankanstalt (Freiburg im Breisgau) unterrichtet werden müßte.

Das Gold soll mit Rücksicht auf die Zwischenlagerung und zur Erhöhung der Sicherheit auf dem Transportwege in 150 bis 155 Kisten verpackt werden. Die mit dem Grenzübertritt zusammenhängenden Formalitäten bedürfen besonderer Aufmerksamkeit. Das RFM könnte durch Ausstellung von Grenzempfehlungen und Benachrichtigung der zuständigen Zollstelle für die ungehinderte Abholung der Werte im Lastkraftwagen durch Beauftragte der Schweizer Nationalbank und auch für die weitere Begleitung durch Vertreter der Reichsbank vorsorgen.

Als nächst liegende Termine für den Abtransport des Goldes nennen wir den 4. oder 6. nächsten Monats; wegen der starken Beanspruchung unseres Fuhrparks wäre eine baldige Entscheidung erwünscht.

Gezeichnet: Hauptkasse

Der Goldtransport in die Schweiz wurde auftragsgemäß durchgeführt von Reichsbankobersekretär Gebert und Reichsbanksekretär Unruh. [159]

Der Diamantenhandel mit der Schweiz

Das Reichswirtschaftsministerium pflegte auch gute Kontakte zu schweizer Diamantenhändlern. Aus den geheimen Akten der Deutschen Gesandtschaft in Bern geht hervor, wie das Auswärtige Amt unter „Geheimer Reichssache" an die Deutsche Gesandtschaft nach Bern mehrfach korrespondiert und Diamanten über die Schweiz verkauft: [160]

„...auf Veranlassung des Reichswirtschaftsministeriums sind an den schweizerischen Staatsangehörigen Bernard Mersmann, geboren am 8. Januar 1883 in Laer in Westfalen, wohnhaft in Genf, 6 Passage des Lions, Edelstein verkauft worden.

Mit einem der nächsten Kuriere wird ein Paket –gezeichnet M 811883- dorthin übersandt werden. Ich bitte dieses Paket an den obengenannten Mersmann gegen Vorweisung seines Passes und Zahlung von SFR 402.175,00 in Banknoten auszuhändigen. Die Banknoten sind auf dem Kurierwege zwecks Weiterleitung an das Reichswirtschaftsministerium hierher zu übersenden. Mersmann wird am 25. August 1941 dort vorsprechen."

Gezeichnet: Rademacher

„.....wie das Reichswirtschaftsministerium hierher mitgeteilt hat, ist es noch nicht möglich gewesen, den schweizerischen Staatsangehörigen Bernard Mersmann von der Lagerung des Paketes -gezeichnet M 811883- zu verständigen. Herr Mersmann wird nunmehr anläßlich seines Aufenthaltes auf der Leipziger Messe unterrichtet werden und das Paket bis zum 21. September 1941 abholen. Ich bitte, das Paket bis dahin in Verwahrung zu behalten." [160]

Gezeichnet: Rademacher

„...das gemäß nebenstehenden Erlassen vom 19.8. und 27.8.1941 übersandte „Edelsteinpaket", bezeichnet mit -M 811883-, ist dem schweizerischen Staatsangehörigen Bernard Mersmann aus Genf gegen Vorweisung seines Passes und Zahlung von SFR 402.175,00 heute, am 25. September 1941 ausgehändigt worden. Die Banknoten sind in einem versiegelten Umschlag beigefügt." [160]

Gezeichnet: Köcher

Das Eidgenössische Politische Department (EPD), Sektion Rechtswesen und private Vermögensinteressen im Auslande, schrieb am 8. Dezember 1944 an den Schweizerischen Bundesanwalt in Bern: [161]

Herr Bundesanwalt,

... wunschgemäß übermitteln wir Ihnen ein Exemplar des Protokolls unserer Unterredung vom 21. November 1944. Über die Angelegenheit Dr. Lambercier, Genf und Werner von Clemm (Vetter der Gemahlin des Reichsaußenministers von Ribbentrop), hatten wir am 30. Juni und am 1. Juli 1943 je eine Aktennotiz verfaßt. Zu Ihrer vertraulichen Orientierung und Vervollständigung Ihrer Akten lassen wir Ihnen davon je eine Abschrift zukommen. ...

Sektion für Rechtswesen und private Vermögensinteressen im Auslande

Gezeichnet: Unterschriften

Notiz vom 30 Juni 1943:

Am 28. Juni 1943, 14 Uhr 30 spricht bei Herrn Legationsrat Kohli vor: [162]

Herr Dr. Georges Lambercier, Inhaber der Firma gleichen Namens, rue Madame de Stael, Genf (commerce de diamants, pierres fines et synthetiques de bijouterie et d'horlogerie).

Herr Dr. Lambercier führt folgendes aus:

Seine Berliner Geschäftsfreunde möchten über einen anderen Geschäftsfreund in New York, der dort gegenwärtig eine Strafe verbüßt, auf irgendeinem Wege Nachrichten erhalten. Es handelt sich um Werner von Clemm. Die Frau des deutschen Außenministers von Ribbentrop sei von Clemms Cousine. Dessen Bruder Karl von Clemm sei Handelsattaché der Deutschen Botschaft in Rom.

Herr Lambercier kennt nach seinen Aussagen Werner von Clemm persönlich seit 1940. Er sei an dessen Firma, welche ihre Sitze in New York, Amsterdam und Berlin habe, mit $ 5.000,00 beteiligt. Er sei immer in der Edelsteinbranche tätigt gewesen. Er habe noch während dieses Krieges Transitgeschäfte mit deutschen Steinen getätigt, d.h. deutsche Steine nach den USA geleitet. Nach Verschlechterung der deutsch-amerikanischen Beziehungen seien allmählich die Steine vom Zollamt in New York zurückgehalten worden und dort liegen geblieben. ...

Bern, den 30. Juni 1943   Gezeichnet: Schnyder

Notiz vom 1. Juli 1943:

Aus den Akten (B.24.A.(8)3) über Werner von Clemm bei der Abteilung für Fremde Interessen ist folgendes zu entnehmen: [163]

Nach einem telegrafischen Bericht der Gesandtschaft in Washington vom 19. August 1942 wurde von Clemm am 18. August 1942 durch die US-Jury eines Vergehens gegen die Freezing Order für schuldig erklärt. Der Versuch Zollbestimmungen zu umgehen, wurde ihm ebenfalls zur Last gelegt. Am 24. August 1942 wurde von Clemm zu zwei Jahren Gefängnis und $ 10.000,00 Geldstrafe verurteilt. Seine Firma, die PIONEER IMPORT CORPORATION wurde ebenfalls mit $ 10.000,00 Geldstrafe belegt. ...

... Weiterhin wurde gemeldet, daß neben Werner von Clemm auch dessen Bruder Karl von Clemm (Handelsattaché der Deutschen Botschaft in Rom), Ernst Cremer (Direktor der deutschen Diamantenkontrollstelle) und Carlos Hoepfner (Vizepräsident der Firma von Clemms in Europa) als „co-conspirators" angeklagt seien. ...

Von Interesse dürfte noch folgender Abschnitt des Berichts Nr. 6 sein (C.47.Am.700), den die Schweizerische Gesandtschaft in Washington am 3. September 1942 geschickt hat:

„Werner von Clemm, Präsident der PIONEER IMPORT CORPORATION und Vetter der Gemahlin des deutschen Außenministers von Ribbentrop ist der Zuwiderhandlung gegen die „Freezing regulations" schuldig befunden worden.. Die Anklage lautet darauf, mit Deutschland zusammen gearbeitet zu haben, um von den Deutschen in Holland und Belgien beschlagnahmte Diamanten als in Deutschland geschliffene Diamanten zu importieren und zu verkaufen. Dies ermöglichte Deutschland, zwischen Mai 1940 und Juni 1941 (Ausdehnung der „Freezing regulations" auf Deutschland) den besetzten Ländern zugedachten Schutz zu umgehen und damit beschlagnahmte Werte in Amerika gegen Devisen umzutauschen. Die PIONEER IMPORT CORPORATION soll auch eine Niederlassung oder Agenten in der Schweiz besitzen." ...

Bern, den 1. Juli 1943   Gezeichnet: Schnyder

Am 6. November 1945 schrieb das Handelskonsulat der BRITISH LEGATION in Bern an das Politische Department der Schweizer Regierung: [164]

Sehr geehrter Herr Dr. Hohl,

die Alliierte Control Commission in Deutschland sandte mir eine Kopie von einem Bericht über Aufzeichnungen der Firma DIAMANTKONTOOR GMBH in Frankfurt.

Diese Firma schnitt, polierte und handelte mit Edelsteinen. Sie war weiter spezialisiert im Ankauf von Diamanten und anderen Juwelen von Juden; tätig in Deutschland und in den ehemals besetzten deutschen Gebieten.

Der Bericht führt folgende, in der Schweiz ansässige Mitarbeiter, der Firma DIAMANT-KONTOOR GMBH auf:

1.)	Albert Lang & Sohn,	Weinbergstraße 48,	Zürich
2.)	Bernard Mersmann, c/o Imhof S.A.,	Passage des Lions 6,	Genf
3.)	Leo David,	Glaenichstraße 29,	Zürich
4.)	Leu & Co. AG,	Bahnhofstr. 32,	Zürich

Wir bitten um Überprüfung der Angelegenheit.

BRITISH LEGATION BERN   Unterschrift   ar/cd

Erst am 7. März 1947 antwortete das „Spezialbüro der Schweizerischen Verrechnungsstelle" an das Politische Department in Bern: [165]

„Wir beziehen uns auf die mit Ihnen in Angelegenheiten Diamantkontoor GmbH geführte Korrespondenz und teilen Ihnen mit, daß wir nicht in der Lage sind, unsere Erhebungen nach allfällig weggenommenen Diamanten, die über die Diamantkontoor GmbH in die Schweiz importiert worden sein sollen, weiterzuführen, nachdem wir weder von britischer noch von holländischer Seite genaue Anhaltspunkte, die zur Identifikation der angeblich gestohlenen Diamanten dienen, erhalten haben.

Ferner sind uns auch keine des Eigentums oder Besitzes verlustig gegangene Eigentümer oder Besitzer bekannt, so daß die gesetzlichen Voraussetzungen zu Nachforschungen nach

Artikel 1 des Bundesratsbeschlusses vom 22. Februar 1946 fehlen. Falls uns in genannter Hinsicht erschöpfende Angaben zugehen sollten, sind wir selbstverständlich bereit, unsere Erhebungen wieder aufzunehmen.

Gezeichnet: SCHWEIZERISCHE VERRECHNUNGSSTELLE
-Abteilung für Liquidation deutscher Vermögenswerte-

Die Schweiz hatte kein Interesse an einer weiteren Aufklärung des deutschen Diamantenhandels in ihrem Land und so konnte erst heute, durch wiederentdeckte Geheimakten der deutschen Botschaft in Bern, der deutsche Diamanthandel in der Schweiz belegt werden.

Die schweizerischen Austauschgeschäfte mit dem Dritten Reich

Das deutsche Oberkommando des Heeres wird über den deutschen Militärattaché der Gesandtschaft Bern am 7. November 1940 über ein schweizerisches Austauschgeschäft über Maschinenpistolen und Benzin unterrichtet : [166]

„ ... von „Felix" in Genf angemeldet, suchte mich heute Herr Eggen vom Reichswirtschaftsministerium auf, um mich zu bitten, wegen eines Austauschgeschäftes von ca. 290 Maschinenpistolen der Firma Schweizerischen Industriegesellschaft Neuhausen gegen von Deutschland zu lieferndes Benzin mit dem Oberst Muntwyler, Sektionschef in der Generalstabsabteilung, zu telefonieren, um die Genehmigung des Schweizer Generalstabs für dieses Austauschgeschäft zu erwirken. Oberst Muntwyler hätte, wie er sagte, sein Einverständnis für die Abgabe der Schweizer Maschinenpistolen grundsätzlich bereits erklärt, müsse jedoch die Genehmigung hierzu noch beim Schweizer Generalstabschef einholen. Oberst M. wünschte aber, vorher noch von mir fernmündlich eine Bestätigung zu erhalten, daß diese Maschinenpistolen von Deutschland gewünscht würden.

Herr Eggen legte auf beschleunigte Abgabe großen Wert und hat an der Grenze bereits einen Lastkraftwagen für die sofortige Weiterbeförderung der Pistolen stehen. Die Firma Neuhausen ist über alles verständigt und wird die Pistolen, sobald die Genehmigung des Schweizer Generalstabschefs vorliegt, sofort in Marsch setzen. Kurze Zeit nach meinem Anruf teilte mir der Oberst Muntwyler mit, daß der Generalstabschef zu diesem Tauschgeschäft seine Genehmigung erteilt habe.

Gezeichnet: von Ilsemann

Der deutsche Spion in der Schweizer Regierung

Ein deutscher Spion saß offenbar in der Schweizer Regierung oder in dessen unmittelbaren Umfeld. Der „deutsche Agent" wurde nach 1945 nicht enttarnt. Am 22. August 1941 meldet dieser „deutscher Gewährsmann" aus Bern vertraulich an das Deutsche Generalkonsulat nach Zürich: [167]

„ ... Erfahre soeben von „zuverlässigem Vertrauensmann", daß die politischen Akten und sonstiges vertrauliches Material der Politischen Abteilung der Staatsanwaltschaft Basel, das die Schweiz kompromittieren könnte, im Laufe des Montags, 9. Juni 1941, von Basel abtransportiert werden, um sie an einem sicheren Ort in Interlaken unterzubringen. Der Abtransport erfolgt mit einem Lastwagen des A.C.V. (Allgemeiner Consum Verein) mit der Kraftwagen Nr. BS 3062. Es sollen auch von anderen Orten (Zürich, Bern ect.) die vertraulichen und politischen Akten nach Interlaken gebracht werden."

Gezeichnet: von Haeften

„ ... Im Anschluß an mein Schreiben Nr. 114g / 41 vom 6. Juni 1941 teile ich mit, daß das vertrauliche Material sowie die politischen Akten der Bundesanwaltschaft Bern und der Politischen Abteilungen der Staatsanwaltschaften der einzelnen Kantone im Hotel du Lac und im Hotel Carlton in Interlaken untergebracht worden sind." [168]

Gezeichnet: von Haeften

„ ... Ein Gewährsmann meldet der Gesandtschaft, daß in den Hotels Alpenblick und Grand Palace in Gstaad vor kurzem besonders ausgebaute und gesicherte Archivräumlichkeiten zur Unterbringung von Akten eingerichtet worden sind. Im Hotel Alpenblick sollen derzeit die geheimen technischen und geschäftlichen Dokumente der Waffen- und Maschinenfabrik Oerlikon / Zürich, im Hotel Grand Palace, Aktenmaterial aus dem Berner Bundeshaus und er Schweizerischen Nationalbank aufbewahrt werden. Die Arbeiten in den beiden Hotels sollen zum Teil von der Maschinenfabrik Sulzer in Winterthur durchgeführt worden sein." [169]

Gezeichnet: von Haeften

„ ... Der Ausbau von Gebäuden in Gstaad zur Unterbringung von Archiven usw.: [170]

1.)   Die Pension Alpenblick sowie Nebenbauten: Im Inneren wurden Böden, Wände und Decken stark mit Eisen und Eisenbeton verstärkt, gegen Schwitzwasser mit Kork isoliert, die Türen gepanzert und luftdicht abgeschlossen. Die äußere Erscheinung ist jedoch die eines harmlosen Chalets, d.h. Holzbau im alten schweizer Stil. Bei der Ausführung wurde größter Wert auf Geheimhaltung gelegt, die Baumaterialien wurden im dichtesten Nebel und Schneesturm an die Baustelle geschafft und die Arbeiterschaft kam aus Bern. Selbst der Bäcker in der Nähe hatte nichts bemerkt und glaubte an einen ganz gewöhnlichen Wohnhausumbau.

2.)   Das ganze Untergeschoß des Grand Palace Hotels wurde als Archivraum ausgestattet. Dieser Bau ist deshalb mit allen Luftschutz- und kriegstechnischen Einrichtungen ausgestattet worden, weil in diesem Untergeschoß die wichtigsten Schätze der Schweizer Nationalbank, die noch im Lande geblieben sind, sowie Akten und Dokumente des Bundeshauses in Bern und auch der Maschinenfabrik Sulzer AG untergebracht sind. Die Isolierungsarbeiten wurden von der Firma Sulzer bestellt, da sie mit den weiteren Befestigungsarbeiten, Lüftungsanlagen usw. beauftragt war. Dieser Bau soll mit dem Tal und dem Bundeshaus Bern in direkter telefonischer Verbindung stehen und eigene unterirdische Leitungen haben."

Gezeichnet: + L. den 28.7.1941

Der Amtschef und SS-Brigadeführer des Militärischen Amtes (früher Abwehr) [171] des Reichssicherheitshauptamtes des Reichsführers SS, Walter Schellenberg, schrieb am 2. Oktober 1944 an das Auswärtige Amt nach Berlin, zu Händen Legationsrat Dr. Wagner:

„... Die notwendige Aktivierung der militärischen Erkundungsarbeit von der Schweiz aus gegen die Alliierten im südfranzösischen Raum erfordert beschleunigte Neubesetzung auf Grund der berichteten Fahnenfluchtfälle und der damit freigewordenen Planstellen in den konsularischen Vertretungen des Reiches, die durch das Auswärtige Amt für die Zwecke des geheimen Militärischen Dienstes zur Verfügung gestellt sind.

RSHA Militärisches Amt bittet daher, den Einbau von Major Bohlen, RSHA Mil Amt, als Nachfolger des bisherigen Vizekonsuls in Zürich, Dr. Gisevius, zu genehmigen und entsprechenden Antrag an die Schweizerische Bundesregierung zu richten. Im Hinblick auf die Dringlichkeit des Einsatzes von Major Bohlen wird um baldige Durchführung und Mitteilung des Veranlaßten gebeten. Antrag auf Ausfertigung des Diplomatenpaßes und Personalangaben sind gesondert bereits am 27.9.1944 übersandt worden."

Gezeichnet: Schellenberg   SS-Brigadeführer u. Amtschef

Am 6. Dezember 1944 hielt eine Besprechungsnotiz den Vortrag beim Reichsaußenminister Ribbentrop fest, welcher das „Überlaufen" deutscher Agenten in der Schweiz betraf: [172]

„... Der Herr Reichsaußenminister hat mit Weisung vom 18. November 1944 entschieden, daß der Einbau von Major Bohlen als Vizekonsul in Zürich bis zum Abschluß der grundsätzlichen Verhandlungen mit dem SD zurückgestellt werden soll. Wie ich von der Abwehr (Militärisches Amt) erfahre, besteht an der möglichst beschleunigten Zuteilung Major Bohlens ein erhebliches militärisches Interesse im Hinblick auf die feindlichen Kräftebewegungen in Frankreich. Durch den Übergang [Fahnenflucht] der Abwehrangehörigen Kapitänleutnant Dr. Gisevius und Wätjen und die notwendig gewordene Abberufung der Abwehrangehörigen Heberlein und Engelbrecht aus der Schweiz ist das Abwehrnetz in der Schweiz, dem zur Zeit besondere Bedeutung zukommt, weitgehend lahmgelegt.

Das Militärische Amt – früher Abwehr – hat im Hinblick auf diese Sachlage gebeten, einer baldigen Entsendung Bohlens möglichst bald zuzustimmen, damit schwere Schäden vermieden werden können."

„Hiermit dem Reichsaußenminister vorgelegt"   Berlin, 6. Dezember 1944

Welche weiteren Vorteile die Alliierten und die Schweiz, durch das Überlaufen der deutschen Agenten Gisevius und Wätjen erzielten, konnte vom Autor nicht geklärt werden.

Die Schweizer Bundesanwaltschaft erhält eine Aktennotiz vom Schweizer Nachrichtendienst (N.D.) am 15. Dezember 1944 zum Thema „Fluchtgeld" und hält fest: [173]

„Aus derselben zuverlässigen Quelle, von welcher ich bereits am 21.11. und 1.12.1944 bezüglich den Handel französischer Banknoten Meldung bekam, wird mir ergänzend folgendes mitgeteilt:

"In der Regel kommen ausländische Noten bei Genf in die Schweiz. In Genf befaßt sich mit diesem Handel Herr Schindler (der dort als auf diesem Gebiet tätig bekannt ist) und zwar soll es sich dauernd um größte Geschäfte handeln. Neben Schindler betreibt nach wie vor einen intensiven Handel, insbesondere mit französischen Banknoten, der jüdische Bankier Winterstein in Zürich. Der Erlös der Banknoten (Schweizergeld) soll größtenteils in unserem Lande bleiben. Es sollen aber auch in der Schweiz Dollar- und Pfundnoten angekauft werden. Diese Beträge, überhaupt alle ausländischen Devisen, sollen größtenteils bei Chiasso über die Schweizer Grenze ins Ausland verbracht werden.

In letzter Zeit kaufen hauptsächlich die Amerikaner ansehnliche Reichsmarkbeträge (zwei- bis dreimal monatlich je 100.000,00 bis 150.000,00 RM). Die Amerikaner verlangen aber jeweils, daß diese Beträge ihnen möglichst in kleinen Noten, d.h. höchstens Hunderter-Noten, ausbezahlt werden. Die Kommissionäre der Amerikaner haben sich geäußert, daß sie aus dieser Tatsache schließen, es handle sich hierbei um Agentengelder."

Bern, den 14. Dezember 1944   Unterschrift

Die Bank für Internationalen Zahlungsausgleich / BIZ in Basel

Die Bank für Internationalen Zahlungsausgleich in der Schweiz in Basel ist eine Zentralbank mehrerer Nationalbanken und war im Weltkrieg ein Sonderfall. Die Gründung erfolgte bereits 1930 nach dem Ersten Weltkrieg. Die Bank sollte eigentlich als Zahlstelle die Abwicklung Deutscher Reparationszahlungen für den Ersten Weltkrieg, gemäß dem „Young-Plan", übernehmen. Rechtlich erhielt die internationale Bank BIZ einen extraterritorialen Rahmen auf einem auch von der Schweiz unterzeichneten internationalen Abkommen, dieses regelt auch ihre Geschäftstätigkeit, die dem Geltungsbereich der Schweizer Gesetze entzogen ist. [174]

Als einzige internationale Organisation war das auch „Bank der Zentralbanken" genannte Institut vom Krieg dispensiert. Während sich die Armeen der Alliierten und der Achsen- mächte gegenseitig abschlachteten, saßen Reichsbankpräsident Dr. Walther Funk und Gouverneur Montagu Collet Norman von der Bank of England friedlich im Verwaltungsrat. Für ihre BIZ-Aktien kassierte die Bank of England Dividenden, die indirekt mit Gold aus Deutschland abgegolten wurden. Im alten BIZ-Gebäude an der Centralbahnstraße in Basel arbeiteten Zentralbankbeamte aus Berlin, Rom und Tokio, Tür an Tür mit ihren Kollegen aus England und den USA. [174]

Die Bücher der Bank und ihre dreizehnte Jahresbilanz vom 31. März 1943 sind von den Wirtschaftsprüfern PRICE, WATERHOUSE & CO. in Zürich geprüft worden. Sie bescheinigen der B.I.Z einen verfügbaren Gewinn von 5.910.446,53 Goldfranken, der Umsatz betrug 1943 Goldfranken 483.382.662,65.

Die Bank of England schlug im Juni 1939 den US-Bürger und US-Banker Thomas H. McKittrick für das Amt des BIZ-Präsidenten vor. Dieser war kein Zentralbankier, sondern ein Privatbankier und Reichsbankpräsident Dr. Walther Funk hatte nichts dagegen, sondern war aus neue begeistert. McKittrick besaß das Vertrauen von Präsident George Harrison von der FEDERAL RESERVE BANK of New York (FED New York) und die US-Regierung sanktionierte die Rolle McKittricks bei der BIZ nicht. Das US-Außenministerium stellte dem Privatmann McKittrick einen Diplomatenpaß aus.

Die BIZ war auch mit der Wall Street verbunden. Die US-Tranche am BIZ-Kapital war 1929 nicht von der FED New York gezeichnet worden, sondern von einem Privatbankensyndikat, dessen Vertreter Citybank-Präsident Leon Fraser war, welcher auch während des Krieges per Brief, Telegramm und Telefon mit McKittrick verkehrte. Fraser saß auch im Beirat der FED in New York.

Im wesentlichen hatte die BIZ im Zweiten Weltkrieg zwei Aktionsfelder: Einmal diente sie den Zentralbanken der Alliierten und der Achsenmächte als neutrale Vermittlerin schwer zugänglicher Wirtschaftsinformationen von der Gegenseite. Darüber hinaus benutzte die Deutsche Reichsbank, von der Bank of England und der FEDERAL RESERVE BANK of New York toleriert, die BIZ-Bankabteilung für Devisen- und Goldgeschäfte auf dem Finanzplatz Schweiz, die von Berlin aus nicht zu machen waren. Nach dem Krieg konnte die Bank – von den Siegermächten war einzig die Sowjetunion nicht dabei – im Schutze des kalten Kriegs überleben, obwohl sie durch „Raubgoldübernahme" und ihr NS-freundliches Verhalten im Krieg kompromittiert war.

1940 liefen die ersten deutschen Geschäfte über die Basler BIZ. Die Goldlieferungen für das Reichsbankdepot bei der BIZ fingen im Februar 1940 an; dieses Depot wurde hauptsächlich benutzt, um Zahlungen an Jugoslawien (wo Deutschland große Mengen Bauxit kaufte) und an Griechenland zu avisieren. Aber schon im März 1940 begann die Reichsbank, Gold direkt an die SNB zu verkaufen. [174]

Insgesamt sandte die Reichsbank zwischen 1939 und 1945 Gold im Wert von 1.655 Millionen Franken in die Schweiz, davon im Wert von 1.224 Millionen Franken an die SNB.

Die größten Verkäufe gingen 1940 an die Vereinigten Staaten (für 395,9 Millionen Franken), nach 1941 an Portugal (insgesamt für 185,2 Millionen Franken).

Ab Januar 1940 forcierte die BIZ treuhänderische Devisengeschäfte für die Deutsche Reichsbank auf dem US-Markt. Bis in den Herbst 1940 kam es auf den diversen Konten, welche die BIZ bei der FED New York und bei New Yorkern Privatbankern unterhielt, des öfteren zu verdeckten Dollarauszahlungen auf Rechnung der Reichsbank im Namen der BIZ. Den Gegenwert vergütete die dollarknappe Reichsbank der BIZ in Schweizer Franken in Basel, die sie sich durch Goldverkäufe beschaffte. Eine Serie von diesen verdeckten Zahlungen ging Ende Mai/Anfang Juni 1940 von der Reichsbank Berlin auf die Konten der SOWJETISCHEN ZENTRALBANK bei der CHASE NATIONAL BANK of the City of New York., dabei könnte es sich um deutsche Zahlungen für Nachschublieferungen der Sowjetunion für die deutsche Kriegswirtschaft, gemäß dem deutsch-sowjetischen Handelsabkommen gehandelt haben. [174]

In den Akten der handelspolitischen Abteilung des Auswärtigen Amtes findet sich eine interessante Aufzeichnung über die BIZ in Basel vom 15. Oktober 1942: [175]

1.) Die BIZ wird von der Reichsbank laufend als Vermittlungsstelle benutzt, über die jährlich eine große Anzahl umfangreicher Gold- und Devisengeschäfte läuft. Da sämtliche Gold- und Devisengeschäfte gegenwärtig ausschließlich den Zweck haben, Zahlungsmöglichkeiten für die Einfuhr kriegswichtiger Güter zu schaffen, ist ein erhebliches kriegswirtschaftliches Interesse an der Aufrechterhaltung der BIZ gegeben. Andere bankmäßige Möglichkeiten, derartige Transaktionen durchzuführen, bestehen nach der Schilderung der Reichsbank nur in beschränktem Umfange. Die deutsche personelle

Organisation innerhalb der BIZ sichert die Geheimhaltung solcher Gold- und Devisengeschäfte in größerem Umfange als wenn derartige Transaktionen über andere ausländische Banken getätigt werden müßten.

2.) Die BIZ, die außer dem Generaldirektor Paul Hechler eine Reihe von vorzüglich geschulten höheren Reichsbankbeamten hat, ist der einzige wirkliche Außenposten der Reichsbank, durch den die Reichsbank zuverlässige Informationen über das Finanzverhalten des feindlichen und neutralen Auslands beschaffen kann. Die Informationen, die die BIZ in diesem Zusammenhang geliefert hat, haben sich als wertvoll erwiesen und können auf anderem Wege nicht beschafft werden.

3.) Aus den Gründen zu Punkt 1 und 2 haben sich die italienischen und japanischen Mitglieder der BIZ, insbesondere auch der italienische Notenbankpräsident Azzolini auf das dringlichste dafür verwandt, die BIZ beizubehalten.

4.) Gegenüber diesen Vorteilen, die die BIZ nach wie vor bietet, ist als negatives Moment zu werten, daß die BIZ natürlich auch für die englisch-amerikanische Gegenseite ähnliche Vorteile bietet. Auch für die englisch-amerikanische Seite ist die BIZ ein wertvoller finanzieller Posten auf dem Kontinent. Auch die Gegenseite macht Geschäfte mit der BIZ. Da die Gegenseite jedoch unverhältnismäßig mehr Möglichkeiten dieser Art besitzt, würde der Verlust für uns schwerer wiegen.

5.) Während im Ersten Weltkrieg die Auslandsfinanzierung über private Bankhäuser in Deutschland ging, die zahlreiche Auslandsfilialen hatten, erfolgt heute die Auslandsfinanzierung ausschließlich über die Reichsbank. Die Reichsbank hat jedoch keine Auslandsfiliale und kann ihrer Struktur nach eine solche auch nicht haben. Der einzige Außenposten der Reichsbank mit teilweise eigenem Personal ist die BIZ.

6.) Die Tendenz der Reichsbank, die auch in ihrem letztem Vorschlag zum Ausdruck kommt, ist die, die BIZ in ihrer gegenwärtigen Struktur zwar zu belassen, den Einfluß des amerikanischen Präsidenten McKittrick jedoch beträchtlich einzuschränken. Das vorgeschlagene Verfahren dürfte nach Auffassung der Reichsbank dazu führen, den Präsidenten McKittrick herauszudrängen. Es sei nicht anzunehmen, daß McKittrick an seiner künftigen Stellung gefallen finden werde. Die Reichsbank nimmt an, daß er selbst im Laufe der nächsten Monate die Konsequenzen daraus ziehen wird. Dies wäre für uns die beste Lösung, da bei einer Neubesetzung des Postens von McKittrick die Interessen der Dreipaktmächte gewahrt werden könnten. Sollte trotzdem über die Frage der Nachfolgerschaft von McKittrick die BIZ auf Betreiben der englisch-amerikanischen Seite auffliegen, so hätte die Reichsbank eine gute Grundlage, eine neue europäische Bank nach unseren Wünschen zu begründen, an der sich nach Auffassung der Reichsbank dann auch die anderen neutralen Länder Europas beteiligen würden, was diese nicht tun würden, wenn die BIZ auf unsere Initiative hin aufgelöst würde. Auch die kürzlich stattgefundene Debatte im Unterhaus, in der die leitende und maßgebliche Funktion McKittricks als ausschlaggebend unterstrichen wurde, deutet dahin, daß die englisch-amerikanische Seite sich mit der von der Reichsbank beabsichtigten Regelung auf die Dauer nicht zufrieden geben wird.

7.) Nach nochmaliger Überprüfung wird daher vorgeschlagen, die Reichsbank stillschweigend gewähren zu lassen und uns vorzubehalten, jederzeit die Frage von uns aus unter politischen Gesichtspunkten wieder aufzunehmen. Dies würde bedeuten, daß die Reichsbank den Präsidenten der Schweizerischen Nationalbank Weber zum Vorsitzenden des Aufsichtsrats an Stelle Sir Otto Niemeyer, der seine Funktionen seit 1939 nicht mehr ausgeübt hat, bestellen läßt. Die Geschäftsführung der BIZ-Bank würde damit nach den Statuten weitgehend auf den Präsidenten Weber übergehen, der mit der Reichsbank in einem engen Arbeits- und Feundschaftsverhältnis steht. Präsident Weber wird eine Vereinbarung mit McKittrick treffen, daß dessen Amtsdauer nach Ablauf seines Kontraktes noch ein weiteres halbes Jahr, also bis Mitte 1943, verlängert wird. Es würde abzuwarten bleiben, wie McKittrick auf diese beiden Maßnahmen (Bestellung von Weber zum Präsidenten des Aufsichtsrates, kurzfristige Verlängerung seines Vertrages) reagiert.

Hiermit dem Reichsaußenminister unter Bezugnahme auf die Weisung Feldmark 1400 vom 9.10. vorzulegen. Der Herr Staatssekretär hat sich vor seiner Abreise mit den Grundlinien der Aufzeichnung einverstanden erklärt.

Gezeichnet: Wörnmann

Im Verlaufe des Jahres 1943 kamen sowohl die Devisengeschäfte als auch die Goldtransaktionen mehr und mehr zum Erliegen, die Kriegskonjunktur der BIZ-Bankabteilung war zu Ende. Eines der letzten großen Goldgeschäfte war die Mithilfe der BIZ bei den deutschen Goldzessionen an Rumänien vom Frühling 1943 bis März 1944; für rumänische Öllieferungen zahlte Deutschland 3,8 Tonnen Barrengold.

1944 leerte die Rumänische Nationalbank ihr BIZ-Goldkonto und transportierte die dort liegenden 5,6 Tonnen Feingold zur SCHWEIZERISCHEN BANKGESELLSCHAFT nach Zürich. Die Rumänische Nationalbank benutzte im Frühling 1947 dieses Gold als Sicherheit für einen Kredit von der privaten US-BANK CHASE NATIONAL BANK, bei der McKittrick, der ehemalige Präsident der BIZ in Basel, mittlerweile Vizepräsident geworden war.

Reichsbankdirektor und NSDAP-Parteigenosse Paul Hechler blieb als BIZ-Generaldirektor, bis er Ende Dezember 1945 an einem Herzinfarkt verstarb. Sein Reichsbankkollege, Parteigenosse und BIZ-Buchhalter beging Selbstmord, als ihm die Basler Fremdenpolizei im Sommer 1945 als unerwünschten Nationalsozialisten den Ausweisungsbefehl geschickt hatte. Der deutsche Devisenchef Konrad Thiersch durfte bis zu seiner Pensionierung bei der BIZ arbeiten. Im Juni 1947 fand bei der BIZ die erste Generalversammlung nach dem Krieg statt. Maurice Frère, Gouverneur der Banque Nationale de Belgique, führte den Vorsitz. Einzige personelle Veränderung war die kommentarlose Streichung der deutschen und japanischen Verwaltungsräte. Die Vichy-Franzosen im Verwaltungsrat durften alle bleiben, während die Italiener aus der Mussolini-Zeit ausgewechselt wurden. Der Geschäftsleitung, inklusive des „stets loyalen Garanten" Reichsbankdirektor Paul Hechler, erteilte der Gouverneur Frère das allerbeste Zeugnis. Die Übernahme von deutschen Gold behandelte er mit größter Nachsicht, denn Gold ist ein legales Zahlungsmittel. [176]

In den Goldakten des Reichsbanktreuhänders Benckert, welcher nach dem Krieg bei der Landeszentralbank in Hamburg tätig war, findet sich ein wichtiger Vermerk vom 13. März 1954 zur BIZ: [177]

„Nachdem vorliegenden Depotbuch der Deutschen Reichsbank, Wertpapierabteilung Konto Nr. 80/1 besaß die Reichsbank:

SFR	59.430.000,00	=	23.772 Stück Aktien der BIZ
SFR	362.500,00 belg. Em.	=	145 Stück Aktien der BIZ
SFR	59.792.500,00	=	23.917 Stück Aktien der BIZ

der BIZ, die zu 25 % eingezahlt sind. Hiervon sind SFR 49.792.500,00 = 19.917 Aktien schon vor 1938 Eigentum der Deutschen Reichsbank gewesen.

SFR 10 Millionen = 4.000 Aktien sind im Zuge der Eingliederung Österreichs in das Eigentum der Reichsbank übergegangen.

Nach den Statuten der BIZ bedarf der Übergang von Anteilen die Zustimmung der BIZ. Aus einem Vermerk im Depotbuch geht hervor, daß die BIZ die Übertragung auf die Reichsbank zugestimmt und in dem Aktienbuch den Eintrag dafür vorgenommen hat.

Die Bundesrepublik Deutschland hat sich durch das Abkommen über deutsche Auslandsschulden vom 9. 1. 1953 verpflichtet, an die BIZ auf die Dauer von 13 Jahren jährlich SFR 5,6 Millionen (= SFR 72,8 Mio.) zu bezahlen. [177]

Der Briefwechsel zwischen der BERLINER ZENTRALBANK und der BIZ vom 30.11.1950 errechnet folgende Verbindlichkeiten der Reichsbank gegenüber der BIZ in Basel 1945: [177]

1. Allgemeines Konto (Giroverpflichtung auf Goldbasis)	RM 25.048.689,62
2. Treuhänder für die Deutsche Äußere Anleihe v. 1924	RM 4.300.000,00
3. Deut. Äußere Anleihe von 1924, nicht transferierte RM Beträge	RM 17.500.000,00
4. Treuhänder für die Internationale 5 ½% Anleihe d. Deut. Reichs v. 1930	
- Konto B	RM 77,62
- Konto C	RM 3.553,67
- Konto D	RM 8.496,42
5. Internationale 5 ½% Anleihe des Deut. Reiches von 1930	
nicht transferierte RM Beträge	RM 17.813.587,21
	RM 64.175.833,83

Der Zentralbankrat der Bank deutscher Länder (BdL) hat in seinen Sitzungen am 22. und 23. Februar 1950 beschlossen, daß das Stimmrecht für die in Deutschland gezeichneten BIZ Aktien durch die Bank deutscher Länder ausgeübt wird. Die BIZ wird die zur Zeit noch auf den Namen der Deutschen Reichsbank eingetragenen Aktien nicht zu Gunsten eines anderen Institutes als der Bank deutscher Länder umschreiben, solange die Verpflichtung der BdL besteht, Verbindlichkeiten der BIZ in Form einer Goldgarantie von RM 64.175.833,83 zu übernehmen.

Es bestehen Forderungen der BIZ im Zusammenhang mit dem rückerstatteten Währungsgold im Gewicht von 3.366,838.40 kg Feingold von ca. RM 9.393.479,14. Hierbei handelt es sich um von der Reichsbank Berlin in Gold geleistete Zahlungen an die BIZ. Nach Kriegsende hat sich ergeben, daß die BIZ ohne ihren Willen und entgegen der ihr gegebenen Versicherungen

von der SCHWEIZERISCHEN NATIONALBANK im Auftrage und für Rechnung der
Reichsbank u.a. erbeutetes Währungsgold erhalten hat.

Die Höhe des „erbeuteten" Goldes, daß die BIZ erhalten haben will, wurde von den Alliierten
auf 3.740 kg festgesetzt. Die Regierungen der USA und von Großbritannien erklärten sich
nach einer Vereinbarung mit der Schweiz vom 13. Mai 1948 bereit, mit Entgegennahme
dieses Goldes – nach Verrechnung von ca. 374 kg mit der Ungarischen Nationalbank – auf
alle Ansprüche gegen die BIZ im Zusammenhang mit dem ihr von Deutschland übertragenen
oder erbeuteten Gold zu verzichten.

Die BIZ Aktien gehören zur Gesamtreichsbank und nicht den eingesetzten Treuhändern im
Bundesgebiet und Westberlin. Die Treuhänder sind nur berechtigt die in den jeweiligen
Gebiet ihres Geschäftsbereiches liegenden Vermögen zu verwalten und zu verwahren. Die
Anteile der BIZ befinden sich aber auf keinen Fall in Westberlin und im Bundesgebiet. Die in
den Jahren 1930 und 1932 gezeichneten Aktien, für die im Jahre 1932 ein Aktienzertifikat
ausgestellt wurde, das im Tresor der ehemaligen Deutschen Reichsbank im Ostsektor Berlins
gelegen hat, befinden sich am Sitz der BIZ in Basel. Ein Treuhänder für das in Ostberlin und
in der Ostzone gelegene Vermögen der ehemaligen Reichsbank ist bisher nicht eingesetzt
worden. Das schließt aber nicht aus, daß eines Tages von der Deutschen Notenbank (DDR)
das Zertifikat vorgelegt und die Übertragung der Rechte verlangt werden wird. [177]

Die BIZ Aktien sind eines der besten Papiere und ohne zwingenden Grund sollte der Treuhänder diese Aktien nicht verkaufen. Die Aktien liegen im Ausland. Eine Anmeldung bei den
Alliierten nach Militärregierungsgesetz Nr. 53 ist bisher nicht erfolgt. Das ist darauf zurückzuführen, daß die im Westen eingesetzten Treuhänder vermeiden wollten, daß alliierte Stellen
durch diese Anmeldung besonders auf das Vermögen hingewiesen würden; da sich damals die
Treuhänder nicht für legitimiert hielten, überhaupt eine Anmeldung vorzunehmen.

Herr von Schelling sei befangen und müßte die Interessen der Bank deutscher Länder
vertreten. Es besteht die Möglichkeit, den Wert der BIZ Aktien bei folgenden Herren zu
ermitteln:

- T.H. McKittrick -   National City Bank of Chicago, - in der Kriegszeit
                     Vorsitzender der Schiedskommission für Stillhaltefragen
- Beylen -   Minister des Auswärtigen, Haag
- Ernst Weber -   Schweizerische Nationalbank, Präsident der BIZ im Krieg

Eine Abtretungserklärung für die Aktien der österreichischen Ausgabe kann in keinem Fall
gegeben werden, da im Jahre 1938 die Aktien nicht entschädigungslos auf die Reichsbank
übertragen wurden, sondern voll bezahlt worden sind. Die Aktien sind seinerzeit ordnungsgemäß in den Büchern der BIZ auf die Reichsbank umgeschrieben worden. Die BIZ hat es
nicht für notwendig gehalten, die Reichsbank oder deutsche Stellen über die im Jahre 1948
vorgenommene Wiedereinsetzung der Österreichischen Nationalbank auf Grund der 1930
erfolgten Zeichnung zu unterrichten. Nur durch ein ordentliches Restitutionsverfahren
könnten die Treuhänder gezwungen sein, diesen Aktienbestand herauszugeben."

Ein Treuhänder für das Vermögen der Reichsbank in Ostdeutschland wurde nie eingesetzt
und weder die Regierung der DDR noch die Deutsche Notenbank der DDR dachten an die
Möglichkeit ihre Rechte an Aktien der BIZ in Basel geltend zu machen.

Der BIZ wurden nach Vermerk des Reichsbankrates Graupner lediglich zur Verstärkung des bei ihr unterhaltenen Goldsichtkontos des Reichsbankdirektoriums von Zeit zu Zeit etwa 200 bis 300 kgf in Goldbarren zur Verfügung gestellt. Dieses Goldsichtkonto, dem die BIZ die entsprechende Feingoldmenge jeweils nach Erhalt der Goldbarren gutschrieb, diente in der Hauptsache dem Ausgleich internationaler Nachzahlungen, die zur Vermeidung von Verlusten aus unterschiedlichen Kursen auf Feingoldbasis abgewickelt wurden. War das Goldsichtkonto durch diese Ausgleichszahlungen erschöpft, wurde es durch neue Goldlieferungen aufgefüllt. Hierbei wurden direkte Goldversendungen von Berlin nach Basel nicht vorgenommen, sondern das Reichsbankdirektorium beauftragte fernmündlich oder telegrafisch die Schweizerische Nationalbank in Bern, zu Lasten des bei ihr unterhaltenen Golddepots kgf in Goldbarren der BIZ in Basel zur Verfügung zu stellen. Das Goldsichtkonto bei der BIZ wies 1953 keinen Bestand auf. [178]

Die geheimen deutschen Dienststellen in der Schweiz

Die Deutsche Luftfahrt Industrie Kommission (DELIKO) in Zürich

Der Generalluftzeugmeister Udet schrieb am 27.2.1941 aus Bern an das Auswärtige Amt über die Errichtung einer „Deutschen Industrie Kommission in der Schweiz": [179]

„Zur Durchführung der mir vom Reichsmarschall gestellten Aufgaben bin ich gezwungen, die hochwertige Schweizer Industrie für die deutsche Luftwaffenrüstung in wachsendem Umfang einzuschalten.

Auf Grund der bisherigen Erfahrungen ergibt sich die Notwendigkeit zur Vermeidung von Konkurrenz zwischen deutschen Firmen, unerwünschten Preissteigerungen, Terminverzögerungen und ähnlichen Mißständen eine zentrale Stelle zur Bearbeitung sämtlicher in die Schweiz zu vergebenden Aufträgen zu schaffen. Ich beabsichtige daher, in der Schweiz eine Stelle unter der Bezeichnung „Deutsche Industrie Kommission" einzurichten, die halbamtlichen Charakter tragen soll.

Aufgabe dieser Stelle ist: Erkundung der schweizerischen Industrie, Beratung der deutschen Industrie, Vermittlung der Aufträge, Preisüberprüfung, Überwachung der Auftragsdurchführung, Durchführung der technischen Abnahme.

Sitz der deutschen Industrie Kommission ist Zürich. Es sind vorgesehen, als technischer Leiter Fl. Stabsing. Elz und als kaufmännischer Leiter Volker (ein seit 12 Jahren in der Schweiz ansässiger Reichsdeutscher (Leutnant der Reserve der Luftwaffe). Das erforderliche Unterpersonal wird sich rekrutieren aus in der Schweiz beheimateten Fachkräften.

Die Deutsche Industrie Kommission soll ihre Tätigkeit am 1. März 1941 aufnehmen. Ich bitte, die deutsche Industrie Kommission bei der Schweizer Regierung offiziell anzumelden.

Im Auftrage   Gezeichnet: Udet

Diese Dienststelle war dem Oberbefehlshaber der Luftwaffe Hermann Göring unterstellt, begann ihre Tätigkeit am 29. April 1941 und wurde als Luftfahrtbeschaffungsstelle auch „DELIKO" genannt.

Am 4. Dezember 1944 schrieb das Polizeikorps des Kantons Zürich an den Schweizer Nachrichtendienst (ND) und an die Schweizerische Bundesanwaltschaft: [180]

„Der Nachrichtendienst Zürich führt schon seit längerer Zeit ein Ermittlungsverfahren gegen - Alfred Riechers, deutscher Staatsangehöriger, wohnhaft: Rämistr. 37, Zürich -, wegen Verdacht des verbotenen Nachrichtendienstes.

Am Samstag, den 2. Dezember 1944 haben wir in Erfahrung gebracht, daß Herbert Mack, deutscher Staatsangehöriger, Stabsingenieur, deutsche Gesandtschaft, wohnhaft: Segantini-straße 10, Bern, Riechers einen Betrag von FF 10.000.000,00 in Banknoten überbracht hat. Riechers versucht nun diese französischen Noten zu verkaufen.

Es ist für uns klar, daß es sich hierbei um Geld handelt, das nicht auf rechtmäßige Weise erworben worden ist. Man mußte sich schon lange fragen, zu welchem Zwecke die „Deutsche Luftfahrt- und Industriekommission" noch in der Schweiz weilt. Da Mack dieser Kommission angehört, dürfte nun der Beweis erbracht sein, daß sich diese Herren mit der Verschiebung von NS-Geldern in die Schweiz befassen."

Kantonspolizei Zürich / Nachrichtendienst   Gezeichnet: Schoch

Eine Aktennotiz des Polizeidienstes der Schweiz. Bundesanwaltschaft vom 2. März 1945 hält weiter ergänzend fest: [180]

„Zentrum sämtlicher NS-Geldverschiebungen in der Schweiz ist Oberst Helmuth Gripp, Luftattaché der Deutschen Gesandtschaft in Bern. Sein Vertreter Herbert Mack, Flieger-Stabsingenieur ist auch bei den NS-Geldverschiebungen die rechte Hand des Gripp. Sozusagen alle NS-Gelder sollen mit Hilfe von Kadgien aus Deutschland nach der Schweiz verbracht und durch Gripp/Mack in der Schweiz sichergestellt werden."

Mein Vertrauensmann versicherte des bestimmtesten, daß es sich bei dieser Meldung nicht etwa bloß um eine Vermutung, sonder tatsächlich um eine Meldung aus zuverlässigster Quelle handle. Es dürfte deshalb angezeigt sein, diese beiden Herren, Kadgien inbegriffen, in Zukunft eine ganz besondere Aufmerksamkeit zu schenken.

Dr. Friedrich Kadgien, deutscher Reichsangehöriger, geb. 23.06.07, Ministerialrat und Beauftragter des Vierjahresplanes, wohnhaft in Berlin, ist am 31.10.1944 bei St. Margarethen ein- und am 7.11.1944 bei Thayngen ausgereist. Als Reisezweck hat er angegeben:

„Geschäftlich, Handelsabteilung Bern und PETROLA AG, Zürich"

Logiert hat er in Bern im Hotel Schweizer Hof und in Zürich im Hotel Baur au Lac. Der Präsident der PETROLA, Dr. Alois ab Yberg Schwyz, wäre möglicherweise in der Lage, nähere Angaben über Dr. Kadgien zu machen.

Bern, 2. März 1945   Schweizerische Bundesanwaltschaft / Polizeidienst   Steiner

Die Deutsche Industrie Kommission (DIKO) in Bern

Das Oberkommando der Wehrmacht ließ am 11. Juni 1941 die Richtlinien Nr. 22062/41g für die wehrwirtschaftliche Ausnutzung der Schweiz erstellen. Es wurde die neue Dienststelle „Deutsche Industrie Kommission" in Bern, die DIKO gegründet, welche dem Oberkommando der Wehrmacht unterstand. Die geheimen Richtlinien waren: [181]

1.) Die rüstungswirtschaftliche Inanspruchnahme der Schweiz hat im Wege freier Vereinbarungen zu erfolgen.
2.) Die Auftragsverhandlungen mit den schweizer Firmen sind von den Vertretern der zuständigen Beschaffungsstellen der Wehrmachtsteile unter fortlaufender Unterrichtung der Deutschen Industrie Kommission in Bern zu führen und zum Abschluß zu bringen. Notwendig werdende Vorstellungen grundsätzlicher Art bei schweizer Behörden und Klärung allgemeiner Fragen liegen ausschließlich in Händen der Deutschen Industrie Kommission in Bern.
3.) Es findet keine Betriebsbetreuung sondern nur eine Auftragsbetreuung statt. Die Auftragsbetreuung liegt bei den Vertretern der zuständigen Beschaffungsstellen der WT (Wehrmachtsteile).
4.) Die Deutsche Industrie Kommission in Bern hat dafür zu sorgen, daß die Rohstoffsicherung für in die Schweiz verlagerte deutsche Wehrmachtaufträge nach den Bestimmungen des OKW einheitlich durchgeführt wird. Zur Durchführung dieser Aufgabe unterrichtet sie die schweizerischen Behörden und Firmen über das Verfahren der Rohstoffversorgung für verlagerte deutsche Wehrmachtsaufträge. Auftretende Schwierigkeiten sind möglichst unmittelbar zwischen den Beteiligten zu regeln, ist der Vorgang dem OKW (WiRü Amt/Ro) vorzulegen.

Der Chef des Oberkommandos der Wehrmacht

Im Auftrag   Dr. Frielinghaus / Leutnant

Die Dienstanweisung für den Leiter der Dienststelle „Deutsche Industrie Kommission" in Bern findet sich auch in den Akten; Auszüge daraus: [182]

1.) Der Leiter der DIKO in Bern untersteht disziplinarisch, wirtschaftlich und im allgemeinen Wehrmachtsfragen dem Militärattaché in Bern. Er hat seine Tätigkeit nach den Weisungen des Oberkommandos der Wehrmacht / Wi Rü Amt und denen der Oberkommandos der Wehrmachtsteile, von denen er unmittelbar Anweisungen erhält, auszuüben und den Militärattaché laufend über seine Tätigkeit, insbesondere über alle von der deutschen Wehrmacht an die schweizer Wirtschaft zu stellenden Forderungen zu unterrichten.
2.) Der Leiter der Dienststelle hat die Disziplinarbefugnisse eines Kommandeurs eines selbständigen Bataillons, ist nächster Disziplinarvorgesetzter für die Offiziere der Dienststelle, Dienstvorgesetzter gegenüber den Beamten der Dienststelle nach dem Deutschen Beamtengesetz und hat für die bei der Dienststelle beschäftigten Angestellten und Arbeiter die Stellung eines Betriebsführers im Sinne des Gesetzes zur Ordnung der Arbeit in öffentlichen Verwaltungen und Betrieben.
3.) Förderung der Sicherstellung der für die deutsche Wehrmachtfertigung benötigten Produktionsmittel, Energie und Transporte für die hierfür eingesetzten schweizer Betriebe.
4.) Behandlung von Fragen des schweizer Exports wehrwichtiger Güter nach dritten Ländern, insbesondere Feindländern.

5.) Überwachung der Rohstoffsicherung für deutsche Aufträge und Unterstützung der schweizerischen Firmen in Fragen der Rohstoffversorgung.
usw. ...

Das Oberkommando der Wehrmacht legte sich Ende 1941 einen eigenen Goldvorrat u.a. zur Bezahlung von Rechnungen in der Schweiz an. Dies wird belegt durch das chiffrierte Geheimtelegramm Nr. 59/09 vom 10. Januar 1942 aus Bern: [183]

Verschlußsache B. Geheime Reichssache. Strengst geheim. Nur vom Beauftragten für geheime Reichssachen zu entziffern. Missionschef sofort persönlich vorzulegen. Antwort durch Kurier oder Geheimchiffré.

FÜR GESANDTEN PERSÖNLICH !

Oberkommando der Wehrmacht beabsichtigt, durch Vermittlung Gesandtschaft bei der Schweizerischen Nationalbank Bern für Rechnung der Deutschen Reichsbank Berlin Goldbestände einzuzahlen. Bei Einzahlung handelt es sich um ca. 100 (einhundert) kg Gold in Barren und ca. 400.000 (vierhunderttausend) Schweizer Franken in Goldmünzen.

Als Beauftragter Oberkommandos wird Regierungsinspektor Gärtner, ausgewiesen durch Dienstpaß II 158/41, voraussichtlich Montag dort vorsprechen. Bitte, falls dort keine Bedenken, Einzahlung veranlassen, da hier nicht zu beurteilen, ob Einzahlung so hohen Betrages unverfänglich.

Gezeichnet: Kramarz

Im Januar 1943 wurden die DIKO Bern, die DELIKO Zürich, der Sonderbauftragte für Heerestechnik des Oberkommando des Heeres (Heeres-Beschaffungsstelle) beim Militärattaché in Bern, der Verbindungsoffizier der Kriegsmarine (Marine-Beschaffungsstelle) beim Militärattaché in Bern und die Allgemeine Beschaffungsstelle für die Bearbeitung von Aufträgen, die nicht von Wehrmachtdienststellen vergeben werden, zusammengefaßt und verschmolzen. Die DIKO bearbeitete jetzt auch solche Aufträge, die nicht unmittelbar den Rüstungsaufgaben der Wehrmachtsteile (WT) diente, sie arbeitete mit dem Reichswirtschaftsministerium in Berlin eng zusammen.

Bei Umgehung der Beschaffungsstellen konnte die „neue" DIKO bei den zuständigen deutschen Militärstellen bzw. beim Reichwirtschaftsminister die Sperrung der Devisenzuteilung beantragen. Die Auftragsvergabe in die Schweiz erfolgte im wesentlichen durch die Devisenzuteilung in Berlin, welche durch den Kriegswirtschaftsminister und Reichsbankpräsidenten Dr. Walther Funk, zum Teil persönlich, vorgenommen wurde. [184]

Aus der Aufzeichnung der „Geheimen Reichssache" vom 31.3.1944 in den Akten geht hervor, daß auf Anweisung des Reichsministers Speer, das Rüstungsamt des Reichsministerium für Bewaffnung und Munition, die Leitung der DIKO ab März 1944 übernahm. [185]

Der Kontostand sowie der Goldbestand der DIKO und der DELIKO, bei Kriegsende auf Schweizer Banken, wie eventuelle Guthaben bei Schweizer Rüstungsfirmen, konnten nicht ermittelt werden.

Der Goldhandel mit Portugal über Tarnfirmen

Der Goldhandel des Deutschen Reiches mit Portugal diente der Beschaffung von Rohstoffen, hauptsächlich Wolframerzen und Nahrungsmitteln, wie Ölsardinen. Diese Goldverkäufe, die schätzungsweise eine Höhe von RM 30.000.000,-- bis RM 40.000.000,-- erreicht haben, begannen Mitte 1942, nachdem zwischen Deutschland und Portugal ein Abkommen unter Zwischenschaltung der Bank von Portugal (Generalsekretär Pessoa) getroffen wurde. Die Bank von Portugal erklärte sich bereit, die Bezahlung der aus der Abrechnung von Wolframerzen zu Gunsten Portugals verbliebenen Clearingspitze in Gold von der Reichsbank entgegenzunehmen. Zusätzlich hatte sich die Bank von Portugal auch bereit erklärt, Gold von der Reichsbank gegen freie Escudos zu übernehmen, die Deutschland u.a. für seine Wolfram- und Ölsardineneinfuhr benötigte.

Das Auswärtige Amt sicherte sich in Portugal durch Mitarbeit der Firma Otto Wolff und dessen Inhaber Otto Wolff von Amerongen die Abwicklung und Einfuhr von Wolframerzen. Die Firma Wolff hatte im Reich das Wolframmonopol und war „Gruppeneinführer".

Dr. Otto Wolff von Amerongen ist ein deutscher Industrieller. Er war nachdem Krieg Ratgeber für deutsche Politiker und Kanzler; Verhandlungsführer der deutschen Wirtschaft in Moskau 1957 und über 45 Jahre bis zum 1.4.2000 Vorsitzender des Ostausschusses. Die Firma baute Teilstrecken der mandschurischen Eisenbahn und die erste Ölpipeline zwischen Batumi und Baku. In seiner 19-jährigen Amtszeit als Präsident des Deutschen Industrie und Handelstages erhielt er für seine Leistungen das Bundesverdienstkreuz und wurde zum Ehrenpräsidenten ernannt. 1991 veranstaltete er eine deutsch-polnische Investitionskonferenz in Warschau. Als wichtigstes Gründungsmitglied der deutsch-russischen Auslandshandelskammer im März 1995 in Moskau unterstützte er die deutsche Wirtschaft. Lange Zeit war er Aufsichtsratmitglied der DEUTSCHEN BANK und später Vorsitzender des Beraterkreises dieses Institutes. Die Friedrich Naumann Stiftung der FDP hat ihre größte Niederlassung in Portugal und es ist bestimmt kein Zufall, daß die Partei noch heute durch das Wirken von dem zu den Liberalen gerechneten Dr. h.c. Wolff in Portugal profitiert.

Die Handakten des Ministerialdirektors Wiehl im Auswärtigen Amt enthalten auch Hinweise zu Portugal. Legationsrat Davidsen schrieb an Ministerialdirektor Wiehl: [186]

Betreff: Generallizenz für Portugal   (Auskunft von Herrn Wilhelm)

„Die Portugal gegebene Generallizenz wird von der Reichsbank besonders deswegen begrüßt, weil sie der Reichsbank die Zahlungen über die Schweiz, insbesondere nach Südamerika, erleichtert. Die Befreiung Portugals von Bindungen bedeutet zugleich eine Befreiung der Schweiz und daher mittelbar auch für die Reichsbank. Über Portugal unmittelbar hat die Reichsbank bisher wenig Zahlungen geleistet und wird diesen Weg auch in Zukunft nur für unverfängliche Zahlungen benutzen. Da nicht völlig sicher ist, ob die Portugiesen den Amerikanern nicht noch weitere, nicht bekannte Zusagen gemacht haben und vielleicht Erklärungen abgegeben müssen, deren Abgabe ihnen wegen der Anwesenheit der englischen Agenten unbequem wäre, wird jedenfalls für Zahlungen vertraulicher Natur der nunmehr erleichterte Weg über die Schweiz gewählt werden."

Berlin, den 20. August 1941   Davidsen

Die Handelspolitische Abteilung (HALPOL) des Auswärtiges Amtes ließ durch Legationsrat Sabath, der Gesandtschaft Lissabon ein geheimes Schreiben am 22.11.1941 zukommen.

Es ging um Wolframbezüge aus Portugal: [187]

„Über die von uns zu ergreifenden Maßnahmen hat im Auswärtigen Amt am 18. November eine eingehende Besprechung unter Teilnahme des Herrn Gesandten und des Herrn Eltze und von Vertretern des Reichswirtschaftsministeriums und des Oberkommandos der Wehrmacht -Sonderstab HWK- stattgefunden. Das Reichswirtschaftsministerium ist mit der Durchführung der Beschlüsse beauftragt worden und hat sich mit dem abschriftlich beiliegendem Schreiben vom 20. November an den Beauftragten für den Vierjahresplan (z. Hd. Staatssekretär Neumann) gewandt, um die Ermächtigung zur Ausfuhr der von Portugal benötigten Waren zu erhalten, die in Kompensation gegen Lieferung von Wolfram gegeben werden müßten. Ich übersende dieses Schreiben nebst zwei Anlagen zur dortigen Unterrichtung.

Im Auftrag   Sabath

In ausführlichen Besprechungen im Reichswirtschaftsministerium und dem Auswärtigen Amt am 14. und 18. November 1941 wurde die Lage in Anwesenheit aller beteiligten Ressorts [188] eingehend besprochen. Es wurde vorläufig folgendes Programm festgelegt, vorbehaltlich der verbindlichen Zusage für die Bereitstellung der entsprechenden deutschen Warenlieferungen:

1.) Die Transaktion Wolframerz gegen deutsche Waren wird als geschlossenes Kompensationsgeschäft außerhalb des deutsch-portugiesischen Clearings abgewickelt.
2.) Als Träger für die deutsche Seite tritt eine aus den Firmen: Otto Wolff, Ferrostahl, Stahlunion, Krupp zu bildende Arbeitsgemeinschaft auf unter Hinzuziehung des Stickstoffsyndikats. Als Empfänger und Käufer des Wolframkonzentrates tritt die Gesellschaft für Elektrometallurgie in Berlin in Erscheinung. Auf portugiesischer Seite wird der Vertragsträger noch von der Portugiesischen Regierung bestimmt, voraussichtlich wird es die Minero Silvicola Ltda., Lissabon sein, die heute bereits den weitaus größten Teil des nach Deutschland gelangenden Wolframs liefert.
3.) Die Verträge werden von der Deutschen Gesandtschaft Lissabon und vom Portugiesischen Wirtschaftsministerium gegengezeichnet mit der Verpflichtung, für die Einhaltung der jeweiligen Lieferverpflichtungen Sorge zu tragen.
4.) Herr Eltze (Leiter der AGK), der das besondere Vertrauen des Portugiesischen Staatsführers genießt, wird zum bevollmächtigten Vertreter der deutschen Lieferseite bestimmt und führt in engem Einvernehmen mit der Deutschen Gesandtschaft Lissabon die Verhandlungen in Portugal.
5.) Deutschland verpflichtet sich 60.000 t Eisenmaterial (Eisenbahnmaterial, Schiffsbaumaterial, Baueisen) in monatlichen Raten von mindestens 5.000 t, bis zu 15.000 t Ammonium-Sulphat, 300 Eisenbahnwaggon, Bergwerksmaschinen, Bohrhämmer, und sonstige Bergwerkseinrichtungen im Gegenwert von rund RM 24.000.000,00 zu liefern. Als Basis für die Preisgestaltung gilt der normale, bei Ausfuhren vor Ausbruch des Krieges nach Portugal gültige Preis.
6.) Die von der Portugiesischen Regierung bestimmte Stelle liefert monatlich 250 t Wolframkonzentrat nach Deutschland zum Preise von ESC 150,00 pro kg = rund RM 15,00 pro kg Erz 65%ig im Gegenwert von rund RM 3.750.000,00 monatlich - jährlich RM 45.000.000,00.
7.) Herr Eltze bestimmt eine Leitstelle in Portugal, die die Durchführung dieses Kompensationsgeschäftes zu überwachen hat. Die Vertreter der deutschen Firmen, die zur Lieferung im Rahmen des Abkommens eingesetzt werden, haben sich ausschließlich nach den Richtlinien und Weisungen der Leitstelle in Portugal für die Abgabe ihrer Angebote zu richten.

8.) Es wird in Deutschland zu Gunsten des portugiesischen Partners und in Portugal zu Gunsten des deutschen Partners ein Kompensationskonto eingerichtet. Die Differenz zwischen den monatlichen Lieferungen Deutschlands und den monatlichen Lieferungen Portugals wird von deutscher Seite durch Barzahlung ausgeglichen.
[später wurde von Portugal nur noch Gold akzeptiert]

9.) Die Portugiesische Regierung übernimmt es, durch ihr Kontrollorgan bzw. andere zuständige Institutionen in Portugal die für die Ausfuhr nach Deutschland vorgesehenen Mengen Wolframkonzentrat jeweils rechtzeitig zum festgelegten Preis von RM 14,00 pro kg Erz 65%ig bereitzustellen.

  Gezeichnet: Bethke

Auf Veranlassung des Auswärtigen Amtes und des Vierjahresplanes wurden Mitte 1944 der Firma Otto Wolff in Köln und Berlin folgende Goldmengen zur Verfügung gestellt:

RM 10.000.000,-- in Golddollar, die durch einen Wehrmachtstransport nach Spanien gebracht wurden und RM 1.087.000,-- in Golddollar und Goldfranken, die über das Auswärtige Amt Berlin der Deutschen Gesandtschaft in Lissabon, für Rechnung Otto Wolff auf dem Luftwege zugeleitet wurden. [189]

Am 19.6.1944 wurden Gold-SFR 240.000,-- und Gold-$ 40.000,-- per Flugzeug angeliefert. Das geheime Schreiben der Reichsbank Hauptkasse vom 17.6.1944 an das AA Konsul Bohn weist als Kurier für diesen Transport Amtsgerichtsrat Scheer aus.

Am 23.6.1944 wurden Gold-SFR 240.000,-- und Gold-$ 40.000,-- per Flugzeug angeliefert. [190]

Am 30.6.1944 wurden Gold-SFR 240.000,-- und Gold-$ 40.000,-- per Flugzeug angeliefert. Das geheime Schreiben der Reichsbank Hauptkasse vom 29.6.1944 an das AA Konsul Bohn weist als Kurier für diesen Transport Amtsgerichtsrat Lemme aus. [191]

Wie bei der Spanien Transaktion zahlte die Firma Wolff den Gegenwert der Reichsbank in Schweizer Franken und Escudos. Letzter Eingang eines Gegenwertes war Ende November 1944. Weitere Goldabgaben erfolgten an einen Agenten der deutschen Abwehr, Herrn Helmut Maurer, welcher auch den Gegenwert der jeweils erhaltenen Goldmenge der Reichsbank in Devisen zur Verfügung stellte.

Am 6. Oktober 1950 sind dem Treuhänder durch den Senior Property Control Officer der Finance Branch beim Commissioner Office im Rahmen eines notariellen Aktes Urkunden für die Reichsbank übergeben worden, aus denen bekannt wurde, daß in Portugal befindliche Reichsbankguthaben auf Grund Gesetz Nr. 37.377 vom 20. April 1949 wie aufgeführt, beschlagnahmt wurden:

Banco Lisboa & Acres, Lissabon	Escudos 5.506.691,36
Banco Nacional Ultramarino, Lissabon	Escudos 36,11
Bank von Portugal	Escudos 933.814,92
Banco Lisboa & Acres, Lissabon	205 Zambesi Aktien
	1 Formento Colonial Aktie

Die Erhebung eines Einspruches wurde zwar unter Gesetz 53 genehmigt, die Beauftragung eines Vertreters oder Rechtsanwaltes zur Wahrnehmung der Reichsbankinteressen in Portugal wurden ausdrücklich untersagt. Eine nochmalige schriftliche Rückfrage bei der englischen Dienststelle in Hamburg ergab, daß eine Aufhebung des Verbotes der Vertretungsbefugnis durch einen Anwalt in Portugal nicht erteilt wurde.

„Herr Dr. Unverfehrt, früher Gesandtschaftsrat bei den deutschen Vertretungen in Lissabon und Buenos Aires, beriet den Treuhänder auf Grund seiner Kenntnisse über Portugal. Dr. Unverfehrt sagte, es müsse vor allem davon ausgegangen werden, daß die beschlagnahmten Guthaben private Forderungen seien, die bereits vor der NS-Zeit entstanden sind und von der Reichsbank treuhänderisch verwaltet wurden und ferner, daß diese Forderungen der deutschen Devisengesetzgebung unterlagen, die bereits vor 1933 in Kraft war. Außerdem wäre es empfehlenswert, den Versuch zu unternehmen, durch Beteiligung an portugiesischen Firmen unsere beschlagnahmten Guthaben für den Wiederaufbau der portugiesischen Wirtschaft zur Verfügung zu stellen. Hierdurch wäre der Treuhänder in der Lage, später die eingegangene Beteiligung auf andere deutsche Firmen zu übertragen und damit Deutsche Mark hereinzubekommen."

Der Bundesminister der Finanzen fragte am 7.11.1953 beim Treuhänder der Reichsbank in Hamburg, Herrn Schrobsdorff nach, ob sich in Portugal rund 3,998 Tonnen, also rund 4 Tonnen Barrengold deutschen Ursprungs befänden, welches nach Auffassung der Alliierten aus besetzten oder eingegliederten Staaten stammen sollte. Der deutsche Finanzminister bat um Aufklärung. [192]

Legationsrat Steg vom Auswärtigen Amt, Oberregierungsrat Bertram vom Justizministerium und Direktor Emil Puhl (früher Reichsbank Vizepräsident) der Hamburger Kreditbank AG (bis Mai 1945 als Filiale der DRESDNER BANK geführt, danach als Hamburger Kreditbank AG und ab 1957 wieder in DRESDNER BANK AG umbenannt) besprachen die Angelegenheit.

Die Antwort an das Finanzministerium lautete, daß das Gold in Portugal für eine spätere Verwendung deponiert worden sei. Das Gold, das die Reichsbank erworben habe sei von ihr bezahlt worden, so daß es für die Reichsbank Eigentum der Reichsbank sei. [193]

Die Regierung von Portugal übernahm aus dem Depot der Deutschen Reichsbank (Konto C) bei der Schweizerischen Nationalbank 5.264 Goldbarren. Diese Barren wurden direkt nach Lissabon gesandt. Die Portugiesische Zentralbank unterhielt bei der Schweizerischen Nationalbank (SNB) die Konten A und B, welche aus Escudokäufen der Zentralbank bei der SNB herrührten.

Die Kontostände auf den schweizer Konten A, B und C beliefen sich auf: [194]

Konto A	723.000.000,00	Escudos
Konto B	1.900.000.000,00	Escudos
Konto C	1.211.000.000,00	Escudos

Das Berliner Stadtkontor (alte Reichsbank) der Sowjetunion und die Bankenkommission der Reichsbanktreuhänder

Die Reichsbank in Berlin wurde von der Sowjetischen Militäradministration (SMA) am 15.5.1945 in „Berliner Stadtkontor" umbenannt. Zwischen der Bankenkommission der westalliierten Reichsbanktreuhänder und dem „Berliner Stadtkontor" der Sowjetunion wurde am 4. September 1947 eine Besichtigung der Reichsbank und ihrer dreistöckigen Tresoranlagen durchgeführt.

Sie schrieben in ihrer seitenlangen Besprechungsnotiz u.a.: [195]

... „Bei der Besichtigung der Tresore war der Eindruck sehr unterschiedlich. So machte der Devisentresor einen gut aufgeräumten Eindruck, er stand aber fast über den gesamten Boden rund 1 bis 2 cm unter Wasser, in den Regalen gelagerte Geschäftsbücher waren sehr stark verschimmelt, einige dürften bis zur Unkenntlichkeit zersetzt sein. In einem anderen Tresor befanden sich größere Stapel von durch deutsche Besatzungsbehörden aus dem Verkehr gezogenen polnischen Banknoten. In einem Tresor fand sich unsortiert die Kartei der Girokonten. Einen sehr guten Eindruck machte der Lombardtresor. Hier waren die Lombardeffekten nach den einzelnen Reichsbankanstalten geordnet.

Hier befanden sich auch große Aktienpakete von Industrieunternehmen. Besonders fiel hierbei Otto Wolff aus Köln und größere Posten von landwirtschaftlichen Goldpfandbriefen auf, letztere als Unterlage größerer schlesischer Kredite.

Innerhalb des Lombardtresors ist eine Abteilung der Sowjetischen Militär Administration (SMA) mit einer Sonderaufgabe betraut, mit Arbeiten, die anfangs wohl mit der alten Reichsbank in Zusammenhang standen, jetzt aber andere Dinge betreffen. In diesem Lombardtresor stehen noch 40 Kassenschränke, von denen die SMA Abteilung etwa 10 für ihre Materialien benötigt.

Von den ausgewiesenen 70 Milliarden Mark Wechsel, Schecks und Schatzwechsel sollen nur etwa 25 Millionen Mark auf Warenwechsel entfallen. Diese Wechsel, sowie ein größerer Posten aus dem Verkehr gezogener Rentenbankscheine sind in etwa 19 leicht beweglichen Gitterwagen. Erwähnenswert ist noch eine „JUDENKARTEI" über deren abgenommen Effekten.

Vielfach enthält diese Kartei keine Namen, sondern lediglich Distriktsbezeich-nungen des Wohnsitzes des Betroffenen." ...

Bankenkommission   Unterschriften

Die SMA fand außer Aktien der Firma Otto Wolff auch wichtige Hinweise auf die Person und das Unternehmen Otto Wolff von Amerongen. Welchen Nutzen die UdSSR später aus den sensiblen Unterlagen und dem Aktienpaket der Wolff Firmen zog, konnte nicht geklärt werden. Rußland verweigert heute noch die Einsicht dieser Akten.

Der Goldhandel mit der Türkei über die Deutsche Orient Bank

Die DEUTSCHE ORIENT BANK (DOB) wurde 1906 mit Sitz in Berlin gemeinsam von der DRESDNER BANK, der Nationalbank für Deutschland mit dem A. Schaffhausen`schen Bankverein gegründet. Mit der Gründung der DOB sicherte sich die DRESDNER BANK die Beteiligung am Orienthandel des Kaiserreichs im Mittelmeerraum, während die DEUTSCHE BANK eine wichtige Rolle bei der Finanzierung der Bagdadbahn im Irak spielte. 1910 hatte die DOB 16 Filialen, die sich über den vorderen Orient und Nordafrika verteilten, von Konstantinopel über Kairo bis nach Casablanca. 1914 kamen noch die Filialen der DEUTSCHEN PALÄSTINA BANK hinzu. Am 31.12.1932 fusionierte die DOB mit der DRESDNER BANK. [196]

Die vollständige Bezeichnung lautete: DEUTSCHE ORIENTBANK
   Filiale der DRESDNER BANK

Nach Abschluß des deutsch-türkischen Freundschaftsvertrages vom 18.6.1941 und des daran anschließenden Chromerzabkommens nahm die DOB eine Schlüsselrolle für die Devisenbeschaffung und den Rohstoffhandel ein. Verschiedene Großkunden der DRESDNER BANK profitierten davon. Ein Großkunde der DRESDNER BANK, die Firma KRUPP,. kontrollierte die Chromerzgeschäfte im Reich als „Gruppeneinführer". Chromerz war für die Rüstungsindustrie unverzichtbar, es wurde für die Legierung von Stahl benötigt. Die neutrale Türkei belieferte Großbritannien mit 40 % und das Deutsche Reich mit 60 % seiner Chromerzausfuhr.

Der Goldhandel der Reichsbank mit der neutralen Türkei lief über die Deutsche Orient Bank (DOB) in Istanbul. Neben der Schweiz gehörte die Türkei zu den wenigen Ländern, in denen während des Krieges ein freier Goldhandel möglich war. Ausschließlich die Filialen der DEUTSCHEN und DRESDNER BANK (DOB) in Istanbul lieferten deutsches Gold zum freien Goldmarkt in die Türkei, da sie dort größere Gewinne im freien Goldhandel, als im staatlich regulierten Markt in Deutschland erwirtschaften konnten. Beide Banken spielten ab Herbst 1942 eine dominierende Rolle am Istanbuler Goldmarkt. [197]

1941 lief der Goldhandel noch ausschließlich über die DEUTSCHE BANK. Der frühere Reichs-kanzler und deutsche Botschafter in der Türkei Franz von Papen wies das Diplomatengeschäft deren Istanbuler Filiale zu. 1942 setzten die DEUTSCHE und DRESDNER BANK ihr in der Schweiz und Deutschland gekauftes Gold nicht in Deutschland, sondern in der Türkei ab. Die Goldgeschäfte erfolgten im Auftrag privater Personen von September 1942 bis August 1944, nämlich von in Ankara und in Istanbul tätigen deutschen Diplomaten, Diplomaten verbündeter Staaten und neutraler Länder. Ebenfalls sind Aufträge des Internationalen Komitees des Roten Kreuzes belegt.

Das Gold wurde nach Istanbul gesandt und gegen türkische Pfund verkauft. Der Goldpreis in der Türkei lag über den Goldpreis in der Schweiz und in Deutschland und so nutzten die DOB und die DEUTSCHE BANK diese sogenannten Differenz- oder Arbitragegeschäfte. Die Reichsbank war aus politischen und technischen Gründen nicht in der Lage, vom ansteigendem Goldpreis zu profitieren.

> Ein ungarischer Militärattaché erteilte am 15.4.1943 einen Arbitrageauftrag in Höhe von 1.300 US $ bei der DRESDNER BANK in Berlin.

Ein spanischer Minister erteilte einen ähnlichen Auftrag am 2.8.1943 über 7.353 SFr bei der Schweizerischen Bankgesellschaft in Zürich.

Ein Mitarbeiter des Schweizer Konsulates erteilte am 1.9.1943 desgleichen beim CREDIT SUISSE in Zürich und ein Vertreter des Internationalen Roten Kreuzes erteilte einen Arbitrageauftrag über SFr 92.000. [197]

Große Arbitrageaufträge kamen von der Japanischen Botschaft zur DRESDNER BANK Filiale der DEUTSCHEN ORIENTBANK, so unter anderem am 23.7.1943 über 80.000 SFr, am 6.8.1943 über 100.000 SFr und am 18.7.1944 über 250.000 SFr.

Die Reichsbankräte Albert Thoms und Karl Graupner, Leiter der Edelmetallabteilung der Reichsbank in Berlin, begleiteten am 6.7.1942 einen Goldtransport über 2.010 kg nach Istanbul zur Türkischen Nationalbank. [198]

Der geheime Reisebericht der Deutschen Reichsbank führt aus: [199]

„Das Gold für die Türkische Nationalbank wurde am 30.06.1942 mit dem D-Zug 148 ab Berlin Anhalter Bahnhof gegen 22.27 Uhr in drei Abteilen zunächst nach Sofia gebracht. Bis auf die von ungarischen Zollbeamten geforderte eingehende Kontrolle verlief die Fahrt reibungslos; auch die vorübergehende Einlagerung bei der Reichskreditkasse in Sofia bot Dank der uns zur Verfügung stehenden militärischen Unterstützung keine Schwierigkeiten.

Nach Rücksprache mit dem zuständigen amtlichen Stellen in Sofia (Deutsche Gesandtschaft, Vermittlungsstelle für den deutsch-bulgarischen Eisenbahngüterverkehr, bulgarischen Zollamt, deutsche Transportkommandantur) war uns allgemein mündlich zugesichert worden, daß die bulgarisch-türkische Grenze Svilengrad benachrichtigt und angewiesen werden sollte, für die schnellste Weiterbeförderung der Goldsendung Sorge zu tragen. Bei unserer Ankunft stellte sich zu unserer Überraschung heraus, daß diese Verständigung nicht erfolgt war. Die Beamten der deutschen Paßstelle setzten sich nach kurzer Aufklärung für uns ein und weder der bulgarische Zoll noch die bulgarische Güterabfertigung nahmen von unseren mitgeführten Werten Notiz, auch die Weiterfahrt nach Istanbul verlief ohne weitere Störung. Anscheinend hat die Türkische Nationalbank sämtliche türkische Dienststellen informiert.

Die Sendung war von Berlin bis Svilengrad als Expreßgut unter Obhut von Begleitern in Personenabteilen aufgegeben worden. Diese Abfertigung stieß bei den amtlichen Stellen in Sofia auf formale Bedenken, da zwischen Deutschland und Bulgarien Vereinbarungen über die Abfertigung von Werttransporten in einer derartigen Form nicht getroffen wurden. Dagegen wurde uns erklärt, daß das Gold ohne weiteres als Reisegepäck, dessen Menge gewichtsmäßig nicht beschränkt sei, gegen Zahlung der tarifmäßigen Gebühr mitgeführt werden könnte. Diese Beförderungsart erscheint recht zweckmäßig, da sie die Ausstellung des Frachtbriefes und die Expreßgutkosten im Ausland erspart.

In Istanbul wurden wir von Beamten der Türkischen Nationalbank unter Führung des ersten Prokuristen Aziz Tahein Balkanli der Filiale Istanbul begrüßt. Nach der Überführung der Werte zur Bank besuchten wir den leitenden Direktor Sadi Bekter. Die Unterhaltung wurde in französischer Sprache und soweit wegen der Übernahme des Goldes eine präzisierte Formulierung notwendig war, mit Unterstützung des Herrn Balkanli in deutsch geführt.

Die Türkische Staatsbank legt Wert auf Goldbarren, die den Bedingungen des englischen Marktes entsprechen und hinsichtlich der Feingehalte als hochwertige Barren oder Standardbarren anzusprechen sind. Auf die Anregung von unserer Seite, etwaige weitere Goldgeschäfte über Bern abzuschließen, konnten die Herren sich zu keiner positiven Stellungnahme entschließen, da sie zunächst eine Entscheidung des Generaldirektors in Ankara einholen wollten.

Das mitgeführte Gold wurde noch am gleichen Tag gewogen und eine vorläufige Empfangsbestätigung ausgestellt, die endgültige Quittung erhielten wir erst nach zwei Tagen. Es ist anzunehmen, daß die Barren in der Zwischenzeit nach der Zentrale in Ankara überführt und dort nochmals gewichtsmäßig überprüft worden sind. Aus verschiedenen Äußerungen konnten wir entnehmen daß der Generaldirektor der MERKEZBANK (Türkische Nationalbank) in Ankara persönlich die Anweisung gegeben hatte, für einen möglichst angenehmen Aufenthalt der deutschen Gäste Vorsorge zu treffen. So waren Zimmer in einem der Besten Hotels reserviert worden und der erste Prokurist Balkanli hatte sich von allen Dienstgeschäften freigemacht, um uns zu betreuen.

Soweit wir nicht zu Besprechungen mit den Herren der DEUTSCHEN BANK und der DEUTSCHEN ORIENTBANK in Anspruch genommen wurden, über deren Inhalt gesonderte Berichte vorgelegt werden, nahmen wir die Hauptmahlzeiten mit Herrn Balkanli gemeinsam ein. Jeder Versuch von unserer Seite, für die gebotene Gastfreundschaft einen annähernden Ausgleich zu schaffen, wurde in liebenswürdiger Form unterbunden. Man bemühte sich auch, soweit es die Zeit erübrigen ließ, uns mit den Sehenswürdigkeiten Istanbuls und seiner Umgebung bekannt zu machen. Bei unserem Abschiedsbesuch informierte sich der leitende Direktor Sadi Bekter nochmals eingehend über die uns während unseres Aufenthaltes gebotenen Anregungen und bedauerte, daß sich infolge des Kriegszustandes kleine Einschränkungen nicht vermeiden ließen.

Der kurze Aufenthalt reichte nicht aus, um einen unbefangenen Eindruck von den wirtschaftlichen und politischen Verhältnissen in der Türkei zu gewinnen. Die Lebenshaltung ist sehr teuer, so daß die breiten Volksschichten nach unserer Auffassung wesentlich schlechter als in Deutschland leben. Der Fremde wird überall höflich und zuvorkommend behandelt. Der Krieg scheint für den überwiegenden Teil der türkischen Bevölkerung eine sehr geschäftliche Angelegenheit zu sein. Die Sympathie wird sich in erster Linie derjenigen Mächtegruppe zuwenden, welche die weitestgehende Gewähr für einen lebhaften Warenaustausch sowie einträgliche Handelsbeziehungen, für einen baldigen Frieden und für eine territoriale Unversehrtheit der Türkei bietet."

Berlin, 18. Juli 1942

Gezeichnet: Reichsbankräte Thoms und Graupner

Die Reichsbankräte errichteten in Istanbul bei den Filialen der DEUTSCHEN BANK und DRESDNER BANK ein Goldsichtkonto. Auf dem Depotkonto verbuchte man Guthaben der einzelnen Auftraggeber in Gold. Wenn ein bestimmter Gesamtbetrag erreicht wurde, lieferte die Reichsbank die entsprechende Goldmenge und das Konto mußte nicht ausgeglichen werden. Die DRESDNER BANK bot der Reichsbank an, den Gegenwert in SFR über den SCHWEIZER BANKVEREIN SBV oder die SCHWEIZERISCHE BANKGESELLSCHAFT SBG oder über die Svenska Handelsbanken in Stockholm in schwedischen Kronen zu beschaffen. [200]

Der Erlös gelangte überwiegend auf ein SFR-Sonderkonto der DRESDNER BANK bei der DEUTSCHEN GOLDDISKONTBANK, welche zur Deutschen Reichsbank gehörte.

Auf einer wöchentlich beflogenen Kurierstrecke der Deutschen Lufthansa Berlin-Wien-Istanbul mit Zwischenlandungen in Budapest und Sofia wurden die Goldtransporte mit einer JU 52 amtlich durchgeführt. Die Transporte waren bei der ALLIANZ AG und später bei der NORDDEUTSCHEN-VERMITTLUNGS-GESELLSCHAFT versichert und verliefen störungsfrei, vom Flughafen Yesilköy in Istanbul wurde das Gold in das Deutsche Konsulat und von dort zur DOB verbracht, welche es an die Diplomaten verteilte.

Am 3.12.1942 kaufte die DRESDNER BANK 1 kgf Barrengold bei der Reichsbank noch zu einem Preis von 4.970 SFr., am 27.10.1943 mußte sie bereits 6.500 SFr bezahlen. Auf dem freien Markt in Istanbul konnten rund 12.000 SFr erzielt werden, [201] realistischer dürfte eine Gewinnspanne von 30 % sein, welche in einer Aktennotiz vom 16.08.1960 vom ehemaligen DOB-Direktor Johannes Posth angegeben wird. Für den Türkeihandel ließ die DRESDNER BANK die schweren 12,5 kg Goldbarren in handlichere 1 kg und 0,5 kg Barren bei der Degussa umschmelzen. [202]

Der Arbitragehandel führte dem Reich so Millionen an Devisen zu und die DRESDNER BANK verdiente auch nicht schlecht. Sie deponierte ihre eigenen Gewinne von rund 2,079 SFr in Gold bei ihrer Länderbank in Wien, bei der Bulgarischen Handelsbank in Sofia und in ihrer rumänischen Filiale in Bukarest. Der Banque de Salonique in Athen und den Mittelmeerwerften mit Sitz in Wien lieferte sie Gold zur Finanzierung der Werft Anbelaki in Griechenland. [203]

Der Telegrammverkehr zwischen der Devisenabteilung der DRESDNER BANK und der Istanbuler Filiale wurde seit Juli 1943 mit Tarnbegriffen versehen. Die Tarnnamen lauteten:

- Midas für Gold	- Andersen für Reichsbank
- Maronen für Napoleon Goldstücke	- Regula für das Land Schweiz
- Reguladohlen für Schweizer Franken	- Binderstücke für holländische Goldmünzen
- Perfidium für London	- Ballen für Goldbarren [204]

Im Juni 1943 lieferte die Reichsbank 3.047 kgf Gold, welches aus einem Ankauf der Türkischen Nationalbank bei der Schweizerischen Nationalbank stammte. Die Reichsbank übernahm das in der Schweiz erworbene Gold der Türkischen Nationalbank und lieferte eine entsprechende Goldmenge in die Türkei, wobei es sich hier um umgeschmolzenes Belgisches Gold gehandelt hat. Weitere Geschäfte zwischen der Reichsbank und der Türkischen Nationalbank gab es nicht. [205]

Die nachweisbare Gesamtmenge des von der Reichsbank an die DRESDNER BANK verkauften Barrengoldes betrug 2.218 kgf, wie Quittungen, das Barrenbuch der Reichsbank und das Ausgangsbuch der Degussa bestätigen; die nachweisbare Gesamtmenge der angekauften Goldmünzen beträgt 3.543,605 kgf; damit hat die DRESDNER BANK während des Krieges nachweislich 5.762 kgf, also rund 5 Tonnen Gold bezogen. [206]

Nach dem Steinberg-Bericht [207] bezog die Wiener Tochter der DEUTSCHEN BANK, die CREDIT-ANSTALT / BANKVEREIN von der Reichsbank im gleichen Zeitraum 4.967 kgf an Gold.

Der größte Teil des von der DRESDNER BANK und der DEUTSCHEN BANK in der Türkei verkauften Goldes, rund 10 Tonnen ging in private Haushalte. Amerikanische Quellen deuten darauf hin, daß der Absatz aber auch über türkische Geschäftsbanken lief. [208]

Der Historiker Dr. Johannes Bähr führt in seinem Bericht aus, daß die DRESDNER BANK eindeutig nachweisbar 24 Barren Opfergold mit einem Gewicht von 274,1653 kgf bezog, eventuell war dies auch noch bei weiteren fünf Barren der Fall. Die Gesamtmenge müßte dann auf 324,840 kgf erhöht worden sein. Die DEUTSCHE BANK erhielt rund 744 kgf Barrengold aus den insgesamt 2.577 kgf Opfergold, welches von der SS durch den SS-Hauptsturmführer Melmer für das SS-Wirtschafts-und Verwaltungs Hauptamt in Berlin abgeliefert wurde.

Die Türkische Regierung und die TÜRKISCHE NATIONAL- UND ZENTRALBANK hatten vor dem Hintergrund der Inflationserfahrung im eigenen Lande kein Vertrauen in Devisen, daher wurden die Devisenbestände der Zentralbank weitgehend in Gold konvertiert. Große Goldmengen gingen hauptsächlich durch Transaktionen mit den USA und Großbritannien zur TÜRKISCHEN NATIONAL- UND ZENTRALBANK, deren Goldreserve von 27,4 Tonnen auf 216,2 Tonnen im Jahre 1945 anstieg.

Die Einstellung der Chromerzlieferungen nach Deutschland und der Abbruch aller diplomatischen Beziehungen wurde auf Druck der Alliierten am 20.4.1944 vom türkischen Ministerpräsidenten Menemencioglu vor der Großen Türkischen Nationalversammlung bekannt gegeben. [209]

Albert Speer hatte in einer Denkschrift an Hitler am 12.11.1943 für diesen Fall voraus gesagt, daß der Krieg dann zehn Monate später zu Ende sein werde. [210]

Nach dem Abbruch der diplomatischen Beziehungen mußte die DOB ihr Geschäft neu ordnen. Sie versuchte ihr Gold und das der LÄNDERBANK WIEN in die sichere Schweiz zu transferieren. Ein vergleichbarer Fall war das „TRINITAS-GOLD" der DEUTSCHEN BANK, daß in der Schweiz deponiert und auf Veranlassung von Hermann Josef Abs nicht verkauft wurde.

Verschiedene Quelle belegen, daß 1944 in der Türkei der Goldpreis um fast 15 % zurückging, da größere Mengen Gold aus Großbritannien auf den türkischen Markt gelangt waren. Die DEUTSCHE ORIENTBANK (DOB) berichtete in einem Schreiben an das Auslandssekretariat der DRESDNER BANK vom 30.5.1944 über das britische Gold: [211]

„Das Office of Strategic Services (OSS) vermutet, daß dieses Gold über Gaziantep, eine Stadt an der syrischen Grenze, eingeschmuggelt wird." [212]

Dem ALTIN Bericht von 1944 ist zu entnehmen, daß umfangreiche Goldimporte aus Syrien stattgefunden haben, erwähnt wird auch ROTHSCHILD GOLD. [213]

Für den Gegenwert wurden Medikamente und Nahrungsmittel nach Syrien ausgeführt. Ob das Gold aus Großbritannien bzw. Syrien wegen des hohen Preises in der Türkei verkauft wurde, oder ob es die Alliierten einführten, um den türkischen Markt für Gold aus Deutschland zusammenbrechen zu lassen, bleibt offen.

Beschlagnahme von Gold bei der Türkischen Nationalbank und die Herausgabe im Jahre 1963 an die DRESDNER BANK

Über die Istanbuler Filiale wurden unter dem Kennwort „Sebastian" größere Devisentransfers der DOB an die Reichsbank getätigt. [214] Das verbliebene Gold der DRESDNER BANK mit 100 kg und 20.000 Goldmünzen wurde in die Deutsche Botschaft gebracht und mit dem Goldbestand der Botschaft, welcher 143,6 kg Barrengold und 12 799 Goldmünzen hatte, an die Gesandtschaft der Schweiz übergeben. Am 12.09.1945 übergab dann die Schweizer Gesandtschaft beide Goldbestände an das Türkische Außenministerium. Das Übergabeprotokoll weist den türkischen Abteilungsleiter Fikret Belbez als Empfänger aus. [215]

Die Sowjetunion ließ am 29.5.1945 die Tresore der DRESDNER BANK in Berlin öffnen und erbeutete 168,766 kgf Goldmünzen aus dem Tresor Nr. 5. [216] Diese Goldmünzen setzten sich aus belgischen, holländischen und französischen Münzen zusammen.

Die Goldmünzen wurden kurz vor Kriegsende von der Tochter der DRESDNER BANK, der SOCIETATEA BANCARA ROMANA aus Bukarest und von der Bulgarischen Handelsbank in Sofia nach Berlin zurückgeflogen. Dieses Gold wurde nicht der Inter Alliierten Reparations Agentur IARA und damit der TGC von der Sowjetunion überstellt. Die Sowjetunion gehörte nicht der TGC an.

Die Türkei blockierte 1944 auch das deutsche Auslandsvermögen. Dazu gehörten Guthaben der Reichsbank und der Istanbuler Filialen der DRESDNER BANK und DEUTSCHEN BANK bei türkischen Banken. Das neue NATO-Land Türkei gab mit Gesetz Nr. 7326 vom 5.6.1959 dieses blockierte Vermögen wieder frei und im September 1959 wurden die Finanzbehörden in Istanbul angewiesen, die Siegel von den Archiven der DEUTSCHEN ORIENTBANK zu entfernen.

Am 22.6.1960 erhielt die DRESDNER BANK Filiale DOB in 27 Säcken 100 kgf Barrengold und 20.000 Goldmünzen vollständig zurück. [217] Das Ankaragold wurde am 8.3.1963 von der ALLIANZ VERSICHERUNGS AG unter Policen-Nr. V 00504 für eine Umlagerung von der BANQUE OTTOMANE am 12.3.1963 zur Deutschen Botschaft in Ankara versichert. Zwischen dem 17.3.1965 und dem 19.5.1965 wurden fünf Lieferungen per Landkurier nach Bonn gesandt. Die restlichen Goldmünzen wurden in 12 Säcke verpackt und mit einer Bundeswehrmaschine ausgeflogen, am 29.5.1965 nahm die DRESDNER BANK das Gold auf dem Militärflughafen Köln-Wahn entgegen. [218]

Der Goldbestand der Deutschen Botschaft mit 143,6 kgf und 12.799 Goldmünzen wurde am 11.10.1960 an die Deutsche Botschaft in Ankara zurückgegeben. Am 29.10.1961 landete die erste Nordatlas Maschine der Bundeswehr des Lufttransportgeschwaders 61 in Wiesbaden mit dem Ankaragold, es wurde zur Deutschen Bundesbank gefahren. [219]

Am 5.10. und 6.10.1944 ging das Gold der DRESDNER BANK Tochter LÄNDERBANK WIEN mit einem Gesamtgewicht von 280,693.172 kgf nach München zur DRESDNER BANK. Dort wurde es 1945 der amerikanischen Militärregierung übergeben.

Die amerikanische Hohe Kommission flog das Gold am 29.11.1951 nach New York zur FEDERAL RESERVE BANK of New York zu Gunsten der TGC. Der Goldbestand der Istanbuler Filiale der DEUTSCHEN BANK belief sich im August 1944 auf ca. 72,5 kg, die dann bis Kriegsende und darüber hinaus in der Türkei vollständig verkauft wurden. [220]

Die DRESDNER BANK im 2. Weltkrieg

Die Leitung der DRESDNER BANK im Krieg hatten die Vorstände Karl Rasche und Emil Meyer übernommen, welche neben anderen Aufsichtsratmitgliedern Ehrenränge in der SS besaßen. Der Militärgerichtshof in Nürnberg verurteilte Rasche zu 7 Jahren Haft, nach vorzeitiger Entlassung starb er 1951. Meyer war seit 1933 Mitglied der NSDAP und der SS, bei Kriegende beging er Selbstmord. Die DRESDNER BANK stand politisch voll hinter dem NS-Regime und wurde während des Krieges zum wichtigsten und größten privaten Kreditgeber der SS. Das aufgebaute NS-Netzwerk der Geschäftsleitung half der DRESDNER BANK auch bei der Expansion. [221]

Sie übernahm die Kontrolle der wichtigen BÖHMISCHEN ESCOMPTE BANK und betrieb unter Rasche eine „Arisierung" der Schwerindustrie in der Tschechoslowakei. Die in Posen ansässige Tochter OSTBANK AG arbeitete eng mit der HAUPTTREUHANDSTELLE OST (HTO) zusammen, über die polnische Vermögen konfisziert und liquidiert wurden. Der HANDELSTRUST WEST N.V. in Amsterdam und die CONTINENTALE BANK S.A. in Brüssel, beide Tochtergesellschaften der DRESDNER BANK beteiligten sich an der Arisierung niederländischer und belgischer Firmen ebenso, wie die KOMMERZIALBANK in Krakau und die OSTLANDBANK in Riga. Für den Balkan leitete die zur DRESDNER BANK gehörende LÄNDERBANK IN WIEN den NS-Expansionskurs. Nach dem Anschluß der Ostmark (Österreich) 1938 hatte die DRESDNER BANK ihre Wiener Tochter MERCURBANK mit den Niederlassungen der BANQUE DE PAYS DE L EUROPE CENTRALE (mit einer Niederlassung in Monaco) und der ZIVNOSTENSKA BANKA zur Länderbank Wien vereinigt. Es wurden Filialen in Budapest, Preßburg (Bratislava) und Krakau gegründet. [221]

Die DRESDNER BANK übernahm Beteiligungen an der KROATISCHEN LÄNDERBANK und der UNGARISCHEN ALLGEMEINEN KREDITBANK. 1943 wurden die SÜD-BANK in Belgrad gegründet und die Beziehungen zur SOCIETATEA BANCARA ROMANA (RUMÄNISCHE BANKANSTALT) in Bukarest ausgebaut. Weitere Stützpunkte waren die alten Filialen in Kairo und in Südamerika, sowie im neutralen Ausland. Über die Allgemeine Waren Finanzierungs Gesellschaft (ALLWAFINAG) beteiligte sich die DRESDNER BANK aktiv an der Tarnung deutschen Auslandsvermögens. [221]

Goldbarren hat die DRESDNER BANK im Rahmen von Transaktionen der in Spanien tätigen SOFINDUS Gruppe an die DRESDNER BANK Tochter DEUTSCH SÜDAMERIKANISCHE BANK in der französischen Grenzstadt Hendaye, wo auch Reichsbankrat Thoms war, geliefert. Kapitaleigner der SOFINDUS-Holding war die dem Reichswirtschaftsministerium angegliederte ROHSTOFF WAREN KOMPENSATION HANDELS GMBH. [222]

Wichtige Zweigstellen der DEUTSCHEN und DRESDNER BANK wurden nach dem Krieg kurzfristig umbenannt, weil man annehmen mußte, daß die Banken mit dem alten Namen stärker in Verbindung mit dem NS-Staat gebracht und dann von den Besatzungsmächten liquidiert und geschlossen würden. Die DEUTSCHE BANK Filiale Barmen wurde so die „RHEINISCH WESTFÄLISCHE BANK" - Außenhandelsbank -. Die DEUTSCHE BANK Filiale Hamburg wurde in „NORDDEUTSCHE BANK IN HAMBURG" umbenannt, sie wurde auch Vertreter der alten DEUTSCHEN ÜBERSEEISCHEN BANK mit ihren Zweigniederlassungen in Südamerika, insbesondere Argentinien.

Aus den Niederlassungen der DRESDNER BANK entstehen 1947 11 Teilbanken. Die DRESDNER BANK in Hamburg wurde so zur HAMBURGER KREDITBANK, Mitglied des Vorstandes war der ehemalige Reichsbankvizepräsident Emil Puhl. Er hat mit alten Reichsbankbediensteten und wichtigen Bankkontakten im In- und Ausland zum Wiederaufbau des Bankwesens in Deutschland beigetragen. Jetzt wurden in den westlichen Besatzungszonen die alten Zweigstellen der Reichsbank in Hamburg und München die wichtigsten staatlichen Drehscheiben im Bank- und Finanzgewerbe.

Bereits am 28. Juli 1952 schrieb Emil Puhl in seiner neuen Position an Dr. Kramer, dem Treuhänder der Deutschen Reichsbank in Hamburg: [223]

„Wir erlauben uns, Ihnen heute folgenden Fall vorzutragen:

Die Amerikanische Botschaft in Berlin hatte im Jahre 1941 Schwierigkeiten bei der Durchführung von Unterstützungszahlungen innerhalb Deutschlands und in der Bereitstellung von Gehältern etc. für ihr Berliner Personal einschließlich der Militär- und Marine-Attachées. Die DRESDNER BANK hat sich seinerzeit nach Verhandlungen mit dem damaligen amerikanischen Botschaftssekretär Kennan und dem Distributing Officer Mr. Howard, mit Zustimmung des Reichswirtschaftsministeriums bereit erklärt, die von Angehörigen der Botschaft ausgestellten Dollarschecks auf den Secretary of State, Sichttratten auf den Treasurer of the United States, sowie Schecks, ausgestellt von den Mitgliedern der Botschaft und des Stabes der Militärattachées zu Lasten ihrer persönlichen Konten auf amerikanische Banken, jeweils sofort in Reichsmark einzulösen.

Die Verrechnung erfolgte in der Weise, daß die DRESDNER BANK die Schecks an die FEDERAL RESERVE BANK, New York, mit dem Auftrag weiterleitete, das dort geführte Konto der Deutschen Reichsbank mit den Dollarbeträgen zu erkennen, woraufhin die Reichsbank der DRESDNER BANK in Berlin den Gegenwert in Reichsmark zur Verfügung stellte.

Im Jahre 1942 hat die Reichsbank die DRESDNER BANK für von dieser in der Zeit vom 18.7. bis 18.10.1941 abgelieferte Schecks im Gesamtbetrag von US $ 317.734.51 zurückbelastet, weil ihr die Gutschrift aus New York nicht mehr zugegangen ist. Wir bemerken noch, daß der Dollargegenwert der von der DRESDNER BANK angekauften Schecks in freien Dollar zur Verfügung gestellt und nicht den Bestimmungen betreffend eingefrorene Dollarguthaben unterworfen werden sollte.

Wir bitten Sie, uns gefälligst wissen zu lassen, was seitens der Deutschen Reichsbank in dieser Angelegenheit inzwischen unternommen worden ist und uns den Inhalt der Ihnen in dieser Angelegenheit zugegangenen Informationen zur Kenntnis zu bringen."

Für Ihre Bemühungen danken wir Ihnen im voraus bestens und zeichnen

mit vorzüglicher Hochachtung

DRESDNER BANK   Gezeichnet: Emil Puhl   Eistel

Der Goldhandel der DRESDNER und DEUTSCHEN BANK

Die Gesamtmenge des von der Reichsbank an die DRESDNER BANK verkauften Barrengoldes betrug 2.136 kgf.. Das von der DRESDNER BANK bei der Degussa eingelieferte Scheidgut wird mit 2.058,718.0 kgf angegeben, bestätigt wird dieser Befund durch die Bücher der Degussa, die anders als die Barrenbücher der Deutschen Reichsbank im Original vollständig erhalten sind.

Zusammen mit angekauften Goldmünzen mit einem Gewicht von 3.543,605.4 kgf hat die DRESDNER BANK während des Kriegs nachweislich eine Gesamtmenge an Gold von rund 5.762 kgf erhalten. [224]

Die DEUTSCHE BANK erhielt von der Reichsbank 4.446 kgf Gold, davon 2.456 kgf in Form von Barren, sie kaufte weitere 901 kgf in der Schweiz an. Die bezogene Goldmenge lag damit insgesamt bei 5.347 kgf, die Gesamtmenge der Goldverkäufe der DEUTSCHEN BANK wird mit 4.967 kgf angegeben. [225]

Der Anteil der DRESDNER BANK an den gesamten Goldabgaben der Reichsbank mit 644.807,28 kgf., rund 645 Tonnen, während der gesamten Kriegszeit lag bei rund 0,57 %, der Anteil der DEUTSCHE BANK bei rund 0,49 %.

Der spanische Deal über 500 Tonnen Gold mit Stalin

Der weltweit bis heute einzigartige Gold- und Devisenhandel mit der Sowjetunion und der spanischen Regierung im Spanischen Bürgerkrieg 1936 war ein weiteres und bisher nicht beachtetes Motiv Adolf Hitlers streng geheimer Planung mit dem Tarnnamen „Barbarossa", dem Überfall auf die Sowjetunion.

Die Geschichte fängt im 16. Jahrhundert an, als internationale Bankiers die spanischen Eroberungsfeldzüge finanzierten. Nach den Eroberungen wollten die Bankiers ihre Rendite sehen. So mußten Indios für den König von Spanien und die internationalen Bankiers in amerikanischen Gold- und Silberminen arbeiten.

Das Gold Amerikas war der Treibstoff für die europäische Wirtschaft. Sevilla war der Treffpunkt der Galeonen zur Abfahrt nach Amerika und die Goldsammelstelle bei der Rückkehr. Die Gier nach Gold hat unermeßliche Kunstschätze zerstört, um materiellen Reichtum anzuhäufen.

Die königliche Münzanstalt „REAL CASAL MONEDA" in Sevilla war im 16. Jahrhundert die größte der Welt und beschäftigte über 300 Mitarbeiter. Es wurde täglich Gold im Wert von rund 1 Million Pesos eingeschmolzen und zu Münzen geschlagen, nach damaligen Wert eine unvorstellbare Summe.

1503 bis 1660 produzierten die Spanier rund 300 Tonnen Gold und 25.000 Tonnen Silber in Sevilla. Größter Nutznießer außer der spanischen Krone war die katholische Kirche. Ein Zehntel der Stadt Sevilla, damals die reichste Stadt der Welt, war in kirchlichem Besitz. Den Erzbischöfen von Sevilla unterstand in den ersten Jahren der Konquista die Kirche in der neuen Welt. Die Kathedrale Giralda von Sevilla wurde zum größten und reichsten Tempel der Christenheit nach dem Petersdom ausgebaut.

Columbus ermöglichte den Zugang zu Millionen von Gläubigen und damit den Zugang zu neuen unermeßlichen Kirchensteuern. Mit dem Ausdruck tiefer Dankbarkeit bestattete die Kirche Christoph Columbus und ließ einen tonnenschweren Altar aus Gold von den bekanntesten Künstlern der damaligen Zeit innerhalb der Kathedrale errichten.

Das Indienarchiv in Sevilla wurde 1503 als eine Königliche Behörde gegründet. Sie regelte und wickelte den Überseehandel mit Amerika ab und war sozusagen die erste Treuhandanstalt. Bevor das verarbeitete Gold und Silber in den Wirtschaftskreislauf kam wurde es im Indienarchiv zwischengelagert. Spanien wurde nach zahlreichen Kriegen das Armenhaus Europas, die sozialen Gegensätze verschärften sich.

1931 wird die Republik ausgerufen. Als die Republik grundlegende soziale Reformen beschließt erhebt sich im Juli 1936 General Franko gegen die rechtmäßige Regierung, unterstützt von Adel, Kirche und Hochfinanz. Es kommt zum Bürgerkrieg.

Die Putschisten die von Deutschland und Italien unterstützt werden haben anfangs Erfolg. Im Oktober 1936 haben sie Madrid fast eingeschlossen und die deutsche Legion Condor bombardiert die Stadt. Die legitime Regierung wird international isoliert und kann keine Waffen kaufen, dabei hat sie noch große Goldreserven.

Es folgt der Beschluß aller europäischen Regierungen im August 1936 zu einem Nichteinmischungspakt. Die Sowjetunion ist der einzige Verbündete der ersten spanischen Demokratie. Die republikanische Regierung beschließt, ihre gesamten Gold- und Devisenreserven der Sowjetunion als Bürgschaft für Waffenlieferungen zur Verfügung zu stellen. Urheber dieses Beschlusses waren Staatspräsident Manuel S. und Finanzminister Juan Negril.

Spanien gilt als armes Land, doch in der Bank von Spanien in Madrid lagerten 1936 die 4. größten Goldreserven der Welt. Über 500 Tonnen Gold, die Reste der Schätze Amerikas. Es schien genug, um den Widerstand gegen General Franko zu finanzieren.

Mitte Oktober 1936 verladen spanische Polizisten und Milizionäre 10.000 Kisten in Lastwagen um sie ans Mittelmeer zu bringen, anwesend waren auch sowjetische Agenten und Militärs. Die Lastwagen wurden von sowjetischen Panzerfahrern gelenkt, die Schutzmannschaft bestand aus republikanischen Elitetruppen und sowjetischen NKWD-Geheimdienstmitgliedern. [226]

4 sowjetische Schiffe legten am 25.10.1936 mit Kurs auf Odessa im Schwarzen Meer ab. Am 2.11.1936 kommen die Schiffe in Odessa und am 7.11.1936 kommt der Konvoi im Kiewer Bahnhof in Moskau an. Das spanische Gold, wie es in der Sowjetunion genannt wird, deponierte man in der Sowjetischen Zentralbank in Moskau. Erst jetzt geben Clemens Boroschiloff, der sowjetische Verteidigungsminister und Stalin die geheimen Waffenlieferungen an Spanien frei. [226]

Der Verrechnungsmechanismus und die Waffenlieferungen wurden im Politbüro diskutiert. Stalin persönlich legte die Preise der Lieferungen fest, sie wurden der spanischen Regierung vorgelegt und erst bei deren Zustimmung wurde ausgeliefert. Es ist von Stalin genau ausgerechnet worden, daß mit den russischen Lieferungen alles Gold aufgebraucht wurde. Erst ab März 1938 erfolgten die Lieferungen auf Kredit.

Finanzminister Gregory Fedorovitch Grinko und der Präsident der Sowjetischen Zentralbank Krestinski bestätigten dem spanischen Botschafter Marcelino Pascua in Moskau den Wert und die Menge der Edelmetalle: [226]

313.265.255	Stück Spanische Goldpesos	mit einem Gewicht von	101.351.329,55 gr.
136.285.348	Stück Golddollar	mit einem Gewicht von	227.698.051,35 gr.
	Französische Goldmünzen	mit einem Gewicht von	94.743.568,05 gr.
	Goldmark	mit einem Gewicht von	159.069,20 gr.

Die rund 500 Tonnen Gold wurde in Moskau umgeschmolzen, um sicher zu gehen, daß der Feingehalt des Goldes den Angaben entsprach. Über die Qualität und den Wert der russischen Waffen, die nach Spanien geliefert wurden, gibt es widersprüchliche Meinungen. Vor allem im Vergleich zur deutschen Waffenhilfe für General Franko, welche gegen Kredit erfolgte. Aber es ist unbestreitbar, daß ohne die sowjetische Unterstützung die Republik keine drei Jahre widerstanden hätte. Am 1.April 1939 endete der Spanische Bürgerkrieg mit der Niederlage der Republik und Stalin soll gesagt haben, daß ihn jetzt Spanien nicht mehr interessiere.

Das Spanische Außenministerium und die Sozialistische Partei Spaniens, welche damals verantwortlich für den Golddeal zeichnete, geben heute an, keine Unterlagen über das

Goldgeschäft zu finden und auch niemanden zu kennen, der weitere Auskünfte über den Goldtransport nach Moskau erteilen könnte. Im Depot für Edelmetalle der Sowjetischen Zentralbank in Moskau lagerte endgültig das umgeschmolzene spanische Gold.
Die Deutsche Abwehr unter Admiral Canaris wußte von General Franko, daß sich der spanische Goldschatz jetzt in Moskau befand. Es gibt Hinweise, daß Adolf Hitler den „spanisch-russischen Goldschatz" durch ein Devisenschutzkommando bei der Eroberung Moskaus nach Berlin holen wollte. 500 Tonnen Gold wären in Berlin zur Finanzierung weiterer Kriegslasten gern gesehen worden. Nach dem gescheiterten Ostfeldzug der Deutschen Wehrmacht finanzierte Stalin mit spanischem Gold einen Großteil seiner Kriegskosten gegen Deutschland.

Wieviel spanisches Gold heute noch in Moskau lagert war nicht zu erfahren. Man spricht aber davon, daß die US-Getreidelieferungen in den 60iger und 70iger Jahren mit diesem Gold bezahlt wurden. Das vor 500 Jahren den Azteken und anderen Besitzern geraubte Gold scheint bei keinem bleiben zu wollen.

Nach dem Krieg hatte Francos Spanien ehemals deutsches Gold entweder direkt aus der Schweiz oder über eine Tochtergesellschaft der DEUTSCHEN BANK in Buenos Aires in Argentinien erhalten. Als Spanien 1951 bei der US CITI-BANK ein 300 Millionen Dollar Darlehen beantragte und 600 Goldbarren als Garantie anbot, stellte sich heraus, daß 190 Goldbarren aus den Beständen der Reichsbank stammten und mit dem Reichsadler und Hakenkreuz gekennzeichnet waren, so der Schweizer Ökonomieprofessor, Gian Trepp. [227]

Dies sei auch der FEDERAL RESERVE BANK in den USA bekannt gewesen, das NS-Gold sei deshalb in US-Barren umgeschmolzen worden. Als solche kamen sie 1958, als Spanien den Kredit zurückgezahlt hatte, zurück in die Madrider Tresore. [228]

Der Goldhandel der Reichsbank über Tarnfirmen in Spanien

Der Goldhandel mit Spanien wurde außer mit der Reichsbank auch mit dem Bankgeschäft SPONHOLZ & Co in Berlin, dem Bankgeschäft H. Fetschow & Sohn in Berlin, sowie mit der Dresdner und DEUTSCHEN BANK in Berlin abgewickelt.

Reichsbankrat Graupner, welcher nach dem Krieg bei der Landeszentralbank in München arbeitete, schrieb einen vertraulichen Vermerk über den Goldhandel mit Spanien: [229]

„Gegen Ende Juni 1944 hatte die Firma OTTO WOLFF mit Zustimmung des Auswärtigen Amtes und vorangegangenen Besprechungen zwischen Herrn Wolff, Herrn Siedersleben, Herrn Dr. Gramsch und Dr. KADGIEN vom Vierjahresplan, Herrn Reichsbankvizepräsident Puhl und Herrn Reichsbankdirektor Reinel einen Betrag von

2.380.950,-- Golddollars berechnet zu RM 4,20 für 1 $ = RM 9.999.990,--

zur Verwertung in ihrer spanischen Zweigstelle überlassen. Den Gegenwert bezahlte die Firma Wolff an die Reichsbank zunächst in Reichsmark. Aufgrund der getroffenen Vereinbarungen wurde diese Goldmenge mit $ 1.200.000,-- in 60 Kisten und $ 1.180.950,-- in 59 Kisten verpackt und am 30. Juni 1944 in 2 voneinander getrennt liegenden Reichsbanktransporten mit der Eisenbahn von Berlin über Aschaffenburg zur Reichsbank Nebenstelle auf den Weg gebracht. Beide Sendungen wurden im Auftrage und für Rechnung Firma Wolff bei der THURINGIA VERSICHERUNGS AG in Berlin versichert. Die Transportkosten wurden von Wolff übernommen. Nach 2 Tagen Lagerung bei der Reichsbank in Aschaffenburg übernahm die Wehrmacht das Gold und brachte es mit Lastkraftwagen über französisches Gebiet nach Spanien. Als Ablieferung und Einlagerung des Goldes wurde Madrid bestimmt.

Die Mittelsmänner der Firma Wolff führten die Verwertung der Golddollars in Spanien durch. Diese Verwertung erfolgte anfangs nur sehr schleppend und zog sich schließlich bis Ende März 1945 hin. Die erzielten Erlöse aus dem Gold flossen in Schweizer Franken und Peseten der Reichsbank zu, die nach jeden Eingang eines Teil Devisenerlöses den entsprechenden Reichsmark Gegenwert an Wolff vergütete. Die Firma Wolff hatte sich für die Bemühungen eine Provision von 3 % vom Erlös ausgehandelt, die ihm aber bis zu meiner Abreise aus Berlin, am 13.4.1945, seitens der Reichsbank noch nicht vergütet worden war."

In einer geheimen Aufzeichnung des Auswärtigen Amtes über Maßnahmen zur Steigerung des Wolframbezuges aus Spanien vom 17. April 1944 finden sich weitere Hinweise: [230]

„ ...Der Führer äußerte sich am 23.1.1944, daß alles getan werden müsse, um die größtmögliche Menge von Rohstoffen aus Spanien, vor allen Dingen aber von Wolfram für uns zu sichern; den geäußerten Waffenwünschen der Spanier sollte nach einem Entscheid des Führers weitgehend entgegengekommen werden...

Es wurde beschlossen:

1.) Abschluß langfristiger Lieferverträge, womöglich auch vordatierter Verträge. Hierdurch soll der spanischen Regierung die Möglichkeit gegeben werden, der Feindseite gegenüber auf Bindungen an Deutschland hinzuweisen. Deswegen soll es auch bei den möglichst bis 1950 abzuschließenden Verträgen nicht darauf ankommen, ob sie in vollem Umfang realisiert werden können (Scheinverträge).
2.) Aufkauf etwa noch gehorteter Wolframmengen und deren sofortiger Abtransport.
3.) Steigerung der Produktion deutscher Minen durch Bereitstellung deutscher Maschinen, Entsendung von Ingenieuren und Steigern und Neuerwerb von Minen.
4.) Bereitstellung eines Dispositionsfonds für die Botschaft, damit sie jederzeit über Zahlungsmittel verfügt (Eröffnung eines Goldakkreditivs für die Botschaft erfolgt).
5.) Anregung des RAM, die private Initiative in möglichstem Umfang einzusetzen (Herr Bernhardt, Leiter SOFINDUS und Herr Eltze).

Es ist geglückt, bereits 184 Tonnen über die Grenze zu bringen und es sind Vorbereitungen getroffen worden, weitere 600 Tonnen illegal bis Ende Mai nach Deutschland zu schaffen.

Der Gegenwert von 2 Mio. RM steht in Bern der deutschen Botschaft zur Verfügung. Es ist geplant, im Bedarfsfall Schweizer Franken zunächst in Escudos zu verwandeln und die Escudos dann in Peseten. Für die nächste Zeit besteht keine Notwendigkeit, dieses Depot anzugreifen, weil für Wolframkäufe Geldmittel zur Verfügung stehen.

Gezeichnet: Legationsrat Sabath

Im Nachkriegs-Deutschland bestätigt am 23.12.54 das Finanzministerium dem deutschen Wirtschaftsminister eine Ressortbesprechung vom 14.10.1954. Der wesentliche Punkt dieser

Besprechung war die Klärung der Frage, in welcher Form ausländische Staaten Ersatzforderungen gegen den Bund stellen könnten, falls Lieferungen von Raubgold während des Krieges durch die Reichsbank oder das Reich erfolgt seien.

Vorsorglich sollten Rückstellungen der Reichsbankrestmasse bis zur Klärung von Ansprüchen solcher Ersatzleistungen von Raubgold oder flüssige Beträge bei der Bank deutscher Länder in einen zu bildenden Tilgungsfonds vorgenommen werden.

Zur Begründung der Ansprüche Spaniens führt der Finanzminister aus, daß sich Spanien in einem Notenwechsel mit den USA am 30.4. und am 3.5.1948 bereit erklärt hat, Goldmengen, die es während des Krieges von Deutschland erworben hatte, an die Alliierten auszuliefern. Spanien lieferte schließlich an die Alliierten 101,6 kg deutsches Gold ab.

Es stellt sich die Frage, ob die Firma Wolff zu Kriegsende das ihr anvertraute und nicht in Devisen umgetauschte Gold der Reichsbank an die deutsche Gesandtschaft in Lissabon, Spanien und Monaco oder an eine andere deutsche Dienststelle zurückgeben konnte.

Goldhandel mit Schweden

Schweden verlor in den ersten zwei Kriegsmonaten durch deutsche U-Boote sechs Handelsschiffe und bis Dezember 1939 weitere 25 Handelsschiffe mit insgesamt 43.871 BRT. Später exportierte Schweden von 1940 bis 1943 rund 35 Millionen Tonnen Eisenerze nach Deutschland. [231]

Eine Aufzeichnung des Gesandten Schnurre der Handelspolitischen Abteilung (HALPOL) im Auswärtigen Amt am 1. Dezember 1941 belegt den umfangreichen „Handelsaustausch" mit Schweden:

„Das Schwedische Außenministerium hat zur Stärkung seiner Verhandlungsposition gegenüber Deutschland kürzlich das nachfolgende Memorandum über die bisherigen Leistungen Schwedens während des jetzigen Krieges übergeben. Die Zusammenstellung zeigt, zu welchen beträchtlichen Leistungen, insbesondere auf dem Transport- und Nachschubgebiet zu Wasser und zu Lande, Schweden durch die hartnäckigen und schwierigen Verhandlungen der letzten Monate herangezogen werden konnte. Hiermit dem Herrn Staatssekretär, dem Reichsaußenminister vorzulegen."

Gezeichnet: Schnurre

Streng vertraulich !   Pro Memoria   Stockholm, den 18. November 1941

1.) Die Durchfuhr durch Schweden für Rechnung der deutschen Wehrmacht nach und von Norwegen erstreckt sich wie bekannt zum Teil auf Urlauber, zum Teil ingewissem Umfange auf geringe deutsche Truppeneinheiten, nämlich für den Truppenaustausch zwischen Mittel- und Nordnorwegen (Hufeisenverkehr), schließlich zum Teil auf Waren aller Art (Kriegsmaterial und anderes Wehrmachtsgut). Seit Beginn der Urlaubertransporte im Juli 1940 bis zum 1. November 1941 sind durch Schweden nach oder von Norwegen oder zwischen Trondheim und Narvik insgesamt ca. 670.000 deutsche Wehrmachtsangehörige, d.h. durchschnittlich 1.400 Mann pro Tag, transportiert worden. Im Augenblick werden pro Monat ca. 30.000 bis 40.000 deutsche Wehrmachtsangehörige nach Norwegen und ebenso viele von Norwegen transportiert. Für Rechnung der deutschen Wehrmacht werden per Monat ca. 1.000 bis 1.500 beladene Eisenbahnwaggons nach Norwegen transportiert. Ein beträchtlicher Teil dieser Eisenbahnwaggons ist mit Kriegsmaterial beladen.

2.) Die Durchfuhr durch Schweden für Rechnung der deutschen Wehrmacht nach und von Finnland erstreckt sich zum Teil auf Reisende, zum Teil auf Güter aller Art. Für Reisende im Auftrage der deutschen Wehrmacht werden zweimal in der Woche besondere direkte Wagen zwischen Storlien und Haparanda via Gällivare in beiden Richtungen zur Verfügung gestellt. Auf diesem Wege sind seit Ausbruch des deutsch-russischen Krieges bis zum 1. November 1941 3.500 deutsche Reisende von Norwegen durch Schweden nach Haparanda und 1.600 Reisende von Haparanda nach Norwegen befördert worden. In derselben Zeit sind für Rechnung der deutschen Wehrmacht 5.000 Eisenbahnwaggons mit einem Ladegewicht von ca. 75.000 t mit Wehrmachtsgut auf schwedischen Eisenbahnlinien von Deutschland oder Norwegen nach Haparanda geleitet worden. Von diesen Waggons waren 2.500 mit Kriegsmaterial beladen, die einer Menge von ca. 37.000 t durch Schweden nach Haparanda verfrachteten Kriegsmaterials entsprechen. Eine Einschränkung der Transporte von Wehrmachtsgut durch Schweden ist nur erfolgt, soweit die Leistungsfähigkeit der finnischen Eisenbahnen, die Güter in Tornea entgegenzunehmen, dies notwendig machte.

3.) Kurieren, die für Rechnung der deutschen Wehrmacht durch Schweden zwischen Norwegen, Dänemark, Finnland und Deutschland reisen, sind weitgehende Erleichterungen in Paß- und Sichtvermerksangelegenheiten zugestanden worden.

4.) Durch schwedische Territorialgewässer sind seit Ausbruch des deutsch-russischen Krieges bis zum 10. November 1941 von Deutschland nach Finnland unter besonderer Begleitung von schwedischen Kriegsfahrzeugen und schwedischen Flugzeugen 26 deutsche Truppen- und Kriegsmaterialtransporte, im ganzen über 70 deutsche Fahrzeuge mit einer Gesamttonnage von ca. 420.000 BRT, geleitet worden. Die Schiffe waren mit Truppen und Kriegsmaterial beladen und sind, sofern es deren Sicherheit verlangte, durch die inneren schwedischen Territorialgewässer geführt worden.

5.) Nach besonderer Vereinbarung fliegen deutsche militärische Kurierflugzeuge über Schweden sowohl zwischen Norwegen und Finnland als auch zwischen Deutschland und Finnland. Nach einem dieser Tage getroffenen besonderen Abkommen dürfen während der Wintermonate nicht mehr als 60 deutsche Kurierflugzeuge per Woche schwedisches Gebiet überfliegen. Darüber hinaus fliegen deutsche Krankenflugzeuge über Schweden zwischen Finnland und Norwegen.

6.) Auf schwedischen Eisenbahnen und unter teilweiser Verwendung von schwedischerseits zur Verfügung gestellten Lazarettzügen sind seit Ausbruch des deutsch-russischen Krieges rund 11.000 Verwundete der deutschen Truppen in Nordfinnland von Haparanda nach Oslo transportiert worden.

7.) Schwedischerseits ist die Anlage umfangreicher Transitlager in Luelá und Umgebung für Rechnung der deutschen Wehrmacht zugestanden worden. Die Lager bestehen u.a. aus

6.000 t Lebensmittel sowie Brennölen, Fourage ect. Von diesen Lagern transportierten die deutschen Stellen mit ungefähr 40 Lastkraftwagen Waren zu den deutschen Truppen in Finnland.

8.) Die schwedische Armee hat aus ihren Mobilisierungsbeständen 2.000 Zelte á 25 Mann mit zugehörigen Heizöfen der Armee des General Dietl zur Verfügung gestellt.

9.) Auf Antrag der Deutschen Luftwaffe bzw. der deutschen Armee ist die Genehmigung zur Ausfuhr von 700 schwedischen LKW und PKW bzw. zum Anmieten von 350 schwedischen LKW erteilt worden.

10. Der deutsch-schwedische Güteraustausch hat bekanntlich seit dem Kriege eine bedeutende Ausweitung erfahren. Die Gesamtumsätze im deutsch-schwedischen Clearing betrugen z.B. 1938 799,7 Millionen Kronen, 1940 1.368,1 Millionen Kronen und werden 1941 voraussichtlich zwischen 1.800 und 1.900 Millionen Kronen liegen. Da im Zusammenhang mit dem deutsch-russischen Kriege Schwierigkeiten bei der Erfüllung bestimmter deutscher Lieferungen entstanden sind und hierdurch eine gewisse Stockung des Clearings eingetreten ist, hat die Schwedische Regierung einen Clearingkredit von 100 Millionen Kronen bewilligt. Eine weitere Folge des deutsch-russischen Krieges war die Zurückziehung der deutschen Tonnage, die normalerweise den größeren Teil der deutsch-schwedischen Seetransporte besorgte, und ihr Einsatz an anderer Stelle. An ihrer Stelle hat die schwedische Tonnage den Hauptteil der deutsch-schwedischen Transporte durchgeführt.

11. Während des Krieges in Norwegen wurde der Hafen von Narvik ziemlich gründlich zerstört. Auf deutschen Antrag hat der schwedische Grängesberg-Konzern einige wichtige Teile der Hafenanlagen in kurzer Zeit wieder hergestellt. Da die Aufrechterhaltung der Schiffahrt in größerem Umfang nach Narvik nach wie vor schwierig ist, war die Erleichterung der Erztransporte über Luelá, den zweiten Verschiffungshafen für die Lappland-Erze, von größter Bedeutung. Dies hat sich auch in unerwartet großem Umfange ermöglichen lassen. So sind im laufenden Jahr zeitweise bis zu 45.000 t Erz pro Tag über Luelá verschifft worden, was früher für unmöglich gehalten wurde.

12. Während des Jahres 1941 hat Schweden an Finnland folgende Lebensmittelposten geliefert: 23.000 t Getreide, 8.400 t Mehl, 3.400 t Brot, 6.288 t Kartoffeln, 5.265 t Fleisch, 1.844 t Butter, 460 t Margarine, 229 t Zucker und 500 t Melasse.

13. Seit Ausbruch des finnisch-russischen Krieges hat Schweden folgende Posten Kriegsmaterial an Finnland geliefert: für 8.142.000 Kronen Munition, für 2.740.000 Kronen Pulver, für 1.197.000 Kronen Signalmaterial, für 350.000 Kronen Intendanturmaterial und für 1.200.000 Kronen anderes Material.

Dem deutsch-schwedischen Wirtschaftsabkommen vom 19. Dezember 1941, welches von beiden Regierungsausschüssen von Dr. Walter und G. Hägglöf unterzeichnet wurde, ging ein deutsch-schwedisches „geheimes Protokoll" über die Lieferung von deutschem Kriegsgerät vom 8. Dezember 1941 voraus: [232]

Es wurde Einverständnis über folgendes erzielt:

I. Vorbehaltlich der Geschäftsabschlüsse zwischen den deutschen Lieferfirmen und dem schwedischen Einfuhrstellen wird deutscherseits die Lieferung folgenden Kriegsgerätes nach Schweden zugesagt:

1) etwa 15.000 Stück Doppelferngläser 6x30, lieferbar in 6-8 Monaten nach Geschäftsabschluß in etwa gleichen Monatsraten;
2) etwa 1.000 Stück Monokulare der Firmen Zeiss, Busch usw., lieferbar wie zu 1);
3) 2.000 Stück leichte Maschinengewehre mit Zubehör und Munition (Menge wird noch festgelegt) der Brünner Waffenwerke, lieferbar in etwa 6 gleichen Monatsraten;
4) 110 Stück leichte Feldhaubitzen 10,5 cm mit 300.000 Schuß, lieferbar das Gerät mindestens 8 Stück monatlich, ebenso 30.000 Schuß monatlich. (Der schwedische Wunsch auf Erhöhung der Lieferung auf 140 Geräte und 400.000 Schuß wird deutscherseits geprüft werden);
5) 3 Batterien zu je 3 Geschützen 21-cm Langrohrkanone Skoda mit 1.350 Stück Halbpanzergranaten und 1.350 Sprenggranaten. (Der schwedische Wunsch auf Lizenzerwerb für die Fertigung von Sprenggranaten anstelle der Lieferung wird deutscherseits geprüft werden);
6) 25 Millionen Schuß Pistolenmunition Parabellum 08, lieferbar in Monatsraten von rund 3 Millionen Schuß, (Der schwedische Wunsch auf Erhöhung um bis zu 50 Millionen Schuß wird deutscherseits geprüft werden);
7) bis zu 340 Stück 20-Watt-Ultra-Kurzwellensender und bis zu 940 Stück Empfänger sowie bis zu 50 Stück Telefunken 15-Watt-Geräte, lieferbar im zweiten Halbjahr 1942
8) bis zu 1.300 Stück Telefunken-Tornister-Empfänger, lieferbar im Jahre 1943
(Zu den Ziffern 7 und 8 wird nachgeprüft werden, ob mit Rücksicht auf die langen Lieferzeiten statt dessen die Nachbaurechte erworben werden können.)

10 % des Kaufpreises jeder deutschen Lieferung werden schwedischerseits außerhalb des deutsch-schwedischen Verrechnungsabkommens in schwedischen Kronen unter Umrechnung zum amtlichen Berliner Mittelkurs gezahlt. Über diese schwedischen Kronen kann deutscherseits zur Zahlung innerhalb Schwedens frei verfügt werden. Die Bezahlung der restlichen 90 % des Kaufpreises erfolgt im Wege des deutsch-schwedischen Verrechnungs- abkommens. Schwedischerseits wird dafür gesorgt, daß die zur Herstellung der gekauften Geräte usw. benötigten Mengen an Legierungs- und Nichteisenmetallen, sowie sonstigen in Deutschland beschränkt vorhandenen Rohstoffen, wie Kautschuk, zugeliefert werden. Diese zugelieferten Rohstoffe werden deutscherseits im Wege des deutsch-schwedischen Verrechnungsabkommen bezahlt. [233]

I. Deutscherseits wird dem Verkauf des Nachbaurechts der Fertigung von Patronenhülsen aus Stahl zugestimmt werden. Deutscherseits wird beschleunigte Nachprüfung der Lieferungsmöglichkeit für bis zu 600 unbereifte Geländewagen, Typ A 330 Klöckner-Humboldt-Deutz AG, Werk Ulm zugesagt.

II. Das aus Deutschland bezogene Kriegsgerät und die auf Grund der Nachbaurechte gefertigten Geräte usw. werden ausschließlich von der schwedischen Wehrmacht verwendet werden; desgleichen werden die Nachbaurechte nur in Schweden ausgenutzt werden.

Gezeichnet: Dr. Walter und G. Hägglöf

Der Leiter der Hauptkasse der Reichsbank, Reichsbankrat Thoms, erstellt am 25. Juli 1944 nachfolgende Notiz für das Reichsbankdirektorium: [234]

Betreff: Werttransport Berlin – Stockholm

Für die Überführung von 1.000 kgf Feingold in Reichsgoldmünzen nach Stockholm kämen als Abteiltransport mit der Eisenbahn zwei Wege in Frage:

a) Verbindung Warnemünde-Gedser-Kopenhagen-Malmö-Stockholm.
   Abfahrt Berlin   7.16 Uhr   an   Kopenhagen   18.23 Uhr
   ab Kopenhagen 10.10 Uhr   an   Stockholm   21.35 Uhr
   Einlagerung der Werte in Kopenhagen mit Unterstützung von Reichsbankdirektor Sattler

b) Verbindung Saßnitz-Trälleborg-Malmö-Stockholm.
   Abfahrt Berlin 10.04 Uhr an Stralsund 14.12. Uhr, dort Einlagerung bei der Reichsbank –
   Abfahrt am nächsten Morgen 7.10 Uhr an Saßnitz 9.17 Uhr oder
   Lastkraftwagen Berlin – Saßnitz/Hafen. Fährbetrieb täglich einmal ab Saßnitz/Hafen ca. 10 Uhr nur für Güterverkehr. Genehmigung der Mitreise wird durch Reichsbankdirektion Berlin erteilt.

Der Weg über Saßnitz ist vorzuziehen, da sich der Transport schneller und durch Vermeidung der Einlagerung als Transitware in Kopenhagen auch reibungsloser abwickeln würde. Auf schwedischen Boden könnte die Schwedische Reichsbank durch rechtzeitige Informierung der Zoll- und Eisenbahnbehörden für die glatte Durchführung des Transports vorsorgen. Die Visabeschaffung bei der Schwedischen Gesandtschaft soll ca. 14 Tage in Anspruch nehmen. Wenn auch durch Einflußnahme der Schwedischen Reichsbank diese Zeit abzukürzen wäre, dürfte doch mit Rücksicht auf die gebotene Eile der Luftweg vorzuziehen sein.

Die Lufthansa ist bereit, mit dem täglichen Passagierflug ca. 100 kg Frachtgut von der Reichsbank anzunehmen. Die Gewichtsmenge ist als Mindestlast anzusehen, sie richtet sich nach Beanspruchung durch Passagiergepäck und dürfte an Tagen schwächeren Verkehrs auch 150 kg betragen. Die erste Sendung kann Mittwoch, den 26. Juli 1944 aufgegeben werden.

Gezeichnet: Hauptkasse   Thoms

Entschädigungszahlungen von Schweden an Belgien und die Alliierten

Der deutsche Bundeswirtschaftsminister schrieb am 20. August 1954 vertraulich ein Schreiben an die Bank deutscher Länder: [235]

„ ... Er teilt u.a. mit, daß die Deutsche Reichsbank an Schweden Gold im Werte von SKR 100 Mio. verkauft habe, hierbei soll es sich um belgisches „Raubgold" gehandelt haben. Aufgrund dieser Darstellung und auf Betreiben der Alliierten hat die schwedische Regierung nach dem Krieg Feingold in Höhe von 7.155,33 kg an Belgien zurückgegeben.

Die alliierte Seite behauptet, daß dieses Gold nach der Beschlagnahme eingeschmolzen und mit falschen Stempel und Dokumenten versehen worden sei. Es muß mit der Möglichkeit gerechnet werden, daß von schwedischer Seite Rechtsansprüche gegen die Bundesrepublik geltend gemacht werden. Der Finanzminister bittet um Aufklärung, da keine Unterlagen vorhanden sind, sollten sachkundige Persönlichkeiten und Zeitzeugen über die Goldgeschäfte und Goldherkunft der Reichsbank befragt werden".

Der Reichsbanktreuhänder Benckert schrieb an den Bundeswirtschaftsminister: [236]

„Die Schweden waren an Bezahlung in Gold nicht sehr interessiert, weil sie selbst Gold nicht leicht wieder absetzen konnten. Sie verlangten, wenn ihnen deutscherseits Gold geboten wurde, Bezahlung in „einwandfreien Gold". Schon deshalb ist es sehr unwahrscheinlich, daß man ihnen bei Goldzahlungen Belgisches Gold mitgeliefert hat. Die Reichsbank hat Routine gemäß Gold in Berlin umschmelzen lassen, im Krieg allerdings in beschränktem Umfang.

Etwa für 50 Millionen Reichsmark Belgisches Gold wurde in der Wiener Münze umgeschmolzen, wo man kaiserliche deutsche Prägestempel zur Verfügung hatte.

Von diesem umgeprägtem Gold mag ein kleiner Teil nach Schweden gegangen sein. Schweden hat nach Kenntnis der befragten Herren niemals Beanstandungen der deutschen Goldlieferungen ausgesprochen, obwohl diese nach der geschilderten Einstellung der Schweden gegebenenfalls nahegelegen hätte."

Gold- und Devisenhandel mit Rumänien

Im weiteren Verlauf verwendete der Vierjahresplan [237] auch Teile des Belgischen Goldes im Gegenwert von RM 200 Millionen zur Bezahlung von Warenschulden (Erdöl) an Rumänien.

Rumänien verfügte über beträchtliche SFr-Reserven, die aus dem Überschuß des Außenhandels mit der Schweiz resultierten. Für die gesamte Kriegszeit betrugen die Goldverkäufe der Schweiz an Bukarest 112 Millionen Franken, einschließlich Franken, die Deutschland der rumänischen Nationalbank abtrat. Ein Großteil der Goldlieferungen der Schweiz diente zur Bezahlung ihrer beträchtlichen Warenkäufe. Die Schweiz wie Deutschland waren fast vollständig von Rumänien abhängig, das mehr als drei Viertel ihres Bedarfs an Erdölprodukten deckte. 1941 und 1943 lieferte Rumänien allein 80 % und 90 % des Heizölbedarfs der Schweiz, während die eigenen Kriegsreserven einem Verbrauch von 2-3 Monaten entsprachen. [238]

Die Hauptkasse der Reichsbank schrieb dem Auswärtigen Amt am 19. Juni 1944 betreffend dem Goldtransport nach Bukarest vom 19.05.1944: [239]

„Die Vorbereitung für die auf Veranlassung des Vierjahresplanes nach Bukarest durchzuführenden Transporte wurden nach den in den anliegenden Vermerken vom 16. und 17. Mai 1944 gegebenen Richtlinien getroffen.

Die Goldmünzen wurden in neutrale Beutel eingefüllt und auch die zur Aufnahme von je vier dieser Beutel gewählten, besonders widerstandsfähigen Säcke zeigten keine Kennzeichnung. Sowohl Innenbeutel als Überbeutel wurden mit neutralen Plombenverschlüssen versehen. Der Kurier des Auswärtigen Amtes, dem die Beförderung der ersten Teillieferung übertragen worden war, nahm einige Tage vor dem Abflug Gelegenheit die Einzelheiten der Verpackung durchzusprechen. Es wurde ihm gesagt, daß das Auswärtige Amt bei früheren ähnlichen Anlässen eigene Kuriersäcke zur Aufnahme der bereits von der Reichsbank in der vorangehend beschriebenen Form hergerichteten Werte zur Verfügung gestellt hatte.

Dieser Vorgang beweist, daß entgegen der vom Auswärtigen Amt gegebenen Darstellung für die Tarnung des Transportes ganz bestimmte Vorschläge gemacht worden sind. Am Vortage des Fluges erschienen der Kurier und ein weiterer Beamter der Kurierabteilung zum Abschluß der Verpackungsarbeiten mit der Erklärung. daß geeignete Kurierbeutel nicht zur Verfügung ständen. Es wäre aber ausreichend, wenn die von der Reichsbank vorbereiteten Säcke die Spezialverschnürung mit Holzfahne und Plombe des Auswärtigen Amtes erhielten; auf die Verwendung des von uns bereit gehaltenen Verpackungsmaterials für die Kurierbeutel könne verzichtet werden.

Das Auswärtige Amt war selbstverständlich über die Notwendigkeit der unbedingten Geheimhaltung und unauffälligen Durchführung des Transportes genauestes unterrichtet. Wir hatten unsere Maßnahmen nicht nur auf eine zweckentsprechende Verpackung der Werte erstreckt, sondern als weitere Sicherung auch die Ausstellung von Kurierausweisen durch das Auswärtige Amt für die Beamten der Reichsbank vorgeschlagen um nicht die Zusammenarbeit Auswärtiges Amt – Reichsbank während des Reiseweges in Erscheinung treten zu lassen. Dieser Anregung war nicht stattgegeben worden. Das Auswärtige Amt betrachtete die Durchführung des Goldtransportes als eigene Angelegenheit; der von der Reichsbank beigegebene Begleiter sollte vornehmlich zur Erledigung der geschäftlichen Abwicklung am Bestimmungsort herangezogen werden. Unter diesem Gesichtspunkt hatten wir keine Veranlassung, die Maßnahme des Auswärtigen Amtes zu kritisieren und mußten ihm die volle Verantwortung für den guten Ablauf der Angelegenheit überlassen.

In diesem Zusammenhang sei noch erwähnt, daß die ungewöhnliche Form des Kuriergepäcks kaum das besondere Interesse der Rumänischen Überwachungsbehörden erregt haben dürfte. Wir glauben vielmehr, daß die Rumänische Gesandtschaft in Berlin schon vor Abgang des Transports auf die besondere Transaktion aufmerksam geworden war. Für diese Annahme spricht die fernmündliche Bitte der Gesandtschaft an das Reichsbankdirektorium um eine Information über einen dringenden Transport, den das Auswärtige Amt nach einer von ihm gegebenen schriftlichen Mitteilung gemeinsam mit der Reichsbank nach Bukarest durchzuführen beabsichtige."

Gezeichnet: Hauptkasse

Rumänien mußte sich im Waffenstillstandsabkommen vom 12.09.1944 zur Zahlung von 300 Millionen Dollar Reparationen an die Sowjetunion verpflichten. 50 % dieser Lieferungen waren Öl und Ölprodukte, der Rest aufgeteilt in Getreide und Holzprodukte, See- und Flußschiffe, verschiedenen Maschinen usw., die Reparationsperiode betrug 6 Jahre.

Das deutsche Eigentum in Rumänien war der Sowjetunion in Potsdam [240] als deutsche Reparationsleistung zugesprochen worden. Der Begriff des deutschen Eigentums wurde aber, wie in anderen osteuropäischen Staaten auch, außerordentlich weit gefaßt. Die Sowjetunion beanspruchte alles, was zu irgendeinem Zeitpunkt in deutscher Hand gewesen war, gleichgültig, wie es erworben worden war. Das hieß, das auch während des Krieges von den Deutschen konfiszierter rumänischer und sogar westlicher Besitz nun an die Sowjetunion fiel.

Rumänien mußte auch seine Schulden gegenüber Hitlerdeutschland an die Sowjetunion bezahlen, während seine Guthaben in Deutschland gestrichen wurden. Rumänien mußte sich weiter verpflichten, allen während des Krieges zerstörten alliierten Besitz zu zwei Dritteln seines ursprünglichen Wertes zu entschädigen, was eine Belastung von weiteren 70 Millionen Dollar gebracht haben soll. [241]

Rumänien verlor seinen gesamten Auslandsbesitz und mußte noch Kosten für die Alliierte Kontrollkommission oder für die Übergabe des deutschen Kriegsmaterial leisten. Die Sowjetunion gründete rumänisch russische Gesellschaften mit dem Namen Sovrom, z.B. Sovrompetrol. Diese gemischten Gesellschaften waren von der Steuer befreit, konnten über beliebig viele Devisen verfügen und wurden bevorzugt mit Rohstoffen beliefert.

Trotzdem mußte der rumänische Staat Verluste ausgleichen, ohne jemals Gewinne erhalten zu haben, welche direkt in die Sowjetunion flossen. Der Wert dieser Leistungen wird mit 200 bis 300 Millionen Dollar geschätzt.

Der rumänische Fall zeigt, daß Reparationen auch ohne fremde Kredite und Hilfe, wie den Marshallplan der USA, möglich waren. Der Preis für die Leistungsfähigkeit war hoch, da die Lebensbedingungen in den ersten Nachkriegsjahren sehr schlecht waren und auch heute noch nicht auf europäischen Standard stehen.

Der Gold- und Devisenhandel des Vatikan

Die Geheimdiplomatie von Papst Pius XII. mit Abwehrchef Admiral W. Canaris

Zwischen dem Amtschef der deutschen Abwehr Admiral Wilhelm Canaris und dem wichtigsten Mann des Auswärtigen Amtes Freiherr Ernst von Weizsäcker bestand ein besonderes Vertrauensverhältnis und eine damit verbundene enge Freundschaft. Freiherr von Weizsäcker wird 1938 Leiter der Politischen Abteilung im AA und bleibt es bis 1943, wo er Botschafter beim Heiligen Stuhl wird. Anfang Oktober 1939 empfängt Weizsäcker, der Dienstälteste leitende Staatssekretär im Auswärtigen Amt, seinen Freund Canaris bei sich zu Hause. Der Chef der Abwehr war mit einer dicken Aktentasche voller Schriftstücke und Fotos gekommen, den Beweisunterlagen für die auf Hitlers Befehl durch die SS begangenen Verbrechen in Polen. Die dabei abgegebenen Erklärungen des Admirals erhöhten noch die Beweiskraft der Untaten und Weizsäcker war aufs tiefste erschüttert. [242]

Dr. Joseph Müller, Münchner Rechtsanwalt, Mitglied der früheren Bayrischen Volkspartei, Vertrauter Kardinal Faulhabers und ein NS-Gegner wurde 1939 Sonderbeauftragter der Abwehr in München. Dr. Müller hatte viele bedeutende Persönlichkeiten des Vatikan zum Freund und war mit Papst Pius XII. gut bekannt. Er wurde vom Jesuitenpater Robert Leiber, dem Geheimsekretär des Papstes unterstützt. Die Aufgabe Müllers bestand darin, die äußersten Bedingungen zu erfahren, unter denen Großbritannien zu einer Beendigung des Kriegszustandes bereit wäre, wobei sich der Papst als Vermittler bei der Einhaltung zu schließender Abmachungen einschalten sollte.

Der Sonderbeauftragte ließ im Auftrag von Canaris Erkundigungen beim britischen Botschafter am Vatikan Sir Francis D`Archy Osborne über einen Verhandlungsfrieden einholen. Ende Oktober waren die Sondierungsgespräche in der Umgebung des Papstes so weit gediehen, daß Dr. Müller mitteilten konnte, daß Pius XII. gewogen sei, für eine unparteiische Regelung aller deutscher Fragen einzutreten, während Lord Halifax, der im Prinzip die große Linie der deutschen Auffassung billige, äußerste Zurückhaltung in puncto „Aufhebung der zentralen Macht in Deutschland" und der Möglichkeit eines „Referendums in Österreich" zeigte. Indessen habe der Papst Dr. Müller zugesichert, daß ein Friedensschluß nicht von Einzelheiten abhängen sollte, wenn man sich generell einig werden würde.

Das Verhandlungsergebnis wurde in Rom zu einem Bericht zusammengefaßt, der in Berlin durch Dr. Müller durchgesehen, korrigiert und mit Zustimmung von Canaris für die deutschen Generäle überarbeitet wurde. Dieser Bericht stellt Ende Februar 1940 fest, daß von deutscher Seite Friedensgespräche mit den Alliierten erst dann eröffnet werden könnten, wenn das NS Regime gestürzt und durch eine neue Regierung ersetzt werde, die sich vom bisherigen Regime völlig unterscheide und in der Lage sei, ihre eingegangenen Verpflichtungen zu erfüllen. Unter den Vorschlägen, die die Grenzziehung betreffen, sieht der Bericht vor, daß die Alliierten den Verbleib des Sudetenlandes bei Deutschland anerkennen und daß in Österreich und im Danziger Korridor ein Volksentscheid stattfinden werde.

Die vorzeitige Warnung des Vatikans vor der deutschen Westoffensive 1940 an die Niederlande und Belgien

2 Tage vor Beginn der deutschen Westoffensive schickt Monsignore Maglione vom Vatikan aus an die Nuntiaturen in Brüssel und Den Haag ein chiffriertes Telegramm, in welchem es heißt, daß „nach Mitteilung einer prominenten deutschen Persönlichkeit, die aus diesem Grund beim Vatikan vorsprach", eine deutsche Offensive gegen die Niederlande und Belgien „spätestens am 10. Mai 1940" stattfinden werde. Im Laufe des Abends funkt der belgische Gesandte beim Vatikan die gleiche Nachricht als chiffrierte Durchsage an den belgischen Außenminister. [243]

Diese geheime Information aus dem Vatikan veranlaßt die niederländische Königsfamilie rechtzeitig am ersten Tag der deutschen Offensive, am 10. Mai 1940 an Bord des britischen Zerstörers HMS Cordington mit Goldbarren für 382,6 Millionen Schweizer Franken, nach England zu fahren. Ebenso rettet die belgische Regierung ihren gesamten Goldbestand der Belgischen Nationalbank vor den deutschen Truppen, als sie diese Meldung vom Vatikan erhielt.

Alle Meldungen aus dem Vatikan werden im deutschen „Forschungsamt" aufgefangen. Dieses verfügt über die Schlüsselunterlagen der belgischen, holländischen, französischen und englischen Geheimcodes, kann also ohne Schwierigkeit entziffern und die Texte an die Abwehr weitergeben. Admiral Canaris mißbilligt zwar die Handlungsweise seiner Mitarbeiter, beschließt jedoch sie zu decken.

Der Leiter der SS-Dienststelle SD-Ausland, Dr. Walter Schellenberg, hat ebenfalls die Texte vom Forschungsamt erhalten und sie dem Chef des Reichssicherheitshauptamtes, Reinhard Heydrich, übergeben. Bereits seit Ende Januar 1940 erweckt die Tätigkeit von Dr. Müller im Vatikan die Aufmerksamkeit des SD. Anfang Mai beschließt Heydrich, der „Akte Canaris", die Canaris und seine Umgebung betrifft, den Decknamen „Schwarze Kapelle" nach der so benannten Sixtinischen Kapelle in Rom zu geben.

Der Vatikan und das deutsche Atomprogramm

Carl Friedrich von Weizsäcker, der Sohn des Freiherr Ernst von Weizsäcker, arbeitete mit deutschen Physikern am „Atomenergieprogramm". Die Wunderwaffe, auf die Hitler so sehr rechnete, um das Gesicht des Krieges zu verändern ist aber nicht die Atombombe, sondern es waren die V 1- und V 2-Raketen, die ersten Lenkraketen. Admiral Canaris und die deutschen Atomwissenschaftler konnten aufatmen, es würde keine deutsche Atombombe geben.

Der Abwehrchef und Freiherr Ernst von Weizsäcker wußten, daß alle beteiligten Wissenschaftler NS Gegner waren und wenn Admiral Canaris sie nicht so geschickt abgeschirmt hätte, wenn Hitler gewußt hätte, um welche Waffentechnik es sich wirklich handelte, dann hätte Deutschland wirklich vor den Amerikanern und vor den Russen die Atomwaffe besitzen können. [244]

Im März 1967 enthüllte Carl Friedrich von Weizsäcker, der inzwischen zur Kapazität unter den Atomphysikern geworden war, in einem Interview mit dem „Magazin Stern" diese

Hypothese. Auf Frage des Stern Reporters, „wie weit war Deutschland nach der Entwicklung bis zur Endstation 1945 in Haigerloch von der Herstellung einer Atombombe entfernt ?" antwortete Weizsäcker: „ Das ist nicht leicht zu sagen, unter friedensmäßigen Bedingungen – und die waren ja in den letzten Kriegsmonaten in Deutschland nicht mehr gegeben – wären wohl noch acht Monate erforderlich gewesen."

Die Geheimdiplomatie über den Vatikan rettete so nicht nur belgisches und holländisches Gold, sondern bewahrte Europa und die Welt vor einer deutschen Atombombe.

Der geheime Gold- und Devisenhandel im Vatikan

Die Sonderakte Inland IIg des Auswärtigen Amtes betreffen den Vatikan, seine diesbezüglichen SD-Meldungen und Vertrauensleute [deutsche Spione]. Ein Schreiben in den Akten belegt, daß es noch eine bisher unbekannte und „besondere Geheimhaltungsstufe" gegeben hat: [245]

GILT ALS GEHEIME REICHSSACHE !
IM INTERESSE DER UNBEDINGTEN GEHEIMHALTUNG NICHT EINGETRAGEN !

Es wurden Quittungen über den Erhalt von verschlossenen Briefen aus dem Sonderakt Vatikan eingelegt, so z.B. eine Quittung über: [246]

„Einen verschlossenen Brief für SS-Obersturmbannführer Dr. Schellenberg, der nur von diesem persönlich zu öffnen ist, erhalten zu haben, bescheinigt."

Berlin, 20.11.1941

„Der anliegende Umschlag ist unter dem Kennwort „Dollarangelegenheit Rom" verschlossen als „geheime Reichssache" zu den Akten zu nehmen." [247]

Berlin, 18.02.1942

Der Umschlag „Dollarangelegenheit Rom" wurde weder vernichtet, noch an den Amtschef des Militärischen Amtes (vorher Abwehr), Dr. Walter Schellenberg, aus- oder zurückgegeben. Er blieb daher in den Akten der Nachwelt erhalten und lüftet heute sein Geheimnis: [248]

„Anläßlich meines Aufenthaltes in Rom, während dessen ich mich u.a. mit dem Vatikan betreffenden nachrichtendienstlichen Angelegenheiten befaßte, erhielt ich Kenntnis davon, daß sich im Vatikan namhafte Mengen von Dollarnoten der verschiedenen Stückelung, sowie erhebliche Beträge in Dollarschecks befinden.

Ich erhielt durch einen absolut sicheren Gewährsmann ein Angebot auf Dollarbeträge bis zu 200.000,00 US $ in Banknoten und auf etwa den gleichen Betrag in Schecks. Die Lieferung könnte, nach Mitteilung meines Gewährsmannes, sofort beginnend, in laufenden Teilbeträgen erfolgen. Der Kurs beträgt etwa 50 – 55 italienische Lire pro Dollar. Die Zahlung müßte Zug um Zug in italienischen Lire erfolgen.

Weiter hat die gleiche Quelle etwa 4.000 englische Pfund in Goldmünzen angeboten, deren Kurs mir noch nicht bekannt ist. Auf ausdrücklichen Wunsch meines Gewährsmannes habe ich den Botschaften in Rom keine Kenntnis gegeben.

Wie ich weiter erfahren habe, werden Dollarnoten laufend durch Geistliche, Ordensangehörige usw. nach dem Vatikan verbracht. Sie gehen dort durch die Hand eines mir unbekannten Geistlichen.

Mein Gewährsmann hat mich darauf hingewiesen, daß in Anbetracht der Zerrüttung der italienischen Währung in Italien laufend ein lebhaftes Interesse dafür besteht, fremde Währungen auf dem schwarzen Markt zu erwerben. Er bat darum um rasche Verständigung, um für den Fall, daß von deutscher Seite ein Interesse am Erwerb der Dollarnoten, der Dollarschecks oder der englischen Goldpfunde besteht, den Ankauf seitens einer anderen Stelle auszuschalten. Ich bitte um Weisung. Für den fall, daß das Auswärtige Amt kein Interesse an der Angelegenheit haben sollte, bitte ich um die Genehmigung, den Reichsführer-SS verständigen zu dürfen, der, wie mir bekannt ist, am Erwerb fremder Währungen sehr interessiert ist."

Hiermit über Herrn Unterstaatssekretär Luther, Herrn Ministerialdirektor Schroeder vorgelegt.

Berlin, den 6. November 1941

Gezeichnet: Dr. Schellenberg

Botschafter von Weizsäcker ließ über Sonder-Geheim-Schreiber am 5. September 1943 ein geheimes Telegramm Nr. 399 dem AA in Berlin zukommen: [249]

„Generaldirektor der Wirtschaftsdienste der Vatikanstadt Enrico Galeazzi ist in erster Linie Verwaltungsbeamter. Offizielle vatikanische Verlautbarung im „Avverind" vom 4.9.43, daß seine Reise mit päpstlicher Finanzverwaltung und Angelegenheiten des Governatorats der Vatikanstadt zusammenhänge daher durchaus glaubhaft. Höre hierzu, daß zu seinem Reisegepäck mehrere Kisten gehörten, enthaltend Wertpapiere, die der Kirche gehören und die in USA fälligen finanztechnischen Manipulationen unterzogen werden sollen.

Da Galeazzi indessen ebenso wie sein Bruder, der Zahnarzt des Papstes ist, bei Pius XII wohl gelitten ist und Vertrauen genießt, soll seine Reise als Kurier nach USA zur Beförderung wichtiger Dokumente ausgenutzt worden sein. Zu besonderer politischer Mission, die diplomatische Verhandlungen erfordern würde, fehle Galeazzi, wie bereits berichtet, alle persönlichen Voraussetzungen."

Gezeichnet: Freiherr von Weizsäcker

Das Auswärtige Amt sandte Ende Oktober 1943 an zwölf Auslandsmissionen insgesamt rund RM 10 Millionen in Goldbarren und Goldmünzen zur Bestreitung ihrer laufenden Kosten. Die deutsche Botschaft im Vatikan wurden nach Aussage des Ministerialdirektors Hans Schröder im Auswärtigen Amt auch mit Gold beliefert. [250]

Die Sendungen nach Indien und in den Irak gingen zurück. Diese zwei Goldlieferungen wurden an die deutschen Botschaft nach Rom, zurückgesandt. Von dort gingen die Werte offenbar zum deutschen Botschafter beim Heiligen Stuhl, Herrn Freiherr von Weiz-säcker im Vatikan, als die Alliierten näher rückten. Weizsäcker konnte das Gold nicht mehr zum Auswärtigen Amt oder zur Reichsbank nach Berlin zurücksenden.

Die vier Goldsendungen aus Berlin können nicht von der kleinen Botschaft im Vatikan verbraucht worden sein, sie stellten einen Gegenwert von rund RM 3.000.000,00 dar. Die Alliierten fanden auch kein Gold in der Botschaft vor und Aufzeichnungen darüber wurden offenbar rechtzeitig vernichtet. Es besteht daher die Vermutung, daß die deutsche Botschaft beim Heiligen Stuhl die guten Verbindungen von Freiherr Ernst von Weizsäcker im Vatikan ausnutzte und das verbliebene Gold des Auswärtigen Amtes, außerhalb der Botschaft in Rom, im Vatikan in Sicherheit brachte.

Die Alliierten respektierten den Vatikan als neutrales Gebiet und es fand zu keinem Zeitpunkt eine Durchsuchung der deutschen Botschaft auf Heiligen Boden statt. Wenn man von den Goldlieferungen an die anderen Auslandsmissionen ausgeht, muß das Gold in der deutschen Botschaft im Vatikan zu Kriegsende ein Gewicht von mindestens 502,00 kg betragen haben.

Die außergewöhnliche Bedeutung des Vatikans für das Dritte Reich zu dieser Zeit läßt die „Geheime Reichssache", ein Schreiben aus dem „Sonderzug Westfalen" (Kommandozug des Reichsaußenministers Ribbentrop) am 1. Oktober 1943, an den Staatssekretär von Steengracht erkennen:

„Der Herr Reichsaußenminister hat an Hand der Vortragsnotiz betreffend Aufrechterhaltung eines funktelegrafischen Verkehrs der Botschaft beim Heiligen Stuhl in der Vatikanstadt folgendes angeordnet: [251]

1.) Die Vorlage eines Erlasses an Botschafter von Weizsäcker, in dem dieser darauf hingewiesen wird, daß die Mitnahme von Funkgeräten sowie eines Funkers in die Vatikanstadt vom Herrn RAM als unbedingt notwendig erachtet wird.
2.) Die Vorlage eines Erlasses an den Gesandten Rahn, in dem dieser angewiesen wird, für den Fall der Stadt Rom heute schon Vorkehrungen dafür zu treffen, daß wir selbst im Falle einer englisch-amerikanischen Besetzung noch über ausreichende Funkgeräte und sonstige Nachrichtenmittel in der Stadt verfügen. Der Herr RAM bezeichnete es als zweckmäßig, bewährte Faschisten mit dieser Aufgabe zu betrauen.
3.) Der Herr RAM bemerkte anschließend, Gesandter Selchow solle selbst möglichst bald nach Rom fahren, um sich dort an Ort und Stelle von den gegebenen Möglichkeiten ein Bild zu machen.

Auf die Eilbedürftigkeit der ganzen Angelegenheit wurde von dem Herrn Reichsaußenminister mehrfach hingewiesen.

Westfalen, den 1. Oktober 1943   Gezeichnet: Steg

Die Amerikaner bemerkten nach ihrer Besetzung Roms den deutschen Funkverkehr und beschlagnahmten das „erkennbar plazierte" Funkgerät in der deutschen Gesandtschaft beim Heiligen Stuhl. Sie übergaben das Gerät der Schweizer Schutzmacht, ohne die anderen versteckten Funkgeräte mit dem Personal in Rom oder dem Vatikan zu entdecken. [252]

Das deponierte NS-Gold in bayrischen Kirchen wurde 1945 vollständig an die US-Truppen übergeben.

Geheime Verbindungen und persönliche Einstellungen von Papst Pius XII. zu Adolf Hitler, zur Kirche im Dritten Reich und zum 2. Weltkrieg

Am 22. Juni 1942 wurde eine Aufzeichnung in „Geheimer Reichssache" erstellt. Das brisante Thema ging über die Besprechung aller Ressortvertreter im Auswärtigen Amt und die Frage, welche Beziehungen Deutschland zum Vatikan und zur Katholischen Kirche hatte. Sie wurde in nur drei Exemplaren geschrieben: [253]

1.) Der Führer wünscht nicht, daß die Beziehungen zur Katholischen Kirche reichseinheitlich zusammengefaßt bzw. vertreten werden. [Führerbefehl]
2.) Beziehungen zum Vatikan unterhält Deutschland ausschließlich für das Altreich, d.h. den Teil des Reiches, für den das Konkordat von 1933 gezeichnet worden ist.
3.) Obwohl das Konkordat in vielen Punkten überholt ist, betrachtet es der Führer als offiziell bestehend.
4.) Indem der Vatikan der Deutschen Regierung mitgeteilt hat, daß er für die Dauer des Krieges keine politischen Gebietsveränderungen anerkennen könne, hat er sich automatisch außerhalb jeder offiziellen Verbindung mit dem nach September 1939 angeschlossenen oder besetzten Gebieten gestellt. Der Führer wünscht aber, daß dasselbe Verhältnis auch in Bezug auf das frühere Österreich und die übrigen vor September 1939 angeschlossenen Gebiete hergestellt wird.
5.) Zuständig für diese Gebiete:
   - von deutscher Seite: die ordentlichen Vertreter des Reiches, also z.B. Reichsprotektor, Gouverneur, Reichskommissar und Reichsstatthalter;
   - von kirchlicher Seite: die örtlichen Vertreter der Kirche, also z.B. die Kardinäle, Bischöfe usw..

In diesen Gebieten würden also keine diplomatischen oder politischen Verbindungen mit dem Vatikan zugelassen werden. Hieraus ergibt sich, daß ausschließlich das Auswärtige Amt Verbindung mit dem Vatikan unterhält.

Freiherr von Weizsäcker schrieb am 17. März 1943 an den Gesandten Bergmann nach Berlin zum Auswärtigen Amt: [254]

„Der Nuntius erzählte mir heute, daß er bei einer zufälligen Zusammenkunft mit dem Japanischen Botschafter diesen wegen eines geeigneten Verfahrens der Übermittlung von Geldunterstützungen an ostasiatische, katholische Missionen angesprochen habe. Botschafter Oshima habe sich im Prinzip nicht ganz abgeneigt gezeigt, für ein Verfahren einzutreten, nach welchem eine Million Reichsmark bei ihm (Oshima) eingezahlt und von der Japanischen Regierung in Ostasien ein entsprechender Gegenwert für Missionszwecke ausgezahlt würde. Der Nuntius sagte, der Italienische Botschafter, der von der Sache wisse, wolle durch Cossato mit dem Gesandten Bergmann in der Sache Fühlung nehmen. Die Nuntiatur wäre sehr dankbar, wenn der hier genannten Anregung weitere Folge gegeben werden könnte."

Gezeichnet: von Weizsäcker

Gesandter Bergen sandte aus Rom am Geburtstag von Adolf Hitler gegen 14.10 Uhr das geheime Telegramm Nr. 143 nach Berlin zum Auswärtigen Amt: [255]

„Wie ich unter der Hand streng vertraulich höre, hat der schweizerische Bundespräsident Celio vor einigen Wochen, wahrscheinlich Februar, die Nuntiatur in Bern in amtlicher Form ersucht, den Papst im Namen der schweizerischen Regierung um die Einleitung einer Friedensvermittlungsaktion unter den kriegführenden Staaten zu bitten. Der Nuntius in Bern habe die Bitte an den Vatikan weitergeleitet unter Beifügung eines umfassenden Berichtes über die Lage, wie sie von der Schweiz aus gesehen werde. Die Bitte sei in der Hauptsache mit der Sorge, daß eine Weiterdauer des Krieges zur „Bolschewisierung" Europas führen würde, begründet. Ermittlungen über die dem schweizerischen Bundespräsidenten vom Papst erteilte Antwort waren bisher ergebnislos."

Gezeichnet: Bergen

Der damalige Chef der Sicherheitspolizei und des SD, SS-Standartenführer Dr. Schellenberg berichtete unter „geheim" am 13. Mai 1943 nach Berlin: [256]

Betreff: Italienischer Außenminister Ciano und englischer Botschafter am Vatikan, Osborne

„Von einem zuverlässigen Gewährsmann [deutschen Spion] wird gemeldet, daß die Vatikan Bibliothek (nur den Vatikanangehörigen zugänglich) der beliebteste Treffpunkt und Aufenthaltsraum der am Vatikan akkreditierten Vertreter der ausländischen Staaten ist. Der Gewährsmann berichtet weiter, daß Ciano sich oft in dieser Bibliothek und auch im Museum des Vatikans aufhält. Vor ungefähr vier Wochen (etwa um den 7. April) begab sich Ciano in das Museum des Vatikans, wo er sich mit dem englischen Botschafter Osborne traf. Osborne begrüßte ihn herzlich, indem er ihm lange die Hand reichte. Beide unterhielten sich angeregt ungefähr eine halbe Stunde lang. Vorher, etwa zwischen dem 28. und 30. März 43 hatten die Minister Bottai und Grandi im Vatikan mit dem englischen Botschafter eine Unterredung, welche unter den eingeweihten Angehörigen des Vatikans lebhaft besprochen wurde.

Am 19. April 1943 ließ der Papst den englischen Botschafter kommen, mit dem er sich gut vier Stunden unterhalten hat. Diese Zusammenkünfte bzw. Besprechungen konnten von dem Gewährsmann selbst festgestellt werden, während der Inhalt der Gespräche ihm unbekannt blieb. Die Tatsache, daß am Vatikan akkreditierte Gesandte, Minister und Persönlichkeiten aller Nationen in der Vatikan Bibliothek oft politische Unterhaltungen führen, hat zu einem Zwischenfall geführt. Vor einiger Zeit fand in der Bibliothek eine sehr lebhafte Diskussion statt, in deren Verlauf vatikanische Angestellte insofern eingriffen, als sie alle Anwesenden hinauswiesen. Seitdem hat der Papst die Anordnung getroffen, die Bibliothek zu schließen, sie wurde bis heute nicht wieder geöffnet."

In Vertretung:

Gezeichnet: Schellenberg SS-Standartenführer

Der Chef der Sicherheitspolizei und des SD, Vertreter im Amt SS-Sturmbannführer und Oberregierungsrat Dr. Hammer vom Amt IV, schrieb am 15. Mai 1943 an das Auswärtige Amt nach Berlin: [257]

Betreff: Geheimsekretär des Papstes, Pater Leiber

„Wie zuverlässig berichtet wird, hat einer der Geheimsekretäre des Papstes, der auch im Auswärtigen Amt bekannte Jesuitenpater Leiber, einen hiesigen Gewährsmann [deutschen Spion] mit Erkundungsaufträgen versehen. Der Gewährsmann soll sich im Auftrage Leibers in „vorsichtiger Form" informieren, welche deutschen militärischen Dienststellen sich noch in Rom befinden und welche bereits in die Umgebung verlegt worden seien. Außerdem soll der Gewährsmann in Gesprächen mit deutschen Soldaten und Offizieren versuchen festzustellen, welche Absichten das deutsche Militär gegenüber dem Vatikan im Falle „gewisser kriegerischer Ereignisse" habe. Es habe den Anschein, so führte Leiber aus, als solle der Vatikan deutscherseits besetzt werden.

Da diese Meldung gewisse Rückschlüsse auf die vom Vatikan vorliegenden Informationen bezüglich einer Invasion Italiens und etwaiger deutscher Gegenmaßnahmen in diesem Falle zuläßt, wird um Kenntnisnahme gebeten."

Im Auftrage: Dr. Hammer   SS-Sturmbannführer

Am 5. Juli 1943 sandte Freiherr Ernst von Weizsäcker, als deutscher Botschafter beim Heiligen Stuhl, ein Telegramm mit der No. 271 an das Auswärtige Amt nach Berlin: [258]

„Nachdem der Papst Pius XII. mir seine Grüße und Wünsche für den Führer aufgetragen und den Besuch des Herrn Reichsaußenministers im Vatikan am 11. März 1940 erwähnt hatte, behandelte er unsere Unterhandlung im wesentlichen drei Themen:

1.) Seine Dankbarkeit für die von ihm als Nuntius in Deutschland verbrachten Jahre sowie seine unveränderte Zuneigung zu Deutschland und zum deutschen Volke.
2.) Das deutsch-vatikanische Verhältnis. Hierbei sprach der Papst zunächst davon, daß das Reichskonkordat aus einem deutschen Wunsch entstanden sei. Leider hätten sich später Verhältnisse herausgebildet, die der Behandlung und Lösung zwischen Deutschland und dem Vatikan schwebender Fragen bis auf weiteres im Wege zu stehen scheinen. Diese nüchtern vorgebrachte Auffassung bestätige ich als der meinigen entsprechend. Für eine spätere Zeit erhofft der Papst selbstverständlich eine Auflösung der heutigen Schwierigkeiten.
3.) Die allgemeine Lage. Dieses Thema bot mir Gelegenheit, den deutschen Einsatz gegen den Bolschewismus gebührend hervorzuheben. Der Papst sprach von seinen eigenen Münchner Erfahrungen mit den Kommunisten im Jahre 1919. Er verurteilte die geistlose Formel unserer Gegner, die von einer „bedingungslosen Übergabe" rede. Er sprach gleichzeitig aus, daß zurzeit kein Ansatz zu irgendeiner praktischen Friedensarbeit vorhanden sei. Ich fügte hinzu, daß meine Regierung derartiges auch nicht erwarte. Das Gespräch, das gegen ½ Stunde dauerte, wurde vom Papst ohne sichtbare Leidenschaft, aber mit einem Unterton von geistlichen Eifer geführt, der nur bei der Behandlung der Bolschewistenbekämpfung in eine Anerkennung gemeinsamer Interessen mit dem Reich überging.

Es besteht Übereinstimmung, daß der Inhalt des Gesprächs vollkommen vertraulich zu behandeln ist."

Gezeichnet: Freiherr von Weizsäcker 21 Uhr 20

Botschafter Freiherr von Weizsäcker kabelte am 12. Juli 1943 geheimes Telegramm Nr. 287 nach Berlin: [259]

„Das Telegramm von Roosevelt an den Papst aus Anlaß der Landung amerikanischer Truppen in Sizilien hat im Vatikan wenig Freude erregt. Ein Unterstaatssekretär des Vatikans sagte mir heute, daß dieses Telegramm und besonders seine Publikation durch die amerikanischen Agenturen ein Propagandaverfahren darstelle, das nicht darum milder beurteilt werden könne, weil es sich um einen Wiederholungsfall handle. Eine Reaktion darauf schließe sich von selbst aus."

Gezeichnet: Freiherr von Weizsäcker

Gesandter Schleier schrieb aus Paris am 31. Juli 1943 ein geheimes Telegramm an den Staatssekretär im AA Berlin: [260]

„Wie Gesandter von Krug berichtet, teilte ihm Präsident Lava auf Grund einer Unterhaltung eines seiner Mitarbeiter mit dem Nuntius Valerio Valeri [Nuntiatur Paris] mit, daß in den Kreisen des Vatikans eine stärkere Neigung erkennbar wäre, die Achsenmächte und die Angloamerikaner einer Annäherung zum Kampf gegen den Bolschewismus entgegenzuführen. Diese Entwicklung datiere seit dem Tage der Bombardierung Roms [von den Alliierten].

Wie Gesandter von Krug ergänzend zu der fraglichen Unterredung erfuhr, sei Nuntius vom Mitarbeiter Lavals die Frage gestellt worden, ob der Papst noch immer eine Zusammenarbeit mit dem bolschewistischen Rußland für möglich halte und anstrebe. Der Nuntius habe daraufhin spontan erwidert, die russische-vatikanische Zusammenarbeit sei auf „1.000 Jahre" verschoben. Der Papst sei über die Möglichkeit eines Sieges Sowjetrusslands beunruhigt und mit allen Mitteln bestrebt, Frieden zwischen Deutschland und England anzubahnen. Er hoffe hierbei, England möge erkennen, daß es letzten Endes eines europäische Macht und für den Bestand der christlich europäischen Kultur verantwortlich sei."

Gezeichnet: Schleier

Zur Vorlage über Herrn Ministerialdirektor Schröder und den Herrn Staatssekretär bei dem Reichsaußenminister wurde die Vortragsnotiz vom 3. August 1943 verfaßt: [261]

„Oberregierungsrat Dr. Hammer vom Amt VI des Reichssicherheitshauptamtes brachte im Auftrage des SS-Oberführers Dr. Schellenberg hier die Frage des Einbaues eines Beamten des Amtes IV [deutscher Agent] bei unserer Botschaft am Vatikan zur Sprache. Dr. Hammer begründete die Notwendigkeit des Einbaus damit, daß nach Feststellungen des Amtes IV des Reichssicherheitshauptamtes beim Vatikan immer mehr Fäden der feindlichen Nachrichtendienste zusammenlaufen würden, die nur durch geschulten Nachrichtenmann unter die Lupe bzw. Beobachtung genommen werden könnten. Zur Zeit sei es für die in Rom bestellten

Agenten des SD überaus schwierig, in den Vatikan Eingang zu finden, um feindliches Nachrichtenmaterial zu sammeln und um hinter die Umtriebe der beim Vatikan heute noch ein- und ausgehenden englischen und amerikanischen Staatsangehörigen zu kommen. Der Einbau eines Agenten des Amtes IV bei unserer Botschaft steuere demzufolge weniger auf die Beobachtung des Vatikans selbst, die natürlich damit ebenfalls verbunden sei, hin, als auf die im Vordergrund stehende Beobachtung feindlicher Agenten und sonstiger deutschfeindlicher Kreise...

Inland II bittet daher um die Zustimmung des Herrn Reichsaußenministers, den Einbau des Agenten im Einvernehmen mit Herrn Botschafter von Weizsäcker durch die Personalabteilung vornehmen zu lassen.

Gezeichnet: Wagner

Am 31. August 1943 schrieb Dr. Kaltenbrunner persönlich ein geheimes Schreiben an den Reichsaußenminister Ribbentrop (2187/43g und 2564/43g). Der Bericht eines deutschen Vertrauensmannes [Agenten] über die Einstellung einflußreicher vatikanischer Kreise zur gegenwärtigen Lage ist bemerkenswert genau. Er spiegelt die reale Lage der Alliierten zur deutschen Politik während und nach dem Krieg wider und ist ein einzigartiger Beleg über die Aktivitäten des vatikanischen Nachrichtendienstes: [262]

... Der Bericht enthält das Ergebnis von Besprechungen mit maßgebenden Persönlichkeiten am Vatikan (dem Geheimsekretär des Papstes Leiber, Bischof Hudal, Nuntius Arata, Prälat Kaas usw.). Die dort gemachten Ausführungen sind für die Stellungnahme und die Meinungen der vatikanischen Kreise zur Kriegslage um so aufschlußreicher, als der Vatikan zur Zeit politisch äußerst rege ist und über sehr gute Informationsmöglichkeiten verfügt. Hervorzuheben ist, daß die demselben Vertrauensmann anläßlich seiner letzten Reise nach Rom im Dezember 1942 von den gleichen Kreisen gemachten Aussagen in Bezug auf Italien inzwischen eingetroffen sind [Alliierte Invasion in Sizilien, Verhaftung Mussolinis].

Abgesehen von der Einstellung vatikanischer Kreise zur allgemeinen Kriegslage, die nach „dem nunmehr als unvermeidlich angesehenen Ausfall Italiens den Krieg für Deutschland und damit auch für Japan als gänzlich verloren angesehen", sind die in der letzten Zeit auch durch andere Vertrauensmänner berichteten Ansichten dieser Kreise über die Möglichkeiten einer Verständigung zwischen Nationalsozialismus und Kirche bemerkenswert."

Gezeichnet: Dr. Ernst Kaltenbrunner

Geheime Vortragsnotiz (Bericht zu Inland II 2564g) zur Vorlage beim Reichsaußenminister Ribbentrop und für Adolf Hitler über die Einstellung des Vatikans: [263]

Der Chef der Sicherheitspolizei und des SD übersand mit seinem beiliegenden Schreiben vom 31. August 1943 den Bericht eines in der Zeit vom 15. bis 29. Juli 1943 an den Vatikan entsandten Vertrauensmannes. Der außergewöhnliche Bericht enthält nach dem Begleitschreiben das Ergebnis von Besprechungen mit maßgebenden Persönlichkeiten am Vatikan. Im wesentlichen ist darin folgendes gesagt:

1.) Zur Beurteilung der gegenwärtigen Kriegslage vom Vatikan:

a.) Der Vatikan betrachte nach dem nunmehr als unvermeidlich angesehenen Ausfall Italiens den Krieg als für Deutschland und Japan verloren. Die Zeit arbeite für die Feindmächte. Man rechne mit weiteren Landungen bei Neapel, Ostia, Civitavecchia und Livorno. Die Regierung Badoglio werde von den Feindmächten durch ein liberales Ministerium freimaurerischer Prägung, wahrscheinlich unter Leitung des ehemaligen demokratischen Ministerpräsidenten Sforzas ersetzt werden.

b.) Es schienen lebhafte Bestrebungen auf Wiederherstellung des früheren Kirchenstaates, und zwar in erheblich größerem Umfange als vordem, im Gange zu sein. Dieser Gedanke werde namentlich von englischen, unter Führung Vansittards stehenden Kreisen unterstützt., die seit längerer Zeit eine Wiedervereinigung mit der englischen Hochkirche mit Rom anstreben; Roosevelt soll nach anfänglichem Widerstreben für den Plan gewonnen worden sein. Das Königshaus Savoyen dürfte verschwinden, obwohl sich das englische Königshaus sehr dafür einsetzt.

2.) Die Entwicklung der Kriegslage werde vom Vatikan folgendermaßen beurteilt:

a.) nach der kommenden Besetzung von Mittel- und Süditalien Ausdehnung der Luftterrorangriffe auf Süddeutschland einschließlich Ostmark;

b.) Vorstoß nach dem Balkan mit Zielrichtung Rumänien und Ausschaltung der rumänischen Ölfelder; durch den zwangsläufig bevorstehenden Abzug der Italiener aus der Südfront und dem Balkan Entblößung der übrigen deutschen Fronten;

c.) militärischer Zusammenbruch Deutschlands im Osten und Verlust der Ukraine spätestens im Frühjahr/Sommer 1944;

d.) zum gleichen Zeitpunkt durch eine Reihe von Landoperationen in Norwegen, Holland, Dänemark, Südfrankreich und Griechenland Brechung der deutschen Widerstandskraft im Westen und Süden;

e.) bis dahin durch Luftangriffe auf die deutschen Industriegebiete und Wohnzentren völliges Chaos in Deutschland, totaler Zusammenbruch Deutschlands spätestens im Sommer 1944, nach vielfacher Ansicht schon eher;

f.) kommunistische Unruhen der deutschen Arbeiterschaft, dabei schwere Gefahr in Gestalt der 11 Millionen ausländischer Arbeiter;

g.) an eine Militärdiktatur, zumindest an den Erfolg einer derartigen Zwischenlösung, glaube man nicht mehr; Wettlauf der Engländer und Amerikaner einerseits und Rußland andererseits bei der Besetzung Deutschlands. An der Zusicherung des englischen Botschafters beim Heiligen Stuhl meinem Gewährsmann (Arata) gegenüber, daß die englisch-amerikanischen Streitkräfte 10 Minuten vor den Russen in Berlin sein würden, hegt man in Rom einigen Zweifel.

3.) Friedensvermittlung, Friedensschluß und zukünftige Gestaltung Europas nach Ansicht des Vatikans

Auf den Abschluß eines für Deutschland und Italien noch einigermaßen tragbaren Friedens sei nicht mehr zu rechnen. Man befürchte eine sehr weitgehenden Zerstückelung Deutschlands und müsse sich auf folgende große Veränderungen gefaßt machen:

a.) Wiederherstellung Polens unter Zuschlagung des größten Teils von Schlesien; Schicksal Ostpreußens -ob zu Rußland oder Polen- noch unentschieden,

b.) Wiederherstellung der Tschechoslowakei in erheblich vergrößertem Ausmaß unter Angliederung des Sudetengaues,

- c.) Vereinigung von Österreich und Bayern; Bildung eines Südstaates mit Ungarn in einer Art Donau-Föderation;
- d.) Wiederherstellung des ehemaligen Rheinbundes unter Führung Frankreichs;
- e.) Wiederherstellung des ehemaligen Königreichs Hannover unter Leitung eines Angehörigen des englischen Königshauses; Führung Hannovers auch in dem verbleibenden Reststück von Großdeutschland, dem Nordstaat;
- f.) Ausbau des internationalen Charakters der Schweiz.

Von England und Amerika sei für längere Zeit eine Besetzung Deutschlands vorgesehen. Man werde auch die Auslieferung aller sogenannten „Kriegsverbrecher" verlangen, die namentlich bereits feststänen, und sie vor ein „Welttribunal" aburteilen. Die Vorbereitungen hierzu, namentlich seitens des internationalen Judentums, seien im Gange. Es seien auch bereits die für die angeblichen Greueltaten im Osten Verantwortlichen listenmäßig erfaßt.

Voraussichtlich werde auch der Vatikan durch eine Überschwemmung mit Material über angebliche Nazigreuel unter Druck gesetzt werden. Man will durch den Papst verhindern, sich allzusehr für Deutschland einzusetzen, daß hierbei auch in zunehmenden Maße sorgfältig alles Material über angeblich kirchenfeindliche Akte des Nationalsozialismus in Deutschland und besonders auch in den besetzten Ostgebieten zusammengetragen und ausgewertet wird, ist selbstverständlich.

4.) Rußland und der Weltbolschewismus

Man sei im Vatikan jetzt übereinstimmend der Ansicht, daß der Weltbolschewismus kaum mehr aufzuhalten sei. Es treibe alles auf die „Vereinigten Sowjet-Republiken" in Europa zu. In Deutschland stehe man am Vorabend eines Linksputsches. Zerbreche die militärische Kraft Deutschlands, so sei auch Frankreich rettungslos dem Kommunismus ausgeliefert. Spanien und Portugal ständen ebenfalls am Vorabend linksradikaler Entwicklungen. In England bestehe zwar noch keine akute Gefahr; eine Linksentwicklung werde aber auf die Dauer nicht aufzuhalten sein.

Wesentlich größere Fortschritte habe der Kommunismus in Amerika gemacht; nachdem Krieg werde eine allgemeine Linksentwicklung nicht mehr zu verhindern sein und das bisherige, die amerikanische Innenpolitik beherrschende „Farmer-Problem" sei völlig in den Hintergrund getreten, durch die, infolge der Wirtschaftsumstellung bedingte soziale Umschichtung weiterer Volksmassen. Hinzu trete die stark zersetzende Tätigkeit jüdischer, freimaurerischer Kreise und Kräfte.

5.) Das Verhältnis des Vatikans zu den Feindmächten

Das Verhältnis des Vatikans zu England und Amerika habe zweifellos durch die letzten Bombenangriffe auf Rom eine wesentliche Trübung erfahren. Pius XII. fühle sich verletzt, weil er auf Grund ihm gemachter Zusagen damit rechnen zu können glaubte, daß insbesondere Rom von Luftangriffen verschont bleiben werde.

Das sofortige Erscheinen Pius XII. nach dem ersten Bombenangriff am 19.7.43 in St. Lorenzo erhielt seine besondere Note dadurch, als es das erste öffentliche Auftreten außerhalb von St. Peter seit Kriegsbeginn war. Der Papst hat auch dem englischen und amerikanischen Botschafter in sehr eindrucksvoller Weise erklärt, daß er sich, ohne Rücksicht auf seine Person, sofort bei jedem Luftangriff an den Ort der Zerstörungen begeben werde.

6.) Der Vatikan und Deutschland

Zusammenfassend könne gesagt werden, daß der Vatikan kein Interesse an einem völligen Zusammenbruch Deutschlands habe. Der Weltbolschewismus stelle für die Kirche eine größere Gefahr dar. Falls überhaupt noch eine Gegenwehr möglich sei, könne diese allein vom Nationalsozialismus ausgehen. Alle übrigen Staatsformen hätten bereits versagt. Ein Zusammengehen der katholischen Kirche mit dem Nationalsozialismus (als das kleinere Übel) sei daher unter gewissen Voraussetzungen natürlich und denkbar und nach dem Muster Italiens durchaus möglich.

In den kritischen Tagen unmittelbar vor und nach dem Umsturz in Rom sei von führenden Persönlichkeiten, wie Brust, Kaas, Schmoll und Stöckle, ausdrücklich die absolute Notwendigkeit der Zurückstellung alles Trennenden im Interesse der nationalen Widerstandskraft betont worden. Insbesondere legten Brust (Jesuit) und Schmoll (Franziskaner), ein offenes und recht überzeugend wirkendes nationales Bekenntnis vor:

„In dieser Stunde, wo es um das Sein oder Nichtsein des deutschen Volkes und damit der gesamten Kultur Europas gehe, solle unter allen Umständen und unter Zurückstellung gewisser Bedenken und grundsätzlich berechtigter Hemmungen eine Synthese zwischen Kirche und Staat gefunden werden. Beide müßten eben in Erkenntnis des Gebotes der Stunde einige Pflocke zurückstecken."

Ergänzend sei noch bemerkt, daß völlig ähnliche Gedankengänge bei führenden deutschen katholischen Stellen, Pater Gehrmann Berlin, Pater Hoffmann Berlin, Prälat Banasch Ordinariat Berlin, Provizial Rösch und Pater Schlund in München, festzustellen waren. Sie alle zeigten sich in hohem Maße verständigungsbereit und wollten eine ähnliche Einstellung auch bei den meisten katholischen Bischöfen vorfinden.

7.) Verhältnis von Vatikan und Japan

Die Beziehungen zwischen dem Vatikan und Japan seien freundschaftlich. Seitens Japans mache sich der steigende Wunsch bemerkbar, sein Verhältnis zum Vatikan zu vertiefen. Bei aller grundsätzlichen Geneigtheit lasse sich aber in Rom eine gewisse Zurückhaltung feststellen. Diese sei bedingt durch die Rücksichtnahme auf die Interessen des Vatikans in China. Man sei der Ansicht, daß die Zukunft des ostasiatischen Raums China gehöre und Japan bei längerer Kriegsdauer seine Eroberungen im Pazifik wieder an Amerika verlieren würde.
Es mehrten sich die Anzeichen dafür, daß gewisse Kreise in Japan, die ein Zusammengehen mit Rußland befürworten, jetzt die überhand bekämen. Man wollte in Rom wissen, daß Japan in zunehmenden Maße auf einen Friedensschluß der Achse mit Rußland dränge.

Berlin, den 9. September 1943

Dr. Ernst Kaltenbrunner ahnte wohl, daß der Nachrichtendienst des Vatikans ein doppeltes Spiel führte. Auf der einen Seite wollte sich der Papst mit den Nationalsozialisten gut stellen und arbeitete auf der anderen Seite aber auch mit den Alliierten zusammen.

Am 23. September 1943 sandte Freiherr von Weizsäcker ein geheimes Telegramm mit der No. 65 an das Auswärtige Amt in Berlin, nur für den Reichsaußenminister und für den Staatssekretär bestimmt: [264]

„ durch einen Zufall habe ich Einblick in drei Schriftstücke nehmen können, die für die politische Haltung des Papstes Pius XII. bezeichnend sind. Alle drei Schriftstücke stammen aus der Zeit nach dem 25. Juli 1943 (Verhaftung Benito Mussolinis in Italien).

Das erste enthält eine Intervention der Kurie bei der Regierung Badoglio zu Gunsten verfolgter alter Faschisten. In dem zweiten setzt sich die Kurie auf Weisung des Papstes für den Duce und für seine Familie ein und zwar unter namentlicher Aufzählung von etwa zwanzig Familienmitgliedern. Unter diesen fehlen allerdings die Namen des Schwiegersohns des Duce, des Grafen Ciano (ital. Außenminister) und von Edda Ciano.
Besonders interessant ist das dritte Dokument, enthaltend eine Auseinandersetzung des Kardinalstaatssekretärs Maglione an die italienische Regierung über die Gefahren, die der Welt drohen. Maglione sagt, das Schicksal Europas hänge von dem siegreichen Widerstand Deutschlands an der russischen Front ab. Das deutsche Heer sei das einzig mögliche Bollwerk („baluardo") gegen den Bolschewismus, würde dieses brechen, so wäre es um die europäische Kultur geschehen.

Ich bitte der vorstehenden Meldung keinerlei Verbreitung zu geben."

Gezeichnet: Freiherr von Weizsäcker   12 Uhr

Der Chef der Sicherheitspolizei und des SD, Dr. Ernst Kaltenbrunner schrieb am
16. Dezember 1943 direkt an den Reichsaußenminister Ribbentrop; Ausschnitte: [265]

... weiter gab der Papst zu verstehen, daß er mit dem Badoglio-Regime und insbesondere mit der Weigerung des Königs, auf den Thron zu verzichten, durchaus nicht einverstanden sei. Er wies darauf hin, daß die Lage, insbesondere in Süditalien immer mehr nach links abrutsche und hegte wegen der Weigerung des Königs, zurückzutreten, große Sorge für das Weiterbestehen der Dynastie. Wörtlich erklärte er:

„Wir stellen mit großer Sorge fest, daß sich anscheinend der freimaurerische Einfluß bei der Neuordnung der Dinge ein Süditalien immer mehr durchsetzt und daß der Kommunismus, und zwar in ganz Italien, leider auch in Rom, in geradezu beängstigender Weise zunimmt. Es sind uns aus dem Süden, aber auch aus den Industriestädten Norditaliens (Bologna, Mailand, Turin und Genua) recht bedrohliche Mitteilungen zugegangen. Wir befürchten, das Schlimmste, falls sich Deutschland veranlaßt sähe, diese gebiete zu räumen."

Der Sonderkurier des Nuntius war deutscher Agent und handelte im Auftrag von Kardinal Bertram, er weilte vom 14. November bis 19. November 1943 in Rom. Der dem Agent von Kardinal Bertram erteilte Auftrag, vom Papst eine Würdigung der gegenwärtigen Situation und möglichst eine Beurteilung der voraussichtlichen Entwicklung zu erbitten, gab diesem sodann Veranlassung zu folgenden Äußerungen:

„Der Krieg sei für Deutschland angesichts der sich immer erdrückender auswirkenden Materialüberlegenheit der Feindmächte und der mit Sicherheit anzunehmenden Vermehrung der Fronten heute zu Ungunsten Deutschlands entschieden. Die militärischen und politischen Ereignisse würden sich in den nächsten Monaten wahrscheinlich überstürzen. Er sehe bei der Haltung der Feindmächte dem nationalsozialistischem Deutschland gegenüber fast gar keine Hoffnung mehr auf einen für Deutschland auch nur einigermaßen tragbaren Frieden. Er habe sich ständig seit Ausbruch des Krieges um die Wiederherstellung des Friedens bemüht und zwar weit mehr, als der Öffentlichkeit bekannt sei. Mit größter Sorge verfolge er die innere

Entwicklung in Deutschland. Er glaube zu Wissen, daß auch hier der Kommunismus stark zunehme und betrachte insbesondere die 12,5 Millionen ausländischen Arbeiter als ein ganz großes Gefahrenmoment."

In Bezug auf die Terrorangriffe erklärte der Papst mit eindrucksvoller innerer Erregung dem deutschen Agenten (Vertrauensmann) folgendes:

„Wir ermächtigen sie ausdrücklich, jedem zu sagen, daß wir gerade das deutsche Volk von jeher in unser Herz geschlossen haben und daß dem jetzt so schwer geprüften deutschen Volke vor allen anderen Nationen unsere ganz besondere Sorge gilt. Unserer großen Sympathie für Deutschland haben wir schon immer dadurch äußerlich Ausdruck verliehen, daß wir unsere Privataudienzen stets unterbrochen haben, um deutsche Wehrmachtsangehörige, die zu uns kommen wollten, nicht unnötig warten zu lassen.
Unablässig sind wir bemüht, zu helfen, um vor allen von dem deutschen Volk den Druck der entsetzlichen Terrorangriffe zu nehmen. Es möge jedermann davon überzeugt sein, daß wir alles tun, was nach Lage der Sache nur irgendwie getan werden kann."

„Der neue Vertreter am Vatikan Weizsäcker sei zwar persönlich sehr zuvorkommend und er gebe sich ersichtlich auch die größte Mühe, wie überhaupt neuerdings die Botschaft eine bemerkenswerte Aktivität entfalte, nur habe er den Eindruck, als ob er in Berlin sehr wenig Rückhalt hätte und daher nicht viel ausrichten könne.

Schließlich kam der Papst noch auf die Kirchenpolitik Rußlands zu sprechen und bezeichnete die Einsetzung des Patriarchen Sergius lediglich als einen sehr geschickten Schachzug Stalins. Allerdings seien ihm dadurch auch außerordentlich die Hände gebunden und die Kirche dem offiziellen Rußland gegenüber in eine etwas schwierige Lage gekommen.
Ich bitte um Kenntnisnahme"

Gezeichnet: Dr. Kaltenbrunner

Der Papst äußerte weitere Befürchtungen nach dem Vorrücken der Aliierten in Italien beim deutschen Botschafter, daß Rom und seine heiligen Stätten durch Kämpfe zerstört werden könnten. Nach Intervention von Weizsäckers beim OKW in Berlin erklärte die deutsche Armee Rom zur offenen Stadt, und verhinderte so eine sichere Zerstörung von Rom und dem Vatikan durch Kampfhandlungen.

Monsignore Hudal schrieb in Rom an Papst Pius XII. am 9. Oktober 1944: [266]

„Seit der Besetzung Italiens durch die Alliierten sind zahlreiche Angehörige unsere deutschsprechenden katholischen Gemeinden in Neapel, Florenz und Rom oft unter Vorwänden, die nicht überprüfbar sind, verhaftet und in Konzentrationslager nach Süditalien abgeschoben worden. Wiederholt haben sich die Familienmitglieder an mich gewandt um eine Verwendung bei den alliierten Stellen und es ist mir auch gelungen, einige frei zu bekommen, anderen wenigstens Erleichterungen zu verschaffen. Allein, nicht minder wichtig wäre gerade vom Standpunkt der Religion der Besuch dieser Konzentrationslager in Verbindung mit einem Gottesdienst und einer Aussprache mit den Internierten. Ich bin sehr gerne bereit, alle Opfer auch einer mehrwöchentlichen Reise, darunter auch jene finanzieller Art auf mich zu nehmen, um schon mit Rücksicht auf die Familien dieser bedauernswerten Opfer der Zeit aufzurichten. Ich bitte Eure Heiligkeit um eine dringende Vermittlung bei der zuständigen alliierten Stelle im Palazzo dell Assicurazioni (es handelt sich nur um Zivil- und nicht um militärische Gefangene, wofür die Stelle in der Via Sicilia kompetent wäre), damit ich die Erlaubnis erhalte, die in Italien befindlichen Konzentrationslager, in denen sich Deutsche befinden, zum Zweck der Abhaltung von Gottesdiensten zu besuchen. Ich bin überzeugt, daß alle Familien Eurer Heiligkeit zu größtem Dank verpflichtet wären, wenn dieses Werk der Caritas pastoralis, das sich den zahlreichen Werken von Eurer Heiligkeit zu Gunsten der Kriegsopfer aller Nationen anschließen würde, seine Verwirklichung finden könnte."

In den Akten der deutschen Botschaft wurde eine Aufzeichnung des Botschafters beim Heiligen Stuhl Freiherr von Weizsäcker vom 18. Dezember 1944 gefunden: [267]

„Ich habe Monsignore Tardini heute auf die Verbalnote vom 16. Dezember 1944 betreffend der Schonung der Stadt Verona, angeredet. Tardini sagte mir gleich, der Nuntius Orsenigo in Berlin sei mit der betreffenden Demarche beauftragt. Ich habe erwidert, nach den Erfahrungen, die das deutsche Oberkommando in Italien bisher gemacht habe, ziehe dieses es vor (vgl. Fall Chioggia Drahterlaß No. 399), die Zivilbevölkerung bedrohter Städte durch einseitige deutsche Maßnahmen in Sicherheit zu bringen, was wiederholt mit Erfolg geschehen sei. Von bilateralen Abmachungen mit dem Gegner sehe es dagegen unter diesen Umständen offenbar lieber ab.

Ich machte Tardini ferner darauf aufmerksam, daß mir bei Lektüre der neuen Note betreffend Verona wieder die Frage lebendig geworden sei, ob der Heilige Stuhl sich nicht in den Geruch bringe, nur für italienische Städte interessiert zu sein. Die wegen Verona geplante Demarche werfe in sich das Problem einer Verallgemeinerung der Bemühungen des Vatikans wegen des abscheulichen Zerstörens europäischer Städte und Kulturzentren auf.

In der abschließenden Unterhaltung verwahrte ich mich gegen die Vermutung, Anregungen zu geben, die vielleicht von meiner eigenen Regierung gar nicht positiv aufgenommen würden, indessen sei aber der Vatikan ja nicht in der gleichen Lage einer beliebigen weltlichen Regierung, die ihre Handlungen oft von Prestige Gesichtspunkten abhängig machen müsse und nicht auf zeitlich fernliegende Erfolge abstellen könne.

Vatikanstadt, den 18. Dezember 1944

Gezeichnet: von Weizsäcker

Vatikan - Schiffe für diverse Hilfsaktionen

Mit geheimen Telegramm Nr. 286 vom 8. April 1944 kabelte Weizsäcker zur handelspolitischen Abteilung (HalPol) des Auswärtigen Amtes: [268]

I.   Persönlich erhaltene und hier in Übersetzung wiedergegebene Vorschläge des päpstlichen Staatssekretariats habe ich an Oberbefehlshaber Südwest weitergeleitet. Staatssekretariat bittet:

1.) In die Übertragung der unten aufgeführten Schiffe an den Staat der Vatikanstadt einzuwilligen, deren Erwerb bereits von dem Staat selbst vertraglich vereinbart worden ist. Es folgen 16 Schiffe verschiedener Größe mit Brutto Register Tonnage von 91 bis 1.246 Tonnen, die in den Häfen von Genua, Venedig und Spezia liegen.

2.) Die Fahrt der Schiffe des Staates der Vatikanstadt auf folgenden Linien zuzulassen: Genua-Fiumicino-Flußhafen Rom und umgekehrt; für die in Venedig liegenden Schiffe, die Schiffahrt auf der Linie Venedig-Fiumicino-Flußhafen Rom zuzulassen; die totale Respektierung der Schiffe, die zu der Handelsflotte des Staates der Vatikanstadt gehören über Wasser, unter Wasser und aus der Luft zuzusichern.

3.) Einräumung einer Freizone an der äußersten Mole von Civitavecchia zum Aufenthalt für die Schiffe größerer Tonnage, um dort das Umladen der Waren auf Kraftfahrzeuge oder kleinere Schiffe zu erlauben, die den Tiber bis zum Flußhafen hinauf fahren können.

4.) Einräumung einer entsprechenden Freizone an der Mündung des Kanals von Fiumicino.

II. Angelegenheit ist sehr dringend. Annehme, daß ich, sobald Zustimmung O.B. Südwest vorliegt, im Sinne Vortelegramms verfahren kann.

III. Es ist zu erwarten, daß päpstliches Staatssekretariat nach Erhalt deutscher Zustimmung sich mit gleichen Ersuchen an Anglo-Amerikaner wendet.

Gezeichnet: von Weizsäcker

Die Dienststelle Rahn in Rom meldete am 17. Mai 1944 mit Telegramm Nr. 1281 nach Berlin: [269]

„Zur Frage vatikanischer Versorgungsschiffe hat englische Regierung positiv gehaltenen Zwischenbescheid erteilt. Heute erste technische Besprechung zwischen Vatikan und deutscher Dienststelle. Vertreter deutscherseits, Binder für Reichsschiffahrtskommissar, Kapitän zur See Kutzleben für O.B. Südwest, Gesandtschaftsrat Wollenweber, für Vatikan Wirtschaftssachverständiger Galeazza, Neffe des Papstes Carlopa und Schiffahrtssachverständiger Calabresi.

Verhandelt wurde deutscher Vorschlag, Teil des Hafens Civitavecchia zu neutralisieren und Ausladeeinrichtung in Santa Marinella zu bauen. O.B. Südwest hatte über schriftliche Vorschläge hinausgehend Haupteisenbahnlinie Rom/Civitavecchia zur Verfügung gestellt. Verhandlungen verlaufen in günstiger Atmosphäre. Weiterer Bericht folgt über morgige Besprechung über einzusetzenden Schiffsraum."

Gezeichnet: Rahn

Weizsäcker schrieb am 1. Juni 1944 ein Telegramm mit Nr. 314 nach Berlin zur handelspolitischen Abteilung des AA: [270]

Päpstliches Staatssekretariat teilte mit:

„Der spanische Staatschef hat dem Heiligen Stuhl kostenlos einen der spanischen Marine gehörenden Dampfer zur Verfügung gestellt, zwecks Transporte von „Lebensmitteln" von Spanien und Argentinien zur Vatikanstadt. Der Dampfer liegt in Barcelona bereit, um die dort für den Heiligen Stuhl befindlichen Lebensmittel und Medikamente zu laden. Das päpstliche Staatssekretariat bittet, die zuständigen Stellen im deutschen Machtbereich von der beabsichtigten Fahrt des Schiffes unterrichten zu wollen, für das bei den Alliierten Mächten das erforderliche Navicert bereits erbeten worden sei. Den Alliierten sei als Löschungshafen Porto Clementino bei Tarquinia benannt worden. Im Falle grundsätzlichen Einverständnisses der Reichsregierung würden wohl von hier beim Vatikan Einzelheiten betreffend Schiffstyp, Bezeichnung, Reiseroute, Fahrtzeit usw. zu erfragen sein. Erbitte Weisung.

Gezeichnet: von Weizsäcker

Es bleibt ungeklärt, warum der Vatikan mit 16 Schiffen Lebensmittel und Dinge des täglichen Bedarfes ausgerechnet aus „Argentinien und Spanien" importierte und diese Schiffe heimlich auf freier Reede löschen ließ.

Die geheime Fondsverwaltung der deutschen evangelischen Kirche in Bielefeld

Bei der Deutschen Botschaft in Paris wurde das Restvermögen des ehemaligen „Deutschen Arbeitsheimes" verwaltet, das während des Ersten Weltkrieges in Paris sequestriert wurde. Die Abrechnung war ständig der Hauptkanzlei der Pastor von Bodelschwingh'schen Anstalten in Bethel bei Bielefeld vorzulegen, welche auch darüber verfügen konnte. Die Zinsen wurden auf Antrag der hiesigen deutschen evangelischen Kirche ausgezahlt.

Der Sonderbeauftragte in Frankreich des kirchlichen Außenamtes der deutschen evangelischen Kirche schrieb am 16. Januar 1941 an die Deutsche Botschaft in Paris: [271]

... Das Vermögen ist bei der Chase Bank in Paris deponiert. Herr Pastor von Bodelschwingh in Bethel bei Bielefeld hatte regelmäßige Kontoauszüge über dieses Vermögen bis zum Herbst 1939 erhalten und läßt durch mich anfragen, wie es gegenwärtig mit dem Konto steht. Vielleicht können ihm auch in Zukunft wieder die üblichen Auszüge zugestellt werden. ...

Das Vermögen des ehemaligen deutschen Zweigvereins vom Roten Kreuz in Nizza hatte die Deutsche Botschaft in Paris mit der Verpflichtung übernommen, das Geld in Frankreich zu belassen, es in französischen Wertpapieren anzulegen und damit ausschließlich notleidende Deutsche oder Wohlfahrtseinrichtungen in Frankreich zu unterstützen. Über diesen Fonds lief bei der Chase Bank ein besonderes Konto, bezeichnet mit „Deutsche Botschaft, Nizzafonds". Der Nizzafonds war kein amtlicher Fonds. Über alle Maßnahmen, die getroffen wurden, wie Zinsverwendung usw., entschied allein der Botschafter. [272]

Die deutsche Kirche und das Konzentrationslager Stutthof im Gau Danzig-Westpreußen

Im Dezember 1941 erließ der Reichsführer SS Heinrich Himmler einen „Aufstellungsbefehl" über ein neu zu errichtendes Konzentrationslager im Gau Danzig-Westpreußen. Himmler schrieb u.a. an den Chef des WVHA, General der Waffen-SS, Pohl am 19.12.1941: [273]

... Stutthof muß außerdem in der Richtung ausgebaut werden, daß es in einem Lager 20.000 Russen aufnehmen kann, mit denen wir dann den Siedlungsaufbau des Gaues Danzig-Westpreußen vollziehen können. ...
... Stutthof müßte nun von Ihnen und SS-Brigadeführer Glücks als anerkanntes Konzentrationslager mit Wirtschaftsbetrieb übernommen werden. ...

Gezeichnet: Heinrich Himmler

Der Chef des Amtes II – Bauten, des WVHA, schrieb in seinem mehrseitigen Protokoll über die Besichtigung des Konzentrationslagers Stutthof vom 9.1.1942 u.a.: [273]

... Zu den bisherigen Gefangenenlager Stutthof gehören noch folgende Arbeitsläger:

Potulitz bei Nakel, zurzeit belegt mit polnischen ausgesiedelten Familien mir rund 5.000 Köpfen, untergebracht in vorhandenen Gebäuden auf einem Gelände von 30.000m², Eigentümer Kirchenvermögen, angepachtet durch das Reichssicherheitshauptamt.

Zurzeit werden Baracken für die Aufnahme von 10.000 Häftlingen aufgestellt. ...

Gezeichnet: Inspekteur KL, Stab W, Stab I, Amtschef W I, Amtschef W IV

Die Friedensmission vom Stellvertreter des Führers Rudolf Heß, der Sturz von Benito Mussolini und die Landung der Alliierten in Sizilien

Es gibt Hinweise in vorliegenden Unterlagen, daß der Sturz von Benito Mussolini mit Wissen und Unterstützung des Vatikans, erst durch die Alliierten eingeleitet werden konnte. Hitler mußte für die Besetzung Italiens deutsche Truppen abziehen, welche für andere Fronten eingeplant waren. Die Verlagerung dieser deutscher Truppen nach Italien und dem Balkan mußte zwangsläufig die deutsche Niederlage einleiten.

Die außergewöhnlichen präzisen Berichte aus dem Vatikan, über dessen Einschätzung zum deutschen Kriegsverlauf und die später eingetretenen Ereignisse, deuten darauf hin, daß der Papst intensiv und heimlich mit den Alliierten zusammengearbeitet haben muß, so wie das verschiedene deutsche Geheimdienstberichte im Krieg darstellen.

Erst durch die Kollaboration des Vatikan mit den deutschen Feindmächten, konnten die Alliierten ihre Invasion in Sizilien schneller als geplant durchführen. Der Druck auf den Vatikan wurde durch die „versehentliche Bombardierung" Roms durch die Alliierten stärker. Die guten Kontakte des Papstes zum britischen Botschafter läßt den Schluß zu, daß der besonders gläubige Stellvertreter des Führers, Rudolf Heß, unter Umständen durch

Vermittlung des Vatikans nach England flog. Heß hatte selbst gute Kontakte über den Jesuitenpater Leiber (persönlicher Sekretär vom Papst) und über den Münchner Rechtsanwalt Dr. Müller im Vatikan. Der Stellvertreter des Führers könnte „seine Vorstellungen von einem deutsch-englischen Separatfrieden", mit den Friedensbemühungen des Papstes und anderen Persönlichkeiten, den Briten persönlich vorgetragen haben. Der Englandflug von Heß ging in die Geschichte ein, bis heute Schweigen die britischen Archive zu diesem Thema.

Die Sperrfrist für die britischen Archive wurde sogar noch verlängert, will man den Vatikan vor dieser Enthüllung schützen ? Die Verwicklungen des Vatikans und die Tätigkeiten von Papst Pius XII. im 2. Weltkrieg halten die Archive des Vatikans bis heute für unabhängige Forscher dicht verschlossen.

Gold- und Devisenhandel mit Monaco

Die Wirtschaft des Fürstentum Monaco stand 1933 kurz vor dem Ruin, weshalb Frankreich dem kleinen Stadtstaat die Errichtung eines Spielkasinos genehmigte. Bereits 1936 plante der deutsche Reichsbankpräsident Hilmar Schacht das erste Steuerparadies in Monaco. Es war die Gründung einer internationalen Bank mit einer neuen monegassischen Währung vorgesehen, um die „Reparationsbank" oder „Zentralbank der Nationalbanken" in der Schweiz, die Bank für Internationalen Zahlungsausgleich, kurz BIZ genannt, zu umgehen.

Am 15. Februar 1940 schrieb das Auswärtige Amt an den deutschen Reichsminister der Justiz und an den deutschen Reichswirtschaftsminister Dr. Walther Funk; Auszüge: [274]

... Für die Frage der Neutralität des Fürstentums Monaco ist der Umstand bestimmend, daß seitens Monacos eine Kriegserklärung nicht erfolgt ist und auch nichts darüber bekannt geworden ist, daß Monaco feindliche Handlungen (insbesondere auch auf dem Gebiet des Wirtschaftskrieges) gegen das Deutsche Reich begangen hat, die auch ohne ausdrückliche Kriegserklärung den Kriegszustand herbeigeführt hätten, oder Anlaß gäben, Monaco als feindlichen Staat im Sinne der Wirtschaftskriegsgesetzgebung anzusehen. Es liegt somit kein Grund vor, Monaco nicht als neutralen Staat anzusehen. ...

Im Auftrag: Uppenkamp

Der italienische Diktator Mussolini wollte Monaco für Italien einnehmen. Viele monegassischen Italiener traten der Duce Partei CASA ITALIANA bei und grüßten mit faschistischem Gruß. Am 10.07.1940 erklärte Mussolini Frankreich den Krieg und sein Traum von einer italienischen Cote d´ Azur rückte immer näher.

Der Fürst von Monaco, Louis II erhielt Schutz von der französischen Vichy-Regierung, die Anzahl der Scheinfirmen stieg täglich. Im Frühjahr 1941 meldete das französische Konsulat der Vichy-Regierung, daß sich der deutsche Gesandte, Hauptmann und Sonderführer Laubenthal im Hotel de Paris einquartiert habe. Er wollte für das Deutsche Reich eine Beteiligung an der Gesellschaft der Seebäder, die Eigentümer des Kasinos und der Hotelerie in Monaco sind und somit die eigentliche Wirtschaft von Monaco darstellen.

Der Kurswert der Seebäder hat sich bis Mitte 1942 verdreifacht, auf rund 927.977.157 Franc. Monaco war jetzt ein wichtiges Wirtschaftszentrum im besetztem Europa geworden. Am 11. November 1942 besetzten deutsche Truppen die freie Zone in Frankreich und Mussolini besetzte nun Teile der Cote d'Azur.

Aber Mussolini wurde im Sommer 1943 abgesetzt, daraufhin besetzten am 9.September1943 die Deutschen das Fürstentum. Es wurde absichtlich nicht annektiert und die Neutralität Monacos blieb damit erhalten. Die Deutschen hatten aber bereits heimlich Fuß gefaßt, die monegassischen Filialen der englischen Banken Barclays und Lloyds wurden vom deutschen Verwalter der Deutschen Reichsbank in Paris, von Dr. Hans Joachim Caesar, kontrolliert.

Der deutsche Generalkonsul sandte ein geheimes Telegramm mit Nr. 71 am 24. September 1943 nach Berlin: [275]

„Stellvertretender Staatsminister Roblot von Monaco schnitt die Frage der Quartierkosten für die seit 9. September im Fürstentum untergebrachten deutschen Truppen an.
Da mir deutscher Intendant [Abschnittskommandeur] am Vortag mitgeteilt hatte, daß entsprechende Anfrage seiner Division bei OKW zur Entscheidung vorliegt, beantwortete ich die Frage des Ministers ausweichend.

Mit Rücksicht auf staatsrechtliche Stellung Fürstentum und gegenwärtige Einschaltung Monacos in „unser Europaaufbauprogramm" durch den Sender Monte Carlo wäre es wünschenswert, daß die Kosten für Truppenquartierleistung bezahlt werden. Ich habe am 9. dieses Monats in einer Besprechung mit hiesigen Abschnittskommandeur und monegassischen Staatsminister vereinbart, daß selbständiges Quartiermachen durch Truppeneinheiten unterbleibt und Quartieranforderungen zentral durch Abschnittskommandeur der Regierung vorgelegt werden, die darauf Räume zur Verfügung stellt; für Bezahlung Quartiers vorschlage ich gleichen weg, das heißt Zahlung Pauschalsumme durch örtlichen Abschnittskommandeur an monegassische Regierung durch meine Vermittlung. Erbitte Drahtanweisung.

Gezeichnet: Dr. Hellenthal

Am 29. September 1943 kabelte das Deutsche Konsulat in Monaco ein geheimes Telegramm mit Nr. 53 / Pol 353g nach Berlin: [276]

Betrifft: Verlobung der Prinzessin Antoinette von Monaco
mit einem deutschen Offizier

„Oberstleutnant Bode ist, dem Wunsch des Fürsten entsprechend zusammen mit Leutnant Winter, aus seinem gegenwärtigen Kampfabschnitt in Mittelitalien am 26. September hierher gekommen. Beim Fürsten war inzwischen der Protest seiner Tochter, der Erbprinzessin Charlotte (Mutter Prinzessin Antoinette), gegen die beabsichtigte Heirat der Prinzessin Antoinette eingegangen. Sie hat nichts gegen die Person von Leutnant Winter, ist aber gegen jede Heirat während des Krieges. Der Fürst hat sich diesen Einwendungen seiner Tochter gegen die beabsichtigte Heirat der Enkelin nicht verschlossen. Andererseits wollte er, nachdem er ursprünglich seine Zustimmung erteilt hatte, die Heirat auch nicht verhindern.

Er hat daraufhin entschieden, daß er eine offizielle Einwilligung während des Krieges zwar nicht geben könne, er es aber der Verantwortung der Prinzessin überlasse, den eigenen Entschluß zu treffen. Die Prinzessin hält an ihrer Absicht, die Heirat mit dem Leutnant Winter einzugehen fest. Oberstleutnant Bode hat heute zusammen mit Leutnant Winter Monaco wieder verlassen, nachdem ihm vom Sekretariat des Fürsten und von der Prinzessin Antoinette die nach den Bestimmungen des Heerespersonalamts für die Einreichung einer Ausnahmegenehmigung der Heirat mit einer Ausländerin notwendigen Urkunden und sonstigen Unterlagen ausgehändigt worden sind.

Gezeichnet: Dr. Hellenthal

Der Militärbefehlshaber von Frankreich, Stülpnagel, wurde vom Auswärtigen Amt am 12. Oktober 1943 mit folgender Bitte angeschrieben: [277]

„Das Auswärtige Amt beabsichtigt, eine Anzahl von wertvollen Gegenständen, die seinerzeit von den deutschen Truppen bei der Besetzung des Schlosses Marchais sichergestellt und bei der Kriegsbeutestelle abgeliefert worden waren, ihrem Eigentümer, dem Fürsten von Monaco, zurückzugeben. Es handelt sich um silbernes Tafel- und Altargerät, Gobelins und Ölgemälde, die in etwa 13 Kisten verpackt sind. Mit Rücksicht auf Umfang des Gutes, das eine Versendung durch den Kurier des Auswärtigen Amtes ausschließt, und im Hinblick auf den hohen Wert der Gegenstände, der eine sichere Versendung erfordert, wäre es erwünscht, wenn die Gegenstände gelegentlich eines militärischen Transports über Paris an das Deutsche Konsulat in Monte Carlo verbracht werden könnten. Es wird um Mitteilung gebeten, ob die Möglichkeit besteht, die Gegenstände in nächster Zeit durch einen militärischen Transport oder unter militärischer Begleitung sicher nach Paris bzw. nach Monaco zu schaffen.

Gezeichnet: Haidlen

Der Verbindungsoffizier zur Deutschen Botschaft beim Kommandostab des Militärbefehlshabers in Frankreich schrieb am 22.10.1943 an seinen Transportoffizier, Oberstleutnant Pricken: [278]

„Es wird um Prüfung gebeten, welche Möglichkeit besteht, das silberne Tafel- und Altargerät, die Gobelins und Ölgemälde des Fürsten von Monaco, verpackt in 13 Kisten, von der Kriegsbeutestelle nach Monaco zu verbringen."

- Um beschleunigte Erledigung wird gebeten. -   Unterschrift

Die Deutsche Botschaft in Paris schrieb an das Auswärtige Amt zur Kenntnisnahme am 11. November 1943: [279]

„Der Militärbefehlshaber in Frankreich hat mitgeteilt, daß die Gestellung eines Wagens zum Transport der in Frage stehenden Gegenstände nach Monte Carlo möglich sei, eine militärische Begleitung jedoch nicht zur Verfügung gestellt werden könne. Es wird um Weisung gebeten, falls entsprechende Schritte von hier aus unternommen werden sollen."

Gezeichnet: Im Auftrag   Hofmann

Das Fürstenhaus von Monaco erhielt somit durch persönliche Mitwirkung von Reichsaußenminister von Ribbentrop, ihre von der deutschen Wehrmacht beschlagnahmten Wertgegenstände, von der Feindvermögen-Verwaltungsstelle zurück.

Am 12. Mai 1945 ersuchte Monaco den französischen General Koeltz, persönlich bei der Sowjetischen Militäradministration (SMA) vorstellig zu werden, um die Herausgabe von weiteren „50 Boxen monegassischer Wertgegenstände", die sich im Tresor der DEUTSCHEN BANK im Ostteil Berlins befanden, zu erwirken. Der Inhalt der verschlossenen Boxen blieb monegassisches Staatsgeheimnis und wurde auch der SMA nicht erklärt. [280]

Die geheimen deutschen Bankgeschäfte in Monaco

Eine kleine Meldung in der monegassischen Presse belegt, Hermann Göring besuchte zwei Tage vor dem Einmarsch Deutschlands in die Tschechoslowakei - offenbar aus privaten Gründen - für einen Tag Monaco. Der Grund seines Besuches war wohl sehr wichtig, sonst hätte er als Oberbefehlshaber der Luftwaffe nicht zwei Tage vor dem Einmarsch, dessen Vorbereitungen er mit leitete, seinen Posten verlassen. Man vermutet, daß Göring als Aufsichtsratsmitglied der AEROBANK Berlin, welche auch Luftwaffenprojekte finanzierte, die Weichen für die Gründung und Finanzierung einer neuen deutschen Bank in Monaco stellte.

Diese Gründung in Monte Carlo wurde schon von dem deutschen Dr. Carl Anton Schaefer, einem Freund von Reichsbankpräsident Dr. Walther Funk, geplant. Der hier veröffentlichte Lebenslauf von Dr. Carl A. Schaefer ist ein wichtiger Bestandteil zum Verständnis der getarnten, deutschen Bank in Monaco.

Dr. Carl Anton Schaefer wurde am 19. Juni 1890 in Zweibrücken (Pfalz) geboren. Er studierte in Freiburg im Breisgau Rechts- und Staatswissenschaften und promovierte im Jahre 1913 mit einer Dissertation über die Ottoman-Bank (türkische Nationalbank) und das türkische Geldwesen zum Dr. rer.pol.. Schaefer arbeitete von 1913 bis 1915 bei der Deutschen Petroleum AG in Berlin. 1915 wurde er zum Leiter der Deutsch-Türkischen Wirtschaftszentrale in Berlin-Istanbul ernannt. Von 1917 bis 1920 war Schaefer volks-wirtschaftlicher Mitarbeiter bei der Direction der Disconto-Gesellschaft in Berlin.

Von 1920 bis 1923 arbeitete Schaefer als Prokurist in der Filiale einer amerikanischen Großbank in Hamburg. Bei der Gründung der Bank von Danzig, der Notenbank des Freistaates Danzig, wurde er 1924 zum Generalsekretär berufen und stieg 1929 zum Vorstandsmitglied und 1933 zum Präsidenten dieser Institution auf. Gleichzeitig war er von 1924 bis 1933 Vorstandsmitglied der Danziger Hypothekenbank. Er war ein lang-jähriger Freund von Reichsbankpräsident Dr. Walther Funk, welcher in Ostpreußen in Trakehnen aufgewachsen ist.

Nachdem die Bank von Danzig im September 1939 durch die Reichsbank übernommen worden war, wurde Dr. Schaefer ein Jahr später Vorstandsvorsitzender der Danziger Privat-Aktienbank bis 1942. Gleichzeitig war er von 1942 bis 1944 Vertreter der Reichsbank in besetzten Gebieten, wie u.a. in Frankreich, wo er einer der mächtigsten Bankiers im 2. Weltkrieg war.

Von 1944 bis 1946 war er auch Leiter der Banque Charlés in Monaco; im Stadtstaat Monaco befand er sich von 1946 bis 1948 in französischem Gewahrsam, ohne jedoch angeklagt zu werden. Er wurde von Fürst Louis II von Monaco und von eingeweihten alliierten Banken geschützt.

Im Januar 1950 ernannte ihn das Kieler Bankhaus Wilhelm Ahlmann zu seinem General-bevollmächtigten, eine Stellung, die er bis 1953 behielt. Im Jahre 1953 schlug ihn die Landtagsfraktion des BHE (Gesamtdeutscher Block), als Finanz- und Justizminister von Schleswig Holstein vor. Schaefer wurde Nachfolger des zum Bundesminister für Sonder-aufgaben ernannten Waldemar Kraft.

Schaefer leitete dieses Amt bis 7. November 1953 und trat im August 1953 der CDU über. Bei der Bildung des Kabinetts Hassel (CDU) gab Schaefer das Justizressort an den FDP-Politiker Dr. Leverenz ab. Als Finanzminister trat Dr. Schaefer erst im Herbst 1961 altershalber zurück. Zu seinem Nachfolger wurde am 6. November 1961 der Sohn des früheren Staatssekretärs Schlegelberger, Dr. Hartwig Schlegelberger berufen.

Schaefer wurde bei dieser Gelegenheit mit dem Großen Bundesverdienstkreuz mit Stern und Schulterband ausgezeichnet. Dr. Schaefer leitete im Krieg alle wichtigen Finanzgeschäfte zwischen Monaco und dem Deutschen Reich; er wußte alles.

Schaefer war Mitglied im Verwaltungsrat der Banque de France und einer der mächtigsten Personen in Frankreich. Die auf Staatsebene geführten Gespräche über die Gründung einer deutschen Bank in Monaco mit einem Kapital von 100 Millionen Franc dauerten bis 1944. [281]

Am 10.09.1943 eröffnete Konsul Dr. Walter Hellenthal in der Villa Carina ein deutsches Konsulat. Nach einem Empfang beim Fürsten kabelte Hellenthal nach Berlin, daß der Fürst und die Staatsminister ihm erklärt hätten, daß sie Freunde Deutschlands sind und blieben und auf einen baldigen und für Deutschland günstigen Ausgang des Krieges wünschen. Nun wurden Bunker an der monegassischen Küste gebaut und die deutsche Abwehr ließ über das Auswärtige Amt und deren angeschlossenen Tarnfirma, der Deutschen Auslandsrundfunk Gesellschaft INTERRADIO GmbH, den Radiosender Monte Carlo mit einer Marineabhörstation errichten. Aus dem gemütlichen und reichen Seebad wurde jetzt eine deutsche Festung.

Johannes Eugéne Charlés, ein Schweizer Bankier, welcher am 7. November 1913 in Genf geboren wurde und mit einer Russin aus St. Petersburg verheiratet war, erhielt die Schlüsselrolle für die Gründung der neuen Bank mit seinem Namen BANQUE CHARLÉS. [282]

Charlés studierte in der Schweiz, in Stuttgart und Heidelberg das Bankfach. Sein Volontariat bei der Reichsbank wurde von Emil Puhl, dem Vizepräsidenten der Deutschen Reichsbank, gefördert; somit konnte er auch dem Militärdienst entgehen. Emil Puhl wurde nach dem Krieg Vorstandsmitglied der DRESDNER BANK in Hamburg, welche sich kurzfristig Hamburger Kreditbank nennen mußte.

Das Projekt „BANQUE CHARLÉS" entstand bereits 1940 durch Vermittlung eines Freundes des Fürsten von Monaco, dem monegassischem Bankier Du Pasquier, welcher Eigentümer der Bank Montmolim & Cie. war. Das Projekt nahm im Jahre 1941 erst richtige Formen an, als die Reichsbank J. Charlés beauftragte, die Möglichkeiten einer deutschen Bankengründung in Monaco, zusammen mit dem Kommissar bei der Bank von Frankreich in Paris, Dr. Karl Anton Schaefer, zu planen und durchzuführen.

Johannes Charlés war damals auch ein wichtiger Verbindungsmann der Reichsbank in Spanien und Portugal für die Devisenbeschaffung.

Am 29.11.1943 schrieb der Geschäftsführer der Firma Wolff in Köln, Herr Siedersleben, an seinen Niederlassungsleiter Acker in Paris: [283]

... Das Auswärtige Amt ist sehr daran interessiert, daß in nächster Zeit eine DEUTSCHE BANK in Monaco gegründet wird, ein Projekt, das viele Jahre hinausgeschoben wurde. Herr Johannes Charlés wurde nach Monaco geschickt, um diese Angelegenheit zu einem guten Abschluß zu bringen, die natürlich, wie ich bereits Ihnen und Herrn Dr. Schaefer erklärt habe, von den Interessen der Gruppe OTTO WOLFF unberührt bleibt. ...

Gezeichnet: Siedersleben

Die Firma OTTO WOLFF gründete aus Tarnungsgründen bereits am 10. Juli 1942 die „SOCIETE COMMERCIALE DE MEDITERRANEÉ", die SOCOMED in Monaco und der enge Freund des Fürsten von Monaco Pierre du Pasquier, wurde dort Vorstandsmitglied. [284]

Karl Anton Schaefer führte 1941 zusammen mit den DRESDNER BANK Direktoren Pilder und Gots weitere konkrete Gespräche zur Bankgründung in Monaco. Der DRESDNER BANK Direktor Dr. Hans Pilder reiste nach dem 9. April 1941 über die Schweiz für mehrere Tage nach Monaco, offenbar um die Gespräche dort zu vertiefen, wie die geheimen Visaunterlagen der Deutschen Gesandtschaft in Bern belegen: [285]

„GEHEIM" [285]
- Es wird gebeten, den im nebenbezeichneten Brieftelegramm genannten Personen die beantragten Ein- und Wiederausreisesichtvermerke zu erteilen. Die Genannten reisen im Auftrage einer besonderen Stelle."

„GEHEIM" [286]
- Das Vorstandsmitglied der DRESDNER BANK, Dr. Hans Pilder reist im Auftrage des
  Oberkommandos der Kriegsmarine in den nächsten Tagen nach Zürich und Basel.
- Reisezweck: Begleitung des Chefs der Abteilung IV der Kriegsmarine zwecks Regelung
  wichtiger Finanzierungsfragen im Ausland.
- Aufenthalt in der Schweiz 9-10 Tage.

Johannes Charlés wurde Mitte 1943 als Bankier in Monaco tätig, als er die fürstliche Konzession zur Eröffnung einer Bank erhielt. Am 26.11.43 bat die deutsche Regierung offiziell um eine Genehmigung zur Eröffnung einer Bank mit einem Startkapital von 100 Millionen Franc.

Eine repräsentative Villa wurde im Zentrum von Monaco gekauft und nach außen hin wirkte alles wie eine monegassische Einrichtung. Der eigentliche Zweck dieser Bank war aber die Abwicklung von internationalen Bankgeschäften, u.a. mit Spanien und Amerika, welche nicht von einer Bank mit Sitz im Deutschen Reich hätte durchgeführt werden können. Der Schwager von Reichsaußenminister Ribbentrop, Dr. Heinrich Kleinschrott, der auch ein Freund von Du Pasquier war, informierte laufend den Reichsaußenminister persönlich über den Stand des Bankgeschäftes in Monaco.

Am 21. Dezember 1943 schrieb das deutsche Konsulat von Monaco nach Berlin, daß das monegassische Konsulat in Berlin auf Wunsch des Fürsten Louis II in ein Generalkonsulat umgewandelt werden sollte.

Konsul Dr. Hellenthal schrieb an das Auswärtige Amt nach Berlin über den geplanten und „gewünschten Generalkonsul" Dr. Bodenstein: [287]

... Geheimrat Dr. jur. Bernhard Bodenstein, geboren am 1.7.1876 in Stieringen Elsaß-Lothringen war Regierungsassessor, dann sechs Jahre in der Montanindustrie in Essen-Ruhr, anschließend Vortragender Rat im Reichsarbeitsministerium, seit 1924 ist er wieder in der Industrie. Er ist Mitglied der NSDAP, zur Zeit ist er als Oberstleutnant d. Reserve im OKW, Sonderstab für Handelskrieg und wirtschaftliche Kampfmaßnahmen tätig.

Seine Beziehungen zum Fürstentum Monaco reichen etwa 40 Jahre zurück. Nach seinen Angaben war er vor dem Weltkrieg fast jedes Jahr zu Besuch an der Riviera. Seit 1941 war er mehrfach in Monaco im Auftrage des OKW tätig. Soweit ich bisher feststellen konnte, genießt er das volle Vertrauen von Fürst und Regierung.

Gezeichnet: Dr. Hellenthal

Der Chef der Sicherheitspolizei und des SD schrieb am 4. September 1943 vertraulich an das Auswärtige Amt eine „politische Auskunft" über den 67-jährigen Dr. Bodenstein u.a.: [288]

... Im Jahre 1940 bewarb sich Dr. Bodenstein, der seinerzeit als Industriebeauftragter des Oberkommandos der Wehrmacht bei den staatlichen Artilleriewerkstätten in Den Haag tätig war, um Verwendung in Elsaß-Lothringen oder Luxemburg. ...

Die Parteikanzlei der NSDAP in München schrieb am 17. September 1943 an das Auswärtige Amt als Auskunft: [289]

... In politischer Hinsicht ist Bodenstein bisher nachteilig nicht in Erscheinung getreten. Wie jedoch von den befragten Parteidienststellen mitgeteilt worden ist, schwebte gegen Dr. Bodenstein ein Verfahren wegen Devisenvergehen, das nach § 5 des Gnadenerlasses vom Führer für die Wehrmacht vom 1.9.1939 im Jahre 1940 eingestellt worden ist, weil eine 6 Monate übersteigende Strafe im Falle seiner Verurteilung nicht zu erwarten gewesen wäre.

Heil Hitler   i.A.   Unterschrift

Dr. Bodenstein war zusammen mit dem Vorstandsmitglied der DRESDNER BANK, Direktor Dr. Hans Pilder, Mitbeschuldigter in dem Devisenstrafverfahren gegen die Herren Griebel und Baumgartner. Sie berieten Herrn Baumgartner am 30.6.1935, anläßlich einer diskreten Besprechung im Dachgarten des Hotel Eden in Berlin. Er sollte beim Verkauf von RAMI-Obligationen zur Festlegung eines fingierten Kurses von 33 % gegenüber der Devisenstelle Berlin mitwirken. Das Verfahren gegen Direktor Dr. Hans Pilder fiel schließlich unter den Gnadenerlaß des Führers. [290]

Dr. Bernhard Bodenstein wird unter der Note 3372 vom 18.12.1943 zum Generalkonsul ernannt. Außerdem wird im Schreiben erwähnt, die Urkunden direkt durch Vermittlung von OKW, Sonderstab Admiral Gross (vorgesetzte Dienststelle von Dr. B. Bodenstein), zuzustellen. Bodenstein war mit 67 Jahren mit der dienstälteste Generalkonsul des Dritten Reiches.

Generalkonsul Dr. Hellenthal schrieb am 4. März 1944 nach Berlin: [291]

„Der Arbeitsanfall der hiesigen Dienststelle hat eine dauernd steigende Entwicklung genommen. Zur Zeit liegt der Schwerpunkt der Arbeit auf dem politischem Gebiet und zwar in der Herstellung der Synthese zwischen der Aufrechterhaltung einer beschränkten Souveränität des Fürstentums und den anläßlich der Bildung von Kampfzonen am Mittelmeer notwendigerweise erforderlichen Sicherungsmaßnahmen.
Hieraus ergibt sich ein umfangreicher persönlicher und schriftlicher Verkehr mit der monegassischen Regierung und mit verschiedenen Wehrmachtstäben.

Dazu kommt die laufende Betreuung des Europasenders „RADIO MONTE CARLO", insbesondere die politische Einflußnahme auf dessen Nachrichtensendungen. Daneben laufen, ohne Rücksichtnahme auf die geringe Ausdehnung des Amtsbezirks, die üblichen Konsulats- und Verwaltungsgeschäfte. Die Arbeit hat jedenfalls so einen Umfang angenommen, daß ich es nicht verantworten konnte, den mir dringend notwendigen beschränkten Erholungsurlaub von 14 Tagen zu nehmen. Ich habe mich daher mit einer Woche begnügt.

... dazu kommen noch, ohne Kontrollnummern, die täglichen Rundfunk Sprachregelungen aus Berlin für die Steuerung des Nachrichtendienstes Radio Monte Carlo. ...

Gezeichnet: Dr. Hellenthal

Am 17. Juni 1944 schrieb Herr Rudolf, Direktor der AEROBANK Berlin (ABK), an Herrn Ministerialdirektor Dr. Riehle im Reichswirtschaftsministerium: [292]

„Wie sie bereits wissen, soll in Monaco eine Bank mit einem Kapital von 100 Millionen Francs gegründet werden; die vorgesehene Beteiligung deutscher Interessen entspricht 60% dieses Kapitals. Im Rahmen der deutschen Interessen müssen 40 Millionen von den Herren Charlés und Gaussebeck eingebracht werden, die zu diesem Zwecke von den deutschen Behörden (Auswärtiges Amt, Reichsbank, SD des RSHA) ausgewählt wurden, Für die Realisierung dieser Mittel ist uns der Wunsch mitgeteilt worden, daß wir die nötigen 40 Millionen Francs, gegen Bezahlung hier in Reichsmark, zur Verfügung stellen.

Darüber hinaus hat man uns erklärt, daß die Unterstützung durch Herrn Dr. Schaefer in Paris neben den Herren Charlés und Gaussebeck unerläßlich ist. Diese Zusammenarbeit kann nur in die Praxis umgesetzt werden, wenn der offizielle Auftrag des deutschen Rechnungsprüfers bei der Banque de France abgeschlossen ist. Angesichts dieser Konstellation bitten wir Sie, Ihre Zustimmung dazu zu geben, daß die ABK Paris sich an der zu gründenden Bank in Monaco mit einer Summe von 10.000.000,00 Francs, im Rahmen der deutschen Gruppe beteiligt. Diese Beteiligung darf die ABK natürlich nicht offen zeigen, deshalb haben wir vorgesehen, daß diese Beteiligung durch Herrn Dr. Schaefer (der unser Repräsentant für innere Beziehungen sein wird) vorgenommen wird. Für die Dauer, wo Herr Dr. Schaefer noch nicht tätig werden kann, schlagen wir vor, zunächst Herrn Gaussebeck mit der Vertretung zu betrauen. Wie uns der Leiter des SD [Geheimdienst der SS] mitteilte, ist diese für Herrn Dr. Schaefer eigens geschaffene Möglichkeit sehr erwünscht. Außerdem gibt es von Seiten des SD keinen Einwand gegen die Beteiligung unserer Bank an der Bank in Monaco.

Gezeichnet: Rudorf

Am 13. Juli 1944 schrieb Dr. Karl Schaefer an die AEROBANK Paris: [293]

„Beiliegend erhalten Sie die Bescheinigung von Herrn Charlés vom heutigen Tage über den Empfang des Betrages von Francs 30.000.000,00. Herr Charlés erhielt diesen Betrag im Hotel Bristol in bar für den Zweck, wie im Schreiben vom 10. Juli 1944 dargestellt, übergeben."

Die BANK FÜR LUFTFAHRTBEDARF AG Berlin (im Aufsichtsrat Hermann Göring) kabelte am gleichen Tag an ihr Pariser Büro in der 3 rue Scribe Paris 9éme betreffend Konten „ELBAG": [294]

- 20 Millionen Francs zur Belastung des Sonderkontos Nr. 1050 H auf Abruf
- 10 Millionen Francs zur Belastung des Sonderkontos Nr. 1050 P auf Abruf
  bei der Reichskreditkasse (RKK)   Unterschrift

Der Inspektor des monegassischen Gewerbeamtes, Herr M. Berger, schrieb an den Direktor der monegassischen Finanzverwaltung, Herrn Montarnal, anläßlich einer französischen Untersuchung der Bank Charlés am 20. September 1944: [295]

1.) Laut Einzahlungsschein vom 10. Juli 1944 wurden am Schalter bei der Zentralgeschäftsstelle der CRÉDIT LYONNAIS 20 Millionen Francs durch Herrn Johannes Charlés, wohnhaft in Paris im Hotel Bristol, auf das Konto Nr. 852.671 der Geschäftsstelle der CRÉDIT LYONNAIS von Monte Carlo, eröffnet auf den Namen August Theodor Gaussebeck, wohnhaft in Monte Carlo, im Pariser Rathaus, eingezahlt.

2.) Eine Scheckanfrage vom 13. Juli 1944 bezüglich eines ausgestellten Schecks von Herrn Johannes Charlés über 30 Millionen ergab, daß er im Gegenzug einen Scheck mit der Nr. 245.087, zahlbar bei der Geschäftsstelle der CRÉDIT LYONNAIS an seine Order, erhielt.

3.) Am Pariser Sitz der AERO-BANK wurde festgestellt, daß ein Konto mit der Nr. 329 existierte, das am 10. August 1944 auf den Namen CHARLÈS & CO BANQUIERS À MONCAO, eröffnet wurde. Das Konto Nr. 329 hatte ein Guthaben über 18 Millionen Francs, welche vom Konto Nr. 1337 stammten, dessen Inhaber Dr. Karl Schaefer, Paris, ist. Das Konto Nr. 329 wurde am selben Tag um 16 Millionen belastet und an die BANK LAMBERT-BILTZ überwiesen. Am Sitz dieser Bank wurde festgestellt, daß 16 Millionen Francs auf ein eröffnetes Konto in dieser Bank, welches auf den Namen CHARLÉS & CO lautet, gutgeschrieben wurden. Von diesen 16 Millionen wurden 14 Millionen am 10.08.1944 auf das Konto der monegassischen BANK CHARLÈS beim CRÈDIT MARSEILLAIS, 20rue de la Varse in Marseille, überwiesen.

4.) Mit den verbliebenen 2 Millionen Francs bei der BANK LAMBERT-BILTZ wurden 130 Stück westafrikanische Aktien gekauft.

Die BANK CHARLÈS wurde am 21. Juli 1944 gegründet. Das Gründungskapital von 80 Millionen Francs verteilte sich als Kommanditeinlage wie folgt: [295]

1.) zu 25 Millionen Francs auf J.E. Charlés, Bankier, wohnhaft in Monte Carlo, Pariser Rathaus

2.) zu 25 Millionen Francs auf August Gaussebeck, Bankier, wohnhaft in USA,
New York, 50 Broadway und Monte Carlo, 6rue des Giroflées
3.) zu 25 Millionen Francs von Guillaume Charlés Lecesne, Bankier, Franzose, wohnhaft
in Marseille, 37rue Daumier
4.) zu 5 Millionen Francs auf Frau Gould, geborene Lacaze, Amerikanerin, wohnhaft
in USA, Arsdey on Hudson, Bundesstaat New York, sowie in Paris, 129 av Malakoff,
verheiratet unter Gütertrennung mit dem Milliardär Frank Jay Gould

Der Satzung nach kann Frau Gould ihr Kapital auf 25 Millionen aufstocken, ohne weitere
Entscheidung des Verwaltungsgremiums einholen zu müssen.

Die BANK CHARLÈS hat im laufenden August 1944 nachfolgende Kredite mit einer
Laufzeit von einem Jahr an nachfolgende Personen vergeben: [295]

- Prinz Radziwill   Francs 1.000.000,00
- Frau Hallwyl   Francs   500.000,00
- Herrn Hayward   Francs   50.000,00

Bankier Dr. Schaefer schrieb nach seiner Rückkehr aus Monaco nach Berlin, daß er auch
einen Vertrag über eine später zu gründende Aktiengesellschaft abgeschlossen habe, welche
vom monegassischen Staat Vergünstigungen erhält und weiter unter deutscher Verwaltung
stehen würde. Voraussetzung sei aber, daß der monegassische Staat weiter existiert.

Bereits am 31. August 1944 schrieb Dr. Karl Schaefer an den Vorstandsvorsitzenden der
AEROBANK AG in Paris, Herrn Fritz Rudolf: [296]

Sehr geehrter Herr Rudolf,   - GEHEIME REICHSSACHE -

ich beziehe mich auf Ihr Schreiben vom 28. Juni 1944, in dem Sie mir den Auftrag gaben, die
Interessen der AEROBANK durch die Gründung einer Bank in Monaco sicherzustellen. Mit
einer gewissen Verspätung, die auf die aktuellen Ereignisse zurückzuführen ist, sende ich
Ihnen nun folgenden Bericht:

„Die Firma J.E. Charlés & Co, Bankiers, monegassische Kommanditgesellschaft, Monaco,
wurde am 21. Juli 1944 durch eine notarielle Urkunde bei der Notarin Frau Aureglia in Monte
Carlo gegründet. Herr Jean Charlés erhielt am 26. November 1943 für einen unbegrenzten
Zeitraum die Konzession, mit ausdrücklicher Zustimmung der monegassischen Regierung zu
dieser Kommanditgesellschaft, eine Bank in Monaco zu gründen. ...

1.) Herr Charlés ist in der Schweiz geboren, aber dennoch Deutscher Reichsbürger. Er
verfügt über ein beträchtliches vermögen und ist mit einer Schweizerin aus bestem Hause
verheiratet. Er wurde vom Auswärtigen Amt als besonders geeignet für die Gründung einer
Bank erachtet und wurde bei der Regierung Monacos durch das Deutsche Generalkonsulat
eingeführt.

2.) Herr Gaussebeck ist Reichsbürger, war fast 30 Jahre lang bis 1941 Bankier in New York,
mehrere Jahre Mitinhaber der BANK A.C. MEYER & CO, die in New York gegründet
worden war und die in ständigem Kontakt mit dem Schatzamt (Treasury Office) der
amerikanischen Regierung stand. Die Geschäftsbeziehungen der Bank erstreckten sich bis

nach Südamerika; Herr Gaussebeck ist heute noch Konsul in Bolivien und mit einer Amerikanerin verheiratet. Er besitzt ein respektables Vermögen, einen Teil davon in Schweizer Franken , einen Teil in amerikanischen Pesos und einen Teil in Reichsmark, zur Überweisung bereit.

3.) Herr Lecesne ist Franzose und Direktionsmitglied der französischen BANK CRÉDIT MARSEILLAIS und befindet sich in sehr engen Kontakt zur BANK LAMBERT-BILTZ, Paris, 119 Bd Haussman. Herr Lecesne hat auch sehr gute persönliche Beziehungen zu den größten und wichtigsten Banken in Paris, wie z.B. zur BANK MALLET & CO. und der BANK MIRABAUD & CO. Er stammt aus einer sehr guten Familie aus der Normandie und war lange Zeit bei englischen Banken tätig, wodurch er auch fließend englisch spricht. Der deutsche Generalkonsul in Marseille übermittelte dem deutschen Generalkonsul von Monaco am 20.07.1944 folgende Informationen per Telegramm: Herr Lecesne ist als hervorragender Bankier bekannt. Glücklicherweise ist er dem Generalkonsulat seit 2 Jahren bekannt und wird vom politischen Hintergrund her als zuverlässig beurteilt.

4.) Frau Florence Gould ist gleichzeitig amerikanische und französische Staatsbürgerin, unter Gütertrennung mit dem bekannten Eisenbahnmagnaten J. Gould (momentan in Nizza oder in Monaco seßhaft) verheiratet und wohnt in Paris, 120 Av Malakoff. Frau Gould verfügt über ein beträchtliches Privatvermögen, das auf eine Milliarde Francs geschätzt wird und das während der Besatzungszeit von einem deutschen Sonderbeauftragten namens Warzinsky verwaltet wurde.

Die Bank Charlés hat in Barcelona ein Verbindungsbüro eröffnet, dem sich Gaussebeck, der bereits dort angekommen ist, angenommen hat mit dem Ziel, dieses so schnell wie möglich in eine Tochtergesellschaft umzuwandeln. Zu diesem Zwecke hat sich Herr Gaussebeck schon seit einigen Monaten gewissen Vorbereitungen in Spanien gewidmet. Im Vertrag der Gesellschaft steht folgendes:

Mit der Leitung der Gesellschaft ist ein Vorstand betraut, der einen Vorsitzenden, sowie einen stellvertretenden Vorsitzenden hat. Für jede Entscheidung müssen mindestens zwei Mitglieder anwesend sein. Entscheidungen werden nach dem Mehrheitsprinzip getroffen, bei Stimmengleichheit gibt die Stimme des Vorsitzenden Ausschlag. Herr Charlés ist zum Vorsitzenden gewählt worden, Herr Gaussebeck zum stellvertretenden Vorsitzenden. Auf diese Weise ist der Einfluß von deutscher Seite gesichert.

Vor dem Akt der notariellen Gründung habe ich mit Herrn Gaussebeck am 21.07.1944 eine Vereinbarung getroffen. Daraus geht hervor, daß er innerhalb seiner finanziellen Beteiligung von 25 Millionen Francs bis zu einer Summe von 10 Millionen Francs als mein Beauftragter agiert, daß sich mit dieser Einlage jedoch seine uneingeschränkte Verantwortung nicht auf mich überträgt, sondern daß ich mich ihm gegenüber nur bis zu einer Summe von 10 Millionen Francs verantworten muß. Des weiteren steht es mir vollkommen frei in die Gesellschaft als Gesellschafter der Kommanditgesellschaft (Bank) oder als Teilhaber einzusteigen. In diesem Falle müßte Herr Gaussebeck weitere 10 Millionen Francs einzahlen. Um mein Einstiegsrecht in der Firma bzw. Bank als Kommanditist oder als persönlich haftender Gesellschafter zu garantieren, habe ich einen Vertrag mit den Herren Charlés und Gaussebeck abgeschlossen. Die beiden Herren haben mir den Vorsitz im Vorstand angeboten für den Fall, daß ich als Teilhaber mit uneingeschränkter Haftung in die Firma und Bank einsteige.

Die Bank hat überhaupt kein besonders Interesse an weiteren Kommanditisten, außer mir oder eventuell dem Prinzen von Monaco, denn sie hatte ja nur Kommanditisten benötigt, um sich

Formal den Charakter einer Kommanditgesellschaft geben zu können. Das ermöglichte es, den monegassischen Charakter der Bank zu bestätigen.

Nach Bekanntgabe des Gründungsaktes der Bank durch den monegassischen Staatsanzeiger habe ich mit den Herren Charlés und Gaussebeck am 28.07.1944 einen neuen Vertrag abgeschlossen, bezüglich einer <u>weiteren</u> Gründung einer Bank in Monaco (einer Aktiengesellschaft) in Monaco, deren Leitung dann die AEROBANK übernehmen würde.

Ich hatte mit dem Prinzen von Monaco am 3. August 1944 und am 10. August 1944 eine Unterredung. Das erste Gespräch hatte das Ziel, den Prinzen von Monaco selbst finanziell an der Bank zu interessieren. Bei der Unterredung am 10. August 1944 waren der Staatsminister Roblot, der Privatsekretär des Prinzen Melin (der auf den Prinzen von Monaco großen Einfluß hat), sowie Herr Charlés anwesend.

Der Prinz ist 72 Jahre alt und in Baden-Baden geboren. Er begrüßte die Gründung der Bank in ihrer internationalen Form außerordentlich und er versicherte eine Beteiligung seinerseits oder von Seiten des Staates Monaco zu einem gegebenen Zeitpunkt. Auf Wunsch des Ministers Roblot hin bestätigte die Firma J.E. CHARLÉS & CO dieses Resultat schriftlich. Es wurden einfach für den Augenblick ein genaues Datum, die Form und der Betrag der fürstlichen Beteiligung unbestimmt gelassen, er erklärte sich jedoch damit einverstanden, daß als Datum eines gegen Ende des Krieges gewählt werde.

Am 11. August 1944 hatte ich noch in Anwesenheit von Herrn Charlés eine Unterredung mit dem amerikanischen Eisenbahnmagnaten, Herrn Franck J. Gould, in Nizza. Er zeigte sich ebenfalls sehr interessiert an der Gründung der Bank und zog eine Beteiligung seinerseits in Betracht. Es wurde für die Bank ein Haus erworben, daß der SBM gehörte, die es gerade an ein französisches Konsortium verkaufen wollte, der Kaufpreis betrug 35 Millionen Francs, die Inneneinrichtung inbegriffen. Der Erwerb dieses Gebäudes wurde auch vom AA, durch den deutschen Generalkonsul in Monaco, genehmigt. Die Gesellschafter erklärten den Banken in Monaco, vor allem den französischen Banken, daß sie sich nicht dort als Konkurrenten etablierten, sondern als besondere Privatbank. Das Ziel wird es sein, im besonderen als internationales Geldinstitut zu erscheinen und darüber hinaus nach Kriegsende mit weiteren Industriekreisen zusammenzuarbeiten.

Heil Hitler !   Dr. Schaefer

Die Gründung der BANQUE CHARLÉS wickelte die Reichsbank über die neu gegründete Zweigniederlassung der AEROBANK-BERLIN in Paris ab. Der Verteiler dieser Angelegenheit wies am 10.7.1944 außer dem Auswärtigen Amt, dem Reichsfinanzministerium und der Reichsbank, auch das OKW, wie den SD auf. Die Operation wurde zur „Geheimen Kommandosache und Reichssache" erklärt.

Die französischen Büros der BARCLAYS BANK und der LLOYDS BANK in Monte Carlo wurden ungeachtet der Entwicklungen weiter vom Reichsbankdirektor Hans Joachim Caesar von Paris aus kontrolliert.

Am 7. August 1944 schrieb der deutsche Konsul Dr. Walter Hellenthal nach Berlin, daß für den früheren Mitarbeiter des Konsulats in Monaco, Baron Geyr, der deutsche Industrielle

Dr. h.c. von Maltitz zur Beschäftigung eingestellt und zur Geheimhaltung verpflichtet wurde. Baron von Maltitz betrachtete diese Tätigkeit als freiwilligen Kriegseinsatz und verzichtete auf alle Dienstbezüge. [297]

Baron von Maltitz war vor dem Krieg Direktor von DYNAMIT NOBEL in Paris. Am 2. März 1943 vermerkte das Reichswirtschaftsministerium: [298]

Betreff: Arisierung der ETS HELGO (Kondensatorenbau 93rue Oberkampf, Paris)

„Einem Schreiben vom 26.02.1943 ist zu entnehmen, daß die Firma LAFAB, Paris, beabsichtigt, das dem polnischen Juden Gütermann gehörende Unternehmen HELGO zu erwerben. An LAFAB sind die Reichsdeutschen von Maltitz (Vater & Sohn), die bereits 10 Jahre in Paris ansässig, somit nach dem deutschen Devisenrecht Devisenausländer sind, zu 51 % beteiligt. Der notarielle Kaufvertrag ist am 4.02.1943 vorbehaltlich der Genehmigung des Militärbefehlshabers geschlossen worden. Der Kaufpreis beträgt einschließlich des Fonds de Commerce und des Warenlagers, jedoch ausschließlich eines französischen Patents 900.000,00 Francs. Falls RwiM keine Einwendungen erhebt, wird der Verkauf des Unternehmens an die LAFAB endgültig genehmigt."

In Paris wurde eine Vereinigung mit dem Namen „Cercle Européen – Comité de Collaboration Economique Européenne" gegründet. Dies war der Ausschuß für die Wirtschaftliche Europäische Zusammenarbeit von Bankiers, Industriellen, Wirtschaftsführern und Konzernvorständen. In einer Aufzeichnung des Gesandten Schleier von der Deutschen Botschaft in Paris vom 18. August 1943 fand sich eine vollständige deutsche und französische Mitgliedsliste, sie umfaßte über 12 Schreibmaschinen Seiten an Mitgliedern. [299]

Regelmäßig traf sich die Wirtschaftsprominenz auch in Tafelrunden. Die Liste der Tafelrunde vom 1. Juli 1942 im Hotel Ritz in Paris, führt nachfolgende Personen auf:

Herr Acker	-	Pariser Vertretung der Firma OTTO WOLFF Köln
Herr Dr. Böttcher	-	Direktor der Reichsbank, Deutsches Kommissariat bei der Banque de France
Herr Ehnimb	-	Importeur aus Hamburg
Hauptmann Fuhrmann	-	Referent bei der Wirtschaftsabteilung bei dem Militärbefehlshaber in Frankreich
Dr. Grotkopp	-	Administrateur des Agenée Economique et Financiére
Herr Hagedorn	-	Leiter der Pariser Filiale MANNESMANN-EXPORT GmbH

(Teilnehmer am 28.Oktober 1942)

Herr Hennig	-	Pariser Vertreter der DEUTSCHEN BANK
LG Krafft v. Delmensingen	-	Deutsche Botschaft Paris
Dr. Kramer	-	Direktor der S.O.P.I. und Pariser Vertreter der I.G. FARBEN
Geheimrat Dr. Krauter	-	Berlin
Dr. Freiherr von Mahs	-	Leiter der Gruppe „Gewerbliche Wirtschaft" und Auswärtiger Zahlungsverkehr" in der Wirtschaftsabteilung beim Militärbefehlshaber in Frankreich

Dr. von Maltitz	-	Industrieller
		[Mitarbeiter des Deutschen Konsulats in Monaco]
Dr. Maulatz	-	Volkswirtschaftler
Dr. Medicus	-	Ministerialdirigent, Kriegsverwaltungschef
Dr. Michel	-	Ministerialdirigent, Kriegsverwaltungschef
		Leiter des Verwaltungsstabes beim Militärbefehlshaber
Prof. Dr. Noé	-	Technischer und wirtschaftlicher Berater des
		Kommandierenden Admirals in Frankreich
Herr Rademacher	-	Ministerialrat, Kriegsverwaltungsabteilungschef, Chef
		des Verwaltungsstabes des Kommandanten von Paris
Gesandter Dr. Rahn	-	Deutsche Botschaft Paris
Dr. Ing. Roechling	-	Großindustrieller
Präsident Dr. Schaefer	-	Deutscher Kommissar bei der Banque dé France
Herr Weissmann	-	Pariser Vertreter der DRESDNER BANK
Dr. Westrick	-	Generaldirektor der
		VEREINIGTEN ALUMINIUM WERKE BERLIN
Herr Winkler	-	Generaldirektor der AERO-BANK

Die Alliierten standen schon vor Paris, als im sicheren Straßburg im „Hotel Rotes Haus", in der zweiten Augustwoche 1944 die öffentlich bekannt gewordene Konferenz mit deutschen Wirtschaftsführern und Industriellen abgehalten wurde. Das absehbare Ende des Krieges dominierte die Diskussionen. Man beschloß, einen weiteren Teil von Firmenvermögen für einen späteren Wiederaufbau ins Ausland zu schaffen.

Am 26. August 1944 ermächtigte das Auswärtige Amt telegrafisch Dr. Hellenthal, über die Weiterarbeit der Dienststelle nach eigenen Ermessen, militärischer Lage entsprechend Entscheidungen zu treffen. Die Rückantwort unter Nr. S 36 vom 27.8.1944 lautete: [300]

„Hiesige Regierung hat zugesagt unter Berufung auf Sonderstatus Fürstentum Monaco Weiterarbeit hiesiger Auslandsvertretungen auch nach Feindbesetzung sicherzustellen. Italienischer Kollege und französischer Gesandter bleiben ebenfalls hier. Chiffreur Szyszka steht bis 28.8.44 nachmittags auf Empfang, abreist dann nach Berlin nach Vernichtung letzten Chiffriermaterials und Sonderwegunterlagen. Hier bleiben Generalkonsul Hellenthal mit Frau, Tochter, Dr. von Maltitz mit Frau und Fräulein Gruner. Bitte Angehörige verständigen, daß bis auf weiteres auf Nachricht nicht zu rechnen."

Gezeichnet: Dr. Hellenthal

Der Staatsminister Roblot vom Fürstentum Monaco schrieb am 26. August 1944 im Auftrag des Fürsten Louis an den deutschen Generalkonsul Dr. Hellenthal: [301]

Herr Generalkonsul,

da Sie mich gebeten haben, habe ich den bedürftigsten Familien, die Opfer des letzten Bombenangriffs waren, Ihr „wertvolles Care-Paket" [Ein Paket Diamanten ?] zukommen lassen. Ich möchte Ihnen ihren Dank mitteilen.

Erlauben Sie mir, den [Dank] der Regierung des Fürstentums hinzuzufügen, die Ihre taktvolle Aufmerksamkeit, die Sie für diese unglückseligen Menschen haben, wohlwollend zur Kenntnis genommen hat. Erlauben Sie mir ebenfalls, mich zum Überbringer der Gefühle der Bevölkerung zu machen, die über Ihre letzten Maßnahmen bei den deutschen Obrigkeiten in Bezug auf zwei Angelegenheiten, die uns große Sorgen bereiteten, schon Bescheid weiß und noch mehr darüber erfahren wird.

Ich will zuerst von der Entfernung von Kriegsgeräten, die auf dem Boulevard Albert Ier aufgestellt worden waren, sprechen. Für diese Angelegenheit war eigentlich nur das deutsche Militär zuständig. Ihr diplomatischen Funktionen, wenn Sie sie in einem engen Sinn verstanden hätten, hätten es nicht erfordert, in dieser Angelegenheit tätig zu werden.
Sie mußten die ganze Verantwortung übernehmen, auch für die Angelegenheiten, die nicht in Ihren Zuständigkeitsbereich fielen und eine Entscheidung treffen, die stark zur Beruhigung der Lage beitrug.

Als nächstes möchte ich von dem Eifer sprechen, den Sie gezeigt haben und den Sie immer noch persönlich zeigen, indem Sie nach Italien fahren um uns Lebensmittel liefern zu lassen. Wir haben gestern und heute zwei Tonnen Reis erhalten; wir haben allen Anlaß zu glauben, daß wir noch große Mengen erhalten werden. Die Bevölkerung wird wissen, daß die Sorgen, die wir wegen der Versorgung der Bevölkerung hatten, einzig und allein mit Ihrer Hilfe für dieses Land gemildert werden konnten.

Hochachtungsvoll   Gezeichnet: Staatsminister Roblot

Einen Tag später, am 27. August 1944 schrieb Staatsminister Roblot im Auftrag des Fürsten von Monaco an Dr. Hellenthal: [302]

Herr Generalkonsul,

Sie haben mich informiert, daß, falls Ihre Regierung Ihnen nicht die Anweisung gibt Ihre Funktionen als Generalkonsul von Deutschland in Monaco zu beenden, Sie Ihre Funktionen weiterhin ausüben und auf Ihrem Posten bleiben möchten, auch wenn alle deutschen politischen Vertreter aufgerufen würden, sich aus Frankreich und dem Fürstentum zurückzuziehen. Sie haben mich gefragt, ob die fürstliche Regierung keinen Nachteil darin sieht, daß Sie diese Haltung einnehmen.

Sie haben mich außerdem gefragt, ob Ihre Familie unter diesen Umständen in Monaco unter dem Schutz der Gesetze des Fürstentums und den diplomatischen internationalen Gepflogenheiten bleiben könnte.

Ich habe die Ehre Ihnen die Antwort der fürstlichen Regierung auf diese zwei Fragen geben zu dürfen. Ich möchte zur Verdeutlichung hinzufügen, daß dieser Antwort vorab vom S.A.S. dem Fürst von Monaco zugestimmt worden ist.

1.) Das deutsche Generalkonsulat von Monaco, daß es schon sehr lange gibt und daß seit 1914 nicht mehr offiziell besetzt war, wurde von deutschen Behörden 1943 aufgrund von Abkommen zwischen ihnen und dem Fürstentum wieder eröffnet. Letzteres hat die Wiedereröffnung des Konsulates erwünscht um in regelmäßigen und direkten Kontakt mit der Reichsregierung zu treten um zu verhindern, daß das Fürstentum mehr oder weniger unter die Kontrolle der in Frankreich niedergelassenen Besetzungsmacht gelangt. Das Fürstentum, ein unabhängiges und neutrales Land, darf nicht dem Regime unterworfen werden, das Frankreich als Folge des Waffenstillstandsabkommens unterworfen hat:

„Denn in der Tat hatte das Fürstentum nicht an dem Beschluß dieser Konvention mitgewirkt."

Unter diesen Gegebenheiten wurden Sie vom Fürsten akkreditiert und er hat Ihnen die Exequatur ausgestellt,, weil Ihre Regierung ausdrücklich bestätigt hat, daß Sie direkt ihr unterstehen und in keinster Weise den diplomatischen oder militärischen Obrigkeiten, die sich in Frankreich niedergelassen haben.

2.) In dieser Situation vertritt die fürstliche Regierung die Ansicht daß Sie, wenn Sie in Monaco bleiben, auch wenn alle deutschen Behörden sich aus Frankreich zurückziehen, eine konsequente Haltung feststellen werden, der die fürstliche Regierung nur zustimmen kann. Indem Er ihr zustimmt, schuldet Ihnen S.A.S. der Fürst den Schutz, den Er allen diplomatischen oder konsularischen Vertretern schuldet, die von ihm akkreditiert wurden. Diese Ansicht hat der Fürst auch energisch vertreten, als Er es den italienischen Behörden strikt verweigert hat, ihnen den Konsul der Vereinigten Staaten, der von Ihm akkreditiert wurde, auszuliefern. Die italienischen Obrigkeiten haben sich darüber hinweggesetzt und haben den Konsul der Vereinigten Staaten eingesperrt, der vom Souverän eines Landes, dessen Unabhängigkeit die italienische Regierung anerkannt hatte, akkreditiert wurde. Die italienische Diplomatie wird sich vor der Geschichte für diesen Gewaltakt und die Verletzung der internationalen Konventionen voll verantworten müssen.

Es ist nicht anzunehmen, daß eine andere Macht diesen gleichen Fehler begehen wird. Wir nehmen es um so weniger von Seiten der amerikanischen Behörden an, da die Regierung der Vereinigten Staaten dem Fürsten von Monaco und seiner Regierung offiziell ihre Danksagungen für die korrekte und loyale Haltung übermittelt hat, die sie dem Konsul der Vereinigten Staaten in Monaco gegenüber den Übergriffen der italienischen Obrigkeiten entgegengebracht haben.

Es versteht sich von selbst, daß, wenn Sie auf Ihre Stellung unter dem Schutz des Fürsten und den Gesetzen des Fürstentums verbleiben, Ihre Familie den gleichen Schutz erfährt. Indem sie so handelt, zeigt die fürstliche Regierung, daß sie ihre Haltung konsequent vertritt und gibt Ihnen Zeugnis von den Gefühlen Ihnen gegenüber, denn sie legt Wert darauf zu beweisen, daß sich das Fürstentum an alles erinnert, was sie getan haben um seine politische und materielle Existenz unter diesen schwierigen Umständen zu erleichtern.

Hochachtungsvoll   Gezeichnet: Staatsminister Roblot

Im Sommer 1944 erfolgte die Befreiung Monacos. Kurz vor dem 3. 9. 1944 verliesen die deutschen Truppen Monaco und die Resistance und die Kommunisten zogen ein. Sie fanden viele Dokumente und rund 15 Millionen Francs in bar in der Banque Charlés. Fürst Louis II bat den US-General Frederick um Schutz, doch dieser lehnte wegen der Neutralität Monacos seine Hilfe ab.

Dr. Schaefer war am 5.9.1944 in Berlin, dort erreichte ihn ein Schreiben vom Niederlassungsleiter der Aerobank Paris, Direktor Fritz Rudolf: [303]

... bitte stellen Sie die Interessen der Aerobank-Paris mit der neuen Bank in Monaco sicher...

Am 2. November 1944 schrieb der Polizeidienst der Schweizerischen Bundesanwaltschaft in in einer Aktennotiz: [304]

... Es wurden mir nachstehende Banken genannt, welche eventuell für Verschiebungen von NS-Geldern zu haben wären:

1.) Röchling & Co., Basel   4.) Lüscher & Co., Basel
2.) Arbitrium Handels AG, Zug   5.) Banque Societé Bancaire de Genevé
3.) Banque Priveé S.A., Genevé

Irgendeinen Anhaltspunkt, daß diese Bankinstitute in dieser Richtung arbeiten, kann allerdings nicht erbracht werden. ...

Schweizerische Bundesanwaltschaft / Polizeidienst   Unterschrift

Am 18. November 1944 erfuhr die Schweizerische Bundesanwaltschaft in Bern durch einen Informanten von der Existenz eines deutschen Netzwerkes. Das Netzwerk organisierte die Verschiebung von NS-Geldern. Der Rapport bestätigte indirekte Meldungen aus Paris in offizieller Mission und lautet wörtlich: [305]

„Durch einen Bekannten – ehemaliger Bankdirektor in Zürich – wurde ich gestern Freitag, den 17.11.44 in Zürich mit einem Herrn Ritz, vom Bankhaus La Roche & Co. in Basel, zusammengeführt. Mit Bezug auf die Verschiebungen von Nazigeldern erhielt ich von Herrn Ritz die hier nachstehenden streng vertraulichen Meldungen:

Vor ca. 10 Tagen hatte Herr Ritz Besuch eines ihm seit vielen Jahren bekannten Herrn X (der Name kann vorläufig nicht genannt werden) aus Paris. Der Betreffende ist Franzose, von Beruf Bankier und in jeder Beziehung einwandfrei; er steht der Regierung de Gaulle sehr nahe. Neben seiner geschäftlichen Tätigkeit hatte er noch eine „offizielle Mission". Es sei eine bekannte Tatsache, daß ganz enorme Geldbeträge aus Deutschland nach der Schweiz verschoben würden und er hätte nun den Auftrag hier diesbezüglich zu sondieren. Da Herr Ritz durch Herrn Dr. Rothmund und meinen oben erwähnten Bekannten von diesen Schiebungen bereits Kenntnis hatte, interessierte er sich selbstverständlich für diese Meldungen aus Paris. Diesem Bankier aus Paris habe er dann erklärt, daß wir für diese Sache großes Interesse hätten, es sei aber in der Schweiz Aufgabe der Bundespolizei, diesbezügliche Erhebungen anzustellen. Wenn er sich hier nicht strafbar machen wolle, dürfe er nichts unternehmen. Er möchte aber eventuell sein Material ihm übergeben. Herr Ritz fragte ihn auch, woher sein Auftrag (offizielle Mission) stamme. Ausweichend habe er geantwortet und in diesem Zusammenhang vom „Deuxième Bureau" gesprochen. Ferne wurde Herrn X auch sogleich erklärt, daß ihm Angaben (Ergänzungen oder Bestätigungen) über seine Meldungen nicht gemacht werden dürften. Von aus Paris mitgebrachten Notizen erhielt nun Herr Ritz die hier nachstehenden interessanten Aufzeichnungen anvertraut. Herr Ritz wird seinen Bekannten in nächster Zeit hier oder eventuell in Paris (Visum nach Paris pendent) wieder treffen. Nun wünscht Herr Ritz von uns baldmöglichst zu erfahren, was er seinem Bekannten in dieser Angelegenheit sagen dürfe. er ist der bestimmten Ansicht, daß sein Bekannter die Nachforschungen in der Schweiz eingestellt hat, nachdem er sein Material Herrn Ritz übergeben hatte.

Auf Grund unserer Registraturen wurden die vorerwähnten Personen bzw. Firmen wie folgt identifiziert:

1.)	Prinz Urach in Bern, Leiter dieser Organisationen	] 1 bis 5
2.)	Comtesse Marie von Hallwyl, Cousine von Oberstdiv. Friek	] gehören
3.)	Rudolf Ruscheweyh in Vaduz – Schaan	] zu dieser
4.)	Jean B. Wagner in Zürich	] Organisation.
5.)	Kronstein Arbitrium in Zug	]
6.)	LIMOR S.A., Bahnhofstr. 57 in Zürich	] 6 bis 8
7.)	METALLOGEN S.A., St. Peter Str. 18 in Zürich	] soll das Geld
8.)	Immobilientrust in Vaduz	] liegen.
9.)	Erich Führer, Rechtsanwalt in Wien	] 9 bis 12
10.)	Pierre Josef du Pasquier in Monaco	] gehören zur
11.)	Marcel Bloch in Genf	] Organisation
12.)	Dr. Heinrich Kleinschrott in München	] camouflage

1.)   Prinz Albrecht Eberhard Karl Geo Maria von U r a c h,   geb. 18.10.1903
       Presseattachè bei der Deutschen Gesandtschaft in Bern, verh.,
       wohnhaft Kramgasse 5 in Bern

Urach ist erst seit Juni 1944 in Bern. Er soll wichtiger SS-Offizier sein. Eine weitere Meldung besagt, daß von Urach ein sehr enger Mitarbeiter Himmlers wäre, gelte als sehr fähig, aber ebenso gefährlich. In Deutschland sei er leitender Funktionär des SS Nachrichtendienstes gewesen. Seine Aufgabe bestehe darin, in der Schweiz Gelder sicherzustellen, für die Neuorganisation des NS Regimes. Urach sei in Berlin die rechte Hand des Gesandten Schmidt im AA gewesen. Geeignete Maßnahmen gegen von Urach wurden bereits getroffen.

Urach ist ein direkter Vetter des Fürsten Louis II von Monaco und Leiter des NS-Netzwerkes.

Prinz Urach wurde später bei Daimler-Benz Pressesprecher. Seine Visaanfrage bei der Schweizer Bundesanwaltschaft zum Besuch des Genfer Automobil Salons 1953 stieß auf heftigen Widerstand. Die Schweizer Bundesanwaltschaft verweigerte die Einreise aufgrund eines bestehenden Haftbefehls. Sie genehmigte später und nur beschränkt auf den Aufenthaltsort Genf die Einreise. Der Besuch von Bern und weitere Reisen innerhalb der Schweiz wurden ihm ausdrücklich verboten. [306]

Am 15. Mai 1945 wurde Fürst v. Urach in Bern verhaftet. Tage zuvor hatte der Nachrichtendienst am 12. Mai 1945 beobachtet: [306]

„Zusammenkunft des Fürsten von Urach am 11.5.45 um 16.30 in der Bärenstube im Hotel Bären in Bern. Die Person mit welcher von Urach zusammengetroffen ist, konnte als Ricardo Kaiser, des Martin und der Alma Schickedantz, Ehemann der Luisa Fabres, geb. 23.5.1899 in Santiago, Chile, chilenischer Staatsangehöriger, ohne Beruf, wohnhaft in Bern, Hotel Bellevue Palace identifiziert werden. In Bern ist Kaiser seit dem 11. September 1944 polizeilich gemeldet."

Bern – Stadt.   Bachmann, Pol.

2.)   Comtesse Marie von H a l l w y l,   geb. 22.02.189
        gesch. La Roche, geb. Verbancic, verh. mit Hallwyl Sigismund, geb. 1908,
        von Bern und Brugg, wohnhaft Klosbachstr. 131 in Zürich

Im Jahre 1939 wurde uns Obengenannte als „Nazispitzel" gemeldet. Sie soll in Wien zu
Parteigrößen intime Beziehungen gehabt haben. Bis Juni 1944 wurde uns über dieselbe nichts
mehr gemeldet. Die damalige Meldung enthielt, daß die von Hallwyl 100%ig regimetreu sei
und zu Hitlerdeutschland halte. Sie habe Beziehungen zu deutschen Geschäfts- und Konsular-
kreisen. In einem späteren Bericht wurde die von Hallwyl als Vertreterin der „Neue Internationale der revolutionären Sozialisten aller Länder" bezeichnet, bzw. dieselbe komme als
Vertreterin in Frage. Um diese würden sich auch NS Kreise ernsthaft interessieren.

Der Nachrichtendienst Zürich wurde am 17.8.1944 ersucht, die politische Tätigkeit von
Hallwyl zu überwachen.

3.)   Rudolf R u s c h e w e y h,   geb. 31.12.1905
        deutscher Reichsangehöriger, Kaufmann/Wirtschaftsberater
        wohnhaft in Schaan im Fürstentum Liechtenstein

Vorgenannter ist uns aktenkundig seit 1940 bekannt. Er wohnte früher in Amsterdam, Berlin,
Paris, Baden-Baden usw. und war im Besitze eines Dienstpaßes. Ruscheweyh wurde
wiederholt als spionageverdächtig gemeldet, positive Anhaltspunkte fehlen bis heute. Er war
Einkäufer des OKW. In den folgenden Jahren hat sich derselbe als ganz großer Hamsterer
entpuppt und es wurde gegen ihn ein Strafverfahren durchgeführt. Im Jahre 1943 hat er sich in
Liechtenstein einbürgern lassen wollen. Die eidgenössische Steuerverwaltung hat sich wegen
Kriegsgewinnsteuerpflicht mit Ruscheweyh ebenfalls schon befaßt. Ruschewyh wurde uns
auch als Chef der deutschen Spionageabwehr in Paris gemeldet. Im Oktober dieses Jahres
wurde er uns im Zusammenhang mit Verschiebungen von NS Geldern nach der Schweiz
gemeldet. Es wurde auch darauf hingewiesen, daß die Firma IMMOBILIENTRUST in Vaduz
und Jean Wagner in gleicher Richtung tätig wären. In einem weiteren Bericht wird erklärt,
Ruschewyh sei auf die Liste der Kriegsverbrecher gesetzt worden, er figuriere auf der Liste
der Alliierten (Schwarze Liste). Kürzlich wurde er als Mittelsmann der „Organisation Otto"
in Paris gemeldet. Diese Organisation beschäftige sich mit Kapitalverschiebungen aus
Frankreich (Monaco) zu Gunsten Deutschlands. Die letzte Meldung besagt, daß Ruscheweyh
als Einkäufer des OKW für seine bisherige Tätigkeit eine Provision von ca. 11 Millionen
erhalten habe. Er stehe mit der SS in Verbindung. Es wurden geeignete Maßnahmen gegen
Ruschewyh getroffen.

4.)   Jean Barthoud Reiber – W a g n e r, von Le Bayards,   geb. 14.10.1887
        deutscher Finanzexperte aus Hamburg
        wohnhaft Böcklinstr. 37 in Zürich

Schon im Jahre 1939 wurde Obengenannter als spionageverdächtig gemeldet, es schien eine
Denunziation vorzuliegen. Im August letzten Jahres wurde im Auftrag des mil. UR bei
Wagner eine Hausdurchsuchung wegen verbotenen Nachrichtendienstes durchgeführt. Im
Oktober a.c. wurde Wagner bereits im Zusammenhang mit Verschiebungen von NS Geldern
gemeldet. Es wurde auch auf die Firma IMMOBILIENTRUST in Vaduz und Ruschewyh
hingewiesen. Der Nachrichtendienst Zürich wurde bereits diesbezüglich orientiert und um
Überwachung seiner politischen Tätigkeit ersucht.

5.) Richard K r o n s t e i n, geb. 19.09.1894
staatenlos, Bankier und Verwaltungsrat
wohnhaft Alpenstr. 9 in Zug

Im Jahre 1933 wurde uns Kronstein als großer Devisenschieber gemeldet. Er war in einer Wiener Valutenaffäre verwickelt. Seither hatten wir uns wiederholt mit der eidgenössischen Fremdenpolizei wegen Visaangelegenheiten mit Bezug auf Kronstein zu befassen. Es werden geeignete Maßnahmen gegen ihn getroffen werden. Ich verweise noch auf meine diesbezügliche Aktennotiz vom 2.11.1944.

6.) Firma LIMOR S.A., Bahnhofstr. 57 in Zürich

Über diese Firma wurde in den letzten zwei Jahren viel geschrieben. Dieselbe stand in Beziehungen mit verschiedenen verdächtigen Ausländern. Der Ehemann der unter Ziffer 2 bereits angeführten Frau Hallwyl war vom 1.9.1942 bis 30.6.1944 bei der Firma Limor S.A. tätig. Heute soll er bei der nachstehenden Firma METALLOGEN AG als Geschäftsführer und Prokurist in Stellung sein. Ständerat J. Schmucki in Uznach SG ist Verwaltungsrat der Limor S.A. und stand bis dato speziell wegen der Aufenthaltsregelung für den deutschen Reichs-angehörigen Raab Rudolf, geb. 1903, mit unserer Amtsstelle in enger Fühlungnahme. Es werden geeignete Maßnahmen getroffen.

7.) Firma METALLOGEN S.A., St. Peter Str. 18 in Zürich

Diese Firma war uns bis dato nicht bekannt. Aus dem bereits Angeführten unter Ziffer 6 kann entnommen werden, daß der Ehemann der unter Ziffer 2 angeführten Frau Hallwyl bei vorgenannter Handelsgesellschaft als Prokurist und Geschäftsführer in Stellung ist. Auch hier wurden zweckdienliche Nachforschungen veranlaßt.

Anmerkung des Autors:

[... Am 23. Januar 1945 schrieb das Polizeikorps des Kantons Zürich an den Schweizerischen Nachrichtendienst, Herrn Oberstleutnant Hammer in Zürich: [307]

Betreff: Firma METALLOGEN AG

- Die Firma ist eine Aktiengesellschaft, welche am 26. September 1942 gegründet wurde.
- Sitz der Gesellschaft ist das Astoriahaus in Zürich, St. Peterstr. 18.
- Das Kapital mit SFR 50.000,00 ist voll eingezahlt mit 100 Inhaberaktien zu SFR 500,00.
- Zeichnungsberechtigt ist Dr. Arnold Hauser, von Winterthur, wohnhaft in Herrliberg, Gritli-haus, einziges Mitglied des Verwaltungsrates, Einzelunterschrift.
- Geschäftsnatur: Handel mit Metallen, Mineralien, Chemikalien und industriellen Erzeugnissen, sowie Beteiligungen an industriellen Unternehmen.
- Dr. jur. Hauser betreibt zusammen mit Dr. Edmund Wehrli am Bahnhofplatz 14 ein Rechtsanwaltsbüro

Herr Sigismund von Hallwyl ist technischer Leiter und Geschäftsführer bei der METALLOGEN. Seine Ehefrau wurde wegen verbotenen Nachrichtendienst verhaftet. Anläßlich ihrer Einvernahme erklärte Frau von Hallwyl, daß die METALLOGEN AG eine Zweigniederlassung von Herrn Bührle in Oerlikon, MASCHINENFABRIK BÜHRLE, sei.

Aus einem „abgehörten" Telefongespräch konnte nachträglich entnommen werden, daß Herr Bührle, von Hallwyl aufgefordert hatte, für die Generalversammlung einen Geschäftsbericht über die METALLOGEN AG, zu erstellen.

Auf diskrete Weise war es uns nicht möglich festzustellen, ob NS-Gelder bei der erwähnten Firma liegen.

KANTONSPOLIZEI NACHRICHTENDIENST

Gezeichnet: Lienhard   ...]

8.)   Firma IMMOBILIENTRUST in Vaduz

Diese Firma war bisher lediglich aus dem unter Ziffer 4 angeführten Wagner bekannt. Auch unter Ziffer 3 wurde im Zusammenhang mit Ruschewyh auf den Immobilientrust in Vaduz hingewiesen. Es werden geeignete Maßnahmen gegen die genannte Firma getroffen.

9.)   Erich F ü h r e r,   geb. 5.04.1900
        deutscher Reichsangehöriger, Dr. Rechtsanwalt
        wohnhaft in Wien

Seit 1940 ist uns Obengenannter aktenmäßig bekannt. Durch verschiedene Erhebungen konnte eine illegale politische Tätigkeit dem Dr. Führer bis dato nicht nachgewiesen werden. Im Frühjahr 1944 wurde uns derselbe als Obersturmbannführer gemeldet. Nachträglich wurde uns berichtet, dieser Titel sei ihm ehrenhalber verliehen worden. Im September 1944 wurde uns gemeldet, daß Führer demnächst in die Schweiz einzureisen gedenke, um in Zürich NS Gelder zu verschieben. Einer anderen Meldung zufolge soll sich Führer geäußert haben, er müsse nächstens in die Schweiz fliehen. Zur gleichen Zeit, September 1944, wurde gemeldet, Führer gehöre zu den vor dem Anschluß hochaktiven österreichischen Nationalsozialisten. Während seines hiesigen Aufenthaltes konnte eine illegale Tätigkeit des Führer nicht festgestellt werden. Am 23. September 1944 ist er über Buchs nach Deutschland wieder ausgereist (derselbe ist also seit September a.c. nicht politischer Flüchtling). Ein erneutes Einreisegesuch von der eidgenössischen Fremdenpolizei haben wir unter dem 6.11.1944 abgewiesen.

10.)   Pierre Joseph du P a s q u i e r,   geb. 14.08.1891 in Le Havre
        geb. von Neuenburg, Administrateur d´Hotel [Bankier]
        unbestimmten Aufenthaltes

Du Pasquier wurde uns im Mai 1942 im Zusammenhang mit der „Imprimerie de la Cluse SA" in Genf gemeldet. Es handelte sich um ein größeres geschäftliches Unternehmen. Im folgenden Jahr wurde du Pasquier in Begleitung des verdächtigen Deutschen Kleinschrott (siehe Ziffer 12) getroffen. Du Pasquier stehe auf der schwarzen Liste der Engländer. Er soll mit den deutschen Besatzungsbehörden in Frankreich (Monaco) große Geschäfte gemacht haben. Derselbe wird zur Überwachung ausgeschrieben werden.

... In dem Bericht Nr. 5354 des monegassischen Amt für öffentliche Sicherheit vom 3. Oktober 1947 steht u.a.:

... Du Pasquier war ehemaliger Verwalter der „Gesellschaft der Seebäder" und wohnte mit seiner Familie von 1939 bis 1944 in Cap d'Ail, Villa Le Ravin, deren Besitzer er ist. Außerdem hat er einen Wohnsitz in Paris, Quai d'Orsai 79. Im August 1944 ist er mit seiner Familie in die Schweiz gegangen und soll gegenwärtig in der Petitot-Straße 10 in Genf wohnen. In der Sitzung des 21.12.1941 wurde Pierre du Pasquier anstelle des verstorbenen Renè S. vom Verwaltungsrat zum Verwalter der „Gesellschaft der Seebäder" und des „Kreises der Fremden" in Monaco ernannt. Diese Ernennung wurde am 18. April 1942 von der ständigen Generalversammlung ratifiziert. Sein Mandat endete im April 1945, Herr du Pasquier hat nicht um eine Verlängerung gebeten, folglich gehört er nicht mehr zur S.B.M. (Gesellschaft der Seebäder).

Unabhängig von seinen Aufgaben als Verwalter der S.B.M., hat du Pasquier ein Büro zur Beratung für wirtschaftliche und finanzielle Fragen, das „Agence du Pasquier et Cie" hieß, hier im Gebäude des ehemaligen Sporting, Avenue de Monte Carlo 17 betrieben. Er soll außerdem Finanzberater des Außenhandelsministeriums in Frankreich gewesen sein.

Während der deutschen Besetzung des Fürstentums, schien Herr Pierre du Pasquier hier in enger Beziehung mit der Bank Charlés & Cie zu stehen, die ihren Sitz in der Villa Miraflores in Monte Carlo hatte. Pierre du Pasquier beschäftigte sich vor allem mit der Börse und Finanzaktionen; er war in Kontakt mit hohen französischen und deutschen Persönlichkeiten und machte zahlreiche Reisen zu Vichy und Paris. Sonst ist nichts besonderes in Monaco über ihn bekannt.

Gezeichnet: Inspektor E.

Du Pasquier war auch Eigentümer der Bank Montmolim & Co, welche in den Jahren 1959 bis 1961 an die Schweizerische Bank UBS verkauft wurde. [308] ...

11.) Marcel B l o c h, geb. 18.10.1895

Seit 1937 ist uns Marc Bloch aktenmäßig bekannt. Er war damals als vermutlicher Kurier der spanischen Volksfrontregierung in Mailand verhaftet worden. Er hatte als Ausweispapier einen Paß der Republik Panama benützt. Er war im Besitz großer Geldbeträge. In einem Bericht von 1941 wird Bloch als Kommunist bezeichnet. Im Mai 1943 wurden die Beziehungen zwischen Bloch und Dr. Kleinschrott (siehe Ziffer 12) festgestellt. Im Juli 1943 wurde Bloch als Strohmann von Leon Nicole bezeichnet. Anschließend wurde Bloch auch in der Presse durch das „berühmte Dossier B" im Zusammenhang mit Duttweiler bekannt. Bloch war bekanntlich Verbindungsmann zwischen Nicole und Duttweiler. Im Januar 1944 wurde Bloch als Geldgeber für die in Lausanne gegründete „Handelskammer für die wirtschaftlichen Beziehungen zwischen der Schweiz und Rußland" erwähnt. Er soll bei der Gründung dieser vorerwähnten Handelskammer dabei gewesen sein. Im Februar 1944 wurde er in Begleitung von weiteren bekannten Kommunisten in Zürich gesehen. Aus dem umfangreichen Aktenmaterial gegen Bloch ist lediglich dessen Beziehung zum Deutschen Kleinschrott bekannt. Diese Beziehungen sind eventuell auch ausschlaggebend, daß derselbe auf die in Paris erstellte Personenliste gekommen ist. Es werden geeignete Maßnahmen zur Abklärung getroffen.

... Ein Verwandter von Bloch war Stellvertreter des Chefs vom Amt IV, der ehemaligen Abwehr = Auslandsnachrichtendienst des Reichssicherheitshauptamtes der SS.

Marc Bloch war nach den Akten der Stadtpolizei Zürich / Büro HF, am 21. März 1945, laut Gästeverzeichnis, ohne Behördenprobleme, im Hotel Baur au Lac in Zürich abgestiegen. Auch Herr du Pasquier findet sich wiederholt, so auch am 25. August 1945, auf der Meldeliste des gleichen Hotels. Man vermerkte auf der Meldung, daß du Pasquier im Fahndungsblatt der Bundespolizei, Art. 190/1944, zur „Überwachung und Aufenthaltsausforschung" ausgeschrieben ist. [309] ...

12.) Heinrich K l e i n s c h r o t t, geb. 15.3.1890
Dr. rer. pol., Schwager von Reichsaußenminister Ribbentrop
wohnhaft in München

Im November 1942 hielt sich Obengenannter in Genf auf und soll dort einen Goldhandel durchgeführt haben. Er wurde auch des verbotenen Nachrichtendienstes verdächtigt. Im April 1943 wurde Kleinschrott wie bereits erwähnt in Begleitung des du Pasquier getroffen. In einem weiteren Überwachungsbericht vom Mai 1943 waren auch außer du Pasquier, Marc Bloch u.a. erwähnt. Im Oktober 1943 wurden im letzten hier vorliegenden Überwachungsbericht gegen Kleinschrott wiederum Marc Bloch erwähnt. In letzter Zeit hatten wir uns nur wegen Einreisegesuchen mit der eidgenössischen Fremdenpolizei wegen Kleinschrott zu befassen. Seit April 1943 ist Kleinschrott bereits zur Überwachung in unserem Fahndungsblatt ausgeschrieben und sein letztes Einreisegesuch wurde von uns unter dem 23.10.1944 abgewiesen.

Zusammenfassend kann noch erwähnt werden, daß von diesen 12 Personen bzw. Firmen uns 11 bekannt waren, 3 bereits im Zusammenhang mit NS-Gelder-Verschiebungen.

Gezeichnet: Hess Schweizerische Bundesanwaltschaft / Polizeidienst

Kurz vor der Befreiung Frankreichs setzten die Herren J.E. Charlés und Lecesne den französischen Industriellen M. J. Wagner, wohnhaft in Paris, 78av des Champs Elysées, am 28. August 1944 als Handlungsbevollmächtigten der BANK CHARLÈS ein. Außerdem erhielt am 15. November 1944 Herr Wagner bei einem Treffen in Nizza mit dem Milliardär Franck J. Gould eine Vollmacht, die amerikanische Beteiligung an der BANK CHARLÈS zu repräsentieren. Herr Lecesne, Verwalter der CREDIT LYONNAIS und Bankier der Gruppe LAMBERT-BILTZ vertrat weiter die franz. Industriegruppe TIBERGHIEN. [310]

„Die Ziele der BANK CHARLÈS hätten jetzt vorrangig darin bestanden, amerikanisches Kapital für den Wiederaufbau in Deutschland, sowie in Mitteleuropa anzulegen und Industriegeschäfte zu finanzieren", stellen die französischen Behörden fest.

Auf Grund der Verordnung vom 8. November 1944 wird der französisch-monegassische Vertrag umgesetzt, die Aktien der BANK CHARLÈS und das Gebäude der Bank, die Villa Miraflores, unter Zwangsverwaltung in Monaco zu stellen. Am 27. November 1944 wurde vom monegassischen Staatsministerium in der „Villa Miraflores" die französische Delegation von Monaco untergebracht. [310]

Herr J. E. Charlés wurde vom französischen Geheimdienst verhaftet und bis Juni 1945 interniert, Herr Lecesne floh und wurde lange Zeit vergebens gesucht. Herr Gaussebeck, der sich nicht in Frankreich aufgehalten hatte, blieb in Barcelona, wo die BANQUE CHARLÉS eine Filiale gegründet hatte.

Herr M. J. Wagner übergab an die französischen Militärbehörden in Nizza einen Barbetrag aus der Firmenkasse und ihm von Charlés anvertraute 500.000,00 Francs für dessen Geliebte. Der Empfang wurde von Herrn Lefaure in Marseille, Führungsstab Region Beausoleil, bestätigt:

„500.000 Francs von Herrn Wagner für die Societé Générale (Filiale in Aix en Provence) Kontonummer 4901 erhalten." [310]

Beausoleil, den 15. Oktober 1944   Unterschrift

Die Bank Charlés hatte im September 1944 folgende Bankguthaben in Monte Carlo:

CRÉDIT LYONNIAS	Francs 11.311.576,20
BNCI (Banque National pour le Commerce el l'Industrie)	Francs 4.999.900,00
Comptoir National D'Escompte	Francs 5.004.672,20
Crédit Foncier (Bodenkreditbank)	Francs 5.006.184,95
	Francs 26.322.333,35

Das große Schließfach der BANK CHARLÈS bei der BNCI wurde leer vorgefunden. Die Einrichtung des Bankgebäudes der BANK CHARLÈS wurde in der Bilanz mit 15.024.740 Francs geschätzt und blieb dem Haus bis heute erhalten.

Der „französische" Sicherheitsdienst in Nizza hatte vergebens versucht, die in Monte Carlo eingerichteten Bankdepots im Namen der BANK CHARLÈS um rund 26 Millionen Francs zu erleichtern. Die bei anderen Banken laufenden Konten der Bank Charlés waren auf Anordnung der Behörden bereits eingefroren.

Am 31. August 1944 hatte Dr. Schaefer privat bei der BANK CHARLÈS auf seinem Konto-Nr. 019 ein Guthaben von Francs 1.950.000,00 und auf seinem Konto-Nr. 024 (x) ein Guthaben von Francs 101.417,00. Charlés selbst hatte Francs 90.455,00 und F. J. Gould immerhin Francs 2.000.000,00 auf dem Konto. [310]

Das Foreign Office der USA schrieb am 20. Juli 1945 an die Schweizer Regierung, zum Politischen Department, zu Händen Herrn Robert Kohli: [311]

... Ich habe definitive Informationen von unserer Botschaft aus Paris, daß Baron Johannes Charlés im Zusammenhang mit der Banque J.E. Charlés et Cie bei der Banque Suisse in Zürich 10 Millionen Francs deponiert hat. Ich erbitte die Sperrung des Betrages durch Schweizer Behörden. ...

Daniel J. Reagan   Counselor of Legation for Economic Affairs

Dr. Schaefer wurde am 18. Oktober 1945 durch die Inspektoren Jean Hitta und Bernard Taris am Sitz der Wirtschaftsabteilung der französischen DGER, 9av du Gal Maunoury, Paris, bezüglich der BANK CHARLÉS vernommen. Wichtige Auszüge aus dieser Vernehmung: [312]

... 1941 sind die Herren PICOT, ehemaliger französischer Botschafter in Syrien und DU PASQUIER, ein schweizer Staatsangehöriger, der die französische Staatsbürgerschaft erworben hat und Großhändler in Paris, sowie ein Freund des Prinzen von Monaco ist, an mich herangetreten, um mir die Gründung einer sehr wichtigen Bank in Monaco vorzuschlagen. Diese Bank sollte mit einem Kapital von einer Milliarde gegründet werden. Sie sollte dann die Nachfolgebank der BIZ (Bank für Internationalen Zahlungsausgleich) in Basel werden, deren Auflösung man damals ins Auge gefaßt hat. Das Kapital hätte zu 50 % aus deutschen und zu 50 % aus französischen Einlagen zusammengesetzt werden. ...

... 1942 im März bin ich nach Monte Carlo gereist. Bei dieser Gelegenheit habe ich den Staatsminister Roblot getroffen, welcher mir mitteilte, daß der Prinz von Monaco die Gründung einer deutschen internationalen Bank begrüßt, weil diese den internationalen Charakter des Fürstentums und die monegassischen „Bankniederlassungen" bereichern würde. Wieder zurück in Paris nahm ich Gespräche mit dem deutschen Minister Hemmen auf, der Chef der deutschen Waffenstillstandsdelegation war. Einige Wochen später unterrichtete ich den Präsidenten der DRESDNER BANK, Herrn Goets und den Direktor der DRESDNER BANK, Herrn PILDER, von diesen Vorschlägen, auf der Durchreise nach Paris.

Die Vorschläge haben beide sehr interessiert, denn die DRESDNER BANK hatte bereits eine „Finanzgesellschaft mit Sicherheit" von österreichischer Seite in Monaco. Ich habe den beiden Herren folglich empfohlen, sich an das Auswärtige Amt wegen der Genehmigung zu wenden. Herrn Minister Hemmen und die Reichsbank habe ich auch davon unterrichtet.

Ein paar Wochen darauf hat mich das Auswärtige Amt informiert, daß es diesen Vorschlag ablehne, weil Mussolini ein derartiges Projekt übelnehmen könnte. Nach dem Sturz Mussolinis richtete das Reich ein Generalkonsulat in Monaco ein und im September 1943 erhielt ich einen Brief vom AA, in dem stand, daß die Reichsregierung der Gründung einer Bank in Monaco zustimmte und daß sich ein Herr Charlés dieser Gründung annahm. ...

... Die BANK CHARLÈS wollte eine Niederlassung in Barcelona / Spanien eröffnen, deshalb mußte Herr Gaussebeck, dem es möglich war, sein Geld über Frankreich zu transferieren, seinen Anteil von 25 Millionen Francs nach Spanien für die Gründung dieser Filiale überweisen. Gaussebeck konnte mit der Niederlassung seiner BANK MEYER in Barcelona (im gleichen Gebäude sollte die BANK CHARLÈS untergebracht werden), seine Verbindungen nach New York sichern. ...

... Es besteht überhaupt keine finanzielle Verbindung zwischen der BANK CHARLÈS und der Reichsbank. Ich weiß aber, daß Herr Charlés in persönlicher Verbindung mit einigen Mitgliedern der Reichsbank stand. ...

... Das Ziel der Gründung der BANK CHARLÈS für Deutschland bestand darin, Stellung in einem neutralem Gebiet zu beziehen, was die Beziehungen mit dem Ausland, vor allem mit Amerika, wiederaufleben lassen konnte. Die Tatsache, daß Monte Carlo als Sitz dieses Etablissements ausgewählt wurde, ist auf die Rücklagen, die uns aus der Schweiz und aus Schweden zukamen, zurückzuführen. Diese beiden Länder haben uns keine Konzession für eine neue internationale Bank gegeben. ...

... Ich verwaltete in Paris das Vermögen eines Herrn Bergaus, eines Industriellen aus Berlin, der im Herbst eine Summe von 30 Millionen bei der WESTMINSTER BANK eingezahlt hatte; diese Summe wurde an die AEROBANK, gleich nach deren Gründung in Paris, transferiert. Für den Kauf des Bankgebäudes der BANK CHARLÈS verfügte ich folglich über einen Teil dieser Summe. So habe ich auch 2 Millionen in bar bei der BANK CHARLÈS auf das Konto Bergaus eingezahlt. Herr Bergaus hatte eine Option gültig bis 1945, falls er Miteigentümer des Bankgebäudes werden wollte. Herr Bergaus ist ein deutscher Erfinder, der eine sehr bedeutende Industrie zur Fertigung von Leichtmetall besitzt. Er ist sowohl in Berlin als auch in Paris sehr bekannt. ...

... Ich lernte den Milliardär Frank Jay Gould in Nizza bei der Gründung der BANK CHARLÈS kennen, nachdem seine Frau sich daran beteiligt hatte. Der interessierte sich sehr für die Bank und deren Gründung und teilte mir mit, daß er der BANK CHARLÈS helfen wolle, nach dem Krieg die Beziehungen zu amerikanischen Finanzinstituten herzustellen. ...

... Der Prinz von Monaco war der Gründung der BANK CHARLÈS sehr gewogen und erklärte mir, daß es nach dem Krieg möglich wäre, daß er selbst oder die monegassische Regierung sich an der Bank beteiligten. ...

Gezeichnet: Dr. Karl Schaefer   Unterschriften

Am 7. November 1945 schrieb das Foreign Office der USA erneut an das Politische Department der Schweiz: [313]

... Wir haben jetzt neue Informationen über unsere Pariser Botschaft in Angelegenheit Johannes Charlés. Demzufolge lautet das Konto nicht auf seinen Namen, sondern wird treuhänderisch von einem Pierre Lambert, geboren 1912 in Genf, verwaltet. Dieser arbeitete einige Zeit für das Rote Kreuz und wohnte in der Rte. de Chene 53, Genf. Es ist der Sohn von Rene Lambert, dem früheren Generalsekretär eines Gerichtes in Genf.

Unsere Regierung meint, daß Charlés vielleicht noch unter folgende Namen weitere Bankkonten treuhänderisch verwalten läßt:

Zoe Charlés, Jean Wagner, Karl Schaeffer, Guillaume Lecesne, August Theodor Gaussenbeck, Florence Lacaze Gould.

Wir bitten um Überprüfung bei allen Schweizer Banken per Rundschreiben.

Maurice W. Altaffer   Secretary of Legation

Die Schweiz hatte als offizielles Organ zur Durchführung des Clearingverkehrs mit dem Ausland die „Schweizerische Verrechnungsstelle" gegründet. Diese „Dienststelle" überprüfte und suchte auch NS-Vermögen in der Schweiz und leitete gegen verdächtige NS-Konten Zahlungssperrmaßnahmen ein. Am 20. Dezember 1945 bestätigte die Schweizerische Verrechnungsstelle dem Politischen Department: [314]

„Wir bringen Ihnen zur Kenntnis, daß wir uns in der Angelegenheit mit der Schweizerischen Bundesanwaltschaft, wie auch mit der Polizeiabteilung des Eidgenössischen Justiz- und Polizeidepartments in Verbindung gesetzt haben.

Pierre Raymond Lambert hat vom 10. Juli 1944 bis 31. Oktober 1945 bei der Polizeiabteilung des Eidgenössischen Justiz- und Polizeidepartments in Bern gearbeitet. Vom April 1937 bis Oktober 1939 übte er die Funktion eines Sekretärs von Herrn Prof. Burckhardt aus und war in den Jahren 1940 bis 1942 als Delegierter des Internationalen Komitees vom Roten Kreuz in Italien tätig.

Von irgendwelchen Beziehungen Lamberts zu Charlés ist nichts bekannt, von einem Rundschreiben an die schweizerischen Banken sehen wir mit Rücksicht auf die bekannten Verhältnisse ab.

Mit vorzüglicher Hochachtung   Schweizer Verrechnungsstelle   Unterschriften

Bei der Schweizerischen Bundesanwaltschaft wurde am 5. Februar 1946 Herr Dr. Hans Martin Zeidler verhört. Zeidler war bis Ende April 1944 Leiter der Wirtschaftsabteilung des Geheimdienstes der SS, dem Amt IV / Wi des Reichssicherheitshauptamtes in Berlin. Auszüge aus der Vernehmung: [315]

„Als Leiter der Wirtschaftsabteilung des Amtes IV (Nachrichtendienst der SS) hatte ich die Aufgabe den einzelnen Länderreferaten bei der Durchführung ihrer nachrichtendienstlichen Tätigkeit eine wirtschaftliche Hilfsstellung zu geben, d.h. ich hatte bei den deutschen Zentralstellen darauf einzuwirken, daß dem Amt die notwendigen Kontingente und Devisen zur Verfügung gestellt wurden. Hinsichtlich der Schweiz hatte ich insbesondere die nachrichtendienstliche Verbindung des Amtschefs Schellenberg wirtschaftlich zu betreuen." ...

Ich werde nach der Person von Jean Charlés befragt:

„Der Genannte hatte die Schweiz verlassen und sollte für das Amt VI zuerst nachrichtendienstlich eingesetzt werden. Als Aufgabengebiet sollte ihm Südfrankreich und Monaco zugewiesen werden. Dieser ND-Einsatz ist vom Amtschef VI Schellenberg wegen mangelnder Zuverlässigkeit des Charlés abgelehnt worden. Ich erhielt daraufhin den Auftrag ihm eine wirtschaftliche Position zu besorgen. Charlés besaß Bankfachkenntnisse und sprach fließend französisch. Ich habe daher vorgeschlagen ihn dem Reichskommissar für die Bank von Frankreich, Schaefer, zur Verfügung zu stellen. Charlés ist dann von diesem bei der AEROBANK in Paris eingestellt worden. Dies erfolgte im Frühjahr 1944. Ich bin damals schon nicht mehr im Amt gewesen. Später wurde mir von der AEROBANK in Paris gesagt, daß sich Charlés nach Südfrankreich bzw. Monaco begeben habe und nicht mit den deutschen Behörden und Firmen bei der Räumung Paris verlassen habe. Ob Charlés früher nachrichtendienstlich für das Amt gearbeitet hat, entzieht sich meiner Kenntnis. ...

Aufgenommen durch: sig. Maurer   Verlesen und bestätigt: sig. Zeidler

Aus der Vernehmung von Dr. Hügel vom 28.1. bis 5.2.1946 sagte dieser über Charlés aus: [316]

„Jean Charlés, dessen Schwiegervater in Genf lebt, habe ich als hauptamtlichen Angestellten vom Referat VI/Wi (Wirtschaft) kennengelernt. Er hat für VI/Wi in Frankreich, speziell in

Monte Carlo nachrichtendienstlich gearbeitet. Wie mir Zeidler sagte jedoch nicht nach der Schweiz. Ich hätte, wenn er nach der Schweiz gearbeitet hätte, auch irgend wann einmal Meldungen von VI/Wi zuständigkeitshalber erhalten müssen. Ich sprach Charlés ab und zu, und er erzählte mir selbst, daß er nur mit seinem Schwiegervater in Genf oder in der Nähe Genfs Verbindung habe. Wenn ich mich nicht täusche, kannten Charlés und Nebel sich auch."

Gezeichnet: i.A. Insp. Maurer

Im Gebäude der BANK CHARLÈS wurde im Frühjahr 1946 eine neue Bank mit dem Namen „BANQUE DES MÉTAUX PRÉCIEUX" eröffnet. Diese monegassische Bank soll sich schon ihrem Namen nach hauptsächlich mit Goldgeschäften und Investments befassen und geht ihren Bankgeschäften noch heute nach.

In Monaco wurden „unter dem deutschen Schutz" im Krieg über 300 Firmen gegründet, welche den Nutzen einer Finanzniederlassung in einem neutralen Staat hatten. Das brachte dem kleinen Fürstentum Monaco Milliarden an Gewinn und Tausende neuer Briefkastenfirmen bis heute ein.

Der deutsche Spionagesender Radio Monte Carlo

Ein geheimer Vorgang fand sich in den „geheimen Akten" der Deutschen Gesandtschaft in Bern. Das Auswärtige Amt schrieb am 30. Januar 1941 unter Nr. 20/41g nach Bern über die notwendige Gründung einer Firma INTERRADIO GmbH. Die INTERRADIO AG aus Berlin erbaute und betrieb den deutschen Spionagesender Radio Monte Carlo u.a. für deutsche Geheimdienste; Auszüge daraus: [317]

... „Das Auswärtige Amt ist damit beschäftigt, im Ausland Rundfunksender zu erwerben, zu erbauen oder Sendezeiten bei bestehenden Rundfunksendern zu mieten. Um das Hervortreten des Deutschen Reiches bzw. einer obersten Reichsbehörde zu vermeiden, wird beabsichtigt, eine private, durch Treuhänder des Auswärtigen Amtes gebildete Gesellschaft zu errichten. Verschiedene Überlegungen haben dazu geführt, es als zweckmäßig zu erachten, diese Gesellschaft unter dem Namen „INTERRADIO GmbH" im Ausland, z.B. in der Schweiz oder Liechtenstein, zu errichten und gegebenenfalls die Geschäfte über eine in Berlin zu errichtende Filiale dieser ausländischen Gesellschaft abzuwickeln." ...

Am 23. Februar 1941 kabelte die Deutsche Gesandtschaft nach Berlin: [318]

„Die Herren Kurt Alex Mair und Rechtsanwalt Dr. Kurt Böhlhoff [Generaldirektor und Vorstand der INTERRADIO AG - Berlin] haben im Laufe dieser Woche auf der Gesandtschaft vorgesprochen und sind von dem zuständigen Referenten in den sie interessierenden Fragen beraten worden. Gleichzeitig wurde ihnen das zur Gründung einer GmbH notwendige Kapital in Höhe von SFR 12.000,00 ausgezahlt."

Gezeichnet: Kordt

Eine Übersicht über die Bilanzen der Radio Union GmbH aus Anlaß der Geschäftsübernahme durch die Deutsche Auslands Rundfunk Gesellschaft INTERRADIO AG, belegt, außer den Kontoverbindungen, auch die Auslandsbeteiligungen im Jahre 1943. Die Schubladengesellschaft INTERRADIO GmbH aus Zürich ist dort aufgeführt. Die Deutschen hätten also auch in der Schweiz mit einem eigenen Spionagesender Fuß jederzeit senden können.

Der Reichsminister der Finanzen stellte am 18. November 1943 an das Reichspropagandaministerium, Auslandsabteilung, für die INTERRADIO AG eine Mittelzuwendung von RM 11.150.000,00 aus und genehmigte für den Monat November 1943 RM 4.000.000,00 als Betriebsmittel. [319]

Der Vorstandsvorsitzende der INTERRADIO AG schrieb am 27. Juni 1944 betreffend Radio Monte Carlo an seine Aufsichtsräte in Berlin: [320]

„Ich erlaube mir, die Herren Mitglieder des Aufsichtsrates zu unterrichten, daß die Bauarbeiten für die Sendeanlage Monte Carlo so rasch fortgeschritten sind, daß in diesen Tagen der Einbau der technischen Anlagen (des eigentlichen Senders) beginnt. In der Anlage übermittle ich zur Unterrichtung drei Bilder des Modells. Die Gebäude liegen auf dem Plateau Fontbonne 800m über dem Meer.

Es sei besonders hervorgehoben, daß die Sendeanlage auf Grund eines Vertrages zwischen INTERRADIO und der SOCIÉTÉ RADIO MONTE CARLO unmittelbar von der INTERRADIO errichtet wird, daß die INTERRADIO jedoch nur 25 % der Kosten des Baues und des Betriebes zu tragen hat.

Bis zur Fertigstellung der großen Sendeanlage senden wir über einen gemieteten starken Mittelwellensender und einen schwachen, behelfsmäßigen Kurzwellensender. Diese Sendungen haben in Westeuropa und in Nordafrika guten Anklang gefunden."

Gezeichnet: Kurt Mair   Generaldirektor

Der Wirtschaftsplan 1944/45 der INTERRADIO wurde am 10. Juli 1944 erstellt. Er zeigt auf, daß das Kapital der Tochtergesellschaft SOCIÉTÉ RADIO MONTE CARLO RM 1.875.000,00 betrug und ein Darlehen in Höhe von RM 884.000,00 gewährt wurde.

Am 31. August 1944 wurde im Reichspropagandaministerium eine außerordentliche Hauptversammlung der INTERRADIO AG abgehalten. Der Berliner Notar Gustav Hinz bestätigte unter Urkundenrolle 597 am gleichen Tag, daß alle Aktien der INTERRADIO AG in Höhe von RM 20.000.000,00 durch zwei Hinterlegungsbescheinigungen der Deutschen Reichshauptkasse, zugunsten des Deutschen Reiches, vertreten durch das Auswärtige Amt und dem Reichsministerium für Volksaufklärung und Propaganda vorgelegt wurden und dementsprechend sämtliche Aktien vorhanden waren. Die Satzung wurde geändert:

„Gegenstand des Unternehmens ist die Errichtung, der Erwerb, die Miete und der Betrieb von Rundfunk- und Fernsehsendern im Ausland, der Erwerb und die Verwaltung einschlägiger Beteiligungen, die Wirtschaftswerbung durch Rundfunk- und Fernsehsender, die Förderung des Vertriebs und der Vermietung von Empfangsgeräten im Ausland, die Erfassung ausländischer Rundfunk- und Fernsehsendungen, die Durchführung aller im Zusammenhang hiermit stehenden Arbeiten auf dem Gebiete des Rundfunk und des Fernsehens sowie die einschlägige Forschungsarbeit."

Die Abteilung „Sonderdienst Seehaus" (Abhördienst des Auswärtigen Amtes) hatte am Ende der Berichtsperiode (zum 31.3.1943) 630 Mitarbeiter in Berlin und im Ausland. Es wurden Sendungen in 35 Sprachen erfaßt und die täglich herausgegebenen Berichte umfaßten im Durchschnitt 1.200 Seiten.

Die SOCIÉTÉ RADIO MONTE CARLO wurde von der INTERRADIO zusammen mit den Franzosen errichtet, wobei jeder Teil 50 % des Aktienkapitals besaß. Auf Grund eines mit der italienischen Rundfunk Gesellschaft EIAR getroffenen Abkommens trat die INTERRADIO die Hälfte ihres Anteils, somit 25 % des Aktienkapitals der monegassischen Gesellschaft an den italienischen Rundfunk ab. In der Berichtszeit wurden die Arbeiten für die Errichtung einer Großsendeanlage oberhalb von Monte Carlo eingeleitet.

Die Anlage sollte nach dem endgültigen Ausbau aus einem starken Kurzwellensender, einem mittelstarken Mittelwellensender und einem kleinen Kurzwellensender bestehen. Deutscher Hauptvertreter in dieser Gesellschaft war der Privatier Leo Eigner; ein deutscher Direktor war in der Berichtszeit noch nicht bestellt. Auf Seite 3 in der Niederschrift des Aufsichtsrates der INTERRADIO AG vom 31. August 1944 fand sich folgende Passage: [320]

... In Monte Carlo wurde der auf französischem Gebiet stehende Mittelwellensender gesprengt. Der Kurzwellensender steht unter Leitung unserer zwei deutschen Führungskräfte weiter in Betrieb. Es ist Anweisung gegeben worden, bei einem Rückzug nur die technischen Sendeanlagen zu sprengen, nicht aber das Gebäude zu zerstören, da wir eines Tages wieder in Monte Carlo sein werden und dann das Gebäude dort nicht zerstört vorfinden wollen. ...

... Im übrigen wurde die Wahrnehmung der deutschen Interessen in der Rundfunk Gesellschaft Monte Carlo durch einen besonderen Vertrag der monegassischen Regierung übertragen. Dieser Vertrag vom 17.8.1944 wurde im Original dem Aufsichtsrat vorgelegt. Der für Monte Carlo bestimmte Italiensender kommt nun in Südtirol für Strahlungen nach Italien in Aufstellung. ...

* * *

Ein Mitglied des Aufsichtsrates und Rechtsberater der Deutschen Auslands Rundfunk Gesellschaft, INTERRADIO AG, der Rechtsanwalt KURT GEORG KIESINGER wurde später deutscher Bundeskanzler. [321]

Der erste Präsident der BANK CHARLÉS Dr. Karl Anton Schaefer wurde später deutscher Finanzminister und erhielt das Bundesverdienstkreuz. [322]

NS-Generalkonsul Dr. Hellenthal wurde nach dem Krieg Konsul des Deutschen Generalkonsulats in Beirut im Libanon.

Monacos Judenpolitik, Geldwäsche und Diamanten

Die monegassische Hilfe zur geheimen deutschen Bankengründung wurde auch durch den Umgang von Fürst Louis II. mit Juden in seinem kleinen Reich unterstützt.. Am 3.7.1941 unterzeichnete Fürst Louis II das Gesetz zur Erfassung aller Juden in Monaco und am 30.08.1941 ließ der französische Konsul Paris und Vichy wissen, daß man in Monaco eine restriktive Judenpolitik verfolge. Es wurden 251 Juden registriert. Louis II soll gesagt haben, er möchte nicht, daß sein Fürstentum ein „Luxus Palästina" wird. [323]

Am 5.3.1942 erließ man ein monegassisches Gesetz, daß die Juden von öffentlichen Ämtern ausschließt und den Zugang zu mehreren Berufen erschwert. Das Reichssicherheitshauptamt Berlin schrieb am 21. September 1943 dem Auswärtigen Amt, Herrn LR von Thadden: [324]

„Das RSHA teilte mit, daß zur Zeit eine Aktion gegen die Juden in den bisher von italienischen Streitkräften besetzten Teilen Frankreichs durchgeführt werde, und zwar handle es sich hierbei um die Durchführung der Maßnahmen, die seinerzeit vom Duce angeordnet, die aber durch dilatorische Behandlung seitens der zuständigen italienischen Regierungsstellen praktisch sabotiert worden sind. Obersturmbannführer Eichmann, der zuständige Referatsleiter des RSHA, habe telefonisch mitgeteilt, daß etwa 15.000 der fraglichen Juden sich in das Berggelände von Monaco geflüchtet haben. Die monegassische Regierung sei jedoch grundsätzlich bereit, sofern dies seitens der Reichsregierung gewünscht werde, der Erfassung dieser flüchtigen Juden auf monegassischem Gebiet zuzustimmen.

(Auf welchem Wege Obersturmbannführer Eichmann mit der monegassischen Regierung in Fühlung getreten ist und ob das Konsulat hierbei beteiligt war, konnte nicht festgestellt werden.)

Es handelt sich um Juden verschiedener Staatsangehörigkeit, und zwar um Feindstaatenjuden wie emigrierte deutsche, polnische und tschechische Juden ect.. Ihre Behandlung ist nach ihrer Erfassung ihrer Staatsangehörigkeit entsprechend vorgesehen, also Internierung, Verbringung in die Zentral-Provinzen Frankreichs, Abschiebung in die Ostgebiete oder Heimschaffung in die Heimatländer. Das RSHA bittet nunmehr das Auswärtige Amt, an die monegassische Regierung wegen Auslieferung der flüchtigen Juden bzw. deren Erfassung auf monegassischen Gebiet heranzutreten.

Hiermit Herrn Unterstaatssekretär Pol mit der Bitte um Stellungnahme vorgelegt:

Inland II ist der Ansicht, daß dem Wunsche des RSHA entsprochen werden sollte, sofern keine politischen Bedenken dagegen bestehen. Eine Befragung des Herrn RAM mit der Angelegenheit erscheint Inl. II nicht erforderlich, da im März und April d.J. die Durchführung der Maßnahmen gegen die Juden in der italienisch besetzten Zone Frankreichs bei der Italienischen Regierung von dem Herrn RAM persönlich wiederholt gefordert worden ist. Im Interesse einer Beschleunigung der Angelegenheit beabsichtigt Inl. II von einer Rückfrage bei dem Deutschen Konsulat in Monaco abzusehen und eine Weisung im Sinne des anliegend beigefügten Telegrammentwurfes Herrn Staatssekretär in Vorschlag zu bringen. Gegebenenfalls wird gebeten, den Telegrammentwurf unverzüglich mitzuzeichnen.

Berlin, den 21. September 1943

Gezeichnet: Thadden

Generalkonsul Dr. Hellenthal antwortete am 25. September 1943 mit seinem geheimen
Telegramm Nr. 72 (Geheime Reichssache) an das Auswärtige Amt: [325]

„Die dem RSHA vorliegende Meldung, daß 15.000 Juden nach Monaco geflüchtet seien, ist
unzutreffend. Zu Zeit in Monaco bei einer Gesamtbevölkerung einschließlich Hotelgästen von
20.000 etwa noch 1.000 (eintausend) Juden, die größtenteils seit Jahren hier ansässig. Diese
geschätzte Ziffer wird von dem gut unterrichteten hiesigen Vertrauensmann des SD Graf
Alfred von Kageneck [geboren 15.2.1915, Chef Gestapo Monaco von 1943 bis 08.1944],
sowie vom zuständigen Kommando der Sipo und des SD in Nizza als wahrscheinlich
bestätigt. Zahl der Juden in Monaco hat seit den ersten Gerüchten, daß deutsche Wehrmacht
italienische Besetzungszone übernehme, abgenommen. Erste Welle verschwand Ende Juli
Richtung Pyrenäen, zweite Welle anschloß sich 8. September und im letzten Jahre den nach
Italien zurückflutenden italienischen Truppen.

Unter diesen Umständen halte ich Herantreten an monegassische Regierung für verfrüht.
Gemäß einer vor drei Tagen zwischen mir und dem Sipo-Kommando Nizza getroffenen
Abrede wird zunächst versucht werden, diejenigen Juden, deren Verbleib in Monaco aus
abwehrmäßigen Gründen unerwünscht ist, außerhalb der monegassischen Grenzen zu
verhaften.

Weiterer Bericht folgt.   Dr. Hellenthal

Am 21.12.1943 verkündete Louis II eine neues Fremdengesetz, daß am 14.12.1943 vom
monegassischen Nationalrat gebilligt wurde. Es schränkt den Aufenthalt von Ausländern ein
und waren eigentlich eine antijüdische Maßnahme. Aufgrund des neuen Gesetzes konnte der
deutsche Konsul am 21. Dezember 1943 an das AA in Berlin schreiben: [326]

„Monegassischer Staatsminister Roblot hat mir die Anzahl der Juden, die sich mit
Genehmigung der Regierung bereits seit längerer Zeit in Monaco aufhalten, mit 237
angegeben. Daneben gäbe es noch verborgene jüdische Flüchtlinge, deren Ausweisung durch
ein in Vorbereitung befindliches strenges Fremden-Meldegesetz beabsichtigt sei. Die
Regierung werde mit Energie alle Schritte ergreifen, um unerwünschten Elementen ein Asyl
unmöglich zu machen."

Gezeichnet: Dr. Hellenthal

Das Deutsche Konsulat schrieb am 10. Februar 1944 zum AA nach Berlin: [327]

„Das neue Fremdengesetz in Monaco wurde vom 24.12.1943 Nr. R 1002 vorgelegt, die
Ausführungsbestimmungen und deren Handhabung mit Bericht vom 22.1.44 Nr. R 168/44.

In der letzten Zeit wurden eine Reihe von Fahndungsmaßnahmen in Monaco durch das
zuständige SD-Kommando in Nizza im Einvernehmen mit der monegassischen Polizei
durchgeführt, wobei auch eine Reihe von verborgenen Juden erfaßt wurden, die zum Teil im
deutschen Fahndungsblatt gesucht wurden. Über diese Polizeiaktion werde ich nach Abschluß
gesondert berichten.

Gezeichnet: Dr. Hellenthal

Legationsrat von Thadden schrieb am 17. Februar 1944 an die Rechtsabteilung des AA: [328]

„Hiermit der Abteilung Recht mit der Bitte vorgelegt, die angezogenen und bei Recht eingetragenen Berichte möglichst umgehend Inland II A zur Kenntnis zu bringen, oder hierher abzugeben. Es handelt sich bei der sogenannten Fremdengesetzgebung in Wirklichkeit um antijüdische Maßnahmen, die auf Veranlassung der deutschen Stellen in Monaco durchgeführt werden. Im Hinblick auf verschiedene hier vorliegende Drahtberichte aus Monte Carlo und Paris werden die ergangenen Berichte hier dringendst benötigt."

Berlin, den 17. Februar 1944   von Thadden

Berlin schrieb unter Az J 832 9 gRs/Inl. II dem Fürsten, daß man unter Hinweis auf Empfehlung von Adolf Eichmann vom Reichssicherheitshauptamt auf Auslieferung aller Juden bestehe. Das Deutsche Konsulat in Monaco kabelte am 23. März 1944 nach Berlin: [329]

„Durch gemeinsame Aktionen des SD-Kommandos Nizza und der monegassischen Polizei wurden in den letzten Monaten etwa 50 Juden festgenommen und durch den SD abtransportiert. Weitere 40 Juden wurden infolge der monegassischen Fremdengesetzgebung und im Rahmen der Evakuierungsmaßnahmen des Küstengebiets von der monegassischen Regierung ausgewiesen und dürften dann in den französischen Nachbargebieten vom SD erfaßt worden sein. Etwa 100 Juden, denen infolge dieser strengen Maßnahmen der Boden zu heiß wurde, sind in die Berge der Seealpen geflüchtet. Nach Schätzung des hiesigen SD-Vertrauensmanns, die sich mit meinen Beobachtungen deckt, dürften vielleicht noch 100 bis 150 Juden im Fürstentum Monaco leben. Es kann also von einer Judenfrage in Monaco nicht mehr die Rede sein. Außerdem hat mir der SD-Vertreter vertraulich mitgeteilt, daß für gewisse Sonderaufgaben des SD eine Reihe von Juden in Monaco benötigt werden.

Gezeichnet: Dr. Hellenthal

Am 12.7.1944 fand eine Besprechung zwischen dem deutschen Konsul und dem Judenkommissar Dr. Eckerle im Deutschen Generalkonsulat in Monaco statt. Dr. Hellenthal schrieb an das Sicherheitspolizei-Kommando (SD) nach Nizza folgende Besprechungsnotiz: [330]

„Die gegenwärtige Anzahl von Juden in Monaco schätze ich (nach Aussehen und Familiennamen) auf 40 bis 50. Dazu dürften noch einige kommen, die sich ständig verbergen. Diese Zahl ist nicht zu schätzen. Sie kann aber wegen der gegenwärtigen Lebensmittelschwierigkeiten nicht groß sein. Bei einer Brotzuteilung von 132 gr. täglich können verborgene Juden kaum miternährt werden.

Von einem Judenproblem in Monaco kann man also heute nicht mehr sprechen. Anders vor einem Jahr, als noch etwa 1.000 Juden hier lebten. Diese Zahl verminderte sich zunächst beim Abzug der Italiener, da damals zahlreiche Juden vor der deutschen Besatzungstruppe flohen. Die zweite Judenwelle verschwand nach den ersten Verhaftungen durch den SD Nizza. Damals sind sie nach Spanien, nach der Schweiz und in die französischen Berge geflohen. Eine Reihe wurde unterwegs gefaßt und nach Drancy überführt.

Sollten von den in Monaco verbliebenen Juden noch einige abtransportiert werden, so könne die Festnahme jederzeit in der mit der hiesigen Regierung vereinbarten Form, d.h. unter Beteiligung der monegassischen Polizei erfolgen.
Ich bitte jedoch in diesen Fällen den monegassischen Polizeiorganen gegenüber nicht jüdische Rassezugehörigkeit als Festnahmegrund anzugeben.

In diesem Zusammenhang darf ich noch darauf aufmerksam machen, daß einige der hier lebenden Juden als Informationsträger für den SD dienen. Hierüber kann der hiesige Vertrauensmann des SD Graf Kageneck nähere Auskunft geben. Außerdem führt ein Jude Biermann mit einem Anhang von Rassegenossen zur Zeit hier Rohdiamantenaufkäufe für eine deutsche Dienststelle in Paris durch. Die Botschaft Paris bestätigte mir auf Anfrage diesen Auftrag Biermanns."

Gezeichnet: Dr. Hellenthal

Auch andere Diamantenhändler waren in Monaco tätig; in den Akten der Deutschen Botschaft in Paris finden sich jedenfalls mehrere eindeutige Hinweise über auffällig genau aufgezeichneten Kurierverkehr aus Monaco, so unter anderem ein Telegramm Nr. 64 vom 27.3.1944, an Consugerma Monaco für Generalkonsul Hellenthal direkt bestimmt: [331]

„Kleiner Koffer heute in Paris durch Amtsgehilfen Liedtke überbracht. Weiterleitung an Gesandten Selchow erfolgt am 28. März."

Gezeichnet: Gerigk

Der Schwarzmarkthändler Michel Skolnikoff, ein jüdischer Geschäftsmann geboren am 28.01.1895, war auch ein Mitarbeiter des Reichssicherheitshauptamtes und des SD. Er soll 1944 wöchentlich bis zu 100 Millionen Franc auf deutsche Konten in Monaco eingezahlt haben. Skolnikoff hat das Geld gewaschen, indem er 35 Luxushotels in Monaco, an der Cote d'Azur und rund 400 Gebäude in Paris kaufte. Skolnikoff löste damit den ersten starken Anstieg der Immobilienpreise an der Cote d'Azur und in Paris aus. [332]

Er war außerdem der wichtigste Spender für soziale Einrichtungen im Fürstentum Monaco und wird in örtlichen, monegassischen Zeitungen sogar offiziell als Wohltäter benannt. Michel Skolnikoff wurde im Juni 1945 ermordet und der französische Staat erhielt alle „Skolnikoff Immobilien" und Millionen an Francs auf „Skolnikoff-Konten" als Reparation zurück.

Diese Reparationen wurden dem deutschen IARA-Konto nicht gutgeschrieben. Der französische Staat verkaufte u.a. im Jahre 1949 mehrere Hotels an die französische Taittinger Gruppe; was mit den Skolnikoff-Hotels in Monaco geschah ist nicht bekannt. [332]

In der unmittelbaren Nachkriegszeit hatte Fürst Louis II große Probleme mit Prinz Rainer. Er befürchtete einen Staatsstreich und wollte Prinz Rainer unter Arrest stellen. Der Fürst bat die Präfektur von Nizza um Hilfe. Frankreich regelte wieder die Familienangelegenheiten des Fürstenhauses und arbeitete eine elegante Übergangslösung aus. So wurde Prinz Rainer rückwirkend für die Dauer des Krieges in die französische Armee als Soldat 2. Klasse im 7. Regiment eingestellt. Die seltsame Darstellung des Fürsten Rainer später:

... "der Soldat Prinz Rainer stand für ein Monaco im Widerstand, er habe die Sache der Alliierten vertreten."

Die Auslieferung der Juden wurde erst 1993 eingestanden und das ohne einer Verantwortung der monegassischen Führung zuzugeben. Die privaten Archive des Fürstenhauses sind unabhängigen Forschern verschlossen, doch Dank der Archive die sich überall in der Welt öffnen, weiß man nun, mit welchen Methoden und Absichten das Steuerparadies Monaco während des 2. Weltkrieges geschaffen wurde.

Der Gold- und Devisenhandel mit Argentinien

Am 28. Juli 1944 schrieb Legationsrat Ripken von der Deutschen Botschaft in Madrid an seinen Reichsaußenminister Ribbentrop per Kurier nach Berlin: [333]

„Der Militär- und Luftattachè der argentinischen Botschaft in Madrid, Oberst Veldez, hat vor einiger Zeit vertraulich beim Beauftragten der Waffenunion (Skodawerke und Brünner Waffenwerke) in Madrid, Herrn Spitzy, angefragt, ob es grundsätzlich möglich sei, Waffen und vielleicht auch Lizenzen für Waffen von Deutschland über Spanien an die argentinische Armee zu liefern. Er hat diese Anfrage auch nach vollzogenen Abbruch der Beziehungen und auch ganz neuerdings noch mit der Erklärung wiederholt, sein Auftrag aus Buenos Aires habe nach wie vor Gültigkeit, doch komme es der argentinischen Regierung hauptsächlich auf Nachbaulizenzen an. Die sofortige Zahlung in Devisen (Zug um Zug) ist sichergestellt.

Die Botschaft in Madrid hat die an Spitzy gerichtete Anfrage des Oberst Veldez im März d.J. hierher weiter gegeben. Die Handelspolitische Abteilung hat sich damals unter Mitzeichnung der Politischen Abteilung dahin geäußert, daß es sich lohnen würde, der Sache näherzutreten, sofern es sich um Waffen und Nachbaulizenzen handelt, die wir kapazitätsmäßig und ohne Beeinträchtigung militärischer Interessen abgeben können. Die Nachbaulizenzen müßten gegebenenfalls Zug um Zug (etwaige Waffen bereits an der spanischen Grenze) in überall verwertbaren Devisen bezahlt werden; die Devisen könnten wir z.B. für unsere Wolframkäufe in Spanien und, soweit sie dafür nicht erforderlich sind, für Unterstützungszahlungen an Reichsdeutsche in Argentinien verwendet werden, deren Überweisung im Clearing oder über Pesokonten der Reichsbank nach den neuesten Bestimmungen der argentinischen Zentralbank nicht mehr möglich ist. Die Handelspolitische Abteilung nahm daher seinerzeit in Aussicht, dem Oberst Veldez durch Spitzy anheim stellen zu lassen, daß er die von ihm angebotene Wunschliste vorlegt. Das Oberkommando der Wehrmacht hat sich seinerzeit mit dieser Behandlung der Angelegenheit einverstanden erklärt.

Inzwischen hat Spitzy noch persönlich im Auswärtigen Amt vorgesprochen und dabei zwei Angebotslisten (von Skoda und Brünn) mit der Anfrage vorgelegt, ob er sie dem Oberst Veldez mit dem Anheimstellen übergeben dürfe, sie bei der Aufstellung seiner Wunschliste zu verwenden.

Das Oberkommando der Wehrmacht hatte sich zu der Anfrage des Herrn Spitzy wie folgt geäußert: [333]

„Es wünsche einstweilen seinerseits in keiner Weise nach außen in Erscheinung zu treten. Es sei auch nicht damit einverstanden, daß den Argentiniern schon jetzt bestimmte Lizenzen als lieferbar bezeichnet werden. Sein Einverständnis beziehe sich in der gegenwärtigen Phase der Angelegenheit lediglich darauf, daß wir uns zur Entgegennahme der von Oberst Veldez angebotenen Wunschlisten grundsätzlich bereit erklären. Diese Meldung könne dem Oberst Veldez unbedenklich durch Spitzy gemacht werden. Spitzy müsse aber die bündige Direktive bekommen, für die Gestaltung der Wunschliste nicht etwa seinerseits Anregungen zu geben; das Oberkommando der Wehrmacht wolle hinsichtlich seiner künftigen Stellungnahme nicht einseitig das Interesse einzelner Firmen berücksichtigen oder voranstellen müssen. Im übrigen macht das Oberkommando der Wehrmacht noch darauf aufmerksam, daß erfahrungsgemäß Lizenzwünsche meist Wünsche auf Lieferung von Mustergeräten, weiterhin auch von größeren Stückzahlen des Mustergeräts und zum Schluß von Munition nach sich ziehen. Es regt daher an, daß dem Oberst Veldez von vornherein gesagt wird, er möge seine Wunschliste, soweit es nicht um Waffen kleinsten Kalibers oder um bereits früher an Argentinien gelieferte Waffen handelt, auf solche Lizenzen beschränken, die für die argentinische Regierung auch ohne zusätzliche Lieferung von Musterstücken verwertbar sein würden.

Ich beabsichtige, hiernach den im Entwurf beigefügten Drahterlaß an die deutsche Botschaft in Madrid zu richten. Hiermit über Herrn Staatssekretär dem Herrn Reichsaußenminister mit der Bitte um Genehmigung vorgelegt."

Gezeichnet: Ripken

Nach einer Aufzeichnung von Legationsrat Lachmann vom 13. August habe AA-Beamter Brenner mitgeteilt, daß Ribbentrop mit dem weiteren Vorgehen gemäß der Aufzeichnung Ripkens einverstanden sei. [335]

Das Schreiben Ripkens belegt den geheimnisvollen Vorgang im Dritten Reich, NS-Gelder oder NS-Gold über neutrale Drittstaaten nach Argentinien zu leiten. Argentinische Truppen trugen schon 1939 deutsche Helme, deutsche Uniformen und die höheren Kader der argent. Armee und der Polizei wurden von deutschen Ausbildern gedrillt.

Evita Peron verfügte nach 1945 scheinbar über unbegrenzte Geldmittel, woher die stammten, wußte keiner genau. Aber jetzt gibt es weitere Hinweise und Belege darüber. Im Jahre 1944 war Juan Peron, der spätere Ehemann von Evita Peron in Argentinien Arbeits- und Kriegsminister. Während die Verhandlungen über deutsche Rüstungsexporte nach Argentinien im Jahre 1944 anliefen, begegnete Evita im Alter von 27 Jahren ihren künftigen Ehemann Juan Peron in Buenos Aires und heiratete ihn 1945.

Die Schutzmacht Schweiz vertrat die Interessen Deutschlands in Feindstaaten, wie zum Beispiel in den USA oder in ehemals besetzten, deutschen Gebieten. Die Deutsche Gesandtschaft in Bern legte aus diesem Grund eine Akte über die „Schutzmacht Schweiz" an.

Es finden sich mehrere Schreiben des Eidgenössischen Politischen Departements in den geheimen Akten „Deutsche Banken in Argentinien" der Deutschen Gesandtschaft in Bern, die erst jetzt wieder aufgetaucht sind.

Am 15. April 1944 schrieben die Schweizer an die Gesandtschaft Bern: [336]

„Das Eidgenössische Politische Departement, Abteilung für fremde Interessen, beehrt sich der Deutschen Gesandtschaft auf Grund einer Depesche der Schweizerischen Gesandtschaft in

Buenos Aires, nachstehend den Wortlaut einer Mitteilung der BANCO GERMANICO in Buenos Aires an das Auswärtige Amt wiederzugeben:

> „veranlaßt DEUTSCH SÜDAMERIKANISCHE BANK Berlin [DRESDNER BANK TOCHTER] anstelle unausgeführten Kabelauftrages Nr. 297, daß Svenska Handelsbanken, Stockholm BANCO GERMANICO, Buenos Aires beauftragt, Pesos 131.864.40 an Schweizerische Gesandtschaft zu zahlen unter Verfügungsstellung Gegenwert in freien Schweden-Kronen."

Das Departement darf es der Gesandtschaft anheimgeben, das Weitere in dieser Angelegenheit zu veranlassen."

Bern, den 15. April 1944

Am 11. Oktober 1944 schrieb die Schutzmacht Schweiz an die Deutsche Gesandtschaft in Bern: [337]

„Das Eidgenössische Politische Departement, Abteilung für fremde Interessen, beehrt sich der Deutschen Gesandtschaft auf Grund einer Depesche der Schweizerischen Gesandtschaft in Buenos Aires, nachstehenden Wortlaut einer Mitteilung der BANCO GERMANICO in Buenos Aires an das Auswärtige Amt wiederzugeben:

An DEUTSCH SÜDAMERIKANISCHE BANK Berlin von BANCO GERMANICO Buenos Aires: [338]

„Erbitte telegrafische Ermächtigung über Schutzmacht Zahlung halber oder ganzer Gratifikation Einklang Jahresresultat, ferner auf Grund Aufsichtsratbeschluß Verlängerung meines und Malbranc´s Dienstverhältnis fünf Jahre fest, desgleichen Teil Prokuristen und Beamte nach meiner Auswahl gestaffelt zwei bis fünf Jahre gleiches Verfahren Asuncion. Leute [= Freude]."

Bern, den 11. Oktober 1944

Am 2. Dezember 1944 schrieb die Schweizer Schutzmacht an die Deutsche Gesandtschaft in Bern: [339]

„Das Eidgenössische Politische Departement, Abteilung für fremde Interessen, beehrt sich der Deutschen Gesandtschaft den Empfang der geschätzten Verbalnote D 5226 vom 29.11.1944 zu bestätigen und ihr mitzuteilen, daß der darin erwähnte Betrag von SFR 91.259,00 durch die Schweizerische Gesandtschaft in Bern überwiesen worden ist.

Die Abteilung für fremde Interessen hat nicht verfehlt obige Summe für die DEUTSCHE ÜBERSEEISCHE BANK Berlin [DEUTSCHE BANK TOCHTER], an die Schweizerische Gesandtschaft in Buenos Aires zu Händen der BANCO ALEMAN TRANSATLANTICO in Buenos Aires auf telegrafischem Wege zu überweisen.

Da die argentinische Transfer-Bewilligung am 29. November 1944 ablief, wurde die Schweizerische Gesandtschaft in Buenos Aires gebeten, der Banco Central del a Republica

Argentina in Buenos Aires mitzuteilen, daß vorgenannte Summe bereits am 28. November 44 auf dessen Konto bei der Schweizerischen Nationalbank in Zürich einbezahlt worden ist.

Die diesbezüglichen Kabel- und Überweisungsspesen belaufen sich auf SFR 171,80 und sind durch diese Abteilung dem Konto „Interessen des Deutschen Reiches" belastet worden."

Bern, 2. Dezember 1944   Stempel/EPD - Abteilung für fremde Interessen

Die Deutsche Gesandtschaft Bern drahtete am 26. Februar 1945 an das Auswärtige Amt nach Berlin: [340]

„BANCO ALEMAN TRANSATLANTICO drahtet durch Vermittlung Schutzmachtvertretung Buenos Aires folgendes für DEUTSCHE ÜBERSEEBANK Berlin:

„Überweist wenn möglich an Schweizerische Gesandtschaft in Buenos Aires SFR 92.293,00 zu Gunsten von 113 Empfängern, die Bewilligung seitens der Banco Central erhalten haben." Transfergenehmigung läuft am 12. März 1945 ab, daher gegebenenfalls Überweisung nach hier bis spätestens 10. März 1945 erforderlich.

Gezeichnet: Köcher

Die Schweizerische Bundesanwaltschaft erhielt am 3. November 1947 eine Anfrage von der Abteilung für die Liquidation deutscher Vermögenswerte innerhalb der Schweizerischen Verrechnungsstelle in Zürich: [341]

„Wir gestatten uns, in folgender Angelegenheit an Sie zu gelangen.

Gemäß Auftrag vom 17.1.1945 der DEUTSCH ÜBERSEEISCHEN BANK in Berlin vergütete Herr Alfred Kurzmeyer, Direktor der DEUTSCHEN BANK Berlin, einen Betrag von SFR 4.700.000,00 dem Reichsbankdirektorium an das Deutsche Generalkonsulat in Zürich. Es liegt eine entsprechende, vom 23. Januar 1945 datierte und von Generalkonsul Karl Dienstmann unterzeichnete Quittung vor. Nach den Angaben von Herrn Kurzmeyer soll der Betrag an die Deutsche Gesandtschaft in Bern weitergeleitet worden sein, um zur Deckung von Verpflichtungen verwendet zu werden, die deutscherseits gegenüber schweizerischen Firmen eingegangen worden sind.

Wir wären Ihnen zu Dank verpflichtet, wenn Sie uns mitteilen würden, ob Ihnen über diese Angelegenheit etwas bekannt ist."

Schweizerische Verrechnungsstelle   Unterschriften
/ Abt. f.d. Liquidation deutsche Vermögenswerte

Als vertrauliche Antwort teilte die Bundesanwaltschaft der Verrechnnugsstelle mit, daß ihr von diesem Transfer bis heute nichts bekannt war. Im Buch der Deutschen Gesandtschaft in Bern über ihr Bankkonto bei der Schweizerischen Nationalbank sind im Monat Januar 1945 folgende Einzahlungen vermerkt: [342]

3.1.	Überweisung vom Auswärtigen Amt	SFR	34.512,50
10.1.	Überweisung vom Auswärtigen Amt	SFR	196.721,30
10.1.	Überweisung vom Auswärtigen Amt	SFR	348.000,00
13.1.	Überweisung vom Auswärtigen Amt	SFR	4.814,05
13.1.	Überweisung vom Auswärtigen Amt	SFR	10.395,00
17.1.	Überweisung vom Auswärtigen Amt	SFR	51.768,75
20.1.	Überweisung vom Auswärtigen Amt	SFR	4.141.501,30
20.1.	Überweisung vom Auswärtigen Amt	SFR	3.166.523,00
30.1.	Überweisung vom Auswärtigen Amt	SFR	174.115,60

... Wir empfehlen Ihnen, sich in dieser Sache vertraulich an den Chef der Deutschen Interessenvertretung in der Schweiz, Herrn Minister Frölicher, Bern, Willadingweg 78, zu wenden. Eventuell sind dort noch irgendwelche Belege vorhanden, die zur Aufklärung dienlich sein können.

Gezeichnet: Schweizerische Bundesanwaltschaft / Polizeidienst   Der Chef

Rechtzeitig wurden Millionen an NS-Geldern nach Argentinien telegrafisch transferiert. Der unerklärbare, plötzliche Reichtum der Familie Peron und der damit verbundene, aufwendige Wahlkampf Juan Perons wurde offenbar auch mit diesen NS-Geldern finanziert.

Im Februar 1946 wurde Juan Peron zum Staatspräsidenten gewählt. 1947 plante Evita Peron eine dreiwöchige Europareise, welche schließlich unerklärbare drei Monate dauern sollte. Das erste große argentinische Emigrantenschiff, die „Santa Fe", verließ am 19.6.1947 den Hafen von Genua. Alberto Dodero, der Eigentümer der Schiffahrtsgesellschaft finanzierte die Reise Evita Perons in Europa mit. So besuchte sie am 26.6.1947 zuerst Rom und den Vatikan. Die Audienz beim Papst am 27.6.1947 dauerte über eine Stunde. Das Hauptgesprächsthema war die Ausreise von kroatischen NS-Mitgliedern nach Argentinien mit dem nächsten Schiff der argentinischen Dodero-Linie. [343]

Eine überraschende Änderung ihrer Reiseroute plante der damalige argentinische Botschafter in Bern. Evita Peron sagte ihren angekündigten Besuch bei der britischen Königin in London wegen „Übermüdung" ab. Peron erholte sich in Portofino und soll sich dort mit ehemaligen NS-Prominenten getroffen haben. Schließlich fuhr sie am 4.8. über Genf nach Bern. Der schweizerische Bundespräsident zeigte ihr die Stadt Luzern am 6.8. und am 7.8. gab es ein Galadiner im Hotel Bellevue in Bern. Politische Gespräche gab es hier und später nicht. Am 8.8. luden mehrere Schweizer Bankiers Evita Peron zum Galadiner ins Hotel Beau au Lac ein. Auftraggeber dieses Diners waren mehrere Großbanken der Schweiz, beim Essen waren daher auch über 150 schweizer Bankiers anwesend.

Einen Tag später besuchte sie in Bern privat und unauffällig in der Marktstr. 49 das argentinische Auswanderungsbüro. Der Inhaber dieser „Berner Schlepperzentrale" war Rudolf Freude. Sein Vater General Dr. Ludwig Freude hatte die Position eines argentinisch-deutschen NS-Führers der NSDAP-Auslandsorganisation in Argentinien (Landesgruppe) und war unter anderem Wirtschaftsberater des argentinischen Staatspräsidenten Juan Peron.

Der Multimillionär Dr. Ludwig Freude kontrollierte während des Krieges als Direktor die BANCO ALLEMAN TRANSATLANTICO in Buenos Aires, eine Auslandstochter der DEUTSCHEN BANK.

Dr. Freude finanzierte auch den Wahlkampf Perons mit, seinen Sohn Rudolf positionierte er bei Peron. Er war zuerst Leibwächter, später sein Privatsekretär und danach Chef eines besonders geheimen Sicherheitsdienstes in Argentinien. [343]

Dr. Heinrich Rothmund leitete während des Krieges als Chef die Fremdenpolizei. Regelmäßig wurde er später über das Berner NS-Fluchthilfebüro informiert. Dr. Rothmund war damals Chef der Bundespolizei, er unterstützte die Organisation aktiv. So kabelte am 23. März 1948 die Schweizerische Botschaft in Rom nach Bern:

... wünschen 16 Flüchtlinge mit Auswanderungsschiff via Genua nach Argentinien zu schicken ..stop.. alle werden Schweizerische Identitätsausweise mit Rückreisevisum haben ..stop..

Der Nachrichtendienst der Sicherheits- und Kriminalpolizei der Stadt Bern schrieb am 5.8.1948 nachfolgenden, vertraulichen Bericht:

... Am 30. Juli 1948 hat das Polizeikommando des Kantons Bern der Sicherheits- und Kriminalpolizei der Stadt Bern eine schriftliche Anfrage des Bundesamtes für Industrie, Gewerbe und Arbeit, Sektion für Arbeitskräfte und Auswanderung betreffend Errichtung eines argentinischen Werbebureaus in Bern zum Bericht überwiesen.
Über diese Angelegenheit hat die Sicherheits- und Kriminalpolizei der Stadt Bern am 19.4.1948 dem Polizeidienst der Schweizerischen Bundesanwaltschaft einen ausführlichen Bericht überwiesen. Mit den Auswanderungen befassen sich zur Hauptsache: [344]

- Helfrich, Herbert Georg Adolf   geb. 24.10.1909
  Schweizer Staatsbürger (früher Deutscher)
  Architekt, wohnhaft Jubiläumsgasse 97 in Bern
- Fuldner, Carlos   geb. 16.12.1910
  argentinischer Staatsangehöriger
  Industrieller, wohnhaft in Bern
- Dr. Weis, Georg   geb. 18.12.1909
  deutscher Ingenieur

Ludwig Freude war argentinisch-deutscher NS-Führer. Sein Sohn Rudolf war der eigentliche Auftraggeber dieses Bureaus in Bern. Die Tätigkeit der argentinischen Auswanderungszentrale in Bern dürfte sich seit April 1948 nicht wesentlich geändert haben. Das Bureau an der Marktgasse 49 in Bern besteht noch und soweit festgestellt werden konnte, sind in demselben meistens drei Personen tätig, nämlich Helfrich, Fuldner und Dr. Weise. Bis jetzt konnte nicht festgestellt werden, daß von den Personen die in dieser Auswanderungszentrale tätig sind, Schweizer angeworben wurden oder daß in der Schweiz für die Auswanderung nach Argentinien Propaganda gemacht worden ist. Für die Auswanderung nach Argentinien sollen vorwiegend Industriefachleute aus Deutschland und Österreich in Frage kommen.

Wie die Unterzeichnenden im April 1948 und jetzt wieder von Oberstleutnant Schaufelberger, der in der Generalstabsabteilung tätig ist, gesagt wurde, hält sich die argentinische Auswanderungszentrale in Bern bezüglich der Einreise von Auswanderern in die Schweiz an die Vereinbarungen, die mit Herrn Dr. Rothmund, Chef der Polizeiabteilung des BJFD, getroffen wurden (Dr. Heinrich Rothmund war im Krieg Chef der Schweizerischen Fremdenpolizei). Zudem hat Oberstleutnant Schaufelberger seinerzeit Herrn Balzari und dem Unterzeichneten gesagt, daß die durch die Schweiz gehenden ausländischen Fachleute, die nach Argentinien auswandern wollen, in Bern von ihm befragt werden könnten, was für das schweizerische Wehrwesen nützlich sei. [344]

Gezeichnet: Sicherheits- und Kriminalpolizei, Nachrichtendienst d. Stadt Bern, Sig. Walter

Evita Peron starb am 26. Juli 1952 an Krebs. Sofort nach dem Tod ging die Suche nach Evitas Privatvermögen los. Systematisch suchte Peron in der Schweiz nach Konten und Gelder Er schickte Evitas Bruder in die Schweiz, nach Zürich, Bern und Genf. Nach Buenos Aires zurückgekehrt fand man ihn tot in seiner Wohnung. Ob Mord oder Selbstmord, das wurde nie aufgeklärt. Mysteriöse Todesfälle auch im NS-Milieu, Ludwig Freude und engste Mitarbeiter von Rudolf Freude sterben ungeklärt.

Der Gesandte der Schweizerischen Botschaft in Buenos Aires von 1938 bis 1946 war Albert Cuttat. Er führte offenbar im Auftrag des Deutschen Reiches im Krieg Goldarbitragegeschäfte durch, da er in Bern öfter wegen seiner Verbindung zur NS-Prominenz denunziert wurde.

Er kannte den deutschen Agenten und Direktor der deutschen Schiffahrtsgesellschaften in Buenos Aires, den früheren Offizier der Reichswehr, Thilo Martens. Er überwachte im Hafen den Handelsverkehr, den Rüstungsimport mit Deutschland und besaß mehrere Tarnfirmen und deutsche Schiffe in Argentinien. Albert Cuttat wurde 1947 Protokollchef im Außenministerium der Schweiz und fädelte von dort die Reise Evita Perons durch die Schweiz ein.

Am 5. September 1956 ging im Justizministerium in Buenos Aires eine Anzeige von einem Herrn Heinrich Jurges gegen den argentinischen Staatspräsidenten Juan Peron ein. Staatspräsident Juan Peron soll 12,22 kg Brillanten, 1.032 kg Gold, Millionen von argentinischen Pesos, 6 Millionen Hfl. und 93 Millionen Reichsmark für Deutschland verwaltet oder unterschlagen haben. Das Verfahren wurde zwar eröffnet, aber kurz darauf vom argentinischen Staat eingestellt. [345]

Ein großer Teil des „Privatvermögens" Evita Perons, daß sie bei ihrem Besuch in der Schweiz für sich und für das aufgelöste Deutsche Reich angelegt hat, lagert noch heute in Schweizer Banken. Doch die Schweizer Tresore bleiben verschlossen, denn die Kennwörter oder die Nummern ihrer Nummernkonten hat Evita mit in den Tod genommen.

So fiel Evita Perons Vermögen, in der Schweiz üblicherweise erst nach 30 Jahren, ihren Schweizer Bankverbindungen zu. Diese lange Verjährungsfrist gibt es übrigens in den USA nicht, dort gehört ein Bankguthaben, falls sechs Jahre keine Kontobewegung stattfindet, der Bank oder dem Bundesstaat, in dem die Bank ihren Geschäftssitz hat.

DIE DIAMANTEN DES DEUTSCHEN REICHES

Die europäische Diamantwirtschaft bei Kriegsbeginn

Die NS-Diamanten Aktionen versteht man nur, wenn die Lage der europäischen Diamantindustrie zu Anfang des zweiten Weltkrieges kurz beleuchtet wird. Abweichend vom gegenwärtigen Zustand nahmen die europäische Schleifindustrie und der europäische Großhandel in geschliffenen Steinen nahezu eine Monopolstellung auf dem Weltmarkt ein. Antwerpen und Amsterdam waren die großen Zentren des Handels, auch die Schleifindustrie befand sich in diesen Zentren, wozu sich noch die deutsche Schleifindustrie in Idar-Oberstein gesellte. Die deutsche Industrie arbeitete fast zu 100% im Lohnauftrag für Antwerpen. Sie war daher der Diamantwirtschaft von Antwerpen und Amsterdam ebenbürtig. In der Amsterdamer Diamantwirtschaft hatten Juden immer eine große Rolle gespielt. Bei Kriegsbeginn waren über 80% der Unternehmer und 2.100 der registrierten 3.400 Diamantarbeiter Juden. In Antwerpen gab es ebenfalls viele jüdische Unternehmer, prozentual aber viel weniger als in Amsterdam. Dem europäischen Schleifmonopol stand ein Rohstoffmonopol gegenüber, dessen Sitz sich in London (Handel) und in Südafrika (Gruben) befand. Die in Europa hergestellten Brillanten wurden zum übergroßen Teil in den Vereinigten Staaten von Amerika abgesetzt.

Die deutsche Diamantpolitik 1940 und 1941

Die Politik der deutschen Behörden in den besetzten Westgebieten auf dem Gebiete der Diamantwirtschaft wurde im Herbst 1940 von dem Kriegsverwaltungsrat bei der Kommandantur 520 in Antwerpen, Tidemann Ulrich Lemberg, formuliert. Es wußte seine Auffassungen nicht nur in Brüssel, sondern auch in den Niederlanden und in Berlin zur Geltung zu bringen. Nach seiner Auffassung mußte alles getan werden, um das Schleifmonopol für Europa zu erhalten. Dies wäre aber nur möglich, wenn man die Zentren des Handels und der Schleifindustrie in Antwerpen und Amsterdam in Schutz nahm und die geschulten Arbeiter festhielt. Lemberg war sich wohl bewußt, daß die antisemitische Politik der deutschen Regierung der Verwirklichung seiner Pläne die größte Schwierigkeiten entgegenstellte. Es war ihm von vornherein klar, daß zur Erhaltung der westeuropäischen Diamantzentren auch die Erhaltung des jüdischen Elementes in der Diamantwirtschaft unerläßlich war. Er wünschte daher, daß alle Beteiligten, d.h. Fachdienststellen und Experten eine „gemeinsame Front der Abwehr" bildeten, um die Forderungen der „politischen Dienststellen" abzuwehren. [346]

Die geplante Erhaltung der europäischen Diamantwirtschaft machte auch die Erhaltung der Diamantvorräte notwendig. Es wäre ein Einfaches gewesen, die vorhandenen und noch herzustellenden Brillantvorräte zu hohen Preisen in Europa abzusetzen. Die NS-Regierung war der Auffassung, daß nach dem Kriege die Devisen zur Beschaffung neuer Rohdiamanten fehlen würden. Es wurde deshalb eine absolute Verkaufssperre verhängt, es sei denn, daß man im neutralen Ausland gegen harte Devisen oder im Tausch gegen Rohstoffe verkaufen konnte.

In den Akten der handelspolitischen Abteilung (HalPol) des Auswärtigen Amtes finden sich zwei Berichtsdurchschläge. Sie behandeln die Pläne der belgischen Diamantindustrie vom 20. März 1942 und den Aufschwung der palästinensischen Diamantenschleifereien vom 4. Juni 1942: [347]

1.) Die nach London geflüchteten Vertreter der Antwerpener Diamantindustrie haben der „belgischen Regierung" in London ein Memorandum zugeleitet, daß sich mit der Lage der Antwerpener Diamantindustrie nach Kriegsende befaßt. Der Bericht gründet sich auf die Befürchtung, daß die Zukunftsstellung der belgischen Diamantindustrie durch die Diamantverarbeitungsstätten in Großbritannien, Südafrika, Amerika und anderen Gebieten gefährdet werden kann.

Der Bericht schlägt vor, daß die „belgische Regierung" schon jetzt ausreichende Vorräte an Rohdiamanten aus Belgisch-Kongo ansammelt, um sofort nach Kriegsende genügende Reserven für die belgischen Diamantschleifereien zu haben. Belgisch-Kongo erzeugte 1940 über 10 Millionen Karat = 2/3 der mengenmäßigen Weltproduktion.

2.) Die früher in Hamburg zentrierte Diamanten-Kleinschleiferei, die vornehmlich von Juden ausgeführt wurde, ist durch die Abwanderung der Juden nach Palästina nach dort verlegt worden.

<u>Verkauf von Rohdiamanten (Januar bis April 1942):</u>

- London 650.000,00 Pfund   - USA 740.000 Pfund   - Palästina 272.000 Pfund

<u>Beschäftigungsgrad an Diamantschleifern:</u>

- USA   800 Schleifer   - Südafrika 600 Schleifer   - England 600 Schleifer
- Palästina 2.500 Schleifer

<u>Es werden geschliffen:</u>

- in England Steine von 0,5 Karat und aufwärts
- in Palästina Steine von 0,5 Karat bis hinunter zu 1/50 Karat

Die Diamantbehörden in den Niederlanden und Berlin

Unter den deutschen Beamten, die zur Bildung des Reichskommissariats 1940 in die Niederlande abgeordnet wurden, befanden sich keine Sachverständigen für die Diamantwirtschaft. Solche Sachverständigen gab es, wenn überhaupt, auch in den Berliner Ministerien nur sehr wenige. Daher wurden die Diamantfragen im Reichskommissariat von nicht sachverständigen Beamten bearbeitet, die sich auf die Ratschläge deutscher Experten verlassen mußten. Solche Experten, meistens aus dem deutschen Juwelen- und Diamanthandel, wurden gelegentlich, später dauernd zur Beratung herangezogen. Hieraus erklärt sich auch, daß der Kriegsverwaltungsrat Lemberg von Antwerpen aus die Diamantpolitik des Reichskommissariats beeinflussen konnte..

Seit 1941 war der Hamburger Diamantkaufmann Arthur Bozenhardt Berater des Reichskommissariats in Diamantfragen. Im Reichskommissariat wurden die Diamantfragen von der Hauptabteilung -Gewerbliche Wirtschaft im Generalkommissariat für Finanz und Wirtschaft-bearbeitet. Zuerst war der Referent der Gruppe Bergbau und Kohle federführend, später der

Referent der Gruppe „Sonstige Industrie", Assessor Dr. Hanemann. In Berlin wurden die Diamantfragen im Reichswirtschaftsministerium bearbeitet.

Das Ministerium bediente sich dabei zweier Reichsstellen für Warenkontrolle, nämlich der Reichsstelle für Edelmetalle (für geschliffene Diamanten) und der Reichsstelle für Technische Erzeugnisse (für Industriediamanten).

Anfang 1941 wurde eine neue Zuständigkeit für Diamantfragen geschaffen. Der Beauftragte für den Vierjahresplan, Hermann Göring, war aus verschiedenen Gründen an der Diamantwirtschaft interessiert. Nämlich wegen der devisenwirtschaftlichen Bedeutung der geschliffenen Diamanten und wegen der großen Bedeutung der Industriediamanten für die Rüstungsfertigung. Göring selbst war Großabnehmer besserer Steine, damit hatte sein Interesse auch persönlichen Charakter. Etwa 1942 setzte Göring seinen Kameraden aus dem Richthofen Geschwader, den Oberst der Luftwaffe Josef Veltjens als „Beauftragten für Sonderfragen beim Beauftragten für den Vierjahresplan" ein. Zu den Sonderaufgaben gehörte neben der intensiven Bearbeitung des westeuropäischen Schwarzmarktes aller Warengattungen auch die Sicherstellung der deutschen Industriediamantversorgung. Veltjens war schon seit 1940 im Reichskommissariat in Den Haag als örtlicher Vertreter des Beauftragten für den Vierjahresplan tätig.

Sein Verwandter Dr. Max Veltjens war bis August 1944 Wirtschaftsprüfer und amtierender Direktor der Niederländischen Aktiengesellschaft für Abwicklung von Unternehmungen, genannt NAGU. Diese NAGU war eine von vier großen deutschen Wirtschaftsprüfungsunternehmen und diente als Veräußerungstreuhänderin bei der Wirtschaftsprüfungsstelle bei allen „Arisierungen" in den Niederlande. Dr. Max Veltjens übernahm am 23. August 1944 Diamanten im Wert von 471 Karat vom Treuhänder Zieck in Empfang, welche P. und J. Meyer gehörten; nach 1945 blieben diese Diamanten verschollen.

Oberst Josef Veltjens brachte für letztere Aufgabe Erfahrungen mit. Er besaß in Berlin ein Werk für feinmechanische Arbeiten (NAVIGATION KG) und hatte Ende 1941 eine Diamantschleiferei in Amsterdam gekauft. Dem Vorstand dieses Werkes, der „Matatschappij voor Diamantbewerking" gehörte auch der Hamburger Kaufmann H.H. Plümer an, der schon seit 1940 Veltjens Stellvertreter im Reichskommissariat war. Im Niederländischen Behördenapparat fielen die Diamantfragen in das Ressort des „Department voor Handel, Nijverheid en Scheepvaart". Dieses Department bediente sich dabei eines „Rijksbureau voor Diamant", das seit 1940 die Diamantwirtschaft auf Grund des Warenzuteilungsgesetzes (Distributiewet 1939) kontrollierte. Das Rijksbureau wurde von der Abteilung Gewerbliche Wirtschaft beaufsichtigt. der schon erwähnte Assessor Dr. Hanemann wurde Anfang 1943 zum Deutschen Bevollmächtigten beim Rijksbureau voor Diamant ernannt.

Die Wirtschaftsentjudung wurde im Reichskommissariat von der Wirtschaftsprüfungsstelle bearbeitet, die ebenfalls zum Generalkommissariat gehörte. Leiter der Wirtschaftsprüfungsstelle war Kammergerichtsrat Dr. Schröder. Für allgemeine Judenfragen, insbesondere für die Deportation, war die deutsche Sicherheitspolizei zuständig. Federführend war das Referat IV B 4 beim Befehlshaber der Sicherheitspolizei und des SD für die besetzten niederländischen Gebiete (BdS). Leiter dieses Referats war der Regierungsrat und SS-Sturmbannführer Zöpf.

Seine Weisungen bezog er nicht nur von seinen Vorgesetzten in Den Haag, dem BdS und dem Höheren SS- und Polizeiführer Nordwest, sondern von der zentralen Steuerungsstelle für die „Endlösung der Judenfrage", dem Referat IV B 4 im Reichssicherheitshauptamt, dessen Leiter SS-Obersturmbannführer Eichmann war.

Herr Arthur Bozenhardt schilderte am 29. März 1961 in einem Gespräch seine Eindrücke aus dem Krieg zum Diamantenthema. Er bezieht sich auf seinen Bericht vom 31.10.1945, nebst Zusatz vom 23.11.1945, welcher auch von seinem Bruder Otto mit unterschrieben wurde: [348]

... „Das Interesse an der Diamantindustrie war von Anfang an bei den leitenden Persönlichkeiten des NS-Regimes stark ausgeprägt vorhanden. Man war sich darüber klar, daß die im Krieg gewonnene Kontrolle über die 3 großen Zentren der Diamantschleifindustrie (Deutschland, Niederlande, Belgien) ein starkes Gegengewicht gegenüber dem Rohdiamantensyndikat in Südafrika und London darstellte. Diese Position war aber nur zu halten, wenn die Betriebe mit ihren in den Niederlanden überwiegend jüdischen Diamantschleifern und Diamantspaltern erhalten blieben." ...

... „Der Inhaber von SPONHOLZ, Hamel, war mit dem damaligen Reichswirtschaftsminister und Reichsbankpräsidenten Dr. Funk persönlich befreundet. Herr Bozenhardt nimmt an, daß die Diamantenvorräte im Safe der Reichsbank eingelagert wurden. Im gleichen Gebäude, wo SPONHOLZ seinen Sitz hatte (Jerusalemerstraße 25), gab es auch den Juwelier Wilm, der für SPONHOLZ die von Bozenhardt gelieferten Diamanten abnahm und kontrollierte. Außerdem befand sich unter gleicher Anschrift die Reichsstelle für Edelmetalle, welche der Reichsbank angegliedert war." ...

... „Der Export von Amsterdam nach Hamburg wurde von den deutschen Behörden in Amsterdam genehmigt. Der Export nach Hamburg stand auf dem Papier und diente ebenfalls der Tarnung des Geschäfts." ...

... „Die zur Finanzierung der Geschäfte in Amsterdam notwendigen Beträge konnte die Firma Bozenhardt & Co, Amsterdam bei Rebholz Bankierskantoor in Amsterdam abrufen. Die Firma Bozenhardt verdiente für die von ihr durchgeführten Einkäufe eine Provision." ...

... „Wie SPONHOLZ das Geschäft finanzierte, das insgesamt bei etwa 31.000 Karat einen Aufwand von rund 9,4 Mio. Hfl., also rund RM 13.000.000,00 bedeutete, entzog sich der Kenntnis von Bozenhardt. Er hat aber gehört, daß SPONHOLZ auf Anweisung des Beauftragten der Vierjahresplanbehörde die Diamanten für ihm angediente Exportgeschäfte hat abgeben müssen." ...

Die Schweizerische Bundesanwaltschaft schrieb am 22. Mai 1945 an den Nachrichtendienst der Kantonspolizei Zürich: [349]

„Aus französischer Quelle erfahren wir, daß die Bankhäuser Hoffmann in Zürich und Wehrli in Zürich, Gelder aus der Bank SPONHOLZ, Jerusalemstraße 25 in Berlin erhalten sollen. Es handle sich in der Hauptsache um einen Austausch von französischen Geldern aus Deutschland kommend gegen Schweizer Franken. Wir übermitteln Ihnen diese Meldung zur gutscheinenden Verwendung."

Schweizerische Bundesanwaltschaft / Polizeidienst   Der Chef

Die Diamantwirtschaft wird von der Wirtschaftsentjudung bedroht

Nach der Besetzung der Niederlande wurde die Diamantwirtschaft zum ersten Male ernsthaft durch die Wirtschaftsentjudung gefährdet. Diese war eingeleitet durch die Meldeverordung 189/1940 vom 22. Oktober 1940 und konnte im Frühling 1941 in Angriff genommen werden, nachdem die Verordnung 48/1941 vom 12. März 1941 die Möglichkeit geschaffen hatte, Treuhänder einzusetzen. Die Diamantwirtschaft blieb vorläufig verschont. Während in allen anderen Wirtschaftszweigen die Arisierung bereits auf vollen Touren lief, beschloß der Reichskommissar auf Grund eines von der Abteilung Gewerbliche Wirtschaft vorgelegten Berichtes des Sachverständigen Arthur Bozenhardt im September 1941 „ daß Diamantindustrie, Rohdiamanthandel und dazugehörende Finanzierung aufrecht bleiben sollen. Infolgedessen ist bei allen Entjudungs- und sonstigen Maßnahmen auf die einschlägigen Betriebe (Betriebsführer und Arbeiter) Rücksicht zu nehmen". Aufgrund der Entscheidung des Reichskommissars blieben tatsächlich fast alle größeren Diamantbetriebe bis Ende 1943 ohne Treuhänder. Verschiedene große Betriebe wurden sogar bis Kriegsende keine Treuhänder aufgrund der Wirtschaftsentjudungsverordnung eingesetzt.

Beginn der Deportationen von „Diamantjuden" mit Ausnahmen

Neue Schwierigkeiten entstanden, als Juli 1942 die Judendeportationen aus den Niederlanden begannen. Bei den ersten Razzien Anfang August 1942 wurden schon Diamantarbeiter verhaftet. Auch jetzt behielt aber die Entscheidung des Reichskommissars ihre Wirkung. Die Abteilung Gewerbliche Wirtschaft des Reichskommissariats und der Sachverständige A. Bozenhardt setzten sich bei der Sicherheitspolizei für die in der Diamantbranche Beschäftigten ein. Es wurde beschlossen, daß für 500 Diamantarbeiter und für 300 Diamantunternehmer vorläufige Freistellungen vom „Arbeitseinsatz" gegeben werden sollten, auch die Familienmitglieder sollten sie erhalten. Die Liste der freizustellenden Juden wurden im wesentlichen vom Rijksbureau und von der gleichgeschalteten Gewerkschaft aufgestellt.

Am Anfang der Deportationen im Monat August 1942 konnten die jüdischen Diamantunternehmer und –arbeiter durch Aufnahme in die Diamantliste I und II vorläufig von der Deportation freigestellt werden. In der Diamantliste III konnten Verwandte, Hausgenossen usw. von freigestellten „Diamantären" aufgenommen werden, wenn pro Person 50, später 100 Karat Industriediamanten zur Verfügung gestellt wurden. Als Annahmestelle für diese Industriediamanten fungierte die Amsterdamsche Bank in Amsterdam, die zu den meisten Diamantunternehmen langjährige Geschäftsverbindungen unterhielt und deren jüdischer Subdirektor I.L. Themans Vertrauensmann vieler Diamantäre war. Die Industriediamanten wurden von der Reichsstelle für Technische Erzeugnisse bezahlt. Die bezahlten Beträge blieben bis Kriegsende bei der Amsterdamschen Bank und wurden dann den Berechtigten ausgezahlt.

(... Die von der Reichsstelle für Technische Erzeugnisse bezahlten Preise entsprachen dem Wiederbeschaffungswert am 1. April 1956. Dies war der Grund, weshalb von jüdischen Unternehmen für Industriediamanten keine Schadensersatzforderungen gestellt wurden ...)

Von den 2.100 jüdischen Arbeitern kamen in erster Linie diejenigen für eine Freistellung in Frage, die noch nicht arbeitslos geworden waren oder eine andere Tätigkeit aufgenommen hatten. Von einigen Ausnahmen abgesehen, genügten die Freistellungen, die auf Grund der Listen gegeben wurden, um einen Kern der in der Amsterdamer Diamantwirtschaft beschäftigten Juden vor der ersten Deportationswelle zu schützen. Schon nach wenigen Wochen wurde die Wirksamkeit dieser Freistellungen jedoch wieder in Frage gestellt. In einer bewegten Sitzung am 12.11.1942 in Den Haag befahl der Höhere SS- und Polizeiführer Rauter, daß insgesamt etwa 6.000 für die Rüstungsindustrie zurück-gestellten Juden baldigst zur Deportation freigegeben werden sollten. Die Freistellung der „Diamantjuden" blieb noch bis zum Januar 1943 gültig, dann mußten aber die Abteilung Gewerbliche Wirtschaft und ihr Berater dem Druck der Sicherheitspolizei nachgeben. Am 7.1.1943 eröffnete A. Bozenhardt dem Rijksbureau voor Diamant, daß alle Juden vor Juli 1943 aus den Niederlanden entfernt werden müßten. Nur für die „Diamantjuden" war eine geringe Ausnahme möglich: 400 der 800 Freistellungen sollten bestehen bleiben. Nach besonders schwierigen Verhandlungen, das Rijksbureau verweigerte nun jede Mitarbeit, trafen Hanemann und Bozenhardt selbst die Auswahl.

Etwas später wurden im Reichskommissariat zwei wichtige Entscheidungen getroffen. Am 19. Januar 1943 wurde in einer Sitzung beim Reichskommissar festgelegt, daß der Abbau der „Rüstungsjuden" bis Ende Mai beendet sein sollte. Anfang März wurde beschlossen, daß die Wirtschaftsentjudung im Rahmen des totalen Krieges vereinfacht und beschleunigt werden sollte. Diese beiden Entscheidungen gefährdeten den noch vorhandenen Bestand der Amsterdamer Diamantwirtschaft. Es entstand eine Krise, als im April noch eine dritte Gefahr hinzukam. Der Beauftragte für Sonderaufgaben, Josef Veltjens, wollte die Diamantenvorräte als Devisenersatz bei Transaktionen mit dem neutralen Ausland einsetzen. Er hoffte durch Tauschaktionen für geschliffene Diamanten rohe Industriediamanten zu bekommen, die die deutsche Rüstungsindustrie dringend brauchte. Am 19. April 1943 fand über diesen Fragenkomplex eine Besprechung bei der Wirtschaftsprüfstelle in Arnheim statt.

Aus diesem Protokoll ist ersichtlich, daß Plümer, der Vertreter des Vierjahresplans, die jüdischen Betriebe bis auf einen kleinen Rest liquidieren wollte. Die Vorräte sollten von den einzusetzenden Liquidationstreuhändern an die Tarnungsfirma des Vierjahresplans, die WESTEN HANDELSGESELLSCHAFT mbH in Berlin verkauft werden. Aus einer weiteren Aktennotiz, die Veltjens am 5.4.1943 an den Militärbefehlshaber in Belgien und Nordfrankreich übersandte, ergibt sich, daß die Pläne des Vierjahresplans das Ende auch für die letzten noch freigestellten „Diamantjuden" bedeuteten. [330]

In dieser Aktennotiz wird offen gesagt, daß man die 400 Juden spätestens in sechs Monaten würde entbehren können. Auch die jüdischen Betriebe könnten dann arisiert werden.

Aus der Nachkriegserklärung des Sachverständigen A. Bozenhardt geht hervor, daß diesen Schriftstücken eine Besprechung vorangegangen war, zu der Hanemann Veltjens, Plümer, A. Bozenhardt an sein Krankenbett in der Berliner Charité, geladen hatte. Diese Besprechung muß etwa am 4. März 1943 stattgefunden haben. Die Erklärung Bozenhardts vom 29.3.1961 in Hamburg ist mit dem bisher vorgebrachten in Einklang.

In dieser Situation unternahmen die Brüder Bozenhardt den Versuch, die akute Gefahr für den Weiterbestand der Amsterdamer Diamantwirtschaft abzuwenden. Die Brüder waren einsichtig genug, das Fortbestehen der Amsterdamer Diamantwirtschaft , mit der sie seit Jahrzehnten Geschäftsverbindungen hatten, im eigenen Interesse nach Kräften zu fördern. Die Aktion mit dem Namen „BEBCO" bot ihnen auch die Möglichkeit weiterhin ihre „uk-Stellung" zu behalten, so daß sie nicht in den Krieg ziehen mußten. Die Möglichkeit, eine nicht ganz unerhebliche Menge von 250 Karat Brillanten für sich zu erwerben, muß einen Anreiz gebildet haben, das Geschäft zu unternehmen. [351]

Die Geheime Reichssache „Aktion BEBCO" und die Entscheidung in Berlin

Im Laufe des Monats Mai 1943 bearbeiteten die Brüder Bozenhardt die Behörden in Amsterdam, Den Haag und in Berlin. Ein ausführliches Memorandum, daß sie am 24. Mai dem Deutschen Bevollmächtigten beim Rijksbureau voor Diamant in Amsterdam übergaben, ist erhalten geblieben. In diesem Memorandum wird dargelegt, daß die in Aussicht genommene Liquidierung der jüdischen Betriebe die Erhaltung des Schleifmonopols unmöglich machen würde. Die Bozenhardts verstanden es, den zuständigen Referenten in der Geschäftsgruppe Devisen beim Beauftragten für den Vierjahresplan in Berlin, einen Oberregierungsrat Dr. Schüssler, persönlich für die Angelegenheit zu interessieren. Bereits am 15. Mai hatte Plümer berichtet, daß der Reichsmarschall Göring sich die Entscheidung über die Verwendung der Diamantvorräte vorbehalten hätte. Am 16. Juni erging diese Entscheidung in einem Erlaß des Reichsmarschalls an den Generalkommissar für Finanz und Wirtschaft in Den Haag. Es wurde ihm mitgeteilt, daß die Vorräte jüdischer Diamantfirmen in Amsterdam „auf rein kommerzieller Basis d.h. also durch den freiwilligen Abschluß von Kaufverträgen" aufgekauft werden sollten.

Mit diesen Aufkäufen war die Firma Bozenhardt & Co. in Amsterdam beauftragt. „Auf das Prinzip der Freiwilligkeit der Verkäufe müsse entscheidender Wert gelegt werden".

Am 7. Juli 1943 erteilte das Büro des Beauftragten für den Vierjahresplan nähere Weisungen an den Bevollmächtigten beim Rijksbureau voor Diamant und an die Firma Bozenhardt & Co. in Hamburg 36: [352]

„ Mit behördlicher Genehmigung hat Ihnen das Bankhaus SPONHOLZ & Co., Berlin, den Auftrag erteilt, in Holland und Belgien geschliffene Schmuckdiamanten aufzukaufen. Bei Ihrer Einschaltung in das Geschäft habe ich Sie bereits ausdrücklich zur Verschwiegenheit verpflichtet. Auf die Einhaltung dieser Verpflichtung lege ich entscheidenden Wert, da davon der Erfolg des Unternehmens abhängen kann. Über den Fortgang Ihre Arbeit und über Ihre Aufkäufe bitte ich, mir am Ende jeder Woche in doppelter Ausfertigung ausführlich zu berichten. Dem ersten Bericht sehe ich am 12. Juli 1943 entgegen. Den Generalkommissar für Finanzen und Wirtschaft in Den Haag, sowie den Chef der Wirtschaftsabteilung des Militärbefehlshabers in Brüssel habe ich Ihre Aufgabe unterrichtet und gebeten, Sie dabei in jeder Weise zu unterstützen.

Gezeichnet: i.V. Körner   beglaubigt: gez.: Unterschrift

Am 11. Oktober 1943 schrieb der Beauftragte des Vierjahresplans an die Firma Bozenhardt & Co. nach Hamburg: [352]

„ Das Reichswirtschaftsministerium hat sich damit einverstanden erklärt, daß Sie von der Reichsstelle für technische Erzeugnisse insgesamt bis zu 1.000 Karat Rohwaren in 2 Raten zur Weitergabe an die Amsterdamer Schleifindustrie übernehmen. Ich bitte das weitere zu veranlassen.

Gezeichnet: i.A. Dr. Kadgien   beglaubigt: gez.:   Unterschrift

Am 12. Oktober 1943 erging ein weiteres Schreiben vom Beauftragten für den Vierjahresplan wegen des Diamantenerwerbes an die Firma Bozenhardt & Co.: [352]

„Wegen der durch Abziehung von Fachkräften für die weitere Bearbeitung Ihres Auftrages entstandene Situation wird auf die Besprechung in meinem Hause verwiesen. Bezüglich des Antrags auf Zuweisung von Schleifware an die Amsterdamer Diamantindustrie ergeht besonderer Bescheid. Ich habe davon Kenntnis genommen, daß sie bisher 146,36 Karat Diamanten für eigene Rechnung erworben haben und beabsichtigen, einschließlich dieser Menge insgesamt 400 Karat neben Aufkäufen für das Bankhaus SPONHOLZ zu erwerben. Ich habe hiermit grundsätzlich nichts einzuwenden. Voraussetzung ist, daß die Aufkäufe auf Grund Ihres Auftrages die vorgesehene Höhe erreichen. Anderenfalls sind auch die Aufkäufe auf Ihre eigene Rechnung angemessen zu beschränken. Ihrem Vorschlag entsprechend halte ich es für zweckmäßig, die von Ihnen für eigene Rechnung erworbenen Posten den Sachverständigen der Firma SPONHOLZ vorzulegen, die nachprüfen werden, ob Preis und Qualität den sonstigen Ankäufen entsprechen. Das Bankhaus SPONHOLZ ist in diesem Sinne verständigt.

Gezeichnet: i.A. Dr. Gramsch   Beglaubigt: Unterschrift

Inzwischen hatte das Büro des Reichsmarschalls und Beauftragten für den Vierjahresplan Göring auch die „Absicherung" der Aufkaufsaktion beim Reichssicherheitshauptamt übernommen. Der Staatssekretär beim Beauftragten für den Vierjahresplan Körner besprach die Sache mit dem Chef der Sicherheitspolizei und des SD, Dr. Ernst Kaltenbrunner.

Oberregierungsrat Dr. Schüssler reiste nach Den Haag, um auf das dortige Referat IV B 4 einzuwirken. Über seine Besprechung mit dem SS-Sturmbannführer Zöpf schrieb dieser einen Vermerk, aus dem folgendes festzuhalten ist: [352]

„Der Reichsmarschall legt nach dem Vortrag des Dr. Schüssler größten Wert darauf, durch Verkauf von Diamanten, die in den besetzten Gebieten noch aufzutreiben sind, aus dem Ausland Devisen für die deutsche Kriegführung hereinzubekommen. Zu diesem Zweck sollen in unauffälliger Form durch eine Firma die für die verschiedenen Diamantäre der Niederlande registrierten und in Arnheim liegenden Diamanten im Wege des Kaufvertrages erworben werden. Diese deutsche Mittlesfirmen sollen dann versuchen, im Ausland Diamanten gegen Devisen zu verkaufen. Um die Feindmächte nicht vorzeitig über dieses Verfahren aufzuklären, sollen die Diamanten nicht durch eine Behörde beschlagnahmt werden, sondern ausdrücklich durch Kaufvertrag erworben und die jüdischen Diamantäre als Verkäufer deshalb vorderhand in Freiheit belassen werden."

Das Reichssicherheitshauptamt war damals schon einverstanden:

„ ... nachdem SS-Obersturmbannführer Eichmann bei meiner kürzlichen Besprechung in Berlin sein Einverständnis geäußert hat. ... "

Am 15. Juli 1943 wurde dieses Einverständnis in einer Verfügung niedergelegt, nach welcher die in zwei Listen aufgeführten „Diamantjuden" mit ihren Familien vorläufig nicht in die

Evakuierungsmaßnahmen einzubeziehen seien. Das RSHA stand auf dem Standpunkt, daß die vorhandenen Bestände nur dann möglichst restlos erfaßt werden, wenn die Diamanten ohne einen Zwang auszuüben von den jüdischen Diamanthändlern an bestimmte deutsche Stellen verkauft werden. SS-Gruppenführer Müller, Leiter der Abteilung IV des RSHA, sagte Ministerialrat Kadgien vom Vierjahresplan am 14. Juli 1943 zu, diese Juden acht Wochen bis Ende September vor allen Maßnahmen zu schützen. Die Frist von acht Wochen war natürlich viel zu kurz. Als Körner, wahrscheinlich Mitte September, nach Den Haag kam, um die Einzelheiten der Aktion zu besprechen, waren bereits große Schwierigkeiten entstanden.

Verzögerungen in der Durchführung von BEBCO

Die Absicht der Bozenhardts, für die Amsterdamer Diamantwirtschaft Zeit zu gewinnen und sich daher bei der Ausführung der Aktion BEBCO nicht zu beeilen, konnte verwirklicht werden. Bei den Großrazzien, die Ende Mai und Ende Juni 1943 in den Amsterdamer Judenvierteln stattfanden, wurden viele „Diamantjuden" mitverhaftet und nach Westerbork verbracht. Erst nach und nach gelang es Dr. Hanemann und Bozenhardt einige dieser Juden, insbesondere die für die Aktion BEBCO benötigten Unternehmer, wieder frei zu bekommen. Einige waren aber bereits nach Osten abgeschoben. Für Schleifer gab es jetzt überhaupt keine Freistellungen mehr. Von den Arbeitnehmern wurden nur noch die Spezialisten zurückbehalten. Der Reichsführer SS Heinrich Himmler wollte auch persönlichen Einfluß auf die Entwicklung der Amsterdamer Diamantindustrie nehmen. Er ließ eine Schleiferei im KZ-Lager Herzogenbusch einrichten, die später nach Bergen-Belsen überführt wurde. Kriegsversehrte SS-Leute sollten dort von den Häftlingen das Schleifen erlernen. [352]

Bei der letzten Großrazzia am 28. September 1943 wurden erneut fast alle „Diamantjuden" festgenommen und nach Westerbork verbracht. Auch jetzt geschah nach einem internen Vermerk des Referats IV B 4 die Festnahme irrtümlich, eine prompte Entlassung erfolgte aber nicht. Hanemann und Bozenhardt versuchten wieder die Unternehmer frei zu bekommen. Am 7. Oktober 1943 sprach Hanemann mit dem Direktor des Rijksbureau beim Referat IV B 4 in Den Haag vor. Am 22. Oktober 1943 folgte eine Besprechung in Berlin bei Ministerialrat Kadgien und SS-Gruppenführer Müller. Müller versprach eine erneute Freilassung zu befürworten.

Am 10. November war SS-Obersturmbannführer Eichmann persönlich in Den Haag, um die Angelegenheit nochmals zu besprechen. Es wurde vereinbart, daß „die betreffenden Juden noch weiterhin für den Diamantverkauf in Freiheit bleiben und im Benehmen mit Assessor Hanemann periodisch abgebaut werden (erste Überprüfung nach vier Wochen)". Eichmann hielt aber eine weitere Restriktion für notwendig. Die Familien sollten nicht länger in Amsterdam verbleiben, sondern im Lager Westerborg konzentriert werden. Die noch „frei beweglichen jüdischen Diamanthändler und Diamantarbeiter sollten in Amsterdam in einem von der dortigen Sicherheitspolizei zu bestimmenden Haus konzentriert wohnen".

Die Freilassung verzögerte sich durch eine im Lager Westerbork auftretende Kinderlähmung. Über das Lager wurde vom 19.10.1943 bis zum 21.11.1944 Quarantäne verhängt; die beabsichtigte Konzentrierung in Amsterdam fand nicht statt. Als die Quarantäne endlich aufgehoben wurde, war eine Freilassung der Diamantunternehmer nicht mehr zu erreichen. Die Abwicklung der „Endlösung" in den Niederlanden war bereits zu weit fortgeschritten. Die Unternehmer blieben im Lager Westerbork, bis sie am 19. Mai 1944 in das Lager Bergen-Belsen überstellt wurden. Auch die noch in Amsterdam verbliebenen Arbeiter und Unternehmer wurden gleichzeitig über Westerbork nach Bergen-Belsen verbracht.

Die Firma Bozenhardt & Co. hatte während der Quarantäneperiode einige Transaktionen abgeschlossen, zum Teil mit den Firmen der Wirtschaftsprüfstelle, deren Eigentümer „nach dem Osten" abtransportiert waren, mit eingesetzten Treuhändern, welche zum Teil mit arischen Prokuristen jüdischer Firmen oder mit den wenigen in Amsterdam verbliebenen Diamantunternehmern. Als sich im Januar 1944 herausstellte, daß die Freilassung wohl nicht mehr erfolgen würde, erschienen Bozenhardts einige Male im Konzentrationslager Westerbork, um dort „Ankaufstransaktionen" abzuschließen.

Insgesamt kauften sie mit Genehmigungen des Rijksbureau voor Diamant 31.546,13 Karat, davon etwa 11.000 Karat bis zum 28. September 1943, weitere 4.000 Karat bis zum 1. Januar 1944, 7.000 Karat bis zum 19. Mai 1944 und die restlichen 9.000 Karat bis zum 11. September 1944. Diese letzten Transaktionen erfolgten zum überwiegenden Teil mit den Treuhändern. Es verblieben im September 1944 noch erhebliche Vorräte, etwa 17.000 Karat, im Besitz jüdischer Firmen, die das Reichskommissariat nach der Luftlandung bei Arnheim ohne Mitwirkung der zuständigen Beamten und Experten nach Berlin überführen ließ. [352]

Die Durchführung der Aktion BEBCO

Die Gebrüder Bozenhardt konnten die jüdischen Diamantunternehmer im Konzentrationslager nicht über ihre Motive aufklären. Dem Direktor des Rijksbureau wurde eröffnet, daß die geplanten Verkäufe im Interesse der Amsterdamer Diamantwirtschaft seien, da mit dem Devisenerlös der im Ausland abzusetzenden Partien neue importierte Rohware bezahlt werden sollte. Das war auch tatsächlich beabsichtigt. Es wurden jedoch nur 1.800 Karat importiert.

Nur einem Niederländer wagten die Bozenhardts Einblick in ihre Gedanken zu geben:
- dem jüdischen Leiter der Diamantabteilung der Amsterdamschen Bank. Unter diesen Umständen ist es begreiflich, daß viele jüdische Diamantunternehmer die Aufforderung der Firma Bozenhardt, ihr große Teile ihrer Vorräte zu verkaufen als Erpressung empfanden. Auf manche mußte auch ein gewisser Druck ausgeübt werden, entweder durch die Bozenhardts oder durch ihre niederländischen Vertrauten. Alle Transaktionen unterstanden der Kontrolle des Rijksbureau voor Diamant. Für jeden Verkauf gab dieses Rijksbureau eine Genehmigung ab. Diese Genehmigungen sind sämtlich erhalten und geben die Möglichkeit, die Transaktionen genau zu dokumentieren. In vielen Fällen befinden sich in den Akten des Rijksbureau noch weitere Unterlagen über die Qualität der verhandelten Partien Diamanten.

Die weitere Behandlung der durch die Firma Bozenhardt gekauften Diamanten war äußerst kompliziert, denn Göring legte mit seinen Mitarbeitern der Vierjahresplanbehörde größten Wert auf Tarnung. Nachdem beschlossen war, die Firma Bozenhardt mit dem Ankauf von Diamanten zu beauftragen wurde der Hintergrund dieser Käufe tatsächlich besonders gut getarnt. Die Verschachtelung war so aufgebaut, daß die Firma Bozenhardt selbst nicht wußte, für wessen Rechnung sie handelte und erst durch intensive geheimdienstliche Tätigkeiten im Jahre 1961 gelang es den Sachverhalt völlig zu durchleuchten.

Gekauft wurden die Diamanten durch Vermittlung der Amsterdamer Firma Bozenhardt & Co., eine Firma die erst Anfang 1943 von den Herren Bozenhardt gegründet worden war. Diese Firma exportierte die gekauften Diamanten ebenfalls mit Genehmigung des Rijksbureau an die Hamburger Firma Bozenhardt & Co. Diese Exporte standen aber nur auf dem Papier, da die Ware direkt nach Berlin geliefert wurde. Die Hamburger Firma hatte den

Auftrag zum Einkauf in den Niederlanden vom Bankhaus SPONHOLZ & Co. in Berlin bekommen. Der diesbezügliche Erlaß des Beauftragten für den Vierjahresplan lautet:

„Mit behördlicher Genehmigung hat Ihnen das Bankhaus SPONHOLZ & Co Berlin den Auftrag erteilt, in Holland und Belgien geschliffene Schmuckdiamanten aufzukaufen".

Im Hinblick auf die früheren Pläne des Vierjahresplans, die Diamanten über seine Tarnfirma, die WESTEN HANDELSGESELLSCHAFT mbH, selbst zu übernehmen, war es zwar deutlich, daß die Aktion vom Vierjahresplan ausging und wahrscheinlich auch für Rechnung des Vierjahresplans geschah. Absolut zwingend ist die Schlußfolgerung aber nicht. Als 1945/1946 niederländische Geheimdienstbeamte bei der Bank SPONHOLZ & Co in Berlin nach dem Verbleib der dort abgelieferten Diamanten forschten, hörten sie von dieser Bank, daß sie im Auftrag der zweiten Bank, der BERLINER HANDELSGESELLSCHAFT gehandelt hätte. Der unter Mitnahme sehr erheblicher reichseigener Vermögenswerte in die Schweiz geflüchtete Ministerialrat des Vierjahresplans Kadgien, erklärte aber den niederländischen Beamten, die ihn 1946 im Rathaus Arosa anhören durften, daß SPONHOLZ & Co das Geschäft für eigene Rechnung mit einem Kredit einer anderen Bank getätigt hätte. Nach Kadgiens Aussage hätte SPONHOLZ geglaubt, in das Diamantgeschäft zu kommen. Diese Erklärung des sehr um seine Freiheit und sein Vermögen besorgten Ministerialrats a.D. Kadgien erschien aber schon damals unglaubwürdig. Als sich ein Geheimdienstmitarbeiter 1961 an die Geschäftsleitung der BERLINER HANDELSGESELLSCHAFT in Frankfurt am Main wandte, konnte diese in ihren Unterlagen feststellen, daß die von ihr an SPONHOLZ & Co geleisteten Zahlungen im Auftrage des Beauftragten des Vierjahresplans erfolgt waren und daß sie selbst damit nur rein bankmäßig zu tun hatte. Die Nürnberger Dokumente NG 4283 und NG 4287 belegen, daß die BERLINER BANKGESELLSCHAFT ebenfalls im Auftrage und für Rechnung des Beauftragten für den Vierjahresplan auf dem Belgischen und Französischen Schwarzmarkt Devisenwerte einkaufte.

Die von der Firma Bozenhardt & Co an das Bankhaus SPONHOLZ & Co in Berlin abgelieferten Diamanten wurden, nach Prüfung durch die im gleichen Hause (Jerusalemerstraße 25) ansässige Juwelenhandlung H. I. WILM, in den Tieftresor der Reichsbank in der Jägerstraße eingelagert. Die geplanten Export- und Tauschaktionen kamen nur sehr langsam in Gang, da der Absatz im neutralen Ausland anscheinend auf Schwierigkeiten stieß. Ende 1944 waren die meisten Diamanten noch vorhanden und erst Anfang 1945 wurden die Vorräte restlos abgegeben, zum Teil an Firmen und Personen deren Kapazitäten auf dem Gebiet von Devisen- und Exportgeschäften höchst fragwürdig waren. Die Firma SPONHOLZ & Co gab die Partien auf diesbezügliche Weisungen der Dienststelle des Beauftragten für den Vierjahresplan heraus.

Die DRESDNER BANK und das Sonderkonto Holland der Vierjahresplan Behörde

Die Abwicklung der Aktion BEBCO ergab eine Reihe von Besonderheiten, die das vorstehende Bild nicht erheblich stören, aber doch erwähnt werden müssen. Bei der chronologischen Zusammenstellung der über die Firma Bozenhardt & Co getätigten Käufe fällt sofort auf, daß am 23. und 24. März 1943 sieben Posten Diamanten gekauft wurden und am 29. April 1943 drei Posten. Die bei diesen Transaktionen insgesamt gekauften 369,60 Karat Diamanten wurden also übernommen, bevor die eigentliche Aktion begonnen hatte.

Auch bei diesen Transaktionen handelte es sich um Geschäfte für fremde Rechnung in getarnter Form. Die Firma Bozenhardt & Co übergab diese Diamanten bis auf einen, wahrscheinlich nicht geeigneten Rest von 7,65 Karat, an die WESTEN HANDELSGESELLSCHAFT mbH. Diese wiederum übergab die Diamanten dem Generalkommissar zbV Fritz Schmidt. Die Kaufpreise wurden im Auftrage Schmidts von der „Protro-Rechnung" (Frau Professor Troost München) auf das „Sonderkonto Holland" des Beauftragten des Vierjahresplans bei der DRESDNER BANK (Handelstrust West) in Amsterdam überwiesen. Von diesem DRESDNER BANK Konto wurden die Beträge an die Firma Bozenhardt & Co überwiesen. Dieses „SONDERKONTO HOLLAND" würde für alle Transaktionen der WESTEN HANDELSGESELLSCHAFT mbH in den Niederlanden gebraucht. [352]

Vermutlich waren die Käufe von 369,60 Karat Diamanten für den Führerauftrag des Generalkommissars Fritz Schmidt für Rechnung der Parteikanzlei (Frau Professor Troost) der Anstoß zur Gründung der Amsterdamer Bozenhardt Firmen. Assessor Dr. Hanemann erkundigte sich am 30.12.1942 bei einer anderen Abteilung des Reichskommissariats nach den für diese Gründung notwendigen Genehmigungen. Das war genau eine Woche, nachdem die forcierte Abwicklung der ersten von der Firma Jean Wunderlich in Hanau für den Auftrag Troost in Amsterdam getätigten Käufe erhebliches Aufsehen an der Diamantbörse erregt hatte. Hanemann plante, das neue Unternehmen der Brüder Bozenhardt für weitere Aufträge diskretester Natur einzusetzen. Mit den Käufen von 369,60 Karat hatte die neue Firma Bozenhardt ihre Eignung für die spätere „Aktion BEBCO" bewiesen.

Diamantenkäufe in Belgien

Für Rechnung des Vierjahresplans und mit Zwischenschaltung der Berliner Handelsgesellschaft und der Firma SPONHOLZ & Co wurden auch in Belgien Diamanten gekauft. Diese Käufe wurden nicht über die Firma Bozenhardt & Co getätigt, sondern durch Herrn Hans Neumetzger in der Firma Jean Wunderlich in Hanau und durch die FIRMA WILM in Berlin. Insgesamt wurden in Belgien etwa 2.500 Karat Diamanten gekauft. Diese Diamanten wurden nicht von jüdischen Firmen erworben, die es 1944 in Belgien schon nicht mehr gab, sondern von „arischen" Firmen nach Verhandlungen mit dem Militärbefehlshaber in Belgien und Nordfrankreich und dem Belgischen Wirtschaftsministerium. Diese in Belgien gekauften Diamanten erscheinen also auch im Total der von der Firma SPONHOLZ & Co verwalteten Steine.

Ergebnis der „Geheimen Reichssache Aktion BEBCO"

Aus verschiedenen Quellen liegt ausführliches Zahlenmaterial über die Aktion BEBCO vor. In erster Linie kann dies dem Rijksbureau voor Diamant entnommen werden. Für jeden Verkauf an und für jeden Export durch die Firma Bozenhardt & Co liegt eine „Vergunning" Genehmigung vor.

Die Firma Bozenhardt & Co. kaufte insgesamt 31.742,14 Karat, davon erhielt die Parteikanzlei 369,60 Karat. Die Lieferlisten an SPONHOLZ ergeben 30.699,71 Karat. [353]

Exportgenehmigungen sind vorhanden für insgesamt 30.978,27 Karat, weiter wurden 196,01 Karat (Partie Louis Tas) im August 1943 und 560,75 Karat im September 1944 ohne Genehmigung exportiert.

Tabelle 4

Geheime Reichssache: Aktion BEBCO			
Ankauf in Karat	Export in Karat	Diamantabgabe in Karat	Empfänger:
31.742,14	31.735,03	369,60	Parteikanzlei München
		30.699,71	SPONHOLZ & Co Berlin

Die Zahlen für Exporte und Ankäufe stimmen, wenn man die vorkommende Differenz von 7,65 Karat berücksichtigt, bis auf 0,54 Karat überein. Die Differenz zwischen Ankauf und Abgabe ist dadurch entstanden, daß die Firma Bozenhardt nach der Erklärung vom 23.11.1945 genau 350 Karat im Interesse der Aktion an Privatpersonen verkauft hatte und 250 Karat für sich erwarb. Der höhere Wert der Firma SPONHOLZ & Co erklärt sich aus den Diamantankäufen in Belgien.

Restitution über gefundene deutsche Diamantenvorräte

Es gab drei unabhängige Lager an Diamantvorräten im Deutschen Reich zu Kriegsende:

Tabelle 5

1)	Diamantenvorräte von der Firma Bozenhardt an SPONHOLZ geliefert	30.699,71 Karat
2)	Diamantenvorräte aus der Amsterdamschen Bank in Arnheim	18.204,23 Karat
3)	Diamantenvorräte des Städt. Leihamtes Berlin i.d. Reichsbank Berlin	35.050,50 Karat
	Diamantenvorräte des Deutschen Reiches am 8. Mai 1945	84.054,44 Karat

Die Brillanten und Diamanten aus den Konzentrationslagern, aus regulären Ankäufen und Beschlagnahmungen wurden von der SS-Verwaltung ausschließlich über das Städtische Leihamt in Berlin abgesetzt. In den Gerichtsunterlagen No. 1250 der Israelischen Polizei im Eichmannprozeß und dem US Chief of Counsel liegt eine Gesamtzusammenstellung, der „KZ-Bewirtschaftung" bis 01.1945, unterzeichnet von SS-Oberscharführer und Kassenleiter Rzepa und SS-Sturmbannführer und Leiter der Verwaltung Wippern, vor.[354]

Auf Seite 2 dieser sichergestellten SS-Aufstellung gehen folgende Werte hervor:

2.511,67 Karat	einzelne Stücke Brillanten Wert	RM	251.137,00
13.468,62 Karat	einzelne Stücke Diamanten Wert	RM	672.931,00
15.980,29 Karat	Diamanten aus Konzentrationslagern	RM	924.068,00

Diese einzelnen Diamanten- und Brillantenvorräte mit zusammen 15.980,29 Karat und weitere „angekaufte" Diamanten und Brillanten mit rund 19.070,21 Karat aus dem Deutschen Reich und den besetzten Gebieten wurden vom Städtischen Leihamt Berlin in den sicheren Tieftresoren der Reichsbank zwischengelagert und später mit anderen Werten der Reichsbank nach Merkers verbracht. Die zusätzlichen 19.070,21 Karat erklären sich durch die Anzahl der erbeuteten Ringe, Uhren und anderen Juwelen, welche mit geschliffenen Brillanten versehen waren. Diese Brillanten wurden herausgebrochen und ergaben den Wert von 19.070.21 Karat.

Im Bergwerk Merkers fielen die Diamanten und Brillanten mit zusammen rund 35.050,50 Karat den US-Truppen in die Hände. Der NS-Diamantenvorrat in Merkers wurde auch von dem Ministerium für Staatssicherheit der ehemaligen DDR auf rund 35.000 Karat ermittelt. Die Unterlagen des Städtischen Leihamtes lagen im Ostteil der Stadt Berlin und konnten daher vom Ministerium für Staatssicherheit ausgewertet werden. [355]

Der Wert dieser erbeuteten Juwelen wurde in der vorgenannten Aufstellung von SS-Oberscharführer und Kassenleiter Rezpa und SS-Sturmbannführer und Leiter der Verwaltung Wippern auf rund RM 924.068,00 geschätzt. Diese Angabe dürfte aber deutlich unterbewertet und damit unter dem wahren Handelswert von 1945 mit rund RM 41.000.000,00 gelegen haben.

Der verbliebene Diamantenbestand von rund 35.050,50 Karat im Bergwerk Merkers wurde von den US-Truppen als Siegerbeute vereinnahmt.

Die Firma SPONHOLZ verteilte ihren Diamantvorrat kurz vor Kriegsende an verschiedene Personen und Firmen. Sofort nach der deutschen Kapitulation versuchte die niederländische Regierung, die während der Besetzung abhanden gekommenen Diamanten zurückzuholen. Diese geheimdienstlichen Tätigkeiten erstreckten sich auf mehrere Länder und hatten teilweise Erfolg. So wurden viele große Diamantenlager von der amerikanischen Besatzungsmacht beschlagnahmt. Ein großer Teil der an die „Textilhandelsgesellschaft", (gemeint ist die Zentrale Textilhandelsgesellschaft mbH, eine reichseigene Gesellschaft) abgegebenen Partie Diamanten wurde gefunden. Die merkwürdigen Abenteuer dieser größten von der Firma SPONHOLZ abgegebenen Einzelpartie sind in dem Buch „Gold is where you hide it" von Stanley Moss beschrieben worden.

Tatsächlich haben diese Diamanten mehrere Monate im bayrischen Tegernsee gelegen und standen später einige Zeit unter der Bank eines Dorfwirtshauses, wobei ein Teil der Steine verloren ging. Im übrigen ist die Darstellung von Stanley Moss nicht völlig richtig. Er verwechselt u.a. die in Arnheim geraubten Diamanten mit den über Bozenhardt und SPONHOLZ nach Berlin gelangten. Das Vermögen der deutschen „Organisation Bernhardt" wurde in Madrid beschlagnahmt und dort eingelagerte niederländische Diamanten den Eigentümern zurückgegeben. In Hamburg und Frankfurt wurden weitere Diamanten gefunden, welche Teile der Firma DIAMANTKONTOR GMBH bzw. der Firmen Wilm und Strehl waren. Die aus dem Tegernsee und aus Madrid restituierten Diamanten wurden über Belgien und die Niederlande verteilt. Von der Partie der Firma DIAMANTKONTOR GMBH erhielt auch Frankreich einen Teil. Insgesamt kamen etwa 10.500 Karat in die Niederlande zurück.

Abwicklung durch die Niederländische Regierung

Die niederländische Regierung behandelte die eingezogenen Diamanten als Feindvermögen. Sie wurden zugunsten der Niederländischen Staatskasse verkauft. Eine Anrechnung als deutsche Reparation bei der IARA erfolgte nicht. Sämtliche geschädigten Diamantunternehmer wurden auf dem Weg über das niederländische Kriegssachschädengesetz im Rahmen einer gleichmäßigen Behandlung entschädigt. Eine Identifizierung der beschlagnahmten Diamanten wäre auch nur in den wenigsten Fällen möglich gewesen. [356]

Die Liquidationskonten

Die Wirtschaftsprüfstelle des Reichskommissariats setzte in Diamantbetriebe vornehmlich Treuhänder zur Liquidation ein. Dies waren

a.) die OMNIA-Treuhandgesellschaft mbH.
b.) Arthur Treibs, Diamanthändler in Idar-Oberstein.
c.) Heinrich H.A.J. Stahlberg, Kaufmann in Amsterdam, früher deutscher Staatsbürger, seit 1937 angenommene niederländische Staatsbürgerschaft.

Die OMNIA liquidierte kleinere Firmen und Juwelenläden. Treibs und Stahlberg liquidierten Diamantgroßhandelsfirmen.

Die OMNIA-Treuhandgesellschaft mbH eröffnete ein Liquidationskonto für jedes zu liquidierende Unternehmen bei der „BANK VOOR NEDERLANDSCHE ARBEID", ein mit der Bank der Deutschen Arbeit vergleichbares Unternehmen, dessen Aktien sich zum Teil im Besitz der Deutschen Arbeitsfront, zum Teil im Besitz des „Nederlandsche Arbeitsfont" befanden. Die BANK VOOR NEDERLANDSCHE ARBEID wurde nach dem Kriege liquidiert. Die Ausschüttung betrug 52%. Im allgemeinen sind die Kontoauszüge der Liquidationskonten einfach.

Beispiel:

Erlöse Diamanten		Hfl.	15.000,00
überwiesener Banksaldo		Hfl.	5.000,00
Kostenpauschale Omnia	Hfl. 2.000,00		
Provision der Bank	Hfl. 20,50		
Bankzinsen		Hfl.	12,65
Saldo	Hfl. 17.992,15		
	Hfl. 20.012,65	Hfl.	20.012,65

Ausschüttung 52% von Hfl. 17.992,15 = Hfl. 8.356,92. Gegenüber der eingezogenen Partie Diamanten stünde als Aktivum also 52% von Hfl. 15.000,00 = Hfl. 7.500,00. Auch die Omnia wurde nach dem Kriege abgewickelt, die Ausschüttungsquote betrug in diesem Falle 4,6576 %. Nicht alle Firmen, die von der Firma Omnia liquidiert wurden, haben wegen der bezahlten Kostenpauschale eine Forderung auf die Liquidationsmasse geltend gemacht.

Hatte die Omnia die Liquidation zu Ende geführt, überwies sie den Liquidationssaldo an das BANKHAUS LIPPMANN ROSENTHAL & CO in der Sarphatistraat in Amsterdam. In diesem Falle hat der Geschädigte bzw. sein Rechtsnachfolger die übliche Ausschüttung von 90% erhalten. Auch hier galt, daß die Liquidationskonten bei der Bank voor Nederlandsche Arbeid, deren Saldo an das BANKHAUS LIPPMANN überwiesen wurde so übersichtlich waren, daß der Anteil des Erlöses der verkauften Diamanten sich ohne große Schwierigkeiten feststellen ließ.

Arthur Treibs führte ein Liquidationskonto bei der Amsterdamsche Bank in Amsterdam. Auf dieses Konto wurden fast alle Erlöse überwiesen. Im September 1944 gab Treibs seiner Bank den Auftrag, den Saldo dieses Kontos in Höhe von Hfl. 254.000,00 an die Reichsstelle für Edelmetalle zu überweisen. Die Reichsstelle akzeptierte aber den Betrag nicht und überwies ihn wieder an Treibs in Idar-Oberstein. Schließlich gelangte das Geld auf das Konto des Reichskommissars für die besetzten niederländischen Gebiete bei der DEUTSCHEN REVISIONS- UND TREUHAND AG / Zweigniederlassung Den Haag, das bei der Reichskreditgesellschaft in Berlin geführt wurde. Die Geschädigten haben bis heute von diesem Konto nichts erhalten. In einigen Ausnahmefällen hat Treibs ein besonderes Liquidationskonto bei der Amsterdamsche Bank oder bei der Incassobank in Amsterdam geführt. Diese Konten waren bei der Befreiung noch vorhanden.

Der Treuhänder Stahlberg hat die Erlöse der von ihm verkauften Diamanten entweder auf sein Privatkonto eingezahlt oder auf ein besonderes Liquidationskonto des betreffenden Unternehmens. Das Privatkonto war nach dem Kriege nicht mehr vorhanden. Die Geschädigten haben also in diesen Fällen auch nichts erhalten. Die Sonderkonten der einzelnen Unternehmen waren im allgemeinen nach dem Krieg noch unangetastet vorhanden. Von diesen Konten sind manchmal Bankschulden von Stahlberg beglichen und Kosten, wie einer Abgabe an den Treuhänder, gezahlt worden. In wenigen Fällen, in denen Diamanten von einem Feindvermögensverwalter veräußert wurden, gelangte der Erlös auf ein Konto bei der DEUTSCHEN REVISION TREUHAND AG / Zweigniederlassung Den Haag.

Leistungen nach dem niederländischen Kriegssachschädengesetz

Zahlungen nach dem niederländischen Kriegssachschädengesetz wurden nur verhältnismäßig wenig gezahlt. In vielen Fällen fehlten die notwendigen Voraussetzungen, wie Wohnsitz, Nationalität oder Verwandtschaftsgrad der Erben. In anderen Fällen war der während des Krieges oder nach der Befreiung zur freien Verfügung des Verkäufers gelangte Teil des Verkaufserlöses höher als der mögliche Schadensersatz nach dem Krieg.

Die Schadensersatzleistungen konnten nach zwei Methoden errechnet werden. Die Situation, in denen die verloren gegangenen Diamantpartien den einzigen Schaden der Firma darstellten, wurde der Einstandspreis der Diamanten zugrunde gelegt, für die Situation in denen auch andere Schäden vorhanden waren, wurde der Schaden auf Grund einer Gegenüberstellung der Bilanzen bei Anfang und Ende der Verwaltung festgestellt. Aus den Akten der Schade-Enquéte-Commissies ließ sich meistens feststellen, welcher Teil der Leistungen auf den durch Verkäufe an die Firma Bozenhardt & Co entstandenen Schaden fällt.

Die Wertpapiersammelbankabteilungen der Reichsbank

Die Wertpapiersammelbank Abteilungen der Reichsbank und Göring als Leiter des Vierjahresplanes schalteten Auslandsniederlassungen deutscher Firmen ein, um Wertpapiere im neutralen Ausland zu verkaufen und die Erlöse unter Abzug einer Provision an das Reich zur dringenden Devisenbeschaffung zurückzugeben. Eine dieser Firmen war die Firma Otto Wolff mit ihren Niederlassungen in Paris, Lissabon und Madrid.

Der Treuhänder für die Deutsche Reichsbank in der britischen Zone stellte am 9. September 1952 fest: [357]

„Die Reichsbank hatte gemäß Gesetz vom 15. Juli 1939 auch die Stellung einer Wertpapiersammelbank. Bis zum Jahre 1943 waren neben der Reichsbank als Wertpapiersammelbank zum Zwecke der Wertpapiersammelverwahrung private Kassenvereine tätig. Diese privaten Kassenvereine sind im Jahre 1942 von der Reichsbank übernommen worden. Von diesem Zeitpunkt an war die Reichsbank das einzige auf dem Gebiet der Wertpapiersammelverwahrung tätige Institut. Von ursprünglich 11 Sammelbank Abteilungen im gesamten Reichsgebiet einschließlich Österreich gehören heute zum Bundesgebiet 7 Abteilungen.

Die Tätigkeit der Sammelbank ergibt sich aus ihrer Aufgabe, Wertpapiere zu verwahren und zu verwalten. Die Wertpapiersammelbank Abteilungen sind auch nach der Kapitulation in die Abwicklung von börsenmäßigen Wertpapiergeschäften unter Banken eingeschaltet worden. Dabei handelt es sich um Geschäfte, die solche Stücke betrafen, die von den Wertpapiersammelabteilungen zum Verkauf entgegengenommen und nicht in den Sammelbestand vereinnahmt worden waren.

Die Tatsache, daß die Reichsbank für die Tätigkeit ihrer Wertpapiersammelbankabteilungen ihren Depotkunden auch nach der Kapitulation, insbesondere über den 21.6.1948 hinaus, Gebühren berechnet hat, bestätigt eindeutig, daß die Reichsbank ein werbendes Geschäft betrieben und sich nicht auf die Verwaltung von Vermögenswerten beschränkt hat."

Gezeichnet: Der Treuhänder für die Reichsbank in der britischen Zone

80 % der deutschen Aktien wurden in der Wertpapier-Sammelbank im Ostteil Berlins aufbewahrt. Dieser in Berlin verbliebene Bestand wurde von den sowjetischen Behörden SMA beschlagnahmt und nach Moskau abtransportiert. Eingelagerte Wertpapiere bei anderen Banken in der Westzone wurden für westliche Reparationszahlungen herangezogen,

Grundlagen und Verordnungen über die Behandlung von Wertgegenständen aus Konzentrationslagern

Ein Aktenvermerk vom 5. August 1941 der Reichsbank Hauptkasse belegt, daß die Reichsbank von der Verwertung des „Judengoldes" wußte und aktiv daran teilgenommen hat. Der Aktenvermerk geht an Reichsbankdirektor Wilhelm, Mitglied des Reichsbankdirektoriums: [357]

„Für die Goldzuteilung für Ausfuhrzwecke verfügt die Reichsbank zur Zeit über diejenigen Goldmengen, die ihr durch die Reichsstelle für Edelmetalle bei verschiedenen Scheideanstalten zur Verfügung gestellt werden. Es sind dies Goldmengen, die zur Zeit:

1.) aus dem sogenannten „Fonds E" stammen, d.h. Gold, das bei den Scheideanstalten angefallen ist auf Grund der Ablieferung gewisser Goldposten von gewerbsmäßigen Be- und Verarbeitern sowie Groß- und Einzelhändlern, die unter die Beschlagnahme durch die Anordnung Nr. 20 der Reichsstelle für Edelmetalle vom 13. September 1939 fielen,

2.) aus dem sogenannten „Fonds J" stammen, d.h. Gold, das bei den Scheideanstalten angefallen ist auf Grund der Einlieferung durch die Zentralstelle der Städtischen Pfandleihanstalt, Abteilung III (Judengold)

3.) aus den eigenen Beständen der Scheideanstalten stammen, soweit sie unter Beschlagnahme durch die Anordnung 20 fallen.

Über diese Goldbestände verfügt die Reichsstelle für Edelmetalle unter Berücksichtigung der ihr vom Reichswirtschaftsministerium erteilten Richtlinien. Die Scheideanstalten werden von der Reichsbank zunächst benachrichtigt, daß die Freigabe erfolgt ist und die Reichsbank die Verfügung über diese Goldmengen sich vorbehält. ...

... Die in den letzten Monaten von der Reichsstelle für Edelmetalle freigegebene Goldmenge betrug je Monat 120 kg/fein.

Berlin, den 5. August 1941   Hauptkasse   Unterschrift

Am 24.07.1944 antwortete der Chef des SS-Wirtschafts-Verwaltungshauptamtes und General der Waffen-SS Oswald Pohl dem Reichsminister der Finanzen Dr. Walther Funk bezüglich der Herkunft und des Verbleibs der Wertgegenstände, welche von der Waffen-SS bei der Reichsbank in Berlin zur Aufbewahrung abgeliefert worden sind. [357]

General Pohl schrieb unter Stufe „Geheim":

... daß es sich um Judenwerte handelt, die zugunsten des Reiches eingezogen sind, und zwar Reichsmarkbeträge, RKK-Scheine, Devisen in Münzen und Noten, Wertpapiere, sowie Schmuckstücke und Gebrauchsgegenstände aus Edelmetallen aller Art. Die Beifügung einer Aufstellung ist wegen des zu großen Umfanges nicht möglich. Die Werte fallen in Konzentrationslagern an. Es wird darauf hingewiesen, daß zwischen dem SS-Gruppenführer und Generalleutnant der Waffen-SS Frank und Herrn Regierungsdirektor Patzer vom Reichsfinanzministerium schon verschiedene Besprechungen in dieser Angelegenheit, die letzte am 11.05.1943, stattgefunden haben.

Die Verwertung wird wie folgt durchgeführt:

Geldsorten aller Art sowie Wertpapiere werden durch die Reichshauptbank Abtlg. Edelmetalle - Bankrat Thoms - bearbeitet. Schmuck und Gebrauchsgegenstände aus Edelmetall werden durch die Städtische Pfandleihanstalt, Abteilung Zentralstelle 3 in Berlin N 4 – Amtsrat Wieser - verwertet.

In einer am 24.07.1944 durchgeführten Besprechung beim Beauftragten für den Vierjahresplan (Hermann Göring) wurde Übereinstimmung über die weitere beschleunigte Bearbeitung der angefallenen Werte erzielt. Die Erlöse werden an die Reichshauptkasse (nicht Reichsbank) zugunsten Reichsfinanzminister, Sonderkonto „Max Heiliger„ überwiesen. Auf die diesbezügliche Mitteilung an den Rechnungshof des Deutschen Reiches vom 19.11.1943 wird Bezug genommen.

Gezeichnet: SS-Obergruppenführer und General der Waffen-SS   Oswald Pohl

Der SS-Führer Melmer lieferte insgesamt 77 Lieferungen von Wertgegenständen nach Berlin, dabei war auch das in allen Konzentrationslagern angefallene Zahngold. Dieses bezeichnete Beutegold (Opfer- oder Zahngold) wurde im mehrstöckigem Tresor der Reichsbank getrennt von allen anderen Werten für das SS-Wirtschafts-Verwaltungshauptamt zwischengelagert.

Das Zahngold hatte die SS der Reichsbank aus technischen und organisatorischen Gründen zur Goldscheidung vorläufig überlassen. Nach erfolgter Bearbeitung bei der DEGUSSA schrieb man dem Sonderkonto Max Heiliger diese Erlöse bei der REICHSHAUPTKASSE aus der Goldscheidung gut. Die Gelder gingen dann ausschließlich in den Reichshaushalt, zum Reichsfinanzministerium.

Die Abteilung „Edelmetall" der Hauptkasse der Reichsbank führte ein Tagebuch über alle Einlieferungen von Edelmetallen. Aus dem Buch gehen die Einlieferer, die Art und Menge und der Gegenwert der Einlieferungen hervor. So findet sich zum Beispiel am 12. Mai 1944 die Einlieferung Nr. 434 des SS-Hauptsturmführers Bruno Melmer. Als Einlieferer wird kurz „Melmer" genannt und zur Gutschrift für das Reichsfinanzministerium wird RM 36.383,15 angegeben. Es war die 48. Lieferung vom SS-Wirtschaftsverwaltungs-Hauptamt, welches auch die Verwaltungsstelle für alle Konzentrationslager war. Melmer lieferte an diesem Tag 13 Körbe, 2 Kisten, 15 Koffer und 1 Päckchen bei der Edelmetallkasse der Reichsbank ab.[358]

Bei der Evakuierung der Reichsbank am 9. Februar 1945 wurden die Reste des nicht verarbeiteten Zahngoldes der Waffen SS aus der Goldkammer, zusammen mit anderen zwischengelagerten Wertgegenständen, verpackt und im Kali Bergwerk Merkers bei Eisenach in Thüringen, 500 m unter Tage, eingelagert. Das Tagebuch der Abteilung Edelmetall wurde von den US-Behörden dort gefunden und später auf Mikrofilm festgehalten.

Das „unbearbeitete Zahngold" der Waffen-SS erbeuteten dann zusammen mit anderen Millionenwerten die amerikanischen Truppen. Dieses Opfergold könnte auch von den US-Behörden zu Barren eingeschmolzen worden sein.

Abrechnungen der Waffen-SS aus allen Konzentrationslagern
(6 amtliche Aufstellungen für den Zeitraum von 1939 bis 1945)

Tabelle 6

Juwelen und sonstige Werte	Stück	á RM	RM
Ringe aus Gold, Brillanten & Diam.	15.883	1.500,00	23.824.500,00
Goldene Damenarmbanduhren	9.019	250	2.254.750,00
Goldene Herrentaschenuhren	3.681	500	1.840.500,00
Armbänder mit Brillanten & Diam.	353	3.500,00	1.232.000,00
Ohrringe aus Gold mit Brill. & Diam.	1.716	250	429.000,00
Broschen aus Gold mit Brill. & Diam.	2.497	2.000,00	4.994.000,00
Einzelne große Brillanten	130	1.000,00	130.000,00
Einzelne Stücke Brillanten	Karat 2.511,37	100	251.137,00
Einzelne Stücke Diamanten	Karat 13.458,62	150	672.931,00
Anstecknadeln mit Brillanten	291	100	29.100,00
Goldene Herrenarmbanduhren	660	100	66.000,00
Damenanhängeuhren mit Brillanten	458	500	229.000,00
Damen – Platin – Brillantenuhren	273	1.200,00	327.600,00
Goldene Damenanhängeuhren	349	250	87.250,00
Damengolduhren mit Brill. & Diam.	362	600	217.200,00
Armreifen mit Brillanten & Diam.	27	250	6.750,00
Goldbroschen	40	350	14.000,00
Manschettenknöpfe mit Brillanten	18	150	2.700,00
Perlen	114,20 (kg)		6.000.000,00
Brillanten – Platin – Uhrgehäuse	63	1.000,00	63.000,00
Damen – Platin – Uhren	4	300	1.200,00
Herrentaschenuhren mit Brillanten	5	600	3.000,00
Halsketten mit Brillanten & Diam.	4	1.500,00	6.000,00
Goldene Damenringuhren	8	150	1.200,00
Damenhänguhren mit Perlen	4	200	800
Goldfüllhalter	18	20	360
Goldene Drehbleistifte	5	15	75
Goldenes Zigarettenetui	1	400	400
Uhren verschiedener Art	60.125	10	611.250,00
Korallen	7,80 (kg)		600
Goldene Puderdosen	3	50	150
Reparaturuhren	103.614	2	207.228,00
Brillen	29.391	3	88.173,00
Rasierapparate	350	2	700
Taschenmesser	800	1	800
Geldbörsen	3.240	1,5	4.860,00
Brieftaschen	1.315	2,5	3.287,50
Scheren	1.500	0,5	750
Taschenlampen	230	0,5	115
Wecker zur Reparatur	6.943	1	6.913,00
Wecker gangbar	2.343	4	9.372,00
Sonnenbrillen	627	0,5	313,5
Silberne Zigarettendosen	41	15	615
Fieberthermometer	230	3	690
Gesamt			43.662.450,00

Tabelle 7

Devisen in Noten		á RM	RM
USA Dollar	1.081.521,40	2,5	2.703.803,50
Engl. Pfunde	15.646,11	9,3	145.512,80
Palästina Pfunde	4.923	9,3	45.779,25
Kanadische Dollar	8.966,25	2,5	22.415,64
Rubel	2.454.278,35	0,1	245.427,84
Franz. Frs.	1.468.486,35	0,05	73.424,31
Schweiz. Franken	119.302,33	5,8	691.953,51
Lire	6.465,08	0,01	646,5
Kronen	1.745.601,50	0,01	174.560,15
Türk. Pfunde	39,5	1,9	75,05
Belga	12.449,25	0,4	4.979,70
Lei	58.975,54	0,02	1.119,51
Südafr.	119,92	4,4	525,8
Holl. Gulden	133.986,95	1,33	178.202,64
Lewa	5.995.421,00	0,01	59.954,21
Austral.	55	2,5	137,5
Din. Re	435.641,00	0,05	21.782,05
Karbowanetz	164.169,00	0,1	16.416,90
Pengoe	28.392,50	0,6	17.035,50
Slow. Kronen	103.538,35	0,1	10.353,84
Drachmen	4.875.419,70	0,02	97.508,29
Schwed. Kronen	4.377,00	0,6	2.626,20
Norw. Kronen	775	0,6	465
Argent. Pesos	977,55	1	977,55
Pesetas	1.471,00	2,4	3.530,40
Finn. Mark	1.140,00	0,05	57
Dän. Kronen	1.270,00	0,52	660,4
Brasil.Miljreis	63	0,09	5,67
Egypt. Pfunde	20	4,4	88
Litas	175	0,1	17,5
Yen (Jap.)	4	0,5	2
Lats	20	0,1	2
Paraguay Pesos	12	0,6	7,2
Cuban Pesos	57	0,6	28,2
Uruguay Pesos	1	0,6	0,6
Bolivians Pesos	4,5	0,6	2,7
Mexic. Pesos	3	0,5	1,5
Albanische Frs.	195,44	0,1	19,54
Rhodesia Pfunde	8	4	32
Neuseeländ. Pfunde	0,1	4	2
Alger. Frs.	30	0,1	3
Lux. Fr.	40	0,5	20
Java Gulden	10	1,3	13
Danz. Gulden	1.038,00	1	1.038,00
Columban. Pesos	1	0,6	0,6
Mozambique Esc.	1	0,6	0,6
Kandschukuo Cent	15	0,5	7,5
China-Dollar	1	1,5	1,5
Gesamt			4.521.284,10

Tabelle 8

Edelmetalle	Stück	kg	á RM	RM
Goldbarren		236	2.909,68	2.800,00	8.147.104,00
Silberbarren	2.143	18.733,69	40	749.347,60
Platin		15,44	5.000,00	77.200,00
				8.973.651,60

Tabelle 9

Spinnstoffe aus Konzentrationslagern	
1.901 Waggons mit Bekleidung, Wäsche, Bettfedern und Lumpen im Durchschnittswert von	RM 26.000.000,00
Lagerbestände im Durchschnittswert von	RM 20.000.000,00
Gesamt	RM 46.000.000,00

Tabelle 10

Gesamtzusammenstellung	RM
Abgelieferte Geldmittel und Reichsmarknoten	73.852.080,74
Edelmetalle	8.973.651,60
Devisen in Noten	4.521.284,10
Devisen in gemünztem Gold	1.736.554,12
Juwelen und sonstige Werte	43.662.450,00
Spinnstoffe	46.000.000,00
Gesamterlös aus Konzentrationslagern	**178.745.960,59**

Aufstellungen gezeichnet: Rzepa / SS-Oberscharführer als Kassenleiter und [359]
Wippern / SS-Sturmbannführer als Leiter der Verwaltung

Die Abrechnungen sind aus den Unterlagen der Waffen-SS und des Inspekteurs der Konzentrationslager entnommen. Diese finden sich in den Gerichtsakten des „Eichmann-Prozesses" in Israel unter Reg.Nr. 1250, bei der israelischen Polizei im Generalquartier in Tel Aviv. Außerdem finden sich diese Abrechnungen auch unter Document No.062 - Office of US Chief of Counsel. [360]

Verbleib und Verwertung im Reich und bei den Alliierten

Die DRESDNER BANK hatte Einlieferungen konfiszierten Goldes aus besetzten und annektierten Gebieten wie Polen und der Tschechoslowakei mit nachgewiesenen Angaben über rund 12 kgf und aus besetzten Gebieten Westeuropas mit rund 243 kgf. Insgesamt kann bei fast 4 Tonnen Gold der DRESDNER BANK, davon 3,2 Tonnen Goldmünzen, belegt werden, daß es sich um Beutegold oder konfisziertes Gold (kein Opfergold) handelte.

Goldbarren mit der reichsbankinternen Angabe Melmer (Opfergold) wurde an die DRESDNER BANK im Zeitraum zwischen dem 7.12.1942 und dem 25.11.1943 geliefert. Die Einlieferungen der SS bei der Reichsbank fanden jeweils einige Wochen vorher statt. Eine Auswertung der Dr. Johannes Bähr Untersuchung ergab, daß nachweisbar 24 Goldbarren aus Opfergold mit einem Gesamtgewicht von 274,165.3 kg / fein an die DRESDNER BANK gingen. [361]

Geht man davon aus, daß die Goldmenge der gesamten Melmerbestände (Opfergold) etwa bei 2.577 kgf lag, dann entfiel auf die geschmolzenen Barren, die an die DRESDNER BANK gingen, ein Anteil zwischen 10,6 % und 12,6 %. Dieser Anteil lag deutlich niedriger als bei der DEUTSCHEN BANK mit 28,9 %, die rund 744 kgf Gold mit Herkunft aus den Melmer-beständen erhielt, was wiederum einem Anteil von 13,9 % an allen Goldaufkäufen der DEUTSCHEN BANK während des Krieges entsprach. [362]

Weitere Abnehmer der Melmerbestände waren das CONSORZIO ITALIANO ESPORTA-ZIONE AERONAUTICO in Rom, die DEGUSSA, die Preußische Münze, die Schweizer Nationalbank und der Beauftragte für den Vierjahresplan (Asservate DER). Ein Großteil des Opfergoldes blieb in den Tresoren der Reichsbank und wurde im Frühjahr 1945 von der amerikanischen Militärregierung mit dem nach Merkers ausgelagerten anderen Werten der Reichsbank eingezogen. Historiker gehen davon aus, daß die USA das Opfergold zu Goldbarren einschmolzen. [363]

Die DRESDNER BANK und die DEUTSCHE BANK hatten einen extrem hohen Anteil an dem von der Reichsbank verwerteten Opfergold erhalten. Auf beide Banken entfielen nur etwa 1 % aller während des Krieges von der Reichsbank getätigten Goldverkäufe, aber rund zwei Drittel der abgegebenen Barren mit der Angabe Melmer. Bezogen auf die Gesamtmenge der Melmerbestände ergibt sich für beide Banken ein Anteil von zusammen mehr als 40 %.

Der Reichsarzt der SS und Polizei schrieb am 16. Mai 1942 an den Reichsführer der SS Heinrich Himmler und Obersturmbannführer Dr. Brandt: [364]

Betreff: Altgold jüdischer Herkunft

Bezug: Schreiben von Oberführer Wigand und Polizeiführer Warschau

Lieber Kamerad Brandt !

Wie mir durch SS-Oberführer A. Wigand mitgeteilt wird, wurde vom SS- und Polizeiführer im Distrikt Warschau Altgold jüdischer Herkunft beschlagnahmt.

Ich erbitte eine Anweisung des Reichsführers SS herbeiführen zu wollen, daß dieses Altgold jüdischer Herkunft dem Zahnärztlichen Dienst beim Reichsarzt SS und Polizei für zahnärztliche Behandlung zur Verfügung gestellt wird.

Heil Hitler !   SS-Gruppenführer und Generalleutnant der Waffen-SS   Unterschrift

Einmalige Entschädigung der US-Regierung aus den erbeuteten Golddepots an einen jüdischen Fonds 1947 in Höhe von US $ 500.000,00

Am 3.11.1975 schrieb ein Rechtsanwalt Dr. Robert K. im Auftrag eines jüdischen KZ-Häftlings an die Deutsche Bundesbank. Er fragte nach, ob über den Verbleib oder die Verwertung der ausgebrochenen Goldzähne der KZ-Insassen Informationen bekannt seien. Die Deutsche Bundesbank leitete das Schreiben an die UNITED RESTITUTION ORGANISATION (URO) in Frankfurt weiter. [365]

Am 11. 11. 1975 antwortete Kurt May vom Central Office der URO in Frankfurt dem Rechtsanwalt Dr. Robert K.: [365]

„ JRSO und URO hatten mit den in der Reichsbank lagernden Wertsachen, die man den Juden in Ghettos und Konzentrationslagern abgenommen hat, nichts mehr zu tun. Hierbei handelt es sich, wie sie sich erinnern werden, um External Restitution. Die vorhandenen (Zahngold) Bestände wurden schon vor der Gründung der Nachfolge Organisationen von der amerikanischen Militärverwaltung beansprucht und auch nach USA transportiert. Darüber muß es files hier bei der Militärverwaltung oder in Washington geben; sie sollten dort um genauere Auskunft bitten.

Früher haben Leute, die etwas zu verdienen hofften, öfter – fast jedes Jahr über diese Bestände falsche Auskünfte gegeben und genauere Angaben von uns erfahren wollen. Dieses Gebiet der External Restitution hat bei den Amerikanern ein Mr. Abban Schwarz bearbeitet. Vielleicht kennen sie Mr. Schwarz, er müßte genau Bescheid wissen, um welche Mengen es sich gehandelt hat usw. usw..

Richtig ist, daß die JRSO (JEWISH RESTITUTION SUCCESSOR ORGANISATION) als jüdischen Anteil später in den USA von dem Erlös dieser Wertsachen nach meiner Erinnerung immerhin $ 500.000,-- erhalten hat. Mehr weiß ich darüber nicht; wir haben keine Ermittlungen angestellt, da es sich nicht um die sogenannte Innere Restitution handelte.

Gezeichnet: Kurt May

Schriftverkehr der BMW AG von 1949 mit dem Zentralen Treuhänder des KZ-Dachau über KZ Häftlingslöhne

Der Zentraltreuhänder Dr. Husarek des KZ-Lagers Dachau mit Außenstellen fordert am 9.2.1949 von der BMW AG offene Häftlingslöhne für März und April 1945. Für die eingesetzten Gefangenen erfolgte von der KZ-Kommandantur kein Forderungsnachweis, weil der Kommandanturstab in den ersten Apriltagen 1945 Dachau verlassen hatte.

Die Bankkontoauszüge des Häftlingskontos Nr. 2262 bei der KREIS- UND STADTSPARKASSE DACHAU INDERSDORF in Dachau weisen Zahlungseingänge von BMW für Häftlingslöhne im Februar 1945 in Höhe von RM 562.942,40 aus. Dieser Betrag setzt sich aus 7 Einzelbeträgen zusammen und wurde für den Häftlingseinsatz in zwei Werken und zahlreichen Außenstellen überwiesen.

Anhand der bezahlten Lohnabrechnung von Februar 1945 wurden die Monate März und April geschätzt; der April 1945 wurde nur bis zum Geburtstag des Führers, also bis zum 20.04.1945 berechnet: [366]

Tabelle 11

1. - 31.03.1945	für 7 Kommandos	RM	623.257,50
1. - 20.04.1945		RM	415.505,00
Forderung für März und April 1945		RM	1.038.762,50

Der Häftlingseinsatz im Januar 1945 kostete die Bayer. Motoren Werke RM 852.693,60 und für den Februar 1945 mußte das Werk RM 551.500,00 avisieren. Die Nachforderung gegen BMW mit RM 1.038.762,50 für 2 Monate war mehr als kulant.

Am 9. 3. 1949 schrieb die BMW Direktion an den Bayer. Finanzminister, das infolge der allgemeinen Auflösungserscheinungen keine richtige Rechnung der KZ-Kommandantur mehr erstellt worden sei und das Aktenmaterial der BMW AG in Allach bei Kriegsende der Zerstörung anheim gefallen ist.

Die Herren Dr. Buberl und von Krafft fragen an, ob der Treuhänder Dr. Husarek eine Aktivlegitimation dieser Sonderstelle für die Einziehung einer Forderung des ehemaligen Deutschen Reiches habe, die heute auf den Bayrischen Staat übergegangen ist.

Es bestand die Besorgnis von BMW, daß im Falle einer Verpflichtung zur Zahlung dieser rückständigen Löhne an den Zentraltreuhänder des KZ-Dachau eventuell später nochmals eine ministerielle Stelle eine neuerliche Geltendmachung durchsetzen würde.

BMW hat gegenüber dem Deutschen Reich Forderungen in Höhe von mehreren hundert Millionen Reichsmark aus anderen Rechtsgründen. Eine Aufrechnung der Forderung wegen Personengleichheit von Gläubiger und Schuldner nach den allgemeinen Bestimmungen des Bürgerlichen Rechts wurde in Erwägung gezogen. [367]

Die Umwandlung von alten Reichsbankkonten des KZ-Dachau, der Waffen-SS und der SS-Junkerschule Bad Tölz über RM 55 Millionen in DM im Jahre 1949

Der Treuhänder der Deutschen Reichsbank in Bayern erhielt am 8.2.1949 von der Zentralbuchhaltung der LZB eine Sonderanweisung. Diese wurde vom Vorstand der neu gegründeten Landeszentralbank (LZB) unter Aktenzeichen Nr. I 814/49 erlassen. [368]

Es ging um das Altgeldguthaben der Luftfahrtforschungsanstalt e.V. in Ottobrunn bei München, der späteren Rüstungsschmiede Messerschmitt Bölkow Blohm (MBB). Das Konto Nr. 6 / 14663 bei der Reichsbank wies am 8.5.1945 ein Guthaben von RM 1.528.049,-- aus.

Die Zentralbuchhaltung der Landeszentralbank schrieb, daß sie gemäß den Weisungen des Vorstandes vom 4.2.1949 das beim Treuhänder der Reichsbank geführte Girokonto mit einem Altgeldguthaben von RM 1.528.049,-- übernehmen wird. Der Betrag wurde in die neue Währung, in die Deutsche Mark, umgewandelt. Ein finanzieller Grundstein für den späteren Rüstungskonzern MBB wurde mit dem alten Reichsmarkguthaben aus dem Konzentrationslager Dachau gesetzt.

Die Alliierte Bankkommission in Frankfurt schrieb in ihrer Note vom 9.11.1949 an die Bank Deutscher Länder, daß sie über diese Guthaben und über das weitere Altgeldguthaben des KZ-Dachau keine Entscheidung getroffen habe, sondern lediglich einer Gutachterfunktion zustimme.

Mit Schreiben vom 15.3.1950 teilt die Bank Deutscher Länder der Landeszentralbank in Bayern mit, daß im vorliegendem Falle weder die Alliierte Bankkommission, noch sie selbst eine Entscheidungsbefugnis habe, diese stehe allein dem Bayer. Rechnungshof zu.

Der Bayer. Oberste Rechnungshof hat unter dem 4. Mai 1950 entschieden, daß in den oben genannten Altgeldguthaben Hinterlegungsgelder der ehemaligen KZ-Häftlinge (Häftlingsgeldverwaltung) enthalten sind. Diese erfüllen damit die Voraussetzungen und Vorschriften der Bank Deutscher Länder und sind für Wiedergutmachungsansprüche vorgesehen.

Am 1. Juni 1950 weisen die Vorstände Padberg und Steinle der Landeszentralbank ihre Zentralbuchhaltung an, nachstehende Konten des Konzentrationslagers Dachau bei der Reichsbank vom Treuhänder auf die LZB zu übertragen und auf die neue Währung umzustellen: [368]

Tabelle 12

Reichsbankkonto	eigentlicher Kontoinhaber	Guthaben am 1. 6. 1950
Kto.Nr. 1925	SS-Standortverwaltung des KZ Dachau	RM 23.761.561,23
Kto.Nr. 14.672	Konzentrationslager Dachau Häftlingsgeldverwaltung	RM 1.186.666,44
Kto.Nr. 1.923	Bekleidungswerk der SS im KZ Dachau	RM 6.175.715,75
Kto.Nr. 1.413	SS-Junkerschule in Bad Tölz	RM 1.500.000,00
Kto.Nr. 14.687	SS-Bauinspektion Süd	RM 5.752,14
Kto.Nr. 1.914	Organisation Todt	RM 18.366.412,79
Kto.Nr. 1.928	Organisation Todt Bauleitung München	RM 292.109,26
Kto.Nr. 14.663	Forschungsanstalt Ottobrunn (Luftfahrtforschungsanstalt)	RM 1.528.049,00
Gesamt		RM 52.816.266,61

Das Altgeldguthaben aller Konten des Konzentrationslagers Dachau bei der Reichsbanknebenstelle München betrug zu Kriegsende RM 52.816.266,61. [368]

Die KZ Häftlingsgelder mit RM 1.186.666,44 wurden bestimmungsgemäß für die Wiedergutmachung verwandt, die restlichen Millionen flossen in den bayrischen Wiederaufbau.

Guthaben weiterer Konzentrations- und deren Außenlager im Dritten Reich, welche bei der Reichsbank, bei Sparkassen und teilweise bei Privatbanken geführt worden sind, bedürfen noch der genauen Aufklärung und Erforschung.

Die Landeszentralbank / LZB von Bayern schrieb am 31.8.1948 an den Reichsbanktreuhänder in Bayern: [368]

„Die Deutsche Reichsbank führt in ihren Büchern noch einige Girokonten mit Altgeldguthaben ehemaliger sudetendeutscher Banken, Sparkassen und Firmen, die im Währungsgebiet nicht ansässig sind. Diese Konten müssen gemäß Gesetz Nr. 63 UG in Neugeldguthaben umgestellt werden.

Aus dieser Überlegung heraus haben wir die in Frage kommenden Altgeldguthaben in der RM-Rechnung von der Reichsbank auf die Landeszentralbank mit Valutierung 20.6.1948 übertragen lassen und werden sie nach den gesetzlichen Bestimmungen in DM bei uns umstellen. Dies scheint uns auch aus dem Grunde gerechtfertigt zu sein, da grundsätzlich nur Wehrmachts- und Parteikonten als tote Konten bei der Reichsbank verbleiben sollten, so daß die in Frage kommenden Guthaben der sudetendeutschen Banken, Sparkassen und Firmen bei Eröffnung der LZB eigentlich von uns hätten übernommen werden müssen.

Wir geben Ihnen hiervon Kenntnis und stellen ergebenst anheim, im Interesse einer einheitlichen Handhabung im Vereinigten Währungsgebiet den anderen Landeszentralbanken ein gleiches Vorgehen zu empfehlen."

Gezeichnet: Landeszentralbank von Bayern   Der Vorstand

Aus dem Münchner Landeszentralbank / LZB Hauptbuch vom 5. April 1949 ergab sich ein vierfach geprüfter und unterschriebener [369]

Tabelle 13

REICHSBANKBUCHUNGSBELEG von 1948		an folgende per Bilanzkonto:
Giroguthaben Konto 6/13 bei der LZB Bayern	89.908.165,79	
Dergl. Konto 6/39 Wertpapiersammelbank	7.703.202,85	
Dergl. Konto 6/14 Sonderkonto	848.800,01	98.460.168,65
Angekaufte und bevorschußte Reichswechsel		71.750.000,00
Lombardforderungen		306.200,00
Schuldner, Kreditinstitute, Bank d. Deutschen Arbeit AG Filiale Augsburg w / Wehrmachtsforderung der Messerschmidt AG Augsburg		32.634.272,70
Scheine, Behelfsgeld	-,-	
dergl. vernichtete	85.584.524,30	
nicht mehr umlauffähige Reichsmünzen	19.463,95	
Kriegsverluste	8.731.639,73	
Sonstige Forderungen	100.000,00	94.435.627,98
Forderungen aus Kriegsschäden an Grundstücken, Gebäuden und Geschäftseinrichtungen		-,-
Aufwendungen für die Wiederherstellung von Gebäuden		-,-
Forderungen an Reichsbanken in der russischen Zone		
a) Barsendungen	17.301.400,00	
b) Giroverkehr	12.122.224,73	
c) sonstige Forderungen	18.120.194,43	47.543.819,16
Forderungen an die Reichsbank Berlin		
a) nicht mehr umlauffähige Noten	-,-	
b) Giroverkehr	319.314.287,87	
c) Giroübertragungskonto	98.999,87	
d) Forderungen. u. Verpflichtungen aus Übernahme und Übergabe RB-Nebenstellen	2.027.932,19	
e) Sonstige Forderungen	12.014.139,19	
f) Saldo aus alter Rechnung	936.649.628,76	1.270.104.987,77
Verschiedene Forderungen		743.669,22
Gewinn- und Verlustkonto	3.270.864,98	
Verwaltungskosten 1948	512.870,38	3.783.735,36
		1.619.762.480,84

REICHSBANKBUCHUNGSBELEG von 1948   per Folgende an Bilanzkonto:

Einlagen von Girokonten		RM 472.131.924,40
Verbindlichkeiten gegen Reichsbankanstalten in der russischen Zone		745.000,00
Verbindlichkeiten gegen die Reichsbank Berlin		
a) Barsendungen	125.887.063,00	
b) Verbindlichkeiten aus der Übernahme der Grundstücke, Gebäude u Gesch.Einrichtung	9.655.571,00	
c) Forderungen u. Verpflichtungen aus der Übernahme von RB-Nebenstellen	-,-	
d) Forderungen und Verpflichtungen im Giroverkehr gegen Berlin	2.091.017,06	
e) Sonstige Verbindlichkeiten	38.858.524,53	176.492.175,59
Verbindlichkeiten gegen die LZB von Bayern		959.336.985,68
Verschiedene Verbindlichkeiten		11.032.966,89
Gewinne 1948		23.428,28
		1.619.762.480,84

München, den 5. April 1949   RB-Treuhänder / LZB   Unterschriften

Hitlers geheime Anordnung über die Sicherstellung des Reichsschatzes

Hitler hat zur Sicherstellung des Reichsschatzes keinen direkten Befehl, sondern auf Anraten des Reichsbankpräsidenten Dr. Walter Funk, seine Zustimmung zur Evakuierung des Goldes, u.a. in das Kalibergwerk Merkers in Thüringen, gegeben.

Die Ehefrau von Dr. Walter Funk, Luise Funk, geborene Schmidt, bestätigt in ihrer Vernehmung am 15.11.1951 vor der Kriminalabteilung des Präsidenten der Landespolizei von Bayern: [370]

„Am Abend des 8. April 1945 um 19.52 Uhr hörte ich zusammen mit meinem Mann am Radio. In diesem Augenblick wurde eine Nachricht in dem Sinne durchgegeben, daß ein Teil des Reichsbankschatzes im mitteldeutschen Raum in die Hände des Feindes gefallen ist. Mein Mann war nach dieser Nachricht todunglücklich und sagte mir, das jetzt alles aus sei, denn der General, welcher mit seinen Truppen den Bergwerkschacht auf diese Goldbestände zusammensprengen sollte, hätte diesen Befehl nun nicht ausgeführt. Während der Unterhaltung teilte mein Mann mir ferner mit, daß alles so vorbereitet gewesen sei, daß man bei einer geglückten Sprengung 2 bis 3 Jahre gebracht hätte, um den Schatz zu heben. Man versprach sich nach Ablauf dieses Zeitraumes wiedereingetretene stabile deutsche Verhältnisse. Die dortigen Werte und die beteiligten Personen, auch den Namen des Generals kenne ich nicht. Mein Mann müßte diesen kennen, denn wie ich mich erinnere, war mein Mann in der Gegend von Weimar, um mit dem verantwortlichen General Besprechungen zu führen.

Entweder eine kurze Zeit (nur wenige Tage) vor oder nach dieser Geschichte in Mitteldeutschland kam ich eines Tages zufällig in das Arbeitszimmer meines Mannes auf dem Bergerhof und vernahm dabei, daß er mit dem Direktor der Reichsbankfiliale in München telefonierte. Dem Inhalt dieses Gespräches nach, handelte es sich um Verhandlungen bezüglich eines anderen Schatztransportes, der in München angekommen sein soll. Einzel-heiten kenne ich auch hierzu wieder nicht. Im Verlaufe dieses Gesprächs aber gab mein Mann dem Direktor in München die Genehmigung oder Anweisung, von diesem Transport

RM 50.000.000,00

zur Erledigung von Zahlungsgeschäften im süddeutschen Raum wegzunehmen. Zur selben Zeit fuhr mein Mann von hier aus mehrmals nach Salzburg. In Bezug auf diese Reisen ist mir schwach in Erinnerung, woher weiß ich nicht mehr, daß Prägestöcke in den Raum Salzburg gekommen sind. Diese Maßnahmen meines Mannes standen alle in der Hoffnung der Reichsregierung in einer Beziehung, daß, besonders nach dem Tode Roosevelts, auch für Deutschland eine politische Wende kommt, die Alliierten mit der deutschen Wehrmacht den Feldzug gegen Rußland eröffnen, der deutsche Offensivwille aus dem südbayrischen Gebirge heraus neu entwickelt werden kann und für diesen Fall wollte mein Mann in diesem Gebirgsraum die benötigten Gelder bereitgestellt haben.

Zur Präzisierung der eingangs geschilderten Vorgänge über die beabsichtigte Verbergung des Schatzes in Mitteldeutschland ergänze ich folgendes:

Gemäß der Abschrift einer Reportage des Berichterstatters Alfred Reed des englischen Senders BBC, Bericht Nr. 143, welche ich in den Akten meines Manne gefunden habe, sind in jenes Bergwerk die größten Teile des Reichsbankschatzes verlegt worden. Im Bericht ist an einer Stelle von   4.000 Stück Goldbarren   und an einer anderen Stelle nur von 100 Tonnen

„deutschen Goldes" die Rede. In diesem Zusammenhang erinnere ich mich jetzt auch an eine Äußerung meines Mannes, daß diese Bestände mit 20 Lkws von einer Kompanie Soldaten transportiert wurden. Außerdem müsse sich in dem besagten Salzbergwerk eine große Menge von Säcken mit deutschen und ausländischen Wertpapieren, ferner große Bestände der deutschen Nationalgalerien befunden haben. Die Kunstgegenstände standen unter der Obhut des Direktors der nationalen Bildergalerien und Staatsmuseen Dr. Rabin. Die Reichsbankschätze standen unter der Obhut des Angehörigen der Reichsbank, Fritz Wiek.

In der Reportage wurde zum Ausdruck gebracht, daß es sich um keine geraubten Schätze aus dem Ausland gehandelt hat. ...

... Ich selbst wurde zu dieser Sache amtlich bisher von keiner Stelle verhört. In den Tagen nach dem Einmarsch aber hatten die Amerikaner die Absicht, den Bergerhof nach versteckten Reichsbankwerten zu durchsuchen. Sie waren sogar der Meinung, daß solche Werte schon beim Bau des Hofes eingemauert wurden, also im Jahre 1940 und wollten zur Auffindung den Hof niederreißen. Man kam allerdings davon wieder ab, zumal ich den Amerikanern das hier festgelegte Wissen in großen Zügen mitteile. Jener amerikanische Offizier, welcher in dieser Sache zu mir kam, gab an, im Auftrage des Generals Eisenhower zu kommen und hätte bei mir festzustellen, wo das Reichsbankgold hingekommen sei. In Begleitung dieses Offiziers befand sich ein Deutscher, ein angeblicher Beamter der Reichsbank. ...

In diesem Zusammenhang wurde mir auch vorgeworfen, daß das von mir angegebene Vermögen größer sein müsse, denn der Direktor der Reichsbank in München habe schon zugegeben, daß das seine RM 50.000.000,00 betrage. Sofort war mir klar, daß es sich bei diesem Betrag nur um jene 5o Millionen handeln konnte, welcher dieser Direktor auf Anweisung meines Mannes seinerzeit von dem Transport in München weggenommen hat.

Unterschriften: Inspektor d. LP   Hw.d.LP   v.g.u.   Luise Funk"

Im War Crimes in Landsberg wurde Dr. jur. Hans Heinrich Lammers, geboren am 27.5.1879 in Lublinitz, von der Kriminalabteilung aufgesucht. Dr. Lammers war Reichsminister und Chef der Reichskanzlei, er sagte wie folgt aus: [370]

„Anfang des Jahres 1945 wurde der damalige Reichsminister und Präsident der Deutschen Reichsbank Dr. Funk erstmals bei mir in der Reichskanzlei vorstellig mit der Bitte an mich, daß ich eine Entscheidung des Führers darüber herbeiführen soll, wie eine Verlagerung der Werte der Reichsbank durchzuführen und ob dies überhaupt ins Auge zu fassen sei. Meine Unterredung mit dem Führer ergab nur, daß er sich später dazu äußern werde, wenn es an der Zeit sei. In der Folgezeit kam es zu verhältnismäßig schweren Luftangriffen, u.a. auch auf die Reichsbank. Dies veranlaßte Dr. Funk, beim Führer persönlich in derselben Sache vorstellig zu werden. Bei der Unterredung war ich selbst nicht gegenwärtig. Von Dr. Funk erfuhr ich dann, daß er vom Führer die Erlaubnis zu einer Verlagerung der Reichsbankwerte erhielt. Die dann getroffenen und durchgeführten Maßnahmen sind mir in Einzelheiten nicht mehr bekannt gegeben worden. ...

... Dr. Funk kam, mit Gepäck und Wagen etwa am 28. April 1945, bei mir in der Reichskanzlei in Berchtesgaden an. In seinem Wagen brachte er einen Sack mit, er war etwa 1 m hoch und etwa 30-40 cm im Durchmesser. Der Sack war nicht ganz voll gefüllt. In ihm befanden sich nach Angaben von Dr. Funk, einige Barren Gold und Devisen, in nicht näher bekannter Währung und nicht näher bekannten Wert, wahrscheinlich aber Dollars, Englische

Pfund und Schweizer Franken, denn so erzählte es mir Dr. Funk. Als es sich dann um die Abreise von Berchtesgaden handelte, wir hatten vor, uns in Richtung Bad Gastein abzusetzen, kam die Sprache auf diesen Sack. Bis zu diesem Zeitpunkt hatte Dr. Funk einen großen Teil zur Bezahlung von dringenden Geschäften an Wirtschaftsstellen dienstlich veräußert. Bezüglich des Goldes erschien es uns beiden unmöglich, es auf den Marsch mitzunehmen, vor allem wollten wir als Reichsminister mit diesem Gold nicht in Gefangenschaft geraten. Dr. Funk entschloß sich deshalb, dieses Gold in Berchtesgaden, meines Wissens auf der Kreissparkasse über den damaligen Landrat Jacob abzugeben. Meines Wissens hat er dies auch getan. ...

... Beim Überlegen zwischen mir und Dr. Funk war nie davon die Rede, daß wir in die Schweiz wollten. Die eventuelle Verwendung des von Dr. Funk mitgebrachten Sackes mit Gold und Devisen, stand mit einem solchen Vorhaben in keiner Beziehung, dazu hätten wir andere, weit günstigere Gelegenheiten gehabt. Aus diesem Grunde könnte ich mir auch nicht denken, daß Dr. Funk seinen Adjutanten Dr. Schwedler beauftragt hätte, von einem Verlagerungsort einen Sack Schweizer Franken zu holen. Ich halte das auch für ausgeschlossen. ...

Znirs - Inspektor   Bleninger - Inspektor   v.g.u. Dr. Hans-Heinrich Lammers

Der bayrische Generalstaatsanwalt Dr. Albert Roll schrieb dazu am 17. März 1952 an seine Regierung, daß man Dr. Walter Funk im Kriegsverbrechergefängnis in Berlin Spandau einen Fragebogen zum Reichsschatz vorlegen wolle, wenn die Amerikaner turnusmäßig die Verantwortung, für die Bewachung der Häftlinge und die Verwaltung des Gefängnisses, erhalten werden.

Erst am 16. Februar 1953 antwortete das FOREIGN SERVICE OF THE UNTED STATES OF AMERICA an den bayrischen Generalstaatsanwalt: [371]

In fünf Besprechungen haben wir versucht Ihr Anliegen zu vorzubringen ...
... Ich bin beauftragt Ihnen mitzuteilen, daß Ihre eingereichten Fragen von der Tagesordnung zurückgestellt und an Sie verschlossen zurückgeschickt werden. ...

Gezeichnet: Richard C. Hagan   CHIEF PRISONS DIVISION

Der einzige lebende Zeuge, Reichsbankpräsident Dr. Walter Funk, konnte oder durfte zum umfangreichen Thema des „Reichsschatzes", nicht befragt werden. Es bleibt ungeklärt, ob die Amerikaner bewußt eine solche Befragung verhindert haben.

Diese Vermutung wird wohl zutreffen. Eine umfangreiche Befragung und die damit verbundene Aufklärung über den versteckten Reichsschatz hätten die gesamten Werte öffentlich dargestellt. Einer Aufteilung oder Restitution des Goldes an die Eigentümer oder an NS-Opfer wäre dann nichts mehr im Wege gestanden.

Das geheime Golddepot der SS in der Schweiz aus dem Jahre 1944 für die Übersiedlung von 1.318 ungarischen Juden in die Schweiz

Am 16. September 1944 informierte das Reichssicherheitshauptamt das Auswärtigen Amt mündlich über eine ihrer geheimsten Aktionen. Legationsrat von Thadden schrieb in seiner Vortragsnotiz für den Reichsaußenminister Ribbentrop am 5. Oktober 1944: [372]

„Das Reichssicherheitshauptamt teilte Legationsrat von Thadden mündlich mit, daß es sich bei der Überführung von 318 ungarischen Juden in die Schweiz um eine Aktion zur Beschaffung kriegswichtiger Waren für die SS handele. Die Gegenleistung für die Freilassung dieser Juden sei der SS zugute gekommen. Worin dieses Geschäft im einzelnen bestanden habe, sei in Berlin nicht bekannt, da die Verhandlungen zwischen dem Reichsführer SS Himmler und dem Beauftragten zur Durchführung der Angelegenheit, Obersturmbannführer Eichmann, direkt und nur mündlich stattgefunden hätten.

Im übrigen sei aus sicherheitspolitischen Gründen über die Angelegenheit nichts Schriftliches festgelegt worden. Aus dem gleichen Grunde könne das Auswärtige Amt diesen Bescheid auch nur mündlich erhalten.

Weiterhin wurde mitgeteilt, daß im Hinblick auf den Abbruch der Beziehungen zur Türkei und den Abfall von Bulgarien mit einer Wiederholung der Transaktion nicht zu rechnen sei. Weiteres ist beim Reichssicherheitshauptamt nicht feststellbar.
Hinsichtlich der schweizerischen Verbalnote schlägt Gruppe Inland II vor, von einer Beantwortung zunächst abzusehen und, sofern die Schweizer auf die Angelegenheit nochmals zurückkommen sollten, ihnen nach angemessener Zeit mündlich mitzuteilen, daß die Nachforschungen in der Angelegenheit zu keinem Ergebnis geführt hätten."

„Zur Vorlage bei dem Herrn Reichsaußenminister
über U.St.S.Pol. von Hencke Herrn St.S. Mirbach."   Unterschrift

Der nächste geheime Transport von 1.000 Juden in die Schweiz, eingeleitet durch den Reichsführer SS Heinrich Himmler und Eichmann, wurde durch eine weitere Vortragsnotiz von Legationsrat Wagner im Auswärtigen Amt bestätigt. Wagner schrieb diese Vortragsnotiz an Legationsrat Brenner mit dem Vermerk „nur persönlich" und mit folgender Anmerkung: [373]

„Das beiliegende Schriftstück ist angefertigt worden, obgleich über die angegebene Angelegenheit nichts Schriftliches niedergelegt werden soll. Ich bitte Sie deshalb, diese Angelegenheit als meine persönliche Meldung dem Reichsaußenminister vorzulegen und mir dieses Schreiben, von dem kein Durchschlag existiert, zur Vernichtung persönlich zurückzugeben. Ich bitte, darauf zu achten, daß auf keinen Fall Büros usw. Kenntnis erhalten. Dem Reichsaußenminister bitte ich, zu melden, daß der Herr Staatssekretär Kenntnis dieser Aufzeichnung hat."

Die Schweizerische Gesandtschaft in Berlin zeichnete in dieser Angelegenheit auf: [374]

„Das Reichssicherheitshauptamt teilte telefonisch mit, daß im Zuge der „Waffenbeschaffung" für die Waffen-SS aus dem neutralen und feindlichen Ausland gegen Freigabe von Juden ein weiteres Kontingent von 1.000 ungarischen Juden in die Schweiz abgeschoben werden solle, sobald die erforderlichen Transportmittel bereitgestellt werden können. Eine schriftliche Mitteilung ist nicht zu erwarten, da auf höhere Anordnung über diese gesamte Transaktion im Reichssicherheitshauptamt keine schriftlichen Vorgänge entstehen sollen. Die schweizerische Gesandtschaft hatte seinerzeit anläßlich der dem Herrn Reichsaußenminister bekannten illegalen Überstellung von 318 ungarischen Juden in die Schweiz den Wunsch geäußert, daß sie von derartigen Transaktionen möglichst im Voraus einen Wink bekommen möchte, um für ordnungsgemäßes Auffangen dieser Personen Sorge tragen zu können. Das Reichssicherheitshauptamt hat keine Bedenken, daß der Schweizerischen Gesandtschaft wegen des bevorstehenden Judentransportes der erbetene Wink gegeben wird." [374]

„Ich mache von diesen Plänen der SS pflichtgemäß Meldung und bitte gleichzeitig um Weisung, ob im Falle einer Zustimmung des Herrn Reichsaußenministers den Schweizern eine Mitteilung über den bevorstehenden Transport gegeben werden soll."

„Über Herrn Staatssekretär dem Reichsaußenminister vorgelegt."

Diese angekündigten Waffenlieferungen aus der Schweiz an die Waffen-SS sind nicht nachweisbar und wurden auch nie durchgeführt. Man geht davon aus, daß die SS durch diese Judentransporte ihre eigene Kriegskasse aufgebessert hat. Diese geheime und „zweite Kriegskasse" der Waffen-SS und des Reichssicherheitshauptamtes in der Schweiz kann nur über Treuhänder in der Schweiz aufrecht erhalten worden sein.

Das SS Depot in der Schweiz dürfte 1945 einen Wert von rund RM 13.180.000,00 in Gold oder anderen Werten gehabt haben und wurde bis heute nicht gefunden.

Goldverlagerungen der Reichsbank aus Berlin bis 30.04.1945 aus Unterlagen des Ministeriums für Staatssicherheit der DDR

Der Bericht von Dr. Julius Mader vom August 1982 beschrieb die Goldverlagerungen nach Merkers in das Kali-Bergwerk „Kaiseroda II" in Thüringen: [375]

Anfang 1945 vermerkte die Liste der von der SS erfaßten unterirdischen Bauvorhaben und Anlagen 743 Objekte, jedes einzelne als Geheimhaltungsgründen mit einem Decknamen versehen, von „Makrele I" am Halberstädter Felsenkeller bis zu „Waltraud" im Schloß Pölzig in Gera. Als das Reichsbankdirektorium nach einem bombensicheren, wie notfalls unauffindbaren, unterirdischen Versteck für das Reichsbankgold und dem Gold anderer Notenbanken, suchte, fiel die Wahl auf „Walross".

Dahinter verbarg sich das Kali-Bergwerk „Kaiseroda II" in Merkers. Es gehört noch heute der WINTERSHALL AG. Das Bergwerk fördert seit Ende des Ersten Weltkrieges und wurde vom Fabrikdirektor Dr. Waldemar Mayer geleitet. Interessant ist, daß Reichsbankpräsident und Kriegswirtschaftsminister Dr. Walther Funk den Konzernherrn August Rosberg, Vorstandsmitglied der WINTERSHALL AG, als stets aktiven Förderer der Hitlerbewegung nannte.

Reichsbankpräsident Dr. Funk entschied, daß 1.200 m² in der Grube Kaiseroda II / III für die Reichsbank reserviert werden, und zwar:

„Erste östliche Abteilung nach Süden, Ort 8 nach Norden, erste Sohle, 430 Meter"

Bei diesem Grubenbau handelt es sich um abgebaute Förderstrecken mit einer unterirdischen Größe, vergleichbar der Ausdehnung der Stadt Leipzig. Das Schachtsystem war also nur für eine kleine Anzahl von Experten übersehbar, durch Sprengungen unter anderen Gruben und Förderanlagen konnte es zudem in wenigen Minuten unbegehbar gemacht werden.

Erforderliche Baukommandos wurden umgehend von der Bauleitung „S" der Organisation Todt und dem Außenkommando des KZ Buchenwald, Objekt Renntier genannt, im Bad Salzunger Salzschacht Leimbach bzw. vom Zwangsarbeiterlager „Kalb" im Kalischacht Heiligenrode / Kreis Kassel, heranbeordert.

Der ehemalige Häftling Joseph Arturjanz berichtete über die Arbeitsbedingungen:

„Der Förderkorb brachte jedesmal 10 bis 20 Menschen in die Tiefe. Die Hallen wurden eingeteilt. Jeder Kapo bekam seine Leute zugeteilt. Wir verrichteten Planierungsarbeiten, denn die Gewölbe waren sehr uneben. Wir wußten nicht, war es Tag oder Nacht, nur kleine Glühbirnen beleuchteten uns. Morgens kam von Dorndorf Kaffee durch den Schacht, Mittags kamen sieben Kessel Essen. In der ersten Zeit wurden wir alle acht Tage ans Tageslicht geführt. Alle sahen braun aus, wie verrostet. Wir waren verdorrt, wie Heringe. Viele Häftlinge bekamen Wahnvorstellungen. Sie aßen Kalisalz und trieben auf, weil die Nieren nicht mehr mitmachten."

Am 11. Februar 1945 nachts fuhr am nahe gelegenen Rangierbahnhof Dorndorf ein schwerbewachter Eisenbahnzug ein. 24 große Eisenbahnwaggons waren beladen mit tausenden von Gold- und Silberbarren, Tonnen von Devisen und anderen Wertgegenständen.

Es fehlen dokumentarische Beweise, warum die Reichsregierung ausgerechnet dieses Gebiet als Hauptversteck des „Reichsschatzes" wählte. Man weiß, daß unter der Deckbezeichnung „Olga" im Jonastal bei Ohrdruf ein Befehlsbunker für Hitler in den Berg getrieben wurde und im Kohnstein, nördlich von Nordhausen die Wunderwaffenproduktion, die Serienherstellung von V1-Flügelbomben und V2-Raketen, verbunkert waren.

Die Häftlingskolonnen mußten neben dem Reichsschatz, auch ausländische Goldbarren in die Schachtgewölbe schleppen. Am 3. März 1945 rollten die letzten vier Eisenbahnwaggons aus Berlin an und am 7. März 1945 erschien Reichsbankpräsident Dr. Walther Funk vor Ort, um sich selbst von der Unterbringung zu überzeugen.

Wenige Stunden, nachdem der letzte Eisenbahnwaggon in den Bergwerksgewölben untergebracht war, rollte aus Berlin eine Lastwagenkolonne vor den Kalischacht. Der Kunsthistoriker und Erste Kustos der Nationalgalerie, Professor Dr. Paul Ortwin Rave hatte mit einer Sondergenehmigung der Reichskanzlei, etwa 700 wertvolle Gemälde, meist kleinere und mittlere Formate, aber auch größere Stücke, hierher geleitet. Die Kunstgegenstände wurden in gehörender Entfernung von dem Golddepot in einem völlig unvorbereiteten Stollen abgestellt. Die einmaligen Gemälde und Kunstgegenstände waren nur teilweise in Papier und Sackleinen gehüllt, großformatige Meisterwerke stapelte man einfach primitiv wie Rohbretter.

Vier Wochen nach Eintreffen des Bildertransportes wurden die letzten KZ Häftlinge in Richtung Buchenwald auf den Todesmarsch geschickt. Die Panzereinheiten der 3. US-Armee stießen aus dem Raum Frankfurt/Main und Kassel kämpfend, in die Ausläufer der Rhön und des Thüringer Waldes vor. Die Amerikaner wurden von überlebenden KZ Häftlingen auf die vorbereiteten Förderturmsprengungen des Golddepots aufmerksam gemacht. Der Grubendirektor Herr Füntmann, sein Bürovorsteher Engert und weitere acht Konzernmanager der „Ausweichstelle Dorndorf", der WINTERSHALL AG, wurden so noch in den Abendstunden des 4. April 1945 mit gezielten Fragen konfrontiert. Sie konnten aber nur die unterirdischen Stellen der Depots präzisieren.

Das Tagebuch des US-GENERALS PATTON gibt Auskunft vom 6. April 1945: [375]

„Die schönste Nachricht des Krieges erhielten wir um 17.05 Uhr, als Eddy (gemeint ist US-Generalmajor Manton S. Eddy, Kommandeur des XII. Corps der 3. US-Armee – J.M.) telefonisch mitteilte, die 90. Division habe in Merkers die deutsche Goldreserve erbeutet, was General Siberts Annahme bestätigte, der das deutsche Hauptquartier in dieser Gegen vermutet hatte. Da ich jedoch schon auf viele Gerüchte hereingefallen war, ersuchte ich Eddy, nichts über diesen Goldfund verlauten zu lassen, bis wir ihn mit Bestimmtheit vor Ort identifiziert hätten."

„Am 7. April 1945 um 15 Uhr teilte Eddy telefonisch mit, er sei im Gewölbe mit den Goldreserven gewesen und habe auch Reichsmark Banknoten im Werte von ungefähr einer Milliarde Dollar vorgefunden, aber das Gold befinde sich hinter einer schweren Panzertür. Ich wies ihn an, sie aufzusprengen. Weiter teilte er mit, daß er zwei Reichsbankdirektoren in Gewahrsam genommen habe."

Nun passierte dem militärischen Geheimdienst der USA eine Panne, die man von Seiten der Washingtoner Administration noch sehr bereuen sollte. General Patton kommentierte dazu:

„Der für die militärische Erkundung zuständige „Stabschef der 90. Division gab die Nachricht über die Erbeutung des Goldes weiter, obwohl ich sie hatte Geheim halten wollen. Außer dem bereits erwähnten Papiergeld hatte Eddy nach Aufsprengung der Panzertür etwa 4.500 Stück Goldbarren im Gewicht von je rund 12,5 kg, im angeblichen Wert von 57.600.000,00 US $ gefunden." [375]

Diese Angaben erschienen selbst dem viel gewöhnten Texaner und Kommandeur der US-Streitkräfte in Deutschland, General Dwight D. Eisenhower zu märchenhaft. Er bestand auf einer Ortsbesichtigung und am 12. April 1945 wagten sich dann die US-Generäle Eisenhower, Patton und Bradley schwer bewacht nach vorn in das Rhöngebiet. Die örtliche Führung übernahm der Colonel Dr. jur. Bernard D. Bernstein, der im Auftrage der Finanzsektion des Oberkommandos der USA in Europa (SHAEF) mit seinen Gehilfen schon tage- und nächtelang Gold wog, Devisen zählte und Schmuckstücke, Perlen, Brillengestelle, Goldzähne und Uhren sortierte. [375]

Colonel Dr. Bernstein war vor seinem Militärdienst Jurist und Währungsspezialist beim Schatzamt der USA und diente danach drei Jahre lang als Finanzberater US-General Eisenhower. Anschließend war er Rechtsberater und Rechtsanwalt der „Amerikanischen Jüdischen Konferenz".

Im Tagebuch von General Dwight D. Eisenhower findet sich folgender Eintrag:

„Ein General von Pattons Armee hatte einen NS-Schatz erstürmt und entdeckt, der in den niederen Schichten einer tiefen Salzmine versteckt war. In einem Tunnel sah ich die riesige Menge Gold, von unseren Experten vorsichtig auf 250.000.000,00 US $ geschätzt. Außerdem befand sich dort eine große Menge gemünztes Gold aus verschiedenen Ländern Europas und sogar einige Millionen Goldmünzen aus den USA. Eine große Menge von Gold- und Silberplatten und Schmuck."

Es läßt sich feststellen, daß in folgender Zeit Offiziere der Besatzungstruppen der USA in Deutschland systematisch Gold jeder Art nachjagten. In Gott plünderten die US-Truppen beispielsweise das etwa dreihundert Jahre alte Münzkabinett im Schloß Friedenszeit und vergriffen sich somit sogar an wertvollen Kulturgut, obwohl Gott zur sowjetischen Besatzungszone gehörte. Die Antikensammlung bestand aus der gesamten Stammsammlung griechischer Münzen und etwa 700 römischer Goldmünzen.

Die US-Regierung mit der US-Generalität hatte, wie offenkundig die Tagebücher und die handgeschriebenen Aufzeichnungen der SHAEF beweisen, von Anfang an Kenntnis davon, daß sie im Bergwerk Merkers nicht nur das Reichsbankgold, sondern auch das Gold anderer Notenbanken vorfand und sicherstellte.

General Patton hatte übrigens bereits am 7. April 1945 fixiert:

„Ich telefonierte (General Omar Nelson) Bradley (von der 12. Gruppe der US-Army), daß es sich angesichts des Wertes der Beute und der erfolgten Veröffentlichung mehr um eine politische, als um eine militärische Angelegenheit handle, und die Sektion G-4 des Oberkommandos der (West-) Alliierten Armeen in Europa (SHAEF) solle jemand zur Übernahme senden."

Der WINTERSHALL Fabrikdirektor Dr. Mayer konnte sich an diese Tage erinnern:

„Am 12. April 1945 wurde mit dem Abtransport des Goldes begonnen und anschließend wurden die Gemälde fortgeschafft. Der Abtransport war am 17. April 1945 beendet, dauerte also sechs ganze Arbeitstage. Einzelheiten darüber kann ich nicht angeben, da mich die US-Militärverwaltung aufgefordert hatte, in den Zeiten, in denen ausgelagert wurde, meine Wohnung nicht zu verlassen, beziehungsweise nicht das Werk, zu betreten. Erst am 18. April 1945 wurde die Besetzung des Werkes aufgehoben."

Am 19. August 1945 erhielt die FED einen Report (Value of Gold and Silver Bullion and Coin Held by Commanding General USFET im Reichsbankgebäude / Frankfurt) von General Lucius D. Clay (Deputy Military Governor of Germany), daß 91 % des gefundenen Goldes in Deutschland aus dem Bergwerk Merkers stammen. Der Rest setzte sich aus Gold von Banken in Zentral- und Süddeutschland, einigen Geschäften, sowie Gold von Opfern des Holocausts zusammen. [376]

Am 3. Oktober 1945 brachte die NEW YORK TIMES eine kleine Meldung, wonach

„in Rotterdam eine bedeutende Menge in Deutschland erbeuteten Goldes verladen ist, das unter besonderen Schutzvorkehrungen in die Staaten von Nordamerika gebracht werde."

Die DEUTSCHE BUNDESBANK antwortete am 11. Juni 1976 an Herrn Georg Hansen, dem Leiter der WINTERSHALL AG in Kassel, auf seine Anfrage vom 28. April 1976: [357]

Bezug: Ihr Schreiben an Herrn Bundesbankpräsident Klasen vom 28. 4. 1976

Betreff: Ersuchen um Unterstützung bei der Vorbereitung einer Chronik des Wintershall-Konzerns über die Auslagerung der im Kalibergwerk Merkers von der Deutschen Reichsbank deponierten Werte

Es handelt sich um die Verlegung der im Bergwerk befindlichen Goldbarren, Goldmünzen, Silbermünzen, Banknoten und um verschiedene andere Werte. Im Internationalen Verkehr werden derartige Vorgänge nicht der breiten Öffentlichkeit bekannt gegeben. Etwas Zurückhaltung dürfte demnach auch hier angebracht sein – umsomehr, da das Thema „Gold der Reichsbank" mit der großen Merkerstransaktion nicht erschöpft ist.

Es wurde seinerzeit Vorsorge getroffen, daß für plötzliche Anforderungen Gold in verschiedener Form und mit einwandfreiem deutschen Besitznachweis auch an anderen Orten verfügbar war. Diese Werte wurden in Reichsbankanstalten mit gutgesicherten größeren Tresoranlagen aufbewahrt.

Am 9. Februar 1945 ist der erste Transport durchgeführt worden, mit dem auch 9 Beutel des Reichsbankmuseums, in üblicher Weise verschlossen und plombiert, transportiert worden sind. Der Transport wurde mit einem Güterzug vom Anhalter Bahnhof aus vorgenommen. Als Transportführer wurde Reichsbankdirektor Witte eingesetzt. Im März 1945 ist noch ein weiterer Transport mit Reichsbankgut nach Merkers / Thüringen abgegangen.

In den geräumigen Stollen und Schächten des Bergwerkes in Merkers waren von verschiedenen deutschen Stellen und Behörden bedeutende Kunstschätze und Wertgegenstände untergebracht worden. Die Deutsche Reichsbank hatte ihrerseits für die Lagerung der von ihr eingebrachten Werte außer den angeführten Goldbeständen auch andere ihrer Obhut anvertraute Objekte sowie Reichsbanknoten (rund drei Milliarden RM) einen Stollen ausgewählt, der in mehreren hundert Meter Tiefe lag und nur mit einem Förderkorb erreicht werden konnte.

Das Ende dieses langen Stollens wurde durch den Einbau einer Tresortüre abgeteilt. Hierdurch entstand ein Raum, der genügend Sicherheit für die Einlagerung von besonderen Werten geeignet war. Während im rückwärtigen Teil dieses Raumes verschiedene der Deutschen Reichsbank zur Verwahrung gegebenen Objekte (Sonderdepots), sowie die Silberbestände der Reichsbank verwahrt wurden, diente der vordere Teil des provisorischen Tresors zur Unterbringung des verlagerten Goldes.

Die Einlagerung selbst wurde unter dem Gesichtspunkt der Herkunft der verlagerten Werte vorgenommen. Die einzelnen Depots, Asservate und eigene Goldbestände der Reichsbank jeweils gehörenden Packsäcke wurden in streng voneinander getrennten Gruppen gestapelt.

Abgesehen von den genannten Werten waren in größerem Umfang die Unterlagen der Deutschen Reichsbank (Hauptbücher, Barrenbücher, Kontrollbücher ect.) aus Berlin ausgelagert und in den provisorischen Tresorraum in Merkers deponiert worden. Als bei Kriegsende die Besetzung Thüringens bevorstand, verschlossen die Beamten der Deutschen Reichsbank die Tür des Tresorraumes, nachdem sie die Vollständigkeit der verlagerten Werte festgestellt haben und zogen sich vor den herannahenden alliierten Truppen zurück. Eine von der Wehrmacht beabsichtigte Sprengung des Bergwerkschachtes konnte infolge der Besetzung des Ortes Merkers durch die Amerikaner nicht mehr ausgeführt werden.

Einige Tage nach der Besetzung erhielten die Amerikaner von den evakuierten Werten und ihrem Versteck Kenntnis. Nach der Beschlagnahme durch die Amerikaner wurden die eingelagerten Werte sehr sorgfältig überwacht, später wurden die Werte unter militärischer Bewachung abtransportiert.

Wir hoffen, daß Ihnen diese Hinweise dienlich sind. Weitergehende Auskünfte können wir Ihnen leider nicht geben.

Deutsche Bundesbank   Gezeichnet: Dr. Emde   Bergen

(jede Seite vom Entwurf dieses Schreibens wurde von Herrn Thoms, dem ehemaligen Leiter der Edelmetallabteilung der Deutschen Reichsbank, signiert und abgezeichnet)

Goldtransportberichte von Zeitzeugen am Walchensee

Der Generalstaatsanwalt in Bayern hat umfangreiche Ermittlungen in der Reichsbankgoldangelegenheit geführt. Es wurden viele Zeitzeugen angehört und vernommen. Die wichtigsten Erklärungen von Zeitzeugen zum Walchenseegold lauten:

1.) Erklärung von Herrn Josef Pinzel, Fuhrunternehmer in Mittenwald, vom 16.11.1951: [377]

... „Nach dem Einmarsch der Amerikaner holte mich der CIC und verlangte von mir, daß ich das Goldversteck zu zeigen habe. Da ich es aber nicht wußte, fuhr man zu einem Offizier in das Gefängnis Garmisch. Es war dies der hier in Mittenwald wohnhafte ehemalige Hauptmann Rüger. Er ist in der Brauerei Neuner beschäftigt. Dieser wurde dann mitgenommen.

Ich selbst kam vielleicht eine Stunde später an das Versteck und sah, daß man eben mit dem Bergen des Goldes begonnen hatte. An Deutschen befand sich zu dieser Zeit nur ein Rüger und der hier wohnhafte Veit, ferner ein gewisser Benz von hier. Das Gold habe ich selbst gesehen, nebendort standen auch Säcke, deren Inhalt mir aber nicht bekannt ist. Später kam ich auch an eine andere Stelle hin und zwar in der Nähe von Altlach. Dort sah ich noch ehemalige bombenartige Benzinbehälter, in welchen ebenfalls Werte gewesen sein sollen. Man sprach von Brillanten. Ich wurde dort ebenfalls durch die Amerikaner hingeführt, war vorher aber nicht dort."

Geschlossen: Gnirs (Inspektor der LP)   v.g.u. Josef Pinzel

2.) Erklärung von Herrn Anton Bräu, Landwirt in Altlach am Walchensee vom 19. November 1951: [378]

... „Etwa März/April 1945 kamen zu mir nach Altlach drei Soldaten, die den Auftrag hatten, beim Futterstadel am Vordersteinriegel Mieten anzulegen. Soweit ich damals informiert wurde, sollten dort Kastanien für die Wildfütterung eingelagert werden. Die drei Soldaten waren seinerzeit etwa eine Woche hier. Daß es sich bei diesen Löchern, die ich erstmals nach dem Einmarsch sah, nicht um Mieten, sondern um Verstecke handeln mußte, wurde mir durch die Art der Anlegung klar. Ein Versteck war im Anbau des Futterstadels direkt unter dem Fußboden angebracht. Die Fußbodenbretter waren herausgerissen und darunter lag das Versteck. Das andere Versteck war etwas davon entfernt, jedoch nicht besonders versteckt angebracht. Die Löcher hatten etwa folgende Ausmaße: Länge 2,50m, Breite 1,00m, Tiefe 1,00m. Ich glaube nicht, daß in diesen beiden Verstecken irgend etwas untergebracht war, jedenfalls sah es nicht so aus.

Als ich damals die leeren Verstecke erstmals sah und auch davon schon Kenntnis hatte, daß ein Reichsschatz am Hintersteinriegel vergraben sei oder war, habe ich mir gedacht, daß diese Verstecke vielleicht ursprünglich dafür vorgesehen waren.

Es dürfte im Jahre 1947 gewesen sein, als ein gewisser Pinzel aus Mittenwald zu mir kam und mich fragte, ob ich nicht mehr davon wüßte, daß in der Altlacher Gegend am Futterstadel Gold vergraben sein soll. Pinzel sagte mir weiter, daß er in Begleitung zweier Amerikaner ist und daß er ihnen dieses Versteck unbedingt zeigen möchte, denn er habe noch eine

Gefängnisstrafe abzusitzen, die ihm dann aber erlassen würde. Pinzel ging dann mit diesen beiden Amerikanern zum Futterstadel. Ob und was sie dort erreicht haben, weiß ich nicht, ich habe Pinzel nachher nicht mehr gesprochen. Ich habe niemanden diese verstecke gezeigt, auch nicht meinem Sohn. ...

Geschlossen: Kellner (Hptw.d.LP) v.g.u. Anton Bräu

3.) Erklärung des Herrn Georg Forstreicher, Gastwirt, wohnhaft in München vom 20. November 1951: [379]

„Um die Zeit des Kriegsendes war ich mit meiner Familie im Forsthaus Einsiedel, an der Südwestspitze des Walchensees, bei der dort wohnhaften Försterfamilie Neuhauser evakuiert. Kurze Zeit vor dem Kriegsende wurden eines Tages von der Wehrmacht und von mir unbekannten Männern in Zivil Gegenstände am Forsthaus antransportiert und innerhalb des Hauses eingelagert. Ein Sack war mit „Reichsbank" beschriftet.

Am selben Tag begannen oberhalb des Forsthauses, auf dem sogenannten Steinriegl Sprengungen. Ich stellte mir vor, daß Wehrmachtssoldaten irgendwelche Stellungen vorbereiten und die eben geschilderten Transporte in das Forsthaus mit dieser Sache zusammenhängen. ...

... Noch während der folgenden Nacht begann die Arbeit mit den Tragtieren, d.h., die im Forsthaus gelagerten Gegenstände wurden auf die Tragtiere verlastet und auf den Steinriegel, in die Gegend, aus welcher man die Sprengungen gehört hatte, hinauftransportiert. ...

... Einige Tage, nachdem die US-Truppen das Gold abtransportiert hatten, erschien bei mir der frühere Fahrer des Oberst Pfeiffer. In dem von ihm gesteuerten Wagen kam mir ein nicht namentlich bekannter Offizier zu mir und fragte mich, ob ich etwas von den Kisten mit Brillanten wisse. Davon war mir tatsächlich nichts bekannt. Nach Beendigung des Gespräches erfuhr ich vom Kraftfahrer [Heigl], daß ich mit einem englischen General gesprochen hätte.

... Im Verlaufe des Jahres 1950 kam zu mir ein gewisser Herr Jakob, als Beauftragter von Staatskommissar Auerbach. Damals stand in allen Illustrierten eine Abhandlung über diese Angelegenheit. Herr Jakob und Frau Schirach waren die Verfasser. Man fragte mich erneut nach meinem Wissen und bat mich, dazu bereit zu sein, mit Auerbach und anderen eingeweihten Herren zu einer eingehenden Besprechung im Schirach-Haus in Urfeld zusammenzukommen. Dieses Treffen fand dann auch statt. Mir wurde mitgeteilt, daß meine Bemühungen nicht umsonst seien, es war von 10 % Finderlohn die Rede. Ich war allerdings schon zu alt, um auf derartige Versprechungen Wert zu legen. Im übrigen sind keine Anhaltspunkte dafür vorhanden, daß Reste dieser Werte nicht aufgefunden und gar noch irgendwo verborgen liegen.

Geschlossen: Gnirs (Insp.d.LP.) v.g.u. Georg Forstreicher

Keilhacker (Ob.Komm.d.LP.)

4.) Erklärung des Herrn Josef Veit, Jäger, wohnhaft in Mittenwald
vom 23.11.1951: [380]

Gegen Ende des Krieges war ich Sanitätsobergefreiter in einem hiesigem Lazarett, welches hier in der Schule eingerichtet war. Ich betätigte mich in der Röntgenstation und als Masseur; von Zivilberuf bin ich Jäger und kenne die hiesige Umgebung sehr genau.

Kurze Zeit nach dem Einmarsch der Amerikaner, welcher hier am 1. Mai 1945 statt fand, erschien bei mir ein Oberstleutnant in Zivil [vermutlich Rauch]. Dem Offizier ging es um die Erkundung eines Ausweichquartieres für die Reichsminister Funk und Lammers. Man interessierte sich bereits für die auf der Vereinsalpe liegenden Jagdhäuser des Münchner Bankiers August von Fink, von welchem ein Haus vom ehemaligen Reichswirtschaftsminister Dr. Kurt Schmidt angepachtet war. Von Dr. Schmidt war ich bestimmt das von ihm gepachtete Haus zu überwachen. Ich habe erfahren, daß man mit Tragtieren versucht hat, Verpflegung auf die Vereinsalpe zu transportieren, dies gelang aber wegen der hohen Schneelage nicht.

Fast zur selben Zeit erfuhr ich von dem damaligen Soldaten Josef Westermaier (Mechaniker bei der Straßenbahn in München), daß im Offizierskasino in Mittenwald zwei LKW mit Gold von der Reichsbank angekommen seien bzw. daß das Gold dann in die Jägerkaserne oder nach Einsiedel am Walchensee transportiert wurde. ...

... Wahrscheinlich am 7. Juni 1945 wurden ich und der hiesige Fuhrunternehmer Pinzel plötzlich zur CIC bestellt. Wir wurden erneut zu unserem Wissen in der Goldsache vernommen. Am anderen Tag wurden wir zum Hotel Post bestellt. Wir trafen dort ein und erfuhren, daß die deutschen Offiziere nun Geständnisse gemacht hätten. Wir holten für Hauptmann Rüger feste Schuhe. Man traf sich dann auf dem Rathausplatz in Garmisch, wo inzwischen auch schon 10 US-Pioniere mit Minensuchgeräten bereit standen, dann ging die Fahrt gemeinsam nach Einsiedel zum Walchensee.

Mit Minensuchgeräten wurde das Goldversteck gefunden. Es war gut getarnt. Ich selbst war bei der Öffnung dauernd anwesend, Hauptmann Rüger natürlich auch. Bei der Ausräumung des Versteckes habe ich die Barren genau gezählt. Die von mir gemachten Feststellungen sind hundertprozentig.

In dem Loch befanden sich genau 728 Goldbarren. Je zwei solcher Barren waren in einem Sack eingenäht. Es waren also 364 Säcke. Jeder Sack trug die Aufschrift „Deutsche Reichsbank" und auf einem Zettel war das jeweilige Sackgewicht eingetragen, welches zwar auf jedem Sack etwas verschieden war, sich aber immer um die 25 kg bewegte. Einer der amerikanischen Offiziere öffnete einen solchen Sack, an diesen Barren sah ich u.a. den eingestanzten Reichsadler mit der Jahreszahl 1938. In meiner und Rügers Anwesenheit sind alle diese Barren von den amerikanischen Offizieren in Besitz genommen worden, ich erhielt dafür eine Bescheinigung. Ich übergebe sie heute zu den Akten.

US-Bestätigung: [381]

Am 8. Juni 1945 half Josef Veit aus Mittenwald einer Gruppe amerikanischer Offiziere und Soldaten in der Nähe von Mittenwald Gold zu beschlagnahmen. Er war aufrichtig und fähig. Wir schätzten seine Dienste.

Gezeichnet:	William R Girler	Major Corps of Engineers
	Walter R. Dee	Captain Infantry
Für die Richtigkeit:	Egon Schackmann	Dolmetscher der MP Customs Unit

Die auf der Rückseite des Originals geschriebenen Zahlenaufzeichnungen fertigte ich noch an Ort und Stelle. Der amerikanische Offizier hatte dasselbe Ergebnis bei seiner Zählung, er errechnete sogar noch das Goldgewicht mit rund 9.100 kg, also rund 9,1 Tonnen. Außer den Goldbarren befand sich in diesem Loch nichts, vor allem keine Devisen oder andere Werte.

Die Beamten der Reichsbank, welche den Transport begleitet haben, wohnten damals in der Pension Seitz in Mittenwald, in der Schachenstr. 1. Von den Beamten erfuhr ich, daß außer dem Gold noch 99 Säcke mit Devisen, nicht näher bekannte Mengen an Juwelen, Prägestöcke und unbedrucktes Banknotenpapier mitgebracht wurden. Über die Vorgänge bezüglich der Devisen, Juwelen usw. ist mir nichts Konkretes mehr bekannt geworden, ich habe lediglich erfahren, daß die Juwelen und ein Sack verfaulter Devisen gefunden worden sein sollen, mit den Juwelen stand irgendwie der Name Neuhauser in Zusammenhang.

Ich selbst habe für meine Tätigkeit in dieser Sache keinerlei Abfindungen erhalten. Es ist mir auch keine andere Person bekannt die Abfindungen bekommen haben soll.

Die vorübergehend für den hiesigen Apotheker Dr. Ferchl durch mich in meiner Jauchegrube verborgen gehaltenen Platingegenstände, hängen mit dieser Sache nicht zusammen.

Bei der späteren Auffindung eines Waffenlagers in der Gegend von Walchensee bekam ich von einem englischen General ein Zielfernrohr für ein Jagdgewehr geschenkt. Ich habe dies heute noch. Der ehemalige Major Braun ist für diese Sache Zeuge.

Geschlossen:	Gnirs (Insp.d.LP.)	v.g.u.	Josef Veit
Zeuge:	Bleninger (Insp.d.LP.)		

5.) Erklärung des Herrn Hans Neuhauser, z. Zt. Forstassessor Forstamt Wallerstein in Nördlingen vom 3. Dezember 1951: [382]

Ich war Hauptmann der Gebirgsjäger. Oberst Pfeiffer beauftragte Offiziere mit der Anlage von Waffen und Verpflegungslagern im Raume Einsiedel. Löcher wurden gesprengt. Acht Tage vor Einmarsch der Amerikaner gab Major Braun Aufschluß über den Auftrag, wonach Gold im werte von RM 300 Millionen in Sicherheit zu bringen sei. Der Vorgang wurde durch Oberstleutnant Rauch eingeleitet, die Angelegenheit wurde als nationale Sache betrachtet.

Der Transport des Goldes und der Devisen erfolgte an zwei Tagen bzw. zwei Nächten mit acht Tragtieren von Einsiedel nach Steinriegel, von der Reichsbank war Herr Will anwesend.

Der Adjutant von Dr. Funk, Schwedler, holte unmittelbar vor dem Einmarsch einen Sack mit Devisen (Schweizer Franken), danach Unterbringung der Devisenbestände in drei neuen Verstecken und zwar Simetsberg, Klausenkopf und Altlach.

Oberst Pfeiffer rief die Offiziere zur Besprechung auf Klausenkopfhütte zusammen. Hauptmann Blücher erhielt größeren Devisenbetrag zur Beschaffung falscher Papiere für Rauch und Pfeiffer. Rauch und Pfeiffer waren zunächst in Garmisch, ich hielt mich am Klausenkopf auf und halte Verbindung mit Rall in Altlach. Die neue Regierungsbildung sollte abgewartet werden. Pfeiffer angeblich bei neuer Regierung in München.

Generelle Aussage: Gold und Devisen im letzten Moment in SS-Festung Tirol abtransportiert; Verbleib unbekannt.

Ich stellte mich und wurde interniert. Dort erscheint CIC-Offizier Pollak. Ein Sonderuntersuchungskommando hat eine Endbesprechung in der Villa Ostler in Garmisch mit einem englischen General abgehalten. Pfeiffer stellt dort Forderungen ohne zu wissen, daß das Gold bereits gefunden und von den US-Truppen in Besitz genommen wurde. Rauch und Pfeiffer übergeben daraufhin restliche Devisen.

Aus Nachrichten von amerikanischer Seite (Mr. Lang, welcher als Leutnant öfters in die Gegend von Einsiedel zur Jagd kam und Nachfolger des Capt. Neumann war) stand Rauch zunächst unter gutem Schutz der Amerikaner. Er feierte Feste mit diesen in Bad Wiessee und ein Bruder von Rauch soll ein Stoffgeschäft haben. Gerüchteweise (Lang) ist bekannt, daß zwei Amerikaner beim Abtransport des Goldes zwei Barren vom Wagen geworfen haben, die aber durch nachkommende Fahrzeuge wieder gefunden wurden.

Capt. Neumann war beim Abschiedsfest betrunken. Ein Bursche packte seinen Koffer und stellte große Mengen Devisen in seinen Koffern fest. Neumann wollte in Amerika eine Spielbank aufmachen. Hauptmann Sicker, ehemaliger Adjutant, soll Pelzgeschäft gegründet haben.

Gezeichnet: Gnirs (Insp.d.LP)

6.) Erklärung des Herrn Heinz Rüger, Flaschenbierhändler in Mittenwald
vom 11. Dezember 1951: [383]

Ich war Hauptmann d.R. an der Gebirgsjägerschule in Mittenwald. Ich wurde im April 1945 als Angehöriger der Lehrgruppe II der Gebirgsjägerschule durch meine freiwillige Meldung an der Durchführung nachfolgenden Auftrages beteiligt.

„In zwei Fahrten wurde das Gold von mir und dem Kraftfahrer Heigl, sowie den Reichsbankbeamten Netzeband und Will von Mittenwald nach Einsiedel gefahren. Im Forsthaus Einsiedel wurde der Transport im Beisein von Herrn Will gezählt und auf einem Notizzettel geschrieben. Der gesamte Transport wurde dann im Forsthaus Einsiedel unter Bewachung von Offizieren der Lehrgruppe verlagert. Ich fuhr mit Netzeband zurück nach Mittenwald, um dem Oberst Pfeiffer Meldung über die Ausführung der Befehle zu erstatten.

Am nächsten Tag, einem Donnerstag und in der Nacht von Donnerstag auf Freitag war ich wieder in Einsiedel um Verpflegung für die am Südhang des Hochkopf arbeitenden Kameraden zu bringen, sie waren mit der Aushebung der Löcher für Waffen- und Goldbestände beschäftigt. Während der nächsten Nacht half ich dann, ebenso wie Major Braun, mit Hilfe von Tragtieren die Goldbarren zu vergraben. Die Tiere wurden mit Tragtierführern von Mittenwald nach Einsiedel (15 km) gebracht und dort von Hauptmann Neuhauser übernommen. Die Tragtierführer wurden am Abend entlassen und sollten sich am anderen Tag wieder zu einer festgesetzten Zeit melden.

Der Weg vom Forsthaus zu der Grabstelle führte in seinem ersten Teil parallel zur Straße an dem dort befindlichen Sägewerk vorbei. Hier stand in dieser Woche ein ständiger Straßenposten der Genesendenkompanie Urfeld. Im Morgengrauen verließ ich mit Major Braun Einsiedel und fuhr zur Schule zurück. Ich erhielt dann den Auftrag zur der in Auflösung befindlichen Ordensburg Sonthofen zu fahren, um Zivilkleidung zu beschaffen. Hierbei sollte ich auch die Major Hofmeister gehörenden Marketenderwaren, etwa einen dreiviertel LKW voll, mitbringen. Bei dieser Fahrt bin ich in die zurückflutenden aufgelösten Heeresverbände geraten und im Laufe des Sonntag abend im Standort wieder eingetroffen.

Mir war bekannt, daß sich alle Beteiligten später auf dem Hochkopf treffen sollten. Der Zeitpunkt war nicht festgelegt und Major Braun sagte auf meine Frage, wahrscheinlich angesichts meiner nicht mehr zu verbergenden Müdigkeit, daß es damit nicht so eile. Ich habe dann noch von Major Rott den Auftrag erhalten, Verpflegung mit zwei LKW zum Stützpunkt zu fahren. Ich konnte diesen Auftrag nur teilweise durchführen, weil die nun einsetzende Plünderung der Standortverwaltung ein Beladen der Fahrzeuge unmöglich machte. Der nun einsetzende Zustand der Disziplinlosigkeiten in Mittenwald machte meiner Tätigkeit bald ein Ende.

Nach Ablauf einer Woche fand in der Wohnung von Major Rott eine Unterredung statt, bei der Major Braun, Major Rott, Leutnant Förster und ich anwesend waren. Es wurde hier von Major Rott geschildert, was inzwischen am Hochkopf gearbeitet worden ist. Hierbei berichtete er, daß die Bestände aus den alten Löchern weiter verlagert wurden und daß zur Irreführung die Spuren sternförmig auseinandergingen. Ich habe diese Mitteilung so aufgefaßt, daß sich dies auf alle Bestände bezog und ich war etwas erleichtert. Major Braun war zu diesem Zeitpunkt der gleichen Auffassung, später hat er dann allerdings seine Meinung hierüber wieder geändert.

Während der Lazarettzeit wurde ich gelegentlich einer durchgeführten Massage durch den Sanitätssoldat Veit nach Major Braun und Major Rott gefragt. Veit deutete an, daß eine aus Paris anwesende Kommission die Herren wegen Gold suchten, ich habe sofort Major Rott gewarnt. Am Pfingstsonnabend wurde ich dann mit Major Braun, Hauptmann Rott, Hauptmann Lutz von der Jägerschule, Hauptmann Martl, Hauptmann Reindl, Oberleutnant Sauter vom Gebirgspionierbataillon 54 und dem Wirt vom Gasthof Gries, Herrn Rauter unter starker Bewachung verhaftet und in die Arrestzellen der Jägerschule gesperrt. Die Behandlung war unwürdig und brutal. Wir wurden hierbei ausgeplündert und zeitweise den im Lager befindlichen befreiten KZ-Häftlingen überlassen.

Am Dienstag wurden wir nach Garmisch ins Amtsgerichtsgefängnis überstellt und konnten in der Mittagsstunde miteinander sprechen. Dort erfuhr ich, daß der Vater von Hauptmann Neuhauser die Amerikaner zu den leeren Löchern geführt hätte, was mir die weitere Verlagerung wieder bestätigte. Ferner erfuhr ich durch den Betriebsleiter des Bayernwerkes, daß Erkundungen im Gange wären, nach Personen, die sich nach der Besetzung auf den Hochkopfhäusern aufgehalten hätten. Ich war nun fast die ganze Zeit mit dem Mittenwalder Volkssturmführer, Forstmeister Klotz in meiner Zelle beisammen, der wenige Tage nach uns eingeliefert wurde.

Am 7.6. abends gegen 21.30 Uhr wurden mir und Forstmeister Klotz die Mitteilung gemacht, daß wir in einigen Minuten zum Verhör geholt werden würden. Wortführer war ein US-Oberleutnant, außerdem war ein Hauptmann und zwei weitere Dienstgrade anwesend. Ich wurde nach dem Verhör in eine Einzelzelle gesperrt und gegen 9 Uhr des nächsten Tages zum Lokaltermin abgeholt.

Ich wurde in einem PKW zum Rathaus Garmisch gebracht, wo ich zwei Stunden warten mußte. Es erschienen dann aus Richtung Mittenwald zwei Fahrzeuge. Das erste war mit Soldaten und dem ehemaligen Sanitätssoldat Veit, das zweite mit Soldaten und dem Fuhrunternehmer Pinzel aus Mittenwald besetzt. Wir fuhren nach Einsiedel und hielten 80m vor dem Sägewerk. Der Oberleutnant fuhr mit Pinzel in Richtung Sägewerk davon und kam nach einer halben Stunde wieder. Wie Pinzel mir später erzählt hat, hat er mit einem Sägewerksmitarbeiter gesprochen, der die nächtlichen Transporte auf den Grottenkopf beobachtet haben wollte. Pinzel hat mir auch erzählt, auf welche Weise er gekommen ist hier mitgenommen zu werden. Er wurde von einem Soldaten in der Kaserne auf einen LKW aufmerksam gemacht, der angeblich Gold geladen hätte. Er hat seine Weisheit in Mittenwald erzählt und dadurch auch von dem Sägewerksarbeiter in Einsiedel Kunde erhalten.

Jetzt übernahm Bergführer Veit die Führung und der Minensuchtrupp brachte seine Geräte in Stellung. Auf dem Wege waren deutlich Hufspuren zu sehen und wir gingen, Veit, der Oberleutnant und ich auf gleicher Höhe. An der kritischen Abzweigung (das Goldloch befand sich nicht direkt am Weg zu dem Hochkopf, sondern an einem Seitenweg; der sich in seinem weiteren Verlauf stark verästelt) entschloß sich der Oberleutnant den sich bietenden Spuren weiter zu folgen. Wo sich diese zeitweilig im Geröll verloren, waren immer Anhaltspunkte durch Pferdemist gegeben. Etwa 50 m nach der Abzweigung ließ der Oberleutnant das Minensuchgerät auf Empfang gehen und wir gingen von da an hinter dem Gerät. Etwa 70 m unter der späteren Fundstelle sprach das Gerät das erste Mal an. Ich konnte mir die Ursache wohl denken und ging deshalb schnell auf die Antenne zu und bewirkte durch meine Bergschuhbeschläge eine Verstärkung der Pfeiftöne. Die Amerikaner ließen sich überzeugen, daß es sich tatsächlich um meine Schuhbeschläge handelt und ließen mich im weiteren Verlauf in 8-10 Schritt Entfernung hinter dem Minensuchgerät gehen. Nach kurzer Zeit sprach das Gerät wieder an, aber nunmehr so deutlich, daß ein Manöver mit den Bergschuhen nicht mehr wiederholt werden konnte. Ich schätze die Entfernung bis Mitte Fundstelle auf rund 8 Meter. Die Stelle war durch Aufsetzen eines Wurzelstockes gut getarnt, die Tarnung hatte jedoch infolge Regenmangels eine graue Färbung angenommen und dem suchenden Auge blieb eine viereckige Begrenzung des Loches nun nicht mehr verborgen. Der Minensuchtrupp begann mit äußerster Vorsicht den Belag abzuheben und es wurden 364 Goldbarren zu Tage gefördert. Die Stelle wurde im Umkreis noch abgesucht und dabei wurde eine leere Flasche Sekt, eine Konservenbüchse und ein Brief mit der Anschrift von Leutnant Klaiber gefunden. Der Brief stammte aus der Steiermark und enthielt eine ziemlich kriegsmüde Schilderung der Verhältnisse dort.

An der Fundstelle fragte mich der Oberleutnant, ob auch Pioniere beteiligt wären, ich verneinte das. Er sagte mir, daß aber hier am Südhang gesprengt worden wäre. Daraus erklärte ich mir dann die Verhaftungen der Pionieroffiziere. Auf dem Rückweg erklärte der Oberleutnant, daß nach Aussagen von Obernach in dieser Gegend in der Woche vor dem Eintreffen der Amerikaner gesprengt worden wäre. Die Frage nach den nicht gefundenen Devisen stellte er erst, als wir schon wieder auf dem Rückweg waren. Ich versuchte deren Umfang zu bagatellisieren und er war dann der Auffassung, daß die Devisen nicht gedient hätten „verschiedenen Herren" die Organisation der Flucht zu erleichtern.

Er fragte nicht mehr danach. Seine Absicht, zu den Hochkopfhäusern zu gehen gab er dann auf. Er war voller Freunde über seinen Fund. Ich wurde wieder ins Gefängnis gebracht und am 11. Juni 1945, gemeinsam mit anderen Kameraden, allerdings ohne Klotz und Rauter, entlassen. Mir wurde erklärt, daß ich Mittenwald nur mit ausdrücklicher Genehmigung der Militärregierung verlassen dürfe.

Ergänzend möchte ich sagen, daß die Goldbarren in nur einem Loch vergraben wurden. Ob die Devisen nach dem Weggang von Major Braun und mir auch in die dortige Gegend gebracht wurden weiß ich nicht. Ich wußte nie, an welcher Stelle die Devisen vergraben wurden. Bei den angesprochenen Verlagerungen kann es sich nur um die Devisen gehandelt haben, denn das Gold wurde an der gleichen Stelle gefunden, wo es von uns vergraben worden war. Bestimmt weiß ich, daß beim Verbringen des Goldes vom Forsthaus Einsiedel zum Steinriegel Oberst Pfeiffer und sein Adjutant Hauptmann Sicker (Näheres zu erfahren bei der Großgarage Bierling, Oberammergau, der sein Schwiegervater war, jetzt allerdings geschieden ist) nicht dabei waren. Es ist mir nie bekannt geworden, daß außer den Goldbarren und Devisen, Juwelen und andere Edelsteine oder Werte in der Gegend von Einsiedel durch Offiziere der Gebirgsjägerschule vergraben wurden.

Nach meiner Haftentlassung erzählte mir Hauptmann Rall, zur Zeit Angestellter bei einer Versicherung in München, daß Oberst Pfeiffer noch während meiner Inhaftierung und vor der Inbesitznahme des Goldes durch die Amerikaner die gesamten versteckten Bestände dem damaligen Bayrischen Ministerpräsidenten Schäffer angeboten habe und damit abgewiesen worden sei.

Ich habe nun alles wahrheitsgetreu gesagt und kann keine Angaben mehr machen, die zur Aufklärung der ganzen Angelegenheit beitragen könnten.

Geschlossen: Bleninger (Insp.d.LP.)   v.g.u.u.   Heinz Rüger

7.)   Erklärung des Herrn Rupert Braun, Landpolizeirat bei der Chefdienststelle München vom 15. September 1952: [384]

„Ich war vom Herbst 1943 ab in der Gebirgsjägerschule Mittenwald zunächst Inspektionschef und dann Kommandeur der Lehrgruppe II (Geb.Jäg.-Oberfähnrichschule). Mein letzter Dienstgrad war Major.

Der letzte Kommandeur der Gebirgsjägerschule war Oberst Franz Pfeiffer, sein Adjutant Hauptmann Sicker. In der letzten Zeit vor dem Zusammenbruch war Hauptmann Rüger mein Adjutant; ob er es in den letzten Tagen noch war, ist mir nicht mehr erinnerlich. Auf alle Fälle war Rüger noch bis zum Schluß Angehöriger meines Stabes.

Etwa Mitte April 1945 wurde ich zu Oberst Pfeiffer, der eben von einer Dienstreise aus Berlin zurückgekommen war, gerufen. Er gab mir den Auftrag, mit Angehörigen der Lehrgruppe II die Unterbringung von wertvollen Gegenständen aus der Reichskanzlei außerhalb des Bereiches der Gebirgsjägerschule vorzubereiten. Zugleich nannte er die Gegend des Forsthauses Einsiedel und gab an, daß er mit dem Forstbeamten Neuhauser, Forsthaus Einsiedel am Walchensee, bereits Verbindung aufgenommen habe. Es wurden in den folgenden Tagen und Nächten nach Vereinbarung mit dem Forstbeamten Neuhauser (Vater des damaligen Hauptmanns Neuhauser) in der Nähe des Forsthauses Einsiedel am Steinriegel zwei größere Löcher ausgegraben. Die Ausmaße der Löcher hat mir Oberst Pfeiffer ungefähr angegeben.

Zu diesem Zeitpunkt wußte ich nicht, um welche Wertgegenstände es sich handelte. Soweit ich mich noch erinnern kann, waren an der Aushebung beteiligt:

- Hauptmann Neuhauser jun., Forsthaus Einsiedel am Walchensee
- Hauptmann Lüdecke, Bludenz in Vorarlberg   - Leutnant Treichl, Fall bei Lengries
- Leutnant Ernst Förster, Wohnort unbekannt   - Leutnant Hermann, Wohnort unbekannt

Ende April 1945, der Tag ist mir nicht näher bekannt, wurde ich erneut zu Oberst Pfeiffer gerufen. Er teilte mir mit, daß der Transport aus Berlin angekommen sei und das es sich um Gold in Barren, Druckplatten bzw. Druckstöcke und Devisen der Reichsbank handle.

Bei dieser Gelegenheit sah ich zum erstenmal den damaligen Polizeioberstleutnant und Obersturmbannführer der Waffen-SS Rauch, der nach Angabe des Oberst Pfeiffer der Initiator und Verantwortliche der Verlagerung war. Anzahl und Wert der Devisen ist mir nie bekannt geworden. Die Angaben schwankten zwischen 2- und 15 Millionen Goldmarkwert. Beim Gold handelt es sich um 365 Säcke, mit etwa 12 Tonnen Feingold.

Während meines Wissens die Devisen und Druckstöcke gleich am Forsthaus Einsiedel gelagert wurden, mußten die Goldsäcke vorübergehend in der Kegelbahn des Offizierskasinos in Mittenwald untergebracht werden. Dort habe ich die Goldsäcke gesehen und Oberst Pfeiffer bestätigte, daß es sich um 365 Säcke handle. Ich selbst habe sie nicht gezählt, jedoch durch Oberst Pfeiffer etwa am nächsten Tag erfahren, daß inzwischen 1 Sack abhanden gekommen sei, der sich nachträglich im Ofen der Kegelbahn wiederfand. Die Goldsäcke wurden ebenfalls, soweit ich mich entsinne, durch den Reichsbankbeamten Netzeband zum Forsthaus Einsiedel gebracht. Wer die Fahrt ausführte oder beaufsichtigte entzieht sich meiner Kenntnis.

Die Goldsäcke wurden in folgenden Nächten im Muli-Transport von den gleichen Leuten, die die Löcher ausgegraben hatten, auf den Steinriegel gebracht und in das vorbereitete Loch geschichtet. Am nächsten Tag wurde es zugedeckt und getarnt. Bei dem Transport war ich teilweise dabei. Nach der Vergrabung besichtigte ich den betreffenden Platz.

Ich kann heute nicht mehr mit Bestimmtheit sagen, ob die Devisensäcke oder Kisten mit Werten jemals in der Gebirgsjägerschule oder im Kasino für kürzere Zeit aufbewahrt waren. Jedenfalls habe ich sie zum erstenmal im Forsthaus Einsiedel und dann im Erdloch am Steinriegl gesehen. Am 28. April 1945, am Tage der Ausrufung der Freiheits-Aktion-Bayern, kam der Adjutant des ehemaligen Reichsministers Funk zur Gebirgsjägerschule in Mittenwald und wollte Säcke mit Devisen oder Werten abholen. Oberst Pfeiffer rief mich, machte mich mit Dr. Schwedler bekannt und gab mir den Auftrag, Herrn Dr. Schwedler das Versteck mit den Devisen zu zeigen. Ich fuhr mit Dr. Schwedler und dem Reichsbankbeamten Netzeband zum Steinriegl und zeigte ihm das Devisenloch. Zu diesem Zeitpunkt war das Loch, in dem sich das Gold befand, bereits zugeschüttet und getarnt, das Loch mit den Devisen war zugedeckt mit Ausnahme der Eingangsöffnung.

Dr. Schwedler und Netzeband suchten unter den aufgeschichteten Säcken anhand eines Verzeichnisses, das Herr Netzeband hatte, bestimmte Säcke heraus. Soweit ich mich entsinne, nahmen sie 3 Säcke mit. Bei dieser Gelegenheit konnte ich nicht feststellen, daß sich in dem Erdloch außer Devisensäcken noch anderes, z.B. Kisten, befunden hätte.

Von diesem Zeitpunkt ab hatte ich unmittelbar mit der gesamten Angelegenheit nichts mehr zu tun. Von anderen Wertgegenständen als Gold, Devisen und Druckstöcken habe ich im

Zusammenhang mit der ganzen Angelegenheit nie etwas gehört, es ist jedoch möglich, daß Rauch, Pfeiffer oder Dr. Schwedler wertvolles Privateigentum mit vergraben ließen. Den Inhalt der Kisten, die ich im Forsthaus Einsiedel sah, kenne ich nicht. Es ist mir lediglich gesprächsweise erzählt worden, daß es sich um Zehn- bzw. Zwanzig-Goldmarkstücke handle.

Die Behauptung Sickers, daß ich mich beim Herannahen amerikanischer Truppen mit anderen Offizieren der Gebirgsjägerschule zum Klausenkopf abgesetzt hätte, entspricht nicht den Tatsachen. Dies war zwar verabredet; ich bin jedoch am 1. Mai 1945 in amerikanische Kriegsgefangenschaft geraten. Es ist mir bekannt, daß eine Verlagerung vom Steinriegl zum Klausenkopf beabsichtigt war. Der damalige Leutnant Förster überbrachte mir kurz vor dem Einmarsch der Amerikaner eine einfache Skizze über die vorbereiteten Löcher am Klausenkopf. Nachträglich wurde mir erzählt, daß die Devisen nach dem Einmarsch der Amerikaner verlagert worden seien, dabei wurde auch der Simetsberg genannt. Ich selbst war bei dieser Verlagerung nicht dabei, denn ich befand mich zunächst in amerikanischer Kriegsgefangenschaft.

Am Pfingstsonntag wurde ich von 25 Amerikanern und einem Deutschen festgenommen, 3 Tage im Arrest der Gebirgsjägerschule eingesperrt und am Pfingstdienstag in den Arrest im Rathaus Garmisch-Partenkirchen eingeliefert. Während meiner Inhaftierung wurde ich von der CIC in Garmisch, vor allem von Leutnant Peter Pollak und von anderen Offizieren, wiederholt in der Goldangelegenheit vernommen. Ich war mit meinen Angaben sehr zurückhaltend, weil mir mitgeteilt worden war, durchzuhalten, denn Oberst Pfeiffer sei zwecks Übergabe des Goldes und der Devisen mit dem damaligen bayrischen Ministerpräsidenten Schäffer (jetzt Bundesfinanzminister) in Verbindung getreten. Später erfuhr ich, Ministerpräsident Schäffer habe wegen divisenrechtlicher Bedenken die Übernahme des Goldes und der Devisen für Bayern abgelehnt. Daraufhin habe sich Oberst Pfeiffer an den Kommandeur des MP Bataillons (glaublich 509) München, Saarkaserne, gewandt und kurze Zeit darauf wurde das Gold von den Amerikanern abgeholt. Von einer Abholung der Devisen habe ich zu diesem Zeitpunkt nichts erfahren.

Ich wurde am 9. Juni 1945 aus der Haft entlassen und erneut am 30. Juli 1945 durch die CIC ins Amtsgerichtsgefängnis Garmisch eingeliefert. Nach etwa drei Tagen wurde ich, ohne einvernommen worden zu sein, aus dem Amtsgerichtsgefängnis im Auftrag eines englischen Generals Waring von einer englischen Dolmetscherin abgeholt und in die Villa Ostler in Garmisch gebracht. Dort wohnte offenbar General Waring. Es waren anwesend:

General Waring	(Engländer)
Captain Newmann	(Amerikaner, 3. Armee Bad Tölz)
Captain Soutau	(Frankreich, Dienststelle nicht bekannt)
Oberst Pfeiffer	Hauptmann Sicker, Hauptmann Neuhauser und ich

In einer Besprechung wurde von General Waring, übersetzt durch Cpt. Newmann erklärt, daß die CIC ihr Ziel erreicht habe und das Gold und Devisen von ihnen übernommen seien. General Waring betonte bei dieser Gelegenheit, daß ich als deutscher Offizier ehrenhaft gehandelt habe und er hätte in meiner Lage wohl nicht anders handeln können. Es seien wohl noch nie so große Werte in einer so unsicheren Zeit durch die Hände von Menschen gegangen, ohne daß daran etwas hängen geblieben sei. Aus der Besprechung schließe ich, daß die Devisen durch Pfeiffer und Rauch an die Amerikaner übergeben worden sind, vermutlich wesentlich später als das Gold. Ich kann mir nicht vorstellen, daß andere ehemalige Offiziere der Gebirgsjägerschule zu dieser Zeit mit der Angelegenheit noch zu tun hatten.

Ich selbst war bei der Übergabe von Gold oder Devisen an die Amerikaner nicht dabei. Gesprächsweise ist mir bekannt, daß bei der Übergabe des Goldes Rüger anwesend war. Am Abend des gleichen Tages (2. August 1945) wurde meines Wissen durch Rauch und Cpt. Newmann von den Gebrüdern Blücher, wohnhaft in Garmisch, Devisen abgeholt, die in der Gegend von Oberau vergraben gewesen sein sollen. Diese Devisen wurden offenbar von Cpt. Newmann übernommen. Bei der Übergabe war ich nicht dabei. Der ältere Bruder war kurz vor Beendigung des Krieges als Rittmeister Angehöriger der Gebirgsjägerschule Mittenwald. Offenbar wurde er durch Oberst Pfeiffer oder Hauptmann Sicker in die Angelegenheit eingeweiht. Damals hat wohl auch der jüngere Bruder des Blücher, damals nicht Soldat, Kenntnis von der Angelegenheit erhalten. Der Wert der in Oberau abgeholten Devisen ist mir nicht bekannt.

Später habe ich gesprächsweise von einem Angehörigen der 13. CID München, welche die Angelegenheit von der CIC übernommen und weiter bearbeitet hat, erfahren, daß sich sowohl General Waring, als auch Cpt. Newmann in dieser Angelegenheit ungerechtfertigt bereichert hätten. Cpt. Newmann hätte bei seiner Abreise aus Deutschland einen Koffer voll Dollar besessen und General Waring sei wegen Verfehlungen in dieser Angelegenheit aus der englischen Armee ausgeschieden. Weitere zweckdienliche Angaben kann ich nicht machen.

Unterschrift   Rupert Braun   Landpolizeirat

Goldtransportberichte von Reichsbankbeamten

Reichsbankrat Pohl schrieb am 31. März 1947 einen Bericht [385] über die Werttransporte von Berlin nach München im April 1945, welcher dem Bayerischen Generalstaatsanwalt vorliegt:

„Am 13. April 1945 wurde ein Führungsstab von Berlin nach München abgeordnet unter Leitung von Herrn Reichsbankdirektor von Rosenberg-Lipinsky, zur Zeit Halle in Westfalen, stellvertretender Leiter war Herr Direktor Dr. Frede, zur Zeit in der Reichsbankstelle Speyer Die einzelnen Werttransporte erfolgten gleichzeitig, der eine mit dem „Regierungszug Adler", in dem auch die Leitung der Abordnung fuhr, der andere mit dem „Regierungszug Dohle". Verantwortlich für die Werttransporte waren im Zuge „Adler" Herr Reichsbankrat Sandler, zu erreichen über die Reichsbanknebenstelle Esslingen, im Zuge „Dohle" Herr Reichsbankrat Teege, zu erreichen über die Landeszentralbank Stuttgart.

Ich selbst war als Spezialist in Clearingfragen zum Führungsstab abgeordnet und hatte mit dem Werttransport ursprünglich nichts zu tun. Erst im Verlauf der sich zuspitzenden Lage wurde auch ich im Rahmen des nachstehenden Berichtes in den Transport eingeschaltet."

Mir ist von den Transporten folgendes bekannt:

Reichsmarknoten

a) Mit dem Zuge „Adler" wurden RM 310.000.000,00 Reichsmark-Noten mitgeführt laut abschriftlich beiliegendem Begleitschreiben vom 13. April 1945 (das Original mit zwei Durchschlägen befindet sich im Bericht des Reichsbankrats Arendt vom heutigen Tage). Eine vorläufige Bestätigung der Reichsbankhauptstelle München über diesen Betrag vom 25. April 1945 liegt im Original mit zwei Durchschriften diesem Bericht bei.

b) Mit dem Zuge „Dohle" wurden RM 210.000.000,00 Reichsmark-Noten mitgeführt laut abschriftlich beiliegendem Begleitschreiben vom 13. April 1945 (das Original mit zwei Durchschlägen befindet sich im Bericht des Reichsbankrats Arendt vom heutigen Tage). Laut beiliegender Bestätigung des Treuhänders der Deutschen Reichsbank in Bayern ist dieser Betrag bei der Reichsbankhauptstelle seinerzeit eingegangen und am 27. April 1945 in der Kasse als Eingang verbucht.

Devisen

Über die Mitführung von Devisen ließen sich keine genauen Feststellungen machen. Aus einem Goldtransport nach Mittenwald ist mir bekannt, daß dort am 26. oder 27. April 1945 ein von dem Reichsbankkassier Netzeband verwahrtes Depot von

25	Kisten Gold
364	Beutel mit Goldbarren
6	Kisten
94	Beutel mit Devisen
9	Briefe und
34	Druckplatten

Herrn Oberst Pfeiffer, dem Chef der Gebirgsjägerschule Mittenwald, übergeben wurde. Ich mußte auf Anordnung des Leiters der Reichsbankhauptstelle München aus diesem Depot die

Beutel Nr. 35	enthaltend	$	120.100,00
Beutel Nr. 48	enthaltend	L	10.000,00
Beutel Nr. 62	enthaltend	SKR	30.000,00
Beutel Nr. 15	enthaltend	Lire	1.000.000,00
Beutel Nr. 17	enthaltend	Lire	500.000,00
Beutel Nr. 39	enthaltend	SFR	150.000,00

nach München überführen. Quittung der Reichsbankhauptstelle München vom 27. April 1945 liegt im Original mit zwei Durchschriften bei. Diese Noten sind bis auf Lire 500.000,00, die meines Wissens gegen Devisengenehmigung an die Organisation Todt abgegeben wurden (Unterlagen sind hier nicht mehr auffindbar), an die Militärregierung abgeliefert worden.

Nach meinen privaten Notizen, die ich mir flüchtig machte, als ein Verzeichnis, das in Verwahrung des Herrn Reichsbankdirektor Goller von der Reichsbankhauptstelle München war, in meine Hände gelangte, sind aus Berlin an Reichsbankdevisen mitgebracht worden:

Depot Reichsbank im „Regierungszug Adler" - Devisen -

US $	2.170.000,00	Brit. Pfund	70.000,00
NKR	840.000,00	LEG	40.000,00
LTQ	5.000,00	FFR	2.000.000,00
DKR	750.000,00	US $	380.000,00
HFL	1.000.000,00	LIRE	2.500.000,00
SKR	45.000,00	NKR	1.500.000,00
Brit. Pfund	160.500,00	SFR	650.000,00

Von diesen mitgebrachten Devisen ist ein Teil nach München (es entzieht sich meiner Kenntnis, ob außer den von mir nach Mittenwald nach München verbrachten Devisen noch weitere Beträge nach München gekommen sind), ein Teil nach Lindau verbracht worden; der Rest muß in den an Oberst Pfeiffer übergebenen Beuteln enthalten sein. Auch kann ich eine Gewähr für die Richtigkeit dieser Zahlen nicht übernehmen. Bei der Reichsbankhauptstelle München ist das Verzeichnis nicht auffindbar.

Die Herren Goller und Sandler müssen aber ins einzelne gehende Angaben hierüber machen können. Ein Schreiben des Herrn von Rosenberg-Lipinsky an Herrn Goller vom 23. April 45 füge ich im Original mit zwei Durchschlägen bei. Die darin erwähnten Weisungen an mich beschränkte sich darauf, für die Unterbringung und dienstliche Verwendung der Herren im Rahmen der Reichsbankhauptstelle bemüht zu sein.

Asservate des Reichssicherheitshauptamtes

Im Zuge Adler befanden sich unter anderem 11 Beutel Devisen die nicht der Reichsbank, sondern dem Reichssicherheitshauptamt bzw. dem Devisenschutzkommando gehörten. Diese 11 Beutel wurden mir auf Veranlassung des Herrn Rosenberg-Lipinsky bei Pilsen aus dem Zuge „Adler" übergeben, mit dem Auftrag, sie bei der Reichsbankstelle Regensburg abzuliefern. Ich habe sie dann zunächst nach Regensburg und später nach München gebracht. Am 24. April 1945 habe ich sie bei der Reichsbankhauptstelle abgeliefert. Bescheinigung des Treuhänders der Deutschen Reichsbank in Bayern über die Einlieferung liegt bei.

Ich hatte mir seinerzeit Aufzeichnungen über den Text auf den Beutelfahnen gemacht und diese anläßlich meiner Vernehmung in der ersten Hälfte des Mai 1945 dem US-CIC-Offizier ausgehändigt. Etwa am 25. April 1945 erschien ein Bevollmächtigter des Reichssicherheitshauptamtes bei der Reichsbankhauptstelle München, der sich Herrn Goller gegenüber legitimierte und dem auf Anweisung von Herrn Goller ein Teilbetrag aus einem Beutel (ich glaube SFR 85.000,00) ausgehändigt wurde. Der Name dieses Herrn ist mir entfallen. Er war in Begleitung eines Dr. Österreich, der seinerzeit im Direktorium in Berlin häufiger zu tun hatte. Die Entnahme erfolgte in meinem und dem Beisein des Sekretärs Getsreiter, der inzwischen verstorben ist. Eine von dem Vertreter des Reichssicherheitshauptamtes und mir unterzeichnete Aufzeichnung über die Entnahme ergab ich Herrn Goller. Sie ist in den Akten der Reichsbank nicht auffindbar.

Depot Reichssicherheitshauptamt im Regierungszug "Dohle"			
11	Beutel	Devisen	nach Reichsbank München
60	Beutel	Devisen	nach Reichsbank München

Da die Beutelfahnen von mir auf dem Transport von Pilsen nach Regensburg aus Sicherheitsgründen entfernt worden waren, mußten, um die SFR zu finden, sämtliche Beutelfahnen geöffnet werden. Bei dieser Gelegenheit wurde der Inhalt der Beutel einschlägig überprüft und die Fahnen wieder an den Beuteln befestigt. Der entnommene SFR-Betrag wurde von mir unter Beisetzung meines Namens auf der Beutelfahne abgesetzt. Die 11 Beutel sind mit anderen Devisen von der Reichsbankhauptstelle München der Militärregierung abgeliefert worden. Abschrift der Quittung der Militärregierung liegt bei, das Original war nicht zu erlangen.

Gold

Bei der Reichsbankhauptstelle München wurden am 24. April 1945 nach dem Tresorasservatenbuch 25 Kisten eingeliefert, die ich am 25. April 1945 nach Mittenwald in das Depot des Reichsbankkassier Netzeband (der inzwischen nach Berlin zurückgekehrt ist) am Walchensee zu verbringen hatte. Ich habe diese Kisten Herrn Netzeband ausgehändigt. Originalquittung mit zwei Abschriften liegt bei.

Wie bereits oben erwähnt, befanden sich im Depot Netzeband außerdem noch 364 Beutel, meines Wissens mit Gold, die an Oberst Pfeiffer von der Gebirgsjägerschule Mittenwald mit den Kisten ausgehändigt wurden.

F.d.R.d.A.   Strobl   (Angestellter d. Landespolizei)   Unterschrift

Reichsbankrat Pohl schrieb am 7. Juli 1945 einen Bericht über die Abordnung eines Führungsstabes des Reichsbankdirektoriums nach Süddeutschland: [386]

„Am 13. April 1945 erhielten etwa 80 Damen und Herren aus den verschiedenen Berliner Dienststellen auf Grund einer Anordnung des Herrn Präsidenten Dr. Funk, der im Raume München einen Führungsstab bilden wollte, die Weisung, sich zu einer Dienstreise vor dem Hauptgebäude einzufinden. Infolge der kurzen Zeitspanne, die zwischen der Bekanntgabe und dem Antrittszeitpunkt lag, war es nur etwa der Hälfte der abgeordneten Reichsbankmitglieder möglich, sich rechtzeitig einzufinden. Den Erschienenen wurde ein Marschbefehl nach Mittenwald ausgehändigt. Leiter des Transportes war Herr Reichsbankdirektor Rosenberg-Lipinsky. Während die Mehrzahl der Teilnehmer unter Mitnahme eines Werttransportes nach Berlin Lichterfelde-West befördert wurde, wurde der Unterzeichnete mit mehreren Beamten und Angestellten zu einem unter der Leitung von Herrn Reichsbankrat Teege stehenden Werttransport nach Michendorf eingeteilt. In Lichterfelde-West wurde der Regierungszug „Adler", in Michendorf der Regierungszug „Dohle" zusammengestellt, denen die Werttransporte der Reichsbank angehängt wurden. In den Zügen befanden sich Führungsstäbe der verschiedenen Reichsministerien, sowie der Reichs-, Präsidial- und Parteikanzlei, deren Reiseziel angeblich Garmisch war.

Die Reise ging über Dresden, Tetschen, Bodenbach; danach mußten die Züge, da andere Strecken nicht mehr zur Verfügung standen, über Bilin, Mlaz, Pilsen, Klattau nach Bayrisch Eisenstein geleitet werden. In dem Protektorat ergaben sich Schwierigkeiten für die Weiterfahrt der Züge durch Mangel an Lokomotiven, sowie durch die Weigerung des zuständigen bayrischen Gauleiters den Führungsstäben die Einreise zu gestatten. Nur durch den Hinweis auf die Wichtigkeit der Werttransporte der Reichsbank gelang es schließlich, die Weiterfahrt durchzusetzen.

Noch im Protektorat wurden aus dem Adler zwei Beamte beauftragt, einen Teil des Werttransportes (11 Beutel Devisen) mittels Auto zur Reichsbank Regensburg zu bringen. Ein weiterer Teil des Werttransportes (60 Beutel Devisen und rund RM 110.000.000,00) aus dem Adler wurden nach der Ankunft in Bayrisch Eisenstein von Herrn Reichsbankdirektor Rosenberg-Lipinsky unter Mitnahme von einigen Beamten mittels Lastauto zur Reichsbank München gebracht. Der Rest der Reichsbankmitglieder sowie der Rest des Werttransportes verblieb unter der Leitung von Herrn Direktor Devrient in Bayrisch Eisenstein im Adler. Dort erreichte der Zug Dohle den Adler, der eine Stunde später eine Lok bekam und nach Zwiesel weiterfuhr. In Zwiesel, wo der Zug Dohle den Adler am nächsten Tag überholte, ließ Reichsbankrat Teege auf Grund eines mit Herrn Direktor Devrient auf dem Bahnhof in Bayrisch Eisenstein geführten Gespräches etwa 40 Beutel mit Devisen ausladen, so daß nur noch Reichsmarknoten im Zuge verblieben.

Die Beutel mit Devisenwerten sind, nachdem der Zug Adler nicht über Deggendorf hinaus kam, mit dem Rest des Werttransportes aus dem Adler mittels Auto über Landshut nach München verbracht und am 25. April 1945 an die Reichsbank München abgeliefert worden. Der Zug Dohle fuhr zwar über Deggendorf hinaus, mußte dann aber wegen Sperre der Strecke durch ein Eisenbahnunglück und durch Luftangriffe zunächst in Schöllach und später in Sulzbach am Inn mehrere Tage liegen bleiben, so daß er erst nach einer Gesamtfahrzeit von 13 Tagen, von Berlin ab gerechnet, auf dem Güterbahnhof in München-Ost angekommen ist.

Nach der Ankunft in München beauftragte mich Herr Reichsbankrat Teege den Zug zu verlassen und Verbindung mit der Reichsbank in München aufzunehmen, um zu versuchen, den im Zub verbliebenen Geldtransport von rund RM 210.000.000,00 aus Deisenhofen, wohin der Zug noch am gleichen Tage fahren sollte, abzuholen. Es gelang mir in München vom Luftgaukommando 7, das größeren Geldbedarf hatte, einen Lastwagen mit Anhänger gestellt zu erhalten und noch am gleichen Tage aus Deisenhofen das Geld, sowie die Reichsbankangehörigen abzuholen und nach München zu bringen. Der Geldtransport wurde ordnungsgemäß an die Reichsbank München abgeliefert.

Hier erfuhren wir, daß eine Weiterfahrt nach Mittenwald nicht mehr in Frage käme, sondern daß wir nach Weisung des Herrn Präsidenten, der inzwischen ebenfalls in München eingetroffen war, hier zunächst verbleiben sollen, um eventuell an die Reichsbankanstalten in Bayern abgeordnet zu werden. Herr Reichsbankdirektor von Rosenberg-Lipinsky, der inzwischen Herrn Direktor Frede nach Kempten abgeordent hatte, war am 22. April 1945 angeblich nach Lindau abgereist. ...

... Während Herr Reichsbankrat Mielke wegen eines vor der Besetzung von München nach Mittenwald durchgeführten Goldtransportes mehrmals von der amerikanischen Militärpolizei vernommen wurde, wobei der sich in amerikanischer Gefangenschaft befindliche Herr Reichsbankrat Thoms von der Reichsbank in Berlin als Dolmetscher diente, wurde ich von einem Begleiter des amerikanischen Finanzoffiziers befragt. Diese Befragung erstreckte sich in der Hauptsache auf allgemeine Fragen des Zahlungsverkehrs der Reichsbank mit dem Ausland. Am Montag, den 14. Mai 1945 eröffnete der amerikanische Finanzoffizier Cpt. Wilson wieder die Reichsbank. Hierbei setzte er Herrn Reichsbankrat Padberg als kommissarischen Leiter der Reichsbank München ein. ...

Gezeichnet: Pohl   Reichsbankrat

Die Erklärung des Herrn Ewald Teege, Bankrat bei der Landeszentralbank Heilbronn vom 20. Februar 1952 lautet: [386]

„Von Januar 1942 bis Kriegsende gehörte ich zur Organisations- und Revisionsabteilung der Reichsbank Berlin. Am 13. April 1945 vormittags wurde ich in der Reichsbank zur Dienstleistung für die geplante Ausweichstelle in Mittenwald eingeteilt. Nachmittags gegen 17 Uhr erhielt ich vom Kassendezernenten, Herrn Frommknecht den Auftrag, einen größeren Goldtransport nach München bzw. Mittenwald zu übernehmen. Der Transport war im Hof der Reichsbank-Hauptkasse bereits auf drei Lastwagen mit Anhängern verladen und bestand meiner Erinnerung nach aus ca. 650 Beutel mit Reichsbanknoten, 42 Beutel mit Devisen und 3 Koffer mit Gold. Sämtliche Beutel waren plombiert. Die Beutel wurden von mir im Hof der Reichsbank nicht gezählt, ich erhielt aber von der Hauptkasse ein Barsendungsschreiben für die Reichsbanknoten und ein Inhaltsverzeichnis über die Devisenbeutel. Anschließend fuhren die Lkw, auf dem letzten saß ich, zum Bahnhof Michendorf.

Dort stand der Regierungszug Adler bereit, in dem sich verschiedene hohe Partei- und Regierungsstellen befanden. Die Beutel wurden beim Einladen in den Güterwagen von mir gezählt und die Vollständigkeit nach den Verzeichnissen festgestellt. Ich kann bestimmt sagen, daß es 42 Beutel mit Devisen und 3 Koffer mit Gold waren. Die Koffer mit Gold wurden aber von mir nie geöffnet. Es war ein kleinerer (ca. 40 x 30 x 12 cm) und zwei größere (ca. 60 x 70 x 15 cm) Pappkoffer, die verschlossen, mit Schnur umschnürt und plombiert waren, an die Summe der Reichsbanknoten kann ich mich nicht mehr erinnern. Der Transport ging am 13. April Richtung Dresden ab. ...

Gezeichnet: Ewald Teege, Bankrat

Die Erklärung des Herrn Fritz Mielke, Bankdirektor der Landeszentralbank in Bayern vom 20. Mai 1952 lautet: [386]

„Am 26. April 1945 erhielt ich von Herrn Reichsbankdirektor Goller, dem damaligen 1. Vorstandsbeamten der Reichsbankhauptstelle München, den Auftrag, 25 Kisten (mutmaßlich mit Gold) nach Mittenwald in das dort von Herrn Netzeband verwaltete Gold- und Devisendepot zu bringen und gleichzeitig die Beutel

Nr. 35	mit angeblich	US $	120.100,00
Nr. 48	mit angeblich	L	10.000,00
Nr. 52	mit angeblich	Skr	30.000,00
Nr. 15	mit angeblich	Lire	1.000.000,00
Nr. 17	mit angeblich	Lire	500.000,00
Nr. 39	mit angeblich	Sfr	150.000,00

aus dem Depot Netzeband nach München zu verbringen. Originalquittung des Herrn Netzeband und der Reichsbankhauptstelle München über die an sie ausgelieferten Werte sind in meinem Besitz. Von den Devisen wurden von der Reichsbankhauptstelle München Lire 500.000,00 noch kurz vor dem Zusammenbruch an die Organisation Todt übergeben, der Rest wurde am 12. Mai 1945 an die Amerikaner übergeben, die Quittung darüber erteilt haben.

Gezeichnet: Fritz Mielke

Der Adjutant des Reichsbankpräsidenten Dr. Funk, Herr Dr. August Schwedler erklärte am 21. Mai 1952 vor dem Direktor der Landeszentralbank Nordrhein-Westfalen: [386]

„Ich war Angehöriger der Reiter-SS und damals Hauptsturmführer. Mit Wirkung vom 1. Februar 1938 war ich Reichsangestellter im Ministerbüro des Reichswirtschaftsministeriums und persönlicher Referent von Herrn Dr. Funk. Als Herr Dr. Funk im Januar 1939 zum Reichsbankpräsidenten ernannt wurde wechselte ich zur Reichsbank. Im Jahre 1944 wurde ich zum Reichsbankdirektor ernannt, ich blieb bei der Reichsbank bis Kriegsende."

Dr. Schwedlers Ausschnitte zum Thema Walchenseegold:

„Mir ist eine Karte des Walchenseegeländes vorgelegt worden. Nach meiner Ansicht hat sich der Einlagerungsort für das Gold in dem Hochkopfmassiv befunden. Der Aufstieg mag ein bis zwei Stunden gedauert haben, er war recht beschwerlich. Der Einlagerungsort selbst war außerordentlich gut getarnt. Ich befand mich plötzlich auf ihm ohne es zu merken. Ich wurde noch gefragt, ob ich nicht irgend etwas besonderes sähe. Als ich das verneinte, hieß es, daß wir angelangt waren. Wir befanden uns mitten im Wald. An Unterholz kann ich mich nicht erinnern. Die Grube war mit Moos und Grasnarben abgedeckt und wie mir schien, völlig unkenntlich. Die Grube mag drei bis vier Meter im Quadrat groß gewesen sein. Sie war abgestützt durch Knüppelholz und Balken (nicht ausbetoniert). Sie war wie mir gezeigt wurde, wasserdicht abgedichtet und enthielt außer den Werten Munition, Gewehre und auch Verpflegung. Selbst eingestiegen bin ich nicht, ich sah es nur von der Einstiegsluke aus. Eingestiegen ist der Beamte der Reichsbank, dem ich den Auftrag des Ministers übermittelt habe.

Nachdem wir aus dem Gebirge nach Mittenwald zurückgekehrt waren, wurden mir im Kasino der Gebirgsjägerschule von Oberst Pfeiffer zwei Goldbarren unverpackt übergeben. Da wir wegen dieser beiden Goldbarren nicht nochmals den Verlagerungsort aufsuchen wollten, habe ich sie in meiner Aktentasche zum Bergerhof mitgenommen. Hier habe ich den Minister noch angetroffen. In seinem Auftrag habe ich die Devisen und die beiden Goldbarren in seiner Kegelbahn abgestellt. ...

Gezeichnet: Dr. Schwedler Dr. Prost Bors

Bereits am 30. April 1945 verfaßte der Reichsbankoberkassier Netzeband einen Bericht über seinen Goldtransport von Berlin über München nach Mittenwald: [386]

Transportführer:	Reichsbankoberkassier	Netzeband	Hauptkasse
Begleiter:	Reichsbankoberinspektor	Januschewski	Hauptkasse
	Reichsbanksekretär	Will	Hauptkasse
Techn. Kommando	Polizeioberleutnant	Krüger	

und 5 Kraftfahrer von der Polizei-Kraftfahrabteilung Schönwalde

Der Transport bestand aus 3 LKW, 2 Anhängern und 1 PKW und hatte eine normale Ladefähigkeit von 12 Tonnen.

Die Sendung bestand aus: I.   365 Beutel mit Goldbarren
                                9 Briefen mit Gewichtstabellen und Listen
                          II.   34 Paketen Druckplatten
                               200 Paketen Banknotenpapier (100.000 Blatt)

Die Sendung hatte ein Gesamtgewicht von ca. 17 Tonnen, daher hatten die einzelnen Wagen ein Übergewicht bis zu 1,5 Tonnen aufzuweisen, was sich während der Fahrt als sehr störend und hindernd herausstellte.

Außerdem wurden noch folgende Personen mitgenommen: Die Frau des Chauffeurs des Herrn Reichsminister Dr. Funk mit drei kleinen Kindern im Alter von 3-5 Jahren und die Frau und Tochter des Polizeioberleutnants Krüger, sowie Betten, Fahrräder, Kisten, Wirtschafts- gerät usw., insgesamt bestand der Transport aus 15 Personen.

<u>Am 13. April 1945</u> nachmittag wurden die Werte zu I. von mir im Beisein des Rbk.Sekr. Will als Begleiter im Tresor der Hauptkasse übernommen.

Am 14. April 1945 früh 7 Uhr erfolgte die Verladung auf Lastwagen. Im Laufe des Vormittags wurde Rbk.Ob.Insp. Januschewski als weiterer Begleiter zugeteilt. Die Verladung zu II. erfolgte anschließend bei der Reichsdruckerei. Gegen 15 Uhr wurden die einzelnen Wagen in Marsch gesetzt. Sammelpunkt war der Ausgang von Marienfelde. Hier begann die geschlossene Abfahrt, die uns bis in die Nähe von Dresden brachte, wo sich bereits Tieffliegerbeschuß bemerkbar machte und wir infolge einer Panne während der Nacht liegen bleiben mußten.

Am 15. April 1945 morgens ging die Fahrt weiter über Teplitz-Schönau, durch das Egertal nach Karlsbad. Auf dieser Strecke hatten wir selbst schon unter Tieffliegerbeschuß zu leiden. Infolge dessen blieben zwei Wagen wegen Bruch auf der Strecke liegen. Der Rest gelangte bis nach Karlsbad, wo wir auf der Reichsbank ein Unterkommen fanden.

Am 16. April 1945 wurden die beiden ca. 30 km entfernt liegen gebliebenen Wagen nach Karlsbad geschleppt. Einer davon wurde repariert, während der andere nach 14-stündiger Verhandlung mit dem dortigen Polizeikommando ausgewechselt wurde. Inzwischen übernahm ich selbst von der Reichsbank Karlsbad einen Beutel mit Devisen laut Schreiben für die Hauptkasse und versuchte hier bereits das Notenpapier zu lagern, was aber aus Platzmangel abgelehnt wurde.

Am 17. April 1945 morgens traten wir die Weiterfahrt in Richtung Marienbad an. Auf dieser Strecke war klar zu erkennen, daß mit der gesamten Ladung ein geschlossenes Weiterkommen unmöglich wurde. Ein Ersatzwagen ging bei Marienbad zu Bruch und mußte dort mit Oberinspektor Januschewski bei der Polizeiwache liegen bleiben. Unter weiterer Zuhilfenahme eines Traktors ging es über Marienbad-Kain bis nach Bischofsteinitz. Tieffliegerangriffe ermöglichten eine Fahrt nur während der Nacht. Die Fahrstraße war überfüllt mit zerschossenen und ausgebrannten Lastwagen, toten Rindern und Pferden, die ein schnelles Vorwärtskommen stark behinderten. In Bischofsteinitz entschloß ich mich daher, das Banknotenpapier zurückzulassen, um mit der Goldladung möglichst schnell aus der Gefahrenzone herauszukommen. Das Papier wurde auf dem Schloß des Fürsten Carl von Trautmannsdorff gelagert. Der leere Wagen ging nach Marienbad zurück und holte die Ladung des Ob.Insp. Januschewski, um 23 Uhr ging die Fahrt geschlossen weiter.

Am 18. April 1945 früh gegen 2 Uhr wurden wir bei Cham durch einen so schweren Bombenangriff überrascht, daß ich mit dem Verlust des ganzen Transportes rechnete. Wie durch ein Wunder kamen wir noch in eine Waldschneise und konnten uns so dem Bombenhagel entziehen. Am Morgen fuhren wir nach Straubing, wo wir wegen einer weiteren Panne liegen bleiben mußten. Gegen 13 Uhr gab es einen Fliegergroßangriff auf die Stadt. Vor dem Angriff habe ich noch auf der Reichsbank vorgesprochen und mein Eintreffen gemeldet. Die Reichsbank wurde bei diesem Angriff ebenfalls getroffen. Nach einem zweiten Fliegerangriff fuhren wir Richtung München weiter, als uns um 23 Uhr in Freising das Benzin ausging, hier brannte noch der Bahnhof und die ganze Umgebung.

Am 19. April 1945 morgens fuhren wir mit gesammelten Brennstoffresten nach München, erhielten 60 Liter Benzin, kehrten zur Kolonne zurück, tankten und fuhren dann zur Reichsbank in München, wo wir gegen 16 Uhr eintrafen. Hier hatte man von unserem Transport keinerlei Kenntnis und wunderte sich, daß die früher abgefahrenen Bahntransporte von Berlin noch ausgeblieben waren. In München wurden weitere 200 Liter Benzin übernommen, dazu von der Reichsbank selbst noch 6 Kisten und 98 Beutel mit Devisen. Von hier aus ging die Fahrt weiter nach Peissenberg, wo wir gegen 24 Uhr eintrafen. Der gesamte Werttransport wurde hier provisorisch in einem massiven Schuppen untergestellt, in dem gleichzeitig das ganze Begleitpersonal schlief.

Am 20. April 1945 besichtigte ich vormittags unter Führung des Direktors das Bergwerk und wir stellten übereinstimmend fest, daß es für die Lagerung völlig ungeeignet sei, da es unter Wasser stand und nur durch ständiges Pumpen befahrbar gehalten werden kann. Hierauf übergab ich Herrn Oberinspektor Januschewski ordnungsgemäß den gesamten Transport und ließ außerdem noch einen Polizeiwachtmeister als Bewachung zurück. Mit dem anderen Teil des Kommandos begab ich mich mit 1 Pkw und 2 Lkw nach München zum Reichsbankdirektor Gollert, und erstattete Bericht über den Zustand des Bergwerkes Peissenberg. Danach fuhr ich sogleich zurück nach Bischofsteinitz (ca. 350 km), um das Banknotenpapier zu holen, wo wir am nächsten Morgen gegen 5 Uhr eintrafen. Auch hier hatten beide Lkw wieder Bruch, durch den wir den ganzen Tag durch Reparaturen aufgehalten wurden. Somit mußten wir hier

am 21. April 1945 liegen bleiben.

Am 22. April 1945 früh wurde das Papier verladen. Gegen 12 Uhr mittags traten wir die Rückreise an über Cham, Eisenstein, Zwiesel, Deggendorf, Regen bis Oberndorf Kreis Landhut, wo wir Quartier bezogen.

Am 23. April 1945 ging die Fahrt weiter Richtung Landshut, Freising bis nach München, wo wir gegen 15 Uhr eintrafen. Das Banknotenpapier wurde in den Tresor der neuen Reichsbank gelagert. Anschließend begaben wir uns nach Peissenberg, wo die Wagen um 19 Uhr eintrafen und wir Quartier bezogen. Hier stellten wir fest, daß inzwischen auf Anordnung des Reichsbankdirektors Dr. Schwedler der gesamte Transport unter Oberinspektor Januschewski nach Mittenwald weitergeführt worden war. Den Transport führte hier die Gebirgsjägerschule Mittenwald unter Leitung von Leutnant Kleiber aus.

Am 24. April 1945 fuhren wir nach Erledigung aller Fragen über Bad Tölz zum Bergerhof des Reichsministers Dr. Funk, wo ich eine Unterredung mit Reichsbankdirektor Schwedler bezüglich des Transportes hatte, dann weiter über Kochel-Walchensee nach Mittenwald, wo wir gegen 19 Uhr eintrafen und uns wieder mit Oberinspektor Januschewski vereinigten. Hier war die Kegelbahn im Keller des Offizierskasino Lagerraum für den gesamten Transport und zugleich Quartier für das Bezirkskommando. Der Auftrag des Polizeikommandos unter Polizeioberleutnant Krüger war hiermit auftragsgemäß beendet und wurde von mir entlassen.

Bei meinem Eintreffen in Mittenwald waren bereits wieder Teile des Goldtransportes mit unbekannten Ziel verlagert worden. Bei der nächsten Abholung erklärte ich dem Leiter Leutnant Kleiber, daß es mit meiner Verantwortung nicht in Einklang zu bringen sei, die werte so ohne weiteres herauszugeben. Da ich den Transport an sich nicht unnötigerweise gefährden wollte und Eile geboten war, ordnete ich an, daß der Reichsbanksekretär Will ab sofort den Transport begleiten sollte und solange an Ort und Stelle zu verbleiben habe, bis ich ihn zurückrufe bzw. eine ordnungsgemäße Übergabe aller Werte durch Quittung der empfangenen Stelle geregelt sei.

Am 25. April 1945 morgens übernahm ich den noch in Mittenwald verbliebenen Rest des Transportes von Oberinspektor Januschewski und stellte fest, daß ein Beutel mit zwei Goldbarren fehlte. Bei der nächsten Abholung beauftragte ich Herrn Oberinspektor Januschewski ebenfalls mitzufahren und den bereits an unbekannten Lagerort befindlichen Teil des Goldes nochmals mit Herrn Reichsbanksekretär Will genauestens nachzuprüfen. Nach Rückkehr des Januschewski stellte man fest, daß nur ein Beutel mit 2 Goldbarren fehlte.

Am 26. April 1945 vormittags traf Reichsbankrat Mielke aus München bei mir ein und brachte 25 Kisten mit Gold mit und bat gleichzeitig um Herausgabe von 5 Beutel Devisen laut Auftrag der Reichsbank. Diese Beutel lagerten bereits alle am neuen Standort, so daß ich bei der nächsten Verlagerung am Vormittag alle 25 Kisten Gold und Reichsbankrat Mielke mitnahm und mich nochmals selbst von der Richtigkeit der geprüften Anzahl Beutel überzeugen wollte. Es blieb auch hier nur der Verlust des einen Beutels.

Bankrat Mielke erhielt die fünf Beutel Devisen und eine weitere Spitze aus dem Beutel Nr. 39 von Sfr 150.000,00, die in einen mitgebrachten Beutel verpackt wurden. Beide Beutel wurden danach von Reichsbanksekretär Will plombiert. Gleichzeitig bat ich Reichsbankrat Mielke, den Verlust des Goldbeutels der Reichsbank München zu melden. Nach meiner Rückkehr vom neuen Lagerort wurde sogleich der Rest des Transportes verladen, mit dem ich nochmals mitfuhr, um nur den gesamten Bestand übergeben zu können. Nach ordnungsgemäßer Aufstellung übergab ich alles dem beauftragten Hauptmann Rüger, mit Ausnahme des fehlenden Beutels. Hauptmann Rüger erklärte mir schon vor der Übergabe, daß er keinerlei Berechtigung habe, mir eine Quittung zu erteilen. Darauf fuhren wir zu Oberst Pfeiffer, wo ihm der Hauptmann Rüger meldete, daß er alles laut Aufstellung richtig übernommen habe. Ich bat nun Oberst Pfeiffer um die Quittung, der mich an seinen Adjutanten Sicker verwies und gleichzeitig bemerkte, daß diese Quittung mit der Maschine vorbereitet und mir am nächsten Tage im Kasino übergeben werden sollte.

Am 27. April 1945 wartete ich den ganzen Tag im Kasino auf die versprochene Quittung, die leider ausblieb und ebenso auch die beiden Herren. Gegen Abend begegnete ich Oberst Pfeiffer, als er sich gerade mit seinem Wagen wegfahren wollte, er erklärte mir, daß er jetzt zum Bergerhof nach Bad Tölz fahre, um mit dem Reichsminister Dr. Funk in der ganzen Angelegenheit zu sprechen.

Am 28. April 1945 traf Reichsbankdirektor Dr. Schwedler mit seinem Auto bei mir ein und beauftragte mich, zusammen mit ihm und Major Braun, dem Stellvertreter von Oberst Pfeiffer, nach dem neuen Lagerort zu fahren, um noch bestimmte Werte herauszuholen. Hierbei meldete ich noch mal den Verlust eines Goldbeutels. Wir entnahmen am Lagerort vier weitere Beutel, worüber ich eine Aufstellung machte und sie ihm übergab. Auf meine Bemerkung betreffend der Quittung sagte mir Dr. Schwedler, daß ich damit nichts mehr zu tun hätte und ich sollte im Falle einer Gefahr alle meine Unterlagen verbrennen. Die entnommenen vier Beutel gehen zur Reichsbank nach München und sind für die „Wirtschaftsgruppe Handel" bestimmt. Als wir nach Mittenwald zurückkehrten, traf gleichzeitig Oberst Pfeiffer und sein Adjutant Werner Sicker im Kasino ein. Reichsbankdirektor Dr. Schwedler hatte dann eine Besprechung mit den beiden Herren, an der ich nicht teilnahm. Ich ging zu meinem Quartier, als sich Reichsbanksekretär Will bei mir meldete, daß der fehlende Goldbeutel im Ofen der Kegelbahn der Gebirgsjägerschule gefunden worden sei.

Am 29. April 1945 versuchte ich nochmals Oberst Pfeiffer bzw. Hauptmann Sicker zu erreichen, was aber fehlschlug. Nach stundenlangen warten erfuhr ich, daß sich beide Herren an die Front nach Garmisch Partenkirchen begeben hatten. Der Anmarsch des Feindes auf Garmisch Partenkirchen löste ein Chaos aus, wir selbst mußten noch am gleichen Tag unser Quartier verlassen und wurden auf die Straße gesetzt, da das Kasino als Lazarett eingerichtet wurde. Ein Wegkommen aus Mittenwald war nicht mehr möglich. Der Eisenbahnverkehr lag inzwischen still und die Straße von Garmisch war mit Fahrzeugen aller Art und Menschen in Richtung Mittenwald Innsbruck völlig überfüllt. Es blieb uns also nichts anderes übrig, als eine Unterkunft in Mittenwald zu suchen.

Der Ort war durch tausende Evakuierter völlig überfüllt und doch gelang es mir, bei meiner ehemaligen Wirtin, für mich und Reichsbanksekretär Will wenigstens eine Notunterkunft zu erhalten, während Oberinspektor Januschewski ein Obdach in der Turnhalle fand. Infolge der Einquartierung amerikanischer Truppen mußten wir noch zweimal binnen einer halben Stunde unser Quartier verlassen und fanden auf einem Heuboden Unterkunft. Erst durch die Abreise einiger Evakuierter erhielten wir unser altes Zimmer zurück. Inzwischen war der Winter eingezogen. Es war bitter kalt und es schneite unaufhörlich, der Schnee lag ca. 15 cm hoch und hatte starken Schaden angerichtet.

<u>Am 30. April 1945</u> war der Transport als solcher erledigt. Wir meldeten uns bei der Gemeinde ordnungsgemäß an und bezogen darauf unsere Lebensmittelmarken. Die zurückgelegte Strecke des Personenkraftwagen, der als Verbindungswagen innerhalb des Lastzuges fuhr, zeigte nach dem Tachometer die Strecke von 2.100 km an.

Mittenwald, den 30. April 1945   Gezeichnet: Netzeband

Die reichsbankeigenen Handfeuerwaffen (Pistolen) und Waffenscheine wurden laut Anordnung der Militärregierung an diese abgeliefert.

Mittenwald, den 15. Juni 1945   Gezeichnet: Netzeband

<u>Nachtrag zu meinem Bericht vom 30. April 1945:</u>

Folgender Nachtrag ist streng vertraulich zu behandeln, da ich vor meiner Vernehmung vom englischen Geheimdienst (Secret Service) verpflichtet wurde, völliges Stillschweigen gegen Jedermann zu bewahren und bei Bruch dieser Verpflichtung mit einer mehrjährigen Gefängnisstrafe zu rechnen habe.

<u>Vom 1. Mai bis 2. Juli 1945</u> nachdem wir uns bei der Gemeinde Mittenwald angemeldet hatten, ging ich zum amtierenden Bürgermeister Dr. Keule, wies meinen Marschbefehl vor und fragte nach eingegangenen Weisungen seitens des Reichsbankdirektoriums, worauf ich zur Antwort bekam, daß sich bereits vor uns ein Transportkommando von drei Herren der Reichsbank meldete, das angeblich Druckplatten zu befördern hatte. Wo sie geblieben seien, wisse er nicht. Ich selbst solle doch alle 2 bis 3 Tage bei ihm vorsprechen für den Fall, daß eine Nachricht eingehen würde.

Ich hatte durch Vermittlung der Darlehenskasse Genth-Mittenwald am 15. Juni 1945 einen Brief direkt bei der Reichsbank München abgeben lassen. Mittlerweile wurden auch mir bekannte Offiziere der Gebirgsjägerschule verhaftet, wie Major Braun die Hauptleute Neuhauser und Rüger. Nach dreiwöchiger Haft wurde Major Braun entlassen, ich sprach mit ihm über die Goldtransportangelegenheit. In der Zwischenzeit gewann ich den Eindruck, einer geheimen Beobachtung zu unterliegen, obwohl das gesamte Transportkommando sehr zurückgezogen lebte.

Am 3. Juli 1945 wurde meine Annahme durch meine Festnahme durch den englischen Geheimdienst (Secret Service) bestätigt. Wir wurden zum Geschäftszimmer des Hotels Alpenrose gebracht und von einem Dr. Carl Benz verhört. Anwesend waren weitere Angehörige, (Fuess-Storkow-Berlin) männlich wie weiblich, darunter ein Dr. Halling (Neubabelsberg) von einer Filmgesellschaft. Bei meiner Vernehmung lagen bereits genaueste Aufzeichnungen unseres Transportes vor, nur daß sich Abweichungen betreffend der Tagesdaten ergaben. Nachdem Verhör wurden wir mit dem Lastwagen zum Forsthaus Einsiedel gebracht und mußten bei strömenden Regen auf die Berge steigen, um nach den vergrabenen Werten zu suchen. Die Rückkehr erfolgte gegen 23 Uhr.

Am 4. Juli 1945 mußte ich wegen einem Rückfallfieber (Malaria tropica) infolge der völligen Durchnässung meiner Kleidung im Bett liegen. Mir wurden auf Wunsch Chinintabletten zugestellt, ferner wurden uns neues Schuhzeug und Mäntel zur Verfügung gestellt.

Am 5. Juli 1945 morgens um 9 Uhr erschien der Chef des englischen Geheimdienstes, ein General (Kriminalspezialist) mit seinem Adjutanten und Dolmetscher bei mir in der Wohnung und vernahm mich, sowie den Reichsbanksekretär Will noch mal genauestens nach seinen eigenen Aufzeichnungen. Anschließend wurden wir wieder auf einen Lastwagen verladen und mußten nochmals zum Forsthaus Einsiedel fahren und auf die Berge steigen.

Nach längerem Suchen wurden wir durch den General an mehrere geöffnete Gruben geführt, von denen ich die letzte als die mir bekannte Grube feststellen konnte, diese war ebenfalls leer. Soweit ich den Äußerungen der englischen Offiziere entnehmen konnte, haben die Amerikaner bereits 9,1 Tonnen Gold gefunden, während alle anderen Werte verschwunden sind, und angenommen wird, daß sie gestohlen worden seien. Nach Aussagen des Hauptmanns Neuhauser soll Reichsbankdirektor Dr. Schwedler mit zehn SS-Leuten diese Werte abgeholt haben. Das festzustellen, war jetzt die nächste Aufgabe. Bei der Vernehmung wurde mir beiläufig erklärt, daß wir seit dem 3. Mai unter Kontrolle ständen und keine Gelegenheit hätten, aus Mittenwald zu verschwinden, des weiteren sei ihnen unser Goldtransport bereits von Berlin aus bekannt.

Am 6. Juli 1945 hatten wir bis auf die Nachmittagsstunden Ruhe. Gegen 16 Uhr erschien wieder der englische General mit seinem Adjutanten und dem Hauptmann Neuhauser, der uns gegenübergestellt wurde und bestehende Zweifel in den Tagesdaten geklärt wurden. Darauf wurde Hauptmann Neuhauser wieder dem Gericht in Garmisch-Partenkirchen zugeführt.

Am 7. Juli 1945 bekamen wir um 8 Uhr die Anweisung, die Wohnung nicht zu verlassen und uns jederzeit zur Verfügung zu halten. Am Nachmittag erschien Major Braun im Auftrag des englischen Generals in meiner Wohnung , um die Differenz in den Tagesdaten zwischen seinen und unseren Angaben in Übereinstimmung zu bringen, sonst hatte sich nichts mehr ereignet.

Am 8. Juli 1945 war Sonntag und es fanden keine Vernehmungen statt

Am 9. Juli 1945 Montag vormittag wurden wir auf das Geschäftszimmer des englischen Geheimdienstes bestellt. Gleichzeitig mußten wir die uns leihweise überlassenen Bekleidungsstücke zurückgeben. Wir wurden dem englischen General gemeldet, der uns empfing und kurz darauf zuvorkommend entließ. Er teilte uns mit, daß einer Ausreiseerlaubnis nichts mehr im Wege stand.

Mittenwald, den 10. Juli 1945   Gezeichnet: Georg Netzeband
                                                   Reichsbankoberkassier

Reichsbanksekretär Will hat seine Erklärung am 5. Mai 1952 vor dem Reichsbanktreuhänder in der britischen Zone, in der Hamburger Landeszentralbank, vor den Herren Dr. Kramer, Krüger und Schrobsdorff abgegeben, Ausschnitte daraus: [386]

... Nachts wurden die Bestände mit Maultier-Tragkolonnen von der Försterei zu dem ausgehobenen Versteck heraufgebracht und vergraben. Beteiligt waren dabei die sechs verkleideten Offiziere und ich allein. ...

... Der Zufall fügte es, daß der englische Oberst in die Nähe des Verstecks kam und plötzlich standen wir vor der von uns ausgezeichnet getarnten Grube, die geöffnet und deren Inhalt verschwunden war. ...

... In diesem Zusammenhang ist vielleicht eine Beobachtung von Interesse, die ich während der acht Tage zwischen der ersten und der zweiten Vernehmung in Mittenwald selbst gemacht habe. In diesen Tagen standen vor der amerikanischen Kommandantur eines Tages 5 bis 6 Autos, die mit deutschen Wehrmachtsangehörigen, darunter einen Offizier, besetzt waren, und die Spaten, Pickel u.ä. bei sich führten. Auf meine Frage, was sie als deutsche Wehrmachtsangehörige jetzt nach der Besetzung hier noch zu tun hätten, erklärte der dazugehörende Unteroffizier, sie hätten Befehl etwas auszugraben und abzuholen. ...

... Zur Aufstellung der vergrabenen Werte möchte ich noch folgendes ergänzen, daß uns neben der Aufstellung noch eine Reihe verschlossener Pakete übergeben wurde, bei denen es sich offenbar um das Privateigentum prominenter Vertreter des Dritten Reiches handelte. Diese Privatpakete haben wir seinerzeit in München abgegeben, über Inhalt und weiteren Verbleib ist nichts bekannt. ...

... Wenn meine Erinnerung mich nicht täuscht, handelt es sich um 25 Kisten Gold, die von Berlin aus nachgeschoben worden sind und die wir aus der Reichsbank München dann von Herrn Mielke übernommen haben. Auch diese 25 Kisten Gold sind vergraben worden. ...

... Die Aufzeichnung ist an dem Tage, mit dem sie datiert worden ist, nämlich dem 30. April 1945, angefertigt worden. Sie ist bei allen Vernehmungen und Hausdurchsuchungen von uns versteckt worden. Sie befand sich bis zu meiner Flucht aus Mittenwald im Kohlenkeller, versteckt unter Kohlen.

Hamburg, den 5. Mai 1952   Gezeichnet: Will

Verhandlungen von Angehörigen der Waffen-SS und der Wehrmacht mit bayrischen Regierungsstellen und US-Truppen über das Walchenseegold

Der Generalstaatsanwalt beim Oberlandesgericht München leitete mit Schreiben Nr. 7870 am 28.09.1952 einen Aktenordner dem Bayer. Staatsministerium der Finanzen zu, dessen Inhalt sich auf den Verbleib eines Teiles des Reichsschatzes bezieht, dessen Goldbarren und Goldmünzen allein einen Wert von RM 300.000.000,00 darstellten. Darin enthalten war ein Bericht des Präsidiums der Landespolizei von Bayern vom 18. Dezember 1951 mit nachfolgendem Inhalt: [387]

Der frühere Präsident des Landesentschädigungsamtes hat demnach mit mehreren, dort als „Vertrauensleute" bezeichneten Personen Nachforschungen in dieser Richtung betrieben. Sowohl im Falle der Auffindung noch versteckter Bestände wie auch im dem Falle, daß diese Untersuchungen dazu geführt hätten, daß deutsche Regierungsstellen auf Grund der Inbesitznahme dieser Werte durch die Alliierten von diesen eine Gutschrift bekommen würden, wären diese „Vertrauensleute" im gesetzlichen Sinne mit 10 % des gefundenen Wertes abgefunden worden. Die ganze Angelegenheit erlitt durch die Vorgänge im Bayer. Landesentschädigungsamt eine Unterbrechung.

Die Vertrauensleute waren u.a. Obersturmbannführer d. SS u. Oberleutnant der Schutzpolizei und Adjutant von Dr. jur. Heinrich Lammers dem Reichsminister und Chef der Reichskanzlei, Fritz Josef Rauch und Oberst Franz Wilhelm Pfeiffer, der Kommandeur der Gebirgsjägerschule in Mittenwald. Rauch hat sich in den letzten Apriltagen 1945 den Offizieren der Gebirgsjägerschule Mittenwald angeschlossen, weil er Pfeiffer von früher kannte und mit ihm befreundet war.

Bis dahin waren folgende Persönlichkeiten der Bayerischen Staatsregierung teils mehr, teils weniger informiert:

- der Bayerische Ministerpräsident Schäffer
- der Präsident des Landesentschädigungsamtes Dr. Auerbach
- Staatssekretär Grieser und Staatssekretär Ringelmann
- Staatssekretär Müller und Ministerialrat Kiefer

Der Generalstaatsanwalt leitete diesen Akt dem Präsidium der Landespolizei von Bayern für weitere Ermittlungen zu, da Personen, welche der deutschen Gerichtsbarkeit unterliegen, in diesem Zusammenhang in strafbare Handlungen verwickelt sein könnten und Personen, die der alliierten Gerichtsbarkeit unterlägen, sich in einer Weise verhalten haben dürften, die einem geordneten Rechtsgang und dem Umgang mit solchen Werten beim Besitzwechsel nicht entsprächen.

In seiner schriftlichen Zeugenaussage vom 05. Mai 1952 gibt Reichsbanksekretär Will, welcher bei der Vergrabung dabei war, an, daß er zwischen seinen Vernehmungen durch die Alliierten in Mittenwald, wo er sich unter Ortsarrest nach Kriegsende für drei Monate aufhalten mußte, einen seltsamen Vorgang miterleben konnte:

... „So standen vor der amerikanischen Kommandantur 5 bis 6 Fahrzeuge, die mit deutschen Wehrmachtsangehörigen in voller Uniform, darunter einem Offizier, besetzt waren, und die Spaten, Pickel u.ä. bei sich führten. Auf meine Frage, was sie als deutsche Wehrmachtsangehörige jetzt nach der Besetzung hier noch zu tun hätten, erklärte der dazugehörige Unteroffizier, sie hätten Befehl etwas auszugraben und abzuholen." ...

Der amtliche Zwischenbericht führt weiter aus, daß der Förster und Jäger Josef Veit und ein gewisser Benz für die Amerikaner eine Agententätigkeit in Mittenwald ausübten. Auf diese Weise wurden die ersten Einzelheiten zusammengetragen und unmittelbar danach kommt es zu ersten Verhaftungen von Angehörigen des Mittenwalder Offizierskorps durch die Amerikaner, doch deren Bemühungen sind zunächst erfolglos.

Alle Offiziere der Goldangelegenheit einigten sich bei der Vergrabungsaktion, falls sie nach erfolgten Einmarsch der Alliierten in ein Verfahren verwickelt würden, grundsätzlich alle auszusagen, daß das Gold und die Devisen im letzten Moment noch in die SS-Festung Tirol abtransportiert wurde und man nicht wisse, was mit den Werten geschehen sei.

Gegen Pfingsten 1945 jedoch ist den Amerikanern die ungefähre Lage der Verstecke bekannt geworden. Entsprechend konkreten Vorhalten durch den Dolmetscher Egon Schackmann der MP-Customs dürften den damals im Amtsgerichtsgefängnis Garmisch-Partenkirchen in Haft gewesenen Hauptmann Rieger veranlaßt haben, die Zweckmäßigkeit weiteren Schweigens einzusehen und alles zu erzählen.

Hauptmann Rieger der Gebirgsjägerschule Mittenwald erklärte sich also bereit, zwei amerikanische Offiziere, Major William R. Girler und Captain der Infantry Walter R. Dee, an die Verstecke heranzuführen. Amerikanische Pioniere mit Minensuchgeräten spürten ein Goldversteck sofort auf und unmittelbar danach wurde das Gold ausgegraben und von den amerikanischen Offizieren in Besitz genommen. Außer den zwei US-Offizieren und etwa 8 bis 10 US-Pionieren waren in diesem Augenblick an der Stelle des Goldversteckes weiter anwesend:

Der deutsche Staatsangehörige Josef Veit aus Mittenwald und der damals in Mittenwald wohnende Hauptmann Rieger, welcher von keiner deutschen Polizeibehörde gefunden und vernommen werden konnte. Beim Abtransport des Goldes durch die US-Truppen waren Veit und Rieger nicht mehr dabei. Soweit die ehemaligen Gebirgsjäger Offiziere nicht in Haft waren, hielten sie sich in der Umgebung versteckt. Entsprechend der nun eingetretenen Lage ist Oberst Pfeiffer mit der damaligen bayrischen Regierung mit Ministerpräsident Schäffer wegen der Übergabe der Werte in Verhandlungen getreten.

Die Bayrische Regierung hat aufgrund der bestehenden Rechtslage die „Goldsache" nicht weiter verfolgt. Bereits zu diesem Zeitpunkt nach Kriegsende erschien Oberstleutnant der Polizei Rauch, welcher eng mit Oberst Pfeiffer zusammengearbeitet hat, wieder in Garmisch-Partenkirchen.

Im Zuge der amerikanischen Untersuchungen wurden also mehrere dieser deutschen Offiziere bekannt. In Anwesenheit dieser Offiziere und in Anwesenheit nicht weiter bekannten US-Offiziere fand in der Villa Ostler in Garmisch eine Besprechung statt. Hierbei forderte der damalige Oberst Pfeiffer von den Amerikanern die Freilassung aller inhaftierten Offiziere in Garmisch und Mittenwald und freies Geleit. Auf weitere Forderungen geht der Zwischenbericht des Präsidiums der Landespolizei von Bayern am 18.12.1951 verfaßt nicht weiter ein.

In diesem Zusammenhang gab der ehemalige Gebirgsjägerleutnant aus Mittenwald Artur Freischel an, das er dabei gewesen sei, als Oberstleutnant Rauch mindestens zwei der drei Devisenverstecke übergeben habe. Vom dritten Versteck, welches vermutlich bei Altlach am Walchensee gewesen sein soll, wußte Freischel nichts.

Ferner erinnert sich Freischel genau daran, daß vier der genannten Juwelenkisten und zwar jene vier, welche neben den 20 eingegraben waren, an diesem Tage übergeben wurden. Er hält es für möglich, daß bei dieser Gelegenheit auch die anderen 20 Juwelenkisten durch Rauch übergeben wurden, neigt aber eher zur Ansicht, daß diese 20 nicht mehr übergeben worden seien.

An die US-Truppen sind damit zu Pfingsten bzw. in der Woche nach Pfingsten aufgefunden und übergeben worden:

> das Goldversteck auf dem Steinriegel mit 728 Goldbarren a 12,5 kg
> die Devisenverstecke auf dem Klausenkopf und Sintelsberg und
> die vier Juwelenkisten, welche neben dem Goldversteck lagen

Die Übergabe im dritten Versteck mit Devisen und der 20 Juwelenkisten ist zwar wahrscheinlich aber noch keineswegs nachgewiesen. Während die Goldbarrenanzahl genau feststeht, ist bis jetzt der Wert der Devisen und Juwelen nicht annähernd bekannt, zudem es sich um Goldmünzen verschiedener Länder, sowie um Schmuck und ungeschliffenen Edelsteinen wie u.a. Diamanten und auch Brillanten handelt haben dürfte.

Desweiteren ist bekannt, daß Hauptmann Blücher von der Gebirgsjägerschule Mittenwald aus den Devisenbeständen des Reichsschatzes im Walchenseegebiet 400.000,00 US-Dollar oder Devisen im Werte von RM 400.000,00 erhalten hat, um für Rauch und Pfeiffer falsche Papiere zu beschaffen.

Es wurde ermittelt, daß Mitte 1946 im Hause der Gebrüder Blücher in Garmisch, Pfeiffer und Rauch eintrafen und zwei große Rucksäcke mit sich führten., welche mit Dollars und englischen Banknoten gefüllt waren. Diese Devisen übergaben sie ungezählt den Blüchern mit der Aufforderung, sie zunächst 14 Tage aufzubewahren. Das Geld wurde vorübergehend im Garten des Hauses Blücher und später in Oberau in Einmachgläser verpackt und eingegraben. Erst im August 1945 erschienen Oberst Pfeiffer und Oberstleutnant Rauch in Begleitung von Amerikanern bei Blücher in Garmisch wieder. Sie forderten das im Mai übergebene Geld heraus. Die Amerikaner nahmen es dann in Besitz. Der übernehmende amerikanische Offizier war Capt. Fred S. Neumann, bei der Übernahme waren noch 404.840,-- US-Dollar und 405 britische Pfund vorhanden.

Der Polizeibericht führt weiter aus:

„ ... daß Captain Neumann bei seiner Reise in die USA einen ganzen Koffer voll Devisen illegal bei sich gehabt haben soll. Ein amerikanischer Major hielt sich demnach in der Schweiz auf, er war in Begleitung einer deutschen Freundin und soll vom Erlös aus der Goldangelegenheit gelebt haben. Oberstleutnant Rauch war für seine Dienste die amerikanische Staatsangehörigkeit versprochen. Oberst Pfeiffer und Rauch sind nach gegenwärtigen Vermutungen wahrscheinlich in Argentinien."

Am 23.12.47 wurde die Besitzerin der Gaststätte „Zum Weissen Rössl" Frau Hausner, ermordet, sie soll mit Beteiligten der Goldangelegenheit bekannt gewesen sein. Dieser Fall löste umfangreiche Untersuchungen aus, welche drei Jahre andauerten und zu keinem Ergebnis führten. Es wird vorläufig angegeben, daß eine Reihe amerikanischer Offfiziere, welche mit dem Besitzwechsel des Goldes und Devisen am Walchensee in Beziehung standen, sich langwierigen amerikanischen Untersuchungen unterziehen mußten. Daraufhin soll ein großer Teil der amerikanischen Stabsoffiziere vom Armeedienst suspendiert worden sein.

Alle diese Zusammenhänge begründen den Verdacht, daß strafbare Handlungen vorliegen müssen, zumal eine Behauptung von amerikanischer Seite bekannt ist, daß 200 kg Gold [vom Walchenseegold] fehlen würden."

i. A. Witzdorf (Oberamtmann der Landespolizei)   Dienstsiegel

Beglaubigt: Zangl 18.12.1951

Im Walchenseegebiet wurden rund 12 Tonnen Gold vergraben. Die Amerikaner fanden durch ihre Bemühungen und deutschen Agenten nur 9,1 Tonnen. Es wäre schon möglich und nach den Ermittlungen sogar sehr wahrscheinlich, daß die „Interessengemeinschaft Pfeiffer und Rauch" die restlichen 2,9 Tonnen Gold den Amerikanern gegen Überlassung eines „Finderlohnes von 200 kg Gold" übergeben haben, wie sie das schon gegenüber der Bayerischen Regierung gefordert hatten. Schließlich bestätigten auch die US-Behörden gegenüber den bayrischen Ermittlungsbeamten das Fehlen von 200 kg Gold.

Der Schlußbericht vom 13. Januar 1953 führte weitere Ermittlungen auf: [388]

Bei der Übergabe des Walchenseegoldes sind von alliierter Seite ein englischer General Waring (oder ähnlich), ein französischer Captain Soutau und ein amerikanischer Captain Neumann vertreten gewesen. Amerikanische Dienststellen führten über den Verbleib der Gold- und Devisenbestände Ermittlungen durch. Über das Ergebnis ist nichts bekannt geworden. Angaben des Reichsbankdirektors Thoms zufolge war als leitender US-Sachbearbeiter Mr. Frank J. Roberts, im OFFICE OF OECONOMIC AFFAIRS PROGRAM DIVSION in Mehlem bei Bonn involviert. Nach Abholung von drei Devisenbeutel aus der ersten Vergrabung durch Dr. Schwedler wurden auf Anordnung des Oberst Pfeiffer die gesamten bereits vergrabenen Devisen an drei andere in der Nähe befindlichen Stellen am Klausenkopf, dem Siementsberg und Altlach verlagert, weil man angeblich der Ansicht war, daß der erste Lagerungsort inzwischen bekannt geworden sei.

Der damalige Oberst Pfeiffer soll sich bis Dezember 1945 in Österreich aufgehalten haben und ist anschließend nach fernschriftlicher Mitteilung der Bundespolizeidirektion Innsbruck nach Argentinien ausgewandert. In diesem Schreiben der Bundespolizeidirektion Innsbruck ist angegeben: - Franz Pfeiffer, geb. am 14.05.1907 in Wien. Die richtigen Personalien sind nach Auskunft des Standesamtes München II:

- Franz Pfeiffer, geboren am 23.Oktober 1907 in München

Laut Auskunft der Bundespolizeidirektion Innsbruck ist die gegenwärtige Anschrift: Franczekso Pfeiffer, -gral - urgiza - 1756 - Florida - Provinz Buenos Aires, Argentinien.

Der Obersturmbannführer der Waffen-SS und Oberstleutnant der Schutzpolizei, Friedrich Josef Rauch, geb. am 01.09.1906 in München, ist mit seiner Ehefrau Annemarie Rauch, geb. Gugelmann, geb. am 09.07.1906 in Aschach, Kreis Eferding, von Bad Wiessee bei Tegernsee verzogen. Abmeldung erfolgte nach Vilshofen in Niederbayern.

Die Bezirksinspektion der Landespolizei Vilshofen teilte aber mit, daß die Familie Rauch dort nie gewohnt und auch nie zur Anmeldung gekommen ist. Es besteht der Verdacht der bayerischen Polizeibehörden, daß Rauch mit Pfeiffer, mit dem er zuletzt beisammen war, nach Argentinien ausgewandert ist.

Der Reichsbankoberinspektor Emil Januschewski, welcher bei den Vergrabungsaktionen des Reichsschatzes beteiligt war, verübte am 13.03.1946 Selbstmord.

Herr Dr. August Schwedler welcher auf Vorschlag des Reichsführers SS Heinrich Himmler am 1. Dezember 1938 der persönliche Adjutant des Kriegswirtschaftsministers und Reichsbankpräsidenten Dr. Walther Funk wurde, wohnte mit seiner Familie in Kirchbichl im Landkreis Bad Tölz und war früher auch Angehöriger der Reiter-SS, sowie Hauptsturmführer der Waffen-SS. Himmler schrieb persönlich, daß Dr. Schwedler für Funk unentbehrlich sei und er keinen militärischen Dienst antreten müsse.

Dr. Schwedler wurde von Funk beauftragt, ihm aus dem Goldversteck am Walchensee drei Beutel mit Goldfranken zu holen. Dr. Schwedler überbrachte die gewünschten Devisenbeutel und zwei in Mittenwald wiedergefundene Goldbarren an Herrn Reichsbankpräsident Dr. Funk in dessen Landgut, dem Bergerhof bei Bad Tölz.

Dr. Schwedler hinterlegte seine Werte in der Kegelbahn vom Bergerhof und Dr. Funk verließ mit seinem Fahrer Herrn Miesen das Anwesen Richtung Alpenfestung.

Auf der Flucht nach Berchtesgaden erkannte Dr. Funk die ausweglose Situation und übergab dem damaligen Landrat Jakob zur Weitergabe an den Leiter der Kreissparkasse Berchtesgaden, Herrn Jakob Stauber seine 3 Beutel und 2 Goldbarren, welche sich wie folgt zusammen setzten:

```
- 1 Beutel US-Golddollars      60.000,--
- 1 Beutel US-Golddollars      27.200,--
- 1 Beutel engl.Goldpfund      10.000,--
- 1 Beutel mit 2 Goldbarren á  12,5 kg
```

Die Militärregierung in Berchtesgaden erstellten der Kreissparkasse Empfangsbestätigungen über:
- 19.840,-- US-Golddollars
- 10.000,-- engl. Goldpfund und 2 Goldbarren

Der Landrat übergab der Kreissparkasse aber nur 2 Beutel und die 2 Goldbarren und in den Beuteln fehlten auch noch 67.160,-- US-Golddollars. Nach diesen Feststellungen liegt die

Vermutung nahe, daß Landrat Jakob nicht nur den bisher ungeklärten einen Beutel, sondern auch die restlichen fehlenden amerikanischen Dollars beiseite geschafft hat.

Dr. Schwedlers Ehefrau erhielt vor der Währungsreform von ihrem Sperrkonto bei einer Bank in Bad Tölz monatlich RM 300,00. Laut Feststellung der Gemeinde Kirchbichl bezog sie vom 1. August 1948 bis 30. November 1949 Sozialhilfe. Einige Nachbarn von Frau Schwedler wurden mündlich vernommen, die ebenfalls erklärten, daß der Lebensaufwand der Ehefrau Dr. Schwedlers den Zeitverhältnissen entsprochen habe.

Unter Bezugnahme auf das Ferngespräch mit Herrn Oberstaatsanwalt Weiss der Generalstaatsanwaltschaft München wurden weitere Ermittlungen nicht mehr geführt, weil etwaige strafbare Handlungen verjährt sind.

Gezeichnet: Martin   (Amtmann der Landespolizei)
             Bleninger   (Inspektor der Landespolizei)

Beglaubigt: Unterschrift Dienstsiegel Staatsanwaltschaft München
                                         beim Bayer. Oberlandesgericht München

Das US-Verteidigungsministerium betonte im Jahre 2000, nicht zu Wissen, wo sich das Reichsbankgold aus Oberbayern befindet. Eine Nachfrage der SÜDDEUTSCHEN ZEITUNG beim DEPARMENT OF DEFENSE in Washington blieb ohne Ergebnis. Der Chefhistoriker der US-Armee, Jeffrey J. Clarke mußte feststellen, daß im gesamten Archiv des CENTER OF MILITARY HISTORY, das dem DEPARTMENT OF THE ARMY untersteht, nichts über das Walchenseegold zu finden war.

„Der Schatz, den sie anführen", schrieb er, „ist ziemlich beträchtlich, und ich bin überrascht, daß wir keinen Hinweis auf ihn haben." (SÜDDEUTSCHE ZEITUNG)

So stellte auch Ministerialrat Fritz Baer in der Bayerischen Staatskanzlei im Juli 1950 resignierend in einer Aktennotiz fest: [389]

„Nachdem die amerikanische Besatzungsmacht sämtliche Bestände an sich genommen hat, dürfte eine Weiterverfolgung der Angelegenheit weder angezeigt erscheinen, noch Erfolg versprechen." Die Bayerische Staatsregierung schließt endgültig die „Goldakten" und die umfangreichen Unterlagen verschwinden im Archiv.

Bestand des Hauptdepots der Reichsbank
im Bergwerk Merkers in Thüringen

Edelmetallbestände, Asservate und Depots in Berlin bei der Reichsbank zum Zeitpunkt der Verlagerung in das Bergwerk Merkers in Thüringen im Februar / März 1945.

Alle Daten der Tabellen Nr. 14 bis Nr. 67 wurden mit Daten aus den Bestandsbüchern der früheren Reichsbankhauptkasse in Berlin und Unterlagen der Bank Deutscher Länder im Historischen Archiv der Deutschen Bundesbank erstellt. Zusätzlich wurden handgeschriebene Aufzeichnungen und Tabellen der US-Truppen aus dem Bergwerk Merkers im Historischen Archiv der Deutschen Bundesbank eingesehen. [390]

Tabelle 14

Reichsbank eigener Bankbestand			
hfl. 15.310.000,-	holl. Goldgulden	10.286,956.5 kgf	Verlagerung
$ 4.000.000,-	Golddollars	6.683,938.5 kgf	nach
Stück 668.155	Sovereigns	5.325,981.2 kgf	Merkers
Frs. 10.000.000,-	Diver. Goldfranken	3.215,193.0 kgf	sämtliche
nkr. 4.000.000,-	Norw. Goldkronen	1.791,914.5 kgf	Bestände
SFrs. 2.380.000,-	Schw. Goldfranken	767,296.5 kgf	
Platinbarren in kg	998/1000	31,1211 kgf	

Tabelle 15 Goldankauf der Reichsbank

	GOLDANKAUF	davon verlagert nach Merkers	
RM	370.490,-	Reichsgoldmünzen	350.000.-
$	329430 1/2	Golddollars	276680 1/2
Stck.	168127 1/2	Sovereigns	136.553.-
Frs.	6.869.395.-	div. Goldfranken	4.915.935.-
Ökr.	239.960.-	öst. Goldkronen	239.060.-
Ro.	141.010.-	Russ. Goldrubel	139567 1/2
Nkr.	96.830.-	norw. Goldkronen	96.830.-
Hfl.	2.699.055.-	holl. Goldgulden	2.693.165.-
Ö.S.	1.644.525.-	öst. Goldschillinge	1.642.650.-
Mex. Pes.	77.517.-	Goldpesos	77.467.-
Arg. Pes.	5.245.-	"	5.245.-
Alte chil. Pes.	10.990.-	"	10.990.-
Neue chil. Pes.	51.680.-	"	51.680.-
Col. Pes	31.035.-	"	31.035.-
Pes	12.413.-	"	12.413.-
Stck.	381644 1/2	Golddukaten	381616 1/2
Gold-Yen	10.099.-	Goldyen	10.099.-
Peru L	2389 3/10	Goldpfunde	2388 4/5
Türk. L	34274 1/2	"	34252 1/2
Costa Rica col.	10.062.-	Goldcol.	10.062.-
SFrs.	1.999.230.-	Schweizer Goldfranken	1.997.820.-
Quetzales	950.-	Guatemala Goldquetzales	950.-
Danz. Guld.	100.700.-	Danziger Goldgulden	100.700.-
Stck.	46 637	Gold. 5-Markstücke	46.636.-
Stck. 1.172		Diverse Goldmünzen	
		112,454.2 kgr.	1.172 Stck. = 110,024.9 kgr.
		106,662.7 kgf.	104,573.8 kgf.
231 Goldbarren =		2.081,561.9 kgr.	191 Stck. = 1.576,108.9 kgr.
		2.039,587.7 kgf.	1.535,226.6 kgf.

Tabelle 16

Goldankauf / Sonderlagerung Nationalbank von Böhmen und Mähren, Prag		
		kgf.
542	hochwertige Goldbarren	6.541,425.0
30	verschiedene Goldbarren	341,782.3
274	Standard-Goldbarren	3.433,408.3

Tabelle 17

Asservat "DER"			kgr.
Stck.	2.584	Goldbarren	33.021,782.5
hfl.	320.000,-	holl. Goldgulden	215,024.5
$	435.000,-	Golddollars	726,970.5
Stck.	96.000	Sovereigns	763,106.5
SFrs.	1.000.000,-	schw. Goldfranken	3.189,142.7
div.frs.	6.060.000,-	div. Goldfranken	322,206.0
RM	8.990.000,-	Reichsgoldmünzen	1.951,015.5

Tabelle 18

Asservat Auswärtiges Amt (Italienisches Gold) I			
$	132237 1/2	Golddollars	
Stck.	12.523,-	Sovereigns	
div.frs.	36.366.695,-	Div. Goldfranken	
SFrs.	140.480,-	Schw. Goldfranken	
ökr.	1.841.440,-	Öst. Goldkronen	
Ro.	205.420,-	Goldrubel	
hfl.	29.625,-	Holl. Goldgulden	
Stck.	20.558	Golddukaten	
Ltq.	273.380,-	türk. Goldpfunde	
RM	17.520,-	Goldmünzen	
ÖS	20.775,-	öst. Goldschillinge	
Peru L	1 ½	Goldpfunde	
cub.Pes.	5,-	Goldpesos	
neue chil. Pes.	600,-	"	
305	Stück Posten versch. Goldmünzen, (darunter 100.000 neue ital. Lire)		
		724,929.6 kgr. =	707,137.8 kgf.
1.164	Stück	hochwertige Goldbarren	
		14.197,995.0 kgr. =	14.179,238.7 kgf
481	Goldbarren (900er)	6.440,388.5 kgr =	5.790,019.5 kgf
141	versch. Goldbarren	1.550,290.0 kgr =	1.049,352.4 kgf

Tabelle 19

Asservat Auswärtiges Amt (Italienisches Gold) II		
$	50.000,-	Golddollars
div.frs.	7.800.000,-	div. Goldfranken
ökr.	600.000,-	öst. Goldkronen
Ltq.	84.000,-	türk. Goldpfunde
Stück	20.000	Golddukaten
Stück	6.000	Sovereigns
Stück	1.620	Goldbarren = 20.300,371 kgr.
		= 900/1000 angenommene kgf. 18.270 kgf

Tabelle 20

Asservat SS und Polizeiführer Warschau Räumungsstab		
$	1.190,-	Golddollars
Stck.	10	Sovereigns
div.frs.	60,-	div. Goldfranken
ökr.	20,-	öst. Goldkronen
Ro.	225,-	Goldrubel
Stck.	1	Golddukaten
Ltq.	1,-	türk. Goldpfund
RM	40	Goldmünzen
Stck. 3 Posten versch. Goldmünzen gr. 422,7 = gf. 380,4		
1 " " " 605,3 = gf. 605,3		
1 " " " 0,9 = gf. 0,9		
SFrs. 60,- schw. Goldfranken 1.028,9 986,6		

Tabelle 21

\multicolumn{3}{c}{Asservat Auswärtiges Amt zu No. 2126g / 44}
div.frs.	1.960.000,-	div. Goldfranken
$	50.000,-	Golddollars
Ltq.	9.000,-	türk. Goldpfunde
Stck.	6.000	Golddukaten
\multicolumn{3}{l}{26 Posten versch. Goldmünzen (Stck. 52.000 Dukaten) = 180.046,5 kgr. = 177.300,8 kgf.}
div.frs.	17.640,-	div. Goldfranken
Ltq.	995,-	Türk. Goldpfunde
Ro.	8.370,-	Goldrubel
Ökr.	60,-	öst. Goldkronen
Stck.	551	Golddukaten
\multicolumn{3}{l}{1 Posten versch. Goldmünzen = 5.007,5 kgr. = 4.931,1 kgf.}
\multicolumn{3}{l}{4 Posten versch. Goldmünzen = 0.026,8 kgr. = 0.024,5 kgf.}

Tabelle 22

\multicolumn{3}{c}{Asservat Reichsbankstelle Metz}
div.frs.	600,-	versch. Goldfranken
Stck.	1	Goldenes 5-Mark-Stück

Tabelle 23

\multicolumn{3}{c}{Asservat Devisenschutzkommando Brüssel}
Depot	\multicolumn{2}{l}{Banque de Paris et des Pays-Bas}
16	Stück	Goldbarren

Tabelle 24

Asservat: Der Befehlshaber der Sich. Polizei und des SD f. d. bes. niederl. Gebiete, Almelo		
32 Stck.	Plombierte Beutel / Golddukaten 5.500.000,-	
	HFL	10.000,-

Tabelle 25

Reichsbank Saarbrücken w /Feldkdo.1040 Militärverwaltung, Cattaro 2 6168 / 44.
1 verschlossener Btl. mit 351 verschiedenen Goldmünzen

Tabelle 26

Asservat: Chef der Zivilverwaltung in Luxemburg	
12 Stück	verschiedene Goldmünzen
11 Stück	verschiedene Goldmünzen

Tabelle 27

		Asservat Reichsbankhauptstelle Wien	
5 Btl.m. div. frs.	337.340,-	div. Goldfranken	
1 " " " "	28.690,-	" "	
1 " " " "	32.260,-	" "	
2 " " " "	5.980,-	" "	w/ Dr. Neubacher
ökr.	20,-	Öst. Goldkronen	(Griechenland)
$	2.000,-	Golddollars	
3 Btl.m. div. frs.	208.040,-	div. Goldfranken	w/ OKW und Chef-
Stck.	3	Sovereigns	Wirtschaftsgr Süd-Ost
3 Btl. mit Stück	4061 1/2	Sovereigns	
div.frs.	3.090,-	div. Goldfranken	w/ OKW von
$	5,-	Golddollars	2. Panzerarmee
1 Btl.m.Stck.	951	20 div.frs.-Stücke	w/ Organisation Todt
		Frs. 19.020,-	Einsatz Süd-Ost
			Oberbauleitung
			Albanien
1 Paket m. Stck.	400	Goldmünzen	
1 " " "	400	Goldmünzen, meist 20frs-Stücke	
1 " " "	1.000	Sovereigns	
1 Briefumschlag m.	8	Goldstücken	
"	20	div.frs.	
1 Btl. Stck.	1.200	20-frs-Stücke	
1 Paket Stck.	150	Goldstücke	
1 " "	10	50-frs-Stücke	
	153	20-frs-Stücke	
	9	Ltg (türk. Goldpfunde)	
	21	Sovereigns	w/ Marinegruppen-
	55	Half-Souvereigns	kommando Süd
	2	2 1/2 $ (Golddollar)	
1 Btl.m. Stck.	142	Sovereigns	
"	606	20-frs-Stücken	
1 Paket m. Stck.	2.430	Goldstücken, meistens	
		Sovereigns u.ffrs.	
"	70	Goldstücken u 1 Goldbarren	
"	250	Goldstücken, meistens	
		Souvereigns u.ffrs.	
"	6	Souvereigns	
1 Päckchen Stck.	363	Souvereigns	
	36	div.frs.	
44 Btl.	172	Silberbarren	Chef Wirtschaftsgruppe
		w/ F.No. 18039	Süd-Ost (ungeprüft)

Tabelle 28

Asservat Amtskasse O. K. W.
Div. fr. 434.070,-- verschiedene Goldfranken

Tabelle 29

Asservat Gesandter Dr. Neubacher, Athen
Stck. 1.500 Sovereigns

Tabelle 30

		Depot der Nationalbank von Böhmen und Mähren		
$	347.702 1/2	Golddollars	= 580,190.0 kgr	= 522,171.0 kgf
Stck.	31.771 1/2	Sovereigns	= 253,189.5 "	= 232,048.2 "
div.frs.	617.522 1/2	div. Goldfranken	= 198,233.3 "	= 178,310.9 "
ökr.	15.082.350,-	Öst. Goldkronen	= 5.097.378,3 "	= 4.587.130,7 "
Ro.	39.810,-	Goldrubel	= 34.130,7 "	= 30.711,0 "
nkr.	26.160,-	Norw. Goldkr.	= 11.717,0 "	= 10.539,5 "
hfl.	17.215,-	Goldgulden	= 11.562,0 "	= 10.404,7 "
ÖS.	279.725,-	öst. Goldschillinge	= 65.795,0 "	= 59.208,9 "
mex.Pes.	1145 1/2	Goldpesos	= 0.953,6 "	= 0.858,2 "
arg.Pes.	55,-	"	= 0.088,5 "	= 0.079,6 "
alte chil. Pes.	25,-	"	= 0.014,8 "	= 0.013,6 "
Col.Pes.	7 1/2	"	= 0.011,9 "	= 0.010,8 "
Cub.Pes.	10,-	"	= 0.016,6 "	= 0.014,9 "
Stck.	176.572	Golddukaten	= 616.257,7 "	= 606.859,8 "
Yen	130.-	Goldyen	= 0.108,2 "	= 0.097,4 "
Peru L	3 7/10	Goldpfunde	= 0.029,5 "	= 0.027,0 "
Ltq	11.813 3/4	"	= 84.781,5 "	= 77.575,1 "
Stck.	112	5-Mark-Stücke (Gold)	= 0.221,9 "	= 0.199,7 "
RM	151.060,-	Reichsgoldmünzen	= 59.903,7 "	= 53.913,3 "
Stck.	909	versch. Goldmünzen	= 5.958,6 "	= 5.684,5 "

Tabelle 31

Separat-Depot der Nationalbank von Böhmen und Mähren				
Stck.	741	Goldbarren	9.899,596.0 kgr	8.911,950.0 kgf
Stck.	692 1/2	Sovereigns	55.070,0 kgr	50.471,0 kgf
1 Posten Feingold			0,362.3 kgr	0,362.3 kgf

Tabelle 32

	Sonderdepot gegen SFrs / I. G. Farben (Dego)			
Stck.	451	Goldbarren	= 5.665,612.0 kgr	= 5.643,767.2 kgf

Tabelle 33

	Sonderdepot Dego / Degussa			
Stck.	7	Goldbarren	= 82.344,0 kgr	= 82.335,6 kgf

Tabelle 34

	Separatdepot Dego	
$	169.000,-	Golddollars
Ökr.	9.520.000,-	Österr. Goldkronen

Tabelle 35

	Depot der Treuhandgesellschaft von 1933 m. b. H. Konto " GR "	
$	13.034.050.-	Golddollars
hfl.	7.644.630,-	Holl. Goldgulden
RM	30.225.000,-	Reichsgoldmünzen
Stck.	489.700	Sovereigns

Tabelle 36

Depot der Zentraldirektion der Albanischen Nationalbank in Tirana			
55 verschlossene Kisten, enthaltend:			
198	Goldbarren	2.211,108.5 kgr	2.115,467.7 kgf.
36	Z-aine	106,972.5 kgr	96,274.8 kgf.
2 Beutel	Barrengold	2,772 kgr	2,495 kgf.
22 Beutel	Goldmünzen	138,430.5 kgr	124,518.2 kgf.
Div.frs.	430.040,-	div. Goldfranken	
Ökr.	20,-	Österr. Goldkronen	
Ro.	15,-	Goldrubel	

Tabelle 37

Depot „ Bor " Kupferbergwerke und Hütten-AG Belgrad				
Stck.	85	Goldbarren	355,994.1 kgr	

Tabelle 38

Depot „ Eiserne Tor – Verwaltung „				
Stck.	2	Goldbarren	27,959.1 kgr	25,630.1 kgf

Tabelle 39

Depot Reichssicherheitshauptamt Militärisches Amt - A 2 d				
$	12.470,-	Golddollars		
Stck.	43.742	Sovereigns		
div. frs.	46.675,-	verschied. Goldfranken		
SFrs.	265.550,-	Schweizer Goldfranken		
Ro.	12.850,-	Goldrubel		
Ltq.	2.471,-	Türk. Goldpfunde		
Stck.	41	Goldbarren	249,871.0 kgr	249,636.5 kgf
Stck.	5.080	Maria-Theresia-Thaler	1.425,793.0 kgr	

Tabelle 40

Depot Reichsführer SS und Reichsminister des Inneren				
Stck.	1	Goldbarren	0.298.1 kgr	0.298.1 kgf
Stck.	66	Sovereigns		
div. Sfrs.	225.-	div. Goldfranken		

Tabelle 41

Depot Auswärtiges Amt (wegen M. Popovici, Bukarest)		
$	48.470,-	Golddollars von Devisen-Schutzkommando Niederlande

Tabelle 42

Depot Auswärtiges Amt (RM 10.000.000) für Italien gem. Vfg 943 g und 1024 g Rs.		
div.frs.	7.975.400,-	Verschiedene Goldfranken
SFrs.	1.040,-	Schweizer Goldfranken
Ro.	35.685.-	Goldrubel
Ökr.	320,-	Österreichische Goldkronen gem. Vfg. 943 g
Stck.	8 verschied. Goldmünzen = 47,5 gr = 43,0 gf gem. Vfg 1024 g Rs.	

Tabelle 43

Deutsche Reichsbank – Silberankauf Berlin			davon nach Merkers
900/1000	196.933,3 kgr	= 177.239,8 kgf	175.888,7 kgf
835/1000	80.795,9 "	= 67.464,7 "	67.464,7 "
800/1000	4.104,3 "	= 3.283,4 "	3.283,4 "
750/1000	20.481,0 "	= 15.360,9 "	15.360,9 "
640/1000	8.241,0 "	= 5.274,2 "	5.274,2 "
500/1000	66.853,0 "	= 33.426,5 "	33.426,5 "
	377.408,50 kgr	**302.049,50 kgf**	**300.698,40 kgf**

Tabelle 44

Diese Aufstellung wurde von Landeszentralbankdirektor Max Winter von der Landeszentralbank in Bayern, gemäß vertraulichem Schreiben vom 3.Oktober 1953 an den Treuhänder für die Reichsbank in der britischen und französischen Zone erstellt:

„Die Aufstellung zeigt, daß bis Kriegsschluß ein reichsbankeigener Goldbestand von RM 99.806.00,-- vorhanden war.

Gold aus Konzentrationslagern war laut dem verstorbenen Herrn Reichsbankrat Graupner nicht enthalten. Dieses Gold ist in der Position „Goldeinlieferung Melmer" enthalten und bei Ermittlung des reichsbankeigenen Goldes nicht berücksichtigt."

Aktivseite		Gesamtgoldbestand
Ausweisgold, das jeweils am 7.15.23 und ultimo je des Monats veröffentlicht wurde. Es setzt sich ausschließlich aus Goldmünzen z.B. Eagles, Sovereigns, holl. Goldgulden, div. Goldfranken u.a. zusammen.		RM 70.772.000
Kto.verschiedener Buchforderungen (Goldankauf) Hierunter war u.a. das an den Kassen der Hauptbank in Berlin und bei den Reichsbankanstalten im Reich angekaufte Gold (das sogenannte Tafelgeschaeft) gebucht.		36.455.000
Kto.verschiedener Buchforderungen (Goldankauf) Hierunter war in einer Sonderlagerung ein Teil des Goldes der Nationalbank für Böhmen und Mähren, Prag deponiert. Es war ein Feingoldanspruch, der in Goldbarren hinterlegt war. 846 Goldbarren im Gewicht von kgf 10.318,333.1		28.187.000
Kto.verschiedener Buchforderungen (Goldverkauf) Auf diesen Konten stand noch eine kleine Goldmenge fuer die Gold verarbeitenden Industrien in Deutschland bereit. Praktisch hat eine Goldzuteilung an diese Industrien in den letzten Jahren nicht mehr stattgefunden.		48.000
Asservate "Der" Gold des Vier-Jahresplanes und der Devisenzuteilungskommission		156.960.000
Depots der Treuhandgesellschaft v. 1933, Berlin Das Gold war unter den Buchstaben GR eingelagert und setzt sich ausschließlich aus Goldmünzen zusammen.		107.768.000
der Deutschen Golddiskontbank, Berlin: Separat-Depot	8.791.000	
Depot gegen Schweizer Franken IG (IG-Farben)	15.712.000	

	Deutsche Gold-und Silber-scheideanstalt (Degussa)	229.000	24.732.000
	der Nationalbank für Böhmen und Mähren, Prag:		
	Depot regulare	17.750.000	
	Separat/ Depot	24.826.000	42.576.000
	des Reichssicherheitshauptamtes, Berlin		4.164.000
	des Auswärtigen Amtes, Berlin		
	Sonderlagerung 1 ital. Gold im Gesamtwert von RM 106.000.000, von dem nach Prüfung und Bearbeitung etwa RM 26.000.000 fuer die Jugoslawische Nationalbank bereitgestellt werden sollten.		106.000.000
	Sonderlagerung II ital. Gold, das nach Prüfung und Bearbeitung dem Vier-Jahresplan unter Asservat "DER" zugeführt werden sollte		60.000.000
	Depot wegen ital. Goldes		
	Das Depot in dem ausschliesslich Goldfranken lagern, betrug bei Richtung ca RM 10.000.000		6.524.000
	Depot wegen Michai Popovici, Bukarest		203.000
	des Oberkommandos der Kriegsmarine		795.000
	des Oberkommandos der Wehrmacht		352.000
	der Eisernen Torverwaltung, Orsava (Rumänien) (2 Goldbarren)		71.000
	der Mines de Bor (früher Reichsminister für Rüstungs-und Kriegsproduktion)		894.000
	der Bank de Paris et des Pays Bas, Brüssel (Eigentum der Soc. Generale Mines de Hoboken)		523.000
	des Reichsführers SS		2.000
	der SS und Polizeiführers		9.000
	der Alban. Nationalbank (55 Kisten)		6.511.000
	der Niederl. Bank Amsterdam (32 Beutel)		1.848.000
			655.394.000

Depot Münzmuseum der Reichsbank / Merkers

Tabelle 45

Depot Münzmuseum Reichsbank
9 Beutel mit Münzen Schätzwert RM 5.200.000,00

Die wertvollsten Münzen des Münzmuseums wurden gemäß Schreiben vom 1.7.57 von Georg Kropp, dem Leiter des Münzmuseums der ehemaligen Reichsbank nach Merkers ausgelagert.

Die verbliebene Banknotensammlung im Haupttresor der alten Reichsbank, die verbliebene Sammlung in den vier großen Räumen des untersten der drei unterirdischen Tresore des neuen Reichsbankgebäudes und mehrere Lastwagen mit deutschen und internationalen Wertpapieren fielen dem russischen Militär in die Hände. Sie öffneten nach der Eroberung von Berlin die Tresore der Reichsbank.

Depot am Walchensee in Bayern

Tabelle 46

<table>
<tr><th colspan="8">Reichsbankdepot am Walchensee
in Bayern</th></tr>
<tr><th colspan="4">Einnahmen (angenommene Werte)</th><th colspan="4">Ausgaben (Übergaben)</th></tr>
<tr><td>13.4.</td><td colspan="2">v.d. Hauptkasse München</td><td></td><td>26.4.</td><td colspan="2">an Bankrat Mielke</td><td></td></tr>
<tr><td></td><td colspan="2">365 übernommene Beutel Gold und</td><td>365</td><td></td><td>I. Beutel</td><td>35 USA $</td><td>120.100</td></tr>
<tr><td></td><td colspan="2">9 Briefe über Gewichtstabellen</td><td>9</td><td></td><td></td><td>48 England L</td><td>10.000</td></tr>
<tr><td></td><td></td><td></td><td></td><td></td><td></td><td>62 Schweden SKR</td><td>30.000</td></tr>
<tr><td>14.4.</td><td colspan="2">v.d. Reichsdruckerei München</td><td></td><td></td><td>II. Beutel</td><td>15 Italien Lire</td><td>1.000.000</td></tr>
<tr><td></td><td colspan="2">34 Pakete mit Druckplatten</td><td>34</td><td></td><td></td><td>17 Italien Lire</td><td>500.000</td></tr>
<tr><td></td><td colspan="2">200 Pakete a 100.000 Blatt Notenpapier</td><td>200</td><td></td><td colspan="2">(aus Beutel 39) Schweiz</td><td></td></tr>
<tr><td>15.4.</td><td colspan="2">von Reichsbank Karlsbad</td><td></td><td></td><td></td><td>(Spitze) SFrs.</td><td>150.000</td></tr>
<tr><td></td><td colspan="2">1 Beutel verschiedene Devisen</td><td>253.000</td><td></td><td></td><td></td><td></td></tr>
<tr><td>19.4.</td><td colspan="2">Reichsbk. München</td><td></td><td>28.4.</td><td colspan="2">an Rbk.Dir. Dr. Schwedler</td><td></td></tr>
<tr><td></td><td>I. Beutel</td><td>1-42 USA $</td><td>2.170.800</td><td></td><td colspan="2">1 Beutel Karlsbad</td><td>253.000</td></tr>
<tr><td></td><td>"</td><td>43-50 Engl. L</td><td>70.000</td><td></td><td colspan="2">verschied. Dev.</td><td></td></tr>
<tr><td></td><td>"</td><td>51-55 Norw. Nkr.</td><td>840.000</td><td></td><td>I. Beutel</td><td>26 USA $</td><td>60.000</td></tr>
<tr><td></td><td>"</td><td>56-61 Ägypt. Lg.</td><td>40.000</td><td></td><td></td><td>33 USA $</td><td>27.200</td></tr>
<tr><td></td><td>"</td><td>62 Schwed. Skr.</td><td>30.000</td><td></td><td></td><td>43 England L</td><td>10.000</td></tr>
<tr><td></td><td>"</td><td>63 Türkei Ltg.</td><td>5.000</td><td></td><td colspan="2">1 Beutel mit Barren</td><td></td></tr>
<tr><td></td><td>"</td><td>64-65 Frankr. Frs.</td><td>2.000.000</td><td></td><td colspan="2">(verlorener Beutel)</td><td>1</td></tr>
<tr><td></td><td>II. Beutel (Kisten)</td><td>1-6 Dänem. Dkr</td><td>750.000</td><td></td><td></td><td></td><td></td></tr>
<tr><td></td><td>"</td><td>7-10 USA $</td><td>380.000</td><td></td><td></td><td></td><td></td></tr>
<tr><td></td><td>"</td><td>11-14 Holld. Hfl.</td><td>1.000.000</td><td>30.4.</td><td colspan="2">an Gebirgsjäger-Schule</td><td></td></tr>
<tr><td></td><td>"</td><td>15-18 Ital. Lire</td><td>2.500.000</td><td></td><td colspan="2">in Mittenwald</td><td></td></tr>
<tr><td></td><td>"</td><td>19 Schwed. Skr.</td><td>45.000</td><td></td><td colspan="2">364 Beutel mit 732 Goldbarren</td><td></td></tr>
<tr><td></td><td>"</td><td>20-25 Norw. Nkr.</td><td>1.500.000</td><td></td><td colspan="2">9 Briefe mit Gewichtstabellen</td><td></td></tr>
<tr><td></td><td>"</td><td>26-38 Engl. L</td><td>160.500</td><td></td><td colspan="2">34 Pakete Druckplatten</td><td></td></tr>
<tr><td></td><td>"</td><td>39 Schweiz SFr. SFr</td><td>650.000</td><td></td><td colspan="2">25 Kisten mit Gold</td><td></td></tr>
<tr><td>26.4.</td><td colspan="2">Reichsbk. München</td><td></td><td></td><td colspan="2">96 (90 Beutel und 6 Kisten mit</td><td></td></tr>
<tr><td></td><td>(Bankrat Mielke)</td><td>25 Kisten mit Gold</td><td>25</td><td></td><td colspan="2">verschiedenen Devisen)</td><td></td></tr>
<tr><td></td><td></td><td></td><td></td><td>22.4.</td><td colspan="2">an Reichsbank München
(im Tresor liegend)</td><td></td></tr>
<tr><td></td><td></td><td></td><td></td><td></td><td colspan="2">200 Pakete a 100.000 Blatt Notenpapier</td><td></td></tr>
<tr><td colspan="3"></td><td>738 Stück 12.394.933</td><td colspan="3"></td><td>738 Stück 12.394.933</td></tr>
</table>

Die vorgehende Aufstellung und Tabelle wurde am 30. April 1945 von Reichsbankoberkassier Netzeband in Mittenwald angefertigt und im Kohlenkeller der Pension Seitz in Mittenwald, bis zum Einzug der US Truppen, versteckt.

Die Aufstellung überprüfte der bayrische Generalstaatsanwalt bei seinen Walchensee Ermittlungen, sowie der Reichsbank Treuhänder in München. Alle deutschen Dienststellen kamen bei ihren umfangreichen, jahrelangen Ermittlungen und Zeugenbefragungen zu dem Ergebnis, daß alle Werte bis auf die Druckplatten und Teile des Banknotenpapiers von den Alliierten übernommen wurden. [391]

Die 34 Pakete mit Druckplatten sollen im Walchensee versenkt worden sein, einen Beweis dafür oder eine diesbezügliche Zeugenaussage gibt es nicht.

Depot Auswärtiges Amt in Füssen / Bayern

Die Aussage von Schröder, ein Beamter vom Auswärtigen Amt belegt, daß dem Pfarrer Schreiner in Füssen mehrere Goldkisten übergeben wurden. Beide verstauten das Gold in Apfelkisten und versteckten es an drei Stellen in der evangelischen Kirche. Die 1,5 Tonnen Gold wurden schließlich am 18.5.1945 dem Colonel d´ Guensburg der US-Armee gemäß Quittung übergeben.

Tabelle 47

Depot Auswärtiges Amt Kirche Füssen			
1.500,00 kgf	Beutel	Goldmünzen	Evangelische Kirche Füssen am 18.5.1945 an USA übergeben

Depot Staatliches Vermögensamt Prag & Reichsbank Gleiwitz

Tabelle 48

Depot Reichsbankanstalt Gleiwitz & Depot Staatliches Vermögensamt Prag bei der Reichsbank in Regensburg			
30	Barren	Reichsbank Gleiwitz	Goldbarren
43	Barren	Staatliches	Silberbarren
9	Koffer	Vermögensamt	Juwelen, Wertpapiere
4	Holzkisten	Prag	Juwelen, Wertpapiere
1	Karton		nur Juwelen
1	Stück	Tabernakel	russ. orthodoxe Kirche

Packbeutel mit 30 Barren Gold, die Reichsbankdirektor Herchenroeder kurz vor dem Zusammenbruch der Reichsbank Regensburg überbracht hatte, wurden am 15. April 1945, im mittlerem Tresor gegenüber dem Aufzug in der Reichsbankanstalt Regensburg eingeschlossen. Sie wurden zu den Ende März und Anfang April 1945 vom Staatlichen Vermögensamt Prag übergebenen 14 verschlossenen Koffern und Kisten dazugestellt. Das Gold in den Packbeuteln stammte von der Reichsbankstelle Gleiwitz, wo es am 13. April 1945 ausgelagert und am 14. April 1945 per Bahn unter Aufsicht von Reichsbankdirektor Herchenroeder nach Regensburg sichergestellt wurde.

Das Reichsbankgold und die Prager Depots wurden vollständig und unversehrt an die amerikanischen Truppen am 9. Juni 1945 übergeben. Empfänger war der Commanding Officer John J. Stack, 1st Lt. FD Fiscal Officer. Die beglaubigte LZB-Abschrift vom 31. August 1953, über die Empfangsquittung des Military Government Fl D 3 belegt die Vollständigkeit der Angaben. [392]

Der Erste Direktor der LZB-Würzburg schrieb am 31.8.1953 in seiner Aussage, daß ihn am 11. Juni 1945 zwei Kommissare der Tschechischen Regierung aufsuchten, die sich nach dem Verbleib der vom Staatlichen Vermögensamt nach Regensburg verlagerten Werte erkundigten. Am 25. August 1945 kamen die Herren wieder, die Reichsbank erhielt folgende Bestätigung, Auszüge: [393]

„Wir bestätigen hiermit, von der Deutschen Reichsbank drei Abschriften der Quittung erhalten zu haben, die unter dem 9. Juni 1945 von der Military Government Fl D 3 in Regensburg über vom Staatlichen Vermögensamt Prag eingelieferte Gegenstände erteilt worden ist. ...

... Alle von uns erbetenen Auskünfte wurden uns durch Herrn Reichsbankdirektor Götzky in entgegenkommendster und in erschöpfensterweise in Gegenwart von Capt. Powers und Ltn. Quinn der amerikanischen Militärregierung erteilt."

Die US Truppen sandten die Gold- und Silberbarren, die 4 Holzkisten und 9 Koffer noch am 9. Juni 1945 mit Panzerwagen in ihr Hauptquartier nach Frankfurt.

Depot Reichsbank Konstanz

Tabelle 49

Depot Auswärtiges Amt Konstanz			
1.000,00 kgf	Beutel	Goldmünzen	dem Girokonto 2 der Reichsbank bei der Schweiz. Nationalbank am 13.4.1945 gutgeschrieben

Aus der Reichsbanknebenstelle in Konstanz wurde am 6.April 1945 etwa 1 Tonne italienische Goldmünzen im Wert von SFR 15.800.000,00, welche dort eingelagert war, zur deutschen Gesandtschaft nach Bern verbracht.

Die erste Lieferung von 200 kg übergab Herr Legationsrat Gottfriedsen persönlich und die restlichen 800 kg brachte man getarnt in einem Krankenwagen nach Bern. Das Gold wurde bei Kriegsende von Schweizer Behörden beschlagnahmt und gemäß Schreiben der SNB / Schweizerischen Nationalbank dem Girokonto 2 der Deutschen Reichsbank in Zürich am 13. April 1945 gutgeschrieben.

Der Vorgang findet sich auch in einer Aktennotiz des Schweizerischen EPD vom 9.5.1945 wieder und war die letzte geschäftliche Handlung mit der Deutschen Reichsbank.

Depot Franzenfeste / Brennerpaß / Italien

43 Tonnen Gold verblieben in der Franzensfeste am Brennerpass in Italien unter deutscher und italienischer Aufsicht und fielen den US-Truppen in die Hände. Am 10.10.1947 sollen verschiedene Wertgegenstände als Original Restitution zurückgegeben worden sein. Das Gold gehörte nach deutsch / italienischen Unterlagen: [394]

Tabelle 50

16,30 to Gold	freies Eigentum der Banca d´ Italia	
3,25 to Gold	für die Bank für Internationalen Zahlungsausgleich BIZ/Basel gesperrt	
0,15 to Gold	vom Ministerio Scambi	
1,8 to Gold	von R. Zecca	
21,5 to Gold	freies Eigentum der Banca d Italia	= 43 Tonnen Gold

Außerdem befanden sich noch folgende Werte in den Festungsanlagen:

29	Kisten der Prinzessin Malfalda gehörend
3	versiegelte Kisten mit Devisen
39	versiegelte Pakete mit Devisen
39	große Holzkisten mit Gemälden
29	versiegelte Kisten mit Druckplatten

Depot Heiligensee / Schleswig-Holstein

Der Reichsaußenminister von Ribbentrop und die Ehefrau des Gesandten Mai, Frau Maria Mai und Herr Legationsrat Gottfriedsen besprachen im Haus Julianka in Heiligenstätten in Schleswig Holstein im Frühjahr 1945 die Einzelheiten der Verbergung von drei großen Kisten italienischen Goldes, welches dem Auswärtigen Amt zur Aufbewahrung überlassen worden war. [395]

Zwei Kisten wurden auf einer Frau Mai gehörenden Koppel in der Nähe des Gutes Seehof bei Plön und die dritte Kiste auf einer benachbarten Koppel vergraben. Eine Lagerskizze der Verbergungsstellen ist dem Außenminister übermittelt worden. Mitte Mai 1945 haben die Engländer Kenntnis von der Goldverbergung erhalten. Frau Mai ist vom Secret Service in Wilster bei Itzehoe vernommen worden. Am 20. Mai 1945 ist sie mit Corporal Holstock an die Verstecke gefahren und die Kisten sind in unbeschädigtem Zustand ausgegraben und sichergestellt worden. Eine der Kisten wurde zunächst bei einer Bank in Plön eingelagert und anschließend nach Kiel weitergeleitet, während die beiden anderen Kisten direkt nach Kiel gebracht wurden. Anfang Juni 1945 wurde Legationsrat Gottfriedsen auf Veranlassung der Engländer durch die amerikanische Besatzungsmacht in Salzburg wegen der Herkunft der Goldmünzen bei Plön vernommen. Prof. Kempner, US-Hauptankläger beim Nürnberger Kriegsverbrecher Gerichtshof, stellte ebenfalls umfangreiche Nachforschungen an, welche die Richtigkeit aller Aussagen über das italienische Gold bestätigten.

Am 21.9.1945 lieferte die britische Einheit 820 Mil.Gov.Mot. in Lübeck bei der Reichsbankstelle in Lübeck zwei völlig durchnäßte Kisten mit Goldmünzen (299 Beutel mit 1.946,186 kg) ab. Der bei der Reichsbankstelle eingesetzte britische Finance Officer nahm sie unter Tresormitverschluß. Am 18.10.1947 wurden die Münzen nach Hamburg zur Reichsbank verlagert. Im Juli 1954 erhielt die Landeszentralbank Schleswig Holstein in Kiel durch Anordnung des Office of the Financial Adviser, Wahnerheide vom 18.6.1951 freigegebene Restposten 6.316 Stück verschiedener Goldmünzen zurück. Es konnte damals nicht einwandfrei die Herkunft dieser Goldmünzen bestimmt werden. [396]

Depot Hintersee in Österreich

Tabelle 51

Depot Auswärtiges Amt Hintersee			
81	Säcke	4.379,163 kg	Goldmünzen an US Truppen später an ÖSTER. NATIONALBANK
		542,409 kg	verschollen

Die Anzahl der Säcke mit Goldmünzen, sowie die Übergabe an die US-Truppen und die spätere Übergabe an die Österreichische Nationalbank ist durch verschiedene notarielle Zeugenaussagen und Aussagen vor Behörden belegt.

Depot Reichsminister des Inneren in Österreich

Tabelle 52

Depot Reichsminister des Inneren St. Johann / Kirchberg			
11	Beutel	Devisen	Banknoten aus Südamerika u.a.
2	Kisten	Schriftstücke	aus der Anfangszeit der NSDAP an US Truppen übergeben

Der General der Waffen-SS und Chef des SS-Hauptamtes Gottlob Berger wurde am 18. Februar 1952 von der Kriminalabteilung der Landpolizei von Bayern zu nachfolgender Goldangelegenheit befragt: [397]

„Ich befand mich bis zum 24. April 1945 in Berlin und wurde auf Befehl Adolf Hitlers mit seiner eigenen Condor-Maschine nach München geflogen mit dem Auftrag, an Kesselring, Giesler und Ritter von Epp Briefe zu übergeben. Am 27. April 1945, gegen 4.30 Uhr, traf ein Funk von Himmler ein, ich möchte in München seinen Safe, meines Wissens bei der Bayrischen Vereinsbank, räumen, des weiteren zwei Kisten mit Schriftstücken aus der Anfangszeit der NSDAP in einen genau bezeichneten Haus in München abzuholen. Dieser Auftrag wurde auf meine Anordnung von dem Verbindungsoffizier der Division Frundsberg, damals Obersturmführer der Waffen-SS, den Namen kann ich wahrscheinlich noch erfahren, ausgeführt.

Zum dem damaligen Zeitpunkt befand ich mich mit meinem Stab in Bad Tölz und so mußte der Verbindungsoffizier zur Durchführung des Auftrages nach München fahren. Er fuhr gegen 7 Uhr in Bad Tölz weg und kam gegen 12 Uhr zurück. Er brachte zwei große Kisten mit Schriftstücken und elf Beutel mit dem Aufdruck „Deutsche Reichsbank". Die Beutel waren plombiert, hatten eine Anhängeadresse, auf dem stand: Reichsminister des Inneren.

In Gegenwart mehrerer Angehöriger meines Stabes wurden zwei Beutel geöffnet. Sie enthielten Devisen verschiedenster Währung, ich ließ darauf die Beutel wieder verschließen und siegelte sie ab. Bei den Verlegungen von Bad Tölz nach St. Johann bzw. Kirchdorf in Tirol am 28. April 1945 waren diese elf Beutel in einer Ecke meines Wohnwagens und verblieben dort bis zum 7. Mai 1945. An diesem Tage wurde ich zu einer Besprechung mit General Patton der 3. US-Armee nach Berchtesgaden gerufen. Dort verblieb ich bis zu meiner Gefangennahme, die am darauf folgenden Tag mit den inzwischen herbeigeholten Offizieren meines Stabes erfolgte. Wir wurden gemeinsam in das Gefangenenlager Bärenkeller in Augsburg gebracht.

Am 20. Mai 1945 kam ein amerikanischer Oberleutnant vom CIC Augsburg und fragte nach dem Verbleib der in München abgeholten Beutel. Am anderen Tag fuhr dieser Offizier mit mir über Salzburg, St. Johann nach Kirchdorf. In jeder dieser Ortschaften hatte er Besprechungen mit dem dortigen CIC. Von St. Johann fuhr ein US-Major und von Kirchdorf fuhr ein US-Captain mit. In unserer Gegenwart wurde dann von deutschen Soldaten der Luftwaffe (Kriegsgefangene) in der Scheune des Försters Rack in Kirchdorf eine Kiste ausgegraben.

Sie enthielt die Devisen aus den elf Beutel. Meine Leute hatten die Devisen aus den Beuteln heraus genommen und diese in die Kiste eingeordnet. Sämtliche Verzeichnisse über die Devisen und Beutel war vorhanden. Auf Grund dieser Verzeichnisse wurde ein Protokoll in englischer Sprache angefertigt und sämtliche Devisen nachgezählt. Die Devisen bestanden in der Hauptsache aus englischen Pfunden, französischen Marokko-Franken und Banknoten südamerikanischer Staaten. Das Protokoll wurde von dem Captain aus Kirchdorf und dem Oberleutnant aus Augsburg unterschrieben. Ich bekam eine Durchschrift dieses Protokolls, das mir allerdings bei der Überstellung nach England am 6. Juni 1945 mit meinen gesamten Wertsachen, Orden und Ehrenzeichen von Offizieren der CIC in Augsburg vor dem Abflug abgenommen wurde. Die Wertsachen und das Verzeichnis habe ich nie mehr bekommen.

Über weitere Verlagerungen von Gold oder Devisen der ehemaligen Reichsbank kann ich keine Angaben machen. Der frühere Reichsbankvizepräsident Emil Puhl, jetzt bei der DRESDNER BANK in Hamburg angestellt, dürfte hierüber Bescheid wissen.

Geschlossen: Bleninger v.g.u. Gottlob Berger

Depot Lissabon / Portugal

Zu Kriegsende wurden in der deutschen Botschaft in Lissabon 3.998,00 kgf Barrengold unbekannten Ursprungs vorgefunden. [398]

Tabelle 53

Depot Auswärtiges Amt Deutsche Botschaft Lissabon			
3.998,00 kgf	Beutel	Goldbarren	an die USA überstellt

Depot deutsche Botschaft im Vatikan

Nach Aussage des Ministerialdirektors Hans Schröder im Auswärtigen Amt erhielten zwölf Auslandsmissionen Goldbarren und Goldmünzen im Wert von RM 10 Millionen, darunter auch die Deutsche Botschaft beim Heiligen Stuhl. Rücklieferungen aus Indien und dem Irak wurden der Botschaft im Vatikan überlassen. [399]

Tabelle 54

Depot Auswärtiges Amt beim Heiligen Stuhl im Vatikan			
502,00 kgf	Beutel	Goldmünzen	Verbleib unbekannt

Depot Bad Gastein / Österreich

Tabelle 55

	Depot Auswärtiges Amt Bad Gastein / Österreich
3	Säcke	á 5.000,00	US - $
10	Säcke	á 20.000,00	Goldfranken
20	Stück	ungewogen	Goldbarren
1	Sack	ungewogen	Goldbarren
1	Paket	mit 12 Stück	Goldbarren
1	Schachtel	ungewogen	Goldbarren (Wert 15 - IV / Gesandter Koch)
1	Stück	ungewogen	Silberbarren
3	Schachteln	unbekannt	versiegelt & ungeöffnet
10	Pakete	Wert circa RM 10.000.000,00	Devisen in Banknoten

Das Depot befand sich in der Böchsteiner Straße in Bad Gastein. Die Werte wurden am 22. Juni 1945 von Legationsrat Gottfriedsen vom Auswärtigen Amt, den Leutnants Lipper und Devan der 3th US Infanterie Division, Abteilung CIC, übergeben. [400]

Depot Isny im Allgäu

1,5 Tonnen italienisches Gold wurde von Legationsrat Gottfriedsen vom AA dem Colonel de Guensburg von der 3th US Inf. Div. CIC übergeben und sichergestellt. [401]

Tabelle 56

	Depot Auswärtiges Amt Isny / Bauernhof
1.500,00 kgf	Beutel	Goldmünzen	Colonel d'Guensburg der US-Armee übergeben

Depot Lindau am Bodensee in Bayern

1 Tonne italienisches Gold wurde von Legationsrat Gottfriedsen vom Auswärtigen Amt im Keller eines Anwesens in Lindau versteckt. Es wurde wahrscheinlich von französischen Truppen erbeutet, da unmittelbar nach der Besetzung die Kellerräume von französischen Truppen genutzt wurden.

Tabelle 57

Depot Auswärtiges Amt Lindau / Bodensee			
1.000,00 kgf	Beutel	Goldmünzen	gilt als verschollen

Depots der Regierungszüge „Dohle und Adler"

Die Reichsregierung wollte in ihrer Alpenfestung weiter regieren. Aus diesem Grund evakuierte man verschiedene Ministerien mit der Eisenbahn Richtung Alpen. Beide Regierungszüge fuhren am 13.4.1945 fast gleichzeitig mit einem geringen Abstand von Berlin über Umwegen nach München, am Ende des Züge koppelte man die Werttransporte an.

Die Sonderzüge benötigten für die Fahrt bei Nacht und durch die kriegsbedingten Verhältnisse 12 Tage. Die Transporte Adler und Dohle kamen am Bahnhof München Ost unbeschadet an und wurden zum Schutz vor Bombenangriffen zum Bahnhof Deisenhofen bei München weiter geleitet. Dort übernahm das Luftgaukommando 7 die wertvolle Fracht und fuhr sie per Lastkraftwagen zur Reichsbank nach München.[402]

Tabelle 58

Depot Reichssicherheitshauptamt Regierungszug "Dohle"			
11	Beutel	Devisen	nach Reichsbank München

Tabelle 59

Depot der Reichsbank Regierungszug "Dohle"			
Diverse Beutel	Banknoten	RM 210.000.000,--	nach Reichsbank München (Empfangsbestätigung RB-Mü vom 25.4.1945)
10	Pakete	Privateigentum	von NS Führern aus Berlin in Reichsbank München übergeben gelten verschollen

Tabelle 60

Depot der Reichsbank Regierungszug "Adler"			
Diverse Beutel	Banknoten	RM 310.000.000,--	nach Reichsbank München (Empfangsbestätigung RB – Mü vom 25.4.1945)
Banknotenpapier	für	RM 1.000.000.000,--	in RB München eingelagert

Devisendepot im Regierungszug Adler nach Aufstellung des Vorstandes Dr. Goller der Reichsbankhauptstelle München (in der Reichsbank München eingelagert und den US-Truppen übergeben).

Tabelle 61

Depot der Reichsbank Regierungszug "Adler" - Devisen -			
US $	2.170.000,00	Brit. Pfund	70.000,00
NKR	840.000,00	LEG	40.000,00
LTQ	5.000,00	FFR	2.000.000,00
DKR	750.000,00	US $	380.000,00
HFL	1.000.000,00	LIRE	2.500.000,00
SKR	45.000,00	NKR	1.500.000,00
Brit. Pfund	160.500,00	SFR	650.000,00

Depot Bank für internationalen Zahlungsausgleich / Basel

Das Gold mit einem Gewicht von 3.740 kgf wurde nach dem Washingtoner Abkommen vom 13.5.1948 zwischen der Schweiz, den USA und Großbritannien an die Alliierten ausgeliefert. 374 kgf davon wurden an die Ungarische Nationalbank als Reparation übergeben. [403]

Tabelle 62

Depot der B I Z - Schweiz Bank für internationalen Zahlungsausgleich in Basel			
Goldbarren	kgf	3.366,00	an die Alliierten gem. Washingtoner Abkommen ausgeliefert
Goldbarren	kgf	374,00	an die Ungarische Nationalbank ausgeliefert

Depot Panzerschiff Graf Spee

Der Kommandant der Graf Spee Hans Langsdorff lief 1939 nach dem ersten Seegefecht der deutschen Marine mit neun britischen Schiffen den Hafen von Montevideo an. Langsdorff mußte das Seegefecht wegen Schäden am Schiff abbrechen und wollte sein Schiff in Montevideo reparieren.

Der britische Botschafter bekam die Angelegenheit mit und veranlaßte die Regierung von Uruguay, dem deutschen Panzerschiff ein Ultimatum zum Verlassen des Hafens von 72 Stunden zu stellen. Das Schiff konnte nicht mehr repariert werden.

Das Gold der Graf Spee übergab der Kommandant vor der Selbstversenkung dem deutschen Gesandten in Uruguay mit der Auflage, seine Besatzung bei einer Internierung finanziell zu unterstützen. [404] Langsdorff legte sich am 20.12.1939 auf die Reichskriegsflagge in der Internierungsbehörde in Montevideo und erschoß sich. Die Besatzung emigrierte nach Argentinien.

Bestand des Städtischen Leihamtes Berlin über Diamanten und andere Edelsteine

Das Ministerium für Staatssicherheit (MfS) der ehemaligen DDR führte auch Ermittlungen über den Reichsschatz. So findet sich ein Dokumentarbericht, welcher erst am August 1982 erstellt wurde. Er führt zum Thema Berliner Leihamt aus: [405]

„Das Städtische Leihamt Berlin erhielt Perlen, Schmuck, Diamanten und Brillanten, welche vom SS-Wirtschafts- und Verwaltungshauptamt zur öffentlichen Versteigerung angeliefert wurden. Die realisierten Reichsmark Summen zahlte man auf die Bankkonten der SS ein. Als die Pfandleihanstalt im Frühjahr des letzten Kriegsjahres wegen der geforderten Überpreise und der Kriegslage auf Absatzschwierigkeiten stieß, meldete sie zum 31. März 1944 beispielsweise einen Restbestand von über 35.000 Karat Brillanten und Rohdiamanten von erheblichen Wert zur Rücklieferung an die Reichsbank."

Als die Reichsbank den Reichsschatz nach Merkers bringen ließ, packte man die Goldbarren und die Goldmünzen in Säcke ab. Das Risiko eines Transportschadens bei den Stoffsäcken durch ein Aufplatzen und ein Verlust von Diamanten wollten die Beamten verhindern. Sie verpackten dieses Beutegut in 207 kleine Sanitätskisten, wie sie bei der Wehrmacht in Gebrauch waren.

Colonel Dr. jur. Bernard D. Bernstein leitete die Registrierung des Reichsschatzes im Bergwerk für die Finanzsektion des Oberkommandos der USA in Europa (CHIEF OF FINANCE in the G-5 DIVISION of SUPREME HEADQUARTERS ALLIED EXPEDITIONARY FORCE = SHAEF).

Dr. Bernstein wog die Goldbarren und das Zahngold, zählte die Devisen und Goldmünzen, Schmuckstücke, Perlen und Uhren. Die Diamanten, Brillanten und Rohdiamanten, sowie andere Edelsteine und Perlen konnte man vor Ort nicht schätzen, da das dafür sachkundige Personal im besetzten Deutschland bei den Aliierten fehlte.

Dr. Bernard D. Bernstein war vor seinem Militärdienst beim Coast Artillery Corps von 1933 bis 1942 Jurist und Währungsspezialist beim Schatzamt der USA. Er diente danach drei Jahre lang als militärischer und ziviler Finanzberater General Eisenhowers, anschließend war er Rechtsberater der „Amerikanischen Jüdischen Konferenz".

Der Agent des MfS besuchte den wichtigsten Augenzeugen der Schatzbergung und Inventarisierung, Oberst d. R. Dr. Bernstein. Bernstein wurde im Jahre 1982 74. Jahre alt, er schwieg sich über alle mit dem Reichsschatz und dem Transport nach USA zusammenhängenden Probleme und Fragen aus, berichtet Dr. Mader vom MfS.

Der Berichtverfasser des MfS-Berichtes besuchte des weiteren den Generalmajor d.R. Edwin Luther Sibert in Vineyard Haven in Massachusetts und befragte auch diesen über Details seiner damaligen Goldtransportaktion. Auch Brigadegeneral Sibert hüllte sich in Schweigen und verwies nicht an das Bundesschatzamt der USA, sondern an das Pentagon weiter.

Depots in Reichsbank Nebenstellen in den Westzonen, beschlagnahmtes Wirtschaftsgold am 8.5.1945

Diese Goldbestände der Reichsbank Nebenstellen wurden zu Kriegsende nicht alle evakuiert, um den Bank- und Wirtschaftsbetrieb in Deutschland notdürftig aufrecht zu erhalten. [406]

Tabelle 63   Beschlagnahmtes Wirtschaftsgold der Reichsbanknebenstellen

RB-Nebenstelle Karlsruhe 835 Goldmünzen mit beschlagnahmt vom US-HICOG in Frankfurt	480,30 kg
RB-Nebenstelle Düsseldorf Feingold in Höhe von beschlagnahmt vom „Financial Adviser of the United Kingdom"	20,765 kg
RB-Nebenstelle Hannover Feingold in Höhe von beschlagnahmt vom „Financial Adviser of the United Kingdom"	146,183 kg
RB-Nebenstelle Hamburg Feingold in Höhe von beschlagnahmt vom „Financial Adviser of the United Kingdom"	2.496,295 kg
RB-Nebenstelle Kiel Feingold in Höhe von beschlagnahmt vom „Financial Adviser of the United Kingdom"	41,613 kg
Gesamt	3.185,156 kg

Das Gold mit einem Gewicht von 3.185,156 kg wurde an die IARA ausgeliefert, schrieb Herr Dr. Väth vom Bundeswirtschaftsministerium Abt. IV am 12. 10.1953 an den Reichsbanktreuhänder in Frankfurt. Wieviel „Wirtschaftsgold" in den Reichsbanknebenstellen in der Ostzone von der Roten Armee beschlagnahmt wurde, ist nicht mehr feststellbar, Schätzungen gehen von rund 1.500 kg aus.

Depot der Deutschen Botschaft Istanbul

Tabelle 64 [407]

Depot Deutsche Botschaft Istanbul			
143,60 kgf	Barren	Gold	am 12. September 1945 dem Türkischen Außenministerium Fikret Belbez übergeben
12.799	Stück	Goldmünzen	

Depot der DEUTSCHEN BANK in Istanbul

Tabelle 65 [407]

Depot DEUTSCHE BANK Istanbul			
72,50 kgf	Barren	Gold	Das Gold wurde nach dem Krieg von der DEUTSCHEN BANK in der Türkei verkauft

Depot der DRESDNER BANK in Berlin

Tabelle 66 [407]

Depot DRESDNER BANK Berlin			
168,766 kgf	Barren	Gold	Am 29. Mai 1945 Roter Armee in Berlin übergeben

Depot der Länderbank Wien in der DRESDNER BANK Zweigstelle München

Tabelle 67 [407]

Depot Länderbank Wien in der DRESDNER BANK München – Bayern			
280,693 kgf	Barren	Gold	Am 15. Juli 1945 den US Truppen in München übergeben „Asservate US Militärregierung"

Die Bedeutung des Pariser Reparationsabkommens von 1946

Nach der deutschen Kapitulation waren die vier Alliierten zum Rechtsnachfolger des Reiches geworden, besaßen das Kontroll- und Verfügungsrecht über deutsche Guthaben im Ausland und verlangten, völkerrechtlich nicht unproblematisch, die Herausgabe dieser Werte. In der Pariser Konferenz im Winter 1945 bis 1946 wurde dieser Wille in Form der Interalliierten Reparations Agentur (IARA) legalisiert, die Reparationen und Restitutionen aus einem durch die vier (nachdem Potsdamer Abkomen drei) Siegermächte verwalteten Geld- und Goldpool (Tripartite Gold Commission - TGC) finanzieren sollte. Im Washingtoner Abkommen verpflichtete sich die Schweiz, ihre Entschädigungszahlung in Gold, im Wert von US-Dollar 250.000.000,00 somit der IARA zur Verfügung zu stellen, was sie auch tat.

Vertraulicher Abschlussbericht der IARA 1961 (Interalliierte Reparations Agentur) [408]

Unter dem 30. September 1961 hat die aufgelöste Interalliierte Reparationsagentur IARA in Brüssel ihren Abschlussbericht veröffentlicht, welcher den Bundesministern der Finanzen und dem Bundesminister für Wirtschaft überstellt wurde. Das Bundesamt für gewerbliche Wirtschaft hat nachfolgende 11 Tabellen und eine Stellungnahme zum IARA-Bericht ausgearbeitet.

Der Bundeswirtschaftsminister schrieb in seinem Rundbrief vom 14.02.1963 an die anderen Ministerien: „daß die nachträglichen Bewertungsunterschiede, die in der Stellungnahme im einzelnen aufgezeigt werden, den beteiligten Bundesbehörden nicht unbekannt sind. Das gleiche gilt für die durch die IARA nicht verrechneten Reparationsleistungen. Die so genannten Restwerte (residual values), die der Alliierte Kontrollrat der IARA in Brüssel gemeldet hatte, sind erheblich niedriger als die sogenannten Zeitwerte der Reparationskartei (Abweichung etwa 40 %)".

„Nachdem die IARA ihren Schlußbericht vorgelegt und allen Mitgliedsstaaten zugestellt hat, stellt sich die Frage, ob die Bundesregierung davon schweigend Kenntnis nehmen soll oder ob sie dazu in irgendeiner Form eine amtliche Erklärung abgeben sollte. Falls dies beabsichtigt ist, sollte man kurz darstellen, warum die Restwerte von den Zeitwerten abweichen und warum die Restwerte unangemessen niedrig sind", schrieb der Bundeswirtschaftsminister.

Die amtliche Stellungnahme vom 30.01.1963 zum Schlußbericht vom 30.09.1961 führt aus:

Ein Vergleich der einzelnen Positionen der im Schlußbericht der IARA aufgeführten Reparationskosten der Kategorien A und B mit der entsprechenden Darstellung im letzten Jahresbericht von 1951 der IARA ergibt zum Teil beträchtliche Differenzen. In den nachstehenden Ausführungen wird daher versucht, an Hand dem Bundesamt für gewerbliche Wirtschaft vorliegenden Dokumente und Unterlagen der IARA und der Reparation Deliveries and Restitution Division (RDR), die Ursachen für diese Veränderungen aufzuzeigen und eine Gesamtübersicht über die Reparationszuteilungen der IARA an ihre Mitgliedsstaaten zu geben, die dem letzten Berichtsstand vom 30. September 1961 entspricht. Es kann unterstellt werden, daß nach diesem Termin keine oder nur noch unwesentliche Veränderungen erfolgten. Die der nachstehenden Ausarbeitung beigefügten Darstellungen und Tabellen über den Zuteilungswert der deutschen Reparationsleistungen, soweit die IARA zuständig war, dürften daher als endgültig zu betrachten sein.

REPARATIONEN DER KATEGORIE A

1. Deutsches Auslandsvermögen im Staatsgebiet der IARA Mitgliedsstaaten [409]

Die Tabelle Nr. 68 gibt einen Überblick über den Reparationswert des in den IARA Mitgliedsstaaten liquidierten deutschen Auslandsvermögens. Als Reparationswert anerkannt wurden die bei der Liquidation erzielten Nettoerlöse, d.h. die Beträge, die nach Abzug von Steuern, Verwaltungskosten und eventueller Forderungen gegen den früheren deutschen Eigentümer, verblieben und zwar umgerechnet in US-Dollar auf der Preisbasis des Jahres 1938. Der Gegenwert in Preisbasis 1938 für den US-Dollar nach laufender Währung schwankte zwischen 0,6490 $ und 0,4281 $, je nachdem in welchem Jahre die Liquidation erfolgte.

Aus der nachfolgenden Tabelle Nr. 68 ist ersichtlich, daß der Gesamtreparationswert des deutschen Auslandsvermögens in den IARA Mitgliedsstaaten 231.959.289 US-$ auf Preisbasis 1938 betrug.

Deutsches Auslandsvermögen 1945

im Gebiet der IARA Mitgliedsstaaten [409]
(Bewertung in US Dollar auf der Preisbasis 1938)

Tabelle 68

Länder	Stand Mai 1951	Stand Sept. 1961	Veränderungen
Albanien	-	-	
Vereinigte Staaten	98.645.720,00	98.645.720,00	
Australien	1.159.702,00	1.159.702,00	
Belgien	6.520.474,00	6.520.474,00	
Kanada	1.938.936,00	1.938.936,00	
Dänemark	14.684.057,00	14.857.563,00	173.506,00
Ägypten	2.641.201,00	2.620.958,00	20.243,00
Frankreich	5.654.625,00	5.799.201,00	144.576,00
Großbritannien	38.511.923,00	40.519.899,00	2.007.976,00
Griechenland	1.512.306,00	1.512.306,00	
Indien	3.533.776,00	3.567.562,00	33.786,00
Pakistan	2.834,00	153,00	2.681,00
Luxemburg	802.820,00	802.820,00	
Norwegen	2.580.274,00	3.193.958,00	613.684,00
Neu Seeland	188.147,00	188.147,00	
Niederlande	31.745.314,00	31.745.314,00	
Tschechoslowakei	4.938.965,00	4.938.965,00	
Südafrika	10.951.731,00	10.851.731,00	
Jugoslawien	3.095.880,00	3.095.880,00	
Summe in US Dollar 1938	230.236.053,00	231.959.289,00	1.723.236,00

Gegenüber dem Stand von 1951 ergaben sich, abgesehen von den Reparationswerten bei Großbritannien und Norwegen, nur geringfügige Änderungen. Welche Umstände diese Änderungen verursacht haben ist dem Bundesamt für gewerbliche Wirtschaft nicht bekannt.

Laut Angabe der IARA belief sich der Bruttowert des deutschen Vermögens in den IARA Mitgliedsstaaten auf rund 300 Millionen US-Dollar auf der Preisbasis von 1938. Es wurde aber nur der Nettowert von den IARA-Staaten als Reparationsleistung zuerkannt. Der nicht als Reparationsleistung angerechnete Teil des deutschen Auslandsvermögens in den IARA-Staaten beträgt rund 68 Millionen US-Dollar in Preisbasis 1938, das sind rund 23 % des Gesamtbetrages.

2. Deutsches Auslandsvermögen in neutralen Staaten [409]

Die Zuteilungen der IARA aus deutschen Auslandsvermögen in neutralen Staaten an ihre Mitgliedsländer sind aus der Tabelle 69 ersichtlich. Gegenüber dem IARA Bericht vom Mai 1951 ergibt sich bei allen Staaten, außer Luxemburg und Belgien, eine beträchtliche Erhöhung der Zuteilungen. Diese war dadurch bedingt, daß nach 1951 noch in erheblichen Umfang deutsche Vermögenswerte in Spanien, Portugal, Thailand und in der Schweiz liquidiert und die Nettoerlöse der IARA zur Verfügung gestellt wurden.

Die Zuteilungen an Belgien mit 596.410 US-$ nach Preisbasis 1938 und an Luxemburg mit 30.212. US-$ nach Preisbasis 1938 aus deutschen Vermögenswerten in Schweden mußten dagegen von der IARA annulliert werden, da die schwedische Regierung sich weigerte, diese Zuteilungen anzuerkennen und auszuzahlen. Eine Einigung zwischen der IARA und Schweden konnte nicht erzielt werden, daher überwies die schwedische Regierung im Dezember 1956 den Gegenwert der beiden Zuteilungen, 7 Millionen schwedische Kronen, an den Hohen Flüchtlingskommissar bei der UNO, siehe hierzu die Tabelle Nr. 79.

Der Vergleich der IARA Statistik aus dem Jahre 1951 mit der Tabelle Nr. 69 ergibt, daß sich die Erwartungen der IARA hinsichtlich der Höhe der Überweisungen aus den neutralen Staaten Portugal, Schweiz und Spanien nicht erfüllten.

Tabelle 69

	Afghanistan	Irland	Spanien	Schweden	Schweiz	Tanger	Thailand	Portugal	Summe US-Dollar
Albanien	-	-	5.431	-	13.074	8	72	238	18.823
Vereinigte Staaten	340	-	1.841.409	9.334.256	1.347.020	4.405	14.961	49.879	12.592.270
Australien	-	659	74.666	-	139.951	110	561	1.866	217.813
Belgien	-	-	9.656	-	98.634	-	1.058	3.527	112.875
Kanada	-	696	366.003	-	843.928	551	4.247	14.144	1.229.569
Dänemark	-	-	-	1.488.417	-	-	-	-	1.188.417
Ägypten	-	-	-	-	-	-	-	-	-
Frankreich	544	-	1.161.513	5.212.659	761.381	2.518	9.237	30.798	7.178.650
Großbritannien	1.020	-	2.127.862	9.334.256	2.167.605	4.405	24.029	80.056	13.739.233
Griechenland	-	-	281.072	182.355	561.021	425	3.244	10.800	1.038.917
Indien	-	-	175.189	-	297.254	259	998	3.326	477.026
Luxemburg	-	-	-	-	-	-	-	-	-
Norwegen	-	-	-	1.491.602	-	-	-	-	1.491.602
Neuseeland	-	659	43.116	-	97.795	63	497	1.657	143.787
Pakistan	-	-	37.956	-	92.272	55	496	1.654	132.433
Niederlande	-	-	-	805.656	-	-	-	-	805.656
Tschechoslowakei	-	-	283.158	447.587	393.654	472	2.397	7.990	1.135.258
Südafrika	-	-	-	-	-	-	-	-	-
Jugoslawien	-	-	625.466	1.331.935	934.336	1.039	7.665	25.531	2.925.972
Summe	1.904	2.014	7.032.497	29.628.723	7.747.925	14.310	69.462	231.466	44.728.301

Veranschlagt wurden von der IARA für:

Portugal	873.200 $	nach Preisbasis 1938
Schweiz	20.326.426 $	nach Preisbasis 1938
Spanien	7.842.783 $	nach Preisbasis 1938

Überwiesen wurden von den Regierungen der betreffenden Staaten an die Mitgliedsstaaten der IARA::

Portugal	231.466 $	nach Preisbasis 1938
Schweiz	7.747.925 $	nach Preisbasis 1938
Spanien	7.032.497 $	nach Preisbasis 1938

Die von diesen Ländern überwiesenen Beträge belaufen sich demnach nur auf rund 52 % der veranschlagten Summen. Die Gründe für diese Mindereingänge werden ausführlich im gemeinsamen Bericht der französischen, britischen und amerikanischen Regierungen an die IARA dargelegt. Diese drei Mächte waren gem. Artikel 6 des Teil I des Pariser Reparationsabkommen vom 21. Dezember 1945 für die Verhandlungen mit den Regierungen der neutralen Staaten zuständig.

Die Tabelle Nr. 69 weist lediglich die Zuteilungen der IARA in US-Dollar auf der Preisbasis von 1938 aus, deshalb wird als Ergänzung die Tabelle Nr. 70 zur besseren Übersicht eingefügt. Die Tabelle Nr. 70 enthält die von den Regierungen der einzelnen neutralen Staaten der IARA zur Verfügung gestellten Beträge aus der Liquidation der deutschen Vermögenswerte in verschiedenen Währungen, sowie eine Gegenüberstellung dieser Währungsbeträge mit den Kontenbelastungen der IARA für die erfolgten Zuteilungen, umgerechnet in US-Dollar auf der Preisbasis von 1938.

Tabelle 70   Deutsche Auslandswerte in neutralen Staaten
(Nettoerlöse, Stand September 1961)

Währungen	Afghanistan	Spanien	Irland	Portugal	Schweden	Schweiz	Thailand	Tanger	IARA Zuteilungswert in $ (1938)
Afgh. Rupien	21.173								1.904
Peseten		402.441.304						603.798	6.447.172
US Dollars		533.401							264.416
Brit. Pfunde		143.120	1.399			58.952			348.431
Holl. Gulden		409.473							48.135
Schw. Franken		75.720				73.520.996			7.755.952
Eskudos				15.457.400					223.102
Belg. Franken				758.336					6.361
Schwed. Kronen					218.000.000				29.628.723
Franz. Franken								901.339	2.119
									44.728.301

Die Gesamtsumme der IARA Zuteilungen aus der Liquidation des deutschen Auslandsvermögens in den neutralen Staaten belief sich auf 44.728.301 US-Dollar nach Preisbasis von 1938. Der Gesamtwert des liquidierten bzw. sequestrierten deutschen Auslandsvermögens in den neutralen Staaten betrug jedoch rund 125.000.000 US-Dollar nach Preisbasis von 1938.

Die beträchtliche Differenz ist damit zu erklären, daß die einzelnen neutralen Staaten hohe Forderungen gegen Deutschland geltend machten und diese ganz oder teilweise aus den Liquidationserlösen befriedigten. Folgende Einzelbeispiele kennzeichnen die Situation:

Land:	Gesamtwert des deut. Vermögens	Gegenforderungen	IARA-Zuteilungen (Preisbasis 1938)
Afghanistan	175.000 US $	371.000 US $	1.904 US $
Irland	120.000 Brit.Pfunde	480.000 Brit.Pfunde	2.014 US $
Island	4.000.000 isländische Kronen	unbekannt	nichts

3. Deutsche Auslandsvermögen in ehemals feindlichen Staaten der IARA (Italien und Japan) [409]

Die Liquidation des deutschen Auslandsvermögens in Italien und Japan ergab nachstehende für die IARA verfügbaren Beträge:

Land:	Verfügbare Nettoerlöse	IARA-Zuteilungen (Basis 1938)
Italien	2.250.000.000 Lire	1.648.080 US $
Japan	1.445.981.633 Yen	1.769.596 US $
	635.363 US $	284.122 US $
	43.760 Brit. Pfunde	16.121 US $

Die Aufteilung dieser Beträge an die Mitgliedsstaaten der IARA ist aus der Tabelle Nr. 71 ersichtlich. Der Vergleich der Werte in dieser Tabelle mit den Werten in der IARA Statistik von 1951 ergibt, daß sämtliche berücksichtigten IARA Staaten gegenüber 1951 beträchtlich erhöhte Zuteilungen erhielten, da im Jahre 1951 erst ein Teil des deutschen Vermögens in den ehemals feindlichen Staaten, vor allem in Japan, liquidiert worden war.

Deutsches Auslandsvermögen
in ehemaligen feindlichen Ländern [409]

(Bewertung in US Dollar Preisbasis 1938, Stand September 1961)

Tabelle 71

Länder	Italien	Japan	Summe
Albanien	1.568	5.533	7.101
Vereinigte Staaten	449.881	212.256	662.137
Australien	21.945	67.510	89.455
Belgien	-	16.979	16.979
Kanada	109.721	381.839	491.560
Dänemark	-	-	-
Ägypten	-	-	-
Frankreich	257.075	132.413	389.488
Großbritannien	449.881	346.237	796.118
Griechenland	74.607	231.328	305.935
Indien	51.726	151.283	203.009
Luxemburg	-	-	-
Norwegen	-	-	-
Neuseeland	12.540	42.681	55.221
Pakistan	10.972	39.157	50.129
Niederlande	-	-	-
Tschechoslowakei	68.958	161.267	230.225
Südafrika	-	-	-
Jugoslawien	139.206	281.356	420.562
	1.648.080	2.069.839	3.717.919

Die Gesamtsumme der Zuteilungen in Höhe von 3.717.919 US $ auf Preisbasis von 1938 blieb allerdings erheblich hinter der ursprünglich erwarteten Summe in Höhe von 6.023.755 US $ auf Preisbasis von 1938, zurück. Aus dem Bericht der Regierungen der Vereinigten Staaten, Großbritanniens und Frankreichs an die IARA über die Liquidation des deutschen Auslandsvermögens ergibt sich, daß im Jahre 1957 von der italienischen Regierung außerhalb des IARA-Zuteilungsverfahrens ein Betrag von 1.224.000.000 Lire aus den bei der Liquidation des deutschen Vermögens in Italien erzielten Nettoerlösen direkt an einzelne Mitgliedsstaaten der IARA gezahlt wurde.

Diese Summe entspricht einem IARA Zuteilungswert von rund 900.000 US $ nach Preisbasis von 1938. Eine Belastung der Reparationskonten der Empfangsstaaten bzw. eine Gutschrift als deutsche Reparationszahlung durch die IARA ist jedoch nicht erfolgt.

4. In Deutschland vorgefundene Devisen aus neutralen Ländern [409]

Die in Westdeutschland vorgefundenen Devisen aus neutralen Ländern wurden von den drei Besatzungsmächten beschlagnahmt. Am 29. November 1950 war von der Alliierten Hohen Kommission in Deutschland ein Betrag von 659.088 US $ nach Preisbasis von 1938 der IARA als verfügbar gemeldet und von dieser den Mitgliedsstaaten zugeteilt worden.

Eine Nachprüfung der Summe durch die „Alliierte Hohe Kommission" ergab jedoch nur einen Endbetrag von 627.691 US $ in der Preisbasis von 1938, so daß die ursprünglichen Zuteilungen der IARA, dem Differenzbetrag entsprechend, herabgesetzt werden mußten. Nur Belgien erhielt, im Vergleich zum früheren Zuteilungsplan, eine erhöhte Zuwendung. Die Reparationszuteilungen im einzelnen ergeben sich aus der Tabelle Nr. 72.

Tabelle 72   1) in Deutschland vorgefundene Devisen aus neutralen Ländern
             2) in Deutschland gefundene Wertpapiere aus IARA Mitgliedsstaaten

(Bewertung in US Dollar auf der Preisbasis 1938)

Länder	Neutrale Devisen Stand Mai 51	Devisen Stand Sept. 61	Differenz	Wertpapiere aus den IARA Staaten	Summe Stand: Sept. 61
Albanien	2.004	1.942	62	-	1.942
Vereinigte Staaten	56.979	51.109	5.870	783.680	834.789
Australien	28.070	27.171	899	8.133	35.304
Belgien	-	101	101	6.504	6.605
Kanada	140.346	135.887	4.459	58.758	194.625
Dänemark	-	-	-	117.371	117.371
Ägypten	-	-	-	1.845.152	1.845.152
Frankreich	32.559	29.282	3.277	102.655	131.937
Großbritannien	56.979	51.994	4.985	295.512	347.506
Griechenland	85.365	82.613	2.752	1.404	84.017
Indien	66.163	63.941	2.222	3.242	67.103
Luxemburg	-	-	-	17.229	17.229
Norwegen	-	-	-	4.051	4.051
Neu Seeland	16.040	15.543	497	-	15.543
Pakistan	14.034	13.592	442	99	13.691
Niederlande	-	-	-	4.188.737	4.188.737
Tschechoslowakei	63.040	60.820	2.220	111.526	172.346
Südafrika	-	-	-	796	796
Jugoslawien	97.509	93.696	3.813	-	93.696
	659.088	627.691	31.397	7.544.829	8.172.520

Es liegt der deutschen Regierung kein Dokument vor, aus dem sich ergibt, welche neutralen Währungen in Westdeutschland von den drei Besatzungsmächten beschlagnahmt wurden und auf welcher Bewertungsbasis die Umrechnung dieser Währungen in US-Dollar auf der Preisbasis von 1938 erfolgte. Es kann aber angenommen werden, daß das IARA Dokument AS Nr. 1449 (1 US-Dollar laufender Währung gleich 0,4996 US $ Preisbasis 1938) die Bewertungsgrundlage bildete.

5. In Deutschland vorgefundene Wertpapiere aus den Mitgliedstaaten der IARA [409]

Ferner wurden von den drei Besatzungsmächten sämtliche Wertpapiere, die in einem der Mitgliedstaaten der IARA ausgestellt und in Deutschland aufgefunden worden waren, beschlagnahmt und der IARA zur Rückgabe an das Ausstellerland zur Verfügung gestellt. Die Reparationskonten dieser Länder wurden von der IARA mit dem Gegenwert, umgerechnet in US-Dollar auf der Preisbasis 1938, belastet. Die einzelnen Zuteilungen sind aus der Tabelle Nr. 72 ersichtlich. Die Tabelle gibt einen Überblick über den Wert der in Deutschland beschlagnahmten Papiere in den jeweiligen Währungen und stellt diesem den IARA Zuteilungswert gegenüber.

Für Indien, Pakistan und die Südafrikanische Union fehlen allerdings die Angaben über den Wert der Papiere. Diese Beträge können jedoch, wie sich aus dem IARA Zuteilungswert (4.137 $ Preisbasis 1938) ergibt, nicht sehr hoch gewesen sein. Der Zuteilungswert der in Deutschland aufgefundenen Wertpapiere aus den IARA Mitgliedstaaten beläuft sich insgesamt auf 7.544.829,00 US-Dollar Preisbasis 1938.

Ein Vergleich dieses Wertes mit den Zuteilungswerten in früheren IARA Statistiken ist nicht möglich, da in diesen noch keine Zuteilungen von Wertpapieren aus Mitgliedstaaten der IARA enthalten sind. Es ist nicht bekannt, auf welcher Basis die Umrechnung des Wertes der Wertpapiere in US-Dollar auf der Preisbasis 1938 erfolgte, doch kann angenommen werden, wie sich auch aus dem Wertvergleich zwischen dem Währungsbetrag und dem Zuteilungswert ergibt, daß das IARA Dokument AS Nr. 1449 (1 US-Dollar laufender Währung gleich 0,4996 US-Dollar Preisbasis 1938) auch hier die Bewertungsgrundlage bildete.

6. Erbeutete deutsche Vorratslager in den von deutschen Truppen besetzten Gebieten [409]

Während des Rückzuges der deutschen Truppen aus den besetzten Gebieten mußten eine erhebliche Anzahl von Vorratslagern und sonstiges Material zurückgelassen werden. Die Pariser Reparationskonferenz entschied, daß die Lager und das Material den früher von deutschen Truppen besetzten Mitgliedstaaten der IARA unter Anrechnung des Gegenwertes der Güter auf dem Reparationskonto A zu übergeben seien, sofern diese Güter für den zivilen Gebrauch verwendbar und ausschließlich deutschen Ursprungs waren. Zusätzlich bestimmte 1950 die IARA, daß auch das in den ehemals besetzten Gebieten verbliebene deutsche rollende Eisenbahnmaterial in gleicher Weise zu behandeln sei und die Reparationskonten der IARA Mitgliedsstaaten, die rollendes Material zurückbehalten hatten, mit dem Gegenwert zu belasten seien.

Der Gesamtwert der deutschen Vorratslager und des in den besetzten Gebieten verbliebenen rollenden Materials wird von der IARA mit einem Betrag von 26.519.506 US-Dollar auf der Preisbasis von 1938 angegeben. Die Einzelzuteilungen sind aus der Tabelle Nr. 73 ersichtlich. Eine Änderung dieser Bewertung ist seit dem letzten Jahresbericht von 1951 der IARA nicht mehr vorgenommen worden. Es ist der deutschen Regierung nicht bekannt, welche Bewertungsmaßstäbe der Berechnung zugrunde gelegt wurden.

Tabelle 73   Reparationen Kategorie A
(Bewertung in US Dollar auf der Preisbasis 1938)

Länder	Erbeutete deutsche Vorratslager	Eingliederung der Saar in die Französische Wirtschaft	Sowjetrussische Gegenlieferungen	Summe
Albanien				
Vereinigte Staaten			393.794	393.794
Australien				
Belgien	2.130.013		38.621	2.168.634
Kanada				
Dänemark	5.262.696			5.262.696
Ägypten			758	768
Frankreich	13.067.878	17.509.000	325.310	89.795.688
Großbritannien			515.600	515.600
Griechenland			72.464	72.464
Indien			28.548	28.548
Luxemburg	36.764			36.764
Norwegen	3.081.885			3.081.885
Neuseeland				
Pakistan				
Niederlande	2.549.302		71.366	2.620.668
Tschechoslowakei			42.851	42.851
Südafrika				
Jugoslawien	1.390.968		102.149	1.493.117
	26.519.506	17.500.000	1.491.971	45.511.477

7. Eingliederung des Saargebietes in die französische Wirtschaft [409]

Das französische Reparationskonto ist von der IARA für die Eingliederung des Saargebietes mit 17.500.000 US-Dollar auf der Preisbasis von 1938 belastet worden. Nach Angaben der IARA entsprach dieser Betrag dem Wert der Industrieausrüstungen saarländischer Werke, die sonst der IARA als Zuteilungsobjekte zur Verfügung gestanden hätten. Diese Objekte sind von der französischen Reparationsdienststelle, der „Sous-Direction des Rèperations et Restitutions", allerdings, wie folgende Aufstellung zeigt, erheblich geringer bewertet worden:

Werk:	Bewertung in Reichsmark 1938
Röchling´sche Eisen und Stahlwerke in Völklingen	29.905.949,00 Reichsmark
Neunkirchner Eisenwerk in Neunkirchen	6.659.892,00 Reichsmark
Mannesmann Röhrenwerke in Pous	6.842.167,00 Reichsmark
Neunkirchner Eisenwerk in Homburg	2.630.861,00 Reichsmark
Dynamit AG in Saarwellingen	113.542,00 Reichsmark
	46.152.411,00 Reichsmark

Dieser Betrag entspricht einem Zuteilungswert von rund 11,5 Millionen US-Dollar auf Preisbasis von 1938. Eine Herabsetzung der Belastung des französischen Reparationskontos ist jedoch, trotz der Vorstellung der französischen Regierung, nicht erfolgt.

8. Sowjetrussische Gegenlieferungen [409]

Durch das Potsdamer Abkommen hatte sich die Sowjetunion verpflichtet, für einen Teil (60%) der aus den drei Westzonen der UdSSR als Reparation überlassenen Industrieausrüstungen, Nahrungsmittel und Rohstoffe zu liefern, die durch die IARA verteilt werden sollten. Obwohl die UdSSR auf Grund der zu ihren Gunsten erfolgten Demontagen zu Gegenlieferungen in Höhe von rund 12,5 Millionen US-Dollar auf Preisbasis von 1938 verpflichtet gewesen wäre, wurde nur eine Gegenlieferung durchgeführt, die 10.000 t Weizen, 3.000 t Benzin, 5.000 t Dieselöl, 15.000 cbm Grubenholz und 25.000 cbm Bauholz umfaßte. Die Bewertung dieser Güter erfolgte durch den Alliierten Kontrollrat in Berlin in US-Dollar auf der Preisbasis von 1938 mit einem Aufschlag von 5 % und ergab einen Gesamtbetrag von 1.491.971,00 US-Dollar. Die Zuteilungen wurden durch die IARA vorgenommen. Aus den Tabellen 73 und 74 ergibt sich, welche IARA Mitgliedsstaaten bei dieser Zuteilung berücksichtigt wurden und in welcher Höhe deren Reparationskonten von der IARA belastet wurden.

Tabelle 74   Zuteilungen der sowjetrussischen Gegenlieferungen
(Bewertung in US Dollar auf der Preisbasis 1938)

Land	Weizen to	Bauholz cbm	Grubenholz cbm	Benzin to	Dieselöl to	Gesamtwert in US $
Belgien	694					38.621,-
Ägypten		105				768,-
USA	1709			1400	3141	393.794,-
Frankreich	4104					225.810,-
England	1709	14414	15000	900	1332	515.600,-
Griechenland		6088				72.464,-
Indien	513					28.548,-
Niederlande	501	4393				71.366,-
Tschechoslowakei	770					42.851,-
Jugoslawien				700	527	102.149,-
	10.000	25.000	15.000	3.000	5.000	1.491.971,-

9. Gesamtübersicht über die Reparationen der Kategorie A

Die Tabelle 78 gibt einen Gesamtüberblick über den Wert der Reparationszuteilungen in der Kategorie A in US-Dollar auf der Preisbasis von 1938. Der Wert beläuft sich demnach auf 334.089.506 US-Dollar nach Preisbasis 1938. Gegenüber der im letzten Jahresbericht der IARA von 1951 veröffentlichten Statistik ist eine Erhöhung von rund 20 Millionen US-Dollar zu verzeichnen. Die Gründe die zu dieser Erhöhung führten, sind im einzelnen in den vorstehenden Ausführungen erörtert worden. Andererseits ist darauf hinzuweisen, daß sich die Erwartungen der IARA hinsichtlich der als Reparationsleistung zur Verfügung stehenden deutschen Auslandswerte bei weitem nicht erfüllten. Dies gilt insbesondere für die

Liquidation des deutschen Vermögens in den neutralen und ehemals feindlichen Staaten, sowie für die russischen Gegenlieferungen.

REPARATIONEN DER KATEGORIE B

1. Industrieausrüstungen – Zuteilungsprogramme [409]

Die vom Alliierten Kontrollrat in Berlin der IARA zugewiesenen Industrieausrüstungen aus den drei Westzonen wurden von dieser den IARA Mitgliedstaaten zugeteilt und die Reparationskonten dieser Länder, dem Wert der Zuteilungen entsprechend, belastet. Die Bewertung der Industrieausrüstungen erfolgte durch die Reparationsdienststellen der Besatzungsmächte auf der Preisbasis von 1938, wobei der Wert der Reichsmark auf nur 0,25 US-Dollar festgesetzt wurde.

Die IARA war allerdings nicht an die Bewertungen der Besatzungsmächte gebunden und ihre Zuteilungswerte liegen daher beträchtlich unter dem Zeitwert auf der Preisbasis von 1938. Nach eigenen Angaben der IARA betrug die Differenz zwischen den Zeitwerten auf der Preisbasis von 1938 und den Zuteilungswerten (gleich Kontenbelastung) 178.282.021 Reichsmark gleich 44.570.505,00 US-Dollar. Dieser Differenzbetrag ist in den Kontenbelastungen nicht enthalten.

Aus der Tabelle Nr. 75 ergibt sich im einzelnen, welche Kontenbelastungen durch die IARA für die Zuteilungen von westdeutschen Industrieausrüstungen an die IARA Mitgliedsstaaten vorgenommen wurden und welche Veränderungen gegenüber der IARA Statistik des Jahres 1951 eingetreten sind. Mit Ausnahme von Frankreich, Indien und Ägypten sind die Zuteilungswerte bei sämtlichen IARA Mitgliedsstaaten herabgesetzt worden.

Die Wertherabsetzungen waren nicht durch eine Neubewertung der Zuteilungen bedingt, sondern sind eine Folge der im Laufe des Jahre 1951 durch die Besatzungsmächte verfügten Demontageeinstellung in den drei Westzonen. Hierdurch konnten nicht mehr alle Zuweisungen der IARA realisiert werden. Die bereits zugeteilten Industrieausrüstungen blieben der deutschen Wirtschaft erhalten.

Tabelle 75   Reparationen Kategorie B

Demontageprogramme
(Bewertung in US Dollar auf der Preisbasis 1938)

Länder	Demontageprogramme		
	Stand: 15. Mai 51	Stand: Sept. 61	Veränderung
Albanien	976.033	964.909	11.124
Vereinigte Staaten	4.387.151	3.196.357	1.190.794
Australien	2.187.799	2.187.491	308
Belgien	6.758.642	6.535.668	222.974
Kanada	55.223	34.811	20.412
Dänemark	393.183	387.514	5.669
Ägypten	179.021	186.831	7.810
Frankreich	29.481.439	30.050.580	569.143
Großbritannien	24.533.075	23.870.456	662.619
Griechenland	8.206.679	8.027.365	179.314
Indien	4.586.993	4.738.989	151.996
Luxemburg	488.392	485.040	3.352
Norwegen	1.210.258	1.207.479	2.779
Neu Seeland	589.667	586.611	3.056
Pakistan	1.157.514	948.122	209.392
Niederlande	5.418.479	5.372.578	45.901
Tschechoslowakei	7.807.252	7.720.303	86.949
Südafrika	-	-	-
Jugoslawien	25.969.125	25.673.582	295.543
	124.385.925	122.174.686	4.211.239

Die Demontage Zuteilungsprogramme erfüllten auch nicht die Erwartungen der IARA hinsichtlich der als Reparationsleistung zur Verfügung stehenden deutschen Industrieausrüstungen. Ursprünglich schätzte die IARA den Zuteilungswert dieses Industriematerials auf rund 1,5 Milliarden Reichsmark = 375 Millionen US-Dollar auf der Preisbasis von 1938. Der Wert der erfolgten Zuteilungen betrug jedoch nur rund 122 Millionen US-Dollar, das sind etwa 32 % der ursprünglich erwarteten Summe.

Eine Parallelentwicklung zeigt sich bei der Anzahl der zur Verfügung stehenden Demontageobjekte. Nach dem „Plan für Reparationen und den Nachkriegsstand der deutschen Wirtschaft" vom 28. März 1946, der auf den Ergebnissen der Potsdamer Konferenz beruhte, standen rund 1.800 Industrieanlagen als Zuteilungsobjekte zur Verfügung. Diese Zahl ist durch die drei Besatzungsmächte laufend reduziert worden und sank schließlich auf 680, das sind rund 38 % der ursprünglich vorhandenen Zuteilungsobjekte.

2. Industrieausrüstungen - Einzelentnahmen

a) Multilaterale Einzelentnahmen

Neben der Zuteilung von Industrieanlagen fand auch eine Zuweisung von Einzelmaschinen durch die IARA an ihre Mitgliedsstaaten statt und zwar solcher Maschinen, die von den drei Besatzungsmächten in einem besonderen Verfahren (Emergency Delivery Scheme) entnommen und der IARA zur Verfügung gestellt wurden.

Der Gesamtwert dieser Zuteilungen betrug 8.159.740,00 US-Dollar auf Preisbasis 1938. Gegenüber der Jahresstatistik von 1951 ist nur eine geringfügige Änderung zu verzeichnen, und zwar wurde der Zuteilungswert für die Tschechoslowakei von 334.258 US $ auf 333.681 US $ herabgesetzt. Der Grund für diese Änderung ist nicht bekannt.

Diese Bewertung erfolgte durch die Reparationsdienststellen der Besatzungsmächte und zwar wurde der Zeitwert auf der Preisbasis von 1938 zugrunde gelegt. Aus der Tabelle Nr. 8 ist ersichtlich, welche IARA Mitgliedsstaaten bei diesen Zuteilungen berücksichtigt wurden und wie hoch die Kontenbelastungen der Empfangsländer waren.

b) Unilaterale Einzelentnahmen

Unilaterale Einzelentnahmen waren Maschinenentnahmen der drei Besatzungsmächte, die „vorweg" erfolgten und den Alliierten die Kriegführung gegen Japan erleichtern sollten. Da diese Entnahmen als Reparationen galten, wurden die Reparationskonten der drei Besatzungsmächte von der IARA mit den Beträgen belastet, die diese Mächte der IARA als Zeitwert der entnommenen Maschinen bekannt gaben. Die Bewertung erfolgte durch die Besatzungsmächte auf der Preisbasis des Jahres 1938. In der Tabelle Nr. 76 werden diese Werte ausgewiesen.

Tabelle 76   Reparationen Kategorie B
(Bewertung in US Dollar auf der Preisbasis 1938)

Länder	Einzelentnahmen		Handels Schiffe	Summe
	Multilaterale	Unilaterale		
Albanien	54.657	-		74.661
Vereinigte Staaten	-	4.997.502		7.325.197
Australien	185.114	-		279.612
Belgien	520.297	-		1.110.828
Kanada	-	-		908.233
Dänemark	97.104	-		849.705
Ägypten	-	-		173.247
Frankreich	1.984.299	5.002.541 (2)		13.355.674
Großbritannien	1.426.623	1.844.368		25.938.573
Griechenland	734.385	-		2.456.705
Indien	774.829	-	-	774.829
Luxemburg	89.180	-	-	89.180
Norwegen	148.926	-	2.276.971 (3)	4.625.897
Neu Seeland	156.702	-	162.747	319.449
Pakistan	33.759	-		33.759
Niederlande	310.617	-		2.779.757
Tschechoslowakei	333.681 (1)	-	-	333.681
Südafrika	-	-	-	-
Jugoslawien	1.305.567	-	778.042 (4)	2.083.609
Summe	**8.155.740**	**11.851.406**	**44.105.449**	**64.112.595**

Gegenüber der Statistik des Jahres 1951 ergibt sich bei Frankreich eine Erhöhung des Reparationswertes von 4.130.000 US $ auf 5.009.541 US $ (Preisbasis 1938). Die Erhöhung ist darauf zurückzuführen, daß Frankreich nachträglich, d.h. am 28. 10. 1952, der IARA die Entnahme von Maschinen meldete, die in Kehl von den Franzosen für Reparationszwecke requiriert worden waren.

3. Handelsschiffe

Kriegsschiffe aller Art der deutschen Kriegsmarine wurden bei allen Reparationszahlungen nicht berücksichtigt. Die Tabelle Nr. 76 enthält daher die Zuteilungswerte der von der IARA als Reparation zugewiesenen deutschen Handelsschiffe.

Gegenüber der Statistik im Jahre 1951 sind auch hier nur geringfügige Änderungen zu verzeichnen und zwar wurden die Zuteilungswerte Norwegens von 4.456.493,00 US $ auf 4.476.971,00 US $ und für Jugoslawien von 769.118,00 US $ auf 778.042,00 US $ erhöht. Die Gründe für diese Wertänderungen sind nicht bekannt. Vermutlich handelt es sich um Wertkorrekturen.

Der Gesamtzuteilungswert der verteilten deutschen Handelsschiffe beläuft sich nach Angaben der IARA auf 44.105.449,00 US-Dollar auf der Preisbasis von 1938. Die Bewertung der deutschen Handelsschiffe erfolgte durch die „Tripartite Merchant Marine Commission,, (TMMC) auf der Grundlage der Schiffsbaukosten des Jahres 1938. Da die deutschen

Schiffsbaukosten des Jahres 1938 nicht ermittelt werden konnten, wurden die britischen Schiffsbaukosten des Jahres 1938 zugrunde gelegt.

Diese ergaben einen Zeitwert von 12.824.454 brit. Pfunden auf der Preisbasis von 1938 bzw. einen Wert von 62.583.336,00 US-Dollar auf der Preisbasis von 1938. Der IARA erschien der von der TMMC berechnete Zeitwert als Zuteilungswert zu hoch. Sie beschloß daher eine Herabsetzung um 28,28 % und legte einen Zuteilungswert von 44.885.589,00 US-Dollar nach Preisbasis 1938 zugrunde. Dieser Zuteilungswert ist bei der Zuteilung der einzelnen Schiffe noch verschiedentlich herabgesetzt worden, da nicht alle Schiffe von den IARA Mitgliedstaaten zu den ursprünglich vorgesehenen Zuteilungswerten übernommen wurden.

4. Gesamtübersicht über die Reparation der Kategorie B

Die Tabelle Nr. 77 gibt eine Gesamtübersicht über die von der IARA zugeteilten Reparationen der Kategorie B in US-Dollar auf der Preisbasis des Jahres 1938. Der Gesamtwert der Zuteilungen beläuft sich demnach auf 186.287.281,00 US-Dollar. Gegenüber der IARA Statistik aus dem Jahre 1951 ist eine Verminderung des Gesamtwertes auf 1.302.873,00 US $ eingetreten, die fast ausschließlich durch die Einstellung der Demontagen in den drei Westzonen verursacht wurde.

Tabelle 77   Reparationen der Kategorie B – Gesamtübersicht –
(Bewertung in US Dollar auf der Preisbasis 1938)

IARA Mitgliedstaaten	Reparationszuteilungen Stand: Mai 1951	Reparationszuteilungen Stand: Sept. 1961	Veränderungen
Albanien	1.050.694,-	1.039.570,-	11.124,-
Vereinigte Staaten	12.312.348,-	11.121.554,-	1.190.794,-
Australien	2.467.411,-	2.467.103,-	308,-
Belgien	7.869.470,-	7.646.496,-	222.974,-
Kanada	963.456,-	943.044,-	20.412,-
Dänemark	1.242.888,-	1.237.219,-	5.669,-
Ägypten	352.268,-	360.078,-	7.810,-
Frankreich	41.957.572,-	43.406.254,-	1.448.682,-
Großbritannien	50.471.648,-	49.809.029,-	662.619,-
Griechenland	10.663.383,-	10.484.069,-	179.314,-
Indien	5.361.822,-	5.513.818,-	151.996,-
Luxemburg	577.572,-	574.220,-	3.352,-
Norwegen	5.815.677,-	5.833.376,-	17.699,-
Neu Seeland	909.116,-	906.060,-	3.056,-
Pakistan	1.191.273,-	981.881,-	209.392,-
Niederlande	8.198.236,-	8.152.335,-	45.901,-
Tschechoslowakei	8.141.510,-	8.053.984,-	87.526,-
Südafrika	-	-	-
Jugoslawien	28.043.810,-	27.757.191,-	286.619,-
Summe	**187.590.154,-**	**186.287.281,-**	**1.302.873,-**

Die Erwartungen der IARA hinsichtlich des Aufkommens der Reparation Kategorie B, vor allem der als Reparationsleistung zur Verfügung stehenden deutschen Industrieanlagen haben sich bei weitem nicht erfüllt.

Gesamtübersicht der Reparationen Kategorie A und B

Aus der Gesamtübersicht und der Tabelle Nr. 78 ergibt sich der Gesamtwert der von der IARA zugeteilten Reparationsgüter. Er beträgt **520.376.787,00 US-Dollar** auf der Preisbasis von 1938. Gegenüber der ersten IARA Statistik von 1951 ist eine Erhöhung des Gesamtwertes um 18.046.185,00 US-Dollar zu verzeichnen. Die Gründe die zu einer Änderung der Zuteilungswerte gegenüber der Statistik von 1951 führten, sind, soweit es möglich war, in den einzelnen Abschnitten des IARA Berichtes erläutert worden. [409]

Es ist zu beachten, daß der Betrag von **520.376.787,00 US-Dollar** ein Zuteilungswert ist, der nicht, zumindest nicht in allen Fällen, mit den drei Besatzungsmächten bzw. Alliierten Kommissionen festgestellten Zeitwert der IARA überwiesenen Reparationsgüter identisch ist.

IARA Reparations Zuteilungen der Kategorie A und B

(Bewertung in US Dollar Preisbasis 1938)

Tabelle 78

IARA Mitgliedstaaten	Zuteilungen Reparationen Kategorie A	Zuteilungen Reparationen Kategorie B	Gesamtsumme Stand Sept. 1961	Gesamtsumme Stand Mai 1951	Differenz
Albanien	27.866	1.039.370	1.067.436	1.059.126	8.310
Vereinigte Staaten	113.128.710	11.121.554	124.250.264	122.932.697	1.317.367
Australien	1.502.274	2.467.103	3.969.377	3.745.818	223.559
Belgien	8.825.567	7.646.496	16.472.063	17.154.888	682.923
Kanada	3.854.690	943.044	4.767.734	3.493.278	1.304.456
Dänemark	21.726.047	1.237.219	22.963.266	22.678.058	285.208
Ägypten	4.466.878	360.078	4.826.356	2.994.237	1.832.719
Frankreich	43.292.964	43.406.254	86.699.218	64.016.393	2.682.823
Großbritannien	55.918.556	49.809.029	109.727.385	101.285.291	4.442.094
Griechenland	3.013.639	10.484.069	13.497.708	12.845.105	652.603
Indien	4.343.328	5.513.818	9.857.146	9.202.376	654.770
Luxemburg	856.813	574.220	1.431.033	1.446.701	15.668
Norwegen	7.771.496	5.833.376	13.604.672	14.197.473	592.601
Neuseeland	402.698	906.060	1.308.758	1.165.381	145.377
Pakistan	196.406	981.581	1.178.287	1.253.124	74.837
Niederlande	39.360.375	8.152.339	47.512.710	45.369.874	4.142.836
Tschechoslowakei	6.519.645	8.053.984	14.573.629	13.898.409	675.220
Südafrika	10.852.527	-	10.872.327	10.851.731	796
Jugoslawien	6.029.227	27.757.191	33.786.418	34.740.542	1.045.876
Gesamtsumme	**334.009.306**	**186.287.281**	**520.376.787**	**502.330.602**	**18.046.185**

Allein bei den Reparationen der Kategorie B liegt, wie die Überprüfung anhand des dem Bundesamt für gewerbliche Wirtschaft vorliegendem Materials ergab, der Zuteilungswert der IARA 63 Millionen Dollar unter dem von den Besatzungsmächten festgestellten Zeitwert.

Der genannte Dollarwert von **520.376.787,00** entspricht einem Reichsmarkwert von **2.081.507.148,00 RM** wobei zu berücksichtigen ist, daß die Bewertung auf der Preisbasis des Jahres 1938 beruht.

Diese Werte müßten jedoch in etwa verdoppelt werden, wenn man der Bewertung die Preisbasis zum Zeitpunkt der Entnahme der Reparationsleistung (nach 1945) zugrunde legt.

Deutsche Reparationsleistungen welche nicht von der IARA registriert wurden

1. Reparationsleistungen für die Opfer des Nationalsozialismus

Aus der Tabelle Nr. 79 sind die Beträge in US-Dollar auf der Preisbasis 1942 ersichtlich, die dem INTER-GOVERNMENTAL COMMITEE FOR REFUGEES bzw. dem UN-HIGH-COMMISSIONAR FOR REFUGEES aus deutschen Auslandswerten als Reparationsanteil gemäß Teil I Artikel 8 des Pariser Abkommens vom 21. Dezember 1945 zur Verfügung gestellt wurden.

Deutsches Auslandsvermögen in Neutralen Staaten
(Bewertung in US Dollar auf der Preisbasis von 1947)

Tabelle 79

	Schweden	Schweiz	Summe
Inter-Governmental Committee for Refugees	13.888.889	11.187.654	25.076.523
Office U.N.High Commissionor for Refugees	1.944.444	-	1.944.444
	15.835.533	11.187.634	27.020.967

Die Gesamtsumme betrug 27.020.967,00 US-Dollar auf der Preisbasis von 1947. Hiervon entfielen auf Schweden 15.833.333,00 US $ gleich 57.000.000,00 schwedische Kronen und auf die Schweiz 11.187.634,00 US $ gleich 48.106.826,00 Schweizer Franken.

2. Zuteilungen von Reparationsschrott durch die IARA

Der IARA wurde von der RD & R - Division in Detmold insgesamt 85.050,60 Tonnen Schrott zur Verfügung gestellt, der bei der Demontage von westdeutschen Industrieanlagen angefallen war. Diese Menge ist von der IARA den nachstehend aufgeführten Mitgliedsstaaten wie folgt zugeteilt worden:

Tabelle 80

Albanien	139,0 t	Niederlande	5.815,5 t
Belgien	2.546,6 t	Norwegen	484,0 t
Tschechoslowakei	4.494,0 t	Großbritannien	32.876,5 t
Dänemark	324,0 t	Jugoslawien	9.602,5 t
Frankreich	23.938,0 t		
Griechenland	4.830,5 t	Gesamt	85.050,5 t

Eine Belastung der Reparationskonten der Empfangsländer für diese Zuteilungen ist durch die IARA nicht erfolgt. Auch die R D & R - Division hat nur einen Teil von 85.050,5 t des ausgelieferten Schrotts bewertet. Diese Bewertung ergab einen Zeitwert von RM 4.301.226 auf der Preisbasis von 1938.

3. Reparationen durch das Gold der Reichsbank [409]

Gemäß Teil III des Pariser Reparationsabkommen vom 21. Dezember 1945 wäre das in Deutschland vorgefundene gemünzte Gold (keine Barren) der „Tripartite Commission for the Restitution of Monetary Gold" in Brüssel zu übergeben, die für die Verteilung des Goldes zuständig war. Das gleiche Verfahren galt für das von den Deutschen in das Ausland verbrachte Münzgold.

Die Tripartite Commission for the Restitution of Monetary Gold hat seither nicht über die Verteilung des Goldfonds berichtet. Es muß aber angenommen werden, daß aus diesem Münzgoldfonds erhebliche Zuweisungen erfolgten.

Es liegt der Deutschen Regierung ein Bericht des französischen Staatssekretariats für wirtschaftliche Fragen vom 31.12.1950 vor, nachdem die französische Regierung aus dem erwähnten Fonds Münzgold im Werte von 42.141.934.885,00 französische Franken als Wiedergutmachungsleistung erhielt. Diese Summe entspricht einem Betrag von US-Dollar 120.000.000,00 $ mit Kurswert 1950.

Die vorstehenden Ausführungen befassen sich nur mit solchen deutschen Reparationsleistungen, die in unmittelbaren oder mittelbaren Zusammenhang mit der IARA abgewickelt wurden. Die übrigen Komplexe, wie Liquidation des deutschen Auslandsvermögens außerhalb des IARA Verfahrens, Restitutionen, Beuteentnahmen, Leistungen an die UdSSR und an Polen usw., konnten daher in diesem Zusammenhang keine Berücksichtigung finden.

Mit diesem Absatz schließt der vertrauliche IARA Abschlußbericht seine Akten.

Die Bank von England stellte der Öffentlichkeit erst am 8. Mai 1997 ihren Abschlußbericht über das verwaltete und verteilte IARA Gold vor. Danach erhielt die Bank von England für Namen der TGC rund 305,5 Tonnen Gold zur Verteilung von den West-Alliierten angeliefert.

Die Deutsche Bundesbank teilte im Jahre 2001 mit, daß auch sie bis heute keinen anderen offiziellen Bericht bezüglich einer Verteilung des Goldes an die IARA Mitgliedsstaaten erhalten hat und der Verbleib des gesamten beschlagnahmten Goldes, also auch aller Goldbarren und Goldmünzen nach Kriegsende nicht bekannt ist und daher von der Deutschen Bundesbank keine Auskünfte gegeben werden können. [410]

Alle vorgefundenen Werte in deutschen Depots, wie Goldmünzen, Goldbarren, Silberbarren, Juwelen und Edelsteine sind offensichtlich als Siegerbeute bei der Besatzungsmacht verblieben, welche bei Kriegsende die Beschlagnahme vor Ort durchgeführt hat. Die TGC und die IARA hatten keinen Kontrollstatus über die erfaßten Werte und so blieb es den Alliierten selbst überlassen, was sie an erbeuteten Gold und anderen Werten der TGC Commission „freiwillig" zur Verfügung stellten. Am 9.September 1998 teilten die Regierungen Frankreichs, Großbritanniens und der USA die Auflösung der Tripartite Gold Commission der Öffentlichkeit mit.

Reparationsleistungen durch Verlust und Verwertung deutscher Patente

Großbritannien und die USA bewerteten das technische Know-how der Besiegten von Anfang an als die attraktivste Reparationskategorie. Über sie wurde nicht verhandelt. So wurde diese Reparation eine stillschweigende vereinbarte Regelung und es schien selbstverständlich, daß sich jede Siegermacht in ihrer Besatzungszone soviel wie möglich aneignen würde.

Der Verlust deutscher Patente und Betriebsgeheimnisse wird mit 12,5 Milliarden Reichsmark oder 5 Milliarden Dollar geschätzt und wurde später nicht als Reparation anerkannt. [411]

Reparationsanrechnung durch den Verlust deutscher Gebiete

Der Verlust deutscher Gebiete wird auf 70 Milliarden Reichsmark oder 28 Milliarden Dollar geschätzt und wurde nicht als Reparation anerkannt.

Die Vermögensverluste der aus dem Ausland ausgewiesenen Volksdeutschen wird auf 40,5 Milliarden Reichsmark oder 16,2 Milliarden Dollar geschätzt. 12 Millionen Deutsche verloren ihre Heimat und 2 Millionen auf der Flucht ihr Leben. [411]

Reparationsleistungen durch deutsche Kriegsgefangene

Die Leistungen der 5 Millionen deutschen Kriegsgefangenen wird auf 5 Milliarden Reichsmark oder 2 Milliarden Dollar geschätzt. Die Leistungen wurden nicht als Reparation anerkannt. [411]

Reparationsleistungen an NS-Zwangsarbeiter

An Zwangsarbeiter in der ehemaligen Sowjetunion wurden 1993 von Deutschland über 1 Milliarde DM und 2001 über 9 Milliarden DM einem überregionalen Fond überwiesen.

Diese Leistungen sind als Reparation oder Wiedergutmachung zu bewerten.

Reparationen der BRD von 1953 bis 1988

Tabelle 81

Reparationen der BRD 1953 - 1988 in DM
(laufende Preise und auf Preisbasis US Dollar 1938)

Jahr	Öffentliche Leistungen Mio DM	Öffentliche Leistungen Mio Dollar 1938	Individuelle Wiedergutmachung Mio DM	Individuelle Wiedergutmachung Mio Dollar 1938	Londoner Schuldenabkommen Mio DM	Londoner Schuldenabkommen Mio Dollar 1938	Besatzungskosten Mio DM	Besatzungskosten Mio Dollar 1938
1953	268	59,4					5 593	1 239,2
1954	354	80	154	34,8	2 202	490,3	5 752	1 300,0
1955	267	58,6	350	76,8			3 831	840,6
1956	245	53,2	679	147,5				
1957	225	48	1 171	249,7	3 175	683,4		
1958	261	56,2	1 244	267,8				
1959	266	57,3	1 472	316,9				
1960	333	71	1 926	410,6	5 204	1 109,5		
1961	557	117,7	2 193	463,2				
1962	482	100,8	2 258	472,5				
1963	525	109,9	2 011	420,8	836	174,9		
1964	328	68,7	1 787	373,9				
1965	361	73,5	1 874	381,5				
1966	26	5,2	1 637	330,3	1 654	335,2		
1967	4	0,8	1 670	340				
1968	8	1,7	1 762	379,2				
1969	10	2,1	1 505	315	838	173,7		
1970	9	1,8	1 589	313,6				
1971	8	1,5	1 612	304,9				
1972	57	10,4	1 796	328,6	500	90		
1973	52	8,8	1 830	309,8				
1974			1 876	277,1	69	10,2		
1975			1 930	266				
1976			1 695	220,2	651	ca. 85		
1977			1 718	219,4				
1978			1 754	225,9				
1979			1 513	182,4				
1980			1 645	183,6				
1981			1 788	184,5				
1982			1 732	170,2				
1983			1 717	168,3				
1984			1 629	155,7				
1985			1 591	151,1				
1986			1 546	158,5				
1987			1 523	162,4				
1988			1 464	154,6				
1953-1988	4.646	986,6	55.641	9.117,3	15.129	3.152,2	15.176	3.379,8

Reparationen Gesamtdeutschlands

Tabelle 82

Reparationen Gesamtdeutschlands in Dollar (1938)			
Zeitraum	Summe Mio. Dollar	pro Kopf Dollar	pro Kopf und Jahr Dollar
1945-1953 offizielle Angaben	4 821	74,3	8,7
1945-1953 Geschätzte Gesamtbelastung ohne Besatzungskosten nur Besatzungskosten	16 200 16 900	249,6 260,3	29,4 30,6
1945-1963 Geschätzte Gesamtbelastung mit Besatzungskosten	33 100	509,9	60
1954-1960 ohne Besatzungskosten 1954-1960 nur Besatzungskosten	4 500 3 500	69,3 53,9	
1961-1974 1975-1988	6 700 2 700	103,2 41,6	
1954-1988 ohne Besatzungskosten	13 900	214,1	
1945-1988 ohne Besatzungskosten	30 100	463,7	
1945 – 1988 mit Besatzungskosten	50 500	778	

Quellen: Statistisches Jahrbuch der Bundesregierung

Die Leistungen der DDR 1954-1960 wurden wie DM-Beträge behandelt

Zugrundegelegte Bevölkerungszahl: 1946

Marshallplan Kredite

Tabelle 83

Westliche Nettokredite an Reparationsschuldner in Millionen Dollar Preise 1938

- Marshallplan Kredite -

Land	Betrag	Zeitraum
Rumänien	-	
Finnland	75	1944-1952
Ungarn	30	1945-1947
Bulgarien	-	
Italien	2 200	1945-1964
Ostdeutschland	-	
Westdeutschland	2 500	1945-1953
Österreich	580	1945-1955
Japan	1 430	1945-1963

Quellen: Finnland: JENSEN 38f.

Ungarn: Final Report 400-403.

Italien: COHEN 286; KRETZSCHMAR 238.

Westdeutschland: BUCHHEIM, Wiedereingliederung 72 (1945-1952); Deutsches Geld- und Bankwesen 341 (1953).

Österreich: KRETZSCHMAR 238.

Japan: KRETZSCHMAR 239; BERGHES 80.

(Nettokredite sind ohne Zinszahlungen)

Die Reparationspolitik der Sowjetunion in ihrer deutschen Besatzungszone (SBZ) und in der ehemaligen DDR

Die Alliierten haben sich zu keinem Zeitpunkt auf eine bestimmte Summe ihrer Reparationsforderung geeinigt und das wiedervereinigte Deutschland ist auch nie mit einer konkreten Forderung konfrontiert worden, auch hat es sich vertraglich zu keiner Reparationsleistung verpflichtet. Ein Vergleich zwischen vereinbarten und tatsächlich gezahlten Reparationsleistungen ist daher nicht möglich.

Die Sowjetunion gab für die Zeit von 1945 bis 1953 Reparationsleistungen für ihre SBZ in Höhe von 4.292 Millionen Dollar an; das entspricht etwa 13.394 Millionen Reichsmark auf der Preisbasis von 1938. [412]

Sofort nach dem Einmarsch der sowjetischen Truppen führte man umfangreiche staatliche und private Beuteaktionen durch; sie dauerten bis 1946. Der Wert dieser Beutegüter läßt sich nicht genau feststellen; westliche Schätzungen liegen zwischen 2 und 5 Milliarden Mark. [413]

Die Demontage und Teildemontage der Industrie wird vom Westen auf 1.367 und 2.033 Industrieanlagen geschätzt. [414] Als Wert dieser Demontagen wird man sicher 4 Milliarden Mark zu laufenden Preisen einsetzen können.

Die erste wichtigste Reparationskategorie der Sowjetunion waren die Lieferungen bis Ende 1953 aus der laufenden Produktion, welche nach westlichen Schätzungen einen Wert von 26 Milliarden Mark darstellten. [415]

Die Sowjetunion begann nach Kriegsende sofort Uran abzubauen und gründete hierfür die WISMUT AG mit bis zu 275.000 Beschäftigten. Die WISMUT AG arbeitete bis zum Ende der DDR unter sowjetischer Kontrolle. Die zweite wichtige Reparationskategorie waren die Besatzungskosten der Sowjetunion und werden mit 16 Milliarden Mark für den Zeitraum von 1945 bis 1953 angegeben. [416]

Die Kalkulationen stützen sich auch auf Zahlen aus dem Amt für Reparationen der DDR und auf offizielle Haushaltszahlen der DDR. Es gibt Angaben, wonach die Besatzungskosten der Sowjetunion im Jahre 1949 fast 59,1 % der Staatseinnahmen der SBZ betrugen.

Die ostdeutschen Reparationen waren sowohl relativ als auch absolut gesehen außerordentlich hoch. Die SBZ-Reparationen wirkten sich hemmend auf die Industrialisierung und den Wiederaufbau nach 1949 aus, obwohl das industrielle Produktionsniveau in der SBZ 1946 und 1947 höher war als das in den Westzonen.

Ostdeutschland erhielt keine westlichen Kredite für den Wiederaufbau. Es läßt sich ohne Einschränkung feststellen, daß die SBZ und damit die DDR von 1945 bis 1953 die mit Abstand höchsten Reparationsleistungen erbracht hatte. Der sowjetische Reparationsverzicht von 1953 bedeutete für die DDR eine gewaltige Erleichterung, aber nicht das Ende reparationsähnlicher Leistungen, welche danach von keiner Stelle berechnet wurden. Nur der Historiker Köhler versuchte diese Leistungen in nachfolgender Tabelle 84 aufzuarbeiten.

Die Zustimmung zur Wiedervereinigung Deutschlands der Siegermacht Sowjetunion war nur unter Gorbatschow möglich, weil der Kanzler der Einheit, Helmut Kohl, für den Abzug der russischen Besatzungstruppen aus der DDR sofort 10 Milliarden DM zahlte und weitere

Milliardenkredite in Aussicht stellte. Diese Leistung könnte man auch als erste, gesamtdeutsche Reparation bewerten. Deutschland übernahm nach 1990 vertragsgemäß mehrere HERMES Bürgschaften (Staatsbürgschaften) für Milliardenkredite deutscher Großbanken an Rußland.

SBZ (DDR) Reparationen

Tabelle 84

	Reparationen der SBZ (DDR) 1945-1953 (in West-Mark zu laufenden Preisen / Dollar 1938)										
	Summe		pro Kopf		pro Kopf Und Jahr (8 1/2 Jahre)			% des BSP		% des Steueraufkommens	% der Exporte
	Mio Mark	Mio Dollar	Mark	Dollar	Mark	Dollar	Gesamt-Summe nach westl. Schätzungen	Offiz. Reparationen	Offiz. Reparationen mit Bes.-Kosten	Gesamtleistungen	Gesamtleistungen
offiz. Angaben	13 992	4 292	762,3	233,8	89,7	27,5					
offiz. Angaben mit Besatzungskosten	29 992	9 200	1.634	501,2	192,2	59					
westl. Schätzungen	53 179	16 313	2.897,2	888,7	340,8	104,6					
1945	5632										
1946	6641									78,5	
1947	5770						33			64,2	
1948	5954									63,2	
1949	5875									54,9	423,6
1950	5693						28,6	8,9	19,7	42,2	333,9
1951	5942						25,1	8,1	17,9		198,5
1952	6204						23,2	7,5	16,7		260
1953	5468						18,4	7,1	15,7		134,5

1) nach KÖHLER, Integration 25-27.
2) ebd. 33-35.
3) bei angenommener gleichmäßiger Verteilung der Belastung über die einzelnen Jahre. Quelle für BSP: Stolper 434.
4) nach Statist. Jahrbuch der BRD 1954, 551.
5) nach MITCHELL 514; 518.

Uran - Lieferungen

Tabelle 85

Reparationsäquivalente Leistungen der DDR 1954-1960 an die UdSSR

URAN LIEFERUNGEN (WISMUT AG)

(in Millionen Mark, laufende Preise)

Jahr	Besatzungs-kosten	Uran-Lieferungen	Summe	% des VE	% der Staats-Ausgaben	% der	Exporte
1954	1 600	876	2 476	5,4	6,9	45,8	
1955	1 600	750	2 350	4,7	6,1	43,2	
1956	1 600	709	2 309	4,4	6,4	38,9	
1957	800	406	1 206	2,2	3,3	15,7	
1958	600	350	950	1,5	2,3	11,8	
1959	-	292	292	0,4	0,6	3,2	
1960	-	250	250	0,3	0,50	2,7	
1954-1960	6 200	3 633	9 833	2,4	3,5	19,4	

Quellen: Spalte 1 und 2: KÖHLER, Integration 27f., unter Berücksichtigung der Dienstleistungen.
Spalte 3: nach MITCHELL 829.
Spalte 4: nach MITCHELL 739.
Spalte 5: nach MITCHELL 518.

Reparationen der Westzonen

Tabelle 86

Reparationen der Westzonen BRD
(1945 – 1953 in Dollarbasis 1938)

	Summe Mio Dollar	Pro Kopf Dollar	pro Kopf und Jahr (8 1/2 Jahre) Dollar	% des VE
ohne Besatzungskosten	4 800	103,1	12,1	
mit Besatzungskosten	16 800	360,8	42,5	
1949				12,5
1950				10,6
1951				9,9
1952				9,4
1953				8,6
mit Besatzungs-Kosten, aber unter Abzug der Kredite	**14 300**	**307,1**	**36,1**	

1) Bezogen auf 16 800 Millionen Dollar Gesamtleistungen, bei angenommener gleichmäßiger Verteilung der Belastung über die einzelnen Jahre. Volkseinkommen nach Statist. Jahrbuch der BRD 1955

Tabelle 87

Reparationen der BRD 1953 – 1988							
in DM (laufende Preise) und Dollar 1938							
	Öffentliche Leistungen		Individuelle Wieder-Gutmachung		Londoner Schulden-abkommen		Besatzungskosten	
Jahr	Mio DM	Mio Dollar 1938	Mio DM	Mio Dollar 1938	Mio DM	Mio Dollar 1938	Mio DM	Mio Dollar 1938
1953	268	59,4					5 593	1 239,2
1954	354	80	154	34,8	2 202	490,3	5 752	1 300,0
1955	267	58,6	350	76,8			3 831	840,6
1956	245	53,2	679	147,5				
1957	225	48	1 171	249,7	3 175	683,4		
1958	261	56,2	1 244	267,8				
1959	266	57,3	1 472	316,9				
1960	333	71	1 926	410,6	5 204	1 109,5		
1961	557	117,7	2 193	463,2				
1962	482	100,8	2 258	472,5				
1963	525	109,9	2 011	420,8	836	174,9		
1964	328	68,7	1 787	373,9				
1965	361	73,5	1 874	381,5				
1966	26	5,2	1 637	330,3	1 654	335,2		
1967	4	0,8	1 670	340				
1968	8	1,7	1 762	379,2				
1969	10	2,1	1 505	315	838	173,7		
1970	9	1,8	1 589	313,6				
1971	8	1,5	1 612	304,9				
1972	57	10,4	1 796	328,6	500	90		
1973	52	8,8	1 830	309,8				
1974			1 876	277,1	69	10,2		
1975			1 930	266				
1976			1 695	220,2	651	ca. 85		
1977			1 718	219,4				
1978			1 754	225,9				
1979			1 513	182,4				
1980			1 645	183,6				
1981			1 788	184,5				
1982			1 732	170,2				
1983			1 717	168,3				
1984			1 629	155,7				
1985			1 591	151,1				
1986			1 546	158,5				
1987			1 523	162,4				
1988			1 464	154,6				
1) 1953 bis 1988	**4 646**	**986,6**	**55 641**	**9 117,3**	**15 129**	**3 152,2**	**15 176**	**3 379,8**

Erklärung zur Tabelle 87

1.) Verträge mit Israel, westeuropäischen Staaten und internationalen Organisationen

Quellen: Spalte 1: Deutsches Geld- und Bankwesen S.342
Spalte 3: Deutsches Geld- und Bankwesen S.342, Statistische Jahrbücher der BRD:
1978 – S.533; 1982 – S.555; 1986 – S.553; 1990 – S. 597
Spalte 5: Deutsches Geld- und Bankwesen S.342
Spalte 7: nach Rücke S. 22-28

Reparationen und Wiedergutmachungen an den Staat Israel

Im Luxemburger Abkommen vom 10. September 1952 verpflichtet sich die Bundesrepublik erstmals zu Leistungen im Wert von 3,45 Milliarden Mark im Verlauf von 12 bis 14 Jahren, gut zwei Drittel davon sollten in Form von Gütern und Dienstleistungen erbracht werden, der Rest in Geld. Israel konnte westdeutsche Güter bestellen, die es nicht wieder exportieren durfte, und die BRD finanzierte einen Teil des israelischen Erdölimportes. [417]

In einem gesondertem Protokoll verpflichtete sich darin die Bundesregierung nicht gegenüber dem Staat Israel, sondern gegenüber der Conference of Jewish material claims against Germany, eine umfassende Rückerstattungs- und vor allem eine Entschädigungsgesetzgebung zu veranlassen. Ein juristischer Berater dieser jüdischen Organisation war der ehemalige Leiter der US Finance Division SHAEF Dr. Bernstein. Er registrierte das größte Reichsbankdepot im Bergwerk Merkers für das US-Militär und für das Schatzamt der USA. Nach dem Krieg stieg Rechtsanwalt Dr. jur. Bernhard D. Bernstein zum Berater Präsident Eisenhowers auf und betrieb eine der größten Rechtsanwaltskanzleien in New York.

Man vermutet, daß die Lieferungen an Israel zusätzlich den Wirtschaftsboom jener Zeit anheizten, der Handel mit Israel zunahm, was zur weiteren Expansion einiger Industriezweige, z.B. des Schiffbaus führte.

Bis Ende 1987 beliefen sich die Entschädigungszahlungen auf gut 63 Milliarden Mark, während man zu Beginn mit 3-4 Milliarden für die Entschädigung und mit 5-10 Milliarden für die Wiedergutmachung insgesamt gerechnet hatte. Die Leistungen werden noch länger andauern, wenn auch mit rückläufiger Tendenz. Der Gesamtaufwand bis zum Abschluß wurde 1987 für die Entschädigung auf 82,4 Milliarden geschätzt. Die Leistungen der Wiedergutmachung insgesamt werden bis zum Jahre 2001 auf 102,6 Milliarden und bis zum Abschluß auf 118 Milliarden Mark veranschlagt. [418]

Etwa 80 % der Zahlungen flossen oder fliesen ins Ausland. [419] Die Tabelle 88 zeigt die Zahlungen an Israel auf.

Erst spät und unter ausdrücklicher Ablehnung jeglicher Reparationsverpflichtung, erfolgten auch im Osten noch einige westdeutsche Leistungen. Zwischen 1961 und 1972 wurden mit Polen, Jugoslawien, der Tschechoslowakei und Ungarn Verträge im Wert von DM 121,75 Millionen für die Entschädigung pseudomedizinischer Versuche abgeschlossen.

Kein anderer Staat als Israel erhielt im Vergleich zu seiner Wirtschaftskraft auch nur annähernd gleiche Leistungen aus Deutschland. Zwischen 1953 und 1971 betrugen die deutschen Leistungen über 25 % der gesamten Kapitalimporte Israels.[420] Die Lieferungen im Rahmen des Israelvertrages machten während der ersten Jahre etwa 30 % der Investitionen im Land Israel aus. Die Zahl der dank der Leistungen des Israelvertrages geschaffenen zusätzlichen Arbeitsplätze wurde auf 78.000 – 107.000 geschätzt.[421]

Tabelle 88

Reparationen der BRD 1953 – 1965 aus Verträgen mit Israel und westeuropäischen Staaten sowie aus individueller Gutmachung

Jahr	Summe Mio Dollar (laufende Preise)	% des VE	% der Exporte	% des Außenhandels
1953	64	0,23	-	-
1954	121	0,41	0,71	0,38
1955	147	0,44	1,36	0,7
1956	220	0,59	2,2	1,16
1957	332	0,82	3,25	1,73
1958	335	0,75	3,1	1,67
1959	414	0,89	3,58	1,92
1960	538	0,98	4,17	2,21
1961	688	1,09	4,9	2,63
1962	680	1	4,66	2,42
1963	629	0,87	3,88	2,05
1964	517	0,65	2,8	1,47
1965	542	0,63	2,61	1,32
1953-1965	**5 227**	**0,72**	**3,1**	**1,63**

Quelle: COHEN 282; 285; 287.

P.S.: Die in Tabelle 15 verwendeten Zahlen weichen geringfügig von den hier zugrundegelegten Zahlen Cohens ab, da jene offenbar auf späteren, präziseren Berechnungen beruhen. An den Prozentzahlen dürfte sich aber dadurch nur wenig ändern.

Aus der Sicht der Opfer der nationalsozialistischen Gewaltherrschaft zwischen 1938 und 1945 bestand in Sachen Verantwortung kein großer Unterschied zwischen den beiden deutschen Staaten und Österreich. Trotzdem verzichtete der Staat Israel 1952 auf direkte Forderungen gegen Österreich, wohl aus der Einsicht heraus, daß die Westmächte es nicht gern gesehen hätten, wenn gegenüber einem Staat, den sie kräftig unterstützen, solche Ansprüche geltend gemacht worden wären.[422]

Jüdische Organisationen brauchten in dieser Hinsicht keine Rücksicht zu nehmen. Ihre Forderungen trafen in Wien weitgehend auf taube Ohren, wenn auch nicht auf so kategorische Ablehnung, wie in Ostberlin. Schließlich erklärte sich Österreich 1955 bereit, sehr bescheidene Mittel für Juden zur Verfügung zu stellen, die in Österreich oder als Österreicher zu Opfern des Hitlerregimes geworden waren. Das waren mehr als nur symbolische Leistungen. [423]

Sicherlich war Österreich eher mehr geschont worden als Westdeutschland. Verstärkt wurde die abwehrende Haltung aber auch durch den Willen, möglichst nicht als Parallelfall zu Deutschland zu erscheinen. Man lehnte ausdrücklich jede Wiedergutmachungs- und Reparationspflicht ab, war man doch, nach eigener Auffassung, selber Opfer gewesen.

Bericht der Bank von England vom 8. Mai 1997 über die Rückgabe von Gold vom Goldpool der IARA / Tripartite Gold Commission / Gold Book

Am 8. Mai 1997 wurde in London eine Konferenz der Tripartite Gold Commission / TGC, einer Verwaltungs- und Verteilungseinheit des Goldpools der IARA, unter der Leitung der Bank von England abgehalten. Das Gold der TGC wurde nach dem Krieg in den Tresoren der Bank von England eingelagert.

Der Öffentlichkeit wurde der Eindruck eines Abschlußberichtes über das Gold vorgegeben. Dieser TGC Bericht und der Eizenstatbericht aus den USA sind aber nicht identisch. Nach dem Eizenstatbericht wurden in Deutschland nur 233 Tonnen Gold beschlagnahmt, das ist eindeutig zu wenig. Das Reichsbanksilber ist im US-Eizenstat-Bericht überhaupt nicht erwähnt. So haben die USA völkerrechtswidrig rund 301 Tonnen Silber von der Reichsbank als Kriegsbeute komplett behalten (siehe Aufstellung Tabelle 101 / Seite 482).

Besonders fällt auf, daß die im „Abschlußbericht der TGC" der Bank von England aufgeführten An- und Auslieferungen von deutschem Gold in Höhe von rund 155 Tonnen auch nicht der gesamten beschlagnahmten Goldmenge der Alliierten zu Kriegsende mit rund 361 Tonnen Gold entsprechen.

Aus dem Goldbuch der Bank von England werden Goldauslieferungen an folgende Länder nachgewiesen und in englischen Gewichtsmaßen gerechnet: [424]

Goldlieferungen nach Jugoslawien

Lieferung am 23.09.1948	Goldmünzen	mit Gewicht von	269.841,059 oz
und	Goldbarren	mit Gewicht von	6.919,692 oz
Lieferung am 4.01.1951	Goldbarren	mit Gewicht von	1.629,648 oz
Lieferung am 5.11.1958	Goldbarren	mit Gewicht von	31.613,597 oz
und	Goldmünzen	mit Gewicht von	24.650,190 oz

Lieferungen entsprechen ....334.654,16 oz

Goldlieferungen nach Niederlande

Lieferung am	6.01.1950	Goldbarren	mit Gewicht von	450,110.403 oz
	und	Goldmünzen	mit Gewicht von	310,132.656 oz
Lieferung am	30.05.1952	Goldmünzen	mit Gewicht von	9.675 oz
Lieferung am	30.05.1973	Goldbarren	mit Gewicht von	4,410.351 oz
	und	Goldmünzen	mit Gewicht von	73,692.148 oz

Lieferungen entsprechen .....838,355.213 oz

Goldlieferungen nach Belgien

Lieferung am	17.03.1952	Goldbarren	mit Gewicht von	520,975.361 oz
	und	Goldmünzen	mit Gewicht von	282,793.189 oz
Lieferung am	2.07.1958	Goldbarren	mit Gewicht von	211,659.148 oz
	und	Goldmünzen	mit Gewicht von	13,458.848 oz

Lieferungen entsprechen ..1.028,886.400 oz

Goldlieferung nach Griechenland

Lieferung am	29.06.1959	Goldbarren	mit Gewicht von	815.508 oz
	und	Goldmünzen	mit Gewicht von	792.022 oz

Lieferung entspricht 1,607.530 oz

Hinweis: Die Griechische Nationalbank konnte rechtzeitig vor Hitlers Einmarsch ihren gesamten Goldbestand in Sicherheit bringen.

Goldlieferung nach Polen

Lieferung am	25.08.1976	Goldbarren	mit Gewicht von	29,327.197 oz

Hinweis: Die Polnische Nationalbank konnte ihr Gold rechtzeitig vor Hitlers Einmarsch nach New York zur FED verbringen.

Goldlieferung nach Tschechoslowakei

Lieferung am	20.02.1985	Goldmünzen	mit Gewicht von	327,633.729 oz

Goldlieferung nach Frankreich

Lieferung am	30.06.1948	Goldbarren	mit Gewicht von	463,664.343 oz

Hinweis: Frankreich konnte seinen gesamten Goldbestand vor dem deutschen Einmarsch nach New York zur FED in Sicherheit bringen.

Goldlieferung nach Albanien

Lieferung am 29.10.1996	Goldbarren	mit Gewicht von...	31,168.508 oz
und	Goldmünzen	mit Gewicht von	18,635.806 oz

Lieferung entsprechen   49,804.314 oz

Goldlieferungen nach Österreich

Lieferung am 28.07.1948	Goldmünzen	mit Gewicht von	330,862.199 oz
und	Goldbarren	mit Gewicht von	358,434.052 oz
Lieferung am 14.10.1948	Goldbarren	mit Gewicht von	197,725.755 oz
Lieferung am 7.08.1958	Goldmünzen	mit Gewicht von	190,784.716 oz

Lieferungen entsprechen   1.077,806.722 oz

Hinweis: Österreich erhielt am 16.02.1947 von den USA italienisches Währungsgold und verzichtete damals auf weitere Ansprüche.

Goldlieferungen nach Italien

Lieferung am 28.07.1948	Goldmünzen	mit Gewicht von	269,710.784 oz
Lieferung am 8.10.1948	Goldbarren	mit Gewicht von	14,917.944 oz
Lieferung am 7.07.1958	Goldbarren	mit Gewicht von	409,920.847 oz

Lieferungen entsprechen   694,549.565 oz

Alle IARA-Länder erhielten ihre Lieferungen von der Bank von England nach englischer Gewichtsmessung abgerechnet. Das entspricht einer deutschen Gewichtseinheit von 155,0243 Tonnen.

Am 3.10.1996 wurden von der Deutschen Bundesbank nach London zwei Goldbarren mit dem Hakenkreuzeinschlag übersandt, welche in einem Sonderdepot der Landeszentralbank in Bayern gefunden worden waren. Diese Goldbarren hatte die US-Armee 1948 zur Aufbewahrung eingelagert und später vergessen.

Die Bank von England berechnete für die Aufbewahrung und Auslieferung Gebühren und die IARA ihre Verwaltungskosten. Diese gemeinsamen Kosten entsprachen einer abgezogenen, verkauften Goldmenge von 457,87 kg. [425]

Rückgabe der USA von Silber, Gold & Platin an die Bank deutscher Länder (jetzt Deutsche Bundesbank)

Am 29. März 1951 gibt die Finance Division des Office of Economic Affairs im Headquarter Building in Frankfurt dem Direktor der Landeszentralbank in Hessen in Frankfurt verschiedene beschlagnahmte Werte zurück: [426]

Tabelle 89

259 Boxen deutsche Silbermünzen von Reichsbankanstalten	3.596,152 kg
Silberkorn in Taschen vom Mansfeld Kupferbergbau, Eisleben	1.719,360 kg
23 Taschen mit Silbermünzen - von der Reichsbank Berlin	376,263 kg
- vom Reichssicherheitshauptamt	142,582 kg
Silberbarren der Staatlichen Münze München	731,890 kg
Silbergranulat von US-Militärdienststellen	105,516 kg
109 Stücke geschmolzenes Silber von Reichsbanknst. Sonneberg	133,875 kg
26 Silberblöcke von US-Polizei (von Schwarzmarkthändlern)	339,780 kg
7 Silberbarren der Reichsbanknebenstelle Eschwege	77,956 kg
1 Flasche Silbergranulat von Mansfelder Kupferbergbau Eisleben	1,000 kg
1 Flasche Silbersalz "	1,000 kg
1 Flasche Silberpulver "	0,200 kg
6 Barren Platin von der Reichsbank (Erwerb v.d. Reichskanzlei)	31,127 kg
1 Flasche Palladiumpulver "	0,002 kg
1 Flasche Platinum "	0,003 kg
1 Flasche Palladium/Platinum "	0,002 kg
4 Platten von reinem Gold	34,100 kg
Gesamtrückgabe von	7.290,808 kg

Beleg der Landeszentralbank / LZB   Frankfurt/Main, den 29. Juni 1951

Die Regierung der Vereinigten Staaten von Amerika hat der Deutschen Bundesbank 1951 damit nur 7,22 Tonnen Silber des beschlagnahmten Silbers von 377,50 Tonnen in Barren und Münzen aus dem Bergwerk Merkers, sowie 34,10 kg Gold und 31,13 kg Platin zurückgegeben.

Rückgabe von 27.000 Münzen des alten Münzmuseums der Reichsbank an die Bank deutscher Länder

Das Geldmuseum stellte einen Vermögenswert der Reichsbank dar, welcher völlig getrennt und unabhängig von anderen Bankkonten war. Alle Erwerbungen erfolgten in Form unmittelbarer Käufe und der Gegenwert wurde zu Lasten des Sonderkontos „Kosten für die Errichtung eines Geldmuseums" gezahlt und verbucht. Ebenso wurden die aus den Massenanlieferungen an die Reichsbank ausgesuchten Münzen als Käufe verbucht. Der Saldo des Kontos am 8. Mai 1945 betrug nach Abzug der erheblichen Erlöse aus dem Verkauf von Duplikaten etwa RM 1.500.000,00. [427]

Der Wert des Münzmuseums der Reichsbank wurde von internationalen Numismatikern auf rund RM 52.000.000,00 geschätzt; der wahre Wert ist aber ein vielfaches dieses investierten Betrages. Er beruhte im wesentlichen auf dem hohen Wert der vielen wertvollen und seltenen Münzen, die in den Massenablieferungen an die Reichsbank entdeckt und lediglich auf Grund ihres Metallgehaltes bezahlt wurden. Ferner wurden von leitenden Mitarbeitern des Münzmuseums alle wichtigen Münzauktionen besucht und nach sorgfältiger Prüfung des Kataloges Lücken nach Ankauf fehlender Münzen geschlossen.

Einen eindeutigen Wert nach kulturellen Gesichtspunkten festzulegen ist jedoch unmöglich, da viele der Münzen in keiner anderen Sammlung weltweit zu finden waren. Eine besonders umfangreiche Abteilung des Geldmuseums stellte die im Haupttresor der alten Reichsbank untergebrachte weltweit einzigartige Papiergeldsammlung dar. Die Sammlung deutschen Notgeldes war die einzige bestehende vollständige Sammlung dieser Art.

Die Reichsbank hat rund 20 % der Münzen des Geldmuseums nach Merkers verbracht. Die Papiergeldsammlung verblieb im untersten Tresor der Reichsbank, wie die restlichen 80 % des Museumbestandes. Die USA gaben später nur einen Teil von den wertvollsten Münzen, welche in neun großen Säcken nach Merkers verbracht und dort von ihnen auch gefunden wurden, an die Bank deutscher Länder zurück. Die Teilrückgabe erfolgte aber gegen Bezahlung und wurde später als Reparation nicht anerkannt.

80 % der Münzen und der gesamten Papiergeldsammlung des Geldmuseums lagerten im untersten Tieftresor der Reichsbank. Dieser Bestand wurde von der Sowjetunion erbeutet. Rußland äußerte sich bis heute nicht über die Rückgabe ihrer Kriegsbeute. [427]

Die gesperrten Konten der NSDAP, ihrer Gliederungen und ihrer angeschlossenen Verbände

Die Konten der NSDAP, ihrer Gliederungen, angeschlossenen Verbände und der Krieger- und Schützenvereine wurden auf Anordnung der Militärregierung gesperrt. Die Beträge mußten an die West-Alliierten als Reparation überwiesen werden. Eine Aufstellung vom Mai 1948 zeigt die nur unter den Reichsbanknebenstellen in Düsseldorf, Hannover und Kiel geführten Sammelkonten der NSDAP mit einer Summe von RM 119.424.226,68. [42]

Tabelle 90

KONTOINHABER	GESAMT
NSDAP	5.249.714,92
Auslandsorganisation	11.486,34
Volksbund für das Deutschtum im Ausland	60.262,47
Volksdeutsche Mittelstelle	1.713,83
Reichsorganisationsleiter der NSDAP	465,71
Reichsschatzmeister der NSDAP	81,00
Beauftragter des Führers für die Überwachung der gesamten geistigen und weltanschaulichen Schulung und Erziehung der NSDAP	2.724,62
Reichspropagandaleiter der NSDAP	6.517,43
Reichsleiter für die Presse und Zentralverlag der NSDAP (Franz Eher-Verlag)	34.392,98
Hauptamt für Volksgesundheit	2.395,78
Beauftragter der NSDAP für alle Volksumfragen	1.691,51
Rassenpolitisches Amt der NSDAP	30,76
NSD-Ärztebund	4.665,21
NS-Bund deutscher Technik	53.523,90
NS-Lehrerbund	61.614,43
Reichsbund der deutschen Beamten	256.301,07
Reichskolonialbund	39.625,32
NS-Frauenschaft	419.477,88
NS-Reichsbund deutscher Schwestern	345.084,44
Deutsches Frauenwerk	4.580,69
NSD-Studentenbund	4.094,26
Deutsche Studentenschaft	2.053,00
NSD-Dozentenbund	697,64
NS-Rechtswahrerbund	22.393,59
NS-Altherrenbund der deutschen Studenten	43.176,37
Reichsbund Deutsche Familie	3.660,07
DEUTSCHE ARBEITSFRONT einschließlich Kdf	6.662.071,03
NS-Reichsbund für Leibesübungen	189.581,30
NS-Reichskriegerbund	53.480,64
Reichskulturkammer	3.063,04
Deutscher Gemeindetag	2.831,45
Deutsche Staatspolizei	83.713,64
Deutsche Jägerschaft	27.895,78
WINTERHILFSWERK	65.203.539,13
Hauptamt für Kriegsopfer	227,44
NSKOV (NS-Kriegsopferversorgung)	380.123,64
SA einschließlich der SA-Wehrmannschaft	734.444,25
SS einschließlich des SD (Sicherheitsdienst) und aller Dienststellen, die Befehlsgewalt über Polizei und SS gleichzeitig ausüben	91.775,20
NSKK (NS-Kraftfahrerkorps)	75.783,51
NSFK (NS-Fliegerkorps)	570.170,33
HJ einschließlich ihrer Unterorganisation	1.263.044,20
RAD (Reichsarbeitsdienst)	591.185,90
NATIONALSOZIALISTISCHE VOLKSWOHLFAHRT	32.080.679,23
TENO (Technische Nothilfe)	64.223,45
KRIEGER- und SCHÜTZENVEREINE	4.822.036,27
Deutsche Christen	10.891,91
Gesamtsumme der beschlagnahmten Konten in Kiel, Hannover und Düsseldorf	**119.424.226,68**

Geheimbesprechung der Reichsbanktreuhänder 1954

Das Besprechungsprotokoll der Reichsbanktreuhänder belegt, daß versteckte Konten der alten Reichsbank in der Schweiz von den Alliierten und vom Washingtoner Abkommen nicht erfaßt wurden. Diese Konten mit einem Guthaben von SFR 28 Millionen im Jahre 1945 wurden für humanitäre Zwecke verwandt.

Am 15.11.1954 fand unter Vorsitz von Herrn Ministerialdirektor Harmening in den Räumen der Bank deutscher Länder diese Sitzung statt, an der folgende Herren laut vertraulichem Besprechungsprotokoll teilnahmen: [451]

Ministerialrat Dr. Henckel	Bundeswirtschaftsministerium
Ministerialrat Schmidt-Schwarzenberg	Bundesrechnungshof
Amtsrat Schach	Bundesrechnungshof
Regierungsrat Gnoycke	Bundesrechnungshof
Reichsbankdirektor Schrobsdorff	Reichsbanktreuhänder Hamburg
Reichsbankdirektor Benkert	Reichsbanktreuhänder Hamburg
Bankdirektor Lutze	Reichsbanktreuhänder Berlin
Bankdirektor Winter	Reichsbanktreuhänder München
Bankdirektor Dr. Parchmann	Reichsbanktreuhänder Ludwigshafen
Dr. Hefter	Bank deutscher Länder Frankfurt

Es wurde ein Überblick darüber gegeben, welches Vermögen der Treuhandverwaltung unterlag und wie dieses Vermögen im Laufe der Zeit erfaßt worden war. Auszüge aus dem umfangreichen Protokoll:

<u>Herr Schrobsdorff – RB Treuhänder der britischen Zone in Hamburg:</u>

„ Für die Unterhaltung von Gefangenenlagern, für Minenräumboote und Lazarette hatte die Reichsbankleitstelle Hamburg Kredite in Höhe von RM 213 Mio. gegeben. Es bestand schließlich noch eine Forderung von DM 17 Mio.. Hierüber wurde zwischen Treuhänder, Britischem Hohen Kommissar und Bundesfinanzminister verhandelt. Es wurde eine Einigung dahin erzielt, daß der Treuhänder in Hamburg mit DM 10 Mio. abzufinden war.

Die vorhandenen Reichssilbermünzen mußten dem Bund zur Verfügung gestellt werden. Der Bundesfinanzminister stellte sich auf den Standpunkt, daß dies unentgeltlich zu geschehen habe. Ein Schiedsgericht stellte jedoch fest, daß hierfür eine Abfindung in Höhe von DM 10 Mio. zu zahlen sei.

Gegen Ende des Krieges, als sich das Reichsbankdirektorium nach München begab, wurde dorthin ein Fond von Effekten, der sogenannte Stabsführungsfond, verlegt. Es handelte sich nominell um RM 8,5 Mio., davon 3 Mio. I.G.-Farben Aktien. Der Gesamtwert der von Treuhänder verwalteten Effekten, ohne Berücksichtigung der Dego-Aktien, beläuft sich auf DM 16 Mio..

Die Reichsbank besaß nominell SFR 49 Mio. Aktien der Bank für Internationalen Zahlungsausgleich (BIZ). Diese Aktien waren zu 25 % eingezahlt, stellten also nominell einen Wert von SFR 12,5 Mio. dar. Die Bank deutscher Länder hat diese BIZ Aktien zu einem Kaufpreis von DM 17,5 Mio. übernommen.

In der Schweiz bestand ein Guthaben von SFR 28 Mio., welches nicht durch das Washingtoner Abkommen erfaßt wurde. Etwa 20 Mio. hat die Schweiz von sich aus für Lazarette, Lungenheilstätten, deutsche Konsulate etc. verwandt. Verblieben sind rund SFR. 8 bis 9 Mio.. Dieser Betrag ist in der Weise verflüssigt worden, daß Deutsche, die Schweizer Staatsbürgern gegenüber Schulden hatten, ihre Schuld an die Reichsbank bezahlten, während die Schweizer Gläubiger in der Schweiz aus dem Guthaben der Reichsbank befriedigt wurden.

Gegen das Land Hessen oder die Stadt Frankfurt besteht eine Forderung in Höhe von RM 76 Mio.. Dieser Betrag wurde auf Anweisung der amerikanischen Militärregierung der Stadt Frankfurt zur Verfügung gestellt, damit diese die Kosten des amerikanischen Hauptquartiers bestreiten konnte. Diese Forderung ist dubios.

Der Treuhandverwaltung unterliegen also zur Zeit in der Hauptsache DM 86,3 Mio.:

- DM 36,0 Mio.   die in Schatzanweisungen des Bundes, der Bundespost und der Bundesbahn angelegt sind.
- DM 16,0 Mio.   Effekten mit diesem Kurswert
- DM 7,2 Mio.   Grundbesitz in Berlin mit diesem Buchwert
- DM 17,5 Mio.   Gegenwert BIZ Aktien
- DM 7,6 Mio.   Forderung gegen das Land Hessen
- DM 2,0 Mio.   Forderung gegen die hessische LZB wegen Silbermünzen

Herr Lutze – RB Treuhänder in der sowjetischen Zone in Berlin:

„Die Reichsbank wurde geschlossen und Bankgeschäfte wurden in Berlin nur durch das Berliner Stadtkontor wahrgenommen, welches von den russischen Militärbehörden kontrolliert wird. Als die Berliner Zentralbank 1949 gegründet wurde, übernahm sie keinerlei Vermögenswerte von der Reichsbank. Der Treuhänder verwaltete nur Wohnblöcke mit 800 Wohnungen, wo früher Angehörige der Reichsbank wohnten."

Herr Winter – RB Treuhänder in der amerikanischen Zone in München:

Mit der Gründung der Bayer. Landeszentralbank am 1.1.1947 begann auch die Tätigkeit des Treuhänders. Eine strenge buchmäßige Trennung zwischen Reichsbank und Landeszentralbank bestand zunächst nicht. Die Reichsbank erhielt von der Landeszentralbank einen Betrag von RM 100 Mio., von dem bei der Währungsreform noch ein Guthaben von RM 90 Mio. verblieb, das dann durch die Währungsreform erlosch. In den Jahren nach der Währungsreform sind geringe Barbeträge angefallen, etwa DM 50.000,--. Hinzu kamen nominell DM 6,3 Mio. Wertpapiere; außerdem erhielt der Treuhänder DM 1 Mio. aus dem Pensionsfond.

Herr Parchmann – RB Treuhänder in der französischen Zone:

In der französischen Zone sind keine nennenswerten Aktivwerte angefallen. Auch jetzt ist in der französischen Zone nur ein ganz geringes Vermögen vorhanden.

Es wurden abschließend noch einzelne Punkte aus dem Reichsbank- und Degokomplex besprochen:
„Nach einem Schreiben des Bundesfinanzministeriums hat das Reich während des Krieges größere Aktienpakete angekauft. Es wurden die bisherigen Aktionäre gezwungen, ihre Aktien abzugeben und zwar unter dem sonst üblichen Kurs. Sie erhielten kein Bargeld, sondern Reichsschatzanweisungen. Mit der banktechnischen Abwicklung wurde die Reichsbank betraut. Soweit feststellbar sollten diese Aktien zur Verfügung stehen, um zum Zweck der Kurspflege je nach Bedarf wieder auf den Markt zu kommen. Um solche Aktien soll es sich bei dem in München vorhandenen Stabsführungsfond handeln.

Es wurde die Frage gestellt, was überhaupt mit den Wertpapiersammelbanken und den dort aufbewahrten Wertpapieren geschehen solle. Die Fragen, ob man sie vernichten oder ob man sie den Einlieferern ins Haus schicken könne, wurden verneint. Es handele sich um Papiere, die in Zukunft nochmals einen wirtschaftlichen Wert verkörpern könnten. Die Einlieferer seien im übrigen oft nicht bekannt."

Am 20. Mai 1960 fand auf Einladung der Eidgenössischen Finanzverwaltung Bern im Dienstzimmer des Direktors der Finanzverwaltung, Herrn Direktor Umricht eine Besprechung statt, an der sieben Personen teilnahmen: [452]

- Direktor Umbricht als Leiter der Eidgenössischen Finanzverwaltung,
- Dr. Müller als Sektionschef der Eidgenössischen Finanzverwaltung,
- Eckenspieler als Mitglied der Eidgenössischen Finanzverwaltung,
- Dr. Ammann als Mitglied des Politischen Departement,
- Fürsprecher Jaccard des Politischen Departement,
- Reichsbankdirektor Wolf als Beauftragter des Treuhänders der Reichsbank,
- Bankamtmann Benckert als Reichsbanktreuhänder.

Das Thema war das Guthaben des Girokonto I der Reichsbank bei der Schweizerischen Nationalbank.

Die Freigabe des Kapitalbetrages von SFR 732.166,34 und Zahlung der Erträge von SFR 1.091.536,00, die sich aus dem Gesamtbetrag von SFR 9.563.000,00 errechnen waren die wichtigsten Gesprächspunkte.

Zwischen der Schweizer Delegation und dem Reichsbanktreuhänder wurde ein Stillhalteabkommen im Januar 1952 abgeschlossen, dessen weiterer Vertrag vom 15.8.1952 der Schweiz ein Einkommen für das Stillhalten bezüglich des

        Girokonto I   von   SFR 1.091.536,00

bescherte. Die Ausschüttung dieser Erträgnisse an die Schweizerischen Gläubigergruppen ist aufgrund des Bundesratsbeschlusses vom 26.2.52 vorgenommen worden, obwohl in einem Sonderabkommen vom 31.10.1947 diese Beträge der Reichsbank zustehen. In einer

Besprechung vom 5.8.1953 sei von Herrn Generaldirektor Dr. König später ausdrücklich festgelegt worden, daß Anlagezinsen zu Gunsten der Gläubiger und zur Abdeckung der Verwaltungskosten der Schweizer Nationalbank herangezogen werden sollen.

Herr Jaccard vom politischen Departement führte aus, daß die Schweizer Regierung noch ein Bukett von Problemen mit der Deutschen Regierung zu regeln habe. Das Girokonto I wäre nur ein kleines Glied in der großen Kette der noch anstehenden Probleme, die alle aus der Kriegszeit herrühren. Es sei endlich an der Zeit, nach 15 Jahren diese Fragen einer endgültigen Klärung in ihrer Gesamtheit entgegenzuführen. Die Schweizer haben mit großem Bedauern und Enttäuschung feststellen müssen, daß Bonn bereits mit anderen Staaten (z.B. Holland und Luxemburg) Entschädigungsabkommen geschlossen hätte. Verhandlungen mit der Schweiz ließen dagegen immer noch auf sich warten. Während die Schweizer doch nur eine Entschädigung der Nazi Opfer verlangen, seien mit anderen Ländern sogar Grenzregelungen vorgenommen worden. Man zahle in Bonn Pensionen an ehemalige hohe Funktionäre der NSDAP, während in der Schweiz die Witwen noch heute auf eine Entschädigung warten und darüber hinsterben. Deutschland leiste Ausgleichszahlungen, während der moralische und rechtliche Anspruch der Schweizer auf Wiedergutmachung nach geltendem Völkerrecht vernachlässigt würde. Die Schweizer Regierung könne sich daher auf eine Regelung des Girokonto I nicht einlassen, bevor nicht eine Lösung in dieser Frage gefunden wird. Man warte jeden Tag auf eine Nachricht, daß die Deutsche Bundesregierung zu Verhandlungen darüber bereit sei. Für den Treuhänder dürfte es ein Leichtes sein, Bonn zu beeinflussen, damit solche Verhandlungen beginnen könnten, denn dann würde auch der Treuhänder zu seinem Geld kommen.

Herr Umbricht führte aus, daß die Deutsche Bundesregierung es ablehnt Rechtsnachfolger der Reichsbank zu werden. Diese Ablehnung bezieht sich nur auf Westdeutschland. Die Schweizer Bundesregierung habe aber die derzeitige politische Lage zu beachten. Es könnte der Fall eintreten, daß im Bezug auf das Girokonto I Gläubiger an Ostdeutsche Schuldner Forderungen hätten. In diesen Fällen müßte der Bund in der Lage sein, jederzeit auf den Saldo des Girokonto I zurückgreifen zu können. Darüber hinaus hätten aber Schweizer Gläubiger an Schuldner, die in der sogenannten DDR ansässig sind, seit 1945 Forderungen, die beharrlich nicht erfüllt werden. Die Schweizer Bundesregierung würde aus dem Girokonto I aber nur Gelder zur Verfügung der Gläubiger stellen, wenn die übrigen Forderungen an Schuldner der DDR zu einer Regelung gelangen.

Wiederholt betonte Herr Umbricht, daß die Freigabe des Girosaldos eine Schwächung der Position der Schweizer Regierung bei eventuellen Verhandlungen mit der DDR bedeuten würde. Daher müsse eine Garantie nicht nur vom Treuhänder, sonder auch von seinem Nachfolger oder der Deutschen Bundesregierung vorliegen."

Schweizer Verhandlungen mit der DDR hat es für das Girokonto I zu keinem Zeitpunkt gegeben. Es wurde aufgelöst und der verbleibende Guthabensaldo dem Reichsbanktreuhänder gutgeschrieben.

Depotstand des „Sonderdepots Reichsbank" vom 31.12.1976 bei der Deutschen Bundesbank

Am 11. Juni 1974 antwortete der Abwickler der Deutschen Reichsbank, Herr Dr. Wirmer, an das Auswärtige Amt, bezüglich des Verbleibs des Gold- und Devisenschatzes der Deutschen Reichsbank. Er bezog sich auf die Anfrage des AA vom 31. Mai 1974; Auszüge daraus: [453]

... Ich bin gemäß § 1 Absatz 2 des Gesetzes über die Liquidation der Deutschen Reichsbank und der Deutschen Golddiskontbank vom 2. August 1961 mit Wirkung vom 1. April 1973 vom Bundesminister der Finanzen als Abwickler bestellt. Wie mir ein Mitarbeiter, der seit über 25 Jahren der Dienststelle angehört, berichtet, haben die damaligen Treuhänder zwar Kenntnis von den Vergrabungen des Gold- und Devisenschatzes auf Grund von Berichten ehemaliger Reichsbankbediensteter gehabt, jedoch keine weiteren Nachforschungen betreiben können. ...

... Den Treuhändern und späteren Abwickler ist nichts über den endgültigen Verbleib dieses Schatzes bekannt. An Gesprächen mit der amerikanischen oder einer anderen Regierung über den Verbleib bzw. die Verwendung der Goldbestände der Deutschen Reichsbank waren die Vertreter der Deutschen Reichsbank in der Bundesrepublik Deutschland nicht beteiligt, so daß ich keine Aussagen über die Behandlung machen kann. Lediglich die nach Merkers in Thüringen verlagerten Teilbestände des Geldmuseums der Deutschen Reichsbank sind im Jahre 1951 vom US Central Collecting Point in Wiesbaden dem damaligen Treuhänder in Hessen übergeben worden. Die Bank Deutscher Länder hat im Jahre 1954 diese Bestände käuflich erworben. ...

... Im Laufe der Jahre haben mehrmals Privatpersonen Angaben über vermeintliche Vergrabungsorte des Reichsbankgoldes gemacht. Die Treuhänder bzw. Abwickler sind diesen Behauptungen nachgegangen.

Das Ergebnis der vorgenommenen Grabungen war in <u>allen Fällen negativ</u>. Die letzte Grabung fand im November 1972 im Raum Füssen statt.

... In Ihrem Schreiben vom 31. Mai 1974 sprechen Sie die Erwartung aus, daß die Goldbestände ect. der ehemaligen Deutschen Reichsbank u.a. entsprechend dem Abkommen über die Errichtung einer Internationalen Reparations Agentur IARA verwertet worden sind. Ich darf auf ein Schreiben Ihres Hauses vom 6. Juni 1963 [454] verweisen, mit dem Ihr Haus um Mitteilung der beteiligten Bundesministerien über die weitere Behandlung der Angelegenheit bittet. Der Bundesminister der Justiz hat mit Schreiben vom 14. Juni 1963 [455], das auch Ihnen zugegangen ist, die Auffassung des Bundesministers für Wirtschaft geteilt, daß es mit Rücksicht auf spätere Fragen über deutsche Reparationen politisch zweckmäßig vertretbar ist, den Schlußbericht der IARA stillschweigend zur Kenntnis zu nehmen. Eine Beteiligung des Abwicklers unterblieb daher. ...

Hochachtungsvoll   Der Abwickler der Deutschen Reichsbank   Dr. Wirmer

Der letzte Abwickler der Deutschen Reichsbank Benckert schrieb am 31.3.1977 an die Oberfinanzdirektion Berlin, Abteilung Sondervermögensverwaltung über die Beendigung der Abwicklung und die „Vereinnahmung" von Wertpapieren: [456]

„Entsprechend ihrer Bitte habe ich Wertpapiere auf das bei der Landeszentralbank in Berlin eingerichtete Depotkonto Nr. 80014 „Sonderdepot Reichsbank" übertragen. Es gehen ihnen von der Deutschen Bundesbank in Frankfurt, der Landeszentralbank Hamburg, sowie der Berliner Handels- und Frankfurter Bank meine Depotbestände zu. Um ihnen vorab eine Übersicht der ihnen übertragenen Wertpapiere zu geben, habe ich aus Gründen der Arbeitserleichterung die Depotauszüge per 31.12.1976 fotokopiert und füge sie bei; Veränderungen sind zwischenzeitlich nicht eingetreten. Von den Beständen bei der Deutschen Bundesbank habe ich, um Prozeßrisiken abdecken zu können, die in der Aufstellung aufgeführten Wertpapiere zurückgehalten".

Gezeichnet: Benckert

Die Depotauszüge bei der Deutschen Bundesbank mit der Depot Nr. 995040 bestehen aus acht Seiten. Das Depot hatte am 31.12.1976 einen Wert von rund DM 45.300.000,00.

Der Betrag floß 1978 unbemerkt von der Öffentlichkeit in den westdeutschen Staatshaushalt, als die Deutsche Reichsbank endgültig am 30. Juni 1978 aufgelöst wurde.

Die Tarnung deutscher Firmen und Konzerne im Ausland
Die verschollene Tarnfirmenkartei der Reichsbank

Generationen von Schatzjägern suchten und suchen noch nach der geheimen Tarnfirmenkartei des Deutschen Reiches. In den letzten Kriegstagen soll sie in einem Alpensee, so auch im romantischen Toplitzsee in Österreich, von der Waffen-SS versenkt worden sein, dort kann sie aber niemals gefunden werden. Der kleine unscheinbare Karteikasten befindet sich zusammen mit den wichtigsten vier Aktenordnern, vollständig erhalten, in einem bekannten Europäischen Archiv.

Die Idee zur Tarnung großer deutscher Firmen und Konzernen im Ausland kam nicht von deutschen Reichsbehörden, sondern rechtzeitig, also vor Kriegsausbruch, von den betroffenen Firmen selbst. Die größten deutschen Firmen und Banken hatten bereits im Ersten Weltkrieg mit Beschlagnahme und Enteignung schlechte Erfahrungen gemacht und die Aufrüstung der neuen deutschen Wehrmacht blieb nicht verborgen.

Der Reichs- und Preußische Wirtschaftsminister schrieb am 23. September 1938 unter „Geheim" per besonderen Boten: [457]

- an das Auswärtige Amt, Herrn Ministerialdirektor Wiehl,
- an Herrn Ministerpräsidenten Generalfeldmarschall Göring, Beauftragter f.d. Vierjahresplan
- an das Reichsbankdirektorium, Herrn Reichsbankdirektor Wilhelm

Auf wiederholte Anfragen der mir unterstellten Devisenstellen beabsichtige ich umgehend morgen folgenden streng vertraulichen Geheimerlass herauszugeben:

„In den letzten Tagen sind mir Anträge vorgelegt worden, welche sich auf die Abtretung oder Übertragung deutscher Vermögenswerte in im Ernstfalle voraussichtlich feindlichen Ländern auf neutrale Treuhänder beziehen.

Da die Entwicklung der internationalen Lage nicht mit Sicherheit voraussehbar ist, ermächtige ich Sie hierdurch, derartigen Anträgen in der nachfolgenden Weise zu entsprechen:

1.) Die Übertragung von Vermögenswerten (Aktien, Shares, Anteilsrechten, Exportforderungen, Warenlagern usw.) an Personen in voraussichtlich neutralen Ländern darf im Einzelfalle in der Weise genehmigt werden, daß eine jederzeitige Rückübertragung auf den deutschen Berechtigten möglich ist. Es dürfen derartige Genehmigungen selbstverständlich nur an vertrauenswürdige deutsche Firmen gegeben werden, welche die Gewähr dafür bieten, daß sie unter keinen Umständen die Gelegenheit benutzen werden, um Vermögensverschiebungen nach dem Ausland durchzuführen bzw. ihre Auslandswerte länger, als es sonst der Fall wäre, im Ausland stehen zu lassen.
2.) Die Abtretung von Exportforderungen darf z.B. nicht zur Folge haben, daß die Eingänge später als sonst bei der Reichsbank eingehen, abgesehen von der unvermeidbaren Verzögerung, die die Abwicklung z.B. einer Exportforderung gegen England dadurch erleidet, daß sie zunächst in Zürich einkassiert und von dort nach Berlin überwiesen wird.
3.) Die Genehmigungen sind mit dem Hinweis zu erteilen, daß sie „ausnahmsweise" erteilt werden, und daß auch im Interesse des Antragstellers eine strenge Geheimhaltung erforderlich ist.

Die Erteilung der Genehmigungen bedeutet keineswegs, daß ich damit von der Notwendigkeit derartiger Maßnahmen gegenwärtig überzeugt bin. Ich möchte andererseits aber nicht verhindern, daß deutsche Vermögenswerte, soweit einzelne Firmen infolge ihrer Geschäftsbeziehungen hierzu in der Lage sind, infolge der Ablehnung entsprechender Anträge verloren gehen, wenn es wider erwarten zu internationalen Verwicklungen kommen sollte.

Ich bitte, die Erteilung der Genehmigungen auch so zu handhaben, daß nicht bei den Firmen der Eindruck entsteht, als ob der Reichswirtschaftsminister derartige Maßnahmen für erforderlich hielte."

Sollten Ihrerseits gegen die vorbezeichnete Maßnahme bedenken zu erheben sein, so bitte ich umgehend den Sachbearbeiter, Oberregierungsrat Dr. C.H. Müller, bis zum 24. September 1938 vormittags 12 Uhr, fernmündlich Bescheid zu geben. Anderenfalls setze ich bei der außerordentlichen Eilbedürftigkeit der Angelegenheit Ihr Einverständnis voraus und werde als dann den Erlaß an die Oberfinanzpräsidenten herausgeben."

Gezeichnet: Im Auftrag   Dr. Müller

Der Erlaß zur Tarnung deutscher Vermögenswerte wurde sofort und ohne Einspruch vollzogen. Der Leiter der Hauptabteilung V des Preußischen Wirtschaftsministers schrieb am 28. September 1938 an seine Unterabteilungen: [458]   „Geheime Reichssache"

„Durch den Geheimerlaß an die Oberfinanzpräsidenten habe ich angeordnet, daß alle betroffenen deutschen Firmen, die die Möglichkeit haben, Ihre im voraussichtlich feindlichen Ausland liegenden Vermögenswerte unter neutralen Schutz zu bringen, die hierfür erforderlichen devisenrechtlichen Voraussetzungen (Zuverlässigkeit der Firma, Sicherung der deutschen Zugriffsmöglichkeit auf die betreffenden Werte auch in der Zukunft u.ä.) gegeben sind.

Es ist notwendig, einen Überblick über alle derartige von den einzelnen Firmen, Konzernen usw. eingeschlagene Wege zu gewinnen und Erfahrungen und Möglichkeiten, die sich aus den einzelnen praktischen Lösungen ergeben, alsbald auch für andere Teile der deutschen Wirtschaft nutzbar zu machen. Ich halte daher eine sofortige einheitliche Bearbeitung aller derartigen Anträge, soweit sie noch nach der grundsätzlichen allgemeinen Ermächtigung an die Oberfinanzpräsidenten an das Reichswirtschaftsministerium gelangen, für erforderlich und ordne daher an, daß diese Anträge im Referat V Dev. 2 bearbeitet werden. Alle etwa in den Länderreferaten eingehenden Anträge sind daher als Sofortsache an Regierungsrat Dr. Hofmann als zuständigen Sachbearbeiter abzugeben."

Gezeichnet: M. - 28.9.38

Es können hier nicht alle Vorgänge der Tarnfirmen dargestellt werden. Einige Auszüge des Schriftverkehrs der „Tarnfirmenkartei":

Der Reichswirtschaftsminister schrieb am 28. September 1938 an den Vorstand der Deutsch-Südamerikanischen Bank AG, Herrn Oskar Nathan [Mitglied des Vorstandes der DRESDNER BANK AG von 1958 bis 1964; Mitglied des Vorstandes der DRESDNER BANK AG von 1897 bis 1932, jüdischer Abstammung, verstorben am 9.11.1932]: [459]

„Ich bestätige den Empfang Ihres Schreibens vom 27. September 1938 nebst Durchschlägen Ihrer an Ihre Filialleiter in Santiago, Mexico, Rio de Janeiro und Buenos Aires gerichteten Schreiben und des Schreibens der „Condor" Immobiliengesellschaft mbH an die Direktion der BANCO GERMANICO del la America del Sud, Buenos Aires, sämtlich vom 26. 09. 1938.

Ich bin mit dem Inhalt Ihrer Schreiben einverstanden und erteile Ihnen vorsorglich alle etwa für die notfalls beabsichtigten Maßnahmen erforderlichen devisenrechtlichen Genehmigungen mit der Auflage, mir jeweils über die getroffenen Maßnahmen Mitteilung zu machen. Diese Angelegenheit ist vertraulich zu behandeln."

Im Auftrag   Kurzzeichen: G. M.

Der Vorstand Carl Goetz [Aufsichtsratvorsitzender von 1936 - 1965 und Ehrenvorsitzender der DRESDNER BANK AG ab 1965] der Deutsch-Südamerikanischen Bank AG einer Tochter der DRESDNER BANK AG schrieb am 27. September 1938 mit Flugpost und dem Hinweis „persönlich" an alle Filialen im Ausland: [459]

1.) an die DEUTSCH SÜDAMERIKANISCHE BANK AG, Herrn Direktor A. Klaiber, Filiale Santiago

Sehr geehrter Herr Klaiber,

für den unwahrscheinlichen Fall, daß ein allgemeiner Konflikt ausbrechen sollte, würden Sie eventuell nicht in der Lage sein, sich über dringende Fragen mit uns zu verständigen. Sollten Sie in einer derartigen Situation zu der Überzeugung gelangen, daß die Existenz der chilenischen Filialen nur dadurch zu halten ist, daß dieselben in eine selbständige chilenische Aktiengesellschaft umgewandelt werden, so ermächtigen wir Sie hiermit, diese Umwandlung vorzunehmen und die Aktien treuhänderisch für uns zu verwalten bis zu einem Zeitpunkt, in dem uns die Verfügung über unsere ausländischen Aktivem wieder ermöglicht wird.

Wir wiederholen, daß diese Ermächtigung nur für den Fall gilt, daß Sie nach bestem Wissen keinen anderen Ausweg erblicken können und unter der Voraussetzung, daß Sie sich vorher, mit Herrn Direktor A. Nowka, Buenos Aires, verständigt haben, und daß Herr Nowka mit Ihrer Auffassung übereinstimmt.

Heil Hitler !   DEUTSCH SÜDAMERIKANISCHE BANK AG   Unterschriften

2.) an die Filiale Rio de Janeiro, Herrn Direktor Moeser. Der Bankier erhielt das gleiche Schreiben wie seine Kollegen der anderen Filialen mit dem Zusatz:

... Wir möchten noch erwähnen, daß wir die gleiche Ermächtigung an Herrn A. Nowka für die Filiale Buenos Aires gegeben haben und Herrn A. Nowka zur Auflage machten, vor Umwandlung seiner Filiale Sie zu befragen.   Heil Hitler ! ...

3.) die Filialen der DRESDNER BANK Tochter in Mexico und Buenos Aires erhielten die gleichlautende Vollmacht zur Tarnung. ...

Die ACCUMULATORENFABRIK AG (AfA) von Dr. Quandt schrieb am 22. September 1938 an das Reichswirtschaftsministerium, Auszüge daraus: [460]

Betreff: Einbringung unserer englischen Beteiligungen
            in eine schwedische Holdinggesellschaft

1.) Die Holdinggesellschaft hat ihren Sitz in Schweden. Unser Herr Direktor Hackinger befindet sich zur Zeit in Stockholm und hat dort mit Unterstützung unserer schwedischen Freunde bzw. Leitung unserer dortigen Tochtergesellschaft, der Accumulator-Fabriks-aktiebolaget „TUDOR", Stockholm, an der wir zur Zeit mit 73,3 % beteiligt sind, die wirtschaftliche und gesetzliche Lage überprüft und nach jeder Richtung hin als geeignet festgestellt.
2.) Unsere schwedischen Freunde stellen unserer Tochtergesellschaft, der TUDOR - Stockholm, für die Zwecke einer Holdinggesellschaft einen nicht mehr benötigten, der A.B. Svenska Handelsbanken gehörenden Aktienanteil zur Verfügung. ...
3.) Als Anteilsbesitzer der Kapitalerhöhung werden eingetragen:
    - SFR 30.000,00 schwedischer Rechtsbeistand, Rechtsanwalt Almkvist
    - SFR 25.000,00 geschäftsführender Direktor der Tudor-Stockholm, Kapitän Sundblad
    - SFR 25.000,00 auf den Namen des Herrn Edman, Vertreter der BUSCH-JÄGER LÜDENSCHEIDER METALL WERKE AG, an der wir mit 53,9 % beteiligt sind
    - SFR 20.000,00 auf den Namen der Accumulator-Fabriks-Aktiebolaget TUDOR in Stockholm
4.) Sämtliche Erwerber sind gehalten, in einem Revers zu erklären, daß sie für die von ihnen übernommenen Anteile kein Entgelt geleistet haben, so daß ein Eigentumsrecht nicht entstanden ist. Die Revers werden in Deutschland deponiert. ...
5.) Folgende Werte sollen übertragen werden:
    - 4.999 Brit. Pfund   Shares der A.F.A. Accumulators Ltd., London
    - 15.500 Brit. Pfund   Shares der Concordia Electric Safety Lamp Co. Ltd., Cardiff
    - 200.000 Brit. Pfund Shares der Holsuncos Ltd., jetzt Metal & Electro Chemical Products Ltd., London
    - 24.000 Brit. Pfund   Shares aus dem Besitz der Concordia Elektrizitäts AG, Dortmund

... Unser juristischer Beirat für englisches Recht, Herr Dr. Heinrich Ehlers, Berlin W 35, Viktoriastr. 10, wird zu Anfang nächster Woche in London die durchzuführenden Transaktionen daraufhin prüfen, ob sie juristisch in jeder Beziehung einwandfrei sind. ...

Mit Deutschem Gruß   Accumulatoren – Fabrik AG   Unterschriften

Günther Quandt trat der NSDAP am 1. Mai 1933 bei und erhielt die Mitgliedsnr. 26336406. Die Accumulatorenfabrik AG blieb über Jahrzehnte Kernstück der Quandt Gruppe. Günther Quandt und sein Sohn Herbert waren seit 1940 Afa-Vorstand. Dem „größten Deutschen aller Zeiten: Unserem geliebten Führer (O-Ton Quandt) verdankt das Famlienimperium kräftiges Wachstum." Günther Quandt wurde Wehrwirtschaftsführer und hatte insgesamt 29 Posten im Dritten Reich. So saß er im Aufsichtsrat von Daimler Benz, der DEUTSCHEN BANK, der AEG und im Versicherungskonzern Gerling.

Quandts Batterien wurden im Krieg nicht nur für U-Boote, sonder auch für die V-2 benötigt. In der Fabrik Hagen arbeiteten in den letzten Kriegsjahren mehr als 1.500 Verschleppte, von den 7.000 Arbeitern im Werk Posen waren mehr als die Hälfte Zwangsarbeiter. Auf dem

Gelände der Quandt-Firma in Hannover-Stöcken entstand ein Außenlager des KZ-Neuengamme.

Die Accumulatorenfabrik AG (AfA) wurde nach dem Krieg in VARTA umbenannt. Sven und Sonja Quandt-Wolf sind heute noch mittelbar daran beteiligt.

Am 24. August 1945 schrieb das „Spezialbüro Zahlungssperre" der Schweizer Verrechnungsstelle (283/Spf. 106) an die Schweizerische Bundesanwaltschaft in Bern: [461]

Betreff: Sperre deutscher Guthaben in der Schweiz   „Streng Vertraulich !"

„Wir sind gegenwärtig damit beschäftigt, gewisse Erhebungen und Untersuchungen im Hinblick auf die Durchführung der Sperrevorschriften gemäß den einschlägigen Bundesratsbeschlüssen anzustellen über: Dr. h.c. Günther Quandt, deutscher Reichsangehöriger

... Sie dürfen versichert sein, daß wir alle uns zur Kenntnis gebrachten Informationen mit der gebotenen Diskretion behandeln werden. ...

Schweizerische Verrechnungsstelle   Unterschriften

Am 3. September 1945 schrieb der Chef des Polizeidienstes der Schweizerischen Bundesanwaltschaft an das Spezialbüro zurück: [462]

Betreff: Dr. Quandt, Günther, Max Emil, Vorstandsvorsitzender der ACCUMULATORENFABRIK in Berlin, geb. 28.7.1881 in Pritzwalk/Prignitz, wohnhaft Potsdam/Babelsberg.

„Wir teilen Ihnen mit, daß wir über Dr. Quandt kein eigenes Dossier besitzen. Aus der Registerkarte ergibt sich aber, daß Quandt im Jahre 1932 in der Zeitung „Volksrecht" als Geldgeber Hitlers genannt wurde. Am 25.5.1945 teilte uns die Eidg. Fremdenpolizei mit, daß Quandt die Einreise in die Schweiz für 14 Tage zu geschäftlichen Besprechungen verweigert wurde, da in seinem Einreisegesuch keine Notwendigkeit erblickt werden konnte.

Dr. Quandt figuriert auch auf unserer Liste der „zurückweisenden Ausländer", da er uns von militärischer Seite als „Wehrwirtschaftsführer" bezeichnet wurde."

Schweizerische Bundesanwaltschaft / Polizeidienst   Der Chef

Die zweite Ehefrau von Dr. Günther Quandt, Magda Quandt geborene Ritschel, ließ sich 1921 scheiden und heiratete danach NS-Propagandaminister Dr. Joseph Goebbels.

Das breit gestreute Vermögen der fünf Töchter von Herbert Quandt, dem Sohn aus Günther Quandts erster Ehe, schätzte das „Manager-Magazin" im März 2002 auf Euro 2,5 Milliarden. Herberts Witwe Johanna, die in den fünfziger Jahren als Sekretärin bei der Afa (VARTA) anfing, wäre Deutschlands reichste Frau – besäße ihre Tochter Susanne Klatten nicht noch mehr. Allein fast Euro 8.000.000.000,00 sind die BMW-Anteile wert, die sie gemeinsam mit Bruder Stefan hält. [463]

Die I.G. FARBEN INDUSTRIE AG hatte verschiedene Firmen im Ausland zu tarnen. Sie schrieb am 24. September 1938 an das Reichswirtschaftsministerium: [464]

Betreff: Veräußerung von Aktien der CHEMOSAN-HELLCO AG - PRAG

Unsere Tochtergesellschaft, die ANILINCHEMIE AG Wien ist Eigentümerin von 7.200 Aktien der CHEMOSAN-HELLCO AG, Prag. Bei der derzeitigen Sachlage haben wir es für richtig erachtet, diese Aktien nicht mehr in Händen einer deutschen Firma zu belassen. Wir haben uns daher veranlaßt gesehen, mit der N.V. Hollandsche Koopmansbank, Amsterdam, in Verkaufsverhandlungen einzutreten, die dazu geführt haben, daß diese Bank bereit ist, die genannten Aktien zu übernehmen.

Der Kaufpreis wird allerdings nicht ausgezahlt, sondern einem Sonderkonto der ANILIN-CHEMIE AG, Wien, bei der Hollandschen Koopmansbank gutgeschrieben, über das die ANILINCHEMIE AG solange nicht verfügen kann, als die Hollandsche Koopmansbank Eigentümerin der Aktien ist. Die Hollandsche Koopmansbank wird der ANILINCHEMIE AG ein unwiderrufliches Verkaufsangebot, die fraglichen Aktien gegen Streichung der Kaufpreisschuld zurück zu erwerben, abgeben. ...

Von den Aktien liegen 2.325 Stück bei der Böhmischen Unionbank, Prag, die in ein Depot der Holländischen Koopmansbank bei der Unionbank gelegt werden sollen, während für 4.875 Stück noch keine Aktienurkunden ausgegeben sind. Der statt dessen ausgegebene Zwischenschein soll von der ANILINCHEMIE AG an die Koopmansbank gesandt werden. ...

In Anbetracht der Dringlichkeit dieses Antrages wären wir für eine unverzügliche Entscheidung sehr verbunden.

Heil Hitler !   I.G. FARBEN INDUSTRIE AG   Unterschriften

Die I.G. FARBEN INDUSTRIE AG schrieb am 6. Oktober 1938 an das Reichswirtschaftsministerium, zu Händen von Herrn Ministerialdirigent Dr. Landwehr, Auszüge: [465]

Betreff: Verkauf unserer in England gelegenen Farbenläger sowie unseres in der Tschechoslowakei unterhaltenen Lagers in pharmazeutischen Produkten an die „MAPRO" Maatschappij tot Bevordering van de Fabricatie van en den Handel in Producten der Chemische Industrie in Nederland en Kolonien N.V., Amsterdam.

„Wir nehmen Bezug auf die telefonischen Unterredungen mit Ihnen über die von uns eingeleiteten Maßnahmen zur Sicherung unserer besonders gefährdeten Auslandswerte während der zurückliegenden Krisentage und gestatten uns, Ihnen folgendes vorzutragen:

Im Hinblick auf die internationale Situation erschienen uns unsere in England gelegenen Farbenläger, die insgesamt einen Verkaufswert von rund Britischen Pfund 800.000,00 darstellen, ganz besonders gefährdet. Es handelt sich hier um auf unseren Namen lautende Konsignationsläger, die im Falle von kriegerischen Verwicklungen einem sofortigen Zugriff durch die englischen Behörden ausgesetzt gewesen wären.

Wir haben uns daher entschlossen, diese englischen Farbenläger, sowie die nach England unterwegs befindliche Ware, nach dem Stande vom 15. September 1938 Mitternacht an die

„MAPRO" in Amsterdam zu verkaufen. Im einzelnen ist folgender Weg eingeschlagen worden:

Die MAPRO hat das Lager für einen festen Preis von HFL 6.200.000,00 erworben und ist gleichzeitig durch Vertragsaustausch gegenüber unserer bisherigen Verkaufs-Kommissionärin, der I.G. DYESTUFFS LTD., Manchester, für dieses Lager in die mit der I.G. DYE-STUFFS LTD., Manchester laufenden Kommissionsverträge eingetreten, so daß gegenüber der Kundschaft in England der vollzogene Eigentumswechsel gar nicht in Erscheinung getreten ist. im Innenverhältnis haben wir unsere volle Einflußmöglichkeit auf die Verkaufspolitik gesichert.

... durch Sondervereinbarungen ist sichergestellt, daß der MAPRO Amsterdam, für ihre Einschaltung nur 1 ¼ % auf alle über sie getätigten Verkäufe zusteht, während alle darüber hinaus erzielten Verkaufserlöse - unabhängig von dem in dem offiziellen Vertrag festgesetzten Kaufpreis – an uns zur Abführung gelangen. ...

... es ist weiter vereinbart, daß wir von diesem Vertrag jederzeit zurücktreten können. ... Wir beabsichtigen, von diesem uns zustehenden Rücktrittsrecht Gebrauch zu machen, sobald eine ausreichende Beruhigung der politischen Atmosphäre eingetreten ist. ...

Aus den gleichen Erwägungen heraus haben wir uns entschlossen, daß von unserer Gesellschaft in der Tschechoslowakei bei der Firma „Pharma", Sperck & Prohaska, Prag, unterhaltene Lager in pharmazeutischen Produkten, das einen Wert von etwa HFL. 2.200.000,00 darstellt, ebenfalls an die MAPRO Amsterdam zu verkaufen.

... Der holländische Eigentümer der Ware bzw. seine Bankverbindung in Deutschland erhielt den Gegenwert in Reichsmark. Als Empfänger dieser Reichsmark (= deutsch-tschechisches Verrechnungskonto) ist die N.Y. HOLLANDSCHE KOOPMANSBANK, Amsterdam, auf ein für sie bei der Deutschen Länderbank AG, Berlin [gehört zur DRESDNER BANK AG], errichtendes Sonderkonto vorgesehen. ...

Heil Hitler!   I.G. FARBEN INDUSTRIE AG

Die Rechtsabteilung der chemischen Fabrik J.D. RIEDEL & E. DE HAEN schrieb am 19. Mai 1939 an das Reichswirtschaftsministerium; Auszüge daraus: [466]

Betrifft: Errichtung einer Holdinggesellschaft in der Schweiz

... Unsere Exportorganisation in USA, Argentinien und Brasilien, ruht auf drei Gesellschaften. Wir besitzen in ihnen die Majorität. Von unseren Mitgesellschaftern und Geschäftsführern werden wir darauf hingewiesen, daß angesichts der internationalen politischen Spannung zur Sicherung unserer Exportorganisationen eine Tarnung der deutschen Majoritäten für Konfliktfälle am Platze ist. Wir können uns dieser Auffassung nicht verschließen, da offensichtlich deutsche Niederlassungen in Konfliktfällen - zumindest vorübergehend – Schwierigkeiten, wenn nicht gar Beschlagnahmen ausgesetzt sein könnten.

Wir beabsichtigen daher, unsere ausländischen Beteiligungen in einer Treuhandgesellschaft zusammenzufassen, die ihren Sitz in einem Lande hat, das von einem etwaigen Konflikt voraussichtlich verschont sein dürfte. Wir wollen diese Gesellschaft in Basel-Stadt in der

Form einer Holding-Aktiengesellschaft mit einem Kapital von SFR 100.000,00 gründen. Mit diesem Kapital soll die Gesellschaft die Beteiligungen durch Barzahlung erwerben. ...

... Wir sagten bereits vorstehend, daß die Gründung durch Schweizer erfolgen soll. Dies muß geschehen, um die Tarnung der Gesellschaft vollständig durchzuführen. Wir beabsichtigen auch, die Aktien, die wegen der Höhe des Kapitals nach dem Schweizer Gesetz Namensaktien sein müssen, auf Namen von Schweizer Herren laufen zu lassen, naturgemäß mit der Maßgabe, daß sie blanko indoziert werden und in unserem Besitz übergehen. Ebenso bestehen sämtliche Organe der Gesellschaft aus den gleichen Gründen aus Schweizer Herren, die auf Grund interner Abmachungen nach unseren Weisungen zu handeln haben. Die Auswahl der Schweizer Herren erfolgt in Einvernahme mit der deutschen diplomatischen Vertretung in der Schweiz. ...

Heil Hitler !   J.D. Riedel - E. de Haen AG   Unterschriften

Die WIRTSCHAFTSGRUPPE PRIVATES BANKGEWERBE (Centralverband des Deutschen Bank- und Bankiergewerbes) schrieb am 15. September 1939 an das Reichswirtschaftsministerium: [467]

Betrifft: Guthaben und Depots im Auslande

... Die beteiligten Mitglieder haben zur Umlegung ihrer Guthaben und Depots im Auslande nach Möglichkeit befreundete Firmen gewählt, und zwar, da wir nicht von Devisenbanken, sondern von inländischen Instituten gesprochen haben, in vielen Fällen auch Nichtdevisenbanken oder sogar Nichtkreditinstitute.

In den so umgelegten Depots werden sich auch Wertpapiere befinden, die unter den Bekanntmachungen über die Verwahrung ausländischer Wertpapaiere vom 20. und 30. November 1936 und dem 14. Juni 1937 und 1938 fallen. Da die Rettung der deutschen Werte im Ausland aber vordringlich war, war es selbstverständlich möglich, die Depots vor der Umlegung daraufhin zu durchsuchen, ob und welche derartigen Werte eine Sonderbehandlung erforderten. Es kommt hinzu, daß die neu eingeschalteten inländischen Institute die Depots nur treuhänderisch für die bisher beteiligte Devisenbank halten.

Wir bitten deshalb, gemäß Ziffer 3 der 1. Bekanntmachung vom 20. November 1936 für die hier geschilderten Fälle eine allgemeine Ausnahmebewilligung zu erteilen.

Namens der WIRTSCHAFTSGRUPPE PRIVATES BANKGEWERBE
- Centralverband des Deutschen Bank- und Bankiergewerbes -

Unterschriften

Am 25. September 1939 schrieb die FRIEDRICH KRUPP AG an die Wirtschaftsgruppe
Eisen schaffende Industrie in Berlin, Unter den Linden 10: [468]

Wir haben für wolframfreie bzw. wolframarme Schnelldrehstähle Schutzrechte (Patente) im
In- und Ausland. Eine Abschrift unserer deutschen Anmeldung fügen wir zu Ihrer vertraulichen Unterrichtung bei. Auf die entsprechenden USA Anmeldungen ist jetzt das erste Patent
erteilt worden, und wir haben bereits die Mitteilung vorliegen, daß ein amerikanisches Stahlwerk sich für eine Lizenz an diesem Patent lebhaft interessiert. Die vorliegenden Schnelldrehstähle dürften aber nicht nur für Amerika, sondern auch für viele andere Auslandsstaaten, die
Mangel an Wolfram haben, jedoch Molybdän in genügenden Mengen zur Verfügung haben,
von Interesse sein. Wir halten es daher für erforderlich, unsere ausländischen Schutzrechte auf
eine schweizerische Gesellschaft zu übertragen, um sie dem Zugriff und der Beschlagnahme
durch unsere Feindstaaten zu entziehen, Es handelt sich dabei um folgende Schutzrechte und
Patente:

		Schweizer Patent	205 248
USA Patent	268 524	Schweizer Patent	204 921
USA Patent	192 288	Britisches Patent	502 515
USA Patent	2 159 086	Britisches Patent	502 514
		Luxemburgisches Patent	24 598
Belgisches Patent	426 701	Luxemburgisches Patent	24 623
Belgisches Patent	426 787	Französisches Patent	834 198
		Französisches Patent	834 752

Der Name der schweizerischen Gesellschaft, auf die wir die Schutzrechte übertragen werden,
steht noch nicht fest. In jedem Fall aber wird es eine von uns kontrollierte Gesellschaft sein,
die wir wahrscheinlich im Einvernehmen mit der Devisenstelle neu gründen werden. Diese
Gesellschaft würde also die Verwertung der Schutzrechte nur im Einvernehmen mit uns
vornehmen können. Wir bitten Sie daher, uns zu bestätigen, daß Ihrerseits gegen die
Übertragung der Schutzrechte keine Bedenken bestehen.

Ferner bitten wir Sie, uns zu bestätigen, daß der Erteilung von Lizenzen an den amerikanischen Schutzrechten keine Bedenken entgegenstehen. Eine Beeinträchtigung des Exports
würde durch die Erteilung von Lizenzen nicht stattfinden. Eine Herstellung dieser Stähle in
Deutschland kommt zur Zeit nicht in Betracht, da uns das erforderliche Molybdän nicht zur
Verfügung steht.

FRIEDRICH KRUPP AG   - Das Direktorium -   gezeichnet: Arzt - Louis

Die Leitung der Auslandsorganisation der NSDAP schrieb am 13. November 1939 über die
Tarnung der Firma OTTO WOLFF an das Reichswirtschaftsministerium: [469]   „ GEHEIM "

„Irgendeinen vernünftigen Grund, der die geplanten Maßnahmen der Firma Otto Wolff
rechtfertigen könnte, kann ich von hier aus nicht einsehen. Es besteht kein Zweifel darüber,
daß alle Tarnungsmaßnahmen deutscher Firmen über Holding-Gesellschaften im neutralen
Ausland nichts anderes bedeuten, als ein Mißtrauensvotum gegen den Sieg der deutschen
Waffen. Ich bitte Sie daher, den zuständigen Sachbearbeiter im Reichswirtschaftsministerium
aufzufordern, von der Firma Otto Wolff eine ins kleine gehende Begründung der geplanten
Maßnahmen schriftlich zu verlangen. Diese Begründung wird alsdann dem Stellvertretenden

Gauleiter der AO [Auslandsorganisation] zur Entscheidung vorgelegt. Falls die Begründung stichhaltig sein sollte, was ich von hier aus noch nicht übersehen kann, ist auf alle Fälle dafür Vorsorge zu treffen, daß die Tarnung nur für die Kriegszeit Gültigkeit hat und ist mit der Auflage zu versehen, daß sofort nach Beendigung des Krieges eine Umstellung vorgenommen wird. Diesen Brief bitte ich im Original dem zuständigen Sachbearbeiter vorzulegen.

Heil Hitler !   (E.A. Schwarz - Amtsleiter)

Die Finanzabteilung der FRIEDRICH KRUPP AG schrieb am 30. Dezember 1939 an das Reichswirtschaftsministerium; Auszüge aus dem umfangreichen Schreiben: [470]

Betreff: Gründung einer schweizerischen Gesellschaft:

Wir beabsichtigen seit längerer Zeit, in der Schweiz eine Holding-Gesellschaft zu errichten, die rechtlich nicht von uns beherrscht wird und die Aufgabe haben soll, Vermögenswerte – gedacht ist in erster Linie an Patente – von der Firma KRUPP regulär zu kaufen und nach außen hin als Eigentümerin dieser Werte aufzutreten. Die Absicht entstand bereits bei der Durchführung unserer Ihnen bekannten Anleiheprozesse in der Schweiz, in Holland, Frankreich und Amerika, wobei sowohl in Frankreich als auch in der Schweiz unsere sämtlichen Hartmetall – (Widia) Patente beschlagnahmt waren. Die Beschlagnahme in Frankreich konnte durch den in der Zwischenzeit abgeschlossenen Vergleich leider nicht mehr vor Ausbruch des Krieges aufgehoben werden, so daß uns auch nicht die Möglichkeit gegeben war, über diese Patente vorher in anderer Weise zu verfügen.

... Wir haben uns in dieser Angelegenheit mit Herrn Rechtsanwalt Dr. Keller-Staub, Zürich, der uns von einem schweizerischen Vertrauensmann empfohlen wurde in Verbindung gesetzt.
...
Ein Vertrauensmann in Amerika hat bereits mit der CRUCIBLE STEEL CORPORATION Verhandlungen geführt.
...
Wir möchten unter allen Umständen das Schnelldrehstahl-Patent Nr. 2 159 086 in eine schweizerische Gesellschaft einbringen, damit uns diese Einnahme sicher ist und auch für den Fall, daß mit Amerika politische Schwierigkeiten entstehen oder sonstige Beschlagnahme KRUPP´SCHEN Vermögens erfolgen.

Die Gründung der schweizerischen Gesellschaft muß natürlich nach außen hin vollständig getarnt sein und eine kapitalmäßige Beherrschung durch uns darf nur indirekt bestehen. Nach eingehender Überlegung mit Herrn Dr. Keller, Zürich, der nach wie vor an einem Kapital von SFR 1.000.000,00 festhält, möchten wir zwei Gesellschaften gründen. Die Gesellschaft A mit einem Kapital von SFR 500.000,00, in welche unsere verschiedenen Vermögenswerte eingebracht werden sollen, und die Gesellschaft B mit einem Kapital von SFR 50.000,00, die die Aktien der Gesellschaft A übernimmt. Die Gründung würde wie folgt vor sich gehen:

1.) KRUPP überweist für Rechnung des Herrn Dr. Keller-Staub, Zürich, SFR 500.000,00 an die Schweizerische Bankgesellschaft, Zürich.
2.) Herr Dr. Keller verfügt von diesem Betrag zunächst SFR 50.000,00 und überweist diese Summe zur Gründung der Gesellschaft B an die Glarner Kantonalbank, Glarus, zu seinen Gunsten. Er selbst gründet die Gesellschaft B und erhält SFR 50.000,00 Namens-Aktien der Gesellschaft, die er blanko indossiert und in einen Safe der WOLFRAMERZ AG, Glarus legt, welche die Aktien dieser Gesellschaft damit besitzt.

3.) Nach Gründung der Gesellschaft B stellt diese Gesellschaft die Summe von SFR 50.000,00, und Herr Dr. Keller den Betrag von SFR 450.000,00 zusammen also SFR 500.000,00, den Gründern der Gesellschaft A zur Verfügung. Die Gesellschaft A hat dann nach der Gründung ein Barguthaben von SFR 500.000,00, wovon sie SFR 450.000,00 in Patenten, Beteiligungen usw., anlegen kann. Den Rest von SFR 50.000,00 hält sie zu ihrer Weiterexistenz in ihrer Kasse.

4.) Als Verwaltungsratsmitglieder der Gesellschaft A sind die Herren
- Nationalrat Dr. Hans Trümpy von und in Ennenda, Kanton Glarus
- Dr. Walter Boveri von Baden in Zürich
- Generaldirektor Carl Bühler von und in Winterthur, Bühlhalde

in Aussicht genommen.

5.) Die Gesellschaft A kauft von KRUPP Vermögensteile, also voraussichtlich die vorerwähnten amerikanischen Schnelldrehstahl-Patente im Werte von SFR 900.000,00 und zahlt hierauf SFR 450.000,00 an. Den Rest von SFR 450.000,00 bleibt sie KRUPP schuldig.

6.) Die als Gründer der Gesellschaft A fungierenden Banken, die den Betrag von SFR 450.000,00 von Herrn Dr. Keller im Auftrage der Gesellschaft B erhalten und die Zeichnung der Aktien der Gesellschaft A treuhänderisch für die Gesellschaft B vorgenommen haben, geben SFR 450.000,00 Aktien der Gesellschaft A an die Gesellschaft B. Bilanzmäßig ergibt sich hierdurch bei der Gesellschaft B ein Gewinn von SFR 450.000,00. Es ist beabsichtigt, diesen Gewinn durch eine buchmäßige Transaktion bei der Gesellschaft B wegzuschaffen, indem die Gesellschaft B von der Gesellschaft A deren Restverpflichtungen gegen die Firma KRUPP von SFR 450.000,00 übernimmt.

7.) Angenommen, die Verwaltungsratsmitglieder der Gesellschaft A übernehmen insgesamt SFR 50.000,00 Aktien dieser Gesellschaft, wofür ihnen der Gegenwert von der Gesellschaft B zur Verfügung gestellt worden ist. So schließt die Gesellschaft B mit den Verwaltungsratsmitgliedern der Gesellschaft A einen Darlehensvertrag in der Weise, daß die Gesellschaft B jederzeit das Darlehen in Form von Aktien der Gesellschaft A zurückverlangen kann. Auf diese Weise ist das gesamte Kapital der Gesellschaft A in Händen der kleineren Gesellschaft B.

8.) Es ist beabsichtigt, für das Kapital der Gesellschaft A Inhaber-Aktien herauszugeben, die in der Generalversammlung stets von einer nicht an der Gründung beteiligten Bank mit der knappen Majorität vertreten werden, so daß die Aktionäre der Gesellschaft nicht bekannt werden.

9.) Für die Verpflichtung der Gesellschaft B gegen die Firma KRUPP von SFR 450.000,00 muß zwischen dieser Gesellschaft und KRUPP ein Zinsabkommen getroffen werden.

10.) Die Gesellschaft A soll den Namen METALURGICUM AG (METALURGICUM S.A. und METALURGICUM LTD.), mit dem Sitz in Glarus, bekommen, wobei noch festgestellt werden muß, ob diese Firmenbildung von der schweizerischen Regierung in Bern akzeptiert wird. Als Gründer dieser Gesellschaft sollen folgende Personen auftreten:

- Herr Nationalrat Dr. Hans Trümpy, Kanton Glarus,
- Herr Dr. Walter Boveri von Baden in Zürich,
- Herr Generaldirektor Carl Bühler von und in Winterthur, Bühlhalde,
- Schweizerische Bankgesellschaft Zürich, vertreten durch einen noch zu benennenden Herrn,
- Privatbank und Verwaltungsgesellschaft Zürich, vertreten durch einen noch zu benennenden Herrn.

Die Entwürfe über die öffentliche Urkunde betreffend Gründung der Gesellschaft sowie die Statuten liegen diesem Antrag bei, um deren Rückgabe wir bitten. In dieser Konstruktion liegt zweifellos eine Sicherheit, als die Verwaltungsratsmitglieder der Gesellschaft A, jederzeit, wenn es sein muß, eidesstattlich versichern können, daß sie ihren Aktienanteil an der Gesellschaft A treuhänderisch für eine schweizerische Gesellschaft halten, während die Gesellschaft B nach außen hin überhaupt nicht in Erscheinung tritt und bekannt wird.

Da außerdem durch die Form der Inhaber-Aktien nach außen hin nicht bekannt werden kann, wer die Aktionäre der Gesellschaft A sind und ferner weder eine direkte noch indirekte Kapitalverbindung nach KRUPP besteht, ist es sehr schwer, die wirklichen Zusammenhänge herauszufinden. Die Gesellschaft A wird durch die Gesellschaft B beherrscht, und die Namens-Aktien der Gesellschaft B liegen im Safe der WOLFRAMERZ Gesellschaft in Glarus. Wie Ihnen bekannt haben wir eine Option auf die Aktien der WOLFRAMERZ Gesellschaft, so daß wir über den Weg der Ausübung dieser Option an die Gesellschaft B und von dort an die Gesellschaft A herankommen. ...

FRIEDRICH KRUPP AG   Unterschriften

Der Antrag der Firma KRUPP AG (internes Az: FINA Nr. 73036/fl) wurde am 19. Januar 1940 vom Reichswirtschaftsminister genehmigt.

Die Sonderstelle des Reichswirtschaftsministers schrieb im Januar 1940 an die Devisenstelle Nürnberg: [471]

Betreff: MASCHINENFABRIK AUGSBURG NÜRNBERG AG
            Übertragung einer ausländischen Aktienbeteiligung auf eine
            Vertrauensperson zwecks Tarnung

Ich bin damit einverstanden, daß dem Antrag der Firma MAN, Nürnberg, vom 29. November 1939 auf Erteilung der devisenrechtlichen Genehmigung zum Verkauf ihrer Aktienbeteiligung an der N.V. Comprimo Mastachappij voor Koeltechniek en Chemische Techniek, Amsterdam an Herrn Direktor Thomas Hartelust, Den Haag, sowie zur Versendung der Aktien an den Erwerber mit der Auflage aufgegeben wird, daß Herr Direktor Thomas Hartelust der Rollo N.V. ein für sich und seine Erben verbindliches, bis zum 1. Januar 1960 lautendes Angebot auf Rückerwerb der Aktien zum gleichen Kurs abgibt. Die Gesellschaft Rollo N.V. hat die Vertretung der Antragstellerin in Holland und wird von der Gutehoffnungshütte Oberhausen AG, Oberhausen beherrscht. ...

Die FRIEDRICH KRUPP AG sicherte ihre englische Tochtergesellschaft TOOL METAL MANUFACTURING COMPANY LTD. Die Devisenstelle Düsseldorf genehmigte den Vorgang am 9. November 1938 und schrieb an den Reichswirtschaftsminister wie folgt: [472]

Betreff: Sicherung deutscher Vermögenswerte im Ausland
Vorgang: Erlaß vom 25.9.1938, V Dev.2/132/32 gRs & 145/38 gRs
Berichterstatter: Reichsbankrat Schmidt
Berichtverfasser: Reichsbankinspektor Pfeiffer

„Ende September 1938 erteilte ich der FRIEDRICH KRUPP AG, Essen, die Genehmigung zur Übertragung von 852 Shares ihrer englischen Tochtergesellschaft Tool Metal Manufacturing Company LTD., London, auf das BANKHAUS KLEINWORT; SONS & CO, London. Die treuhänderische Übertragung erfolgte am 30.09.1938 aufgrund des in übersetzter Abschrift beigelegten Abkommens.

Trotzdem augenblicklich die Notwendigkeit einer derartigen Sicherung von deutschen Vermögenswerten im Ausland nicht mehr gegeben ist, beantragt die FRIEDRICH KRUPP AG die mit dem Londoner Bankhaus getroffene Vereinbarung weiterhin aufrecht erhalten zu dürfen. Als Begründung führt die Antragstellerin aus, daß es sich bei der Tool Metal Manufacturing Company Ltd., um die Fabrikationsstätte für Hartmetalle nach ihren Patenten handle, die erhebliche Gewinne erziele. Im Ernstfalle wäre damit zu rechnen, daß der Betrieb weiter geführt würde und sie ihrer Eigentumsrechte verlustig ginge, sofern das mit KLEINWORT, SONS & CO getroffene Abkommen nicht mehr bestehe.

Die Tool Manufacturing Company Ltd. gehört 100%ig der FRIEDRICH KRUPP AG. Sie gilt devisenrechtlich als ausländische Gesellschaft. Wie die Antragstellerin mir am 3.11.1938 mitteilt, legt sie die Bilanz der englischen Gesellschaft jährlich der Reichsbank vor und liefert namhafte Beträge ab.

Da es sich bei der Tool Manufacturing Ltd. um ein wertvolles Aktivum der deutschen Volkswirtschaft handelt, das durch die Aufrechterhaltung des Abkommens vom 30.9.1938 Deutschland im Ernstfalle erhalten bleiben dürfte, befürworte ich den Antrag."

Im Auftrage: Schmidt

Die FRIEDRCH KRUPP AG tarnte ihre Beteiligung an der Firma MIJNBOUW MAATSCHAPPIJ, Boni-Tolo N.V. Den Haag. Die Devisenstelle des Oberfinanzpräsidenten Düsseldorf am 23. Mai 1941 genehmigt wie folgt: [473]

Betreff:	Kapitalerhöhung bei der Mijnbouw Maatschappij, Boni-Tolo, Tarnung der Kapitalbeteiligung der Friedrich Krupp AG
Vorgang:	V Dev 36/40 gRs vom 17.1.1940 / Krupp gRs / 857/41 A 119 gRs
Berichterstatter:	Reichsbankoberinspektor Tetzlaff
Berichtverfasser:	Reichsbankinspektor Krüger

„ Die Friedrich Krupp AG, Essen, hatte am 30. Dezember 1939 den Antrag gestellt, ihr den Verkauf ihrer 50%igen Beteiligung an der Mijnbouw Maatschappij, Boni-Tolo N.V., Den Haag, an die Oost-Borneo Maatschappij, s´Gravenhage, (O.B.M.), die die restlichen 50 % besitzt, als Tarnung gegen englische Zugriffe, zum Preise von HFL 66.151.46 zu genehmigen.

In der Boni-Tolo sind die anteiligen Nickel-Konzessionsrechte der Friedrich Krupp AG in Celebes verkörpert. Die erforderliche Genehmigung ist weisungsgemäß am 16.2.1940 erteilt worden. ...

... Krupp hat im Jahre 1938 auf der Nickelgrube in Frankenstein (Schlesien) einen Großversuch mit der Aufbereitung von Nickelerzen aus Celebes vorgenommen, in der Absicht, gegebenenfalls später eine ähnliche Anlage auf Celebes selbst zu bauen. Dieser Versuch wurde unter den gleichen Bedingungen durchgeführt, wie sie in Niederländisch-Indien vorliegen. Es wurde sogar indische Kohle dafür importiert ...

... Zwischen der O.B.M. und KRUPP wurde folgender Vertrag formuliert:

1.) Spätestens einen Monat nach Friedensschluß zwischen Deutschland und England ist die alte 50%ige Beteiligung von Krupp an der O.B.M. wieder herzustellen.
2.) Die Vereinbarung vom 18.12.1939 wird aufgehoben. O.B.M. behält den Betrag der Kaufsumme zunächst in ihren Händen. Die Rückübertragung der Aktien an Krupp erfolgt in dem Augenblick, den die O.B.M. in ihrem Interesse für erwünscht hält, jedoch spätestens einen Monat nach Friedensschluß zwischen Deutschland und England.
3.) Die Abmachungen vom 30.5.1940 bleiben in Kraft.
4.) Spätestens einen Monat nach Friedensschluß ist der Friedrich Krupp AG eine 50%ige Beteiligung am Kapital an Boni-Tolo mit der O.B.N. zu verschaffen.
5.) Krupp erhält eine Dividende von Boni-Tolo, soweit diese 6% überschreitet, im Verhältnis ihrer früheren Beteiligung. Boni-Tolo bleibt diese Dividende zunächst schuldig. Krupp kann frühestens einen Monat nach Friedensschluß zwischen Deutschland und England Zahlung erlangen.

Mit Rücksicht auf die Vertraulichkeit der Angelegenheit und die bereits vorhandenen Vorgänge habe ich davon abgesehen, die Stellungnahme der Industrie- und Handelskammer und der zuständigen Wirtschaftsgruppe einzuholen. Ich bin zu der Überzeugung gekommen, daß die Maßnahmen von Krupp den deutschen Belangen Rechnung tragen und habe keine Bedenken, dem geplanten Vertrage zuzustimmen.

Im Auftrag: Tetzlaff

Am 30. Juni 1941 erklärte sich der Reichswirtschaftsminister, vertreten durch Regierungsassistent Dr. Schütt, mit dieser Tarnung auch einverstanden.

Die SCHERING AG schrieb am 28. April 1942 an den Länderreferenten Italien beim Reichswirtschaftsminister und bittet um Genehmigung ihrer Aktienübertragungen: [474]

Betreff: Auswirkung der neuen italienischen Aktiengesetzgebung auf Kapitalgesellschaften

der SOCIETA ITALIANA PRODOTTI SCHERING (SIPS)
der VOIGTLÄNDER ARTICOLI PER FOTOGRAFIA S.A.
der SCHERCK S.A.T. (TARSIA)
der SOC. IMMOBILIARE DI VIA MANCINELLI   ... sämtlich in Mailand.

Das italienische Gesetz schrieb die Umwandlung sämtlicher Inhaberaktien in Namensaktien bis zum 30.6.1942 vor und verlangt, daß der Aktionär sowohl im Aktienbuch als auch im öffentlichen Aktienregister namentlich aufgeführt wird. ...

... Bisher hat die Aktien dieser sämtlichen Gesellschaften, Herr Dr. Guido Pilati, unser italienischer Vertrauensmann, als italienischen Besitz vertreten, während wir durch ein Optionsrecht auf die Aktien gesichert sind. ...

Gesellschafter der „SIPS" werden ab sofort :

- Dr. Guido Pilati	für	Lire 500.000,00
- Prof. Antolisei, Rechtsberater der Gesellschaft,	für	Lire 100.000,00
- Dr. Mariano, Steuerberater der Gesellschaft,	für	Lire 100.000,00
- Prof. Brunelli, Leiter der wissen. Abt. der SIPS	für	Lire 100.000,00
- Nob.Comm. Gino Verri, Freund des Dr. Pilati und Vizepräfekt in der Präsidialkanzlei des DUCE in Rom	für	Lire 200.000,00

... Die übrigen Aktionäre geben uns, aus Gründen des italienischen Devisenrechts, der DEGEWOP S.A., Rom, Treuhanderklärungen ab. Die DEGEWOP S.A., Rom, ist eine Tochtergesellschaft der N.V. ORGANON, Oss/Holland, deren Aktienkapital wir zur Zeit im Wege der Arisierung erwerben. ...

> Voigtländer Aritcoli per Fotografia S.A. und Scherk (Tarsia) S.A.I.
> mit Kapital von nominal je Lire 200.000,00

Jede der beiden Gesellschaften hat ein Kapital von Lire 200.00,00. Als Aktionär ist bisher Dr. Pilati aufgetreten; unsere Beziehungen zu ihm werden, durch die mehrfach erwähnte Optionsabrede geregelt. Herr Dr. Pilati soll nun Lire 190.000,00 Aktien jeder Gesellschaft an die SIPS verkaufen, die als Aktionärin auftreten soll, während Herr Dr. Pilati nur noch für Lire 10.000,00 optionsunterworfener Aktionär bleibt.

> Soc. Immobiliare di Via Mancinelli

Das Aktienkapital dieser Gesellschaft, die eine reine Grundstückgesellschaft ist, von nominal Lire 250.000,00, soll zu 100% auf die SIPS übertragen werden. ...

Italienische Aktiengesellschaften nach dem 21.4.1942 müssen über ein Kapital von mindestens Lire 500.000,00 verfügen, Gesellschaften mit niedrigeren Kapital sind bis zum 30.6.1945 aufzulösen oder in eine GmbH umzuwandeln. Die satzungsmäßige Dauer der Scherck- und Voigtländer-Gesellschaft läuft bis 1964 bzw. bis 1968. Es war möglich, das Kapital der beiden erwähnten Gesellschaften noch kurz vor Inkrafttreten des Gesetzes auf je Lire 500.000,00 zu erhöhen, so daß der Weiterbestand als Aktiengesellschaft für die in ihren Satzungen vorgesehene Dauer gesichert werden konnte. ...

SCHERING AG   Unterschriften

Die Devisenstelle des Oberfinanzpräsidenten München schrieb am 20. Januar 1943 an den Reichswirtschaftsminister über die Sanierung einer zum Zwecke der Tarnung des Patentbesitzes gegründeten Patentverwaltungs-Gesellschaft in der Schweiz (Aktiengesellschaft für Technik und Optik in Glarus, „ATO"), Ausschnitte: [475]

Betreff: Die Sanierung einer zum Zwecke der Tarnung des Patentbesitzes gegründeten Patentverwaltungsgesellschaft in der Schweiz in Glarus, der „Aktiengesellschaft für Technik und Optik" (A T O)

Rechtsanwalt Dr. Steichele, München, der inländische Vertreter der Herren Dietrich und Kollegen, München, die die im Betreff genannte Holdinggesellschaft beherrschen, hat drei Anträge auf Genehmigungen gestellt. ...

Die FRIEDRICH KRUPP AG in Essen schrieb am 9. Juli 1943 an den Reichsbankrat Maiwald im Reichswirtschaftsministerium: [476]

1.) Wir haben am 26. Februar 1940 in der Schweiz die PANTENA AG, Glarus, gegründet und die Aktien dieser Gesellschaft in die gleichzeitig gegründete NOXUM AG, Glarus, eingebracht. Die Zusammenhänge hierüber sind Ihnen bekannt. Der Genehmigungsbescheid des RWM für die Gründung dieser Gesellschaften trägt die Nr. V Dv.II/40/40 gRs und datiert vom 18.1.1940. Nach Gründung der Gesellschaften wurden die Namensaktien der NOXUM AG mit Blankozession der von uns nach Runderlaß 152/36 beherrschten WOLFRAMERZ-GESELLSCHAFT, Glarus, übergeben. Nachdem die WOLFRAMERZGESELLSCHAFT auf Wunsch der Reichsbank im vergangenen Jahr liquidiert worden ist, hat die NOXUM keinen Rechtsträger in der Schweiz und die Aktien ruhen jetzt ohne einen Besitzer zu haben mit Blankozession in einem nur uns zugänglichen Banksafe in der Schweiz.

Durch weitere Geschäfte, die die PANTENA jetzt und künftig machen wird, sehen wir für die Dauer eine Notwendigkeit darin, daß die Gesellschaft in der Schweiz fest verankert ist. Die Gründung der PANTENA und der NOXUM geschah vor Eintritt Amerikas in den Krieg zur Sicherung unserer amerikanischer Interessen und ist infolgedessen seinerzeit vollständig getarnt worden. Nachdem diese Tarnung nun einmal besteht, möchten wir sie auch weiterhin aufrecht erhalten.

Wir beabsichtigen die Aktien dieser Gesellschaft an vier Schweizer Herren zu verkaufen. Bei diesen Herren handelt es sich um zwei Rechtsanwälte, mit denen wir laufend zu tun haben, die übrigen beiden Herren sind unserer Vertreter, mit denen wir seit vielen Jahren in Geschäftsverkehr stehen; einer dieser Herren ist Deutscher. Eine Nebenabrede beim Verkauf möchten wir nicht vornehmen, sondern lediglich den Herren beim Verkauf sagen, daß wir Wert darauf legen, die Aktien nach ihrem Tode von ihnen zum Nennwert zurückzukaufen und sie gleichzeitig bitten, hierüber, testamentarische Verfügungen zu treffen. Da die Herren über testamentarische Verfügungen keinerlei Auskunft zu geben haben, können sie diesen Besitz jederzeit als ihr wirkliches Eigentum bezeichnen.

Wir sind uns darüber klar, daß mit dieser Transaktion ein Risiko für uns verbunden ist. Da wir die Herren aber seit vielen Jahren kennen und mit ihnen auch weiterhin laufend zu tun haben, sehen wir keine Bedenken, die Aktien der NOXUM an die in Frage kommenden Herren zu verkaufen. Bevor wir jedoch mit den Herren in Verbindung treten, bitten wir Sie um gefällige Mitteilung, ob Sie gegebenenfalls mit diesem Verkauf einverstanden sind und bitten Sie höflichst um einen entsprechenden Vorbescheid.

2.) Die PANTENA AG, Glarus, hat 52 % des Aktienkapitals der DIAMANTWERKZEUG AG, Biel (DWAG), erworben und gleichzeitig mit dieser Gesellschaft einen Lizenzvertrag auf Hartmetallherstellung abgeschlossen, der eine 20%ige Lizenzzahlung vorsieht. Der Erwerb des Aktienpaketes über die PANTENA war aus Clearinggründen erforderlich. Die Genehmigung des RWM für die Durchführung der Transaktion liegt vor. Dadurch, daß wir die Aktien der DWAG nicht selbst erwerben konnten, ist die PANTENA Mehrheitsaktionär und gleichzeitig Lizenznehmer. Durch die verhältnismäßig hohe Lizenzabgabe könnte fiskalischerseits in der Schweiz der Einwand erhoben werden, daß der Mehrheitsaktionär mit dem Lizenzvertrag die Gewinne der Gesellschaft ungerechtfertigt schmälert. Wir haben infolge dessen ein Interesse daran, die Aktien der DWAG nach Deutschland zu bekommen und auf unsere Tochtergesellschaft, die Aktiengesellschaft für Unternehmungen der Eisen- und Stahlindustrie, Berlin (AFES), zu übernehmen. Da wir aber eine Bezahlung der Aktien von Deutschland nach der Schweiz aus Devisengründen nicht leisten können, ist folgendes beabsichtigt:

Die AFES besitzt 48 % der Anteile der METALLI DURI „ADAMAS" S.A., Turin. Diese Aktien soll die PANTENA von der AFES erwerben und dagegen der AFES die Aktien der DWAG verkaufen. Es findet praktisch nur ein Austausch der Aktien statt. Hierbei setzen wir voraus, daß sich die italienischen Behörden und unser italienischer Partner mit einer Veräußerung der ADAMAS Aktien nach der Schweiz einverstanden erklären.

Wir wären Ihnen dankbar, wenn Sie uns Ihre alsbaldige Stellungnahme bzw. entsprechenden Vorbescheid geben würden.

FRIEDRICH KRUPP / Finanzabteilung   Schürmann

Am 30. Juli 1943 genehmigt der Reichswirtschaftsminister, vertreten durch Herrn Reichsbankrat Maiwald, die Transaktionen der KRUPP AG in diesen beiden Angelegenheiten.

Die Tarnung der VEREINIGTEN STAHLWERKE AG Düsseldorf und der THYSSEN-LAMETAL AG wird am 19. August 1943 durch Reichsbankoberinspektor Tetzlaff an den Reichswirtschaftsminister gemeldet: [477]

Betreff: - Tarnung der Beteiligung der Vereinigten Stahlwerke AG, Düsseldorf, an der
             COMPANIA INDUSTRIAL Y MERCANTIL THYSSEN LTDa.
             THYSSEN LAMETAL in Buenos Aires

           - Verkauf der THYSSEN LAMETAL Aktien an die
             SOTERIA AG, Maienfeld in der Schweiz

Die Vereinigten Stahlwerke AG Düsseldorf, beantragt die Genehmigung zur Kostenübernahme von SFR 16.450,00 für Telefon- und Kabelspesen, sowie für ausgefertigte Gutachten der SOTERIA AG, welche zur Tarnung der Compania Industrial y Mercantil Thyssen Ltda. Thyssen-Lamstal, Buenos Aires, angefallen sind. Die SOTERIA AG hat das gesamte Aktienpaket dieser argentinischen Gesellschaft übernommen. Außerdem ist in dieser Summe eine Kommission des BANKHAUSES VON ERNST & CO. enthalten.

Neben der Vergütung der bereits entstandenen Kosten verlangt die SOTERIA AG für die Durchführung des Tarnungsverhältnisses als Kommission jährlich SRF 5.000,00 und bei Rückkauf der Aktien THYSSEN LAMETAL Depotgebühren.. Ferner werden für die Rückgabe des Aktienpaketes an die N.Y. CENTRALE HANDELSVEREENIGING, Rotterdam (CEBANDRO), noch SFR 7.500,00 für Umsatzstempel zu zahlen sein.

Um diese nachträglich noch entstehenden Kosten pünktlich zahlen zu können, bitten die Vereinigten Stahlwerke AG Düsseldorf, schon jetzt um die verbindliche Zusage der Erteilung der entsprechenden Genehmigung im Antragsfalle.

Diesem Antrag liegt folgender Sachverhalt zu Grunde:

Um die Beteiligung der Antragstellerin an der argentinischen Tochtergesellschaft, der Compania Industrial y Mercantil Thyssen-Lametal, Buenos Aires, nachstehend Thyssen-Lametal genannt, zu tarnen, wurden im Dezember 1941 die im Besitz der N.V. CENTRALE HANDELSVEREENIGING, Rotterdam (VERTAG KONZERN), befindlichen Aktien auf die schweizerische Firma SOTERIA AG, Maienfeld, durch Kaufvertrag übertragen.

Die SOTERIA AG ist mit der N.V. WODAN HANDELSMAATSCHAPPIJ, Rotterdam, eng befreundet, an der wiederum 29 % des Kapitals die Vereinigte Stahlwerke AG beteiligt ist. Der Kaufpreis für das Aktienpaket wurde mit SFR 7.500.000,00 festgesetzt. Die Verträge sollten so abgefaßt werden, daß die N.V. CENTRALE HANDELSVEREENIGING, Rotterdam, (CEHANDRO), jederzeit die Möglichkeit besitzt, das Aktienpaket der THYSSEN LAMETAL zurück zu erwerben. ...

Es wurden in der Zwischenzeit langwierige Verhandlungen geführt, um die Tarnung zu sichern, daß Schwierigkeiten in Zukunft nicht zu befürchten sind. Es sollten folgende drei Bedingungen in den Verträgen Berücksichtigung finden:

1.) Die Bilanz der schweizerischen Firma, die das THYSSEN LAMETAL Aktienpaket übertragen erhält, mußte eine Ausweitung um den Verkaufspreis der Aktien in Höhe von ca. SFR 7.500.000,00 unauffällig gestatten.
2.) Es sollte eine Form gefunden werden, die es der schweizerischen Firma ermöglicht, Dritten gegenüber mit Fug und Recht als uneingeschränkte Eigentümerin der Aktien aufzutreten. Die in Frage kommende Firma mußte außerdem bereit sein, sich hierfür im Ernstfalle nicht nur bei den argentinischen, sondern auch bei der schweizerischen Behörde einzusetzen.
3.) Es mußte gewährleistet sein, daß das Aktienpaket jederzeit in das Eigentum der CEHANDRO zurückgeführt werden konnte.

... Für die Abwicklung des Aktienverkaufs wurde die schweizerische BANK VON ERNST in Bern beauftragt. ...

Ich bitte, hierüber zu entscheiden und mich zu ermächtigen, der Antragstellerin die Genehmigung zur Zahlung der Kosten, die in Verbindung mit der Tarnung entstehen, erteilen zu dürfen.

Gezeichnet: Im Auftrag: Tetzlaff

Die Devisenstelle des Oberfinanzpräsidenten Düsseldorf schrieb am 3. Februar 1943 an den Reichswirtschaftsminister über die Tarnung der Tochterfirma der MANNESMANN RÖHREN WERKE AG in Argentinien: [478]

Betreff: Antrag der Firma MANNESMANN RÖHREN WERKE AG
                    auf treuhänderische Übertragung von Aktien der
                    SOCIEDAD TUBOS MANNESMANN LDA Buenos Aires

Berichterstatter: Reichsbankoberinspektor Tetzlaff

Die Firma Mannesmann Röhren Werke, Düsseldorf, besitzt in Argentinien unter dem Namen SOCIEDAD TUBOS MANNESMANN LDA., Buenos Aires, eine Tochtergesellschaft, deren Aktienkapital sich aus 5.000 Stück Aktien á nominal Pesos 1.000,00 zusammensetzt. Hiervon befinden sich auf Grund früherer treuhänderischer Übertragung 500 Stück im Besitze des Generaldirektors Pahlke der argentinischen Gesellschaft. Von den restlichen 4.500 Stück sind 15 Aktien in Händen von 5 Mitgliedern des Direktoriums. Der Firma Mannesmann Röhren Werke, Düsseldorf, gehören 4.485 Stück Aktien, zu denen noch 3 Aktien des Direktors Löske als Mitglied des Direktoriums der ausländischen Tochtergesellschaft hinzukommen, so daß die Muttergesellschaft insgesamt 4.488 Stück Aktien in ihrem Eigentum hat.

Sämtliche Aktien sind bei der BANCO ALEMAN TRANSANTLANTICO, Buenos Aires, hinterlegt. Seit Juli des vergangenen Jahres strebt der die Interessen der Firma Mannesmann Röhren Werke, Düsseldorf, vertretende Generaldirektor Pahlke eine Tarnung des Aktienbesitzes an, um eine eventuelle Beschlagnahme dieses deutschen Eigentums zu unterbinden. Pahlke ist naturalisierter Argentinier und hat das gesamte südamerikanische Geschäft der Firma Mannesmann Röhren Werke aufgebaut.

Auf Grund seiner engen Beziehungen zu maßgebenden Mitgliedern der argentinischen Regierung ist er angeblich darüber unterrichtet, daß in Argentinien unter Umständen ähnliche Beschlagnahmen deutschen Eigentums zu erwarten sind, wie in Brasilien und anderen südamerikanischen Staaten. Er betrachtet die politische Haltung der vorläufig noch neutralen Länder als undurchsichtig und hält entsprechende Vorsichtsmaßnahmen für geboten. Diese Mitteilungen gaben der Düsseldorfer Muttergesellschaft Veranlassung zur Einleitung entsprechender Schritte, die im Endergebnis auf dem Verkauf des Aktienpaketes an Lorenz Meister, Basel, ausgingen.

Aus Sicherheitsgründen wurde gleichzeitig ein Optionsvertrag zwischen diesem und dem langjährigem Vertrauensanwalt der Handelskammer Zürich, Dr. Conrad Meyer, abgeschlossen. Eine entsprechende Genehmigung habe ich am 20.10.1942 mit dem für Tarnungsgeschäfte üblichen Auflagen erteilt. Der Plan ist jedoch nicht zur Durchführung gekommen, da Lorenz Meister aus verschiedenen Gründen vor der Durchführung des Geschäftes zurückgetreten ist.

Um jedoch die erforderlichen Maßnahmen trotzdem durchzuführen, ist nunmehr eine rein treuhänderische Übertragung der Aktien auf eine dem SCHWEIZERISCHEN BANKVEREIN, Basel, gehörende Holdinggesellschaft beabsichtigt. Es handelt sich hierbei um die PALLADIUM AG, Frankendorf, Baselland / Schweiz, deren Aktienkapital in Höhe von SFR 500.000,00 im Besitze des SCHWEIZERISCHEN BANKVEREINS ist. Dieses Unternehmen hat sich bereit erklärt, gegen Zahlung eines Provisionsbetrages von jährlich SFR 6.000,00 die MANNESMANN TUBOS AKTIEN treuhänderisch zu erwerben.

Ich habe bei einer Vorverhandlung Bedenken gegen diese Übertragung hinsichtlich der evtl. jetzt oder später bestehenden Aufrechnungsmöglichkeiten gerade bei Banken hingewiesen. Die Antragstellerin erklärte hierzu u.a., daß die schweizerische Bankverbindung durch Vermittlung der DEUTSCHEN BANK in Berlin nachgewiesen wurde. Es soll sich um eine deutsch eingestellte Schweizer Großbank handeln, die Geschäfte der vorliegenden Art für deutsche Interessenten schon wiederholt vorgenommen hat.. Die Deutsche Gesandtschaft hält die führenden Persönlichkeiten des SCHWEIZERISCHEN BANKVEREINS für vertrauenswürdig. Da die üblichen Voraussetzungen für derartige Tarnungsgeschäfte gegeben sind, habe ich keine Bedenken, die erforderliche Genehmigung zu erteilen.

Ich bitte, mich hierzu zu ermächtigen. Die Provision von jährlich SFR 6.000,00 beabsichtige ich, auf das Sammelkonto der SCHWEIZERISCHEN NATIONALBANK, Zürich, Konto Nr. 4053 überweisen zu lassen.

Im Auftrag   Tetzlaff

Herr Direktor Kulenkampff des NORDDEUTSCHEN LLOYDS schrieb am 6.12.1944 unter „Geheimer Reichssache" an den Reichskommissar für die Seeschiffahrt: [479]

„In dem Schreiben des Auswärtigen Amtes vom 25.10.1944 und die diesem beiliegende Abschrift eines Telegramms der Deutschen Botschaft in Buenos Aires dürfen wir uns den Vorschlag erlauben, die für notwendig erachtete Tarnung der Bezahlung eines Teiles des Kaufpreises der drei Schiffe, „Lahn", „Nienburg" und „Anatolia" wie folgt durchzuführen:

Die NORDDEUTSCHE KREDITBANK in Bremen gewährt Herrn Thilo Martens, vertreten durch seinen Generalbevollmächtigten Dr. Dettmers in Bremen, einen Kredit zu üblichen Bankbedingungen in Höhe des Fehlbetrages von RM 1.062.000,00. Mit Hilfe dieses Krediteskauft sodann Herr Dr. Dettmers 3,5%ige Reichsschatzanweisungen Ausgabe 1941 und stellt sie uns effektiv zur Verfügung, die wir dann in unseren Kassentresor als Wertpapierbestand vereinnahmen. Um die Norddeutsche Kreditbank zu blocken, verpflichten wir uns, bei dieser ständig ein Guthaben in Höhe des Kreditbetrages zuzüglich Zinsen zu halten.

Diese genannten Geschäfte müßten auf den März 1942 zurückdatiert werden, was technisch möglich ist, weil wir endgültige Bilanzen für die Jahre 1942 und 1943 noch nicht aufgestellt haben. Wir halten diesen Weg für die günstigere Lösung, da selbst bei einer Nachprüfung unserer Bücher nicht festgestellt werden kann, wann wir die Wertpapiere hereingekommen haben.

Da es sich bei dem in Buenos Aires wohnhaften Herrn Martens um einen Devisenausländer handelt, ist die gesamte Transaktion genehmigungspflichtig. Wir bitten demgemäß, beschleunigt den Herrn Reichswirtschaftsminister ersuchen zu wollen, die hiesige Devisenstelle anzuweisen, eine rückwirkend auf den 1. März 1942 zu datierende Devisengenehmigung zu geben, durch die die Norddeutsche Kreditbank ermächtigt wird, Herrn Thilo Martens, Buenos Aires, vertreten durch Herrn Dr. Dettmers in Bremen, einen Kredit von bis zu RM 1.062.000,00 zu üblichen Bankbedingungen zu geben., gegen den Kreditbetrag 3 %ige deutsche Reichsschatzanweisungen zu kaufen und diese Herrn Dr. Dettmers zur freien Verfügung auszuliefern. Wir werden die gesamte Transaktion im Sinne des Wunsches von Herrn Martens entsprechend der Befürwortung des Auswärtigen Amtes durchführen.

Heil Hitler !   Norddeutscher Lloyd   Kulenkampff

Eine Abschrift der „Geheimen Reichssache" NORDDEUTSCHER LLOYD wird als Aktennotiz der Deutschen Botschaft Buenos Aires, obigem Schreiben beigelegt: [479]

„Vertreter Martens bat Botschaft Buenos Aires vor Abreise deutschen Austausches um Weiterleitung nachstehender Mitteilungen an Norddeutschen Lloyd mit ausdrücklicher

Bestimmung, daß nur Vorstandsmitglieder Betram, Dettmers und Kulenkampff davon Kenntnis erhalten dürfen.

Der Verkauf Schiffe Anatolia, Lahn und Nieburg des Norddeutschen Lloyd an Lloyd Argentino erfolgte zum Schutz vor Beschlagnahme und zu ihrer Erhaltung für Deutschland für Nachkriegszeit. Daher hundertprozentige Tarnung als argentinisches Eigentum unerläßlich. Gemäß seinen Büchern leistete Lloyd Argentino folgende Zahlungen zu Gunsten des Norddeutschen Lloyd:

30. April 1942	gemäß Quittung an Deutsche Botschaft Argentinien	RM	930.000,00
12. März 1941	gemäß Quittung an Deutsche Botschaft Argentinien	RM	136.522,00
12. März 1941	gemäß Telegramm Norddeutscher Lloyds	RM	1.160.000,00

Genanntes Telegramm, welches als Beleg argentinischen Behörden gegenüber bestimmt ist, besagt, daß Norddeutscher Lloyd in diesem Wert in Deutschland befindliche Grundstücke, das sonstige Vermögenswerte von Martens, der Mitgründer des Argentinischen Lloyd ist, übernommen und auf Kaufpreis der Schiffe angepaßt hat. Der Rest des Kaufpreises wurde seinerzeit zunächst hypothekarisch gesichert.

In Wirklichkeit leistete Argentinischer Lloyd bisher keinerlei Zahlungen. Die angestrebte Tarnung ist aber nur erfolgreich, wenn sie allen Wechselfällen gerecht wird, so ist die Durchführung aller mit obigen fiktiven Zahlungen zusammenhängenden Operationen erforderlich. Aus Büchern und sonstigen Unterlagen des Norddeutschen Lloyds muß daher einwandfrei hervorgehen, daß diese Schiffe als tatsächlich verkauft betrachtet werden. Demgemäß muß Norddeutscher Lloyd Eingang dieser drei Beträge unter allen Umständen buchen und zwar möglichst rückdatiert. ...

... Im Falle mangelhafter Tarnung läuft Norddeutscher Lloyd große Gefahr, Schiffe für die Dauer zu verlieren. Auch für späteren Erhalt vorläufig gesperrter Kaufsumme bestünde erhöhte Gefahr. Martens argentinischen Behörden gegenüber ohnehin stark exponiert und im Falle Nachweises wissentlich falscher Angaben persönlich gefährdet. ...

Am 12. Dezember 1944 erteilt der Reichswirtschaftsminister Herrn Thilo Martens, der auch Agent der deutschen Abwehr in Buenos Aires ist, die Genehmigung zur Tarnung des NORDDEUTSCHEN LLOYDS in Argentinien.

Dies war die letzte Tarnung einer deutschen Firma im Ausland: [479]

„Antragsgemäß erteile ich Ihnen die Genehmigung zu den in Ihrem Schreiben vom 6.12.1944 an den Reichskommissar für die Seeschiffahrt, Reinbeck bei Hamburg, näher bezeichneten Finanztransaktionen mit Herrn Martens, Buenos Aires."

Gezeichnet: Reichsbankrat Maiwald

Die Schweizer Behörden und ihre Nachrichtendienste suchten bereits nach deutschen Agenten und nach Fluchtkapital von NS-Prominenz. Am 5. 12. 1944 schrieb die Schweizerische Bundesanwaltschaft an den Nachrichtendienst der Kantonspolizei in Zürich: [480]

„Aus zuverlässiger Quelle haben wir erfahren, daß der wirkliche Besitzer der Fabrik der MEMPHIS-ZIGARETTEN ein Herr Georg Eidenschink, geb. 30.8.1901, Bankier, wäre. Dr. Friedrich sei nur Strohmann. Es dürfte auch aufgefallen sein, daß für die MEMPHIS Zigarette in letzter Zeit sehr viel Reklame gemacht wurde, besonders in der Neuen Züricher Zeitung. Diese Angelegenheit ist deswegen von Interesse, weil Eidenschink 100%iger Parteimann mit Parteinummer 27 und Bankier der NSDAP ist. Er soll außerdem sehr viel Geld in der Schweiz besitzen. Ob Eidenschink durch die vermehrte Anpreisung seiner MEMPHIS seine Schätze in der Schweiz für sich oder die Partei noch vermehren will, bleibe dahingestellt.

Wir ersuchen Sie durch streng diskrete Nachforschungen zweckdienliche Erhebungen, speziell wegen des Aktienkapitals der genannten Zigarettenfabrik, zu tätigen und uns im Doppel wieder zu berichten."

Schweizerische Bundesanwaltschaft – Polizeidienst   Der Chef

Die schweizerische UNION RÜCKVERSICHERUNGSGESELLSCHAFT schrieb am 21. Juli 1952 an die Aufsichtskommission für die Durchführung des Washingtoner Abkommens in Bern, Herrn Minister Dr. Strucki: [481]

„Wir nehmen Bezug auf unsere telefonische Besprechung mit Ihrem sehr geehrten Herrn Dr. Suter und beehren uns, Ihnen unser Anliegen wie folgt zu bestätigen:

Wir sind durch den Verband konzessionierter schweizerischer Versicherungsgesellschaften darüber unterrichtet worden, daß eine Vereinbarung zwischen der deutschen und schweizerischen Assekuranz betreffend der Feststellung der gegenseitigen Guthaben und Verpflichtungen aus der Zeit vor dem 8. Mai 1945 zustande gekommen ist, wonach die interessierten Gesellschaften miteinander in Verbindung zu treten haben, zwecks endgültiger Feststellung und Abstimmung der Forderungen und Verpflichtungen. Wir erwarten auf Ende dieser Woche den Besuch des Herrn Dr. Alzheimer, Generaldirektor der MÜNCHNER RÜCKVERSICHERUNGS GESELLSCHAFT in München zu einer vorbereitenden Besprechung in dieser Angelegenheit.

Wir wären Ihnen zu großem Dank verpflichtet, wenn Sie uns schriftlich darlegen wollten, wie Sie die Aussichten der UNION bezüglich der Sequesterkonflikte in Holland, Belgien, Dänemark und anderen Ländern beurteilen. Werden die schweizerischen Behörden bald wieder Schritte unternehmen, um unsere Gesellschaft vor den durch ausländische Sequestermassnahmen drohenden Vermögensverlusten zu schützen ? Können Sie uns einen Zeitpunkt nennen, bis zu welcher aller Voraussicht nach die Sequesterkonflikte spätestens geregelt sein werden ?

In den verschiedenen Eingaben, die wir bezüglich den von uns verwalteten deutschen Guthaben (in erster Linie der MÜNCHNER RÜCKVERSICHERUNGS GESELLSCHAFT) dem Eidgenössischen Versicherungsamt oder der Schweizerischen Verrechnungsstelle zu unterbreiten hatten, vertraten wir stets - unwidersprochen - den Standpunkt, daß allfällige Sequesterverluste nicht die Union treffen dürfen, weil die Sequesterkonflikte zur Zeit des Verkaufs der Union-Aktien an die neuen Aktionäre noch nicht bekannt und auch nicht voraussehbar waren.

Diese Verluste müßten von den Guthaben in Abzug gebracht werden die wir für Rechnung deutscher Gesellschaften verwalten. Oder wäre auch denkbar, daß die Schweizerische Verrechnungsstelle einen Teil des Verkaufserlöses der Aktien zur Verfügung stellen würde ? Dürfen wir bestimmt mit der Unterstützung der schweizerischen Behörden rechnen, wenn es sich darum handelt, effektiv entstandene Sequesterverluste von der Union auf andere abzuwälzen ?

Für Ihre Beantwortung der gestellten Fragen danken wir Ihnen zum voraus verbindlich."

UNION RÜCKVERSICHERUNGS GESELLSCHAFT   Unterschriften

Welche Summen deutsche Versicherungsgesellschaften bei der Schweizerischen Rückversicherungs Gesellschaft im Krieg geparkt haben, bleibt weiteren Historikern überlassen.

Die lang gesuchte geheime deutsche Tarnfirmenkartei mit ihren Aktenordnern enthält wesentlich mehr getarnte deutsche Firmen im Ausland. Aber aus Platzgründen kann nicht weiter auf die einzelnen Firmen, Konzerne, Banken und Versicherungen eingegangen werden.

Die Tarnung von deutschen Firmen im Ausland hatte nur zum Teil Erfolg. So konnten nur wenige Firmen oder Konzerne nach dem Krieg mit Hilfe ihrer im Ausland „getarnten Niederlassungen" und dem damit geparktem Kapital ihre zerstörten Betriebe in Deutschland wieder aufbauen.

Private Vermögenswerte deutscher Reichsangehöriger

Der Chef des Sicherheitsdienstes des Schweizer Armeekommandos, Oberstleutnant von Steiger, sendet am 11. September 1944 an die Schweizerische Bundesanwaltschaft in Bern, einen vertraulichen Sonderbericht A des Exchange Telegraph aus den USA, welcher dem CIC, dem Vorläufer der CIA, untersteht: [482]

„Zum ersten Mal ist von zuständiger Seite die Genehmigung erteilt worden, über die Ermittlungen britischer und amerikanischer amtlicher Behörden und Investigation-Agencies, sowie Feststellungen unbedingt verläßlicher Quellen nicht amtlichen Charakters zu berichten, die sich auf die Sicherung von Vermögen beziehen, die von führenden NS-Prominenz ins Ausland verbracht worden sind."

Der vertrauliche Sonderbericht führt weiter aus:

REICHSMARSCHALL HERMANN GÖRING [484] besitzt in den USA ein Vermögen von US $ 3.575.000,00 in Bargeld und einen sehr hohen Stock an Wertpapieren. Darunter befinden sich 750.000,00 Shares [Aktien] in Pennsylvania Railroad, Bethlehem Steel, Illinois Central and City Service. Diese Shares wurden unter falschen Namen in einem Safe einer bekannten New Yorker Großbank deponiert.

Hermann Göring besaß außerdem Shares im Werte von US $ 600.000,00 an Montecatini und Royal Dutch Bonds, die er ebenfalls unter falschen Namen in der SUMITOMO BANK in San Francisco (japanische Bank) deponiert hatte, da hier der volle Beweis des Inhabers (Göring persönlich) erbracht werden konnte, wurden diese Effekten bereits verkauft.

Schließlich entdeckte man als Hermann Görings Eigentum in einer anderen Bank US $ 400.000,00 in verschiedenen Banknoten, die durch eine Import-Firma in Chicago für den Reichsmarschall verwaltet wurden. Der Bericht schließt im Bezug auf Göring ab, daß er insgesamt US $ 4.000.000,00 Lebensversicherungen abgeschlossen hatte, die mit amerikanischen, schwedischen, holländischen und schweizerischen Gesellschaften abgeschlossen wurden. ...

Die Schweizerische Bundesanwaltschaft vernahm am 15.12.1949 eine Frau Johanna Dirigl aus Vilsbiburg; Prokuristin der Firma B. NERESHEIMER AG, Bahnhofstr. 32 in Zürich. [483]

Grund der Vernehmung war die „angebliche Verwahrung" von Kunstgegenständen bei einem gewissen Pfanghauser in Basel oder bei Dr. Hans Wendland, wohnhaft in Nizza:

„Ich hielt mich im Oktober/November 1949 in New York auf. Gegen Ende des Monats Oktober traf ich dort zufällig mit Herrn Dr. Auerbach, Generalstaatsanwalt in München, zusammen. Dieses Treffen kam durch die Vermittlung meines Bekannten, Herrn Fritz Rosenau, wohnhaft in New York, früher in München, zustande. Bei diesem Anlaß erzählte mir Herr Dr. Auerbach davon, daß der frühere deutsche Kunstexperte Dr. Hans Wendland in der Schweiz noch Kunstgegenstände, insbesondere Juwelen verwahrt habe. Er teilte mir in diesem Zusammenhang mit, daß Frau Emmy Göring, geb. Sonneman (Gattin des ehemaligen Reichsmarschalls), in Deutschland finanziell sehr kurz gehalten werde.

Auf Gesuche, sie finanziell besser zu unterstützen, habe man ihr gesagt, sie solle zuerst angeben, wo sich noch Kunstgegenstände oder andere deutsche Vermögenswerte befänden. Frau Göring habe dann ein Versteck einer größeren Menge Gold in der russischen Zone Österreichs angegeben. Die Überprüfung ihrer diesbezüglichen Angaben hätten sich vollkommen bestätigt. Im weiteren habe Frau Göring die Meldung erstattet, daß von Dr. Wendland bei einem gewissen Pfanghauser, Bernerstraße in Basel, Kunstgegenstände und Juwelen verwahrt seien.

Man habe Frau Göring bessere finanzielle Unterstützung zugesichert, sofern ihre Angaben der Richtigkeit entsprächen. Von den auf ihre Meldung gefundenen Vermögenswerten seien ihr 10 % ihres Wertes versprochen worden. Herr Generalstaatsanwalt Dr. Auerbach hat mir zugesichert, daß meine Firma zusammen mit Herrn Rosenau mit der Verwertung der allfällig in der Schweiz bei Pfanghauser sichergestellten Juwelen betraut würden.

Frau Dirigl legte im Gespräch ein Schreiben der Bayrischen Landesanstalt für Wiedergutmachung in München, vom 23. November 1949, unterzeichnet von Dr. Auerbach, gerichtet an die Firma NERESHEIMER in Zürich vor." ...

Schweizerische Bundesanwaltschaft / Polizeidienst   Hartmann

[... Pfanghauser und Wendland konnten jedoch von den Behörden in der Schweiz nicht gefunden werden. ...]

DR. JOSEPH GOEBBELS [484]: Sein Vermögen im Ausland wurde mit US $ 4.635.000,00 in Bargeld und Effekten festgestellt. Hiervon waren US $ 1.850.000,00 in einem Safe einer Großbank in Buenos Aires auf den Namen eines gewissen „Herrn Deutsch" deponiert. Aus einer Bankkorrespondenz wurde der schlüssige Beweis dafür erbracht, daß Dr. Goebbels 2.480.000,00 Belgas Werte, angelegt in „International Bearer Bonds" in Luxemburg besaß und 465.000,00 Pfund Sterling in Devisen und kurzfristigen Bonds in der Zweigstelle der STAATSBANK VON JAPAN in Osaka und Nippon Ginko deponiert hat. Die Lebensversicherungspolicen haben im Ausland einen Wert von US $ 1.865.000,00 für ihn selbst und für seine Ehefrau US $ 2.490.000,00.

JOACHIM VON RIBBENTROP [484]: Sein Vermögen im Ausland war außerordentlich schwierig festzustellen. Ein ganzer Stab von Beamten wurde beauftragt, die sehr geschickte Tarnung zu prüfen und alle geschäftlichen Verbindungen Ribbentrops in den USA genauestes zu untersuchen.

Man hatte erfahren, daß Ribbentrop vor seiner diplomatischen Karriere bis zum Reichsaußenminister, Hauptverkäufer für Champagner der Firma HENKELL & CO in Wiesbaden war. Die Nachforschungen führten bis zum Jahr 1937 zurück. Damals trafen als Vertreter von HENKELL & CO die Herren Emil C. Deleuw und Karl H. Ickrath in den USA ein, um die Möglichkeiten von deutschen Exporten von Schaumwein zu prüfen. Sie beteiligten sich an einer kleinen Firma, die sich „AMERICAN WINE COMPANY" nannte und welche Verwaltungsbüros und Lager in St. Louis und in New York unterhielt. Diese Gesellschaft, die früher schon bestanden hatte, wurde von den genannten Herren aufgekauft und dann erweitert. Sechs Monate bevor Ribbentrop deutscher Außenminister wurde, richtete dieser ein vertrauliches Schreiben an die beiden Vertreter der Firma, mit dem Auftrag 135.000 Shares der AMERICAN WINE COMPANY zum Preis von US $ 75,00 pro Share für ihn zu erwerben. Es erfolgte für diesen Zweck eine Überweisung von Ribbentrop über insgesamt rund US $ 10.000.000,00. Er kontrollierte jetzt die US-Firma mit 52 Prozent.

Im Sommer 1938 drohte der Boykott deutscher Waren in den USA die Firma zu gefährden und HENKELL & CO nahm eine Reihe von wirtschaftlichen Manipulationen vor, durch die der Anschein erweckt werden sollte, daß die Gesellschaft rein amerikanisch sei.

Leo T. Crowley, Regierungskontrolleur der USA für ausländisches Eigentum, hatte große Mühen die sehr geschickt vorgenommenen Manipulationen dieser „rein amerikanischen Firma" ans Tageslicht zu bringen. Erst am 8. September 1943 gelang es, die AMERICAN WINE COMPANY zu durchleuchten und ihre Hintergründe aufzudecken. Die Gesellschaft wurde geschlossen, alle Shares beschlagnahmt und en bloc an zwei amerikanische Staatsbürger verkauft, Ribbentrops Vermögen war aufgelöst.

Ein anderes Department entdeckte, daß Ribbentrop über die genannte Firma seine Barguthaben in der AMSTERDAMSCHE BANK, Filiale Haarlem und in der HOLLANDSCHE BUINTENLUND BANK in den Haag verwalten ließ. Diese Guthaben wurden mit rund US $ 3.165.000,00 ermittelt. Die Lebensversicherung Ribbentrops hatte in den USA allein einen Wert von US $ 6.676.000,00.

ROBERT LEY [484]: Die ausländischen Vermögen des Arbeiterführers Ley wurde mit rund US $ 1.050.000,00 in bar ermittelt. Seine Lebensversicherungen hatten einen Wert von US $ 841.000,00.

HEINRICH HIMMLER [484]: Das Vermögen wurde im Ausland mit US $ 2.000.000,00 in bar und Effekten festgestellt. Lebensversicherungen abgeschlossen zu Gunsten seiner Frau und seiner Tochter haben einen Wert von US $ 637.500. Das Vermögen befindet sich in Südamerika.

ADOLF HITLER [484]: Trotz sehr eingehender Untersuchungen wurden keinerlei Guthaben entdeckt, die Hitler persönlich gehören. Es scheint festzustehen, daß Hitler keine ausländischen Vermögen anlegte. Es bestand in den USA lediglich ein Konto im Betrage von US $ 70.000,00 zugunsten Hitlers, das aus Copyright und Übertragungsrechten des Buches „Mein Kampf" entstanden war. Aus diesem Konto hatte sich Hitler bis Ende 1938 rund US $ 7.000,00 nach Deutschland überweisen lassen. Das Konto wird jetzt von Leo T. Crowley verwaltet.

Hier endet der vertrauliche schweizer Sonderbericht vom 11. September 1944.

Die Schweizerische Bundesanwaltschaft schrieb am 20. Juli 1945 über zwei Berichte an das Spezialbüro der Schweizerischen Verrechnungsstelle; Auszüge daraus: [485]

In Sachen: Vermögenswerte von Deutschen Reichsangehörigen, die ihren Wohnsitz in Deutschland haben und deren Guthaben und Wertpapiere in der Schweiz in Verwahrung sind.

Von einer Gewährsperson wird mitgeteilt: Die nachstehend aufgeführten Guthaben und Wertpapiere liegen bei der Schweizerischen Creditanstalt in Basel. Die Inhaber dieser Guthaben sind Reichsdeutsche, welche ihren Wohnsitz in Deutschland haben, wie

... Prof. Dr. med. Erich Seidel und Frau Hedwig Seidel, Blochmannstr. 1 in Jena
haben großes Titeldepot No. 6188 ...

... Dr. med. Buché-Geis, Dresden
hat ein Depositenkonto No. 50029, geführt unter Gall No. 2512 ...

... Dr. Grace Fischer, Bunsenstr. 8 in Heidelberg,
hat ein Dollar-Konto und ein großes Titeldepot No. 13952 ...

... Ferdinand Heinrich Jung, Molkereibesitzer in Bechtolsheim / Rheinhessen
hat ein Sparheft No. 5487 und ein Titeldepot No. 16657 ...

... Dr. Klara Schnurr, Schloss Str. 13 in Rastatt
hat ein Sparheft No. 6365 ...   usw. .. usw. ...

Schweizerische Bundesanwaltschaft / Polizeidienst   Gezeichnet: Eberle

Am 18. Juli 1945 schrieb Herr Eberle und Herr. Dr. Balsiger einen weiteren Bericht über angebliche deutsche Vermögenswerte, die in der Schweiz angelegt bzw. verwaltet wurden. - von einer Gewährsperson wird mitgeteilt: [486]

„Es ist mir seinerzeit bekannt geworden, daß die nachstehend genannten Personen bzw. Unternehmen deutscher Nationalität mit Sitz in Deutschland, die nachstehend aufgeführten Vermögen in der Schweiz untergebracht haben. Die Richtigkeit der diesbezüglichen Meldungen konnte ich nicht überprüfen und ich habe auch keine entsprechenden Unterlagen."

1.) Direktor Kramer jun., ANKERWERKE in Bielefeld.
ca. SFR 4.000.000,00   bei der Schweiz. Creditanstalt in Zürich

2.) PRINZ MAX VON BADEN & ERBEN
ca. SFR 2.000.000,00   bei der Schweiz. Creditanstalt in Luzern

3.) Firma SOENNECKEN, Füllhalterfabrik
ca. SFR 4.000.000,00   sind auf folgenden Banken verteilt:
Schweiz. Bankverein in Zürich, Schweiz. Creditanstalt und Schweiz. Volksbank in Zürich

4.) DEUTSCHER KRONPRINZ
SFR. 8.500.732,00, bei der Schweiz. Creditanstalt in Zürich, Saldo per 31.7.1944

5.) Frl. LENI RIEFENSTAHL
SFR 2.500.000,00 bei der Schweiz. Creditanstalt und bei der Bündner Kantonalbank SFR 800.000,00.

6.) Dr. SCHULZE-STINNES, Schwager von Großindustriellen Stinnes
verwaltet das größte Gut der Familie Stinnes in Ascona-Locarno. Stinnes soll ein Bankguthaben von über SFR 50.000.000,00 bei verschiedenen Banken in der Schweiz liegen haben, die er zum Teil auf den Namen seines Schwagers Dr. Schulze überschrieben habe.

7.) THYSSEN, Großindustrieller
hat von Prinz Eitel das schönste Gut von Castagnola für SFR 3.500.000,00 käuflich erworben. Auch Prinz Eitel soll Werte von über SFR 60.000.000,00 in der Schweiz besitzen.

8.) Gerhard ROENSPIESS, Landesprodukte in Berlin-Oberschöneweide
hat ca. SFR 4.000.000,00 bei verschiedenen Schweizer Banken investiert. Nach späterem Bericht sollen von dem Betrag über SFR 2 Millionen bei der Schweiz. Creditanstalt in Lausanne liegen.

9.) Firma Franz EHER-VERLAG GMBH, Berlin – München
soll ein Konto in der Höhe von SFR 3.000.000,00 bei der Schweiz. Creditanstalt in Lausanne haben."

Die vorstehenden Angaben sind dem Gewährsmann durch einen deutschen Agenten zugetragen worden. Dieser wiederum hat sie von schweiz. Mittelmännern bekommen.

Der eigentliche Lieferant dieser Meldungen über die „Deutschen Schwarzguthaben in der Schweiz" soll angeblich ein Bankkassier der Schweiz. Creditanstalt in Zürich sein.

Sollten die Erhebungen der Schweiz. Verrechnungsstelle die Richtigkeit oder annähernde Übereinstimmung mit den seinerzeit nach Deutschland erstatteten Meldungen über die damaligen „Schwarzguthaben von Deutschen in der Schweiz" ergeben, so wäre die Quelle der Angaben zweifellos beim Bankkassier in Zürich. In diesem Falle wird die Schweiz. Verrechnungsstelle ersucht, die Bundesanwaltschaft hiervon zu verständigen, damit der Mann wegen verbotenem wirtschaftlichen Nachrichtendienst zur Rechenschaft gezogen werden kann. Es dreht sich hier um das seinerzeitige Verfahren gegen August Naegele, Jehle, Brügger und Konsorten, die wegen verbotenen wirtschaftlichen Nachrichtendienst (ND) verurteilt worden sind. In jenem Fall ist aber wahrscheinlich nicht der ganze Umfang der ND-Tätigkeit bekannt geworden, jedenfalls nicht die angebliche Mitwirkung eines Bankbeamten in Zürich.

Schweizerische Bundesanwaltschaft / Polizeidienst   Eberle

Die DDR und die Tresore der Reichsbank

Die „Aktion Licht" des Ministeriums für Staatssicherheit 1961 und Dr. Schalcks Geheimnisse Tage vor der deutschen Einheit

Das Aufbrechen von Schrankfächern in Tresoranlagen von allen Sparkassen und Banken (auch von ehemaligen Reichsbanknebenstellen) auf dem Gebiet der DDR, sowie Tresoren in ehemaligen Konzernen und Firmen, Schlössern und Burgen wurde von Mielke im Jahre 1961, als er schon Leiter des Ministeriums für Staatssicherheit der DDR 1961 war, angeordnet. Die Sowjetunion hat demzufolge nicht nach ihrem Einmarsch in Deutschland alle Tresoranlagen aufbrechen lassen, wie das viele in dieser Form noch heute annehmen.

Der Minister und Generaloberst für Staatssicherheit Mielke schrieb am 9.1.1962 an die Leiter der Bezirksverwaltungen nachfolgende persönliche, geheime und vertrauliche Anordnung: [487]

Betreff: „Aktion Licht"

Die bisher durchgeführten Maßnahmen brachten den erwarteten Erfolg. Außer den festgestellten Mißständen und Unzulänglichkeiten im Staatsapparat konnten sowohl politisch-operativ auswertbare Dokumente, als auch eine Vielzahl von Wertgegenständen sichergestellt werden. Darüber hinaus ergaben die Ermittlungen, daß in einer Reihe weiterer Objekte der Volkswirtschaft gleiche Maßnahmen durchgeführt werden müssen.

Zur Fortführung der „Aktion Licht" weise ich deshalb an:

1.) Alle Tresore, Safes, Panzerschränke und ähnliche Anlagen, die bisher durch die Kräfte der Bezirksverwaltung nicht geöffnet werden konnten, sind in Zusammenarbeit mit der Abt. 31 des MfS laut gesonderten Plan zu öffnen.

2.) Die Überprüfung der ehemaligen Bankgebäude, die jetzt anderen Zwecken dienen, ist, soweit noch nicht geschehen, zum Abschluß zu bringen. Es ist konspirativ zu ermitteln, ob sich in diesen Objekten Tresore, Safes, Panzerschränke und ähnliche Anlagen befinden. Die Öffnung dieser Anlagen ist sofort in Angriff zu nehmen und gleichzeitig eine entsprechenden Meldung an die zentrale Einsatzgruppe zu geben. Können diese Anlagen nicht mit eigenen Kräften geöffnet werden, so sind der zentralen Einsatzgruppe genaue technische Daten mitzuteilen (Typ, Herstellerfirma, Baujahr, Größe, vermutliche Stärke der Panzerung, Art und Anzahl der Schlösser, transportable oder feste Anlage).

3.) Es ist unter Einhaltung der Konspiration zu überprüfen, in welchen Objekten der Volkswirtschaft sich noch ungeöffnete Tresore, Safes, Panzerschränke oder ähnliche Anlagen befinden. In diese Überprüfung sind auch solche Anlagen einzubeziehen, bei denen noch keine Klarheit über die Eigentumsverhältnisse besteht. Als solche Objekte kommen zum Beispiel in Frage:

Deutsche Post, Deutsche Reichsbahn, Warenhäuser (insbesondere auch ehemalige kapitalistische Warenhäuser), ehemalige kapitalistische Konzern- und Großbetriebe, ehemalige Gutshöfe, alte Schlösser, Burgen, Museen, Wohnsitze ehemaliger Konzernherren, Gutsbesitzer, Faschisten und Kriegsverbrecher. Kirchen, Klöster und ähnliche Kultstätten sind nicht zu untersuchen.

Das Ergebnis der konspirativen Überprüfungen ist bis zum 17.1.1962 – 17 Uhr – in Form einer konkreten Übersicht an die zentrale Einsatzgruppe zu übermitteln. Diese Übersicht hat auch zu enthalten, ob diese Anlagen mit eigenen Kräften geöffnet werden können oder ob hierzu die Hilfe der Abteilung 31 des MfS benötigt wird. Im letzten Falle sind technische Daten wie unter Punkt 2 beizufügen. Die Öffnung der unter Punkt 3 genannten Anlagen erfolgt zu einem noch festzusetzenden Zeitpunkt. Zur Vorbereitung dieser 2. Etappe der Aktion Licht ist die konspirative Ermittlung des Personenkreises notwendig, mit dessen Hilfe die entsprechenden Anlagen begangen bzw. geöffnet werden können.

4.) Durch geeignete Maßnahme ist zu ermitteln, wo sich verschüttete Tresore, Safes oder ähnliche Behälter für Aufbewahrung von Wertgegenständen noch befinden sollen. Dazu gehören Tresore und ähnliche Anlagen, dies sich unter Ruinen befinden, zur Zeit nicht zugänglich sind, verschüttete Stollen ehemaliger Bergwerke und anderer unterirdischer Einrichtungen (ehemalige faschistische Wehrmacht), von denen es Hinweise gibt, daß dort Wertgegenstände aufbewahrt wurden.

Bus zum 17.1.1962 – 17 Uhr – ist der zentralen Einsatzgruppe zu melden, wo sich solche Einrichtungen befinden. Soweit möglich, ist einzuschätzen, welche technischen Kräfte und Mittel (Pioniereinheiten, Feuerwehr, Spezialtransportgeräte, Bagger, Taucher usw. 9 notwendig sind, um Zugang zu diesen Einrichtungen zu erhalten. Aus dieser Einschätzung muß ferner zu ersehen sein, ob diese Spezialkräfte und -mittel im Bezirk selbst beschafft werden können, oder ob zentrale Hilfe notwendig ist.

5.) Zur Auswertung der in der 1. Etappe der „Aktion Licht" sichergestellten Materialien und Unterlagen weise ich folgendes an:

1.) Unter Leitung des von mir beauftragten Genossen sind die sichergestellten Unterlagen nach operativ auswertbaren Materialien, Dokumenten u.a. zu sichten. Die als operativ verwertbar eingeschätzten Unterlagen sind in die Bezirksverwaltung zu überführen und dort vorerst zu lagern. Zum gegebenen Zeitpunkt wird entschieden, welche Unterlagen in das Zentralarchiv des MfS zur Nutzung übernommen werden.
2.) Die Schätzung und Nutzbarmachung der sichergestellten Wertgegenstände erfolgt entsprechend eines gesonderten Planes, der in Abstimmung mit dem Minister der Finanzen erarbeitet wurde.

Ich weise nochmals darauf hin, daß alle diese Maßnahmen mit operativer Umsicht und Klugheit, bei ständiger Einhaltung der Konspiration, durchzuführen sind, damit die 2. Etappe der „Aktion Licht" ebenfalls erfolgreich verläuft. Der von mir beauftragte Genosse ist über alle Detailfragen der Weiterführung der „Aktion Licht" eingehend unterrichtet.

Gezeichnet: Mielke, Generaloberst   F.d.R. Schlag, Oberstleutnant

In einer Zusammenstellung vom Ministerium für Staatssicherheit wurden heute an die Tresorverwaltung des Ministeriums der Finanzen übergeben: [488]

Übernahme / Übergabeprotokolle:

Tabelle 91

Seiten 1 - 37	Schmucksachen und Edelsteine		DM/DN	1.421.461,27
Seiten 38 – 53	Besteckwaren Silber	77.848,37		
Seiten 54 – 60	Besteckwaren Auflage	5.225,15		
Seiten 61 – 62	Besteckwaren unecht	511,80	DM/DN	83.585,32
Seiten 63 – 63a	Besteck- und Corpuswaren		DM/DN	ungeschätzt
Seiten 64 – 71	Corpuswaren		DM/DN	80.263,15
Seite 72	5.611 Münzen und 211 Plaketten		DM/West	40.028,00
Seite 73	Briefmarken lt. Katalog Michel West		DM/West	630.000,00
Seiten 74 – 76	Handschriften und historische Dokumente		DM/DN	ungeschätzt
Seite 77	neue Sparbücher von Krsk.Spark.Meissen		DM/DN	4.037,67
Seite 77	1.006 St. alte Sparbücher, blaue Faltkarte		DM/DN	12.803,00
Seiten 78 – 86	Gemälde und Grafiken, teilweise geschätzt		DM/DN	93.393,00
Seiten 87 – 88	Glaswaren, teilweise geschätzt		DM/DN	1.756,00
Seiten 89 – 92	Porzellane		DM/DN	ungeschätzt
Seiten 93 – 98	Kunst- und sonstige Gegenstände		DM/DN	ungeschätzt
Seiten 99 – 99a	Inhalt einer schmiedeeisernen Truhe		DM/DN	ungeschätzt
			DM/DN	**2.367.326,81**

Berlin, den 13. Oktober 1962

Übergeben: Gezeichnet Schirm u. Pufe   **Übernommen:** Gezeichnet Habakuk u. Tümmel

Das komplette Übergabeprotokoll hat 99 DIN A 4 Seiten, der Regierung der DDR, Ministerium für Finanzen, Tresorverwaltung, Berlin C 111, Unterwasserstr. 5-10.

Die Beute der geheimen „Aktion Licht" war beachtlich. Die Bewertung wurde eindeutig falsch von den Genossen „Schätzern" vorgenommen. Auszüge von den drei Seiten, als „wertlos" eingeschätzten Handschriften und historischen Dokumenten, belegen dies:

... Heinrich Heine, Richard Wagner, Friedrich von Schiller, Felix Mendelsohn Bartholdi, Gerhard Hauptmann, Rubinstein, Alexander Humboldt, Richard Strauß, Liszt, Paganini, von Goethe, Theodor Fontane, Wilhelm Busch, Leopold von Anhalt, Friedrich II., Franz Lenbach, Teile eines Briefes von Napoleon, Bismarck, Urkunden von Wilhelm I., König Johann von Sachsen, König Wilhelm von Preussen usw. ... und

... der Inhalt von weiteren 82 Paketen mit Briefen und sonstigen historischen Dokumenten wurde gar nicht erst aufgelistet. ...

Die Gemälde von bekannten Malern, wie zum Beispiel „Sonnenschein" von Canaletto wurde nur mit DM/DN 1.200,00 oder „Felsen und Festung Königstein" vom gleichen Maler wurde nur mit DM/DN 1.500,00 geschätzt. Ein Niederländischer Meister aus dem 17. Jahrhundert, Öl auf Holz, Landschaft mit Ruine war in der DDR nur DM/DN 2.000,00 Wert.

Mehrere Holzschnitte Albrecht Dürers wurden vom DDR-Schätzer nur auf DM/DN 700,00 geschätzt; 24 Radierungen „Balli ou Cueuraeu" von Callot sollten nur DM/DN 1.000,00 wert sein.

Am 14.09.1962 erläßt das Ministerium für Finanzen der Regierung der Deutschen Demokratischen Republik ihre 43.Verfügung des Jahres 1962: [489]

Betreff: Verwertung der im September 1962 der Tresorverwaltung des Ministeriums der Finanzen übergebenen Wertgegenstände

1.) Der Leiter der Tresorverwaltung, Gen. Habakuk, hat dem Genossen Numbier, Sektorenleiter des MdF, über den wertmässigen Umfang der ihm übergebenen Wertgegenstände wie über den Zeitraum, der notwendig ist, zur schnellen Verwertung der Wertgegenstände zum 31.10.1962 zu berichten.

2.) Aus dem Bericht muß zu erkennen sein, in welchem Umfange und bei welchen Komplexen der übergebenen Wertgegenstände diese

   a) unmittelbar dem Export,
   b) durch modisch bedingte Umarbeitung dem Export bzw. durch Neuanfertigung von Schmuckstücken aus vorhandenem Material dem Export,
   c) welche Wertgegenstände und welches Wertvolumen dem Binnenhandel,
   d) welche Gegenstände dem Edelmetallfonds der Republik

   zugeführt werden können.

Gezeichnet: Rumpf   F.d.R. Jänicke (i.V. des Leiters des Sekretariats)

Auszüge von einem Vermerk über Wertgegenstände dieser Aktion, welche sich im Tresor des Finanzministeriums der DDR in der Behrendstraße in Berlin befanden: [490]

... bei einer Verwertung des Diadems in dem jetzigen Zustand im Export können nach Meinung unserer Genossen „Schätzer" maximal DM-West 50.000,00 erzielt werden. Ein mehr als doppelter DM-West-Erlös wäre möglich, wenn die Brillanten sämtlich umgeschliffen und unter Hinzugabe von Edelmetallen daraus Brillantringe, Colliers, Nadeln, Ohrringe, Armbänder usw. gefertigt werden würden. Der dann zu erzielende Erlös wird nach sorgfältiger Schätzung etwa bei DM-West 132.000,00 liegen. ...

Dr. Schalcks Geheimnisse Tage vor der deutschen Wiedervereinigung

Der Staatssekretär im Ministerium für Außenhandel im Ministerrat der Deutschen Demokratischen Republik Dr. Schalck schrieb an den Minister des Innern und Chef der Deutschen Volkspolizei Armeegeneral Friedrich Dickel am 11.9.1989, also nur Tage vor der dem Ende der DDR: [491]

„Zu der gemeinsam mit dem Leiter der Staatlichen Archivverwaltung im Ministerium des Innern und dem Amt für den Rechtsschutz des Vermögens der DDR erarbeiteten Information und Vorschlag zur Einsichtnahme in im Zentralen Staatsarchiv in Potsdam befindlichen Akten der früheren Reichsbank aus den Jahren 1914 bis 1945 durch die Deutsche Bundesbank der BRD wurde am 11.9.1989 zentral entschieden, daß dem Anliegen der Deutschen Bundesbank der BRD zum gegenwärtigen Zeitpunkt nicht zu entsprechen ist.

Ich bin beauftragt, Ihnen diese Entscheidung zu übermitteln und bitte Sie ausgehend davon zu veranlassen, daß gegenüber dem Leiter des Archivs der Deutschen Bundesbank, Professor Dr. Lindenlaub, eine entsprechende Information erfolgt."

Gezeichnet: Mit sozialistischem Gruß   Dr. Schalck

Viele Reichsbankunterlagen wurden schon von der Sowjetischen Militär Administration (SMA) nicht an die Archive der DDR zurückgegeben und lagern noch heute in Sonderarchiven in Moskau. Der Grund der Aufbewahrung in Moskau könnte sein, daß diese Reichsbankunterlagen Verwicklungen von damals westdeutschen Banken und Konzernen, sowie einzelner Personen im wirtschaftlichen Kreislauf des Dritten Reiches belegen. Außerdem wäre nach dem Krieg eine Kompromittierung für die Betroffenen, durch die ehemaligen Geheimdienste der UdSSR und der DDR möglich gewesen.

Auch Staatssekretär Dr. Schalck mußte die „Aktion Licht" der Staatssicherheit kennen. Es besteht ein Hinweis, daß er kurz vor der Wende mit der DDR Führung verhindern wollte, daß die Deutsche Bundesbank durch Zufall noch Belege auf alte Eigentümer der Tresore, Safes usw. und deren wertvollen Inhalte, aus der Zeit vor 1962, in Bankunterlagen und Akten der Reichsbanknebenstellen, Banken und Sparkassen erhält. Eine frühere Aufdeckung der „Aktion Licht" wäre möglich gewesen.

Dr. Schalcks Tätigkeit als Devisenbeschaffer durch den Verkauf von Wertgegenständen auch aus der „Aktion Licht" im Westen könnte jetzt belegen, daß die Führungselite der DDR es bewußt in Kauf nahm, daß fast alle aufgeführten Wertgegenstände der „Aktion Licht" zu niedrig eingeschätzt wurden. Das DDR-Finanzministerium erhielt nur unrealistische Summen aus der Aktion Licht von der Staatssicherheit überwiesen. [492]

Die Führung der DDR bereicherte sich dadurch entweder selbst an dieser „Beute Aktion" oder gab die im Westen um ein vielfaches höher „versilberten Wertgegenstände", unter Umständen durch Beauftragte, wie Staatssekretär Dr. Schalck, an westdeutsche Personen oder Politiker indirekt als „Geschenke" für besondere Verdienste, weiter.

Der US Geheimdienst CIA plante schon im August 1989 mit dem State Department die Aktion Rosewood (Rosenholz). Diese streng geheime Aktion beinhaltete die stille Übergabe der Namensdatei F 16 und der Vorgangsdatei F 2 des Ministeriums für Staatssicherheit der DDR an die amerikanischen Geheimdienste. Die Namensdatei des MfS enthält die Klarnamen aller DDR Agenten und wichtige Vorgänge im ehemaligen DDR Geheimdienst. Diese geheimen Unterlagen wurden bis heute nicht vollständig von den USA an Deutschland herausgegeben.

Diese Aktion wurde u.a. mit Note Nr. 1677 der USA Botschaft an die DDR Regierung eingeleitet. Der Ministerrat der Deutschen Demokratischen Republik, der Minister für Auswärtige Angelegenheiten schrieb am 12. September 1989 an den Minister des Innern und Chef der Deutschen Volkspolizei, Armeegeneral Dickel, folgenden verschlüsselten Brief: [493]

„Als Anlage übermittle ich Kopie und Übersetzung der Note Nr. 1677 der USA Botschaft vom 29. August 1989. Darin wird der Wunsch des Direktors des Büros für Sonderermittlungen im Ministerium der Justiz, Neal Sher und des Chefhistorikers dieser Einrichtung, Peter Black übermittelt, die DDR in der Woche ab dem 9. Oktober 1989 zu besuchen. Ziel des Besuches sei die Erörterung der Zusammenarbeit zwischen den zuständigen Organen der DDR und der USA bei der Verfolgung von Nazi- und Kriegsverbrechern, einschließlich des „Zugangs zu entsprechenden Archivmaterialien" der ehemaligen DDR.

Aus außenpolitischer Sicht wird befürwortet, den Besuchs- und Gesprächswünschen von Neal Sher und Peter Black zu entsprechen. Der Generalstaatsanwalt, Genosse Günter Wendland hat bereits seine Zustimmung mitgeteilt. In der gleichen Angelegenheit habe ich mich an die Genossen Heinz Keßler und Hans-Joachim Hoffmann gewandt. Ich bitte um Übermittlung Ihrer Entscheidung, damit der USA Botschaft eine Antwort gegeben werden kann."

Gezeichnet: Mit sozialistischem Gruß   Oskar Fischer

Die NS Kriegsverbrecher mußten in diesem Fall als Tarnung für einen äußerst sensiblen Vorgang herhalten; denn es entbehrt jeglicher Lebenserfahrung und entspricht nicht den Tatsachen, daß sich die USA kurz vor der ostdeutschen Wende für NS- und Kriegsverbrecherunterlagen in der DDR interessierten. Die USA und die DDR Führung wußten, daß sich der Staat DDR und sein Geheimdienst bald auflösen würden. Nur wenige Tage nach der abgestimmten Übergabe der geheimsten Unterlagen eines Geheimdienstes an die USA erstürmten Demonstranten die vorbereitete MfS Zentrale in Berlin.

Der seltene geschichtliche Vorgang, daß sich ein Geheimdienst mit seinem Staat auflöst wurde mit der Übergabe der geheimsten Unterlagen des MfS an die USA eingeleitet.

Der Goldschatz von Bad Tölz und die US Special Forces

Am 12 Juli 1966 fanden 4 Soldaten bei einem NATO-Manöver in einem Wald bei Ellbach etwa 3 km nördlich von Bad Tölz in Bayern beim Graben einer Feuerstelle, Schmuck, Goldmünzen und Banknoten ausländischer Währungen. Schmuck und Goldmünzen befanden sich in alten Wehrmachtsfeldflaschen, die Banknoten in einer gummierten Umhüllung, bei der es sich eventuell um einen alten Wehrmachtskradmantel handeln könnte. Sämtliche Gegenstände waren etwa 20 cm unter der Erdoberfläche vergraben. Da über der Fundstelle bereits fingerdicke Wurzeln gewachsen waren, nahm die Staatsanwaltschaft München am 15. November 1967 an, daß die Gegenstände schon vor vielen Jahren, wahrscheinlich zu Kriegsende vergraben worden waren. [429]

Der Schatz bestand aus 200 ausländischen Goldmünzen, einer großen, brillantbesetzten Anstecknadel, mehreren Damengoldringen mit Brillanten und einem größeren Betrag von alten aber gültigen US-Dollar. Dieser Schatzfund schürte Spekulationen über weitere versteckte NS-Schätze im Raum Bad Tölz, wie in der ehemaligen SS-Junker-Schule (Reichsführerschule) und auf dem Anwesen des Reichsbankpräsidenten Dr. Walther Funk.

Ansprüche auf diesen ausgegrabenen Schatz meldeten die Soldaten Harry L. Nichols, Sgt. Jörne Johannson, Sgt. Mogens Clausch und Ralf-Peter Kufeke. Es meldeten sich noch weitere angebliche Eigentümer des Schatzes: ein Gotthold Mattig, eine Gertrud Schlesner, der Reichsbanktreuhänder in Bayern, die Oberfinanzdirektion München und der Grundstückseigentümer und Landwirt Georg Sappl aus Ellbach.

Die Staatsanwaltschaft kam zu dem Ergebnis, daß die Gegenstände nicht aus dem Vermögen der Reichsbank seien und hinterlegten sie zu Gunsten der vom Gericht noch festzustellenden Berechtigten beim Amtsgericht München. Die Gerichtsverhandlung der 9. Zivilkammer beim Landgericht München sprach schließlich am 20.02.1969 den Fund allen 4 Soldaten zu und schloß diese Schatzakten. [429]

Vielleicht ist es ein Zufall, daß der Reichsbankpräsident und Kriegswirtschaftsminister Walther Funk seinen Landsitz Bergerhof nur zwei Kilometer vor Ellbach hatte. Auf seinem Grundstück suchte man bis heute vergeblich nach einem Goldschatz, Amerikaner wollten unmittelbar nachdem Krieg sogar das Anwesen abreißen.

Der Kommandeur Baker der Special Forces Europe, die Eliteeinheit der USA in Bad Tölz, ließ im Jahre 1981 illegal nach weiteren Schätzen, innerhalb des Kasernengeländes suchen. Ausgewählte Elitesoldaten der „Green Berets" gruben ohne Absicherung mehrere Stollen im nördlichen Tiefkeller der Kaserne. Damit die Suche nicht auffiel, versteckten sie die ausgeworfene Erde im unteren Hohlraum der Turmanlage.

Die langjährige Sekretärin des Kommandeurs, Frau Agnes J. befragte man regelmäßig, ob jemand die Vibrationen oder andere Bohrgeräusche der Soldaten im Untergrund bemerken würde. Als der US-Kommandeur Baker 1982 mitten bei der „Goldsuche" an Herzversagen starb, wurde die Suche sofort von den US-Behörden verboten und eingestellt. Alle Tunnel wurden vom Facility Manager im 2. Tiefkeller der ehemaligen SS-Kaserne unauffällig mit Kies und Erde zugeschüttet und mit einer Metallplatte verschlossen.

Erst im Jahre 2000 stellte sich heraus, daß der Tipgeber des amerikanischen Kommandeurs Baker wohl nur den Grundsteinblock der „Reichsführerschule" mit seiner eingemauerten wertvollen Kassette suchte. Diese soll neben einer wertvollen Uhr des Führers Adolf Hitler weitere interessante Beigaben von Heinrich Himmler und der NSDAP enthalten. Der Grundstein ist aber nicht gefunden worden und der nächste Kommandeur der GREEN BERETS EUROPE, Commander Bill V. Holt, hat diese Schatzsuche jedenfalls nicht weiter durchgeführt.

Der neue US Kommandeur ließ aber eine diskrete militärische Übung am Tegernsee abhalten, als sein Stab erfuhr, daß dort Stollen oder Tunnel von KZ-Häftlingen erbaut worden waren. In Gmund am Tegernsee wohnte schließlich nicht nur Heinrich Himmler, der Reichsführer der Waffen SS und der deutschen Polizei, sondern auch Pressesprecher Amann und General Warlimont vom OKW.

Die Schatzlegenden erzählen heute von Tunneln, die in den Tegernsee gehen und verborgene Bauten der NS-Prominenz im Tegernseer Tal. Doch diese Legenden lassen sich durch den Fund eines Schreibens vom 12. Februar 1945, des Reichssicherheitsdienstes, Dienststelle 4, Kommando Gmund am Tegernsee, heute aufklären. [430]

Die Dienststelle 4 schrieb an den persönlichen Stab des Reichsführers SS, zu Händen des SS-Hauptsturmführers Berg, nach Berlin:

Betrifft: Luftschutzstollenbau in Gmund

„Auf Ihre Anfrage hinsichtlich des Stollenbaues bei General Warlimont in Gmund am Tegernsee teile ich Ihnen mit, daß bis zur Fertigstellung dieses Stollens noch mindestens zwei Monate vergehen werden. Zur Zeit arbeiten an dieser Baustelle 5 Häftlinge, während anfangs 15 bis 12 Mann gearbeitet hatten. Das kommt daher, daß nur am südlichen Eingang gearbeitet werden kann, weil im nördlichen Teilstollen, der nach unten ein Gefälle hat, Wasser steht. Außerdem sind mit dem Transport der Häftlinge vom KZ-Außenlager Bad Tölz nach Gmund am Tegernsee Schwierigkeiten entstanden. Während sie früher mit Kraftwagen befördert wurden, müssen sie heute täglich mit der Bahn hin und zurückfahren und können zudem während des Tages nicht verpflegt werden. Sie bekommen lediglich auf Kosten der Stollenbauer etwas Kartoffelsuppe.

Es sind noch 50 Meter Stollen zu graben, bis der andere Teilstollen erreicht ist. Zur Zeit sind bis jetzt ungefähr 85 m gegraben, nach der Berechnung des Ingenieurs sind es 130 m, die durch den Ackerberg gegraben werden müssen.

Ich persönlich habe immer den Bau dieses Stollens als unzweckmäßig angesehen, konnte aber mit meiner Ansicht nicht durchdringen. Der Arbeits- und Materialaufwand ist derart, daß er heute nicht verantwortet werden kann. Am Ackerberg wohnen wenige Familien, von denen bestimmt die meisten den Stollen nicht aufsuchen werden. Der nördliche Eingang des Stollens ist ungefähr 600 m von der Ortschaft Finsterwald entfernt. Es ist den Einwohnern dieser Ortschaft gar nicht möglich, bei Fliegeralarm rechtzeitig im Stollen zu sein, da dieser viel zu weit entfernt ist, da in unserer Gegend bei Alarm die Flieger bereits über oder in unmittelbarer Nähe der Ortschaft sind.

Ferner ist der Stollen so naß, daß jeder Besucher eine wasserdichte Kleidung haben müßte, um sich länger dort aufhalten zu können. Ich habe bis jetzt nie berichtet, wie es wirklich mit dem Stollen steht, weil zum Bau bereits circa 60 cbm Holz verarbeitet wurden und bei Einstellung des Baues alles umsonst gewesen wäre. In nächster Zeit wird ein Luftschutzbunker im Hause des Schlossermeisters Echter in Gmund am Tegernsee begonnen, der nach Fertigstellung (Zeit ungefähr 3 Wochen für 5 Häftlinge) von den Anliegern auch benützt werden kann. Weitere Bauvorhaben sind mir vorerst nicht bekannt. Der Bau ist vom Reichsführer SS genehmigt. Die Häftlinge können nach Mitteilung des SS-Sturmbannführers Kiermaier dabei beschäftigt werden. Über das Fortschreiten des Baues am Ackerberg werde ich monatlich berichten."

Heil Hitler !   Unterschrift   SS-Obersturmführer

Zu einer weiteren Berichterstattung an den Reichsführer SS Heinrich Himmler über Stollen- und Bunkerbauten am Tegernsee kam es nicht mehr. Aber der private Bunker von Heinrich Himmler wurde noch Tage vor Kriegsende neben seiner Villa in Gmund am Tegernsee von den Bad Tölzer KZ-Häftlingen fertiggestellt. Himmler ließ über 80 Tonnen Zement und 3.100 kg Gußeisen, geliefert von der Firma Thyssen-Rheinstahl, für seinen persönlichen Schutz verbauen. [431]

Goldtransporte Moskau - Berlin - Amsterdam

Die Berliner Vertretung der Staatsbank Moskau meldete am 13. November 1939 einen Goldtransport an, der bereits am 11.11.1939 von Moskau über Dünaburg, Königsberg nach Berlin abgefertigt war und von Berlin ohne Übernahme eines Transportrisikos durch Reichsbankbeamte für Rechnung der Staatsbank nach Amsterdam weitergeführt werden sollte. Die Sendung hätte unter den derzeitigen Verkehrsbedingungen am Dienstag, den 14.11.1939 morgens auf dem Schlesischem Bahnhof eintreffen müssen. Sie wurde jedoch überfällig und konnte erst nach mühevollen Ermittlungen zwei Tage später aus einem Eilgüterzug in Berlin herausgezogen und dann nach Amsterdam weitergeleitet werden. [432]

Es stellte sich heraus, daß die Staatsbank Moskau ohne Wissen der hiesigen Vertretung einen Frachtbrief in russischer Sprache über Königsberg, Kaldenkirchen direkt bis Amsterdam ausgestellt hatte. Der Transportführer, der nur russisch sprach, hatte von Königsberg den ihm anvertrauten Waggon nicht begleiten können, da dieser von hier aus einem Eilgüterzug beigegeben wurde. Die Sendung war an der Grenze in einen Spezialwaggon für Eisladungen umgepackt worden. Die Reichsbahn hatte von dem wertvollem Inhalt keine Kenntnis erhalten, da der Frachtbrief in russischer Sprache ausgestellt war und mit dem Begleiter der Sendung eine Verständigung nicht möglich war.

Die entstandenen Schwierigkeiten gaben Veranlassung, die hiesige Vertretung der Staatsbank Moskau zu ersuchen, künftige Transporte nur bis Berlin abzufertigen und den Frachtbrief in russischer und deutscher Sprache auszustellen. Die Zusage wurde bereits erteilt.

Im Laufe des heutigen Vormittags wurde uns erneut ein Transport aus Moskau gemeldet. Es konnte nicht mit Sicherheit angegeben werden, ob in diesem Falle bereits ein Frachtbrief in der vereinbarten Form vorliegt und ob der Transportweg über Berlin gesichert ist. Wir haben daraufhin die Reichsbankanstalten Tilsit und Königsberg fernmündlich ersucht, nötigenfalls selbständig die Umleitung des Waggons nach Berlin zu veranlassen und den zuständigen Reichsbahndirektionen mitzuteilen, daß der schriftliche Antrag durch die Vertretung der Staatsbank Moskau in Berlin nachgereicht wird. Die Sendung dürfte voraussichtlich Montag hier eintreffen und soll mit dem nächsten Anschlußzug nach Amsterdam wiederum durch Beamte der Reichsbank weitergeführt werden.

Gezeichnet: Reichsbankhauptkasse

In einer Notiz vom 13. November 1939 der Reichsbankhauptkasse an den Reichsbankdirektor Treue, wird über den russischen Goldtransport weiter ausgeführt: [433]

„Die Berliner Vertretung der Staatsbank Moskau, Herr Kreuchen, teilt telefonisch mit, daß am 11.11.1939 ein Goldtransport von Moskau über Dünaburg, Königsberg abgefertigt worden ist und über Berlin nach Amsterdam durchgeführt werden soll. Die Überwachung bis Berlin wird von russischen Beamten ausgeübt. Herr Kreuchen ersuchte, die Weiterleitung von Berlin nach Amsterdam auf dem schnellsten Wege als Reichsbanktransport durchzuführen.

Wir werden uns mit der Reichsbankhauptstelle Königsberg in Verbindung setzen, um die genaue Ankunftszeit der Sendung in Berlin festzustellen. Die Gewichtsmenge wird uns Herr Kreuchen zur Vornahme der Verfrachtung von Berlin aus baldmöglichst aufgeben.

Gezeichnet: Reichsbankhauptkasse

Die geheime Goldschatzhebung am Hintersee in Österreich

Herbert Herzog war der Vertraute des Sonderbeauftragten des Auswärtigen Amtes in Bern in „Sachen Ribbentrop-Gold", Legationsrat Bernd Gottfriedsen. Herzog erwähnte in seiner notariellen Zeugenaussage [434], daß zwei Bauern aus Hintersee namens Josef Weikel und Rupert Weissenbacher in den ersten Nachkriegsjahren über einige hundert Kilogramm Goldmünzen verfügt hätten.

Auch der Führer der Kroaten Antè Pavelic war Januar 1945 einige Wochen im Salzkammergut in Hintersee. Das Auswärtige Amt betreute im Bad Ausseer Gebiet befreundete Exilregierungen, dabei versteckte der Kroatenführer einen Großteil des Kroatischen Goldes, daß er aus Gewichtsgründen nicht mehr mitnehmen konnte. In Österreich wurden bis 1949 größere Mengen von Goldmünzen am Schwarzen Markt verkauft. Die Ermittlungen der österreichischen Polizeibehörden ergab eine Rückverfolgung dieser illegalen Geschäfte an den Ort Hintersee.

Die Bauern am Hintersee verkauften die Goldmünzen zum Teil an Privatpersonen oder tauschten sie gegen Lebensmittel und Bekleidung ein; mit Hilfe eines Salzburger Anwaltes sollen sie einen Teil sogar ins Ausland verbracht haben.

Obwohl die zuständigen österreichischen Behörden rechtzeitig Kenntnis von dem Vorhandensein dieser Mengen erlangten, wurde nichts zur Sicherstellung des Goldes unternommen. Im Gegenteil, die lokalen Gendarmeriebeamten erhielten den strengen Auftrag, sich in keiner Weise um irgendwelche in der Gemeinde Hintersee oder an anderen Seen der Umgebung u.a. Toplitzsee in Umlauf befindliche oder verborgene Goldmünzen zu kümmern.

Der Gendarm Anton Stainer ermittelte auf eigene Faust und stellte schließlich am 19.02.1949 in der alten Poschbauer Mühle in der Gemeinde Hintersee am Lämmerbach 117 rund 200 kg Goldmünzen sicher. Diese Goldmünzen wurden der Österreichischen Nationalbank in der Salzburger Zweigstelle übergeben. Hofrat Hantsch und Bezirkshauptmann Dworzak nahmen eine Sichtung der Goldmünzen vor. Es waren hauptsächlich lateinische und türkische Goldmünzen, sowie einige österreich-ungarische, montenegrinische und spanische Goldmünzen; Prägejahre vorwiegend 1870 bis 1892. [434]

Als Folge des Vorgehens erhielt der Gendarm Anton Stainer einen strengen Verweis wegen Mißachtung des Befehles, jegliche Goldverbergung im Gebiet von Hintersee zu ignorieren.

Als der Gendarm Stainer an der gleichen Stelle weitere 20 kg Goldmünzen fand behielt er diese für sich. Nachdem seine Dienststelle, der Gendarmerieposten Faistenau Kenntnis von diesem Vorfall erlangt hatte, leitete sie gegen ihren eigenen Gendarmen Stainer ein Strafverfahren beim Landgericht Salzburg ein. [435]

Bei einer Hausdurchsuchung Stainers fanden seine Gendarmerie Kollegen noch mehr Goldmünzen:

4.920 Goldfranken, 465 türkische Goldpfunde und 5 Goldmünzen mit je 32,2 gr.

Über die weiteren Fundorte schwieg sich Stainer aus und es besteht die Vermutung, daß ein Teil der Goldmünzen nicht nur von Antè Pavelic, sondern auch aus dem vom SD-Führer Dr. Ernst Kaltenbrunner in den letzten Kriegstagen nahe der Wildensee Alm verbrachten kleinen Goldmünzenbestand stammte. Im Hausgarten der Villa Kerry, der Bad Ausseer Residenz von Dr. Kaltenbrunner gruben die US-Truppen bereits den zweiten Teil der Kriegskasse des Reichssicherheitshauptamtes mit 10.176 Goldmünzen aus. Den größten Teil an Gold des Reichssicherheitshauptamtes fanden die Amerikaner allerdings im Hauptdepot Bergwerk Merkers in Thüringen.

Die vorgefundenen Bestände des Gendarmen Stainer sind nachweisbar der Österreichischen Nationalbank übergeben worden; eine Rückgabe an die rechtmäßigen Eigentümer ist später nie erfolgt.

Im Spätsommer 1949 wollte der ehemalige Vertraute des Legationsrates Gottfriedsen, Herbert Herzog den mit verschiedenen Goldangelegenheiten betrauten Staatsanwalt des Landgerichtes Salzburg, Dr. Hausner persönlich sprechen. Herzog wollte wichtige Unterlagen über die italienische Goldangelegenheit übergeben.

Die Staatsanwaltschaft des Landgerichtes Salzburg teilte Herzog in Gegenwart seines damaligen Anwaltes Dr. Valentin Gelber aus Salzburg überraschend mit, daß sie vom Justizministerium die Anweisung erhalten hätte, jede weitere Erhebung oder Entgegennahme von Aussagen in dieser Angelegenheit zu unterlassen.

Die Sicherheitsdirektion Salzburg hatte vom Innenministerium die gleiche Anweisung erhalten. Der Rechtsanwalt Dr. Gelber konnte nur noch feststellen, daß der Strafakt des Bauern Rupert Weissenbacher wegen Fundverheimlichung betreffend des am 19. 02. 49 sichergestellten Goldes, aus dem Archiv des Landesgerichtes Salzburg damals verschwunden war.

Ida Weissenbacher, die Tochter des wegen Fundverheimlichung verurteilten Bauern Rupert Weissenbacher war 1945 schon 21 Jahre alt. Sie behauptet noch heute, das letzte mal im Jahre 2000 vor laufenden Kameras des amerikanischen Fernsehsender CBS, daß sie sogar Augenzeugin von Aktionen der Waffen-SS gewesen sei und verschweigt ihre wahre Familiengeschichte über das „Toplitz- und Hintersee Gold".

Der Toplitzsee war zur Kriegszeit absolutes Sperrgebiet. Die Marineforschungsanstalt Kiel (Chemisch Physikalische Versuchsanstalt) verlegte ihren Sitz an diesen See. Die Entwicklung von Unterwasserraketen jeder Art und groß angelegte, auf weite Sicht geplante Versuche verhinderten unberechtigten Personen einen Zugang zum See.

SS-Obersturmbannführer Dr. Wilhelm Höttl, der letzte Stellvertreter Dr. Kaltenbrunners und Leiter des Amtes IV im Reichssicherheitshauptamt sagte bereits 1963 aus, daß in der Nacht vom 28. auf 29. April 1945 die SS unter dem Decknamen „Bernhard" Waffen, gefälschte Dokumente, sowie falsche englische Pfund- und US Dollarnoten im Toplitzsee versenkt hatte.

Es wurden keine Akten, die ehemalige Nationalsozialisten oder heute wieder wohlbestellte Firmen kompromittieren, nichts an Gold und geheimen Karteien oder Listen im Toplitzsee versteckt, sagte Dr. Höttl in seiner Aussage von 1963. [436]

Adolf Eigruber, der Sohn des zum Tode verurteilten Gauleiters von Oberdonau erwarb 1974 die Blaa Alm am Ausflugsberg Loser. Wochen später beobachten Bergbauern Eigruber bei der Schatzsuche. Viele ausgehobene Erdlöcher belegen noch heute die Hoffnung, den nicht nachgewiesenen „Eichmann Goldschatz" zu finden. Der Bürokrat Eichmann hätte sich niemals an Reichseigentum vergriffen, erzählten viele Personen die ihn kannten, so auch SS-Obersturmbannführer Dr. Höttl. [436]

Das Reichsgold im Bergwerk Horbach / Schwarzwald

Der Treuhänder der Reichsbank Dr. Benckert schrieb am 8. August 1956 einen Reisebericht über Nachforschungen im Schwarzwald nach vergrabenen Gold der ehemaligen Reichsbank: [437]

„Am 6.8.1956 trafen wir (Herr Dr. Hefter und Reichsbanktreuhänder Dr. Benckert) in St. Blasien Rechtsanwalt Dr. Goessner. Wir fuhren zur Stelle, an der sich das Gold befinden soll. Es handelt sich um das Nickelbergwerk Horbach, daß sich in der Gemeinde Wittenschwand Kreis Säckingen am Klosterberg oberhalb des Klosterweihers befindet. Am Klosterweiher steht ein neu erbautes Hotel, das dem Textilmillionär Mühlenschleder gehört. Es existiert ein horizontaler Stollen der von seinem Ausgang bis zum senkrechten Schacht 150m lang ist. Der Schacht mag bis zu diesem Treffpunkt 30m tief sein. Die Eingänge zum Schacht wie zum Stollen sind geschlossen und von außen kann man nicht feststellen, welche Arbeiten erforderlich sind, den Stollen bzw. den Schacht wieder betretbar zu machen.

Wir sprachen am nächsten Tag beim Oberbergamt und bei der Zollfahndungsstelle vor. Herr Oberbergamtsdirektor Philip und Berg- und Vermessungsrat Dr. Kahlert, sowie Herr Amtmann Raatz von der Zollfahndungsstelle erklärten uns ihre Version des Goldschatzes.

Das Nickelbergwerk stammt aus dem Jahre 1870 und ist nach zeitweiliger Stillegung endgültig 1937 aufgelassen worden, da sich wegen des geringen Nickelgehaltes des Gesteins die Ausbeute nicht lohnte. Eigentümerin war die Deutsche Nickelgewerkschaft in Köln, dessen Repräsentantin Frau Clara Avril, eine jetzt 70 jährige Dame ist. Das Schürfrecht ist ihr aufgrund eines neuen Berggesetzes entzogen worden. Ein Herr Bruno Aspiron war mit der Dame in den 30iger Jahren befreundet, ist jetzt 60 und wohnt in München. Im Jahre 1955 hat Herr Aspiron den Wünschelrutengänger Irlmeier aus Freilassing beauftragt, an Ort und Stelle Untersuchungen darüber anzustellen ob sich im Bergwerk Horbach Gold befindet.

Irlmeier ist bei den an Ort und Stelle durchgeführten Untersuchungen zu der Feststellung gekommen, daß sich im fraglichen Bergwerk Gold befindet, das in Kisten von 1,50 m x 1,50 m verpackt ist. Der Wünschelrutengänger und sein Neffe Felber aus Traunstein schrieben nach ihrer Untersuchung an das Bundesfinanzministerium. Es befinde sich ihrer Meinung nach Gold der Reichsbank im Bergwerk und solle ins Ausland verschoben werden. Aus diesem Grund übernahm die Zollfahndungsstelle in Freiburg und das Oberbergamt weitere Ermittlungen.

Sowohl das Oberbergamt wie die Zollfahndungsstelle sind der Auffassung, daß der wegen Betrugs vorbestrafte Aspiron hier ein neues Betrugsmanöver plant. Sie glauben, daß er kapitalkräftige Leute für die Angelegenheit interessieren will und versuchen wird, sich von diesen einen Vorschuß für Bauarbeiten geben zu lassen. Den Vorschuß wird er dann für sich verwenden. Aspiron wurde schon dafür bestraft, daß er einem Gutsbesitzer in Süddeutschland eingeredet hat, daß sich auf seinem Gutsschloß ein Schatz befinden würde. Er hat es erreicht, daß der Gutsbesitzer und zwei weitere Personen Geldmittel zur Hebung des Schatzes zur

Verfügung gestellt haben. Gefunden wurde nichts. Als sich Felber im Juli 1956 erneut an das Bundesfinanzministerium wandte, daß sein Onkel Irlmeier nochmals beauftragt worden wäre, das Bergwerk Horbach genauer zu untersuchen, entschloß sich der Bundesfinanzminister das Bergwerk durch die Zollfahndungsstelle und dem Oberbergamt unauffällig überwachen zu lassen.

Der Rechtsanwalt Dr. Goessner hat bei seinen Besprechungen den Namen seines Mandanten nicht genannt. Die Dienststellen nehmen an, daß der Auftraggeber Aspiron ist. Oberbergamtsdirektor Philip wies Herrn Dr. Goessner darauf hin, daß die Arbeiten, welche zur Freilegung des Stollens erforderlich seien sehr umfangreich, zeitraubend und kostspielig werden können. Dr. Goessner wußte nicht, daß die Behörden in dieser Angelegenheit schon tätig wurden und er wußte offenbar auch nichts von dem Vorstrafenregister seines Mandanten. Er wollte mit diesem sprechen und wenn sein Mandant dann immer noch das Bergwerk öffnen lassen möchte, würde er wieder auf uns zukommen."

Gezeichnet: Dr. Hefter und Dr. Benckert

Aspiron und Dr. Goessner haben sich nicht mehr gemeldet. Aspiron hat wohl durch Dritte mitbekommen, daß das Auswärtige Amt kurzfristig im Schwarzwald im Kloster Liebenau Münzgold zwischenlagerte. Das Gold wurde später dem deutschen Gesandten in der Schweiz in Bern übergeben, wo es von Schweizer Behörden beschlagnahmt wurde.

Der Rothschild Schatz

Am 5. Mai 1941 schrieb das Devisenschutzkommando Frankreich in Paris an den Militärbefehlshaber in Frankreich, Abteilung V, Kunstverwaltungsstab: [438]

Betreff: Sicherung von Kunstgut   (7 Listen beiliegend)

Beifolgend übersende ich Ihnen Listen über von mir gesicherte Kunstgegenstände. Das Kunstgut ist nach Entscheidung des Herrn Reichsmarschalls des Großdeutschen Reiches bereits restlos vom Einsatzstab Rosenberg, Paris, übernommen worden. Es handelt sich im einzelnen um folgende Sammlungen:

Unter Punkt 11 findet sich:

> Kunstgut aus dem Nachlaß des Edmond de Rothschild,
> sowie der Alexandrine und des James de Rothschild.

Es handelt sich um außerordentlich zahlreiches Kunstgut aller Art, das in 5 Panzerräumen bei der Banque de France bzw. beim Credit Lyonnais in Paris gefunden wurde. In Anbetracht des außerordentlichen Umfanges und der Verpackung der Gegenstände ist auf eine genaue Aufnahme und Anfertigung einer Liste verzichtet worden. Die Packstücke sind nach einer oberflächlichen Beschau vom Einsatzstab Rosenberg übernommen und abtransportiert worden.

In Vertretung   Gezeichnet   Morath

Auf dem Briefbogen steht der Absender:

DER DIREKTOR DER KUNSTSAMMLUNGEN DES REICHSMARSCHALLS

Walter Andreas Hofer. Er schrieb am 26. September 1941 an seinen Reichsmarschall Hermann Göring, unter Punkt 5: [439]

Sammlung der Familie Rothschild, Paris

Ich besichtigte die von Ihnen noch nicht gesehen Bilder der Baronin Alexandrine Rothschild, die das Devisenschutzkommando gesichert hat. Das war eine wirkliche Sensation. Es sind 25 Bilder von allerhöchster Qualität und größter Wichtigkeit, darunter ein zauberhaftes „Bild der Infantin Margarete" von Velasquez, das Sie unbedingt für Ihre Sammlung erwerben müssen. Eine solche auserlesene Qualität bei völlig tadelloser Erhaltung werden Sie von Velasquez nicht wieder bekommen. Das Bild stellt eine wunderbare Ergänzung Ihrer Sammlung dar, in der dieser vielleicht größte Maler noch nicht vertreten ist. Ferner sind vorhanden u.a. ein wunderbares Bild von P. de Hoogh, ein „Kinderkopf" von van Dyck, sehr schöne Bilder des französischen 18. Jahrhunderts und Spitzenbilder von van Gogh und Cezanne, die als Tauschbilder hoch willkommen sind.

Das Devisenschutzkommando hält diese Bilder in der Bank weiterhin unter Verschluß, bis Sie nach Paris kommen. Zu dieser Sammlung gehört auch der umfangreiche moderne Familienschmuck, der natürlich gleichfalls unter Verschluß bleibt, bis Sie darüber entschieden haben.

Gezeichnet: Hofer

Die Legende des auf Schloß Neuschwanstein sichergestellten Rothschildschatzes und das Reichsbankgold im Raum Füssen veranlaßten den Präsidenten der damaligen Landespolizei von Bayern, Herrn Freiherr von Godin, umfangreiche polizeiliche Ermittlungen anzustellen.

Das Ergebnis dieser Aktenlage erreichte die Bayerische Staatskanzlei am 21. Mai 1950; [440] der Bericht wurde direkt dem Bayerischen Ministerpräsidenten Dr. Hans Ehard. übergeben.

Die Einlagerungen eines Teiles des Rothschildschatzes auf Schloß Neuschwanstein stehen mit einem Goldtransport der ehemaligen Deutschen Reichsbank in dem Raum Füssen in keinem Zusammenhang, schrieb Godin. [440]

I. Der Rothschildschatz auf Schloß Neuschwanstein

1. Entstehung und Tätigkeit des NS-Kunststabes „Rosenberg"

Der Stab Rosenberg wurde zur Zeit des deutschen Feldzuges gegen Frankreich aufgestellt und setzte sich personell aus Kunstsachverständigen, Kunsthistorikern, Kunstfotografen, Restaurateuren usw. zusammen, soweit die personelle Besetzung des Stabes für diesen Bericht von Bedeutung ist, gehörten ihm unter anderem folgende Personen an:

1) Utikal, ehem. Leiter des gesamten Einsatzstabes Rosenberg
   mit Dienststellensitz in Berlin
2) Scholz Robert, ehem. Leiter der Kunstabteilung im Stab Rosenberg
3) Dr. Schiedlausky, ehem. Leiter der Dienststelle Hohenschwangau
4) Dr. Wirth, ehem. Mitarbeiter des Dr. Schiedlausky
5) Dr. Lohse, ehem. Mitarbeiter des Dr. Schiedlausky
   zuvor mit selbständigem Auftrag in Paris
6) Frl. Spangenberger, ehem. Mitarbeiterin des Dr. Schiedlausky
7) Frl. Lassaulx, ehem. Mitarbeiterin des Dr. Schiedlausky, jetzt dessen Ehefrau
8) Scholz Rudolf, ehemaliger Kunstfotograf in der Dienststelle des
   Dr. Schiedlausky in Hohenschwangau

Bis zum Beginn der alliierten Invasion an der Atlantikküste betätigte sich der Einsatzstab Rosenberg vorwiegend in Frankreich mit Dienstsitz in Paris. Seine Aufgabe war die Sammlung und Sicherstellung von bedeutenden Kunstgegenständen, die zum Teil Nationalvermögen, zum Teil aber auch Privatvermögen, unter anderem der Familie Rothschild waren. Gegenstände aus dem Vermögen Rothschild wurden in den Jahren 1943 und 1944 von Paris auf das Schloß Neuschwanstein bei Füssen verlagert. Gleichzeitig verlegte Dr. Schiedlausky seine Dienststelle nach Hohenschwangau mit Dienststellensitz auf Neuschwanstein und Privatunterkunft im Bethanienheim unterhalb von Schloß Neuschwanstein.

Dr. Lohse unterhielt zu jener Zeit und während seiner Tätigkeit in Paris ein Verhältnis zu einer Dame, die sich nach Kriegsende als Agentin des französischen Kultusministeriums vorstellte und gegen Dr. Lohse als Belastungszeugin auftrat. Nach Kriegsende führte die wachsame Tätigkeit der Agentin zur Verhaftung des Dr. Lohse in Hohenschwangau. Seitdem befindet er sich in Paris in Untersuchungshaft, führt der Polizeibericht aus.

Er war unter anderem maßgeblich an den Vorgängen um die sogenannte französische Schloß Sammlung beteiligt, aus der bedeutende Werte durch Hermann Göring angekauft wurden.

Diese angekauften Werte Görings hat Dr. Lohse in Lichtbildern festgehalten und diese Lichtbilder (etwa 70-90) in zwei großen schweinsledernen Alben in einer Gaststätte in Schwangau verwahrt. Am 24. Februar 1950 gelang es zwei Regierungsbeauftragten aus Paris unter illegaler Mitwirkung eines Stadtpolizeibeamten von Füssen dieser Alben habhaft zu werden.

Die in Schwangau aufgefundenen und weggenommenen Alben stellen ein Beweisdokument dafür dar, daß sich die in Lichtbildern festgehaltenen Werte einst in deutschen Besitz befanden. Aufgrund der Nachkriegsereignisse darf angenommen werden, daß die vorwiegend sehr wertvollen Gemälde längst wieder im Besitze Frankreichs sind.

2. Erfassung, Restaurierung und Verlagerung von Neuschwanstein nach Alt-Aussee in Österreich

Das aus Paris überführte Rothschildvermögen wurde auf Neuschwanstein von der dort gebildeten Dienststelle unter Leitung des Dr. Schiedlausky sorgfältigste gelagert, bei Beschädigungen restauriert, karteimäßig genau registriert, bis auf alle Einzelheiten beschrieben und unter Anfertigung von fünf Kopien fotografiert.

Die Erfassung aller Gegenstände war am Tage des Einmarsches der alliierten Truppen in Schwangau noch nicht beendet, denn zuerst wurden die besonders wertvollen Gegenstände behandelt und dies nahm viel Zeit in Anspruch. Welche Bestände und wieviel Stücke im einzelnen noch nicht erfaßt waren, läßt sich nicht mehr feststellen. Jedenfalls fielen der Inhalt der sogenannten Silberkammer (einem Raum auf Schloß Neuschwanstein) und eine Anzahl Werke niederländischer Meister darunter.

Von besonderer Bedeutung ist aber die Feststellung, daß etwa 95 % des aus Frankreich verlagerten Rothschildvermögens schon im Jahre 1944 von Neuschwanstein nach Alt-Aussee im Bezirk Salzburg verlegt wurde. Die auf Schloß Neuschwanstein verbliebenen Gegenstände waren von verhältnismäßig geringem Wert.

Diese Wertgegenstände standen ab dem Tage der Einlagerung auf Neuschwanstein neben Kunstwerken der bayrischen Museen bis zur Übergabe an die Amerikaner unter deutscher Zivilbewachung. Zur Sicherheit wurden die Einlagerungsräume im Schloß mit zwölf Kontrollpunkten mit zwölf Kontrolluhren eingerichtet. Die Wache bestand aus zwölf Mann, die Streifen hatten bei Tag und Nacht zu patrouillieren und zum Beweis ihrer Anwesenheit die Kontrolluhren zu stechen.

Es steht mit ziemlicher Sicherheit fest, daß bis zum Erscheinen der ersten amerikanischen Einheiten keine Kunstwerte durch irgendwelche unbefugte Personen rechtswidrig weggenommen wurden. Alle Kunstgegenstände wurden in Gruppen zusammengestellt, die wertvollsten noch dazu unter besonderem Verschluß verwahrt, ein Diebstahl war nicht möglich und wurde auch nie festgestellt.

3. **Geschehnisse bei Kriegsende und Übergabe an die Amerikaner**

Am 28. April 1945 stand der Einmarsch der Amerikaner bevor. Dies veranlaßte Dr. Schiedlausky seine Stabsangehörigen anzuweisen, die Inventur zu beenden; das Schloß dürfe niemand mehr betreten. Dr. Schiedlausky befand sich mit Dr. Lohse und seiner Sekretärin in der Nacht zum 29.04.1945 allein auf Schloß Neuschwanstein. Was in dieser Nacht geschah konnte nicht festgestellt werden.

Nach bisherigen Anhaltspunkten besteht die Möglichkeit, daß er zusammen mit Dr. Lohse das auf Neuschwanstein verwahrte Manuskript Rosenbergs „Mythos des 20. Jahrhunderts" versteckt bzw. eingegraben hat, zumal er am anderen Morgen mit einem Spaten vom Schloß kommend gesehen wurde.

Die ersten amerikanischen Kampftruppen erschienen auf Schloß Neuschwanstein am 1.05.45 zwischen 11 und 12 Uhr und standen unter dem Kommando des US-Oberst Snyders. Dr. Schiedlausky stellte sich als verantwortlicher Leiter seiner Dienststelle zur Übergabe der von ihm verwalteten Kunstwerke (nur Rothschildvermögen) vor. Oberst Snyders ließ das Schloß sofort durch amerikanische Soldaten bewachen, eine unmittelbare Übergabe der Werte im Schloß erfolgte aber nicht. Dr. Schiedlausky durfte ab diesem Zeitpunkt das Schloß nicht mehr betreten und bekam mitgeteilt, daß die ausländischen und deutschen Kunstwerke einem einige Tage später eintreffenden amerikanischen Kunstsachverständigen, den Oberleutnant Rorimer vom Metropolitan Museum of New York zu übergeben seien.

Eine formelle Übergabe mit Bestandsprüfung und Unterschriftswechsel laut Polizeiprotokoll hat weder mit Oberst Snyders noch mit Oberleutnant Rorimer stattgefunden.

Es wurde festgestellt, daß die Amerikaner die von bayrischen Museen und Schlössern auf Neuschwanstein eingelagerten Werte im Königsbau unberührt ließen. Das Rothschildvermögen wurde größtenteils in der Kemenate (Frauenhaus) untergebracht.

Unmittelbar vor Einmarsch der amerikanischen Truppen in Schwangau veranlaßte der inzwischen von Berlin geflüchtete Stabsleiter Utikal seinen Untergebenen Dr. Schiedlausky zur Herausgabe des unter anderem noch nicht erfaßten persischen Tributgoldes. Es handelte sich um zwölf zum Teil rechteckige, zum Teil runde, schwere, sehr alte Goldmünzen. Wie diese den Weg nach Neuschwanstein fanden, bleibt bis heute ungeklärt. US-Oberleutnant Rorimer erfuhr durch Dr. Schiedlausky von dem wohl einzigen Diebstahl. Er ließ Utikal verhaften und leitete ein Strafverfahren gegen ihn ein.

4. **Übergabe an die USA und Frankreich**

Nach der Besetzung des Schlosses Neuschwanstein durch die Amerikaner erfolgte eine neue Erfassung der Wertgegenstände im Oktober 1945, gleichzeitig machte Frankreich seine Rechte geltend. Der amerikanische Dienststellenleiter war ein Capt. Adams, von französischer Seite war ein Capt. de Brie anwesend. Die Abwicklung und Übergabe an den französischen Vertreter begann im Herbst 1945. Deutsche hatten hierauf keinen Einfluß, wohl wurden deutsche Handwerker zur Herstellung von Kisten und zur Verpackung eingesetzt.

Die Übergabeformalitäten zwischen Capt. de Brie und Capt. Adams erfolgten gegen Unterschrift und wurden detailliert festgehalten. Zu diesem Zeitpunkt ist niemanden etwas bekannt geworden, daß Bestände gefehlt hätten.

Der Abtransport vom Schloß erfolgte mit Lastkraftwagen, welche ausschließlich mit französischen Soldaten besetzt waren. Die Lastkraftwagen wurden auf dem Bahnhof Füssen wieder ausgeladen, von dort erfolgte der Weitertransport mit der Eisenbahn. Nach Feststellungen der Kriminalpolizei vor Ort gingen zwei Eisenbahntransporte von Füssen weg, wobei einer in Frankreich einem Eisenbahnunglück zum Opfer fiel. Die weiteren Umstände ließen sich nicht von hier aufklären, da bisher noch keine alliierte Stelle zu diesen Vorgängen gehört wurde.

Am 5.04.1950 wurde die deutsche Übersetzung einer Verfahrensanweisung für die Räumung des Schlosses Neuschwanstein vom 16.10.1945 aufgefunden und sichergestellt. In dieser heißt es unter anderem:

„Die Räumung der Kunstgegenstände, die in dem Aufbewahrungsort gelagert sind, wird unter Leitung des Capt. Adams durchgeführt werden. Nur die von Capt. Adams ausgewählten Dinge werden fortgeschafft. Von den Vertretern der Empfangsnationen werden keine Auswahlen getroffen oder Nachprüfungen gemacht. Die Verantwortung der Vertreter der Empfangsnationen wird darauf beschränkt werden, den autorisierten Empfang zu bestätigen, die Übereinstimmung der Transportmittel der Empfangsnationen zu sichern und die Wagen zu laden. Anweisungen sind gegeben worden, daß ausländische Vertreter auf dem Schloß auf die kleinstmögliche Anzahl beschränkt werden. Nur die Vertreter, die zur Überprüfung des Ladens der Lastwagen und zur Ausführung der Empfangsbestätigung notwendig sind, werden auf dem Schloß zugelassen werden."

Der Polizeibericht führte weiter aus, daß erst im Jahre 1949 deutscherseits Gerüchten nachgegangen worden sei, wonach bei der Übergabe im Jahre 1945 64 Kisten gefehlt haben sollen. Über Größe und Inhalt ist nichts bekannt, wie auch nicht bekannt ist, wer das Fehlen der Kisten festgestellt haben will.

Es wurde von einem Zeugen behauptet, daß der nicht inventarisierte Inhalt der Silberkammer von zwei amerikanischen Lastkraftwagen unter Maschinengewehrbewachung in Richtung München weggefahren wurde.

Verdächtigungen gegen eine Frau Zink, daß diese in Schwangau Rothschild Porzellan gegen Lebensmittel eingetauscht habe, sowie Verdächtigungen gegen amerikanische Soldaten, daß diese im Sommer 1945 bei Schloßbesichtigungen Rothschild Gegenstände entwendet hätten, haben sich als unzutreffend erwiesen.

Amerikanische und französische Kommissionen gingen den Gerüchten aus der Bevölkerung auch nach und ließen an mehreren Stellen umfangreiche Grabungen durchführen, welche alle keinen Erfolg hatten.

Abschließend ist zum Rothschildschatz für den Bayrischen Ministerpräsidenten Dr. Ehard folgendes polizeiliches Ermittlungsergebnis festgehalten worden:

1) Der Stab Rosenberg hat die dort verwahrten Kunstwerte sorgfältig verwaltet und anhand genauer Unterlagen ordnungsgemäß an die Alliierten übergeben.

2) Die Übernahme der Kunstwerke erfolgte ohne weitere deutsche Beteiligung und ohne schriftlichen Beleg durch die Alliierten.

3) Für das Fehlen von Kunstwerken dürfte damit deutscherseits niemanden eine Verantwortung treffen. Daß aber solche Werte gefehlt haben müssen, geht schon daraus hervor, daß ein Rechtsanwalt der Familie Rothschild bezahlte Vertrauensleute in der Gegend von Füssen an der Hand hatte, um durch dauernde Beobachtung und Sucharbeit festzustellen, ob die Fehlbestände (und in diesem Zusammenhang die 64 Kisten) nicht doch in Händen von Deutschen seien. Von dem genannten Anwalt der Familie Rothschild wurde in dieser Weise der in Schwangau wohnhafte Landwirt Karl Singer direkt verdächtigt. Die abgeschlossenen Ermittlungen erwiesen den angeführten Verdacht auch als völlig unbegründet.

Heute finden sich in Schweizer Archiven Aufzeichnungen des ehemaligen Ministerialdirektors Josef Mayer, welche an den Verteidiger des ehemaligen Reichsfinanzministers Graf Schwerin von Krosigk gerichtet waren und im Nürnberger Prozeß ihre Verwendung fanden. Ausschnitte aus dem mehrseitigem Bericht: [441]

... Ich vertrat, nach meiner Erinnerung im Sommer 1941, den erkrankten Ministerialrat Weiss, dem im Reichsfinanzministerium die Reichshauptkasse unterstand. Eines morgens erhielt ich von dem Oberfinanzpräsidenten Berlin die Mitteilung, daß er am Vorabend von der Adjutantur Görings fernmündlich angewiesen worden sei, durch einige Zollbeamte unter der Führung eines Regierungsrates beim Zollamt Packhof etliche Kisten abholen und zur Reichshauptkasse bringen zu lassen. Die Weisung sei ausgeführt worden. ...

... Kurze Zeit nach Eingang der Mitteilung, noch am selben Morgen, erhielt ich die Meldung des Direktors der Reichshauptkasse Fiebig (jetzt in der deutschen Zentralfinanzverwaltung für die sowjetische Zone in Berlin), die besagte, daß er am Vorabend zu später Stunde von der Adjutantur Görings in seiner Wohnung die Weisung erhalten habe, sich zur Reichshauptkasse zu begeben und dort zwei Kisten, die von Zollbeamten eingeliefert würden, in Empfang zu nehmen und in der Reichshauptkasse zu verwahren. Das sei geschehen. Die Kisten seien am nächsten Morgen wieder abgeholt worden. Wohin sie gebracht worden seien, wisse er nicht. Auch diese Meldung habe ich unverzüglich dem Minister vorgelegt. ...

... Da Göring die beiden Kisten, nachdem sie eine Nacht in Verwahrung der Reichshauptkasse gewesen waren, aus dem Bereich des Reichsfinanzministeriums wieder heraus und an sich genommen hatte, war damit für das Reichsfinanzministerium die Angelegenheit zunächst erledigt. Nach meiner Erinnerung, etwa 2 Jahre später (1943), ließ der Minister mich eines Tages zu sich kommen und fragte mich, ob ich ihm nicht seinerzeit die Meldungen über die Rothschild-Juwelen vorgelegt hätte. Auf meine bejahende Antwort sagte er, er werde jetzt fortwährend von der Adjutantur Görings, so viel ich mich entsinne von General Bodenschatz und von Staatsrat Dr. Hermann, wegen der Bezahlung der Juwelen angerufen. Er bat mich, ich möchte mit Dr. Hermann kommen und mir von ihm die Angelegenheit erklären lassen. ...

... Dr. Hermann gab folgende Schilderung des Vorganges: Er sei eines Tages mit seinem Prokuristen zu Göring gerufen worden, der vor einem großen, mit Schmuckstücken belegten Tisch gesessen habe. Die Schmuckstücke seien in sieben Partien aufgeteilt gewesen. Göring habe eine große Geste über den Tisch gemacht und erklärt, die erste Partie sei für ihn und seine Freunde, die zweite für die deutsche Goldschmiedekunst. Was mit den restlichen fünf Partien geschehen solle, überlege er sich noch; wahrscheinlich werde er sie anderen deutschen Juwelenfirmen zuteilen. Göring habe ihm die Weisung erteilt, daß die der deutschen Goldschmiedekunst zugewiesenen Stücke so vollständig umgestaltet werden müßten, daß ihre ursprüngliche Form nicht mehr erkennbar sei.

Dr. Hermann erklärte dann weiter, daß es sich hier um die Bezahlung der von der deutschen Goldschmiedekunst übernommenen Juwelen handle, für die er, soweit ich mich erinnere, einen Betrag von RM 1.800.000,00 nannte. Auf meine Frage, wie man gerade auf diesen Betrag gekommen sei, dessen Angemessenheit nach der völligen Umgestaltung der alten und dem mindestens teilweisen Verkauf der neugefertigten Schmuckstücke kein Mensch mehr nachprüfen könne, antwortete er, daß Göring die Juwelen von französischen Sachverständigen habe schätzen lassen. Auf seine, Hermanns Veranlassung, sei die der deutschen Goldschmiedekunst zugewiesene Partie, dann noch einmal, von einem deutschen Sachverständigen geschätzt worden.

Ihre Schätzung sei doppelt so hoch, wie die der französischen Sachverständigen gewesen. Er habe den Betrag der deutschen Schätzung zahlen wollen, während Göring an dem der französischen festgehalten habe. Erst nach langen Bemühungen sei es ihm gelungen, Göring dazu zu bewegen, daß er sich mit der Zahlung, eines auf der Mitte zwischen den beiden Taxen liegenden Betrages, einverstanden erklärte. Das war der oben genannte Betrag von RM 1.800.000,00. Die Überweisung hat dann auch einige Tage darauf an die Reichshauptkasse (Erlös aus der Veräußerung französischer Juwelen) stattgefunden. Bevor Dr. Hermann sich aus der Besprechung entfernte, habe ich ihn noch gefragt, ob er wisse, was aus den oben erwähnten restlichen Partien Juwelen geworden sei. Seine Antwort lautete, er habe nur gehört, daß Göring sie zur Aufbewahrung der deutschen Reichsbank gegeben habe, ob er darüber verfügt habe, wisse er nicht. ...

Die übriggebliebenen 5 Partien aus den Rothschild-Juwelen könnten in den drei versiegelten Koffern, zusammen mit einem Teil des Reichsbankgoldes in das Depot beim bayrischen Walchensee gelangt und dort von US-Truppen als Kriegsbeute beschlagnahmt worden sein.

Der gesprengte Gold Stollen in der Schlucht am Tegelberg

Die Geschichte handelt von der Schlucht in der Nähe der ehemaligen Segelfliegerschule, dem heutigen „Berghaus" Schwangau. Dort war im Zuge der Projektierung der Queralpenstraße eine Brücke geplant. Die mit dem Bau beauftragte Münchner Tiefbaufirma Philip Holzmann trieb im Jahre 1937 unter der Leitung des Ingenieurs Grob zur Untersuchung des Gesteines und der Bodenfestigkeit Stollen in den Hang. Der Kriegsausbruch beendete die Arbeiten, die Stollen wurden außen mit Stämmen
und Brettern wieder zugemacht. So war dies der Bevölkerung von Schwangau und auch den Vertrauensleuten noch in Erinnerung. [442]

Tatsächlich wurde aber nur ein Stollen in den Hang getrieben, dessen Zugang im Laufe der Jahre so überwachsen wurde, daß man ihn nicht mehr ohne weiteres finden konnte. Die erwähnten Vertrauensleute Lutz und Wagner suchten den Stollenzugang, Lutz hat ihn später gefunden und geöffnet, finden konnte er im Stollen nichts. Von all diesen Vorgängen wurde bis dahin keine deutsche Dienststelle verständigt. Lutz aber wurde zum Teil von dem Rechtsanwalt der Familie de Rothschild, größtenteils aber (die Beträge liefen bis in die Tausende von D-Mark), von einer Frau Mangold aus Trauchgau entlohnt. Dies beweist, daß man sich im Falle eines Erfolges noch vor Verständigung der zuständigen deutschen Dienststellen schadlos halten wollte, obwohl die gesamte Gruppe (bei der Kriminalpolizei) angegeben hatte, sie hätte das Gold nur für Deutschland erhalten wollen und höchstens den gesetzlichen Finderlohn fordern wollte.

Nachdem nun in diesem gefundenen und geöffneten Stollen am rechten Hang der Schlucht nichts gefunden wurde, stellte man sich vor, daß am linken Hang mindestens auch ein Stollen vorhanden gewesen sein müsse, dieser aber wahrscheinlich nach der Einlagerung des Goldes zugesprengt sei. Die Suche ging nun am linken Hang weiter, zunächst wochenlang mit Kreuzhacke und Schaufel, später mit einer Motorspritze, um auf diese Weise das Geröll herunter zuschwemmen und den vermeintlichen zugesprengten Stolleneingang freizulegen. Alle diese Arbeiten wurden während des Sommers 1949 illegal durch die „Privatagenten" Lutz und Wagner durchgeführt.

Im Verlauf des Frühjahrs 1950 interessierten sich die Amerikaner wieder für diese Sache. Obwohl man die Aussichtslosigkeit schon mehr oder weniger eingesehen hatte, entschloß man sich nach den Erfolgen auf Schloß Veldenstein, nun auch die dort angewandten Methoden in der Schlucht bei Schwangau anzuwenden. So kam es in der Woche vor Ostern 1950 zu einer groß angelegten Suchaktion amerikanischer Pioniere, die in der Woche nach Ostern dann endgültig eingestellt wurde, als man sah, daß man überall nur auf nackten und gewachsenen Fels gestoßen war.

Die Schatzlegende der Kolomanskirche bei Schwangau

Die Privatagenten Lutz und Wagner kamen kurz vor Ostern 1950 auf die weitere Idee, daß im Altar und in den Gewölben der Kolomanskirche, einer bei Schwangau im freien Feld stehenden Kirche aus der Pestzeit, das gesuchte Gold versteckt sein könnte. Tatsächlich wurde ein Teil der Ausrüstung der Segelfliegerschule, die nicht allzu weit von dieser Kirche entfernt liegt, in den Tagen um Kriegsende dort versteckt. Die Ausrüstung wurde dann gefunden und von den Amerikanern beschlagnahmt. [443]

In der Bevölkerung unterhielt man sich noch lange über diesen Vorfall. Zur selben Zeit verkehrten amerikanische Offiziere bei der Besitzerin des sogenannten Bannwaldseehauses, welches ebenfalls in der Nähe der Kolomanskirche liegt. Diese erzählte seinerzeit, daß ihr ein amerikanischer Offizier etwa drei bis vier Wochen nach dem Einmarsch ein 10 bis 12 cm langes, 1 cm breites und etwa 100 gr. schweres Goldstück gezeigt habe. Wo der Amerikaner dieses Goldstück her hatte, war nicht bekannt, da man sich mit dem Amerikaner aber gleichzeitig über die Vorgänge um die Kolomanskirche unterhielt und die Hausbesitzerin am Bannwaldsee später davon erzählte, verwechselten Lutz und Wagner die Erzählungen dahingehend, daß das Goldstück aus den in der Kolomanskirche versteckt gewesenen Goldbeständen gestammt haben könnte. Beide wollten nun sicher gehen und die Kolomanskirche nochmals von oben bis unten durchsuchen. Es sollte gewaltsam in die Kirche eingebrochen werden, der Plan wurde aber der Polizei verraten, letztere kam dem Unternehmen zuvor, hatte die eingehende Untersuchung ihrerseits durchgeführt und festgestellt, daß die Vermutungen in keiner Weise zutrafen.

Der NS-Schatz im Alatsee bei Füssen und die Unterwasserfabrik der Waffen-SS

Gerüchte über Reichsbankgold in der Gegend von Füssen und Schwangau verdichteten sich nach einem Polizeibericht im Frühjahr 1949 dahingehend, daß Wilderer mit illegalen Waffentransporten von der Tschechoslowakei über Österreich nach Deutschland in der Nähe von Schloß Neuschwanstein in Verbindung gebracht wurden. Das Resident Office der Amerikaner setzte Untersuchungen in der Bleckenau, einem Gebiet oberhalb des Schlosses ein, welche zu keinem Ergebnis führte.

Das Gerücht über einen eingelaufenen Panzerzug in Füssen hält sich bis heute im Großraum Füssen, dabei hätte eine Feststellung beim Bahnhofsvorstand in Füssen genügt, um die Vermutung aufzuklären, ein Panzerzug sei in Füssen zu Kriegende eingetroffen und das darin verladene Reichsbankgold unter Fingieren eines Luftalarms von SS-Personal ausgeladen und in den Bergen um Füssen, u.a. im Alatsee versteckt worden. Ein solcher Zug oder Waggon ist definitiv in Füssen nicht eingelaufen.

Die Angehörigen des Kunststabes Rosenberg haben zwar ihre eigenen Uhren und Ringe im Bethanienheim unter Schloß Neuschwanstein vergraben, so wie das damals viele Deutsche taten, aber einen Goldtransport der Reichsbank haben sie nicht miterlebt oder versteckt, auch wenn man später den Garten des Bethanienheims mehrfach umgraben ließ.

Das Gelände um den Alatsee bei Füssen wurde bereits im Frühjahr 1939 zu militärischem Sperrgebiet erklärt. Es wurden am Niedersonthofener See Sprengversuche und am Alatsee Strömungsversuche von der Graf Zeppelin Gesellschaft durchgeführt. Der Leiter der militärischen Versuchsstation ein Dipl. Ing. Köhler wurde von US-Truppen und von deutschen Behörden auch zu den Goldgerüchten verhört.

Köhler sagt eindeutig aus, daß er von 1939 bis 1945 Leiter dieser Versuchsstation war und am Alatsee am früheren Steg Tage vor dem Eintreffen der Amerikaner eine Unterwasserkamera mit einem Gewicht von 150 kg und Kisten mit wissenschaftlichen Geräten und Plänen im See versenkt habe. Die Bevölkerung hatte während der Kriegszeit keinen Einblick über die Geschehnisse am See, da dieser zum militärischen Sperrgebiet erklärt worden war und somit ungebetenen Besuchern hohe Strafen für Zuwiderhandlungen angedroht waren. [444]

Die Oberfinanzdirektion München unter Dr. Schön schrieb am 21.7.1953 ein geheimes Schreiben an den Bundesfinanzminister: [445]

„Meine Außenstelle Kempten berichtet mir, daß die Bergungsfirma Nußbaum aus Augsburg außer Munitionsschrott um die Genehmigung zur Bergung eines angeblich im Alatsee versenkten Schatzes der ehemaligen Reichsschatzkammer nachgesucht habe. Am 26.6.53 erscheint Herr Nußbaum junior und berichtete, daß ein bereits heraufgezogenes Kabel wieder in den See zurückgefallen und im Schlamm versunken war. Nußbaum warf einen 2 Zentner schweren Anker in den See und zog ihn am Grund entlang. Dabei wurde ein Kupferseil gehoben und bis zu einem Punkt, etwa in der Mitte des Sees herausgezogen; von hier aus führte es dann senkrecht auf den Grund des Sees. Ein Taucher, der an diesem Seil heruntergibt, bemerkte, daß dieses in einen offenbar früher gesprengten Trichter führte, der nach Freilegung von Schlamm mit einer harten Masse verschlossen war. Nach Herausschlagen dieser Abschlußschicht, durch die das Kabel weiter nach unten verlief, kam der Taucher wieder auf eine Abschlußdecke. Durch plötzlich auftretenden Sturm wurde das Kupferseil aus seiner Verankerung gerissen und konnte geborgen werden. An diesem Kupferseil war nach Angabe des Herrn Nußbaum eine Plombe mit dem Prägedruck „Reichsschatzkammer". Die Firma hat sich die Stelle markiert.

In dem See ist eine Schwefelquelle vorhanden, welche die Arbeiten unter Wasser außerordentlich erschwert. Ein Taucher kann sich nur etwa 25 Minuten an der vorerwähnten Stelle, die etwa 35m unter dem Wasserspiegel liegt, aufhalten. Die Firma bittet nun um Genehmigung, diesen sogenannten Reichsschatz, der im Alatsee auf Grund des aufgefundenen verplombten Kupferseiles vermutet wird, bergen zu dürfen. Aus Kreisen der Bevölkerung ist der Firma Nußbaum berichtet worden, daß etwa 3 bis 4 Wochen vor dem Zusammenbruch zwei LKW mit KZ-Insassen, die von höheren Offizieren bewacht waren, an den Alatsee fuhren. Daraufhin wurde für etwa 6 Stunden Fliegeralarm gegeben, damit die Bevölkerung nicht beobachten konnte, was im Einzelnen am Alatsee geschah. Nußbaum erwähnte weiter, daß er einen Beamten, der über die Dinge mehr wüßte kenne und mit ihm in Verbindung stehe. Auf den beiden LKW befanden sich angeblich mehrere Kisten in der Größe 50 x 20 x 20 cm, sie waren verlötet. Wenn diese Angaben stimmen, könnte es sich bei diesem Schatz um Goldbarren, die vom ehemaligen Reichsschatzamt oder der Reichsbank verwahrt waren, handeln.

Die Firma beansprucht 20 % von dem geborgenen Wert. Ich habe ihr in Aussicht gestellt, daß sie bei weiteren Tauchversuchen und bei einer Bergung die Bergungskosten von mir erstattet erhält und zusätzlich 5 % von dem Wert des geborgenen Gutes. Nußbaum lehnte dies vorerst ab, mit dem Hinweis, daß die Arbeiten außerordentlich schwierig seien und diese Provision nicht den Schwierigkeiten gerecht würde. Nußbaum erklärte ausdrücklich, daß er, wenn etwa eine andere Bergungsfirma von mir eingesetzt werden sollte, dies unter allen Umständen verhindern würde, gegebenenfalls auch damit, daß er an dem Eingang zum Trichter eine Sprengladung anbringen und diese auch zünden würde, damit der Schatz nicht mehr geborgen werden könne.

Als erste Vorsichtsmaßnahme habe ich einen pensionierten Zollsekretär an den Alatsee entsandt, damit die zur Zeit laufenden Munitionsbergungen überwacht werden. Nußbaum hatte ausgeführt, daß sein Schwager im Alatsee die Munitionsbergungen leite und den Zugang zu dem vermuteten Schatz genau kenne.

Dem Aufsichtsbeamten habe ich vorbehaltlich der Genehmigung des Bundesfinanzministers zugesagt, daß ihm seine Auslagen für Übernachtung und Verpflegung erstattet werden und daß er außerdem für seine Tätigkeit eine monatliche Entschädigung von DM 300,-- erhält. Außerdem war Herr Oberregierungsrat Ringelmann vom Bayerischen Wirtschaftsministerium bereits zweimal am Alatsee, um sich über den Stand der Bergungsarbeiten, den Reichsschatz betreffend, zu erkundigen. Aus dem Alatsee wurde bisher nur Schrott von Infanteriemunition in ganz geringen Mengen geborgen. Das Bayerische Wirtschaftsministerium war durch die Bergungsfirma von dem angeblichen Vorhandensein des Reichsschatzes am Alatsee unterrichtet worden.

In der Zwischenzeit unterrichtete mich der pensionierte Zollbeamte, daß ein amerikanischer Major mit zwei zivilen Amerikanern in einem Opel Kapitän deutscher Zulassungsnummer bereits zweimal am Alatsee war und mit den Tauchern des Bergungsunternehmen verhandelt habe. Angeblich wollten die Amerikaner die Firma veranlassen, für Rechnung der Besatzungsmacht ein Einmann-Versuchs-U-Boot zu bergen, welches auf dem Grund des Sees liegen soll. Die erwähnten Amerikaner sollen Angehörige des Geheimdienstes der 13. CID in München sein. Ich werde in den nächsten Tagen Gelegenheit haben beim CID vorzusprechen, um so auch in Erfahrung zu bringen, ob die Besatzungsmacht tatsächlich nur

Interesse an dem gesunkenem U-Boot hat oder ob sie vielleicht durch die Bergungsfirma auch auf den im Alatsee verborgenen Reichsschatz aufmerksam gemacht worden ist.

Vor einigen Tagen ließ die Bergungsfirma mir durch den beauftragten Aufsichtsbeamten mitteilen, daß sie bereits sei, mit mir einen Bergungsvertrag über den Schatz abzuschließen; sie beanspruche allerdings 10 % des geborgenen Wertes. Da ich befürchte, daß die Firma Nußbaum auf meinen Vorschlag mit 5 % nicht eingeht, bitte ich den Bundesfinanzminister zu prüfen, ob der Firma Nußbaum mit Rücksicht auf den besonderen Sachverhalt eine höhere Provision mit 10 % zugesichert werden kann. Ferner bitte ich um Mitteilung, ob Taucher von der früheren Marine, die zur Zeit im Dienst der Bundesrepublik Deutschland stehen, die bisherigen Angaben der Firma Nußbaum überprüfen und falls notwendig den Reichsschatz für Rechnung der Bundesrepublik Deutschland heben. Ich halte es für nicht ausgeschlossen, daß die Firma Nußbaum Schwierigkeiten bereiten wird, sollte kein Bergungsvertrag zustande kommen."

Aus den Schatzakten geht weiter hervor, daß von 1945 bis 1985 über 30 Schatzsucher, vom Tauchexperten bis zum Wünschelrutengänger mit dem bayrischen Staat einen Berge- oder Finderlohn Vertrag abschließen wollten. Es kam zu keinem Vertragsabschluß, denn kein Schatzsucher wollte das Gold dem Staat für einen Bergelohn von 3 % des gehobenen Schatzes überlassen.

Das war offensichtlich geplant, denn der Bundesfinanzminister schrieb unter „Vertraulich" an die Oberfinanzdirektion München: [446]

„Ich halte es für zweckmäßig, während der Anwesenheit amerikanischer Besatzungstruppen am Alatsee die Sohle des Sees durch einen Taucherlehrgang des Bundesgrenzschutzes nach dort lagernden Wertgegenständen absuchen zu lassen. Aus dem gleichen Grunde bitte ich auch vorerst nicht mit der Firma Johann Nußbaum in Augsburg, wegen Abschluß eines Vertrages über die Gestaltung der Nachsuche und Bergung von Wertgegenständen aus dem Alatsee zu verhandeln. Ich bitte Sie sicherzustellen, daß der Alatsee durch den Zollgrenzdienst weiterhin beobachtet und sobald Bergungsversuche seitens einer Privatfirma festgestellt werden mir umgehend berichtet wird."

Am 26.11.1971 beschwerte sich der Wünschelrutengänger Armin Haberzettl aus Landshut bei Bundesfinanzminister Prof. Karl Schiller, daß er keine Unterstützung bei angeschriebenen Stellen im Raum Füssen bezüglich des Goldschatzes aus dem Dritten Reich erhalten habe.

Die Oberfinanzdirektion München schrieb am 13.02.1976 an den Bundesfinanzminister:

... daß Herr Armin Haberzettl aus Landshut am 13.11.1972 mit Genehmigung der Stadt Füssen am Alatsee nach Vermögensgegenständen des ehemaligen Deutschen Reiches suche. Mit Schreiben vom 15.11.1972 hat Herr Armin Haberzettl der Stadt Füssen mitgeteilt, daß er die Suche ohne Erfolg abgeschlossen habe. [447]

Gezeichnet: i.V. Albrecht

Das Ergebnis einer geologischen Aufwerfung ließ den kleinen See überhaupt erst entstehen. Eine geologische Besonderheit am See ist, daß unter und neben dem See Naturkavernen von ausgewaschenen Kalksandstein vorhanden sind. Über Jahrhunderte angesammeltes Laub lassen auch den Waldboden um den See teilweise extrem nachgeben.

Die Schwefelquellen im See stellen eine Verbindung zu tieferen geologischen Ebenen dar und sind nicht Altlasten einer V 2-Raketen-Versuchsstation zuzuordnen. U Boot oder Sprengversuche im Alatsee gab es zu keinem Zeitpunkt. Der Name Graf Zeppelin der Versuchsanstalt am Alatsee ist eine Namensgleichheit und hat laut historischen Archiven mit den „Bodenseewerken Graf Zeppelin" am Bodensee nichts zu tun.

Auch das Verhalten der SS nährte die Suche nach dem Reichsschatz im Alatsee. Der Adjutant vom Reichsführer der SS Heinrich Himmler war Obersturmbannführer Dr. Brandt. Er war gleichzeitig Kommandeur der geheimen SS-Karstwehrtruppe. Diese Truppe unterstand formal dem Wehrwissenschaftlichen Institut der Waffen-SS Abt. Karst- und Höhlenforschung und nannte sich auch Fortifikationsstelle der Waffen-SS oder Forschungsstaffel. Dr. Brandt ließ im Auftrag Himmlers am 21.8.1943 eine Verzeichnis aller Höhlen des Deutschen Reiches erstellen. Diese Höhlen wurden für die Einlagerung von Lebensmitteln oder zur Fertigung von kriegswichtigen Gütern überprüft. Die einwandfreie Lagerung von Wertgegenständen oder Kulturgütern konnte wegen der hohen Luftfeuchtigkeit nur in verlöteten Blechkisten erfolgen.

Der höhere SS- und Polizeiführer Südwest , SS Obergruppenführer und General der Polizei Hofmann im Zivilverwaltungsbereich Elsaß in den Gauen Baden und Württemberg Hohenzollern schrieb am 22. Juni 1944 an die Reichsstatthalter, Reichsverteidigungskommissare und Gauleiter Wilhelm Murr und Robert Wagner. Er bezieht sich auf einen Besuch Himmlers in verschiedenen Rüstungsbetrieben und Gespräche über eine Verlagerung der Betriebe unter die Erde. [448]

Hofmann schrieb: „Die Dauer des Krieges sei noch nicht abzusehen, außerdem dürfte das nicht der letzte Krieg sein und zukünftige Kriege werden sicherlich nicht mehr durch lange Erklärungen eröffnet, auch nicht durch Anflüge von Luftflotten, die einigermaßen rechtzeitig erkannt werden können. Himmler ist der Meinung, daß durch die Fortschritte der Technik urplötzlich Sprengkörper auftauchen, deren Wirkungen unserer neuesten Raketen, die Vergeltungswaffen V 1 und V 2 in den Schatten stellen. Der Reichsführer ist der Auffassung, daß man bei solchen Verlagerungen möglichst tief in den Boden gehen sollte." [449]

Himmler sprach offenkundig von den Wirkungen einer Atombombe und ein Jahr nach diesem Schreiben werfen die Amerikaner in Japan zwei Atombomben.

Die Gerüchte um den Alatsee wurden durch eine Anfrage Himmlers vom 8. Mai 1944 an den SS-Gruppenführer im Wirtschafts- und Verwaltungshauptamt Kammler genährt. Er wollte wissen, ob es möglich sei unter Seen, also unter Wasser, Fabriken zu bauen, auch Betriebsstoffwaggons sollten zur Tarnung und als Schutz vor Bombenangriffen in Seen eingefahren und geparkt werden. [449]

Der Leiter des SS eigenen Bauamtes, genannt Amt C, Generalleutnant und SS-Gruppenführer Dr. Ing. Kammler, führte am 22.11.1944 in seiner Antwort an Himmler aus, daß die Vorschläge und Ideen über Unterwasser- und Höhlenfabriken aus verschiedenen technischen und militärischen Gründen nicht realisierbar seien. Im November 1944 ließ die Waffen-SS daher unterirdische Räume und Anlagen unter 850 Städten für Rüstungsverlagerungen überprüfen.

Aufgrund des massiven und schnellen alliierten Vormarsches an allen Fronten kam es zu keiner weiteren Bautätigkeit mehr.

Die Amerikaner hoben die wertvolle Unterwasserkamera und stellten die Unterlagen und Filme über die Strömungsversuche sicher. Die wissenschaftlichen Auswertungen in den USA ergaben eine wertvolle Hilfe für den Bau neuer, aerodynamischer Flugzeuge, Raketen und Torpedos.

Hunderte von Schatzsuchern tauchten Tag und auch Nacht heimlich nach dem Reichsbankgold in dem nur 22 m tiefen Alatsee. Außer Stahlkabel von der riesigen Strömungsversuchsanlage, einem verrosteten LKW Opel Blitz und alten Baumstämmen wurde später nichts Wertvolles gefunden. Weitere professionelle Bergeaktionen mit Bodenradar, Unterwasserradar und einem Mini-U-Boot wurden im Jahr 2001 endgültig abgebrochen.

Der wahre Schatz am Alatsee ist die romantische Umgebung. Bayerns Märchen König Ludwig II. plante hier sein Schloß Falkenstein. Bis auf die Pläne des Schlosses, einen Fahrweg und eine Wasserleitung wurde durch den tragischen Tod des bayrischen Monarchen nicht realisiert.

Die Goldkisten im Ferchensee

Am 14. Januar 1971 schrieb eine Frau Margot Aliotti aus Rom an den Präsidenten der Deutschen Bundesbank: [450]

„Ich war zu Ende des Krieges und beim Einmarsch der Amerikaner in Mittenwald und kann mich auf einen Zwischenfall, der mit dem Gold der Reichsbank zu tun hatte, noch sehr gut entsinnen und erlaube mir die höfliche Anfrage, ob Sie an meinem Wissen interessiert sind. Ich erbitte die größte Diskretion und absolute Verschwiegenheit und unter keinem Fall eine Publizierung des Inhalts meines Briefes."

Hochachtungsvoll   Margot Aliotti

Am 4. Mai 1972 schrieb Frau Aliotti, welche mittlerweile nach Ormond in Australien ausgewandert ist, detaillierte Angaben an den Abwickler der Deutschen Reichsbank:

„Ich stimme mit Ihnen überein, daß meine Kenntnisse über das Barrengold der Reichsbank nur auf Aussagen Dritter beruht, jedoch war ich Augenzeuge der damit verbundenen Aufregungen (in meinem Büro des Reserve Lazarettes in Mittenwald), die die Anlieferung des Goldes bereitete, sowie die nachfolgenden Vorbereitungen zum Weitertransport bzw. Versenken des Goldes. Ich bin der felsenfesten Überzeugung, daß das Gold in dieser Nacht, die ich Ihnen in meinem Brief beschrieb, ankam. Es lag überhaupt kein Grund vor, so eine Tatsache zu erfinden.

Im übrigen stand ich unter dem Eindruck, daß das Gold von Berlin kam. Man hatte auch nicht die Absicht gehabt, in Mittenwald zu bleiben. Man wollte ja weiter, doch dies war unmöglich geworden. Die nächste Ortschaft Scharnitz war stark besetzt und kontrolliert, die Grenze zu Österreich, der Feind kam von allen Seiten. So mußte in Mittenwald ein Weg zum Verstecken des Goldes gefunden werden und man brauchte Hilfe. Nach meiner Ansicht war den bayer. Behörden in München von dem Goldtransport nichts bekannt, man hätten doch sonst nach dem Kriege keine Nachforschungen angestellt.

Natürlich, das einfachste wäre mit einem Taucher und einem Geigerzähler den Ferchensee abzusuchen und zwar an den Stellen, die zum Teil von Mittenwald per Waldweg (fahrbar für Ochsenfahrwerke) zugänglich waren.

Ich würde folgendes vorschlagen. Schreiben Sie dem Bürgermeister von Mittenwald und bitten Sie um eine Liste der zur Zeit im Reserve Lazarett beschäftigten Personen. Ich würde den Goldtransport nicht erwähnen, denn aus dieser Liste kann ich diejenigen Personen identifizieren, die nach meinem Wissen von dem Goldtransport Kenntnis aus erster Hand hatten. Bitte senden Sie mir diese Liste zu."

Hochachtungsvoll   Margot Aliotti

Der Abwickler der Deutschen Reichsbank antwortete am 22. Januar 1973:

„Unter Bezugnahme auf mein Schreiben vom 10. August 1972 teile ich Ihnen heute mit, daß die Befragung des Bürgermeisters in Mittenwald und von Personen, die möglicherweise

Auskünfte über die angebliche Goldversenkung im Ferchensee hätten geben können, zu keinem Ergebnis geführt hat.

Zu Ihrer Unterrichtung darf ich Ihnen mitteilen, daß kürzlich durchgeführte Grabungen, die erhebliche Kosten verursacht haben, negativ verlaufen sind und die angeblich im Raum Füssen / Allgäu vergrabenen Goldbestände der Deutschen Reichsbank nicht gefunden wurden. Von weiteren Nachforschungen wegen der angeblichen Goldversenkung im Ferchensee haben die in Frage kommenden Stellen wegen der Aussichtslosigkeit Abstand genommen"

Hochachtungsvoll   Der Abwickler der Deutschen Reichsbank

Der Goldacker und die Goldbauern von Ohlstadt bei Garmisch

Der Abwickler der Deutschen Reichsbank erstellte am 8. Oktober 1975 eine Aktennotiz über angebliches Gold der Deutschen Reichsbank, das in der Gemeinde Ohlstadt bei Garmisch-Partenkirchen vergraben sein sollte: [450]

Aktennotiz:

Herr Bundesbankdirektor Dr. Hackl, Landeszentralbank Bayern, hat mir heute fernmündlich davon Kenntnis gegeben, daß ihm ein Ministerialrat aus dem Bayrischen Staatsministerium der Finanzen von einem Besuch unterrichtet habe, den ihm vor kurzem einige Vertreter der Gemeinde Ohlstadt im Ministerium in München abgestattet hätten.

Die Gemeindevertreter haben zum Ausdruck gebracht, daß sie mit Sicherheit davon wüßten, daß in einem innerhalb der Gemeinde Ohlstadt befindlichen Grundstück Goldbarren in erheblichen Umfang vergraben seien. Die Gemeinde beabsichtige, diese Goldbestände auszugraben. Sie habe den Wunsch, 50 % des Verkaufserlöses für dieses Gold zu erhalten. Die Gemeinde will mit dem Bundesland Bayern, vertreten durch das Finanzministerium, einen Vertrag abschließen, der diese Angelegenheiten regle.

Der Ministerialrat aus dem Bayrischen Staatsministerium der Finanzen sprach daraufhin Herrn Dr. Hackl an, wie zu verfahren sei, wenn es sich um Goldbestände der ehemaligen Reichsbank handle.

Ich habe Herrn Dr. Hackl telefonisch folgendes erklärt:

Nach Lage der Dinge sei es kaum wahrscheinlich, daß es sich um einen Schatzfund im Sinne des § 984 BGB handle. Diese Vorschrift sei nur anwendbar, wenn der Eigentümer des Goldes nicht zu ermitteln sei, stehe der Eigentümer fest, so sei nach anderen Vorschriften zu verfahren. Ich erklärte Herrn Dr. Hackl, daß ich mich mit dem Abwickler der Deutschen Reichsbank in Verbindung setzen und ihm fernmündlich von dem Ergebnis meiner Feststellungen berichten würde. Ich überreiche Ihnen diese Aktennotiz mit der Bitte um weitere Veranlassung.

Gezeichnet: Schmitz

Der Goldschatz am Turrachbach

In der Abgeschiedenheit des obersten Murtales, im Bezirk Murau in der Steiermark, gab es zu Kriegsende Machenschaften um einen Goldschatz. Über dieses Ereignis weiß auch der Historiker und Fürstlich Schwarzenberg`sche Hofarchivar Wieland zu berichten, der die Episode in späteren Jahren von einem Beteiligten, vom Gastwirt B.M., erzählt bekam. Die mit Initialen abgekürzten Namen sind dem Historiker Wieland bekannt. Diese Begebenheit wurde wie folgt geschildert: [509]

„Es war in den letzten Kriegstagen 1945, als sich elendslange Schlangen von zurückflutenden Soldaten der deutschen Wehrmacht durch das obere Murtal wälzten. Dabei ergab es sich auch, daß der Oberstleutnant Bernhard Kolar in Zivilkleidung, welcher im Auftrage des Bevollmächtigten des Deutschen Reiches in Griechenland Dr. Neubacher reiste. Er bezog Quartier in dem ältesten Gasthof der Gegend, unmittelbar an der Bundesstraße (heute B 97) liegend. Der wohlbeleibte und immer gut gelaunte Gastwirt M. erzählte mir oft über seinen neuen Gast und vermutete, daß dieser im Besitze eines größeren Vermögens sein mußte. Oberstleutnant Kolar ließ auch seine hübsche Tochter aus dem Salzburgischen nach Bodendorf / Steiermark nachkommen. Sie verliebte sich in den Gastwirt und aus dieser Verbindung entstammte auch ein Kind, für das der Gastwirt M. nach Aussage seiner späteren Ehefrau immer fleißig Alimente zahlen mußte.

Wie sich erst im nachhinein herausstellte, hatte Oberstleutnant Kolar wenige hundert Meter unterhalb der Straße an der Mur Kisten mit 60 kg Goldmünzen verschiedener Währungen fein säuberlich vergraben. Diese 60 kg Goldmünzen entnahm er seiner Dienststelle, der deutschen Spionageabwehr in Griechenland. Das war Teil jenes Goldes, welches 1944 im Auftrag des Bevollmächtigten des Deutschen Reiches in Griechenland Dr. Neubacher (ehemaliger Bürgermeister von Wien), zur Stützung der griechischen Währung nach Athen gebracht worden war. [510]

Ein anderer Teil dieses Goldes wurde von einem Perikles Nikolaidis, welcher ebenfalls ein Angehöriger der deutschen Spionageabwehr in Griechenland war, der dortigen Abwehrstelle entnommen und nach Hintersee (nähe dem Toplitzsee) gebracht. [510]

1947 tauchten allmählich verdächtige Gestalten und Mitwisser in Zivil, in unmittelbarer Umgebung des Gasthofes auf und beobachteten heimlich das Tun ihres ehemaligen Vorgesetzten. Immer, wenn Oberstleutnant Kolar in Geldnöten war, entnahm er aus dem Versteck eine Handvoll Münzen, fuhr damit nach Deutschland oder nach Südtirol, tauschte das Gold in heimische Währung um und kehrte wieder zurück. Da seine Mitwisser das Versteck nicht kannten, wo das Gold vergraben war, wurden sogar Wünschelrutengänger zur Suche heimlich eingesetzt, doch auch sie konnten den Schatz nicht orten.

Die Grenze bei Predlitz zur amerikanisch besetzten Zone im Bundesland Salzburg lag sehr nahe, und so bekam auch der amerikanische Geheimdienst von der Sache Wind und trieb sich im betroffenen Gebiet bis zur Turracher Höhe umher, aber ebenfalls ohne Erfolg.

Eines Tages verschwand Oberstleutnant Kolar wieder einmal im Stillen, um am Brenner Gold zu wechseln. Seine Mitwisser, die sich noch immer in der Umgebung aufhielten, sandten an Kolar daraufhin zum Brenner ein Telegramm, in dem darauf hingewiesen wurde, daß sein verborgener Schatz in Gefahr sei. Auf Grund dessen kehrte Oberstleutnant Kolar schleunigst zurück. Er besuchte bei dieser Gelegenheit seinen Bruder, der in Hallein als Tierarzt tätig war.

Die Brüder fuhren gemeinsam mit dem Funk-PKW des Oberstleutnants zur Zonengrenze nach Predlitz. Hier befand sich ein Schlagbaum, der von österreichischen Gendarmen (Polizisten) bedient wurde. Es war bereits Mitternacht. Beide Männer wurden kontrolliert. Der Tierarzt wies sich als solcher aus und bemerkte dem Gendarmen gegenüber, er müßte dringend nach Murau in die Apotheke, um ein bestimmtes Medikament zu holen. Da der Gendarm ihn nun vom Aussehen bereits kenne, ersuchte er ihn, er möge ihn bei seiner Rückfahrt gleich ohne Aufenthalt und Kontrolle durchlassen. Die Fahrt ging nun weiter in finsterer Nacht zum bestimmten Ort, um den Schatz zu heben.

Der Nachbar des Wirtes, der als Bauer ein Frühaufsteher war, erblickte vom Fenster aus in der Nähe seines Hauses ein verdächtiges Auto. Sofort eilte er zum Gastwirt, weckte ihn und berichtete von seiner Beobachtung. Aufgeregt schlüpfte der Wirt in seine Kleider, griff nach seinem Gewehr, startete sein „Moperl" (Motorrad), und ab ging's mit seinem Nachbarn, der hinten auf der „Pupperlhutschen" (Mitfahrersitz) saß, in Richtung Auto. Doch leider, das Auto war nicht mehr da. Also nahmen sie sofort die Verfolgung auf in Richtung Predlitz. Etwas außerhalb von Stadl an der Mur überholten die beiden im Morgengrauen einen am Straßenrand parkenden PKW, an dem gerade ein Reifen gewechselt werden mußte. Die Verfolger rasten nun so schnell es ging zum Schranken nach Predlitz und erzählten dort dem Gendarmeriebeamten, was sie vermuteten. Sie versteckten sich daraufhin hinter dem Hauseck mit dem Gewehr im Anschlag. Es dauerte nicht lange, und der Funk-PKW rollte langsam an den Schranken heran. Der Tierarzt war allein im Wagen, kurbelte das Fenster herunter und machte dem Gendarmeriebeamten Vorwürfe, warum er ihn nicht gleich weiterfahren lasse. Der Tierarzt mußte daraufhin das Auto verlassen, und unter Assistenz des bewaffneten Wirtes und des Bauern durchsuchte nun der Gendarm den in einen Overall gekleideten Arzt. Vollgepfropft mit Goldmünzen aller Art konnte sich der Tierarzt kaum bewegen. Im Kofferraum und unter der Motorhaube fand man weitere Goldmünzen, insgesamt rund 40 kg, aber von Oberstleutnant Kolar fehlte jede Spur. Dieser hatte den „Braten rechtzeitig gerochen", stieg vorher in sicherer Entfernung aus, umging vorsichtig den Schranken und wartete jenseits der Turrachbach-Brücke am Hang auf das Erscheinen seines Bruders.

Tatsächlich kam sein Wagen angefahren. Freudig erregt, wollte nun Oberstleutnant Kolar zu seinem Bruder ins Auto steigen, doch siehe da, dem Fahrzeug entstieg nicht sein Bruder, sondern der Gendarm und verhaftete den ebenfalls mit Goldmünzen ausgestopften Oberstleutnant. Aus war nun der Traum vom vielen Gold für die beiden Brüder. Sie wurden unter Gendarmeriebewachung nach Murau und von dort weiter dem englischen FSS (Field Security Section) nach Graz gebracht.

In der Gendarmeriechronik des Posten Murau ist vermerkt, daß am 8. Oktober 1947 Bernhard Kolar, ein Herr F.J. und der Tierarzt J.G. aus Hallein wegen des versuchten Geld- und Devisenschmuggels verhaftet und dem Landgericht Graz eingeliefert wurden. Dabei wurden 52 kg Goldmünzen von verschiedenen Währungen und eine größere Summe von ausländischen Banknoten beschlagnahmt. [510]

In den Unterlagen des Treuhänders der Deutschen Reichsbank findet sich eine notariell bestätigte Zeugenaussage vom 30. Januar 1952 des Kaufmanns Herbert H. des Notars Dr. Walter Voelsch in Frankfurt, welche die Aussagen des Fürstlich Schwarzenberg´schen Hofarchivars Wolfgang Wieland bestätigen. [510]

Der Verbleib von deutschen Milliardenwerten bei den Alliierten, der fehlende Aufklärungswille der deutschen Politiker und das Schweigen der heutigen Verbündeten

Am 14. Juni 1963 schrieb der deutsche Bundesjustizminister an das Auswärtige Amt, an den Bundeswirtschaftsminister, an den Bundesfinanzminister, an den Bundesverkehrsminister, an die Deutsche Bundesbank und an den Treuhänder der Reichsbank seine Meinung bezüglich der Abgabe einer Erklärung der Bundesregierung zum IARA Schlußbericht: [494]

„Ich teile die Auffassung des Bundeswirtschaftsministers, daß es mit Rücksicht auf eventuell spätere Fragen über deutsche Reparationen nicht unbedenklich ist, stillschweigend von dem Schlußbericht der IARA (Final Report 1961) Kenntnis zu nehmen. Es stellt sich jedoch die Frage, ob eine Erklärung der Bundesregierung, die sich gegen den Schlußbericht wendet, politisch vertretbar und zweckmäßig ist. Ich halte es für möglich, daß gewichtige außenpolitische Gründe gegen eine solche Erklärung sprechen. Diese Frage muß meines Erachtens von den hierfür federführenden Auswärtigen Amt eingehend geprüft werden, wobei auch die Entwicklung, welche die Auslegung und Anwendung von Artikel 5/2 des Londoner Schuldenabkommens genommen hat, nicht außer Betracht bleiben kann."

Gezeichnet: Im Auftrag   Roemer

Der Bundesfinanzminister antwortete am 27 Juni 1963 an die beteiligten Ministerien und an den Treuhänder der Reichsbank: [495]

„Es erscheint mir zweifelhaft, ob der Schlußbericht der IARA bei etwaigen Verhandlungen über die Reparationsfrage, die nach Art. 1 des Überleitungsvertrages theoretisch noch möglich sind, wirklich eine wesentliche Rolle spielen kann. Die Aufgabe der IARA bestand darin, die zugewiesenen Vermögensobjekte nach einheitlichen Gesichtspunkten zu bewerten und für den späteren internen Ausgleich unter den Mitgliedsstaaten kontenmäßig festzuhalten. Für diesen Zweck kam es weniger darauf an, die wahren Werte zu ermitteln als die Werte nach dem gleichen Maßstab festzustellen. Es wäre also leicht möglich, daß etwaige Vorstellungen gegen den Bericht, der übrigens der Bundesregierung nicht offiziell zugegangen ist, schon mit einem Hinweis auf die geschilderte Lage abgetan würde.

Wesentlich scheint mir jedoch folgende Überlegung:

(Erklärungen des deutschen Delegationsleiters auf der Londoner Schuldenkonferenz
  Herr Abs, Bundestagsdrucksache, 1. Wahlperiode Nr. 4260 S. 158)

Da deutscherseits nicht mehr mit Reparationsleistungen gerechnet wird, was gelegentlich auch offiziell erkennbar gemacht wurde, sollte in offiziellen Erklärungen gegenüber den ehemaligen Alliierten alles vermieden werden, was die Vermutung aufkommen lassen könnte, die Bundesrepublik ziehe weitere Reparationsleistungen in Betracht. Ich glaube, der Schaden, der durch eine solche Erklärung entstehen könnte, wäre größer als der Nutzen, den sie bei etwaigen künftigen Reparationsverhandlungen haben könnte. Auch die vom Bundeswirtschaftsminister vorgeschlagene „vorsichtige Formulierung" würde wahrscheinlich nicht nur mit dem Hinweis beantwortet werden, daß es sich bei den IARA Abkommen um eine res inter alios Geste handle, sondern zu der Frage führen, was denn die Bundesregierung zu einer Einmischung in dieser Angelegenheit veranlassen könne.

Da die Bundesregierung weder an dem Abkommen noch an seiner Ausführung beteiligt war, auch offiziell von den Berichten keine Kenntnis erhalten hat, würde ihr auch nicht entgegen gehalten werden können, sie habe sich verschwiegen, wenn sie von einer Stellungnahme absieht."

Gezeichnet: Im Auftrag   Fricke

Seit 1945 hat keine Bundesregierung die Öffentlichkeit über den Inhalt des IARA Abschlußberichtes informiert und demzufolge auch keine Stellungnahme zum IARA-Bericht abgegeben. Das Schweigen deutscher Politiker, zu den erkennbar unterbewerteten deutschen Reparationen, wirkte sich später in Form höherer Reparationszahlungen Westdeutschlands und damit höherer Steuerbelastungen für den Bürger bis heute aus.

Es steht fest, daß keine Siegermacht freiwillig genaue Informationen oder eine Abrechnung über den Verbleib der erbeuteten Gold-, Silber- und Devisenreserven dem jetzt befreundeten Deutschland und NATO Mitglied gegeben hat. Bis heute hat es jede Bundesregierung nicht für notwendig gehalten, die ehemaligen Alliierten zu einer genauen Reparationsabrechnung zu bewegen.

Das Auswärtige Amt befragte noch am 31. Mai 1974 (!) den Abwickler der Reichsbank über den Verbleib der gegen Ende des 2. Weltkrieges vorhandenen Gold- und Devisenreserven, sowie des Münzgoldes. Das Auswärtige Amt bat um Mitteilung, ob die amerikanische oder eine andere Regierung sie eventuell als Kriegsbeute übernommen hätten und ob darüber mit diesen jemals Verhandlungen oder Gespräche geführt worden seien. [496]

Die Rückgabe von Gold und anderen Werten an die wirklichen Eigentümer wurde nur unvollständig bzw. überhaupt nicht von den Alliierten durchgeführt. Die Sieger haben wenig deutsches, sondern hauptsächlich europäisches Gold für sich behalten. Hinterher wurde diese „Kriegsbeute" als vermißtes oder verbrauchtes „deutsches Raubgold" bezeichnet.

Alle NS Opfer des Hitlerregimes wurden durch das Verhalten der Sieger unzureichend oder viel zu spät entschädigt, da die „wahre Kriegsbeute" der Alliierten der Öffentlichkeit bis heute verschwiegen wurde.

Herr Rechtsanwalt Dr. jur. Bernhard Bernstein vom US Schatzamt leitete 1945 als Colonel der US Finance Division (SAEF) die Registrierung des Reichsschatzes im Bergwerk Merkers. Herr Dr. Bernstein wird sein Wissen über das beschlagnahmte Gold der Nationalbanken Europas und anderer Werte auch an den neuen Staat Israel weiter gegeben haben, schließlich war er nicht nur Berater von Präsident Eisenhower, sonder hat auch bei der Gründung des Staates Israel als Rechtsberater mitgewirkt.

Es besteht daher die Vermutung, daß die Regierungen des neuen Staates Israel das Wissen des Herrn Dr. jur. Bernstein über die „heimliche US-Kriegsbeute" für sich und von der Öffentlichkeit unbemerkt nutzten.

Die von Amerika erhaltene Marschallplanhilfe mit 2,5 Milliarden US Dollar für Westdeutschland, sowie die „US-Rosinenbomber" anläßlich der Berlinblockade waren nur Kredite. Es war auch kein Geschenk der USA, wie das noch heute von deutschen und amerikanischen Politikern gerne großzügig dargestellt wird.

Es ist eine amtliche Tatsache, daß auch die „Berlinhilfe" eigentlich ein Kredit der USA war und von West-Deutschland bis 1961 mit DM 3.471 Mio. (!), also zusätzlich zur Rückzahlung des Marshallplan-Kredites, zurückgezahlt werden mußte. [497]

In Wirklichkeit hatten die USA keine eigenen finanziellen Mittel für diese „Kredithilfen" aufbringen müssen. Sie hatten außer den erbeuteten Goldreserven der Reichsbank und anderer europäischer Nationalbanken auch noch über 300 Tonnen Silber, Devisen und Diamanten, die sie dafür verwerten konnten.

Im Potsdamer Abkommen legten die Siegermächte fest, daß Deutschland allen Auslandsbesitz und die Handelsflotte verlieren sollte. Im IARA Abschlußbericht ist aber nur die Auslieferung der Handelsflotte zu einem Drittel an die Westmächte erwähnt, die Übergabe der restlichen zwei Drittel an die Sowjetunion fehlen. Der Historiker Harmsen geht von einem Zeitwert der Deutschen Handelsflotte von rund RM 550 Millionen aus. [498]

Der Irrtum der Politik liegt darin, daß die IARA gesamtdeutsches Vermögen ausschließlich einem westdeutschen Reparationskonto gutgeschrieben hat, obwohl auch Ostdeutschland Anteile am alten Reichsvermögen im Westen oder im Ausland hatte. Die Auslandsguthaben in Ost und West waren eigentlich gesamtdeutsche Reparationen, da westdeutsche Firmen auch im Osten investiert hatten und umgekehrt. Diese Reparationen hätten die Sieger nach einem bestimmten Schlüssel aufteilen müssen.

Die Sowjetunion beschlagnahmte in Rumänien, Bulgarien, Ungarn, Finnland und Ostösterreich auch deutsches Auslandsvermögen, das weder einem ost- noch einem westdeutschen Reparationskonto angerechnet wurde.

Es wurde nicht nur für die IARA demontiert, die Besatzungsmächte entnahmen ihrer Zone vieles auch direkt für sich. Sie demontierten bereits vor der Gründung der IARA und selbst danach entnahmen Briten und Franzosen ihren Zonen Anlagen, die nicht der IARA zur Verfügung gestellt wurden. [499]

Schätzungen über den Wert der Demontagen, sogar von alliierter Seite sind deutlich höher als die IARA Angaben, sie schwanken zwischen 270 bis 720 Millionen Dollar.

Jedes IARA Mitgliedsland konnte innerhalb seines Gebietes verfügbares deutsches Guthaben liquidieren. Die IARA hatte keine Kontrollmöglichkeit und konnte auch nur diese Summen registrieren, welche ihr mitgeteilt wurden. Es liegt auf der Hand, daß die gemeldeten Summen zu niedrig waren; manchmal waren sie kaum mehr als symbolisch. [500]

Ein Bundestagsausschuß bewertete 1952 das deutsche Auslandsvermögen auf mindestens 10 Milliarden RM und höchstens auf 20 Milliarden RM (1938). Der Wert der aus Westdeutschland weggeschafften ausländischen Wertpapiere wird mit 1,8 bis 2,5 Milliarden neuer Deutscher Mark geschätzt. Bei der Ausarbeitung des Reparationsschädengesetzes von 1969 wurden die Schäden im Ausland mit 13.042 Millionen Reichsmark angegeben. [501]

Die Manipulation von Wechselkursen der Besatzungsmächte wurde von der IARA ebensowenig berücksichtigt, wie die Gewinne, welche durch die Ausgabe von Besatzungsgeld gemacht wurden und auf 1 Milliarde RM geschätzt werden. [502]

So galt der US-Militärwechselkurs, ein Dollar für 10 Reichsmark. Die US-Truppen konnten damit deutsche Dienstleistungen und Güter sehr viel günstiger kaufen. Beschlagnahmte oder erbeutete Reichsmarkbeträge verschafften so ungeahnten Reichtum. Schließlich erbeuteten die US-Truppen allein im Bergwerk Merkers neue 3 Milliarden Reichsmark und in der Reichsbankhauptstelle München gebrauchte Banknoten für rund 510 Millionen Reichsmark.

Dagegen hat der Reichsbankbuchungsbeleg von 1948 aus dem Hauptbuch der bayrischen Landeszentralbank vom 5. April 1949 nur RM 85.584.524,30 als vernichtete Geldscheine festgehalten und von der deutschen Bevölkerung wurden zur Währungsreform genau RM 319.314.287,87 in die neue D-Mark umgetauscht. [369]

Entnahmen aus der landwirtschaftlichen Produktion machten in der französischen Zone bis 1. März 1948 rund 682,9 Millionen RM aus, welche nicht als Reparation anerkannt wurden. [503]

Der Außenhandel wurde von den Besatzungsmächten fast vollständig kontrolliert, sie konnten die Exportpreise festsetzen. Die Manipulation von Exportpreisen unter dem Weltmarktniveau war eine indirekte Reparationsleistung für den Empfänger, diese erfolgte für Industrieprodukte und Rohstoffe. Die Gewinne durch diese Manipulationen werden auf rund 3 Milliarden RM / DM zu laufenden Preisen geschätzt. [504]

Das Verhalten der Sieger verläuft nach dem Krieg öfter in zwei gegensätzliche Richtungen, die in der Öffentlichkeit nicht bekannt wurden. Das Beispiel Präsident J. F. Kennedy zeigt auf, daß er mit seiner bekannten Aussage „ich bin ein Berliner" große Zustimmung in der deutschen Bevölkerung fand. Die Deutschen ahnten damals nicht, daß J. F. Kennedy sich mit Chruschtschow über den Mauerbau abgestimmt hat. [505]

Der interne Schriftverkehr zwischen den Staatsoberhäuptern der Sowjetunion und der USA belegt nämlich, daß Chruschtschow und Präsident Kennedy sich gemeinsam über den Bau der Mauer in Deutschland einig waren und das bereits vor deren Errichtung. Sie verständigten sich sogar darauf, daß mit dem Bau der Mauer und des „Eisernen Vorhanges" auch die künftige Grenze von Ostdeutschland und damit von den USA stillschweigend anerkannt würde. [505]

Welchen Preis Kennedy für seine stille Zustimmung zum Mauerbau zahlen mußte, kann erst nach Offenlegung aller Schriftstücke bestimmt werden. Weitere Papiere zu diesem Thema sind bis heute von der Kennedy Familie nicht freigegeben worden. [505]

Einen sehr hohen Ausgabenanteil der Bundesrepublik Deutschland stellten die Besatzungskosten dar, die ja viel höher als die eigentlichen Reparationslasten zusammengenommen waren. Offiziell entfielen sie nach dem Besatzungsstatus am 5. Mai 1955, wurden aber durch dem Namen „Stationierungskosten" ersetzt und weiter bezahlt. Aus diesem Grund wurden diese weiteren Leistungen nach 1955 in meiner Tabelle Nr. 81 nicht berücksichtigt.

Die Bundesrepublik und die DDR zahlten bis zur deutschen Wiedervereinigung und bis zum Abzug der Alliierten diese „Stationierungskosten". Die Alliierten rechneten bis 1994 die Bezahlung ihrer Soldaten und deren Vergünstigungen in Deutschland nicht als Reparation oder Wiedergutmachung an, obwohl sie ihre Soldaten im eigenen Land hätten selbst versorgen und bezahlen müssen. [506]

Im August 1997 wurde von der TGC der IARA, von 41 Vertretern verschiedener Regierungen und Staatsbanken und von Holocaust Opfern eine Konferenz vorgeschlagen, um neue Erkenntnisse über Herkunft und Verbleib von NS-Gold zu gewinnen. Am 1. Dezember 1997 gab es diese in London unter Vorsitz von Lord McKay of Clashfern, einem ehemaligen Vorsitzenden des britischen Oberhauses. In mehreren nicht öffentlichen Sitzungen wurde die TGC der Westalliierten aufgefordert, ihren restlichen Goldbestand zu liquidieren und ihre Archive zugänglich zu machen. [507]

Der Vatikan, in dessen Akten wesentliche Aufschlüsse vermutet werden, entsandte seine Delegierten nur als Beobachter nach London; sie verharrten drei Tage lang in Schweigen.

Der Sprecher des JWC, Elan Steinberg trug folgende Meinung vor:

„Nach Würdigung der Tatsache, daß diese Konferenz überhaupt zustande gekommen sei, sagte er, es seien allein zwei Delegationen negativ aufgefallen, die des Vatikans und die der Schweiz. Der Heilige Stuhl, weil er bloß als Beobachter anwesend war, obwohl die Vatikanbank Raubgold aus Kroatien entgegengenommen habe, was Steinberg quellenmäßig belegte, wobei die Zahlungen über die Schweiz liefen. Die Schweiz stellte er in die Kritik, weil sie „business as usual" praktiziert habe."

Die wahre geheime Kriegsbeute der USA wurde vom JWC bis heute zu keinem Zeitpunkt erwähnt oder angesprochen. Bei der Bank von England kamen demnach von den Alliierten nur 155 Tonnen Gold zur Verteilung an.

Offenbar haben die USA ihre ehemaligen Alliierten über ihre wahre Kriegsbeute nicht richtig informiert. Wie kann es sein, daß im Eizenstat-Bericht von einer beschlagnahmten Goldmenge von 233 Tonnen berichtet wird, obwohl doch über 361 Tonnen Gold in Deutschland überwiegend von US-Truppen beschlagnahmt wurden ? Warum haben die Alliierten das Silber der Reichsbank mit über 301 Tonnen komplett der Nachwelt verschwiegen ?

Am 6. August 2001 bestätigt die Deutsche Bundesbank dem Autor schriftlich: [508]

„Ein offizieller Schlußbericht der Inter Alliierten Reparations Agentur über Goldangelegenheiten ist uns nicht bekannt."

Gezeichnet: Prof. Dr. Lindenlaub   Herget

Die Archive der Tripartite Gold Commission / TGC der IARA bleiben bis heute unabhängigen Forschern verschlossen.

* * *

Der Mantel des Schweigens konnte jedenfalls die gigantischen Gold- und Silberberge in den Tresoren der Alliierten nicht verhüllen und es war nach über 50 Jahren an der Zeit, die Öffentlichkeit mit der Wahrheit über Gold, Silber, Devisen und den Diamanten aus dem Dritten Reich und die deutschen Reparationen zu konfrontieren.

Ein NS-Schatz kann heute jedenfalls nicht mehr gefunden werden.

Karl Bernd Esser

Goldexport des Deutschen Reiches

vom 1.9.1939 bis 30.8.1944

über insgesamt 644.807,28 kg

Tabelle 1

Der Goldexport des Deutschen Reiches 1.9.1939 - 30.8.1944 in kg							
	1.9.39 - 31.12.39	1940	1941	1942	1943	1944	Gesamt 1.9.39 bis 30.08.1944
Argentinien	0	0	0	0	?	?	?
Belgien	0	8.095,60	52,02	175,30	0,10	0	8.323,20
Bulgarien	0	0	0	153,10	111,60	25	289,70
Chile	0	0	0	0	?	?	?
Dänemark	7,60	20,80	42,93	26,60	14,50	0	112,43
Finnland	0	0,50	0,60	0	0	0,30	1,40
Frankreich	0	0	12,70	0	0,30	0	13,00
Griechenland	0	0	0	0	0	9	9,00
Italien	0	0	650,40	2.048,60	14.115,30	0	16.814,30
Jugoslawien	54,40	1.121,80	400,20	0	0	0	1.576,40
Japan	0	0,00	2.000	2.100	0	0	4.100,00
Kroatien	0	0	0	0	1,50	617,56	618,06
Monaco	0	0	0	?	?	?	?
Niederlande	5.046,30	2.008,60	74,20	126	282,50	0	7.537,60
Norwegen	0,20	1,60	42,24	1,60	1,50	0	47,14
Portugal	0	0	21.200	46.800	21.700	43.900	133.600,00
Rumänien	0	0,00	150	14.411,10	31.076,00	222,90	45.860,00
Schweden	6,30	3.040,90	3.099,33	2.024,20	2.128,40	1.000,00	11.299,13
Schweiz	1.619,70	16.493,00	57.544,30	105.525,10	118.806,60	96.353,00	396.341,70
Slowakei	0	30,70	61,20	37,30	7,50	0	136,70
Spanien	0	0	0	0	?	350,20	350,20
Türkei	0	0	0	2.348,00	5.950,30	1.632,50	9.930,80
Ungarn	33,20	112,60	689,30	82	126,80	43,80	1.087,70
UdSSR	0	0	6.256,00	0	0	0	6.256,00
Vatikan	0	0	0	0	?	502	502,00
Gesamt	**6.767,70**	**30.926,10**	**92.275,42**	**175.858,90**	**194.322,90**	**144.656,26**	**644.807,28**

(? = nicht ermittelbar)

Goldbestand der Österreichischen Nationalbank

Tabelle 2

Österreichische Nationalbank Wien Goldbestand am 17.Mai 1938				
Typ	Anzahl	kgr	kgf	US $ 1938
a) Goldbarren	4.793	54.340,613	53.854,7590	60.605.596,50
b) Goldmünzen				
Goldschillinge	37.290.925	8.770,834	7.893,75060	8.882.640,20
Goldkronen	4.725.440	1.598,621	1.438,75890	1.618.999,40
Dollar	418.133	698,556	628,68240	707.440,60
Gemischte France	1.527.152,50	490,805	441,72450	497.061,50
Holländ. Gulden	66.105	44,398	39,95820	44.964,00
Skandin. Kronen	297.005	133,044	119,73960	134.740,00
Goldmark	344.740	136,729	123,05610	138.472,00
Rubel	28.302,50	24,266	21,83940	24.575,30
Mexikanische Pesos	2.029	1,680	1,51200	1.701,40
Golddukaten	215.651	752,392	741,94210	834.888,90
Sovereigns	84.058	669,839	614,01910	690.940,30
Türkische Pfund	2.909,50	20,765	19,00000	21.380,20
Alte russische Rubel	37,50	489	448,30	504,50
Rubel	25	8	7,30	8,20
Dänische 25-Gulden	2.650	842	756.10	850,80
Griech. 20-Drachmen	1.604	12,353	11,19830	12.601,20
			12.096,39290	13.611.768,50
Summe von a) und b)			65.954,86880	74.217.365,00
c) ausgelagerte Goldbarren in der Bank von England	1.788		22.341,16950	25.139.959,50
Summe von a), b) & c)			88.296,03830	99.357.324,50

Quelle: Historisches Archiv der Deutschen Bundesbank, US-Aufstellung in Merkers u. Reichsbankunterlagen

Deutsches Auslandsvermögen 1945

im Gebiet der IARA Mitgliedsstaaten

(Bewertung in US Dollar auf der Preisbasis 1938)

Tabelle 68

Länder	Stand Mai 1951	Stand Sept. 1961	Veränderungen
Albanien	-	-	
Vereinigte Staaten	98.645.720,00	98.645.720,00	
Australien	1.159.702,00	1.159.702,00	
Belgien	6.520.474,00	6.520.474,00	
Kanada	1.938.936,00	1.938.936,00	
Dänemark	14.684.057,00	14.857.563,00	173.506,00
Ägypten	2.641.201,00	2.620.958,00	20.243,00
Frankreich	5.654.625,00	5.799.201,00	144.576,00
Großbritannien	38.511.923,00	40.519.899,00	2.007.976,00
Griechenland	1.512.306,00	1.512.306,00	
Indien	3.533.776,00	3.567.562,00	33.786,00
Pakistan	2.834,00	153,00	2.681,00
Luxemburg	802.820,00	802.820,00	
Norwegen	2.580.274,00	3.193.958,00	613.684,00
Neu Seeland	188.147,00	188.147,00	
Niederlande	31.745.314,00	31.745.314,00	
Tschechoslowakei	4.938.965,00	4.938.965,00	
Südafrika	10.951.731,00	10.851.731,00	
Jugoslawien	3.095.880,00	3.095.880,00	
Summe in US Dollar 1938	230.236.053,00	231.959.289,00	1.723.236,00

Deutsches Auslandsvermögen in neutralen Ländern

(Bewertung in US Dollar auf der Preisbasis 1938, Stand 1961)

Tabelle 69

	Afghanistan	Irland	Spanien	Schweden	Schweiz	Tanger	Thailand	Portugal	Summe US-Dollar
Albanien	-	-	5.431	-	13.074	8	72	238	18.823
Vereinigte Staaten	340	-	1.841.409	9.334.256	1.347.020	4.405	14.961	49.879	12.592.270
Australien	-	659	74.666	-	139.951	110	561	1.866	217.813
Belgien	-	-	9.656	-	98.634	-	1.058	3.527	112.875
Kanada	-	696	366.003	-	843.928	551	4.247	14.144	1.229.569
Dänemark	-	-	-	1.488.417	-	-	-	-	1.188.417
Ägypten	-	-	-	-	-	-	-	-	-
Frankreich	544	-	1.161.513	5.212.659	761.381	2.518	9.237	30.798	7.178.650
Großbritannien	1.020	-	2.127.862	9.334.256	2.167.605	4.405	24.029	80.056	13.739.233
Griechenland	-	-	281.072	182.355	561.021	425	3.244	10.800	1.038.917
Indien	-	-	175.189	-	297.254	259	998	3.326	477.026
Luxemburg	-	-	-	-	-	-	-	-	-
Norwegen	-	-	-	1.491.602	-	-	-	-	1.491.602
Neuseeland	-	659	43.116	-	97.795	63	497	1.657	143.787
Pakistan	-	-	37.956	-	92.272	55	496	1.654	132.433
Niederlande	-	-	-	805.656	-	-	-	-	805.656
Tschechoslowakei	-	-	283.158	447.587	393.654	472	2.397	7.990	1.135.258
Südafrika	-	-	-	-	-	-	-	-	-
Jugoslawien	-	-	625.466	1.331.935	934.336	1.039	7.665	25.531	2.925.972
Summe	1.904	2.014	7.032.497	29.628.723	7.747.925	14.310	69.462	231.466	44.728.301

Deutsche Auslandswerte in neutralen Staaten

(Nettoerlöse, Stand September 1961)

Tabelle 70

Währungen	Afghanistan	Spanien	Irland	Portugal	Schweden	Schweiz	Thailand	Tanger	IARA Zuteilungswert in $ (1938)
Afgh. Rupien	21.173								1.904
Peseten		402.441.304						603.798	6.447.172
US Dollars		533.401							264.416
Brit. Pfunde		143.120	1.399				58.952		348.431
Holl. Gulden		409.473							48.135
Schw. Franken		75.720				73.520.996			7.755.952
Eskudos				15.457.400					223.102
Belg. Franken				758.336					6.361
Schwed. Kronen					218.000.000				29.628.723
Franz. Franken								901.339	2.119
									44.729.501

Deutsches Auslandsvermögen in ehemaligen feindlichen Ländern

(Bewertung in US Dollar Preisbasis 1938, Stand September 1961)

Tabelle 71

Länder	Italien	Japan	Summe
Albanien	1.568	5.533	7.101
Vereinigte Staaten	449.881	212.256	662.137
Australien	21.945	67.510	89.455
Belgien	-	16.979	16.979
Kanada	109.721	381.839	491.560
Dänemark	-	-	-
Ägypten	-	-	-
Frankreich	257.075	132.413	389.488
Großbritannien	449.881	346.237	796.118
Griechenland	74.607	231.328	305.935
Indien	51.726	151.283	203.009
Luxemburg	-	-	-
Norwegen	-	-	-
Neuseeland	12.540	42.681	55.221
Pakistan	10.972	39.157	50.129
Niederlande	-	-	-
Tschechoslowakei	68.958	161.267	230.225
Südafrika	-	-	-
Jugoslawien	139.206	281.356	420.562
	1.648.080	2.069.839	3.717.919

In Deutschland vorgefundene Devisen aus neutralen Ländern und gefundene Wertpapiere aus IARA Mitgliedstaaten

(Bewertung in US Dollar auf der Preisbasis 1938)

Tabelle 72

Länder	Neutrale Devisen Stand Mai 51	Devisen Stand Sept. 61	Differenz	Wertpapiere aus den IARA Staaten	Summe Stand: Sept. 61
Albanien	2.004	1.942	62	-	1.942
Vereinigte Staaten	56.979	51.109	5.870	783.680	834.789
Australien	28.070	27.171	899	8.133	35.304
Belgien	-	101	101	6.504	6.605
Kanada	140.346	135.887	4.459	58.758	194.625
Dänemark	-	-	-	117.371	117.371
Ägypten	-	-	-	1.845.152	1.845.152
Frankreich	32.559	29.282	3.277	102.655	131.937
Großbritannien	56.979	51.994	4.985	295.512	347.506
Griechenland	85.365	82.613	2.752	1.404	84.017
Indien	66.163	63.941	2.222	3.242	67.103
Luxemburg	-	-	-	17.229	17.229
Norwegen	-	-	-	4.051	4.051
Neu Seeland	16.040	15.543	497	-	15.543
Pakistan	14.034	13.592	442	99	13.691
Niederlande	-	-	-	4.188.737	4.188.737
Tschechoslowakei	63.040	60.820	2.220	111.526	172.346
Südafrika	-	-	-	796	796
Jugoslawien	97.509	93.696	3.813	-	93.696
	659.088	627.691	31.397	7.544.829	8.172.520

Reparationen Kategorie A

(Bewertung in US Dollar auf der Preisbasis 1938)

Tabelle 73

Länder	Erbeutete deutsche Vorratslager	Eingliederung der Saar in die Französische Wirtschaft	Sowjetrussische Gegenlieferungen	Summe
Albanien				
Vereinigte Staaten			393.794	393.794
Australien				
Belgien	2.130.013		38.621	2.168.634
Kanada				
Dänemark	5.262.696			5.262.696
Ägypten			758	768
Frankreich	13.067.878	17.509.000	325.310	29.795.688
Großbritannien			515.600	515.600
Griechenland			72.464	72.464
Indien			28.548	28.548
Luxemburg	36.764			36.764
Norwegen	3.081.885			3.081.885
Neuseeland				
Pakistan				
Niederlande	2.549.302		71.366	2.620.668
Tschechoslowakei			42.851	42.851
Südafrika				
Jugoslawien	1.390.968		102.149	1.493.117
	26.519.506	**17.500.000**	**1.491.971**	**45.511.477**

Zuteilungen der sowjetrussischen Gegenlieferungen

(Bewertung in US Dollar auf der Preisbasis 1938)

Tabelle 74

Land	Weizen to	Bauholz cbm	Grubenholz cbm	Benzin to	Dieselöl to	Gesamtwert in US $
Belgien	694					38.621,-
Ägypten		105				768,-
USA	1709			1400	3141	393.794,-
Frankreich	4104					225.810,-
England	1709	14414	15000	900	1332	515.600,-
Griechenland		6088				72.464,-
Indien	513					28.548,-
Niederlande	501	4393				71.366,-
Tschechoslowakei	770					42.851,-
Jugoslawien				700	527	102.149,-
	10.000	**25.000**	**15.000**	**3.000**	**5.000**	**1.491.971,-**

Reparationen Kategorie B
Demontageprogramm

(Bewertung in US Dollar auf der Preisbasis 1938)

Tabelle 75

Länder	Demontageprogramme		
	Stand: 15. Mai 51	Stand: Sept. 61	Veränderung
Albanien	976.033	964.909	11.124
Vereinigte Staaten	4.387.151	3.196.357	1.190.794
Australien	2.187.799	2.187.491	308
Belgien	6.758.642	6.535.668	222.974
Kanada	55.223	34.811	20.412
Dänemark	393.183	387.514	5.669
Ägypten	179.021	186.831	7.810
Frankreich	29.481.439	30.050.580	569.143
Großbritannien	24.533.075	23.870.456	662.619
Griechenland	8.206.679	8.027.365	179.314
Indien	4.586.993	4.738.989	151.996
Luxemburg	488.392	485.040	3.352
Norwegen	1.210.258	1.207.479	2.779
Neu Seeland	589.667	586.611	3.056
Pakistan	1.157.514	948.122	209.392
Niederlande	5.418.479	5.372.578	45.901
Tschechoslowakei	7.807.252	7.720.303	86.949
Südafrika	-	-	
Jugoslawien	25.969.125	25.673.582	295.543
	124.385.925	122.174.686	4.211.239

Reparationen Kategorie B

(Bewertung in US Dollar auf der Preisbasis 1938)

Tabelle 76

Länder	Einzelentnahmen		Handels Schiffe	Summe
	Multilaterale	Unilaterale		
Albanien	54.657	-		74.661
Vereinigte Staaten	-	4.997.502		7.325.197
Australien	185.114	-		279.612
Belgien	520.297	-		1.110.828
Kanada	-	-		908.233
Dänemark	97.104	-		849.705
Ägypten	-	-		173.247
Frankreich	1.984.299	5.002.541 (2)		13.355.674
Großbritannien	1.426.623	1.844.368		25.938.573
Griechenland	734.385			2.456.705
Indien	774.829		-	774.829
Luxemburg	89.180		-	89.180
Norwegen	148.926	-	2.276.971 (3)	4.625.897
Neu Seeland	156.702		162.747	319.449
Pakistan	33.759		-	33.759
Niederlande	310.617	-		2.779.757
Tschechoslowakei	333.681 (1)	-		333.681
Südafrika	-	-		-
Jugoslawien	1.305.567	-	778.042 (4)	2.083.609
Summe	8.155.740	11.851.406	44.105.449	64.112.595

Reparationen der Kategorie B
– Gesamtübersicht –

(Bewertung in US Dollar auf der Preisbasis 1938)

Tabelle 77

IARA Mitgliedstaaten	Reparationszuteilungen Stand: Mai 1951	Reparationszuteilungen Stand: Sept. 1961	Veränderungen
Albanien	1.050.694,-	1.039.570,-	11.124,-
Vereinigte Staaten	12.312.348,-	11.121.554,-	1.190.794,-
Australien	2.467.411,-	2.467.103,-	308,-
Belgien	7.869.470,-	7.646.496,-	222.974,-
Kanada	963.456,-	943.044,-	20.412,-
Dänemark	1.242.888,-	1.237.219,-	5.669,-
Ägypten	352.268,-	360.078,-	7.810,-
Frankreich	41.957.572,-	43.406.254,-	1.448.682,-
Großbritannien	50.471.648,-	49.809.029,-	662.619,-
Griechenland	10.663.383,-	10.484.069,-	179.314,-
Indien	5.361.822,-	5.513.818,-	151.996,-
Luxemburg	577.572,-	574.220,-	3.352,-
Norwegen	5.815.677,-	5.833.376,-	17.699,-
Neu Seeland	909.116,-	906.060,-	3.056,-
Pakistan	1.191.273,-	981.881,-	209.392,-
Niederlande	8.198.236,-	8.152.335,-	45.901,-
Tschechoslowakei	8.141.510,-	8.053.984,-	87.526,-
Südafrika	-	-	-
Jugoslawien	28.043.810,-	27.757.191,-	286.619,-
Summe	**187.590.154,-**	**186.287.281,-**	**1.302.873,-**

IARA Reparations Zuteilungen der Kategorie A und B

(Bewertung in US Dollar Preisbasis 1938)

Tabelle 78

IARA Mitgliedstaaten	Zuteilungen Reparationen Kategorie A	Zuteilungen Reparationen Kategorie B	Gesamtsumme Stand Sept. 1961	Gesamtsumme Stand Mai 1951	Differenz
Albanien	27.866	1.039.370	1.067.436	1.059.126	8.310
Vereinigte Staaten	113.128.710	11.121.554	124.250.264	122.932.697	1.317.367
Australien	1.502.274	2.467.103	3.969.377	3.745.818	223.559
Belgien	8.825.567	7.646.496	16.472.063	17.154.888	682.923
Kanada	3.854.690	943.044	4.767.734	3.493.278	1.304.456
Dänemark	21.726.047	1.237.219	22.963.266	22.678.058	285.208
Ägypten	4.466.878	360.078	4.826.356	2.994.237	1.832.719
Frankreich	43.292.964	43.406.254	86.699.218	64.016.393	2.682.823
Großbritannien	55.918.556	49.809.029	109.727.385	101.285.291	4.442.094
Griechenland	3.013.639	10.484.069	13.497.708	12.845.105	652.603
Indien	4.343.328	5.513.818	9.857.146	9.202.376	654.770
Luxemburg	856.813	574.220	1.431.033	1.446.701	15.668
Norwegen	7.771.496	5.833.376	13.604.672	14.197.473	592.601
Neuseeland	402.698	906.060	1.308.758	1.165.381	145.377
Pakistan	196.406	981.581	1.178.287	1.253.124	74.837
Niederlande	39.360.375	8.152.339	47.512.710	45.369.874	4.142.836
Tschechoslowakei	6.519.645	8.053.984	14.573.629	13.898.409	675.220
Südafrika	10.852.527	-	10.872.327	10.851.731	796
Jugoslawien	6.029.227	27.757.191	33.786.418	34.740.542	1.045.876
Gesamtsumme	334.009.306	186.287.281	520.376.787	502.330.602	18.046.185

Deutsches Auslandsvermögen in Neutralen Staaten

(Bewertung in US Dollar auf der Preisbasis von 1947)

Tabelle 79

	Schweden	Schweiz	Summe
Inter-Governmental Committee for Refugees	13.888.889,00	11.187.654,00	25.076.523,00
Office U.N.High Commissionor for Refugees	1.944.444,00	-	1.944.444,00
	15.835.533,00	11.187.634,00	27.020.967,00

Reparationen der BRD 1953 bis 1988 in DM

Tabelle 81

Reparationen der BRD 1953 - 1988 in DM
(laufende Preise und auf Preisbasis US-Dollar 1938)

Jahr	Öffentliche Leistungen		Individuelle Wiedergutmachung		Londoner Schuldenabkommen		Besatzungskosten ohne spätere „Stationierungskosten"	
	Mio DM	Mio Dollar 1938	Mio DM	Mio Dollar 1938	Mio DM	Mio Dollar 1938	Mio DM	Mio Dollar 1938
1953	268	59,4					5 593	1 239,2
1954	354	80,0	154	34,8	2 202	490,3	5 752	1 300,0
1955	267	58,6	350	76,8			3 831	840,6
1956	245	53,2	679	147,5				
1957	225	48,0	1 171	249,7	3 175	683,4		
1958	261	56,2	1 244	267,8				
1959	266	57,3	1 472	316,9				
1960	333	71,0	1 926	410,6	5 204	1 109,5		
1961	557	117,7	2 193	463,2				
1962	482	100,8	2 258	472,5				
1963	525	109,9	2 011	420,8	836	174,9		
1964	328	68,7	1 787	373,9				
1965	361	73,5	1 874	381,5				
1966	26	5,2	1 637	330,3	1 654	335,2		
1967	4	0,8	1 670	340,0				
1968	8	1,7	1 762	379,2				
1969	10	2,1	1 505	315,0	838	173,7		
1970	9	1,8	1 589	313,6				
1971	8	1,5	1 612	304,9				
1972	57	10,4	1 796	328,6	500	90		
1973	52	8,8	1 830	309,8				
1974			1 876	277,1	69	10,2		
1975			1 930	266,0				
1976			1 695	220,2	651	ca. 85		
1977			1 718	219,4				
1978			1 754	225,9				
1979			1 513	182,4				
1980			1 645	183,6				
1981			1 788	184,5				
1982			1 732	170,2				
1983			1 717	168,3				
1984			1 629	155,7				
1985			1 591	151,1				
1986			1 546	158,5				
1987			1 523	162,4				
1988			1 464	154,6				
1953 -1988	4.646	986,6	55.641	9.117,3	15.129	3.152,2	15.176 [01]	3.379,8

Quellen:

Spalte 1: Deutsches Geld- und Bankwesen 342.
Spalte 3: Deutsches Geld- und Bankwesen 342 und
   Stat. Jb. BRD 1978, 533; 1982, 555; 1986, 553; 1990, 597.
Spalte 5: Deutsches Geld- und Bankwesen 342
Spalte 7: nach ROCKE 22 – 28.

01: Die Besatzungskosten wurden später in Stationierungskosten unbenannt und finden
     sich jährlich im Bundeshaushalt im Statistischen Jahrbuch der Bundesregierung wieder.

Reparationen Gesamtdeutschlands in Dollar 1938

Tabelle 82

Reparationen Gesamtdeutschlands, in Dollar (1938)			
Zeitraum	Summe Mio. Dollar	pro Kopf Dollar	pro Kopf und Jahr Dollar
1945-1953 offizielle Angaben	4 821	74,3	8,7
1945-1953 Geschätzte Gesamtbelastung ohne Besatzungskosten nur Besatzungskosten	16 200 16 900	249,6 260,3	29,4 30,6
1945-1963 Geschätzte Gesamtbelastung mit Besatzungskosten	33 100	509,9	60
1954-1960 ohne Besatzungskosten 1954-1960 nur Besatzungskosten	4 500 3 500	69,3 53,9	
1961-1974 1975-1988	6 700 2 700	103,2 41,6	
1954-1988 ohne Besatzungskosten	13 900	214,1	
1945-1988 ohne Besatzungskosten	30 100	463,7	
1945-1988 mit Besatzungskosten	50 500	778	
Quellen: Statistisches Jahrbuch der Bundesregierung Die Leistungen der DDR 1954-1960 wurden wie DM-Beträge behandelt zugrundegelegte Bevölkerungszahl im Jahre 1946			

Westliche Nettokredite an Reparationsschuldner
- Marshallplan -

Tabelle 83

Westliche Nettokredite an Reparationsschuldner
in Millionen Dollar Preise 1938

Marshallplan Kredite

Land	Betrag	Zeitraum
Rumänien	-	
Finnland	75	1944-1952
Ungarn	30	1945-1947
Bulgarien	-	
Italien	2 200	1945-1964
Ostdeutschland	-	
Westdeutschland	2 500	1945-1953
Österreich	580	1945-1955
Japan	1 430	1945-1963

Quellen: Finnland: JENSEN 38f.
Ungarn: Final Report 400-403.
Italien: COHEN 286; KRETZSCHMAR 238.
Westdeutschland: BUCHHEIM, Wiedereingliederung 72
(1945-1952); Deutsches Geld- und Bankwesen 341 (1953).
Österreich: KRETZSCHMAR 238.
Japan: KRETZSCHMAR 239; BERGHES 80.

Reparationen der BRD aus Verträgen mit Israel und westeuropäischen Staaten

Tabelle 88

Reparationen der BRD 1953 - 1965 aus Verträgen mit Israel und westeuropäischen Staaten sowie aus individueller Gutmachung

Jahr	Summe Mio Dollar (laufende Preise)	% des VE	% der Exporte	% des Außenhandels
1953	64	0,23	-	-
1954	121	0,41	0,71	0,38
1955	147	0,44	1,36	0,7
1956	220	0,59	2,2	1,16
1957	332	0,82	3,25	1,73
1958	335	0,75	3,1	1,67
1959	414	0,89	3,58	1,92
1960	538	0,98	4,17	2,21
1961	688	1,09	4,9	2,63
1962	680	1	4,66	2,42
1963	629	0,87	3,88	2,05
1964	517	0,65	2,8	1,47
1965	542	0,63	2,61	1,32
1953-1965	**5 227**	**0,72**	**3,1**	**1,63**

Quelle: COHEN 282; 285; 287.

P.S.: Die in Tabelle 15 verwendeten Zahlen weichen geringfügig von den hier zugrundegelegten Zahlen Cohens ab, da jene offenbar auf späteren, präziseren Berechnungen beruhen. An den Prozentzahlen dürfte sich aber dadurch nur wenig ändern.

Tabelle 92

Zusammenstellung der im Jahre 1941 zur Ausfuhr in die besetzten feindlichen Gebiete zur Verfügung gestellten Feingoldmengen in kg					
1941	**Frankreich**	**Belgien**	**Holland**	**Norwegen**	**Dänemark**	**Insgesamt**
Januar	3,697.70	8,587.70	20,619.40	9,842.80	7,304.50	50,052.10
Februar	0	7,370.60	8,812.20	9,508.00	2,998.70	28,689.50
März	0	7,065.20	7,292.30	4,268.10	2,125.10	20,750.70
April	0,916.80	6,534.10	6,862.20	2,788.80	6,967.30	24,069.20
Mai	1,617.30	2,574.40	6,668.50	1,916.60	3,019.50	15,796.30
Juni	0,263.70	4,366.60	5,374.60	2,531.50	4,946.70	17,483.10
Juli	0,158.00	3,892.70	3,655.70	2,682.50	3,478.30	13,867.20
August	1,397.30	3,535.90	2,203.00	3,512.10	2,929.10	13,577.40
September	1,794.50	4,805.50	0,491.60	0,545.30	1,953.40	9,590.30
Oktober	0,420.80	0,898.50	0,287.00	1,897.70	2,645.30	6,149.30
November	1,269.10	0,936.40	1,110.00	1,310.60	2,104.50	6,730.60
Dezember	1,161.40	1,444.20	1,563.60	1,433.40	2,458.30	8,060.90
Gesamt	**12,696.60**	**52,011.80**	**64,940.10**	**42,237.40**	**42,930.70**	**214,816.60**

Quelle: Historisches Archiv der Deutschen Bundesbank
Aufstellunng vom 27.02.1942 der Reichsbankhauptkasse

Reparationen Finnlands von 1944 bis 1952

Tabelle 93

Jahr	offiz. Rep. Mio Dollar	pro Kopf Dollar	pro Kopf und Jahr Dollar	% des VE	% der Staats-Ausgaben	% der Exporte	% des Außen-Handels
1944	2,9	0,8		0,3	0,7	4,2	1,7
1945	57,6	15		7,6	20,9	156,3	68
1946	37,8	9,9		4,8	13,7	38,1	18,5
1947	36	9,4		4,1	13,7	24,1	11,5
1948	24,6	6,4		3,2	10,7	20,9	9,5
1949	26,3	6,9		3,2	10,8	19	9,4
1950	14,2	3,7		1,6	6,1	9,6	4,6
1951	16,6	4,3		1,8	6,8	6,6	3,6
1952	10,5	2,7		1,1	4,1	5,2	2,4
1944-1952	226,5	59,1	7,4	2,6	8,4	12,8	6,3
1944-1952 mit Reparations-äquivalenten Leistungen	300	78,2	9,8	3,4	11,1		

Quellen: Spalte 1: AUER 75.
Spalten 4 u. 5: JENSEN 18.

Reparationen Ungarns 1945 - 1953

Tabelle 94

Reparationen Ungarns 1945 – 1953 in Dollar 1938								
Zeitraum	offiz. Rep.	Gesamt-leistungen	pro Kopf		pro Kopf und Jahr		% des Volkseinkommens	
			Offiz. Rep.	Gesamt-Leistungen	Offiz. Rep.	Gesamt-leistungen	offiz. Rep.	Gesamt-Leistungen
	Mio Dollar	Mio Dollar	Dollar	Dollar	Dollar	Dollar		
2. Hälfte 1945	5,5		0,6		1,2			
1946	23,9		2,6		2,6			
1947	30,4		3,4		3,4		3,9	12,5-19,2
1. Hälfte 1948	13,6		1,5		3		(1948) 3,3	10,5-16,2
1945-1953	**189,3**	**750-1150**	**20,9**	**93,3-143,0**	**2,6**	**11,7-17,9**		

Quellen: Spalte 1: Tabelle 3.
Spalten 3 und 4: nach UN, Economic survey of Europe in 1948, 235, bei angenommener gleichmäßiger Verteilung der Belastung über die einzelnen Jahre.
Vgl. S. 167f.

Reparationen Italiens & ausländische Kredite an Italien 1947 - 1965

Tabelle 95

Reparationen Italiens und ausländische Kredite an Italien 1947-1965 in Millionen Dollar laufende Preise								
Jahr	Griechenland	Jugoslawien	Frankreich	Äthiopien	Andere	Summe	% des VE	Ausländische Kredite
1947	-	-	-	-	8,3	8,3	k. A.	497
1948	-	-	20,5	-	7,1	27,6	0,26	355
1949	1,9	-	4,4	-	2,1	8,4	0,09	442
1950	21,1	-	6,7	-	6,2	34	0,31	295
1951	30	28,5	4,4	-	-	62,9	0,5	269
1952	24,9	1,7	5	-	-	31,6	0,24	217
1953	9	-	2,8	-	10,4	22,2	0,15	123
1954	6,3	-	1,5	-	0,3	8,1	0,05	134
1955	1,7	7,9	1,2	-	-	10,8	0,06	119
1956	0,7	5,5	2,8	1,4	6,1	16,5	0,09	49
1957	0,6	23,7	0,3	1,2	1,4	27,2	0,14	133
1958	0,6	1,8	0,2	7,2	5,9	15,7	0,07	67
1959	0,1	1	-	13,5	4,3	18,9	0,08	89
1960	0,1	0,9	-	6,1	3,7	10,8	0,04	80
1961	-	9,4	-	4,9	2,8	17,1	0,06	84
1962	10,9	6,6	-	2,6	2,9	23	0,07	74
1963	-	6,1	-	1,8	2,1	10	0,03	44
1964	-	4,4	-	0,8	2,4	7,6	0,02	82
1965	-	2,7	-	0,7	2	5,4	0,01	k. A.
1947-1965	107,9	100,2	49,8	40,2	68	366,1	0,13	3 153

1) Albanien (11,4 Mio Dollar), Belgien (0,8), Brasilien (6,4), Bulgarien (3,5), Ägypten (19,0), Ungarn (3,4), Indien (0,1), Libyen (3,2), Mexiko (9,6), Rumänien (5,3), Tunesien (0,3), USA (5,0).

Quelle: COHEN 283 (nach Bank von Italien)

Japanische Reparationen an südostasiatische Staaten 1945 – 1976

Tabelle 96

Staat	Datum des Vertragsabschlusses	ursprüngliche Forderung	vereinbarte Summe	Laufzeit
Japanische Reparationen an südostasiatische Staaten 1955 - 1976 in Dollar zu laufenden Preisen				
Burma	05.11.54	9 Mrd.	200 Mio	10 Jahre
Philippinen	09.05.56	8 Mrd.	550 Mio	20 Jahre
Indonesien	20.01.58	18 Mrd.	223,08 Mio	12 Jahre
Südvietnam	13.05.59	2 Mrd.	39 Mio	5 Jahre
		37 Mrd.	1.012,08 Mio	

Quelle: SEIFERT 131-139

Reparationsäquivalente Zahlungen Japans 1959 - 1975

Tabelle 97

Staat	Datum des Vertagsabschlusses	Summe Mio Dollar	Laufzeit	Quelle
Reparationsäquivalente Zahlungen Japans 1959 - 1975 in Millionen Dollar zu laufenden Preisen				
Laos	15.10.58	2,8	2 Jahre	UNTS 341, 26-38
Kambodscha	02.03.59	4,2	3 Jahre	UNTS 341, 164-176
Thailand	31.01.62	26,7	8 Jahre	Archiv der Gegenwart 32 (1962), 9648B
Burma	23.03.63	140	12 Jahre	UNTS 518, 4-26
Südkorea	22.06.65	300	10 Jahre	UNTS 581, 258-300
		473,7		

Quelle: SEIFERT 131-139

Anteil der japanischen, westdeutschen und italienischen Reparationen am Volkseinkommen, an den Importen und am Außenhandel der Gläubigerstaaten

Tabelle 98

Anteil der japanischen, westdeutschen und italienischen Reparationen am Volkseinkommen an den Importen und am Außenhandel der Gläubigerstaaten						
Schuldner	Gläubiger	Zeitraum	Betrag, Mio Dollar (laufende Preise)	% des VE	% der Importe	% des Außen-Handels
Japan	Burma	1955-1965	205,4	1,6	7,8	3,9
Japan	Kambodscha	1957-1965	4	0,1	0,6	0,3
Japan	Indonesien	1958-1965 1959-1960	147,2	0,2	3	1,5
Japan	Laos	1962-1964	2,8	0,5	2,2	2,1
Japan	Philippinen	1956-1965	196,7	0,7	2,8	1,5
Japan	Philippinen	1957-1966	107,9	1,1	4,1	2,3
Japan	Südvietnam	1960-1965	39	0,7	2,4	1,9
Japan	Südvietnam	1961-1962	25,9	1,3	5	2
Japan	Thailand	1962-1965	11,2	0,1	0,4	0,2
BRD	Israel	1953-1965	1738,6	12,8	27,1	19,7
Italien	Äthiopien	1956-1965	40,2	0,5	4,9	2,6
Italien	Griechenland	1950-1952	76	2,6	7,5	5,7
Italien	Jugoslawien	1951-1952 1955-1965	100,2	0,4	1,4	0,9

Quelle: COHEN 288. Bei Kambodscha, Indonesien und Laos liegt nicht das Volkseinkommen, sondern das Bruttosozialprodukt zugrunde.

Bevölkerungszahlen der Reparationsschuldner

Tabelle 99

Land	Zahl	Stand	Quelle
Finnland	3 835	Mitte 1946	UN Statist. Yearbook I (1948), 26
Rumänien	16 472	Mitte 1946	ebd. 27
Ungarn	9 042	Mitte 1946	ebd. 27
Bulgarien	6 993	Mitte 1946	ebd. 26
Italien	44 994	Mitte 1946	ebd. 27
Ostdeutschland (mit Ostberlin)	18 355	29.10.46	Statist. Jb. der BRD 1952, 12
Westdeutschland (mit Westberlin und Saar)	46 558	29.10.46	ebd.
Gesamtdeutschland	64 913	29.10.46	ebd.
Österreich	7 000	Mitte 1946	UN Statist. Yearbook I (1948), 26
Japan	89 276	Mitte 1955	UN Statist. Yearbook 9 (1956), 29

Index der Großhandelspreise im Deutschen Reich

Tabelle 100

Index der Großhandelspreise

- Deutsches Reich von 1938 bis 1944
- Westzonen 1948 -
- BRD 1949 bis 1988 -

(1938 = 100)

Jahr	Index	Jahr	Index
1938	100	1967	222
1944	110	1968	210
1948	184	1969	216
1949	180	1970	229
1950	173	1971	239
1951	204	1972	247
1952	210	1973	267
1953	204	1974	306
1954	200	1975	328
1955	206	1976	348
1956	208	1977	354
1957	212	1978	351
1958	210	1979	375
1959	210	1980	405
1960	212	1981	438
1961	214	1982	460
1962	216	1983	461
1963	216	1984	473
1964	216	1985	476
1965	222	1986	441
1966	224	1987	424
		1988	428

Quellen:
Berechnet nach MITCHELL 774 und 776, sowie Statistisches Jahrbuch der BRD 1979, 1982 und 1989

Amtliche deutsche Platin-, Gold- und Silberdepots am 8. Mai 1945

Bezeichnung der Depots	Gegenstand	Tabelle / Anzahl	Fundort	Beschlagnahme durch	Silber in kg / fein	Gold in kg / fein
Reichsbank eigener Goldbestand	Goldmünzen	Tabelle 14	Bergwerk Merkers	US Truppen		28.071,278
Reichsbank Goldankauf	Goldmünzen	Tabelle 15	Bergwerk Merkers	US Truppen		13.122,000
Reichsbank Goldankauf	Goldmünzen	1.172	Bergwerk Merkers	US Truppen		104,574
Reichsbank Goldankauf	Goldbarren	40	Reichsbank Berlin	Rote Armee		0,500
Reichsbank Goldankauf	Goldmünzen	Tabelle 15	Reichsbank Berlin	Rote Armee		2,471
Reichsbank Goldankauf	Goldbarren	191	Bergwerk Merkers	US Truppen		1.535,227
Reichsbank eigener Bankbestand	Platinbarren	31,121.1 kgr	Bergwerk Merkers	US Truppen		
Reichsbank eigener Bankbestand	Silberbarren	Tabelle 14	Bergwerk Merkers	US Truppen	300.698,194	
Asservate DER	Goldbarren	2.584	Bergwerk Merkers	US Truppen		33.021,783
Asservate DER	Goldmünzen	Tabelle 17	Bergwerk Merkers	US Truppen		7.178,000
Teil I Auswärtiges Amt / Italienisches Gold	Goldbarren	1.863	Bergwerk Merkers	US Truppen		22.004,621
Auswärtiges Amt / Italienisches Gold	Goldmünzen	Tabelle 18	Bergwerk Merkers	US Truppen		13.272,000
Auswärtiges Amt / Italienisches Gold	Goldmünzen	Tabelle 18	Bergwerk Merkers	US Truppen		707,138
Teil II Auswärtiges Amt / Italienisches Gold	Goldbarren	1.620	Bergwerk Merkers	US Truppen		20.300,371
Auswärtiges Amt / Italienisches Gold	Goldmünzen	Tabelle 19	Bergwerk Merkers	US Truppen		3.166,000
Teil III Auswärtiges Amt / Italienisches Gold	Goldmünzen	Tabelle 21	Bergwerk Merkers	US Truppen		916,000
Räumungsstab Asservat SS-Polizeiführer Warschau	Goldmünzen	Tabelle 20	Bergwerk Merkers	US Truppen		0,001

	Posten	5 Posten	Bergwerk Merkers	US Truppen	
Asservat SS-Polizeiführer Warschau				US Truppen	0,005
Reichsbankmuseum - Papier- und Münzgeldsammlung	Münzen	Tabelle 45	Reichsbank Berlin	Rote Armee	0,450
Reichsbankmuseum - Münzgeldsammlung	Münzen	9 Säcke	Bergwerk Merkers	US Truppen	0,450
Asservat Reichsbankstelle Metz	Goldmünzen	Tabelle 22	Bergwerk Merkers	US Truppen	0,002
Asservat Devisenschutzkommando Brüssel	Goldbarren	16 Beutel	Bergwerk Merkers	US Truppen	0,200
Asservat des SD in besetzten niederländischem Gebiet, Almelo	Goldmünzen	32 Beutel	Bergwerk Merkers	US Truppen	0,970
Reichsbank Saarbrücken, Militärverwaltung Cattaro	Goldmünzen	Tabelle 25	Bergwerk Merkers	US Truppen	0,006
Asservat Chef der Zivilverwaltung Luxemburg	Goldmünzen	Tabelle 26	Bergwerk Merkers	US Truppen	0,001
Asservat Reichsbankhauptstelle Wien	Silberbarren	172	Bergwerk Merkers	US Truppen	172
Asservat Reichsbankhauptstelle Wien	Goldmünzen	Tabelle 27	Bergwerk Merkers	US Truppen	297,705
Asservat Amtskasse des O.K.W.	Goldmünzen	Tabelle 28	Bergwerk Merkers	US Truppen	0,125
Asservat Gesandter Dr. Neubacher / Athen	Goldmünzen	Tabelle 29	Bergwerk Merkers	US Truppen	0,011
Sonderlagerung der Nationalbank von Böhmen und Mähren	Goldbarren	846	Bergwerk Merkers	US Truppen	10.316,642
Depot der Nationalbank von Böhmen und Mähren	Goldmünzen	Tabelle 30	Bergwerk Merkers	US Truppen	6.375,858
Separatdepot der Nationalbank von Böhmen und Mähren	Goldbarren	741	Bergwerk Merkers	US Truppen	8.911,950

Separatdepot der Nationalbank von Böhmen und Mähren	Goldmünzen	Tabelle 31	Bergwerk Merkers	US Truppen	5,409
Sonderdepot IG FARBEN / DEGO	Goldbarren	451	Bergwerk Merkers	US Truppen	5.665,516
Sonderdepot DEGO / DEGUSSA	Goldbarren	7	Bergwerk Merkers	US Truppen	82,347
Separatdepot DEGO	Goldmünzen	Tabelle 34	Bergwerk Merkers	US Truppen	2.894,334
Treuhandgesellschaft von 1933, Konto GR	Goldmünzen	Tabelle 35	Bergwerk Merkers	US Truppen	38.517,844
Zentraldirektion der Nationalbank von Tirana / Albanien	Goldmünzen	200	Bergwerk Merkers	US Truppen	0,124
Zentraldirektion der Nationalbank von Tirana / Albanien	Goldbarren	55 Kisten	Bergwerk Merkers	US Truppen	2.115,69
Kupferbergwerke und Hütten AG, "BOR", Belgrad	Goldbarren	85	Bergwerk Merkers	US Truppen	355,994
"Eiserne Tor" Verwaltung	Goldbarren	2	Bergwerk Merkers	US Truppen	27,959
Reichssicherheitshauptamt, Militärisches Amt A 2d	Goldbarren	41	Bergwerk Merkers	US Truppen	0,250
Reichssicherheitshauptamt, Militärisches Amt A 2d	Goldmünzen	Tabelle 39	Bergwerk Merkers	US Truppen	0,143
Reichsführer SS und Reichsminister des Inneren	Goldbarren	1	Bergwerk Merkers	US Truppen	0,298
Reichsführer SS und Reichsminister des Inneren	Goldmünzen	Tabelle 40	Bergwerk Merkers	US Truppen	0,001
Auswärtiges Amt, Popovici, Bukarest	Goldmünzen	Tabelle 41	Bergwerk Merkers	US Truppen	0,073
Auswärtiges Amt gem. Vfg 943g und 1.024 gRs.	Goldmünzen	Tabelle 42	Bergwerk Merkers	US Truppen	2.296,946
Reichsbankdepot Walchensee	Goldbarren	730	Walchensee Bayern	US Truppen	9.125,000

Reichsbankdepot Walchensee	Goldbarren	25 Kisten	Walchensee Bayern	US Truppen	3.125,000
Reichsbankdepot Füssen	Goldmünzen	Tabelle 47	Füssen Bayern	US Truppen	1.500,000
Staatliches Vermögensamt Prag	Goldbarren	30	Regensburg Bayern	US Truppen	375,000
Staatliches Vermögensamt Prag	Silberbarren	43	Regensburg Bayern	US Truppen 43	
Franzensfeste Italien, Banca d´ Italia u.a.	Goldbarren	Tabelle 50	Franzensfeste, Italien	US Truppen	43.000.000
Franzensfeste Italien, Banca d´ Italia u.a.	Goldbarren	Tabelle 50	Franzensfeste, Italien	US Truppen	5.200,000
Franzensfeste Italien	Kisten & Pakete	42	Franzensfeste, Italien	US Truppen	350,255
Deutsche Gesandtschaft Lissabon	Goldmünzen	5.000	Lissabon, Portugal	1947 USA ausgeliefert	3.998,001
Auswärtiges Amt, Bad Gastein	Goldmünzen	Tabelle 55	Bad Gastein, Österreich	US Truppen	0,902
Auswärtiges Amt, Bad Gastein	Goldbarren	33	Bad Gastein, Österreich	US Truppen	412,500
Auswärtiges Amt, Hintersee	Goldmünzen	Tabelle 51	Hintersee, Österreich	Österreichische Nationalbank	4379,163
Auswärtiges Amt, Hintersee	Goldmünzen	Tabelle 51	Hintersee, Österreich	verschollen	542,409
Reichsbankdepot Isny	Goldmünzen	Tabelle 56	Isny im Allgäu, Bayern	US Truppen	1.500,000
Reichsbankdepot bei B.I.Z. Basel	Goldbarren	Tabelle 62	Basel, Schweiz	1947 USA ausgeliefert	3.740,000
Reichsbanknebenstelle Karlsruhe	Goldmünzen	Tabelle 63	Reichsbank Karlsruhe	US Truppen	480,300
Reichsbanknebenstelle Düsseldorf	Goldmünzen	Tabelle 63	Reichsbank Düsseldorf	Britische Truppen	20,765
Reichsbanknebenstelle Hannover	Goldmünzen	Tabelle 63	Reichsbank Hannover	Britische Truppen	146,183
Reichsbanknebenstelle Hamburg	Goldmünzen	Tabelle 63	Reichsbank Hamburg	Britische Truppen	2.496,295
Deutsche Gesandtschaft Istanbul	Goldbarren	Tabelle 64	Gesandtschaft Istanbul	Türkei ausgeliefert	143,600
Deutsche Gesandtschaft Istanbul	Goldmünzen	Tabelle 64	Gesandtschaft Istanbul	Türkei ausgeliefert	0,084

Depot der Länderbank Wien bei Dresdner Bank München	Goldbarren	Tabelle 67	Dresdner Bank München	US Truppen	
					280,693

Gesamtgewicht aller deutschen Gold- und Silberdepots: 300.913,19 — 302.254,182

Goldabgaben aufgrund des Washingtoner Abkommens:

Abgabe deutscher Goldbarren von Spanien		Regierung von Spanien	1948 FED/USA ausgeliefert	101,600
Abgabe deutscher Goldbarren von Schweden		Regierung von Schweden	1949 Belgien ausgeliefert	7.155,326
Abgabe deutscher Goldbarren von Schweden		Regierung von Schweden	1955 Belgien ausgeliefert	68,060
Abgabe deutscher Goldbarren von Portugal		Regierung von Portugal	1959 TGC ausgeliefert	44,864
Abgabe deutscher Goldbarren von der Schweiz		Regierung der Schweiz	1947 FED/USA ausgeliefert	51.604,448

Gesamtgewicht aller deutschen Gold- und Silberdepots inklusive der Goldabgaben gemäß Washingtoner Abkommen: 300.913,19 — 361.228,480

Dokumenten- und Quellenverzeichnis

01	vgl. auch Buch: Hitler und die Schweiz, Stefan Schäfer, Verlag edition q
02	HA DB – B 330 / 377 / 378 - 9.12.1940
03	HA DB – Reichsbank Hauptkasse
04	vgl. auch Buch: Hitler und die Schweiz, Stefan Schäfer, Verlag edition q
05	Executive Order Nr. 8785 State Department
06	Akten AA Serie D, Band XIII, 1, Dokument Nr. 304, Anm. 1
07	Akten AA siehe Dokument Nr. 439, Anm. 2
08	siehe Department of State, Bulletin, 1941, Band V, S. 480
09	PA AA, Nr. 2391 RAM 257, geheime Reichssache 64/44 825-29 v. 10.12.41 und Kopie von Rintelen mit Telgr.Nr. 3356 u 64/44 819-24 an Botschaft Rom
10	vgl. EPD v. 20.02.1945
11	SBA Übersicht des gewährten Plafonds an die USA vom 27.11.1944, Schreiben SNB an EPD vom 6.2.1945, Memorandum des EPD vom 20.02.1945
12	siehe Tabelle 160 - Ankaufs- und Verkaufsdaten der SNB 1945
13	siehe EPD v. 20.2.1945, Blatt 5
14	gem. Aufstellung der SBA vom 27.11.1944
15	Bayer. Staatsarchiv, Akte Dr. Walther Funk
16	Bayer. Staatsarchiv, Akte Heinrich Himmler
17	Bayer. Staatsarchiv, Akte Dr. Walther Funk
18	Reichsgesetzblatt I / S. 887
19	Institut für Zeitgeschichte München, Akte Dr. Walther Funk
20	Bayer. Staatsarchiv, Akte Dr. Walther Funk
21	Bayer. Staatsarchiv, Akte Dr. Walther Funk
22	BA – Berlin, Akte Dr. Walther Funk, Reichsbankdirektorium
23	BA – Berlin, RWM Az III L 2 / 10066 / 40
24	HA DB – B 330/378 - 8. Mai 1940
25	BA – Berlin, Schriftgutverwaltung Reichsführer SS, Tagebuch-Nr. 1255/42 gRs
26	HA DB, Mitteilung RB 1940 und Unterlagen Hauptkasse
27	vgl. auch Buch: Das Haus am Werderschen Markt, Jovis-Verlag, S. 94-98, 114, 118
28	Sonderarchiv Moskau, Bardevisenbilanz v. 28.11.44, Anlage 2, 700-1-94, Bl.8.
29	Institut für Zeitgeschichte München, Akte Dr. Walther Funk
30	Institut für Zeitgeschichte München, Akte Dr. Walther Funk
31	Institut für Zeitgeschichte München, Akte Dr. Walther Funk
32	vgl. Buch: Fünfzig Jahre Deutsche Mark, Hsg. Deutsche Bundesbank, München 1998, S. 82
33	Sonderarchiv Moskau, Bardevisenbilanz v. 28.11.44, Anlage 2, 700-1-94, Bl.2-7
34	HA DB Mikrofilm US Documents, Bücher: abgehende Goldtransporte, RB Goldkammer
35	BA Berlin, IIa 31734/38
36	BA R 8X, Nr.360
37	vgl. auch Buch: Der Edelmetallsektor und die Verwertung konfiszierten jüdischen Eigentums im Dritten Reich. Ein Werkstattbericht über das Untersuchungsprojekt der DEGUSSA AG aus dem Forschungsinstitut für Sozial- und Wirtschaftsgeschichte an der Universität Köln von Ralf Banken / Akademie Verlag 1999 / R. Oldenbourg - Gruppe
38	vgl. auch Buch: Avraham Barkai, Seite 116 / 160
39	vgl. auch Buch: Stefan Schaefer, Hitler und die Schweiz, Verlag Edition Q, 1998
40	Brief Kurt Tucholsky an Zweig vom 15.12.1935: ...Die deutschen Juden die Geld hatten durften nur heraus, wenn sie statt ihres Geldes eine Abmachung mit herausnahmen, bei der Palästina mit deutschen Waren überschwemmt wurde. ... Herausgeber Roland Links, Berlin 1983 - Seite 571
41	Archiv Generalquartier d. Israelischen Polizei / Akte Eichmann / 1176 / 20.6.1938
42	vgl. auch Buch: Avraham Barkai, Seite 88
43	vgl. auch Buch: Avraham Barkai, Seite 111
44	vgl. auch Buch: Avraham Barkai, Seite 115, Seite 152-167
45	Die Bundesversammlung: Nachrichtenlose Vermögen, Chronik 1997, in: http://www.parliament.ch/D/NEWS/index19d.htm
46	Hitlers Denkschrift zum Vierjahresplan von 1936, eingeleitet von Wilhelm Treue VfZ 3, 1955, S. 184-210 und eine Rede Hermann Görings über die Judenfrage vom 6.12.1938

47	IMT PS-1816 und Döscher S. 114
48	RGBL Reichsgesetzblatt 1939 I, S. 282
49	BA – Berlin R 2 Nr. 21686
50	BA – Berlin Lichterfelde R 3102 Nr. 1635
51	BA – Berlin Lichterfelde / R 3102 Nr. 4346
52	UA Degussa GEH 4/1. und UA Degussa DI 11.5/51
53	UA Degussa GEH 3.Hirtes/6
54	UA Degussa GEH 11/3
55	HA DB, OKW-Gen.St.d.H. As. 934 Nr. I/51667/42 vom 16.10.42
56	HA DB, RLM Az. 59 a Mob LB Ag.II 4 v 2.2.1943
57	HA DB Mikrofilm US Documents, Reichsstelle f. Edelmetalle / Edelmetall Schir / 7.01.1943
58	Institut für Zeitgeschichte München, RSHA, KZ-Inspektionsabteilung d. Waffen SS
59	HA DB Historisches Archiv Deutsche Bundesbank
60	Französisches Staatsarchiv Paris
61	HA DB Historisches Archiv Deutsche Bundesbank
62	AA Belgien u. HA DB, 12. September 1940 Nr.732
63	Französisches Staatsarchiv Paris
64	HA DB Historisches Archiv Deutsche Bundesbank
65	HA DB Mikrofilm US Documents, Belgiengold
66	BA – Berlin, Schriftgutverwaltung Reichsführer SS
67	siehe Bericht des Schweizerischen Bundesrates von 1946, Seite 113
68	vgl. Buch: Raubgold-Reduit-Flüchtlinge / Geschichte der Schweiz im 2. Weltkrieg im Chronos-Verlag
69	vgl. Buch: Raubgold-Reduit-Flüchtlinge / Geschichte der Schweiz im 2. Weltkrieg im Chronos-Verlag
70	HA DB, RB Treuhänder
71	HA DB, RB Treuhänder, Az VA/2-BIF 2002-51/54-20.08.1954
72	HA DB, RB Treuhänder, Az VI/2 - 10814/54
73	HA DB, RB Treuhänder, V B/2-0 1260-Schw-22/55
74	vgl. auch Buch: 120 Jahre Dresdner Bank / S. 166/335 / Hsg. Dresdner Bank
75	HA DB, RB Treuhänder
76	HA DB, RB Treuhänder, V B/2-0 1260-Schw-22/55
77	HA DB Mazzolini-Rahn Abkommen und HA AA
78	HA DB 80.36/2-Italien / Mazzolini-Rahn Abkommen
79	HA DB Herzogbericht/ Vfg. 943 g
80	HA DB, RB Treuhänder, Tgb Nr. T 693/ 58
81	HA DB – Aussage vom 3.12.1951 mit Reg. Stempel (32) der Banca ´d Italia Rom und Übersetzung vom 5.2.1952
82	HA DB, Banca d`Italia Bericht
83	HA DB, Urkundenrolle 23/1952 – Notariat W.V. – 24.01.1952
84	HA DB, Urkundenrolle 15/1952 – Notariat W.V. – 23.01.1952
85	HA DB, Schmelz- und Versandlisten der Reichsbank / Österreichische Nationalbank
86	HA DB, 10.02.1954 / AA 506-518-01/55 SH
87	HA DB, 26.02.1954 – 3/1521/54 Geheimakten 3
88	HA DB / BdL / Fhr. von der Lippe / 16.12.1954 / Seite 2
89	HA DB und Notariat Dr. M.W. / Salzburg – B.R. Zl. 120/1952
90	Beurkundung, Notar Dr. B. FD.GZ l. 208/1949
91	Schreiben v. 23.5.50 und v. 25.5.50 mit Handvermerk Dr. Bablik
92	HA DB und Notariat Dr. W.V. / Urkundenrolle Nr. 28/Jahr 1952 / 30.01.1952
93	HA DB, Herzogakten, Akte BdL
94	HA Österreichische Nationalbank
95	Wiener Zeitung vom 20.02.1947 und ORF Archivaufnahmen
96	HA DB, Reichsüberwachungsstelle für Edelmetalle
97	BA Berlin, Reichsüberwachungsstelle für Edelmetalle
98	HA/AA - Beschaffung von Ausweichquartieren / 1944-1945 / R 119153a
99	HA/AA - Beschaffung von Ausweichquartieren / 1944-1945 / R 119153a
100	HA/AA - Beschaffung von Ausweichquartieren / 1944-1945 / R 119153a
101	HA/AA - Beschaffung von Ausweichquartieren / 1944-1945 / R 119153a / T-Nr. 649
102	HA/AA - Beschaffung von Ausweichquartieren / 1944-1945 / R 119153a / S 13-7.1.45
103	vgl. auch Buch: Jörg Fisch / Reparationen nach dem 2. Weltkrieg / S.245-255 / Verlag Beck
104	Art. 42. FRUS Potsdam 1, S. 352
105	24.7.1945. FRUSA Potsdam 2, S. 666
106	1.8.1945 Sitzung der Regierungschefs, Potsdamer Abkommen, Protokoll 8 und Mitteilung 8,

	FRUS Potsdam 2, S. 571, 591, 599; Bader 34-39; Staerman 27-30
107	vgl. auch Buch: Jörg Fisch / Reparationen nach dem 2. Weltkrieg / Verlag C.H. Beck
108	vgl. auch Buch: Jörg Fisch / Reparationen nach dem 2. Weltkrieg / Verlag C.H. Beck
109	HA DB 330 / 376
110	BA – Berlin, Schriftgutverwaltung Reichsführer SS
111	vgl. Buch: Raubgold-Reduit-Flüchtlinge / Geschichte der Schweiz im 2. Weltkrieg im Chronos-Verlag
112	HA-DB, B 331 - Bay 678-0025
113	Reichskommissariat für Diamantfragen, Antwerpen
114	Akte Arnheim-Diamanten der Hauptabteilung Wirtschaft d. Reichskommissariats / Beilen
115	Reichskommissariat für Diamantfragen, Antwerpen
116	Tagebuch Rijksbureau voor Diamant, N.R.H. van Esser
117	Tagebuch van Esser / Aufzeichnung Leiter Wirtschaftsprüfungsstelle, Kammergerichtsrat Dr. Schröder vom 13.11.1944 / Vermerk Reichsstelle für Edelmetalle vom 24.11.1944
118	FS-Durchführung der Transporte in Akte Wirtschaftsprüfer Almelo / Handelsregister Amsterdam, Bestallungsurkunde Guth in vielen Akten vorhanden
119	Erklärung des Reichsbankrates Helmuth Schlaefer, Reichsstelle für Edelmetalle, auch Archiv der Foreign Exchange Depository
120	Bericht der Reichsstelle für Edelmetalle von Ministerialrat Hermann Forkel, erstellt am 22. Mai 1946, Institut für Zeitgeschichte München
121	HA DB, US-Liste vom Bergwerk Merkers mit 207 Kisten
122	BA – Berlin, Schriftgutverwaltung Reichsführer SS
123	BA – Berlin, Schriftgutverwaltung Reichsführer SS
124	Tabelle 24 / Seite 324 / Asservate SD f. d. besetzt. niederl. Gebiete, HA DB Merkers
125	Tagebuch des Direktors des Rijksbureau voor Diamant, Mr. N.R.H. van Esser
126	Rechnung lt. Archiv Rijksbureau voor Diamant
127	AA – PolA / Telegramm No. 136 v. 4.11.43 / 623-251 115-16 / Nr. 78
128	BA Berlin III/IV – Nr. 2031/44 – 21.9.44
129	BA Berlin III/IV – Nr. 2031/44 – 21.9.44
130	vgl. Buch: Peter Hug / Marc Perrenoud; In der Schweiz liegende Vermögenswerte von NS-Opfern und Entschädigungsabkommen mit Oststaaten, Bern 1997
131	HA DB / B 330-378 0086 / Nr. IIa 9527 – 6.06.1940
132	HA DB / B 330-376 0086 / Az.2 f 24. Kriegsgef. II Nr. 1292/40 – 4.05.1940
133	HA DB / B 330-376 – 338 grS / 02.1944
134	BA – Berlin, Schriftgutverwaltung Reichsführer SS
135	HA DB, US-Liste von Merkers, Aufstellungen Nationalbank von Böhmen und Mähren
136	HA DB, B 330/378, Nr. 20 338 K
137	vgl. Buch: Raubgold-Reduit-Flüchtlinge / Geschichte der Schweiz im 2. Weltkrieg im Chronos-Verlag
138	HA SNB Bern, BBI 1946 II, S. 714 ff
139	HA Bank of England, BIZ-Unterlagen
	vgl. Buch: Raubgold-Reduit-Flüchtlinge / Geschichte der Schweiz im 2. Weltkrieg im Chronos-Verlag
140	BA Berlin, Reichsbankdirektorium, Länderakte Serbien
141	BA Berlin, Reichsbankdirektorium, Länderakte Jugoslawien, Kroatien
142	BA Berlin, Reichsbankdirektorium, Länderakte Jugoslawien, Kroatien
143	vgl. Buch: Raubgold-Reduit-Flüchtlinge / Geschichte der Schweiz im 2. Weltkrieg im Chronos-Verlag
144	HA MAGYAR NEMZETI BANK, Report F. Tarnav, Schreiben MNB vom 28. März 2001
145	HA MAGYAR NEMZETI BANK, Report F. Tarnav, Schreiben MNB vom 28. März 2001
146	HA DB Goldtransportbericht nach Bilbao von Thoms
147	AA DrBk, HA DrBk, SBV 1943/44 –94952 vgl. Buch: Der Goldhandel der Dresdner Bank im 2. Weltkrieg, Johannes Bähr, Bericht des Hannah-Arendt-Institutes, Verlag Gustav Kiepenheuer, S. 83
148	HA AA / HalPol / Handakte-Wiehl / Guthabensperre-USA / R 1062-91
149	HA-AA / Japan-Akte-Staatssekratär / R 29658 / Bd. 11 / 2. 1.1943 / E 489724
150	HA-AA / Japan-Akte-Staatssekratär / R 29658 / Bd. 11 / 19.1.1943 / E 489745-7 und HalPol – 182 gRs
151	HA DB / B 331-Bay 678 / 004
152	HA DB / B 330-337 / 0314
153	vgl. Buch: Hitlers Tischgespräche, Herausgeber Henry Picker
154	vgl. Buch: Hitler und die Schweiz / Stefan Schaefer / S. 101 / Verlag edition q / 1997
155	HA AA, Geheimakten Gesandtschaft Bern, BIZ Basel

156	HA DB, Graupner 067 – RB Trhd Bay Tgb Nr. 568/53 - 24.11.53
157	HA SNB / Bern, Goldoperationen der Hauptkasse
158	HA DB, Mikrofilm US Documents, Hauptkasse, Vmk. 28.12.1944
159	HA DB, Mikrofilm US Documents, Hauptkasse, RB-Ausweis v. 16.1.45, Einfuhrdeklaration vom 17.1.45, Verzollungsausweis v. 17.1.45, Übergabeprotokoll RB-Nebenstelle No. 3290g/44
160	Pol.Archiv AA, Gesandtschaft Bern 5810 / Bd. 10 / Geheim / 27.8.1941 / 350559
161	BA Bern / E 4320-B-1968/195 / C.2.10094 / 1944
162	BA Bern / E 4320-B-1968/195 / C.2.10094 / 1944
163	BA Bern / E 4320-B-1968/195 / C.2.10094 / 1944
164	BA Bern / 52.30.4.1. / 7.11.1945 – ar / cd 18/2231/45
165	BA Bern / 52.30.4.1./ 027118 / Spezialbüro 385 Spf. 140/Mo/t
166	Pol.Archiv AA, Bern 5810 / Bd. 10 / Geheim / 7.11.1940 / 350653
167	Pol.Archiv AA, Bern 5810 / Bd. 10 / Geheim / 6. 6. 1941 / 350760
168	Pol.Archiv AA, Bern 5810 / Bd. 10 / Geheim / 11.6.1941 / 350761
169	Pol.Archiv AA, Bern 5810 / Bd. 10 / Geheim / 22.8.1941 / 350758
170	Pol.Archiv AA, Bern 5810 / Bd. 10 / Geheim / 28.7.1941 / 350759
171	Pol.Archiv AA / Inl. II 5063 gRs / 18.10.1944
172	Pol.Archiv AA / Inl. II 5061 gRs / 404602
173	BA-Bern / E 4320 B 1968/195 Bd. 77 / C.2.10094/1944
174	vgl. Buch: Raubgold-Reduit-Flüchtlinge / Geschichte der Schweiz im 2. Weltkrieg im Chronos-Verlag
175	HA AA / Dir-HalPol / 327-338 / Finanzwesen-BIZ / Bd.3 / R 106486 / 2.10.1942
176	vgl. Buch: Raubgold-Reduit-Flüchtlinge / Geschichte der Schweiz im 2. Weltkrieg im Chronos-Verlag
177	HA DB, Goldakten, Vermerk RB Trhd. Benckert
178	HA DB Graupner 067 – RB Trhd Bay Tgb Nr.568 / 53 24.11.53
179	HA AA / Akte Ha-Pol Gen I / R 106593 / E 278808 / 27.2.1941
180	BA Bern / E 4320-B-1968 / 195 / C.2.10094 / 1944
181	HA AA / Akte Ha-Pol Gen I / R 106593 – 2484 / 41g
182	HA AA / Akte Ha-Pol Gen I / R 106593 – 4083 / 41g
183	HA AA / Akten Bern / Geheim / 5821 / Bd.12 / 59-09-5g / 10.1.42 / 326184
184	HA AA / AkteHa-Pol Gen I / R 106593 – 2484 / 44g / 11.1.1943
185	HA AA / AkteHa-Pol Gen I / R 106593 / E 278804 / WA 2747gRs
186	HA AA / HaPol / Wiehl / Guthabensperre-USA / R 106291
187	HA AA / HalPol / 7566g / 516-236 144; 236 148-50
188	HA AA / HalPol / 7566g / 516-236 144; 236 148-50
189	HA DB / Rb-Az 1447g, Hauptkasse an AA Konsul Bohn v 17.6.1944, US-Mikrofilm
190	HA DB / Akte Reichsbankrat Graupner, Hauptkasse US-Mikrofilm
191	HA DB / Rb-Az 1447g, Hauptkasse an AA Konsul Bohn v 29.6.1944, US-Mikrofilm
192	HA DB / RB Trhdr. Benckert 2.1.54 - 079 und FS Nr. 66 7.11.53
193	HA DB / RB Trhdr. Benckert 30.12.53 – 004
194	Archiv SNB / Fremde Depots Portugal Konten A,B,C und D
195	HA DB Protokoll v. 4.9.47 Bankkommission / Stadtkontor wg Übernahme Rbk
196	BA Berlin / R 8129, Nr. 13174
197	vgl. Buch: Der Goldhandel der Dresdner Bank im 2. Weltkrieg, Johannes Bähr, Bericht des Hannah-Arendt-Institutes, Verlag Gustav Kiepenheuer
198	HA / DB / BSG 10-47
199	HA / DB / Reisebericht Goldtransport Türkei
200	HA / DrBk Goldgeschäfte
201	Eizenstat-Bericht II, S. 129
202	HA DrBk, Goldgeschäfte 1942/43 Devisenabteilung an Degussa vom 29.4.1943
203	HA DrBk, Mercurbank, Schreiben vom 7.7.1944 und Geschäftsbericht der Filialen Galata-Stambul, Izmir für das Jahr 1943
204	HA DrBk, Goldgeschäfte vom 30.5.1944
205	Statement Gürel, The Gold Report
206	vgl. Buch: Der Goldhandel der Dresdner Bank im 2. Weltkrieg, Johannes Bähr, Bericht des Hannah-Arendt-Institutes, Verlag Gustav Kiepenheuer
207	Steinberg-Bericht, S. 73f
208	Eizenstat-Bericht II, S. 131
209	PolArch AA, R 11494, Telegramm Generalkonsulat Istanbul an AA 21.4.1944
210	vgl. Buch: Albert Speer, Erinnerungen 1970, S. 329, Verlag
211	HA DrBk, Auslandsdirektion, 30.5.1944, Goldgeschäfte
212	OSS Ref. Card 70131 S

213	OSS Ref. Card 62947 S
214	AA DrBk vom 31.7.1944
215	Bundesarchiv Bern, 2200.11 1967 / 100 Bd. 15
216	HA DB, Herzogbericht, HA DrBk
217	HA DrBk, Schreiben 5.12.1959
218	HA DrBk
219	PolArchAA, B 86, Ref. 506/507/V7, Nr. 1186, Telegramm vom 31.10.1961
220	HA DB, F 40 / 10
221	HA DB, F 40 / 10
222	American Embassy Madrid an The Secretary of State, Washington vom 9.5.1946
223	HA DB / RB - Trhdr. / Tgb-Nr. T 1456/52
224	Steinbergbericht S 73 f; Fior S 86; Johannes Bähr, Goldhandel d. DRESDNER BANK, Verlag Kiepenheuer, S 51
225	Herzogbericht S 77 ff; J. Bähr, Goldhandel d. DRESDNER BANK, Kiepenheuer, S. 48-49
226	Sonderarchiv der Nationalbank von Spanien
227	vgl. auch Buch: Hitler und die Schweiz, Stefan Schäfer, Verlag edition q, S. 180
228	vgl. auch Buch: Argentinien - Transitland für Francos NS-Gold, Israel Willi in: Neues Deutschland vom 18.2.1998, S. 6
229	HA DB Graupner 063 und RB Trhd.Bay. Tgb Nr. 568/53 24.11.53
230	PolA AA 6503/E 487 177-79 / HaPol. 2010 / 44g. v. 17.4.1944 – 337
231	vgl. auch Buch: K.Wittmann, S. 160 und La Ruche, S 123
232	HaPol / AA /8278g/4475/E 087 960-61 und Nr. 565 und Akte Wiehl Nr. 2116/460 563-64
233	HaPol / AA /8278g/4475/E 087 960-61 und Nr. 565 und Akte Wiehl Nr. 2116/460 563-64
234	HA DB, Goldtransportbericht Schweden
235	Bundeswirtschaftsministerium: Az VA/2- BIF 2002-51 / 54 - 20.08.1954
236	HA DB / RB – Trhdr. Benckert
237	BA Berlin / Schreiben Ribbentrop an Göring / Persönlicher Stab Reichsführer SS / Schriftgutverwaltung
238	vgl. auch Buch: Die Schweiz und das Gold der Reichsbank, M. Fior / S.79
239	HA DB / US-Mikrofilm / Nr. 1261g vom 19.6.1944
240	zu den Ölgesellschaften mit westlicher Beteiligung s. FRUS 1945/5, 647-666, zum deutschen Eigentum und zu den gemischten Gesellschaften s. Spuhler, soviet undertakings 155f., 160-164, 168-173
241	Waffenstillstand Art.11, Friedensvertrag Art. 24, 42
242	vgl. auch Buch: Canaris, Andre Brissaud, S. 48 u 256, Verlag Bechtermünz
243	vgl. auch Buch: Canaris, Andre Brissaud, S. 288, Verlag Bechtermünz
244	vgl. auch Buch: Canaris, Andre Brissaud, S. 289, Verlag Bechtermünz
245	HA AA , Vatikan-Akte Inland IIg, SD-Meldungen, Vertrauensleute, R 101166 / 433913
246	HA AA , Vatikan-Akte Inland IIg, SD-Meldungen, Vertrauensleute, R 101166 / 433912
247	HA AA , Vatikan-Akte Inland IIg, SD-Meldungen, Vertrauensleute, R 101166 / 433911
248	HA AA , Vatikan-Akte Inland IIg, SD-Meldungen, Vertrauensleute, R 101166 / 433914
249	HA AA Berlin / Vatikanakte Büro Staatssekretär Bd. 5 / R 29818 / 277981
250	HA DB / Urkundenrolle 23/1952 – Notariat W.V. – 24.01.1952 und Banca d´Italia Bericht
251	HA AA Berlin / Vatikanakte Büro Staatssekretär Bd. 5 / R 29818 / 278008
252	HA AA / Schreiben Bern an Deut. Gesandtschaft Bern / Akte Gesandtschaft Bern
253	HA AA Berlin / Vatikanakte Büro Staatssekretär Bd. 5 / R 29818 / 278 217 / Exemplar 1
254	HA AA Berlin / Vatikanakte Büro Staatssekretär Bd. 5 / R 29818 / 277712
255	HA AA Berlin / Vatikanakte Büro Staatssekretär Bd. 5 / R 29818 / 277747
256	HA AA / Vatikanakten, SD-Meldungen, Vertrauensleute Inland IIg, R 101166, E 411449
257	HA AA , Vatikanakten, SD-Meldungen, Vertrauensleute Inland IIg, E1vat/2656/43g,15.Mai 1943
258	PolA-AA / 819/277 860-61 / Drahterlaß No. 271 vom 5.7.1943 / Deut. Botschaft Rom
259	HA AA Berlin / Vatikanakte Büro Staatssekretär Bd. 5 / R 29818 / 277864
260	HA AA Berlin / Vatikanakte Büro Staatssekretär Bd. 5 / R 29818 / 277915
261	HA AA / Vatikanakten, SD-Meldungen, Vertrauensleute Inland IIg, R 101166, 330661
262	HA AA / Vatikanakten, SD-Meldungen, Vertrauensleute Inland IIg, R 101166, 272588/9
263	HA AA / Vatikanakten, SD-Meldungen, Vertrauensleute Inland IIg, R 101166, 272590
264	PolA-AA/Vatikan/SD-Meldungen/R101166-3034-583-43 gRs 16.12.1943
265	PolA-AA/819/278 005 / Drahterlaß No. 65 vom 23.9.1943 / Deut. Botschaft Rom
266	Sans nr. ASS / Tedeschi-Milit.-Ital. 61 orig. / Archiv des Vatikan 344
267	PolA-AA / 319 / Bd. 1000
268	PolA-AA / HaPol XIIa/Band1 / R 116697 / Vatikan-Schiffe f. Hilfsaktionen-756
269	PolA-AA / HaPol XIIa/Band1 / R 116697 / Vatikan-Schiffe f. Hilfsaktionen-1007
270	PolA-AA / HaPol XIIa/Band1 / R 116697 / Vatikan-Schiffe f. Hilfsaktionen-1092

271	HA AA, Botschaft Paris / Nizzafonds / 7-17 / 2 / Bd. 2098/KA-F 742/42
272	HA AA, Botschaft Paris / Nizzafonds / 7-17 / 2 / Bd. 2098 / Kontoauszüge
273	Institut für Zeitgeschichte / München - Akte / Ltr. Konzentrationslager
274	HA AA / Deut.Gesandt.Bern / Schutzmachtabt./Monaco / 4856 / 15.2.40
275	HA AA / Pol II / Monaco / Telegramme / R 102974 / E 530686
276	HA AA / Pol II / Monaco / Telegramme / R 102974 / E 530685
277	HA AA / Deut.Botschaft Paris / Monaco-Syrien / Band S / 2386 / R 21660
278	HA AA / Deut.Botschaft Paris / Monaco-Syrien / Band S / 2386 / R 21660
279	HA AA / Deut.Botschaft Paris / Monaco-Syrien / Band S / 2386 / R 21660
280	vgl. auch Buch und Archiv Pierre Abramovici, Paris
281	vgl. auch Buch und Archiv Pierre Abramovici, Paris
282	Schweizerisches Bundesarchiv Bern, Dossier J. E. Charlés
283	vgl. auch Buch und Archiv Pierre Abramovici, Paris, Az 310
284	vgl. auch Buch und Archiv Pierre Abramovici, Paris
285	HA AA, Gesandtschaft Bern / Geheim / 5818 / Bd.9 / 163g / 5.4.41
286	HA AA, Gesandtschaft Bern / Geheim / 5818 / Bd.9 / 171g / 330906 / 9.4.41
287	HA AA / Akte / Dr.Bodenstein / Pol II / 1.7.1943
288	HA AA / Akte / Dr.Bodenstein / Pol II / 4.9.1943
289	HA AA / Akte / Dr.Bodenstein / Pol II / 17.9.1943
290	HA AA / R 143903, Wahlkonsulat Monaco
291	HA AA / PersM / Band 1 / PersGenII / R 143904 / Konsulat Monaco / PersMA1366
292	vgl. Archiv Abramovici / Reichswirtschaftsministerium II Ld.1-5 / 5024/44 gRs
293	vgl. Archiv Abramovici / Reichswirtschaftsministerium II Ld.1-5 / 5024/44 gRs
294	vgl. auch Buch und Archiv Pierre Abramovici, Paris
295	vgl. auch Buch und Archiv Pierre Abramovici, Paris, BA Berlin, RWM
296	vgl. auch Buch und Archiv Pierre Abramovici, Paris
297	HA AA - R 143903 Band I, Wahlkonsulat Monaco
298	vgl. auch Buch und Archiv Pierre Abramovici, Paris, BA Berlin, RWM
299	vgl. auch Buch und Archiv Pierre Abramovici, Paris, BA Berlin, RWM
300	HA AA / R 143903 Band I, Wahlkonsulat Monaco
301	HA AA / R 143903 – Bd.I / Pol 1774/44
302	HA AA / R 143903 – Bd.I / Pol 1773/44
303	vgl. auch Buch und Archiv Pierre Abramovici, Paris
304	BA Bern / E 4320-B-1968/195 / C.2.10094/1944
305	BA Bern, Akte C.2.10094 / He / 18.11.1944
306	BA Bern – E 4320 B 197-317 Bd. 49 (2372) u Dossier Fürst Urach
307	BA – E 4320 (B) 1968/195 Bd. 77 – C.2.10094/1945
308	vgl. auch Buch und Archiv Pierre Abramovici, Paris
309	BA Bern E 4320 (B) 1968/195 Bd. 77 – C.2. 10094
310	vgl. auch Buch und Archiv Pierre Abramovici, Paris
311	BA Bern / 52.30.4.1. / 091919
312	vgl. auch Buch und Archiv Pierre Abramovici, Paris, F 12 9559
313	BA Bern / 52.30.4.1. / 091919
314	BA Bern / 52.30.4.1. / 165294
315	BA Bern – E 4320 B 197-3-17 Bd. 49 (2372)
316	BA Bern – E 4320 B 197-3-17 Bd. 49 (2372)
317	HA AA / Gesandt.Bern-Geheim / 5818 / Bd.9/20-41g v. 30.1.1941
318	HA AA / Gesandt.Bern-Geheim / 5818 / Bd.9/20-41g v. 30.1.1941
319	HA AA/Deutsche-Auslands-Rundfunk-Gesellschaft-Interradio-AG Bd.4/R67606/Bd.131
320	HA AA/Deutsche-Auslands-Rundfunk-Gesellschaft-Interradio-AG Bd.4/R67606/Bd.131
321	HA AA/Deutsche-Auslands-Rundfunk-Gesellschaft-Interradio-AG Bd.4/R67606/Bd.131
322	Archiv Munzinger, Lebenslauf Dr. Karl F. Schäfer
323	vgl. auch Buch und Archiv Pierre Abramovici, Paris
324	HA AA / Judenfrage in Monaco / InlandIIg / 2664g / K 207230-1/21.9.43
325	HA AA / Judenfrage in Monaco / InlandIIg / 416gRs / 5-6/25..43
326	HA AA / Judenfrage in Monaco / InlandIIg / 3375g / 520gRs / H 322705 / 21.12..43
327	HA AA / Judenfrage in Monaco / InlandIIg / 289g / K 212384 / 10.2.1944
328	HA AA / Judenfrage in Monaco / InlandIIg / 289g / K 212393 / 17.2.1944
329	HA AA / Judenfrage in Monaco / InlandIIg / 560g / K 212382 / 23.3.1944
330	HA AA / Judenfrage in Monaco / InlandIIg / J 1570/44g / K 212377 / 14.7.1944
331	HA AA / Deutsche Botschaft Paris / PersA3 / 64/27.3.44
332	vgl. auch Buch und Archiv Pierre Abramovici, Paris
333	HA AA 1364 / 356 204 – 06 / Nr. 84 vom 28.7.44

334	HA AA 1364 / 356 203
335	HA AA / Deutsche Banken in Argentinien / Schutzmachtabteilung / Bern 4143 // A-25-22.-KF / He-DA-1029-18883
336	HA AA / Deutsche Banken in Argentinien / Schutzmachtabteilung / Bern 4143 // A-25-22.-KF / He-DA-1029-18883
337	HA AA / Deutsche Banken in Argentinien / Schutzmachtabteilung / Bern 4143//A-25-3.-BANCO GERMANICO-WI/DB-D-3807-49786
338	HA AA / Deutsche Banken in Argentinien / Schutzmachtabteilung / Bern 4143//A-25-3.-BANCO GERMANICO-WI/DB-D-3807-49786
339	HA AA / Deutsche Banken in Argentinien / Schutzmachtabteilung / Bern 4143//B-24-A(25)3.-Banco Aleman-A/RU-D-5381-60834
340	HA AA / Deutsche Banken in Argentinien / Schutzmachtabteilung / Bern / Tel.-712-26.2.1945
341	BA Bern – E 4320 (B) 1968/195 – Bd. 77 – C.2.10094/1946-1947
342	BA Bern – E 4320 (B) 1968/195 – Bd. 77 – C.2.10094/1946-1947
343	Archiv des Heiligen Stuhles / Vatikan
344	Dokumentendienst der Stadtpolizei Luzern und Bern
345	Archiv Buenos Aires JM, Nota Nr. 923 / No 1406 / -Expte.Nr.55 DD/COM.2-
346	Akten des deutschen Bevollmächtigten beim Rijksbureau voor Diamant und Akten des Judenreferats IV B 4 beim Befehlshaber d. Sipol und d. SD f.d. besetzten nieder. Gebiete
347	HA AA / HalPol IIa / Diamanten-Belgien / R 106809 / Paket13/7
348	Vernehmung von Arthur und Otto Bozenhardt, Rijksinstitut voor de Documentatie en de Geschiedsschrijving van Nederland in Oorlogstijd
349	BA Bern E 4320 (B) 1968/195 Bd. 77 – C.2. 10094
350	Akten des Militärbefehlshabers Belgien und Nordfrankreich, Archiv de France, Paris
351	Aktion Bebco, Geheime Reichssache, Akte d. Deutschen Bevollmächtigten b Rijksbureau
352	Rijksinstitut voor de Documentatie en de Geschiedsschrijving van Nederland in Oorlogstijd Akten des deutschen Bevollmächtigten beim Rijksbureau voor Diamant
353	Akten Rijksbureau voor Diamant, Lieferlisten Bozenhardt an SPONHOLZ, 75 Seiten Akten des deutschen Bevollmächtigten beim Rijksbureau voor Diamant
354	Akte Eichmann aus Generalquartier d. Israel. Polizei, Tel Aviv; Akte US Chief of Counsel
355	Aktenzeichen MfS ZAIG 10229 / Bericht von Dr. J. Mader, August 1982, BdStU
356	Akten der Schade-Enquéte-Commissies voor Noord-Holland resp. Gelderland
357	HA DB, RB Trhdr
358	HA RB, Mikrofilm US-Documents, RB Goldkammer, Abt. Edelmetalle
359	Akte Eichmann aus Generalquartier d. Israel. Polizei, Tel Aviv; Akte US Chief of Counsel
360	Document No. 062 - Office of US Chief of Counsel Chefankläger im Nürnberger Kriegsverbrecherprozeß
361	vgl. Buch: Der Goldhandel der Dresdner Bank im 2. Weltkrieg, Johannes Bähr, Bericht des Hannah-Arendt-Institutes, Verlag Gustav Kiepenheuer, S. 64
362	Steinbergbericht, S 73 f
363	vgl. Buch: Der Goldhandel der Dresdner Bank im 2. Weltkrieg, Johannes Bähr, Bericht des Hannah-Arendt-Institutes, Verlag Gustav Kiepenheuer, S. 65
364	BA Berlin / Akten / Persönlicher Stab Reichsführer SS / Schriftgutverwaltung
365	BA Berlin / B 126 – 48854 u. NL 1470 / 1181
366	HA DB, LZB Bayern, RB Treuhänder
367	HA DB, LZB Bayern, RB Treuhänder
368	HA DB, LZB Bayern, 31.8.1948, RB Treuhänder unter Tgb.Nr. I 4113/48
369	HA DB, LZB Bayern, RB Treuhänder
370	Bay. Hauptstaatsarchiv / GENSTA MÜ / OLG 335
371	Bay. Hauptstaatsarchiv / STA MÜ / II a 2578/52
372	Pol Archiv AA, Akten Inland IIg 591 gRs, Bd. 212 / 3579/E 025 316-17
373	Pol Archiv AA, Akten Inland IIg 591 gRs, Bd. 212 / 3579/E 025 322-23-24
374	Aufzeichnung Schweizerische Gesandtschaft Berlin v. 30.10.1944 3579/E 025 325 und Aufzeichnung Wagner v. 9.11.1944 3579/E 025 326 und Akten Inland IIg Bd. 212
375	BdStU - MfS ZAIG 10229
376	19. August 1945 / CMH files / HRC 091.33 / German National Gold Reserve / Eizenstat
377	Bayer. Hauptstaatsarchiv, GenStanw. beim OLG München 335
378	Bayer. Hauptstaatsarchiv, GenStanw. beim OLG München 335
379	Bayer. Hauptstaatsarchiv, GenStanw. beim OLG München 335
380	Bayer. Hauptstaatsarchiv, GenStanw. beim OLG München 335
381	Bayer. Hauptstaatsarchiv, GenStanw. beim OLG München 335
382	Bayer. Hauptstaatsarchiv, GenStanw. beim OLG München 335
383	Bayer. Hauptstaatsarchiv, GenStanw. beim OLG München 335

384	Bayer. Hauptstaatsarchiv, GenStanw. beim OLG München 335
385	Bayer. Hauptstaatsarchiv, GenStanw. beim OLG München 335
386	Bayer. Hauptstaatsarchiv, GenStanw. beim OLG München 335 & HA DB, Nachlaß Netzeband
387	Bayer. Hauptstaatsarchiv / OLG-Mü Nr. L II Az 28 s 22.10 (S) und Tgb-Nr. 2-2233/51 G
388	Bayer. Hauptstaatsarchiv / IIa/4 Az.: 28 s.22.10 (S) und Tgb-Nr. 2 - 258/53 Bl.
389	Bayer. Staatsarchiv Aktenzeichen StK 114908
390	HA DB
391	Bayer. Hauptstaatsarchiv, GenStanw. beim OLG München 335 und HA DB
392	HA DB / B 331 – Bayern 678
393	HA DB / B 331 – Bayern 678
394	HA DB / Ital. Gold – Herzogakten
395	HA DB 141 / LZB Kiel Tgb Nr. T 2023 / 57Bc / Kl 16.11.57
396	HA DB / LZB Kiel Dev.8168 / 54-1.11.57
397	Bayer. Hauptstaatsarchiv, GenStanw. beim OLG München 335
398	HA DB Schriftverkehr AA / MdF 1950
399	HA DB – Urkundenrolle 23/1952 – Notariat W.V. – 24.01.1952
400	HA DB Übersicht des Banca d´ Italia Goldes, Dok. XXVII Herzogbericht
401	HA DB Übersicht des Banca d´ Italia Goldes
402	Bayer. Staatsarchiv, GenStanw beim OLG München Nr. 335, Aussage von Reichsbankrat Strobl
403	HA DB / RbTrhd. Benckert
404	HA DB / RbTrhdr. Bay. Reichsbankrat Graupner
405	BdStU / MfS ZAIG 10229 Mader
406	HA DB / RbTrhdr. / Dr. Väth vom BWM Abt. IV am 12. 10.1953
407	vgl. Buch: Der Goldhandel der Dresdner Bank im 2. Weltkrieg, Johannes Bähr, Bericht des Hannah-Arendt-Institutes, Verlag Gustav Kiepenheuer
408	HA DB / IARA / BWM Geschäftsnr.Z A 2 - 10 10 33
409	HA DB / IARA-Bericht
410	Schreiben der Deutschen Bundesbank, 8. August 2000
411	vgl. Harmssen, Reparationen; hier nur Leistungen bis 1947
412	vgl. DDR-Handbuch: SBZ von A bis Z ,1975
413	vgl. Matschke 185 f und Glaser 67
414	vgl. Glaser 68 u Harmssen, Reparationen I, 124
415	vgl. Quellenübersicht Matschke 333-336 und Köhler
416	Reparationen der SBZ, Bericht Volkskammer / Grotewohl v 25.8.53
417	vgl. Bundesgesetzblatt 1952/3
418	vgl. Hessdörfer 56f./ Jörg Fisch S. 127
419	vgl. nach Rumpf 355 waren es etwa zwei Drittel
420	vgl. Ginor 39
421	vgl. Schürholz 11 / Jörg Fisch S. 267
422	vgl. Wolffsohn 721; Sagi 211
423	vgl. auch Buch: Jörg Fisch, Reparationen nach dem 2. Weltkrieg / S. 137
424	Bericht der Bank von England / TGC / 4.12.1997
425	TGC-Akten der Bank von England
426	HA DB / Office of Economic Affairs, 29.3.1951, K.A. de Keyserlingk
427	DB Archiv Münzmuseum Frankfurt
428	HA DB / RB Trhdr.
429	HA DB / Abwickler der RB / A 437/67 und DB – Az H. 124/5184/66 vom 12.9.1966 und STA Mü, Az U 50 Js 13/67 und BKA 4144/4 14.9.66 und MP Bad Tölz APO 09108
430	BA Berlin / Persönlicher Stab Reichsführer SS / Schriftgutverwaltung
431	BA Berlin / Persönlicher Stab Reichsführer SS / Schriftgutverwaltung
432	HA DB / B 330-378 / Bericht Reichsbankdirektorium - IIa 28975/39
433	HA DB / B 330-378 / Bericht Reichsbankdirektorium - IIa 28975/39
434	HA DB und Notariat Dr. W.V. / Urkundenrolle Nr. 28/Jahr 1952 / 30.01.1952
435	Landgericht Salzburg Gz 5 Vr 1767 / 49
436	vgl. Magazin Spiegel Nr. 48 / 1963, Seite 72
437	HA DB / Tgb.Nr. T 1155 / 56 Dr. H / Gs 068
438	BA Bern – 52.30.4.1. – Az E.Nr. 462/41
439	BA Bern – 52.30.4.1. – 26.9.1941
440	Bayer. HASTA Mü., Aktenzeichen Nr. II/E Az. 28 s 25.11 (S), Tagebuchnr. 2 - 386/50 GN-H
441	BA-Bern – E 4320 (B) 1968/195 – Bd. 77 – C.2.10094/49
442	Bayerisches Hauptstaatsarchiv, STK 14908
443	Bayerisches Hauptstaatsarchiv, STK 14908

444	Archiv Oberfinanzdirektion München / Alatsee
445	Archiv Oberfinanzdirektion München / Alatsee / Dr. Schön 21.07.1953 und Archiv OFD München, 21.7.53, TgbNr 0-4431-23g-BV/IV
446	HA DB / 20.08.54 II B – 0 4223-371/54
447	HA DB / OFD Mü VV 4130-A 12-190/76-BV 23/3
448	BA Berlin / Persönlicher Stab RF-SS / 22.6.44 TbgNr. 230/44
449	BA Berlin / Persönlicher Stab RF-SS / Schriftgutverwaltung
450	HA DB / Abwickler der RB
451	HA DB / 112-121-Dr. Harmening / v 15.11.54
452	HA DB / Vermerk 20.5.1960 Tb 750/60 122-131
453	HA DB / Abwickler RB / 097 / A 112/74 und AA 514-553.41
454	Az: V7 (506)-80 SL-5
455	Az: -9145-169/61 VS
456	HA DB / Abwickler RB Benckert
457	BA Berlin // Abt.V Dev. 2/538/38 g – 23.09.1938 / Mü/Hau
458	BA Berlin, Preuß. Wirtschaftsminister V Dev. 38370-38, 28.9.1938
459	BA Berlin, Preuß. Wirtschaftsminister V Dev. 27857-38, 26.9.1938
460	BA Berlin, Preuß. Wirtschaftsminister V Dev. 29148-38, 22.9.1938
461	BA – Bern E 4320 (B) 1968/195 Bd. 77 – C.2.10094/1945
462	BA – Bern E 4320 (B) 1968/195 Bd. 77 – C.2.10094/1945
463	vgl. Buch: Die Quandts, Familienbiografie von Rüdiger Jungbluth, Campus-Verlag
464	BA Berlin, Preuß. Wirtschaftsminister V Dev. 27617-38, 24.9.1938
465	BA Berlin / RWM / Nr. 133 - V Dev. 29126/38 / gRs /R. 1785
466	BA Berlin, Preuß. Wirtschaftsminister V Dev. 22067-39, 17.5.1939
467	BA-Berlin / RWM - Nr. 237 - V Dev. 38871/39 - Tgb-Nr. 33059 Z 3 t - 22 a
468	BA-Berlin / RWM - Nr. 109 - V Dev. 33961/39
469	BA Berlin, Preuß. Wirtschaftsminister V Dev. 1521-39, 13.11.1939 u V Dev 1799/80 gRs
470	BA Berlin, Preuß. Wirtschaftsminister V Dev. 2 / 40-40 gRs, 30.12.1939
471	BA Berlin, Preuß. Wirtschaftsminister V Dev. 2 C 1 / 113996 / Rt.
472	BA Berlin, Preuß. Wirtschaftsminister V Dev. 2 / 36406 / 38
473	BA Berlin, Preuß. Wirtschaftsminister V Dev. 2 1419 / 41 gRs
474	BA Berlin, Preuß. Wirtschaftsminister V Dev. 2 D 111776 / 42
475	BA Berlin, Preuß. Wirtschaftsminister V Dev. 2 / 1261 / 42g und 2187g
476	BA Berlin, Preuß. Wirtschaftsminister V Dev. 2 / 1397 / 43 g
477	BA Berlin, Preuß. Wirtschaftsminister, A 54/VESTAG-A 254g/43
478	BA Berlin, Reichswirtschaftsminister, Oberfinanzpräsident Ddf. V-3460/43
479	BA Berlin, Reichswirtschaftsminister, III Dev. 4/1617/44gRs
480	BA Bern / E 4320-B-1968/195 / C.2.10094/1944
481	BA Bern / 52.30.4.1 / 52.31 F 49
482	BA Bern / 11.9.44 / BAW Bern - Steiger
483	BA Bern / 52.30.4.1.
484	BA Bern – E 4320 (B) 1968/195 Bd. 77 – C.2.10094/1944
485	BA Bern E 4320 (B) 1968/195 Bd. 77 – C.2. 10094
486	BA Bern E 4320 (B) 1968/195 Bd. 77 – C.2. 10094
487	BdStU Zentralarchiv MfS HA XVIII Nr. 13328/101655
488	BdStU Zentralarchiv MfS HA XVIII Nr. 13328/000043
489	BdStU Zentralarchiv MfS HA XVIII Nr. 13328 / 000147
490	BdStU Zentralarchiv MfS HA XVIII Nr. 13328 / 000149
491	BdStU AV Zentralarchiv 21/75 Bd. 28
492	BdStU Zentralarchiv MfS HA XVIII Nr. 13328
493	BdStU Zentralarchiv AV 21/75 Bd. 28
494	HA DB / RB Trhd. A 706/63
495	HA DB / RB Trhd. A 706/63 und BdF VI A/1-0 4013-568/63
496	HA DB / Eing 7.6.74 514 - 553.41
497	Statistisches Jahrbuch der Bundesregierung, Haushalt 1945 bis 1961
498	vgl. Harmssen, Handelsflotte
499	Protest der USA am 24.7.1946 in aller Schärfe gegen französische Demontagen
500	vgl. Buch: Jörg Fisch, Reparationen n.d. 2 WK, Verlag C.H. Beck
501	Gesetzesentwurf der Bundesregierung vom 23.12.1967
502	Die deut. Wirtschaft 1947 / 212-219 - Buchheim / Wiedereingliederung 93
503	vgl. Willis 122, Manz und Abelshauser
504	vgl. Harmssen, Buchheim, Wallich 341
505	Schriftverkehr, Kennedy Papers, JFK Library, Mass. USA

506	Statistisches Jahrbuch der Bundesregierung
507	Archiv Bank of England, TGC – IARA, und diverse Presseveröffentlichungen
508	Institut für Zeitgeschichte München, US-MA 514, Nr. 2706/45 geh., 1.1.1945
509	Institut für Zeitgeschichte München. US-MA 514, Nr. 2714/45 geh., 27.1.1945
510	Institut für Zeitgeschichte München, US-MA 514, Besprechungsnotiz 28.2.1945
511	Institut für Zeitgeschichte München, US-MA 514, Nr. II/1331/45, 31.3.1945
512	Institut für Zeitgeschichte München, US-MA 514, Aufstellung der Fluchtkisten

Abkürzungen:

AA	Auswärtiges Amt
BA	Bundesarchiv
BdL	Bank deutscher Länder
BdStU	Bundesbeauftragte für die Unterlagen des Staatssicherheitsdienstes
DB	Deutsche Bundesbank Frankfurt am Main
Drbk	Dresdner Bank
Gensta	Generalstaatsanwalt
gRs	geheime Reichssache
HA	Historisches Archiv
HASTA	Hauptstaatsarchiv
IARA	Inter Alliierte Reparations Agentur
LZB	Landeszentralbank
MfS	Ministerium für Staatssicherheit der DDR
MNB	Ungarische Nationalbank
OFD	Oberfinanzdirektion
PolAA	Politisches Archiv Auswärtiges Amt
RB	Reichsbank
RB Trhdr	Reichsbank Treuhänder
RWM	Reichswirtschaftsministerium
SBA	Schweizerische Bankanstalt
SBZ	Sowjetische Besatzungszone
STA Mü	Staatsanwaltschaft München
SNB	Schweizerische Nationalbank
TGC	Tripartite Gold Commission
UA	Unternehmensarchiv
US-MA	US Militärarchiv

Photoerklärung:

Seite 11 Adolf Hitler zu Beginn des Krieges

Das Foto wurde als offizielle Aufnahme des Propagandaministeriums zu Hitlers Geburtstag im April 1940 an die deutsche Presse verschickt.

Seite 252 Amtseinführung von Dr. Walther Funk

Amtseinführung des neuen Reichswirtschaftsministers Dr. Walther Funk durch Ministerpräsident Generalfeldmarschall Göring, bei der Überreichung seiner Ernennungsurkunde am 7. Februar 1938.

Seite 253 Deutsche Reichsbank vor 1945

Zu den sichersten Tresoranlagen im Deutschen Reich gehörten die der Deutschen Reichsbank in Berlin tief unter der Erde.

Seite 253   Reichsbank-Goldbarren

In den unterirdischen Tresorräumen der Deutschen Reichsbank stapelten sich die Goldbarren. Das Bild vom 5. April 1944 zeigt Minister Dr. Goebbels (links), Reichswirtschaftsminister und Reichsbankpräsident Dr. Funk (zweiter von rechts) und den SS-Brigadeführer Otto Ohlendorf bei der Besichtigung von Goldbarren.

Seite 254   Betriebsappell der Reichsbank in der Deutschlandhalle

In der Deutschlandhalle fand am 12. November 1941 ein Betriebsappell der Deutschen Reichsbank statt, in Verlauf dessen Kriegswirtschaftsminister & Reichsbankpräsident Dr. Walther Funk und Reichsorganisationsleiter Dr. Ley Ausführungen machten.

Seite 254   Wirtschaftstreffen

Das Foto vom 10. Oktober 1942 zeigt den damaligen Wehrwirtschaftsführer Dr. Quandt (ganz links), zusammen mit dem Staatsminister Dr. Meissner, dem Reichsbankpräsidenten Dr. Funk und dem kroatischen Gesandten in Berlin Budak.

Seite 255   Der Duce empfing Reichsminister Dr. Funk

Anläßlich seines Besuches am 29.10.1941 in der italienischen Hauptstadt wurde Reichswirtschaftsminister Dr. Funk vom Duce empfangen. Das Bild zeigt v.l.n.r. Reichswirtschaftsminister Dr. Funk, den Duce und den italienischen Außenhandelsminister Riccardi während eines Empfanges im Palazzo Venezia.

Seite 255   Eröffnung der Ostmesse im ehemaligen Königsberg

Reichswirtschaftsminister Dr. Walther Funk (mitte) bei der feierlichen Eröffnung der Ostmesse im ehemaligen Königsberg 1938. Links Reichsminister R. Walter Darré, rechts der Gauleiter von Ostpreußen Erich Koch.

www.ingramcontent.com/pod-product-compliance
Lightning Source LLC
Chambersburg PA
CBHW081754300426
44116CB00014B/2115